생명의 강 시리즈 5

다른 복음은 없나니

권 용명 목사

생명나무

머리말

하나님께서 친히 계획하시고 만드신 여러 가지 것들 중에 에덴동산은 하늘 아래 땅 위에서 가장 좋은 낙원이었다. 그곳에서 병들거나 늙거나 죽지 않고, 모든 것들을 풍성하게 누리며 번성하며 다스리도록 첫사람 아담과 하와를 창조하셨다. 또한 하나님께서 이들에게 낙원을 온 지구로 충만하게 넓혀갈 사명과 권능도 주셨다(창 1:28). 주 하나님께서 지으신 모든 것들이 전지하신 하나님 보시기에 심히 좋았다.

하나님께서 아담과 하와에게 '선과 악을 알게 하는 나무의 실과는 먹지 말라'는 단 한 가지의 계명만을 주셨다(창 2:17). 먹어야만 죽지 않는 법이 아니라 먹지 않아도 영원히 사는 아주 가벼운 법이었다. 그들에게 하나님께서 선악을 알게 하는 나무 실과(이후 '선악과')를 금하신 이유는 잠시 후에 '완전히 좋은 것'을 주시기 위함이었다. 가장 완전한 그것을 주시겠다는 약속이 '하늘나라의 복음/하나님나라의 복음'이다.

사도 바울이 성령의 계시를 통해 깨달은 이 복음은 사람들이 이전에 눈으로 본 적도 없고, 귀로 들은 적도 없으며, 마음으로 상상조차 하지 못한 놀라운 것이며, 사람의 말이나 글로 다 묘사할 수도 없는 것이라고 했다(고전 2:9,10; 고후 12:2-4). 이를 가리켜 '하나님의 경륜(하나님의 가문 세우기)'이라고도 부른다.

하나님은 완전히 좋으신(선하신) 분이며 전지전능하신 분이시다.

하나님은 완전한 사람을 미리 아시며, 완전한 사람을 얻으실 능력도 가지셨다. 하나님은 완전한 사람을 하나님의 영광의 영원한 형상으로 삼으실 것임이 하나님의 아들이 될 사람들에게 가장 좋은 소식(복음)이다. 본서는 하나님의 좋으심(선하심) 만큼의 좋은 소식(완전한 복음)에 대한 깊이와 넓이와 높이와 길이를 설명한다. 독자들도 본서를 통해 성령의 계시로 영원 전부터 계획하신 하나님의 경륜을 깨닫고, 이 복음에 함께 참여하게 되기를 간절히 기도한다.

차   례

제1부 초기세상에서 나타내신 복음의 그림자

제1부 초기세상에서 나타내신 복음의 그림자

하나님께서 하나님의 본래의 계획을 이루어 가시는 과정을 '하나님의 경륜'(집안 세우기)라 부른다(엡 1:9; 3:2,9; 골 1:25; 딤전 1:4). 헬라어로 '집'이라는 뜻의 οἶκος[오이코스]와 '나누다', '분배하다', '관리하다'라는 뜻의 νέμω[네모]를 합친 단어인 οἰκονομέω[오이코노메오]가 '관리하다', '청지기로 일하다'라는 뜻의 동사이다. 여기서 나온 οἰκονοία[오이코노미아]를 '경륜'(경영/dispensation)이라 번역했다. νέμω[네모]에서 '관습', '관례', '법'이라는 뜻인 헬라어 νόμος[노모스]가 나왔고, 헬라어 '오이코노모스'는 '청지기'(steward)라는 뜻이다(눅 16:3).

하나님의 경륜 안에는 옛창조와 새창조가 있다. 하나님께서 6일 동안 옛창조를 마치시고 7일째 안식하셨다. 옛창조는 새창조를 향한 그림자, 설계도, 모형이다. 하나님께서 1천년을 하루같이 보신다(창 2:17; 5:27; 호 6:2; 눅 13:33; 벧후 3:8).[1] 천년을 하루같이 보시는 관점에서 7천년 안에 새창조의 모든 경륜을 이루신다. 모든 일을 완전히 마치신 후 제8천년기부터는 하나님께서 영원히 안식하신다.

'초기세상'(초세/初世)이란 하나님의 경륜에서 첫째 기간의 세상이다. 아담으로부터 아브람을 부르시기 이전까지 약 2천년(이틀) 동안의 세상이다. 초기세상(초세)에는 선민(選民)이나 이방인이라는 구별이 없었고 모두가 죄인이되 선인과 악인이라는 구별만 있었다. 창조주를 떠난 인간들이 죄악에 빠지자 그들을 홍수로 수장(水葬)시키셨다.

'중기세상'(중세)은 아브람으로부터 예수님의 초림까지 약 2천년(이틀) 동안의 세상이다. 온 세상이 우상숭배에 빠지자 참하나님을 섬길 자를 부르셨고, 응답한 아브람을 선민의 조상으로 삼으셨다. 부르심을 거절한 모든 사람들은 하나님과 약속을 버린 이방인이 되었다. 아브라함의 조상 중에 셋, 노아, 에녹, 아벨과 같은 의인들이 있었으나 아브라함을 '믿음의 조상'이라고 새롭게 부르는 이유가 여기에 있다.

---

1) '일곱명절에 뵙는 예수 그리스도' 권용명 저, pp.241-243.

'말기세상'(말세)이란 예수님의 초림부터 재림까지의 약 2천년(이틀) 동안의 세상이다(신 4:30; 사 2:2; 렘 23:20; 단 10:14; 미 4:1). 말세에 하나님 아버지께서 아들 안에서 세상을 방문하셔서 말씀하셨다(히 1:2; 9:26). 죄로부터 영혼을 구원하심이 하나님께서 말세에 나타내신 구원이다(벧전 1:5,9,20; 약 5:3). 말세에 하나님께서 모든 육체에게 성령을 부어주셨다(행 2:17). 구약성경의 사건들은 말세를 만난 우리에게 거울과 경계가 된다(고전 10:6,11). 지금을 '말세지말'(세상 끝)이라 부른다(마 13:39,40,49; 24:3; 28:20; 딤후 3:1; 벧후 3:3).

복음(福音)이란 '좋은 소식'(Good News/기쁜 소식)이다. 그리스어(헬라어)로는 εὐαγγέλιον[유앙겔리온], 라틴어로는 evangelium[에반겔리움]이란 단어를 쓴다. 복음을 gospel이라고 하는데 God와 Spell(분명하게 말하다, 말씀)을 합친 단어로 인류에게 '하나님께서 주신 말씀'이라는 의미이다(갈 3:8; 히 4:2,6).

이제부터 초기세상 즉 아담으로부터 아브라함 이전까지 하나님께서 인류에게 주신 복음의 그림자와 모형에 대해서 살펴본다.

1. 십자가의 복음의 그림자: 창세기 3장 15절

(1) 사람을 겉사람과 속사람으로 지으심

하나님께서 말씀으로 천지를 지으셨고, 식물(植物)도 지으셨다. 식물은 생육(生肉)이 없는 생물(生物)인데 그것의 생기는 물에 있다. 하나님께서 식물을 동물들의 먹잇감으로 주셨다.

하나님께서 흙으로 동물들(각종 새와 들짐승)을 만드셨다. 동물들은 흙에서 나온 육체를 가졌고, 육체를 가리켜 혈육(血肉)이라 부르는 이유는 '살아있는 육체'(生肉)의 생기(生氣)가 피(血)에 있기 때문이다.

신토불이(身土不二)란 말처럼, 육체는 흙과 구성원소가 동일하다.

　　과학적 분석에 따르면 사람의 육체는 일반적인 원소 25종과 미량의 원소 약 22종으로 구성되었다. 흙의 원소는 지역적 토질에 따라 차이가 있지만 미량의 원소까지 합해 총 86종으로 육체의 원소의 수보다 많다. 물질계(우주 전체)에 존재하는 모든 천연원소는 92종에 이른다.

　　흙으로 만든 육체에 생기(生氣)로 혼을 주셔서 동물과 사람을 생혼(生魂)으로 만드셨다. 성경적으로 생혼(living soul)이란 살아서 움직이며 생각하고 행동하는 것들을 일컫는 명칭이다.

　　하나님께서 흙으로 육체와 혼이 있는 사람(생혼, 겉사람)을 만드신 후 그(겉사람)의 코에 생기인 영(靈)을 불어넣으셨다.
　　<יהוה 하나님이 흙으로 사람을 지으시고 생기(生氣)를 그 코에 불어 넣으시니 사람이 생령(生靈)이 된지라>(창 2:7)
　　‘생령’이라 번역된 히브리어는 ‘네페쉬 하야’인데 다른 한글성경들은 ‘생명체’, ‘산 존재’로 번역하였고, 영어성경들은 living being, living soul, living creature로 번역했다. 혼(魂)은 히브리어로 주로 ‘네페쉬’, 헬라어로 ‘프쉬케’를 쓰고 영(靈)은 히브리어로 ‘루아흐’, 헬라어로 ‘프뉴마’를 쓴다. 사람이 ‘네페쉬 하야’일지라도 동물과 사람이 공통적인 생혼을 가졌다는 의미일 뿐 신분이 같은 존재라는 의미는 아니다.

　　히브리어 ‘네페쉬 하야’를 일반적으로 ‘생물’ 또는 ‘생혼’이라고 번역하지만 ‘사람’에 관해서는 ‘생령’이라 번역함이 옳다. 다른 언어들과 마찬가지로 히브리어나 헬라어도 한 단어가 오직 하나의 뜻으로만 쓰이지는 않는다. 어느 단어이든 하나의 뜻만을 고집하면 오류에 빠진다. ‘루아흐’도 ‘영’, ‘바람’, ‘호흡’, ‘숨’ 등의 뜻으로 쓰이므로 적절한 의미로 번역해야 한다. 하나님은 생혼(生魂)인 겉사람에다 동물과는 달리 속사람이자 생기인 영(靈)을 코에 불어넣으심으로써 생혼보다 뛰어난 ‘생령(生靈)’이 되게 하신 것이다(민 16:22; 사 57:16; 슥 12:1).
　　식물보다 생육+생혼이, 생육+생혼보다 생육+생혼+생령이 월등하다. 생육+생혼은 지정의(知情意)로 생육+생혼+생령인 사람과 교통한다. 사람이 영을 좇는 삶을 떠나 생육+생혼만을 따르게 되면 동물과 같은 취급을 당하기도 한다. 생령은 장차 하나님의 영이 더해질 존재이다.

　사람에 대한 사용설명서인 성경은 사람의 본질을 영(spirit)과 혼(soul)과 육(flesh)이라고 진술한다(고후 7:1; 히 4:12).

　<평강의 하나님이 친히 너희로 온전히 거룩하게 하시고 또 너희 온 영(靈/프뉴마)과 혼(魂/프쉬케)과 몸(소마)이 우리 주 예수 그리스도 강림하실 때에 흠없게 보전되기를 원하노라>(살전 5:23)

　사람의 생기는 혼이 아닌 영(靈)에 있기에 생령이라 불러야 마땅했고, 다른 생혼들의 주(lord)와 왕(king)으로 존귀하게 세워진 존재이다.

　사람은 겉사람(생육+생혼)과 속사람(생령)으로 연합되었었다(롬 7:22; 엡 3:16; 고후 4:16). 속사람인 영이 영체(靈體)로 그 사람 자신이고, '겉사람'(생혼)을 속사람의 형상이라고도 말한다. 하나님께서 겉사람의 코에 불어넣으신 '생기'(生氣; 히-네솨마)가 떠나면 사람의 목숨도 끊어진다. 사람의 영은 영적인 것에 관한 시각과 청각 및 지정의가 있으며, 혼도 정신적, 심리적인 것에 관한 시각과 청각 및 지정의가 있는데 육체의 시각과 청각을 통하여 정보를 받아들인다(요 9:1-41).

　성경은 육체를 영혼(靈魂)이 거하는 장막(집)에 비유한다. 아담 때로부터 생령보다 열등한 수많은 생혼(동물)들이 생령의 죄를 대신하는 제물로 드려졌지만 단 한 생령의 만 분의 일의 죄도 씻을 수 없어 덮을 뿐이었고, 동물로서 생혼은 생령이었던 사람의 먹을거리로 주어졌다.

　육이나 영은 지정의가 없어 혼이 영과 육체 중 어느 하나를 따르느냐에 따라 영의 생각과 육신의 생각으로 불린다는 주장은 진리가 아니다. 겉사람의 혼이 지정의를 가졌고 속사람인 영도 완전한 지정의를 가지고 활동한다. 영인 천사들도 뛰어난 지정의를 따라 활동한다. 완전한 영이신 하나님도 절대적 지정의를 가지고 역사하신다. 속사람인 영은 영이신 하나님과 영통하고, 영들인 천사들과도 통할 수 있다. 사람은 생혼으로서 생혼인 애완동물들과도 통하고, 영이 있어서 하늘의 영과도 통할 수 있는 존재이다. 혼적 이성은 있으나 영적 이성이 없는 동물들은 영들과 교통할 수 없으므로 영들과 직접 연관을 갖는 내세 및 종교에 대해 듣거나 접촉을 받아도 통하지 못한다. 전도서에 사람과 짐승에게 '루아흐'가 있다고 기록했지만 이는 짐승처럼 육신에 치우친 사람의 관점으로 본 것으로 '숨'(혼)에 해당하는 의미로 쓰였다(전 3:19,21).

영의 생각과 육신의 생각은 서로 원수지간이다(롬 8:5-8). 살아있는 사람의 육체는 그 자체로 식물(植物)처럼 욕구(본능)가 있다. 그러나 '육신의 생각'이란 '육신을 향한 혼의 지정의 활동'을 가리키고, 혼의 생각이 육신의 행위로 나타난다. 범죄 후에 사람의 혼은 육체의 타락과 멸망을 향해 심하게 기울어졌다. 죄로 인해 영(속사람)이 죽었지만 영이 없어진 것이 아니라 생명의 근원이신 하나님(영)과 생명의 교통이 단절되었다(마 8:22; 눅 9:60; 고전 15:22). 범죄로 인해 죽은 영(속사람)은 우상숭배, 접신, 마술 등을 통해 오히려 사단 마귀, 귀신, 미혹하는 영들과 교통하거나 그것들의 지배를 당한다.

숨 쉬는 동안에는 사람의 영(靈)과 혼(魂)은 분리(分離)되지 않은 상태이나 구별(區別)해야 한다. 사람의 영을 여주인 사라에 비유한다면 혼을 여종인 하갈에 비유하고 육체를 집에 비유한다. 영과 혼이 속사람과 겉사람의 지정의 활동의 주체이므로 일반적으로 '영혼과 육체'라고 표현하고, 몸을 영혼의 집(거처, 그릇, 옷)이라고 여긴다. 생혼인 동물이 죽을 때와 같이 사람이 죽어 육체가 흙으로 돌아갈 때 육체에 담겼던 혼은 없어지나 영은 없어지지 않는다.

사람은 하나님(예수님)의 형상과 모양대로 창조된 존재이다(창 1:26). 사람은 겉사람의 형상(모양)과 속사람의 모양(형상)이 있다. 한글번역 성경들은 '형상이나 모양'에 대해 구별이 없이 번역되었고, 영어 성경들도 Image나 likeness로 구별 없이 번역되었고 서로 바꾸어 '형상과 모양'을 외적형상/모양과 내적형상/모양이라 할 수 있다.

뿐만 아니라, 겉사람이나 속사람이 나타내는 성향(성질, 성격, 성품)을 무형(無形)적인 모양/형상이라고도 부른다. 바울은 성도들 안에 그리스도의 형상/모양이 이루어지도록 다시 해산의 수고를 하였다(갈 4:19). 성도들이 닮아가야 할 그리스도의 성품을 가리켜 '속에 이루어질(내적) 형상(모양)'이라 했다(골 3:10). 마치 4복음서에 사람으로서 예수 그리스도의 내적 모습을 사자(마태), 소(마가), 사람(누가), 독수리(요한)의 형상으로 묘사한 것과 같다. 내적형상은 외적형상을 통해 나타난다.

(2) 죽은 사람들이 죽은 사람을 장사지냄

식물, 동물, 사람, 천사를 막론하고 모든 생명은 하나님께로부터 왔다. 생령(生靈)의 죽음은 뱀에게 속은 후 범죄로 말미암아 왔다.

캘리포니아의 화이트 마운틴의 브리스틀콘 파인(Bristlecone pine) 소나무들은 수명이 거의 5,000년에 이른다고 한다. 2007년 10월에 채집된 대합조개(쿼호그/quahog)는 태어난 지 410년이 되었다고 한다.[2] 그것들은 보통 사람들보다 더 긴 수명을 갖고 있다.

이경원(李慶遠/李淸雲 1677-1933)이라는 사람은 청나라 말인 강희 18년부터 민국 24년까지 실존했던 사람이라 한다.[3] 당시 미국의 뉴욕타임스(The New York Times)와 타임(Time)지가 보도한 기사에 의하면 그는 100세까지 한의학 분야에서 뛰어난 성과를 보여 정부의 특별상을 수상했고, 200세 때에도 여전히 대학에서 학술강연을 했고, 서방 여러 학자들의 방문을 받고 교제를 나누었다. 그는 평생 24명과 결혼했고, 256세의 나이로 세상을 떠나기 전까지 180명의 후손을 보았다.

통계청이 잠정집계한 2019년의 인구동향에 따르면, 출생아수는 30만3천1백 명으로 집계됐다. 반면, 사망자수는 29만5천1백 명으로 나타났다. 2020년 세계인구는 약 78억 명에 이르며, 2050년에는 100억 명에 육박할 것이라고 전망한다. 대부분의 국가들은 저출산과 고령화시대로 접어들어 심각한 사회적 문제가 생길 것이라고 한다.

죽음은 당사자나 유족들에게 상상할 수 없는 충격을 준다. 진화론은 모든 것이 무(無)에서부터 우연히 생겨났고, 사람을 가장 진화된 생물로 본다. 그러나 진화되었다는 사람 어느 누구도 계속 진화하려는 원함을 갖고 있지는 않다. 하찮은 식물보다 더 오래 살 수 있다는 기대도 하지 않는다. 과학은 여전히 생명과 사망에 대한 해답을 주지 못한다. 진화론이나 과학으로는 결코 사람의 영이나 죄나 내세나 영인 천사들, 영이신 하나님에 대해 설명하지 못한다. 사람의 생명과 죽음은 육체나 정신과 심리에 관한 연구로는 결코 설명할 수 없는 영역에 있다.

---

2) 2007. 10. 27. 영국 텔레그라프 보도, 나이테의 증거, 뱅거 대학교 연구팀
3) 2012.11.16 18:14 시사중국

① 범죄로 인하여 영과 육체에 죽음이 들어옴

하나님께서 첫째하늘과 지구, 에덴동산을 지으시고 사람을 지어 그곳에 살게 하셨을 때 거기에는 죄와 죽음이 존재하지 않았다. 선악과를 먹지 않는다면 사람은 영원히 살 수 있는 존재로 지음 받았다(창 2:17). 하와와 아담이 하나님의 말씀을 불순종하여 범죄했고, 그때에 그들 안에 있던 모든 후손들도 죄에 동참하게 되었고 사망에 갇혔다.

병들고 늙는 사람의 사망이란 없어지는 것이 아니라 결국 현세에서 사라져 어디론가 돌아가는 것이다(창 3:19). 죄인의 죽음/사망(死亡)이란 생명세계에서 떠나 생명이 없는 세계로 옮겨지는 것이다. 육체는 흙으로 돌아가고, 영은 음부(陰府)로 갔다가 최후 심판 후 영원한 둘째사망으로 들어가는 것이지 무(無)의 상태로 되는 것이 아니다.

하나님께서 아담에게 선악과를 먹으면 '먹는 그날', '그날 안'(in the day/in the same day)에 죽을 것이라고 말씀하셨다. 아담은 범죄한 후에 930년을 살다가 죽었고(창 5:5), 그 후손들도 900세 이상을 살았지만 성경은 '그날 안'에 죽었다고 선언했다(창 5:5-27; 9:29).

회전하는 선풍기의 코드를 뽑으면 생명인 전기가 끊어졌으나 회전이 즉시 멈추지는 않는다. 영이 죽은 후 얼마 동안 더 사는 것이 마치 코드 뽑힌 선풍기가 얼마동안 더 도는 것과 같다. 하나님은 죄악에 빠져드는 인간들이 빨리 회개하고 돌아오기를 천년을 하루같이 참으시며 기다리신다(호 6:2; 눅 13:33; 벧후 3:8). 겉사람은 천년을 하루같이 보시는 하나님의 관점에 마치 하루살이와 같았다(사 51:6). 최장수자로 알려진 '무드셀라'도 하루를 넘기지 못하고 969세에 죽었다. 결국 영의 시각과 육의 시각으로 보는 차이가 있을 뿐, 아담은 하나님의 말씀대로 범죄한 그날에 죽었다. 육체의 생명은 피와 호흡에 두셨고(시 104:29; 전 3:19; 사 2:22; 행 17:25) 이를 가리켜 '목에 붙어있는 숨'(목숨)이라고 부른다(마 16:25,26). 뇌가 완전히 정지할 때 혼의 죽음이 오고 심장정지(피돌기의 멈춤)로 겉사람도 완전히 죽게 된다.

성경은 죄인들에게 첫째사망과 둘째사망이 있다고 증거한다.
선악과를 먹은 죄가 그 즉시로 하와와 아담의 속사람(영)을 죽였고, 이것이 첫째사망의 시작이다.

사람의 영이 인간생명 자체이며, 영이 생명이신 하나님과의 교통이 끊어짐으로써 죽은 것이며, 사람의 영이 육체와도 분리될(장막 집을 떠날) 때 첫째사망이 마무리된다.

예수께서 첫째사망 아래 있는 사람에 대해 그렇게 말씀하셨다.

<21 제자 중에 또 하나가 가로되 주여 나로 먼저 가서 내 부친을 장사하게 허락하옵소서 22 예수께서 가라사대 <u>죽은 자들로 저희 죽은 자를 장사하게 하고</u> 너는 나를 좇으라 하시니라>(마 8장)

'죽은 자들'은 관을 메고 가는 자들이며 속사람만 죽은 자들이다.

'죽은 자'는 그 영이 몸을 떠나 속사람과 겉사람이 모두 죽어 시체가 된 자이다. 누구든지 숨이 끊어지기 전에 죄와 사망을 끊어버려야 살 수 있다. 오직 예수 그리스도의 복음에 연합됨으로 죄를 끊을 수 있다.

사람이 죄인으로 죽으면 그 영은 음부에 갇히게 된다. 음부에 갇힌 악한 영들은 장차 부끄러운 몸으로 둘째부활로 나와서 불못(둘째사망)에 던져지고 그곳에서 영원히 고통을 받게 된다(계 2:11; 20:6,14; 21:8). 그들은 생명의 근원이신 하나님과 영원토록 단절되며 생명의 열매인 평강과 희락을 빼앗긴 채 끊임없이 처절한 고통을 겪는다. 그 둘째사망은 본래 사단이 된 대천사장과 추종 천사(사자)들을 벌하고 죄와 첫째사망을 멸하기 위하여 만들어진 것이다(마 25:41).

② 범죄로 인하여 받게 된 온갖 저주들

<또 여자에게 이르시되 내가 네게 잉태하는 고통을 크게 더하리니 네가 수고하고 자식을 낳을 것이며 너는 남편을 <u>사모하고(히-테슈카)</u> 남편은 너를 다스릴(마샬) 것이니라 하시고>(창 3:16)

죄로 인해 사람에게 저주들이 더해졌는데, 먼저 범죄한 하와는 매달 생리통과 해산의 고통이라는 육체적 저주를 받았다. 이러한 고통은 진화론으로는 설명할 수 없는 저주들이다.

'남편을 사모한다'는 번역에서 히브리어 '테슈카'는 '사모'나 '소원'이라는 뜻으로 번역되었다(창 4:7 각주 참고). 그러나 이 말씀은 '아내가 남편을 사랑하여 그리워함'이 아니다. 아내가 하나님께서 먹지 말라고 하신 선악과를 남편에게 먹게 하였으므로 그로 인해 남편을 지배하려는 강한 욕구(갈망)가 계속된다는 말씀이다.

이 구절을 잘 번역한 예로 '지배하려 할 것이고'(쉬운성경), '마음대로 주무르고 싶겠지만'(공동번역), '지배하려고 해도'(표준새번역, 표준새번역개정), '네 마음대로 하고 싶겠지만'(현대어성경)을 들 수 있다. 창세기 3장 16절과 4장 7절은 히브리 원문에서 단어(테슈카= 주관하다, 마샬= 다스리다)와 문장구조가 같다. 마치 죄가 문 앞에 웅크리고 사람을 잡아 먹으려고 노리는 것과 같이 모든 아내들은 남편을 지배하려는 정신적, 심리적인 저주를 자취하게 되었다는 말씀이다.

아내가 남편을 지배하고 주무르려 할 때 남편은 그 아내를 폭력으로 다스리려는(히-마샬) 저주에 함께 빠진다. 죄가 사로잡으려할 때 죄를 잔인하게 짓밟아 이기려는 것과 같은 생각과 행동으로 남편은 아내를 다스리려 한다. 세상의 모든 부부갈등의 이면에는 이와 같은 저주가 도사리고 있음을 알고 저주에서 벗어나야 한다. 남편과 아내는 지배나 다스림의 대상이 아니라 서로 생명나무 열매와 사랑으로 채워줄 대상이다. 둘이 합하여 한 육체가 되고 더 온전한 희락과 평강을 누릴 관계이다. 하나님께서 아담이 하와와 합하여 한 몸이 되는 것을 아담이 독처하는 것보다 좋게 보신 이유가 여기에 있다(창 2:18).

아담은 땀이 이마에 흐르도록 수고해야만 먹고 살 수 있는 육체적 저주도 자취했다. 흙에서 난 사람들의 육체가 늙고 병들어가듯이 사람들이 사는 땅도 점점 더 황폐하여져서 황무지나 사막, 버림받은 땅으로 변해 간다. 땅을 경작해야 할 의무가 남편에게 주어졌듯이, 사람의 마음도 기경해야 되는데, 사랑과 생명의 법은 황무지를 옥토로 만들지만 선악의 정죄의 법은 도리어 아내의 마음에 가시와 엉겅퀴를 내게 한다.

범죄 후 초기의 인류는 900년 이상을 살 수가 있었으나 세월이 흐를 수록 사람들의 수명은 점점 더 단축되어갔다. 세대가 흐를수록 반복되고 가중된 범죄와 환경파괴는 급격히 수명단축을 가져왔다. 죄악이 쌓임은 인간본연의 가치를 점점 하락시켰다.

③ 범죄로 인해 가장 악한 것들이 주(主)와 왕(王)노릇을 함

아담의 범죄로 사악한 사단 마귀(뱀)가 세상임금이 되어서 모든 사람들 위에서 왕(머리)으로 지배하게 되었다(창 3:15).

예수께서도 사단 마귀를 세상의 신, 왕, 주라고 인정하셨다(눅 4:5,6; 요 12:31; 16:11; 고후 4:4). 죄(罪)와 사망도 신(神)과 왕(王)과 주(主)가 되어 모든 죄인들을 지배한다(롬 5:14-21). 인간은 가장 악한 것들에게 삼중적인 지배를 삶에 받으며 처참하게 파괴당하며 죽어간다. 예수님이 없이 생지옥 같은 고통의 삶을 살아가는 자들에게는 참하나님과 생명의 약속(언약)이 없어서 영원토록 소망도 없다(엡 2:12).

④ 범죄로 인하여 에덴동산으로부터 추방당함

에덴동산은 지상에서 가장 완전한 낙원이었다. 아담과 하와는 영혼육에 어떤 부족함도 없는 상태로 최상의 만족한 삶을 누릴 수 있었다. 아담이 몇째 날에 죄를 지었는지 알 수 없다. 만일 아담이 한 달 동안 범죄하지 않았다면 그동안 계속 안식을 누렸을 것이다. 아담이 죄를 지은 그날에야 비로소 생명과 안식을 잃어버리고, 동산 밖으로 추방되었고, 수고와 슬픔과 고통이 그들에게 더해졌다.

'안식을 지키는 것'은 '안식일을 지키는 것'과 다르다. 에덴동산에서 '안식을 지키는 것'은 안식을 **빼**앗기거나 잃어버리지 않도록 간수하고 누린다는 것이다. 에덴동산의 삶은 안식일을 지키는 삶이 전혀 아니다. 에덴동산에서 추방된 아담이 930세에 죽을 때까지 '안식일'을 지키라는 명령을 받은 적이 전혀 없다. 하나님은 아담 후 약 1650년이 지난 때에 황폐해진 온 땅을 쉬게(안식하게) 하시려고 홍수를 보내셨다(창 5:29; 레 25:2,4; 26:34,35; 대하 36:21). 홍수 이후 950세까지 살던 노아에게도 안식일을 지키라는 명령을 주신 적이 없었다.

홍수 후 노아의 후손들도 다시 우상숭배에 **빠**졌다. 하나님께서 우상숭배자들로 가득 찬 세상에서 하나님을 섬길 자를 부르셨을 때 아브람이 응답함으로써 그를 선민의 조상으로 세우셨다. 하나님께서 아브라함을 믿음의 조상으로 세우신 때나 요셉이 애굽의 총리로 있을 때에도 안식일을 지키라고 명령하신 적이 없다.

하나님께서 400년 동안 혹독하게 노예살이를 하던 애굽에서 이스라엘 백성들을 이끌어내신 주전 1400년경, 아담으로부터 약 2600년이 흘렀던 때에야 비로소 '안식일을 지키라'는 명령을 하셨다.

안식일을 지키라는 명령을 하시기 전에는 안식일에 일하는 것은 죄가 아니었다. 안식일을 지키는 게 유익이라는 훈계만 주셨다가 제4계명이 선포된 이후에는 안식일에 나무를 한 자에 대해 하나님께 여쭈었고 계명대로 처형했다(출 16:20,25-27; 민 15:32-36).

안식일을 지킨다는 것은 하루를 쉬고 나머지 6일 동안은 종의 신분으로 일해야 한다는 의미이므로 완전한 안식이 아니었다. 하나님은 완전한 안식을 주시기 전에 애굽의 혹독한 노예살이를 통해 안식에 대한 필요를 절감하게 하셨다. 또한 안식일보다 더 큰 안식년에 대해서도 가르치셨다. 매 7년마다 오는 안식년, 49년째 안식년 다음해인 50년째 최상의 안식년(희년)을 가르치시며 지키게 하심으로써 영원하고 완전한 안식을 배우고 기대하게 하셨다. 이 모두가 장차 주실 완전한 속죄 및 참되고 완전한 안식을 믿음으로 받게 하기 위함이었다.

(3) 죄인의 영들을 가두는 영계의 감옥들

2016년 전 세계 자살자 수는 793,000명이고 러시아(26.5명)에 이어 한국(20.2명)은 세계에서 두 번째로 자살률이 높은 국가이다. 고통을 피하여 삶을 포기할지라도 죄로 인해 그 이후에 받게 될 고통은 끝나지 않는다. 한 번 죽는 것은 필연이요, 죽은 후에는 심판이 기다리므로 모든 인생은 호흡이 있는 동안 반드시 죄사함을 받아 형벌로부터 자유로워져야 한다. 지금까지 인류가 겪은 모든 고통들을 합친 것보다도 더 큰 고통을 영원히 받는 곳이 불못이기 때문이다(히 9:27).

죄인의 영을 가두는 곳을 일반적으로 지옥(地獄)이라고 부르는데 이는 하늘(위)로 가지 못한 자들을 가두는 '지하(아래)의 감옥(監獄)'이라는 곳이다. 죄인의 영들을 가두는 감옥과 타락한 천사들을 가두는 감옥들을 둘째하늘에 만드셨다. 최후심판 후 죄인들과 사단 마귀와 그 사자들과 모든 감옥들까지 영원히 가두는 장소로 불못/hell도 만드셨다.

① **음부(陰府)**: 구약에서 죽은 사람의 영을 가두는 장소를 히브리어로 '셰올'이라 하는데 한글개역성경은 '스올'이라고 음역(音譯)했고(욘 2:2) '음부'라고 번역했다. 구약성경을 헬라어로 번역한 70인역은 '셰올'을 매번 ἄδης[하데스]로 번역하였다. 영어표준개역(RSV)도 sheol[시올]로 음역했다. 그런데 영어흠정역(KJV)은 '셰올'을 hell(불못/지옥)로 31회(신 32:22; 삼하 22:6; 욥 11:8; 시 9:17; 16:10; 55:15…), grave(무덤)로도 31회, pit(구덩이)으로도 3회나 번역했다. 음부(셰올)와 영원한 심판 후에 가는 지옥(hell)을 구별하지 못한 이런 오역으로 인해 최후 심판에 대한 가르침에 심각한 오해를 안겨주었다.

예수께서 '셰올/하데스의 권세가 교회를 이기지 못한다'고 말씀하셨다(마 16:18. 참고 시 16:10; 행 2:27). 흠정역은 신약성경의 '하데스'도 hell로 오역했다(마 11:23; 16:18; 행 2:27,31; 계 1:18; 20:14 …). 부자나 나사로가 간 곳은 '불못/지옥'이 아닌 '하데스'이다(눅 16:22,23). 지옥(불못)에 떨어져 영원토록 겪는 처참한 모습과 비명을 천국에 들어간 자가 영원토록 듣고 바라보며 대화할 수 있다면 그곳은 천국일 수 없다. 영어표준개역성경은 이 구절을 hades로 음역했다.

예수께서 몸과 영혼을 함께 지옥(헬-'게엔나')에 멸한다고 말씀하셨다. 흠정역은 '게엔나'도 hell로 번역했다(마 5:22,29,30; 10:28; 18:9; 23:15…. 참고 마 25:41; 계 20:14). 흠정역이 '하데스'를 hell(지옥)이라 번역함으로써 수많은 죄인들이 이미 불못에 던져졌다고 오해한다. 예수께서 재림, 천년통치 후 마지막 심판을 하신 후에야 비로소 첫째사망과 음부(셰올/하데스)도 불못(게엔나)에 던져진다(계 20:14). 최후심판 이전에는 사탄 마귀는 물론 어떤 죄인도 지옥에 던져진 자가 없다는 것이 예수님의 증언이다. 오역을 따른 잘못된 개혁신학이 사단에 속은 거짓된 천국과 지옥 간증들로 범람하게 만들었다.

육체를 벗어난 사람의 영은 물질로 만들어진 어떤 감옥에서든 쉽게 나올 수 있다. 음부는 육체의 몸을 벗어난 사람의 영들을 가두기 위해 땅속이 아닌 영들의 둘째하늘(영계)에 만들어 놓으신 감옥(prison)이다. 성경은 물질적인 우주공간을 가리키는 하늘이 있고, 천사들이 있는 둘째하늘이 있으며, 초월적인 셋째하늘(참하늘)도 있다고 증거한다.

② **무저갱**: 타락한 영들(천사들)을 일시적으로 가두었다가 다시 끌어
내기도 하는 감옥(prison)인데 헬라어로 Ἄβυσσος[아뷔쏘스]라고 한다.
한글개역성경에서는 '바닥이 없는 깊은 구덩이'라는 의미로 무저갱(無底
坑)이라 번역하였다(눅 8:31; 계 9:1,2,11; 11:7; 20:1,3). 70인역에서는
히브리어 '테홈'을 '아뷔쏘스'로 번역하였다. '테홈'은 '큰 깊음'(영어 성
경들은 great deep, 창 7:11; 사 51:10), '깊은 물밑'(욥 38:16) 등의 의
미에서 유래한 단어이다. 흠정역은 '아뷔쏘스'를 the deep로 번역했고
영어표준개역과 신국제역은 Abyss로 음역했다. 흠정역과 표준개역은
'아뷔쏘스'를 'bottomless pit'(밑바닥이 없는 구덩이)로도 번역했고(계
9:1,2,11; 11:7; 17:8; 20:1,3), 신국제역은 Abyss로 음역했다.

예수께서 부활한 아들들과 세상을 천년 동안 다스리실 때에 사단을
무저갱에 천년 동안 가두신다(계 20:2,3). 사단이 빛보다 빠른 속도로 떨
어질 때 세상 시간으로 천년 동안 바닥에 닿지 않을 만큼 깊은 감옥은
영계의 하늘이어야 존재가 가능하다. 사단 마귀의 범죄에 함께 참여한
천사들은 아직 감옥에 갇힌 상태가 아니기 때문에 여전히 사람들을 참
소하고 속이는 일을 계속하고 있다(욥 1:6; 2:1; 계 12:7-17).

③ **흑암갱**(어둠의 구덩이): 한글개역성경에 '지옥'으로 번역된 감옥 중
헬라어로 τάρταρος[타르타로스]는 신약성경에 한번 나온다(벧후 2:4).
대부분의 영어성경들은 이것도 hell로 번역했다. 다른 성경들은 the
deepest abyss(Jubilee Bible 2000), the deepest pit of gloom(Darby
Bible Translation), the lowest depths(Aramaic Bible in Plain
English), prisons of darkness(New Living Translation), World
English Bible, Young's Literal Translation), Tartarus(Weymouth
New Testament)로 번역했다. '흑암갱'(타르타로스)은 '무저갱'(아뷔쏘스)
과 달리 특별한 죄를 지은 천사들을 최후심판 때까지 나오지 못하도록
결박해 둔 흑암구덩이이다(유 1:6).

베드로는 이곳에 갇힌 천사들을 홍수 심판, 소돔 및 고모라의 심판과
연관 지어 기록했다. 유다도 롯의 때에 소돔과 고모라의 죄를 지목하여
'저희와 같은 모양으로 간음을 행하여 다른 색을 따라 갔다'고 기록했다
(유 1:7). '저희'는 창세기 6장에 언급한 천사들을 가리킨다.

홍수 이전의 천사들의 범죄와 소돔과 고모라의 동성연애(다른 색
/sodomy)가 연관성을 갖고 있다는 말씀이다. 롯의 집에 두 천사들이
사람의 모습으로 왔을 때 소돔 남자들은 그들과 성관계를 갖고자 했다.
이런 죄를 보며 고통을 느끼던 의로운 롯도 그들이 천사인 줄은 몰랐다
(히 13:2). 롯이 그들에게 엎드려 절하고 자기 집에 숙박을 간청하고 그
들을 악한 자들로부터 지키기 위해 처녀인 자기 딸들을 대신 내어주겠
다고 말한 점 등이 그들을 범상치 않은 남자들로 여겼다는 증거이다(창
19:1,3,8). 소돔 남자들은 그들이 천사인 줄 모르고 관계하기에 탐나는
남자로 알았기에 그들에게 성폭행을 하려 했다. 성령의 감동하심을 받은
모세나 유다는 소돔을 방문했던 자들이 천사임을 알고 기록했다. 홍수
전에 사람의 모습을 한 천사들이 여자(사람)와 관계를 맺는 죄를 짓자
하나님께서 즉각 그들을 흑암의 구덩이에 가두었고(창 6:1-4), 천사들과
성관계로 나온 거인들도 멸망을 당했다는 것이다.

어떤 이의 주장처럼 셋의 아들은 하나님의 아들, 가인의 딸은 사람의
아들이라는 구별이 없다. 셋의 혈통의 아들들도 사람의 아들(인자/人子)
이며 그 중에는 악인도 있다. 에스겔도 인자(사람의 아들)이며(겔 2:1)
예수님도 '사람의 아들'(人子)이다(마 16:13). 셋의 혈통의 아들과 가인의
혈통의 딸이 결합으로 네피림(거인/丈夫)은 나오지 않는다. 셋의 혈통의
아들과 셋의 혈통의 딸이 결합해도 더 큰 거인이 나오지 않는다. 사실은
셋의 후손들보다 가인의 후손들이 육체적으로 더 강했다. 분명히 남성과
여성의 결합이 아닌 비정상적인 결합을 통해 유명한 용사(거인)들이 나
왔고 그들은 홍수 심판으로 죽었다는 말이다.

하나님께서 천지창조를 하실 때 이미 새벽별들과 하나님의 아들들이
있었다고 친히 증언하셨다(욥 38:4-7). '새벽별'(사 14:12. 아침의 아들/
계명성)들은 홍수 전까지도 당연히 존재하고 있었다. 그 '하나님의 아들
들'은 욥의 때에도 언급된 천사들이 확실하다(욥 1:6; 2:1). 욥은 족장시
대(주전 2000년경의 아브라함의 시대) 이전 인물이란 증거가 욥기 마지
막 내용에 나온다. 타락한 천사의 개입이 거인출현과 홍수심판과 특이한
흑암갱 심판의 이유이다. 천사는 육체가 아니므로 여자와 교합하지 못하
지만 천사의 능력은 인간을 능가한다(마 22:30; 막 12:25).

아브라함은 자기의 장막을 방문한 세 명의 방문객들을 진짜 사람으로 알았고, 그들도 사람들과 똑같이 행동을 했다(창 18:1-8). 아브라함은 하나님과 천사들인 줄 전혀 알지 못하고 사람으로 대접했다(히 13:2). 소돔 사람들 중 누구도 그들을 천사라고 생각조차 못했고 관계하기에 탐나는 남자들로 알았기에 떼거리로 몰려와 그것을 강요했다. 천사들이 취한 형체가 사람의 육체와 어떤 차이를 가졌는지는 알 수 없다. 비록 자녀를 생산할 수 있는 육체는 아니었으나 얼마든지 성관계가 가능한 몸이었다는 사실은 분명하다.

그 천사들은 자기 지위를 지키지 않고 자기 처소를 떠난 자들이다(유 1:6). '지위'로 번역된 헬라어는 ἀρχή[아르케]인데 '본래', '시작', '처음', '기원', '태초', '근본'이라는 말로도 번역된다. 천사는 영체를 가졌지만 어떤 천사들은 육체와 비정상적인 결합을 위해 영체로만 존재하는 근본을 떠나 아브라함의 장막을 방문할 때나 소돔을 방문할 때와 같이 인간 육체와 관계할 수 있는 형체를 가지고 그 죄를 지었다.

천사는 풀무불에 던져진 세 사람에게 기적을 일으켰고, 베데스다 못에서 모든 질병이나 장애를 완치하는 기적을 일으켰다. 번개보다 더 빨리 지구를 돌 수 있는 능력을 가졌다. 천사들은 인간의 능력을 우습게 여길 만큼 뛰어난 능력을 활용할 수 있는 존재이다.

인간들은 정자를 오랫동안 냉동 보관시키거나 임의로 수정하여 태에 이식하고, 복제를 하고 유전자를 조작하여 매우 뛰어난 생물을 만들 수 있으며, 이 분야의 발전은 신의 영역에 도전한다고 할 정도로 놀랍다. 천사들은 사람과 관계할 때 순식간에 어느 남자의 정자나 유전자를 취하고 결합시키거나 DNA를 조작하는 일을 쉽게 할 수 있고, 오늘날 과학이 하지 못하는 일도 할 수 있다. 그러므로 천사의 살과 피를 받은 자식은 아니지만 성관계한 여자에게서 정상적으로 태어난 아이보다 훨씬 강한 거인을 생산하는 일은 간단한 일이다. 악한 천사(귀신)들이 사람 안에 들어가 그들의 거처로 삼는 것도 사악한 범죄인데, 천사의 근본과 처소를 떠나 여자와 관계하고 의인들을 말살하는 거인을 생산하는 더욱 큰 죄를 지었다. 하나님의 창조계획과 질서를 완전히 대적하고 훼방하는 중대한 범죄였기에 하나님께서 즉시 강한 심판을 하셔야 했다.

비정상적 출생인 네피림은 하나님의 형상을 삼고자 만드신 의인들을 지배하고 해치고 우상숭배를 강요하는 자들이 되었다. 그래서 하나님께서는 당시에 수많은 네피림들을 홍수심판으로 멸하셔야 했다. 하나님은 노아의 때 이러한 범죄를 저지른 천사들도 즉시 영원한 결박으로 흑암 구덩이(타르타로스)에 감금시키셨다. 홍수심판 이후에도 가끔 이같이 타락한 천사의 소생인 네피림과 그 후손들이 등장했다(민 13:33; 신 9:2). 그러한 죄를 범한 천사는 즉시 흑암의 구덩이에 던져졌고, 네피림들은 하나님의 손길에 의해 죽임을 당했다.

④ **지옥불**(불못): 구약성경에는 '천국'이란 단어가 나타나지 않듯이 '지옥'이라는 단어도 나타나지 않고 다만 비유로 등장한다. '지옥'이란 명칭은 신약성경에서 헬라어로 γέεννα[게엔나]라 부르는데 히브리어로 '게 힌놈'(힌놈의 골짜기), '게 벤 힌놈'(힌놈의 아들의 골짜기), '게 베네 힌놈'(힌놈의 아들들의 골짜기) 등에서 유래했다. γέεννα[게엔나]를 한글 개역성경에는 '지옥'(불못)으로, 영어로는 hell로 번역했다.

지옥에 흉악한 죄인들이 이미 던져졌고, 그들을 괴롭히는 사단 마귀와 악귀들과 전갈들과 맹독성의 뱀들이 그들을 괴롭히고 있는 것을 보았다는 간증은 거짓이다. 누가 실제로 환상을 보았을지라도 거짓의 아비가 보여준 것이다. 지옥은 본래 마귀와 사자들을 벌하기 위해 만든 곳이다. 죄인들은 하나님을 떠나 사단 마귀의 거짓말을 따름으로써 사단 마귀와 그 사자들이 받아야 할 심판을 자취한 것이다.

<또 왼편에 있는 자들에게 이르시되 저주(詛呪)를 받은 자들아 나를 떠나 <u>마귀(魔鬼)와 그 사자(使者)들을 위하여 예비된 영영한 불</u>에 들어가라>(마 25:41)

마귀의 사자(앙겔로스)들이란 천사장과 함께 반역한 천사들이다. '사자들'은 '부하들'(쉬운성경, 현대인의성경, 표준새번역, 바른성경, 현대어성경), '졸도들'(공동번역), '천사들'(한글 흠정역), '졸개들'(표준새번역개정)이라고도 번역했다. 이들을 악한 영(악령), 더러운 영, 악귀, 귀신이라고도 부르는데 영체를 가진 자들이다. 하나님께서 천사들을 사람보다 월등히 좋게 만드셨지만, 사단과 함께 범죄한 것들을 둘째하늘에서 쫓아내시고 불못에서 영원히 고통을 받도록 정하셨다.

사단 마귀와 그 사자(귀신)들은 아직까지 지옥불에 던져지지 않았다. 예수께서 지상에 다시 강림하시고 부활한 의인들과 천년 동안 이 땅을 다스리실 때 사단 마귀를 천년 동안 무저갱에 감금하신다. 천년 후에 마귀를 무저갱에서 잠깐 풀어주실 것이고, 마귀는 육체로 살아남아 번성한 사람들을 또다시 미혹할 것이다. 예수께서 사단 마귀를 사로잡아 영원히 고통 받을 지옥불(불못)에 던져 넣으심으로 심판하신다(계 20:7-10).

죄인들 중 먼저 적그리스도와 거짓 선지자가 지옥에 던져진다. 세상의 모든 죄를 대신 지신 참그리스도를 어린양에 비유했고(계 22:1), 자기를 경배하지 않는 모든 자들을 죽이는 적그리스도를 '짐승'에 비유했다. 어느 시대에나 사단의 대변자 역할을 해왔던 적그리스도의 모형들과 거짓 선지자들이 있는데, 이 거짓 선지자는 온갖 기적을 행하며 온 세상으로 적그리스도를 따르도록 사단의 특출한 능력을 나타낼 자이다.

심판의 부활 즉 둘째부활이 일어나 아담 이후 죄인으로 죽었던 모든 자들이 부끄러운 몸으로 부활하여 심판대 앞에 선다. 그들의 이름은 생명책에 없고, 성경책에 기록된 법을 위반한 모든 악행들을 기록한 기념책의 증거에 따라 심판을 받는다(계 20:10-15).

첫째하늘 아래 지구에 감옥이 있듯이 둘째하늘에 지옥이라는 '불못'(지옥불/the lake of fire)을 만드셨는데 '영영히 타는 불'이라 한다(마 18:8; 25:41; 계 14:11). '불이 세세토록 탄다'고 기록된 말씀의 동일한 헬라어가 '세세토록 왕노릇 한다'는 말씀에도 쓰였듯이 불못은 영원한 고통의 장소임이 분명하다(계 22:5).

<48 거기는 구더기도 죽지 않고 불도 꺼지지 아니하느니라 49 사람마다 불로서 소금 치듯함을 받으리라>(막 9장)

'게 힌놈'은 이스라엘 나라의 아하스와 므낫세 같은 사악한 왕들의 통치기간에 '몰렉'이라는 우상에게 사람을 제물로 바치던 '도벳'이라는 곳으로 예루살렘 남서쪽의 한 골짜기이다. 요시아 왕은 그곳을 훼파하고 예루살렘성에서 나오는 온갖 쓰레기의 처리장으로 만들었다(왕하 23:10; 대하 28:1-3, 33:1-6). 그곳은 항상 쓰레기가 불타고 있었고 구더기도 들끓었다. 영적 세계에 육체가 들어갈 수 없듯이, '불못'이라는 감옥에 물질로 된 짐승이나 벌레가 들어갈 수는 없다.

이사야가 예언한 짐승이나 벌레도 비유로 말씀하신 것이다(사 35:9; 66:24). 성경은 악인이나 죄인을 구더기에 비유하였다(욥 17:14; 25:6). 힌놈의 골짜기에는 버려진 소금들이 불에 튀기도 했는데, 죄 중에 떨어진 사람들이 맛잃은 소금에 비유되었다(마 5:13; 막 9:50). '게엔나'는 새예루살렘 성에 들어가지 못하고 성 밖에 구더기와 쓰레기처럼 버려질 자들이 영원히 고통을 받을 곳이다(계 20:10; 22:15).

'게엔나'는 옛창조 안에 있던 모든 악한 것들을 영원히 제거하기 위하여 만드셨다(마 5:22,29,30; 10:28; 18:9; 23:15,33; 막 9:43,45,47; 약 3:6). 최후심판에서 이 불못에 '첫째사망'과 음부(하데스)도 던져짐으로써 영원한 멸망을 받는다.

<14 사망과 음부(陰府)도 불못에 던지우니 이것은 둘째사망 곧 불못 (lake of fire)이라 15 누구든지 생명책에 기록되지 못한 자는 불못에 던지우더라>(계 20장)

불못은 사망과 음부도 집어넣는 곳이므로 물질적인 공간일 수 없다. 음부(陰府)나 무저갱, 흑암갱은 죄지은 피조물이 최후심판 전에 임시로 감금되는 감옥이다. 음부와 함께 무저갱(아뷔쏘스)과 흑암구덩이(타르타로스)와 죄와 사망도 영원히 불못에 던져질 것이다.

(4) 범죄로 타락한 자들을 위해 주신 복음

천사들은 하나님의 전지전능하심을 따라 피조물로는 가장 아름답고 지혜롭게 지음받았다(사 14:12-15; 겔 28:12-19). 뱀은 사단 마귀의 상징인 만큼 동물 중에 가장 아름답고 지혜로우며 사람과 대화를 나눌 수 있는 생혼으로 지음 받았다(마 10:16). 뱀은 사단 마귀의 사주를 받아 하와를 유혹한 후 추악한 형체로 변하는 저주를 받았다(창 3:14). 만일 뱀이 처음부터 지금과 같은 모습이었다면 하와와 대화할 수 없었을 것이고 또한 하와도 애초부터 뱀의 유혹에 응하지 않았을 것이다. 예수께서 너무나 초라한 모습으로 오셨기 때문에 수많은 기적들을 행하시고 약한, 병든 자들을 돌아보시며 놀라운 말씀을 가르치셨음에도 불구하고 결국 백성들로부터도 배척을 받으셨다(사 53:3).

실제의 뱀은 영이 없어 죽은 후 불못의 심판을 받지 않는다. 따라서 유혹 후 곧바로 저주의 심판을 받아 추악한 형체로 변했다고 하나님께서 증언하셨다. 여러 종류의 뱀 중에 가장 아름답고 지혜롭게 지음받은 큰 용과 다른 뱀들도 함께 저주를 받아 추악하게 변했다.

하나님께서 뱀이 종신토록 흙을 먹을 것이라고 말씀하셨다. 뱀의 입천장에는 뇌로 연결된 '야콥슨 기관'(Jacobson's organ)이 있는데 코와 함께 냄새 맡는 역할을 하는 기관이다. 뱀은 뾰족하게 갈라진 혀끝으로 약간의 흙을 시료로 채취하여 입 안쪽에 있는 한 쌍의 감각기관에 가져가 냄새를 맡고, 공기 중에 있는 수분의 정도와 흙 속에 있는 분비물들을 분석하여 먹이를 찾거나 은신처를 찾는다. 혀가 깨끗하게 되면 흙을 맛보는 그 과정을 반복한다(미 7:17).

뱀이 하나님의 저주를 받아 변형되어 배로 다니며 흙을 먹을 것이라는 말씀에는 영적인 비유도 포함되었다. 하나님께서 아담에게 '너는 흙이니 흙으로 돌아갈지니라'고, 범죄한 육체를 흙에 비유하셨다(창 3:19). '신토불이(身土不二)'와 '적신(赤身)으로 왔다가 적신으로 돌아간다'는 말이 여기에서 생겼다. 뱀에 비유된 사단 마귀는 육체(흙)만을 위해 살아가는 자들을 먹잇감으로 삼는다는 사실을 비유로 경고하신 것이다. 뱀이 배로 다닌다는 말씀은 거짓 선지자와 육신적 신자들이 배를 신(神)으로 삼으므로 마귀가 찾는 먹잇감이 된다는 영적 비유의 가르침이다. 육신의 생각은 하나님을 대적하여 원수가 된다(롬 8:5-8,13; 갈 5:17). 십자가를 짐으로써 육신의 생각을 죽이지 않으면 육체의 욕심(원함)을 좇게 되고 십자가를 역행하는 그런 자들은 배설물을 자랑하며 배를 신으로 섬기게 된다는 것이다(고후 4:4; 빌 3:17-19).

이는 뱀을 말씀으로 지으시고 말씀으로 뱀을 저주하신 분이 증언하신 사실이다. 세상임금이 된 사단은 뱀들 중에 큰 뱀인 용(龍)으로 비유되어 사람들에게 받들려진다(계 12:9). 하나님께서는 뱀이 여자와 원수가 되고, 뱀의 후손도 여자의 후손과 원수가 될 것이라고 말씀하셨다.
<내가 너로 여자와 원수가 되게 하고 너의 후손도 여자의 후손과 원수가 되게 하리니 여자의 후손은 네 머리를 상하게 할 것이요 너는 그의 발꿈치를 상하게 할 것이니라 하시고>(창 3:15)

가장 아름답고 지혜롭게 지음받은 대천사장이 가장 높은 권세인 하나님과 그분의 형상이자 그분의 모든 권세와 능력의 후사(상속자)가 될 사람을 대적하고 도전하고자 반역했다. 반역한 대천사장은 '반역자, 대항자'라는 의미로 '사단', 하나님의 뜻(예정)을 훼방하여 허물어버린 자라는 의미로 '마귀'라 불린다. 사단은 아담과 하와의 권위(머리) 아래 있는 뱀을 통해 하와를 거역하게 하고, 하와는 아담(권세, 머리)을 거역하고, 아담은 머리(권세)이신 예수 그리스도와 하나님을 거역하게 했다. 인간은 머리이신 하나님을 떠나 뱀의 머리 아래 속하게 되었다. 이렇게 진행된 반역과 훼방은 모든 피조물들에게 저주를 가져다주었다. 뱀(용)과 사단은 가장 아름답고 지혜롭게 지음받았는데 교만해져 범죄했다는 공통점을 갖고 있어 서로 같은 것으로 불린다.

<큰 용이 내어쫓기니 옛 뱀 곧 마귀라고도 하고 사단이라고도 하는 온 천하를 꾀는 자라 땅으로 내어쫓기니 그의 사자들도 저와 함께 내어쫓기니라>(계 12:9)

히브리어로 '스랍'은 매우 뛰어난 천사인데(사 6:2), 사단의 반역에 많은 천사들이 참여했기에 '스랍'이라는 단어를 '불뱀'(민 21:6,8; 신 8:15; 사 14:29; 30:6)으로도 번역했다. 사단 마귀가 에덴동산에서 뱀을 통하여 하와를 범죄케 하였기에 '옛뱀'은 사단 마귀에 비유되었다(계 20:2). 성경에서 '발'은 지배를 상징하며, 발아래 둔다는 것은 지배, 통치, 권세 아래 둔다는 의미이다. '머리'는 권세(권위)를 상징하는데 모든 정사와 권세의 머리는 하나님이시다(대상 29:11; 골 2:10). '뱀의 머리'는 사단 마귀가 뱀을 통해 아담과 하와를 범죄케 함으로써 아담과 하와를 지배하는 주, 왕, 신이라는 권세를 갖고 있음을 나타낸다.

하와라는 이름은 '모든 산 자들의 어미'라는 뜻이다. 첫 부부 외에 여자에게서 난 모든 자가 여인의 후손이다(마 11:11). 예수 그리스도는 말씀이 육신이 되어 하와의 후손인 동정녀를 통해 '마지막아담'(고전 15:45), '여인의 후손'으로 오셨다(갈 4:4).

여인의 후손으로 오신 예수 그리스도께서 뱀의 머리 즉 사단 마귀의 권세(머리)를 깨뜨려주셨다. 권위와 질서를 바로 잡기 위해 지극히 존귀하신 독생자가 종의 형상, 사람의 육체를 입고 대신 죄를 지시고 죽고 부활하심으로써 사단 마귀(뱀)의 머리를 깨뜨려주셨다.

사람이나 말 같은 동물들에게는 발뒤꿈치에 가장 강한 힘줄(아킬레스건)이 있다. 그래서 발뒤꿈치를 상하게 하면 힘을 쓰지 못하게 된다. '야곱'이라는 이름은 쌍둥이로 태에서 나올 때 형의 장자권을 차지하려고 '발꿈치를 잡았다'는 행위에서 유래했다(창 25:26). 예수 그리스도의 12제자들 중에 돈궤를 맡을 만큼 신뢰를 받던 유다가 예수 그리스도를 은 30냥에 팔았던 사건을 예수님의 발꿈치를 든 것이라고 비유했다(시 41:9; 요 13:18). 뱀이 여인의 후손의 발꿈치를 상하게 한 것이란 말은 하나님의 독생자가 우리의 죄를 대속하려고 오셨을 때, 사단이 그분의 권세 앞에 굴복하지 않고 끝까지 대항한 것을 가리킨다. 예수님은 육체에 계실 때 말할 수 없는 탄식과 간구로 자신의 뜻을 꺾고 아버지의 뜻에 복종했다(히 5:7-10). 반면, 사단은 자신을 높여 '지극히 높은 자'(사 52:13; 빌 2:9)와 비기려고 도발했으나 예수 그리스도는 자신을 지극히 낮추어 십자가를 지시기까지 종노릇을 하셨다. 장대에 놋뱀이 달렸듯이(민 21:8) 여인의 후손이 십자가에 달리심으로 뱀(사단 마귀)을 거기에 달리게 하셨다(요 3:14).

여인의 후손이란 하갈이나 사라에 비유된 성도들의 연합을 의미하고 (갈 4:23) 뱀의 후손은 사단의 거짓말에 연합된 자들을 가리킨다. 뱀의 후손과 여인의 후손의 싸움은 예수님의 신부된 교회와 거짓교회에 대한 비유적 비밀이다(엡 5:32). 여인의 후손들과 뱀의 후손들의 이 전쟁은 진리와 거짓과의 싸움으로 역사에서 계속되어 왔다(엡 6:10-20).

교부신학자들은 창세기 3장 15절을 가리켜 '원시(元始/原始)복음(福音)', '최초(最初)복음'이라고 부른다. 라틴어로 Protevangelium[프로테방겔리움]이라 불렀는데 Proto는 '원래'라는 뜻이고 evanglium은 '복음'을 뜻한다. 예수께서 십자가를 지심으로써 사단 마귀의 머리를 깨뜨리고 타락 이전 무죄상태로 회복시켜 주시는 것은 너무나 놀라운 은혜이다. 그러나 뱀의 저주에서 해방된 것은 단지 에덴동산의 복락 정도를 되찾는 것일 뿐 그 이상의 것은 아니다. 하나님의 구원의 궁극적 목적은 모든 하늘들 위의 것으로, 대천사장도 탐할 만큼 더 놀라운 것이다. 뱀의 머리를 깨뜨린 복음보다 더 좋은, 영원 전부터 예정하신 근원적(根源的)인 복음이 있는데 교부신학은 이 진리를 잃어버렸다.

<그는 창세전부터 미리 알리신 바 된 자나 이 말세에 너희를 위하여 나타내신 바 되었으니>(벧전 1:20)

'예수님은 창세전부터 미리 알리신 바 된 분'임은 확실하다. 영어로 번역된 다른 성경들은 주로 '미리 알려진 분'으로 번역했고 '미리 선택된 분', '미리 정해진 분'으로도 번역했다. 영어흠정역은 <Who verily was foreordained before the foundation of the world>(세상의 기초를 놓기 이전부터 참으로 예정된 자)로 번역하였다. 한글킹제임스역과 한글흠정역도 '참으로 그분께서는 창세전에 미리 정해진 분'이라고 번역했다. 그래서 어떤 이들은 예수께서 창세전부터 '죽임당할 어린양으로 미리 정해졌다'고 오해한다. 그래서 창세전부터 아담의 범죄를 미리 정(예정)하신 것으로 여기는 것이 된다. 하나님께서 창세전부터 독생자를 죽임당할 '어린양'으로서 알리신/정하신 것이 아니라 만유의 후사로, 하나님의 형상으로 미리, 알리신/정하신 것이다.

<죽임을 당한 어린 양의 생명책에 창세 이후로 녹명되지 못하고 이 땅에 사는 자들은 다 짐승에게 경배하리라>(계 13:8)

본문은 어린양이 창세 이후에 죽으셨음을 의미한다. 그러나 흠정역은 <the book of life of the Lamb slain from the foundation of the world.>(세상 기초를 놓을 때부터 죽임을 당한 어린양의 생명책)이라고 번역함으로써 어린양이 이미 창조 전부터 죽임을 당하였고, 아담의 범죄는 예정된 것으로 여기게 한다. 한글킹제임스역도 <세상의 기초가 놓인 이래로 죽임을 당한 어린양의 생명책>(1994.4.12.말씀보존학회. 이송오 발행)이라고 번역하였다. 다른 한글 흠정역에도 <창세로부터 죽임을 당한 어린양의 생명책>(2010.11.30. 한국킹제임스성서협회. 생명의 서신. 서달석 발행)이라고 그릇된 의미로 번역하였다.

흠정역을 따르면 하나님의 어린양이 이미 창세 때부터 인류의 죄를 짊어지시고 돌아가실 것이 예정되었다. 예수께서 어린양으로 돌아가실 것이 아담이 범죄하기 전부터 이미 예정되었다면 아담의 범죄는 당연히 하나님께서 예정하신 뜻대로 진행된 것이므로 필연적이요, 사실상 하나님의 뜻을 이룬 것이 되므로 완전한 모순이다.

주 하나님은 모든 사람들이 진리를 알아 구원을 받기를 원하신다(겔 18:23,32; 33:11,12; 마 12:50; 요 3:16; 6:40; 행 2:21; 13:39; 딤전 1:15; 2:4,6; 4:10; 딛 2:11; 벧후 3:9). 절대주권자가 창세전에 천국 갈 자와 지옥 갈 자를 본인의 의지와 상관없이 예정해 놓으신 것이 아니다.

범사가 절대주권자이며 전능하신 하나님께서 예정하신 것이라고 믿는 다면 대천사장이 반역하여 사단 마귀가 된 것도 하나님의 그 예정대로 이루어졌다고 믿어야 한다. 전능자인 절대주권자가 예정하신 대로 이루 시기에 그 예정된 결과에서 누구도 벗어날 수 없다. 예정하신 그것은 참 하늘에서 이미 이루어진 하나님의 뜻이라고 한다. 하나님의 뜻대로 이루 어지게 해달라는 주기도문을 따라 살펴보면, 아담의 범죄와 절대 다수의 죄인들이 하나님을 거역한 것은 하나님의 뜻대로 이루어진 것이 된다. 멸망당하기로 예정된 수많은 자들에게는 '모든 사람에게 미칠 큰 기쁨의 좋은 소식'이 절대로 될 수 없다(눅 2:10). 주 하나님께서 이미 창초 이 전에 예정해 놓으시고 모든 사람을 위해 독생자를 어린양으로 주셨다고 한다는 교리는 하나님의 뜻과 완전히 배치(背馳)된다.

예수께서 거짓을 따르는 제사장들, 율법사(서기관)들, 바리새인들을 독 사의 자식(뱀의 후손)이라 책망하셨다(마 3:7; 12:34; 23:33; 눅 3:7). 바 른 예수를 믿지 않으면 거짓의 아비인 마귀의 자식이 된다는 말씀이다 (요 8:44). 진리교회 성도는 여인의 후손으로, 다른 예수와 다른 복음과 다른 성령을 따르는 거짓 교회의 신자를 뱀의 후손에 비유하셨다(고후 11:2-4). 교회사는 여인의 후손과 뱀의 후손과의 전쟁사이기도 하다. 거 짓교회가 진리교회를 이단으로 몰아 핍박하고 수천만 명을 살해했다. 살 상의 칼을 사용한 자들은 불법한 자(적그리스도)의 동류요(마 26:52; 눅 22:37), 오직 한 분의 남편(하나님)이 아닌 다른 하나님을 믿고, 사도들 이 전하지 않은 다른 복음을 전하는 자들이다. 성도들은 그들에게 칼로 대항하지 않고 순교를 당했으나 영원한 승리를 얻은 자들이다(사 2:4; 마 10:28-39; 계 2:10). 언제나 육신과 세상을 좇는 신자들은 그 신(神) 인 배를 따라 오히려 독사의 자손, 뱀의 먹잇감이 되어 왔다.

2. 하늘나라 복음의 그림자: 창세기 2장 17절

(1) 하나님 보시기에 심히 좋았던 창조물들

하나님께서 창조하신 모든 것은 하나님 보시기에 심히 좋았다(창 1:31). 하나님께서 수많은 과일나무들을 창조하셨고, 에덴동산 중앙에는 생명나무와 선악을 알게 하는 나무도 두셨다. 에덴동산에는 해함이나 상함이 없이, 모든 선한(good) 것들로 가득했다.

지상낙원인 에덴동산에서는 '선악을 알게 하는 나무의 실과를 먹으면 정녕 죽으리라'는 가벼운 하나의 계명만이 있었다.

<16 יהוה 하나님이 그 사람에게 명하여 가라사대 동산 각종 나무의 실과는 네가 임의로 먹되 17 선악을 알게 하는 나무의 실과는 먹지 말라 네가 먹는 날에는 정녕 죽으리라 하시니라>(창 2장)

하나님께서 아담과 하와에게 '영원히 살기 위해서 무엇을 해야 한다'는 등의 어떤 조건도 제시하지 않으셨고, 오직 지극히 가벼운 계명 하나만을 주셨다. 선악과를 먹지 않을지라도 그들에게 조금도 부족한 것이나 나쁜(악한) 것이 없었고, 생명과를 따먹어야만 영생하는 것도 아니었다. 지구상에는 수천 년 동안 생명을 이어온 나무들이 많다. 우리는 선악과나무나 생명나무의 수명이 얼마일지 모르지만, 아담과 하와는 나무들의 수명과 상관없이, 영생할 수 있었다. 아담과 하와는 단지 선악과를 먹지 않는다면 땅에서 부족함이 없이 영생을 누릴 존재로 지음받았다.

아담과 하와는 영광스럽고 의롭고 아름답고 강건한 존재로서, 전지전능하신 하나님을 나타낼 형상으로 완벽하게 창조되었다(롬 5:14). 다만 모형이었기에, 잠시 후에야 그 실체와 같게 되도록 예정된 존재였다(롬 8:29; 히 2:7). 아담과 하와는 하나님의 형상의 모형으로서는 전지하신 하나님께서 아시는 시각에서 최상의 완전한 상태로 창조되었다. 아담과 하와를 창조하신 후 하나님께서 쉬셨다. 이는 그분의 형상의 모형으로서 그들이 전능하신 그분께서 더 이상 손댈 필요가 없을 만큼 완전했다는 의미이다. 그들은 단지 선악과를 먹지만 않으면 하나님께서 자연스럽게 하나님의 '실체의 형상'으로 변케 해주실 때까지 지상낙원의 모든 것을 마음껏 누리며 살 수 있었다.

불사영생의 영광과 의로운 몸이란 당연히 아무리 뜨거운 불에도 타지 않으며, 물에 익사하지도 않고, 높은 곳에서 떨어져도 죽지 않으며, 먹지 않아도 죽지 않는 완전한 몸이다(참고 사 43:2). 만일 그렇지 않다면 선악과를 먹지 않아도 언젠가는 사망에게 굴복할 것이기 때문이다.

하나님께서 아담에게 6일 동안 지으신 모든 것들, 공중의 것들과 땅의 것들과 물속의 것들을 다스리는 통치권을 주셨다. 아담은 그 모든 것들의 주(主)였고 다스리는 왕(王)이었다. 아담은 매일 주권과 왕권을 온전히 누리는 권력자이며 마음껏 안식하는 자유자였다.

진화론은 하나님의 형상의 모형으로 지은 사람을 그 형상의 실체에 이르지 못하도록 가로막는 간교한 이론이다.

진화론은 사람을 향한 하나님의 복음을 교묘하게 대적하고 훼방한다. 진화론은 도덕과 윤리가 없는 불법을 조장하고 죄와 심판이 없는 것처럼 속여 사단과 함께 멸망을 당하게 하는 파멸의 올무이다.

(2) 지구 전체가 에덴동산처럼 되도록 다스리게 하심

에덴동산에서 아담과 하와는 생명과 평강과 희락을 마음껏 누렸다.

하나님께서 아담에게 에덴동산을 주시고 '다스리며 지키고 땅을 정복하라'고 하신 명령은 그들이 생육하고 번성하며 황무지인 지구 전체를 에덴동산과 같이 되도록 경영하고 충만케 채우라는 사명이었다. 하나님께서 아담을 솔로몬과 비교할 수 없을 정도로 지혜롭게 지으셨고, 지구 전체에 평강과 희락과 행복을 줄 수 있는 권세와 능력과 지혜를 모두 갖춘 좋은(선한) 왕으로 세우신 것이다(창 2:15).

만일 아담이 범죄하지 않고 하나님께서 주신 권세와 능력을 사용하여 온 땅을 에덴동산으로 만들며 넓혀가면서 그의 후손들에게도 그 권세와 능력과 영광을 누리게 했다면 모든 후손들이 솔로몬보다 더 큰 영광과 권세를 누리고 날마다 안식도 누렸을 것이다. 그들은 지구를 다 채운 후에는 우주의 수많은 땅으로 뻗어가며 영원히 살았을 것이다.

하와와 아담이 범죄하기 전에는 세상에 악이라는 것은 전혀 없었다. 물론 하나님께서 십계명을 주실 필요도 없었다. 아담과 그의 후손들은 누구든지 항상 하나님 앞에 기쁨으로 나아가 하나님의 뜨거운 사랑을 받으며 세상과 육체에 속한 모든 복을 누렸을 것이다.

아담과 하와는 하나님께서 주신 통치권을 제대로 행사하지도 못한 채 속아서 죄를 지었고, 모든 것을 잃을 때 통치권도 사단에게 빼앗겼다. 아담과 하와의 후손들 중에 가인이나 셋은 물론 그 누구도 에덴동산 즉 지상낙원의 완전한 삶을 경험해본 자가 없다.

에덴동산 밖의 삶은 기경을 해서 잡초와 가시와 엉겅퀴를 제거하고 파종하며 거두기까지 땀을 흘려야 먹고 살 수 있는 종살이였다. 인간의 마음이 강퍅해짐에 따라 땅은 점점 황폐해져갔다. 1~2일 수고로 3~5일을 쉴 수 있었던 환경이 4~5일을 일해야 2~3을 쉴 수 있는 정도로 점점 황폐해졌다. 하나님은 사람들의 마음이 악해져 죄악이 관영해졌을 때, 땅을 쉬게 하시고 의인으로 남은 노아의 가족들이라도 구원하기 위하여 전 지구상의 악인들을 홍수로 멸하셨다. 이후에도 그 후손들의 마음은 점점 악해졌고, 세상은 더 심한 죄악으로 가득해졌다.

엿새를 일하고 하루를 쉬라는 명령은 애굽의 노예살이 후에 당시의 땅이 얼마나 황폐하게 변했는지를 보여준다. 그 안식은 매일 안식하던 에덴동산의 선한 안식에 비해 질이나 양에 있어서 나쁜(악한) 것이었다. 하나님께서 죄인이 영생으로부터 더 멀어지는 것을 막기 위해 안식일에 반드시 쉬라는 명령을 내리셨다. 안식일에 대한 첫 명령이 7일 중 1일을 쉬라는 명령이었다. 그 계명을 지킨 자들은 죽어서 영이 음부에 갇혀 예수님을 기다리며 약간의 안식을 누릴 수 있었다.

(3) 선악을 알게 하는 실과를 금하신 복음

하나님께서 창조하신 것들은 전지하신 하나님께서 보시기에도 심히
좋았다. 사람이 범죄하기 이전에는 하나님께서 지으신 모든 것은 선했고
악한 것들은 전혀 없었기 때문에 아담이 통치할 땅에서는 선한(좋은) 것
으로부터 악한(나쁜) 것을 구별할 필요조차 없었다(딤전 4:4,5).
하나님께서 아담에게 선악을 분별할 능력을 주지 않으신 것이 아니라
선악과를 따먹을 권세를 주지 않으셨다.
완전히 선하신(좋으신) 하나님께서 보실 때 심히 좋았던 환경이기에
선악과를 먹지 않는 것이 좋다(선하다)는 말씀이다. 하나님의 시각, 천사
의 시각, 사람의 시각 사이에는 엄청난 차이가 있다. 하나님은 항상 절
대적으로 선하시고, 그 지고지선을 이루시려고 변함없이 역사하신다. 주
하나님은 지선하신 그분의 뜻대로 믿는 사람의 믿음을 옳다고 하시며,
그 선(good)함을 청종할 때 더 선(better)함을 은혜로 주신다. 아담과
하와는 서늘한 때에 동산에서 거니시는 하나님과 친밀히 교제하며, 사랑
과 섬김을 통해 완전히 선(the best)하신 하나님의 시각으로 성장되고,
모형을 실체로 이루실 그분의 뜻도 성취된다. 하나님의 완전한 선하심을
배워야만 천사들까지 영원토록 다스릴 하나님의 후사가 될 수 있다. 그
것이 인간 창조의 목적인지라 창세기 2장 17절은 창세기 3장 15절보다
더 좋은(better) 복음이 아닐 수 없다(창 2:17).

① 하나님의 권위(權威)와 선(善)하심을 따르는 복음

존재하는 모든 것들은 하나님께서 낳으셨거나 하나님께서 창조하신
것들이다. 하나님은 모든 정사와 권세의 머리시며 절대선(絶對善)이시다.
하나님을 무조건 신뢰하고 청종하는 자가 옳다 여김을 받으며, 하나님의
지선(至善)을 아는 상을 받는다(대상 29:11). 하나님께서 천사들을 최상
의 존재로 창조하셨지만 어떤 천사도 아담의 머리로 세우지 않으셨고,
하나님께서 친히 사람의 영원한 머리가 되고자 하셨다. 하나님을 머리로
인정하고 하나님의 계명을 순종하는 자에게 그분께서 완전한 선을 가진
머리가 되어 주시며, 하나님의 권세와 능력과 충만을 유업으로 주시고,
그들이 그것들을 영원히 누리도록 예정하셨다(고전 11:3,7).

　대천사장이 만유의 머리이신 하나님을 대적해 사단이 되었고 하나님의 창조질서를 허물어 마귀가 되었다. 하와는 자신의 머리인 아담(남편)으로 하여금 범죄케 하였고, 아담은 머리이신 하나님을 거역하여 범죄했다. 이로 인해 모든 권위와 질서가 완전히 허물어지게 되었고, 이 일을 주도한 뱀은 사단의 상징이 되었고, 사단이 탈취한 권세를 '뱀의 머리'라 부르게 되었다. 권위와 선함을 따르는 표로 주신 창세기 2장 17절의 명령을 거역함으로써 뱀/사단이 인류의 지배자(머리)가 되었다.

　모든 권위와 질서는 만유의 머리이신 하나님으로 말미암는다. 권위를 거역한 아담의 후손들을 위해 독생자를 낳고 천한 모습으로 보내셔서 뱀의 머리를 깨뜨리기 위한 복종을 예고하셨다(창 3:15; 빌 2:7,8; 골 2:9; 히 5:8). 남편에 대한 권위가 허물어지자 남편과 아내에게 육체적 정신적 저주가 임했다. 홍수 후 부자(父子)지간의 권위를 허문 자에게 저주가 임했다(창 9:20-27). 형제지간에서 권위를 허물 때도 저주가 임했다(민 12:1-16). 다윗은 하나님께서 세우신 권위(머리)와 질서(오른손)를 철저히 순종하는 본을 보였기에 예수 그리스도의 모형이 되었다(삼상 24:6,10; 26:9,11,23; 삼하 1:14-16). 하나님은 머리이신 하나님께 복종한 그 그리스도를 만물의 머리, 복종한 모든 성도들의 머리로 세우셨다. 만유의 머리이신 하나님께서 자신의 모든 것을 한 새사람의 머리로 세우신 그리스도에게 위임하시고, 그리스도는 그의 몸에 연합된 모든 지체들에게 만유를 발아래 둘 머리(만왕, 만주)들이 되게 하셨다(엡 1:22,23). 예수 그리스도께서 다시 오실 때 만유를 자기 몸(교회)의 발아래 영원토록 복종케 하실 것이다(빌 3:21).

　하나님만이 절대적으로 선하신(좋으신) 분이시기에, 그분이 주신 에덴동산의 계명은 인생들에게 참으로 좋은 복음이다. 아담과 하와는 하나님께서 선악과를 먹지 말라고 명하신 이유를 배우기 전이라도 하나님을 절대 선(best)으로 믿고 무조건 순종/복종해야 했다. 하나님의 권위에 복종할 줄 모르면 뱀의 머리에서 벗어날 수 없다. 하나님의 말씀에 대한 복종은 천사들, 사람들, 모든 피조물들에게 요구되며, 심지어 하나님의 독생자에게도 요구하신 것이다. 하나님께서 만유를 회복하시고 영원 전부터 예정하신 것을 완전히 이루신 후에도 오직 모든 권세의 머리이신 하나님만 만유의 영원한 주(主)가 되신다(고전 15:28).

하나님의 말씀은 누군가 이해를 하든 못하든 항상 의로운(옳은) 말씀이다. 그 의로움은 하나님의 절대 선하신 기준에 의거한다. 아브라함이 바랄 수 없는 중에도 하나님(말씀)을 믿으매 그 믿음을 아브라함의 의(義)로 여기셨다(롬 4:3). 만유는 영원토록 하나님을 주(主, 머리)로 섬기며 순종해야 하며, 하나님은 자기를 순종하는 자들에게 완전히 절대선한 것을 은사(恩賜)로 주시기 때문이다(롬 8:32).

② 하나님과의 교제(交際)에 초대하시는 복음

하나님은 아담이 불완전한 선의 기준을 따라 스스로 판단하지 않고 완전히 선하신 하나님과 교제하며 완전한 선함을 배워 자라게 하시고, 선하신 하나님과 하나로 연합되길 예정하셨다. 하나님을 기쁘시게 하는 믿음은 아이가 아버지를 찾듯이 '하나님께서 계시는 것과 그분을 찾는 자에게 상 주시는 분이심을 믿는 믿음'이다(히 11:6). 서늘한 때에 동산에 거니시는 하나님이란 표현은 아담과 교제하시며 하나님의 선하심을 알리시는 하나님이셨음을 보여준다. 아담이 하나님을 찾아뵙고 완전한 선(좋음)에 대한 기준을 배우는 것은 최상의 특권이다.

하나님을 찾아뵙는 것은 모든 인생의 의무이자 특권이다. 고대 메데파사제국에는 변함없는 규례가 있었다. 제왕이 부르지 않았음에도 불구하고 임의로 제왕 앞에 나간다면 왕후라도 죽임을 당하는 규례였다(에 4:16). 임의로 나갔으나 제왕이 손에 들고 있는 권위의 상징인 금홀을 내밀어 맞이하면 죽임을 당치 않았다. 다니엘이 찾아뵈었던 하나님은 바벨론의 왕 느부갓네살을 들짐승처럼 낮추기도 하며 모든 왕들의 생사를 임의로 주관하시는 하늘의 영원한 상제(上帝)이시다.

모세일지라도 하나님의 영광의 면전에 선다면 죽을 수밖에 없을 만큼 주 하나님은 완전히 거룩하신 분이다(출 33:20). 웃시야 왕은 하나님의 기이한 도우심을 받아 명성이 원방에까지 자자했던 왕이었다. 웃시야가 성소에 들어가 하나님께 분향을 하려다가 하나님께서 진노하심으로써 여생을 문둥이로 마쳐야 했다(대하 26:16-21). 이사야는 환상으로 하나님의 영광을 보고도 죽을 수밖에 없게 되었으나 하나님께서 그를 은혜로 살리셨다(사 6:1-7).

만왕의 왕이신 하나님께서 아담에게 온전한 선악을 가르치시기 위해 어느 때든지 하나님을 뵙고 교제하도록 허락하셨을 뿐만 아니라 아담이 범죄한 후에도 친히 찾아오시기까지 하셨다(창 3:8,9). 하나님은 더 높은 선을 판단하는 일을 하나님께 가져오도록 원하셨고 하나님과 교제하는 특권을 누리며 최선을 경험하며 자라게 하셨다(시 34:8). 하나님은 이러한 성장을 통해 잠시 후에 하나님과 영원히 하나가 되도록 예정하셨다. 새언약의 계시로 보면 창세기 2장 17절은 특별한 복음이었다.

사람과 땅의 '선악(善惡)'은 하나님과 하늘의 선악과 큰 차이가 있다. '선하신 하나님'(대하 30:18)이시란 말은 '착한 하나님'이란 뜻이 아니라 지극히 좋으시며, 완전히 좋으시며, 절대적으로 좋으신 분이라는 뜻이다. 하나님의 선하심은 지선(至善), 최선(最善), 독선(獨善)이라는 말로 표현해도 모자랄 정도이다. 완전히 선(the best)하신 하나님을 아는 것이야말로 더 좋은 복음이다(마 19:16,17; 막 10:17,18; 눅 18:18,19).

하나님은 사람과 에덴동산에서 사귐보다 더 깊은 사귐을 위해 사람의 육체를 입으시고 친히 찾아오셔서 임마누엘이 되셨다(마 1:23; 2:2; 요 1:12,13). 영생이란 유일하신 참하나님과 그의 보내신 자 예수 그리스도를 아는 것이다(요 17:3). 완전히 선하신 하나님을 안다는 말은 그분과 깊은 교제로 완전한 선을 배우고 그분과 하나로 연합된다는 말이다.

'알다'는 뜻으로 쓰이는 히브리어 '야다'는 지식뿐만 아니라 하나로 연합되는 체험을 포함한다. 남편과 아내가 하나가 될 때 이것이 하나님의 지선(至善)을 '안다'는 의미이다(호 2:19,20; 6:3).

헬라어로 '기노스코'로 '안다'의 의미도 지식으로만 아니라 연합함으로 안다는 의미를 포함한다(눅 1:34). 예수 그리스도께서 최후만찬의 기도에서 하나님을 '아는 것'이 그리스도를 통해 하나님과 하나가 되는 것임을 말씀하셨다. 이 '아는 것'은 하나님의 아들이 하나님의 영광의 형상으로서 아버지와 아들로 하나가 되신 것을 의미한다(요 17:5,21-23). 선악과를 임의로 먹지 못하게 하신 것은 장차 이와 같은 최선의 하나님께 연합하여 하나님의 영원한 영광과 생명을 함께 누리게 하시는 것이기에 창세기 2장 17절은 더 좋은 복음이었다.

③ 말씀을 순종함으로써 상(償)을 받는 복음

모든 피조물들의 창조주이신 하나님은 만유의 아버지이시다(엡 4:6). 사람만 하나님을 아버지라 부르는 것이 아니라 모든 천사들도 하나님의 아들로서 하나님을 아버지라 부른다(욥 38:7; 말 2:10).

창조주 하나님께는 귀한 것과 천한 것을 임의로 만드실 수 있는 절대 권한이 있으시다(롬 9:21). 하나님은 그 권한으로 천사들을 사람보다 잠깐 동안 월등하게 만드셨다. 잠시 후에는 천사들보다 영원히 존귀하게 하실 권한으로 사람을 만드셨다. 주 하나님께서 사람들을 자신의 아들로 거듭나게 하셔서 천사들보다 존귀하게 하시고 자기의 영광의 형상으로 삼으실 것을 영원 전부터 예정하셨다. 사람이 거듭나 하나님의 최선(最善)에 이른다는 예정은 새언약의 계시로 알려진 진리이다.

하나님의 긍휼은 불쌍히 여기심이고, 인자(자비)란 친절하게 대하심이며 은혜란 값없이 거저 베푸심이다. 죄인이 하나님의 긍휼과 인자(자비)하심과 은혜를 따라 죄 용서함을 받는다. 그 후에도 여전히 약함 중에 믿음과 순종으로 의로운 행실을 보여 세상 신(神)과 죄를 이긴 그 보상으로 존귀와 영광의 면류관을 받는다(창 15:1).

<믿음이 없이는 기쁘시게 못하나니 하나님께 나아가는 자는 반드시 그가 계신 것과 또한 그가 자기를 찾는 자들에게 상(償)주시는 이심을 믿어야 할지니라>(히 11:6)

하나님을 기쁘시게 해드리려면 '하나님께서 계시는 것'과 '하나님을 찾는 자들에게 상을 주시는 분'이심을 믿어야 한다. 하나님은 아무 것도 없던 때부터 친히 '계시는 분'(히브리어 '에흐예'/I AM)이시다(출 3:14). 하나님의 성함 '에흐예'(또는 יהוה)는 시공이 있기 전에도 오직 그분은 스스로 계시고, 모든 것들이 사라질지라도 여전히 영원토록 계시는 분이라는 뜻이다. 그분은 보이지 않으시며 또 볼 수도 없는 분이시다. 욥이 겪은 그런 고난을 당할 때 하나님께서 함께 계심을 믿는 것은 쉬운 일이 아니다. 욥은 큰 고난 중에 하나님의 임재의 어떤 느낌조차 받지 못할 정도로 암울했으나 여전히 계심을 믿고 끝까지 하나님을 찾았다. 하나님께서 욥을 만나주시고 이전보다 갑절의 복을 상으로 주셨다(욥 23:9-13; 42:12). 하나님은 극한 환란 가운데서도 여전히 함께 계심을 믿고 찾는 모든 자에게 큰 상으로 갚아주기를 기뻐하신다.

그분을 찾는 자들은 그분이 계심을 새롭게 알게 되며 하나님의 상을 받게 된다. 모세도 상 주시는 분을 믿고 그리스도를 위해 받는 고난을 애굽의 모든 보화보다 더 큰 보화로 여겼다(히 11:26,27).

하나님께서 승리한 아들들의 머리에 면류관을 씌우신다. 무엇보다도 영광스럽고 존귀한 관은 하나님을 섬기는 제사장의 면류관이며 그 뒤를 따르는 것이 왕관이다. 믿음으로 이긴 자들에게 주시는 존귀와 영광의 관(冠)들인데 시편 8편에 기록되어 있다.

<4 <u>사람</u>이 무엇이관대 주께서 저를 생각하시며 <u>인자</u>가 무엇이관대 주께서 저를 권고하시나이까 5 저를 <u>천사보다 조금 못하게 하시고 영화와 존귀로 관을 씌우셨나이다</u>>(시 8편)

4절에서 '사람'이라고 번역된 히브리어는 '에노스'이고, '인자'는 히브리어로 '벤아담'(아담의 아들)이다. 이 명칭들은 아담과 아담의 아들인 셋과 손자인 에노스를 가리킨다. 아담이 셋을 낳고, 셋이 아들을 낳아 '에노스'라 불렀고, 그들은 하나님을 찾았다(창 4:25,26). 하나님께서 아담, 셋, 에노스 및 그 대대후손들을 생각하시고, 권고하셔서(찾아오셔서) 하나님의 존귀와 영광으로 관을 씌워주신다. 이 약속은 아브라함과 '벤아브라함'(이삭)과 야곱(이스라엘)에게와 이후의 모든 자녀들과 아비들과 할아버지들에게 하신 약속이기도 하다(행 2:17).

5절에서 '천사'로 번역된 말은 히브리어로 '엘로힘'이다. 이를 개역개정, 현대어성경, 새번역, 바른성경은 '하나님'(공동번역은 '하느님')으로 번역했고 표준새번역, 공동번역개정판은 '하나님'(하느님), 각주에 '천사'라고 번역했고, '하늘에 있는 존재'(우리말성경)라는 말로도 번역했다.

위 구절에서 '천사보다 조금 못하게(a little lower) 하셨다'라는 번역과 '하나님보다 조금 못하게 하셨다'는 번역은 차이가 크다. 또한 '조금 못하게'라는 번역과 '잠깐 못하게'라는 번역도 매우 큰 차이가 있다. 왜냐하면, 그렇게 하신 후에는 더 뛰어난 존귀와 영광으로 관을 씌우신다는 말씀이 핵심으로 따르기 때문이다. 하나님께서 사람들을 하나님보다 조금 못하게 창조하신 것이 결코 아니다. 하나님은 누구와도 비교할 수 없는 절대 지존자이시기 때문이다(사 40:25; 46:5). 그러므로 천사들보다 잠깐 동안만 못하게 하셨다는 말씀이 진리이다.

하나님과 피조물을 비교하는 것 자체가 죄이다. 천사들은 지음받은 때로부터 영원까지 땅에 속한 사람보다는 월등한 능력이나 영광이 있다. 하나님의 형상의 모형으로 지어진 아담이 잠시 후 형상의 실체가 되면 천사들보다 월등한 존재로 영원히 존귀케 됨(昇貴)이 하나님의 뜻이다.

하나님으로부터 태어난 아들인 예수 그리스도께서 사람의 아들의 육체를 입으셨다. 말씀이 육신이 되어 마리아에게서 태어나 인자(人子)가 되신 것이다(요 1:14). 예수께서 여인의 후손 즉 마지막아담으로서 구속(속죄)사역을 성취하셨다(고전 15:45). 히브리서는 아담과 그 후손들의 실패를 회복하고 하나님의 본래 계획을 이루신 예수님을 조명한다. 이 계시를 설명하기 위해 시편 8편의 말씀을 인용했다.

<6 오직 누가 어디 증거하여 가로되 사람이 무엇이관대 주께서 저를 생각하시며 인자(人子)가 무엇이관대 주께서 저를 권고(眷顧)하시나이까 7 저를 잠깐 동안 천사(天使)보다 못하게 하시며 영광과 존귀로 관 씌우시며>(히 2장)

쉬운성경, 카톨릭성경, 공동번역개정, 우리말성경, 표준새번역, 개역개정, 바른성경 등이 '예수님은 인자(사람의 아들)로 계셨던 '잠시'(잠깐) 동안 천사보다 못하게 되셨다'고 번역했다. 하나님께서 아담, 벤아담, 에노스를 잠깐(잠시) 동안만 천사들보다 못하게 지으셨다는 말씀이다. 사람은 천사들보다 권세나 능력, 신분이 '조금' 열등하다는 뜻뿐만이 아니라 시간적으로 '잠깐' 동안만 열등하게 지음받았다는 뜻이다.

더 나은 선을 아는 능력을 천사들에게 주셨지만(창 3:22) 잠시 후에는 천사들이 아는 것보다 더 나은 선인, 하나님처럼 선을 아는 능력을 주시고자 하셨다. 이것이 천사보다 연약한 사람에게 하나님을 순종할 때 주시는 상인데 의의(딤후 4:8), 생명의(약 1:12), 영광의(벧전 5:4) 면류관이라 부른다. 존귀와 영광의 관이며, 하나님을 섬기는 제사장으로서 쓰는 면류관이자 또한 천사를 포함한 모든 피조물을 다스리는 왕으로서 쓸 왕관이다. 하나님께서 천사들을 아담보다 더 좋게(better) 지으셨다. 아담을 좋게(good) 지으시고, 잠깐 후에는 하나님처럼 가장 좋은(the best) 것을 알게 하시려고 영원 전부터 예정하셨다. 이 비밀은 예수 그리스도께서 계시를 통하여 주신 새언약의 진리 안에 나타난다.

새언약의 계시의 귀와 눈이 있는 자들만이 하나님의 복음의 비밀을 안다(마 13:10-17,35). 창세기 3장 15절보다 창세기 2장 17절이 더 좋은 복음임을 알 수 있는 비결은 예수님의 계시를 받는데 달려있다.

하나님은 모든 권세의 머리시며 공의로운 재판장이시다. 공의(公義)라는 말은 누구에게나 공평하고 의롭다는 뜻이다. 하나님께서 사람들에게 존귀와 영광을 주셔서 하나님의 후사라는 신분으로 천사들을 영원토록 다스리게 하심도 그분의 절대적인 주권뿐만 아니라 공의를 따라 주신다. 천사들에게 없는 약함을 가진 인간이 주 하나님을 경외하고 신뢰하며 그 약함을 믿음과 순종으로 이길 때 존귀와 영광의 면류관(상)을 주시는 것이 천사들도 인정할 하나님의 공의이다.

④ 천사들보다 뛰어난 선(善)을 아는 능력을 얻는 복음

아담과 하와는 하나님께서 지으신 좋은(선한) 것들을 다스릴 왕으로 세움 받았고 에덴동산의 충만을 온 땅에 채울 명령을 받았다. 범죄하기 전에 땅에는 아담과 하와가 판단할 어떤 악(惡)도 존재하지 않았고 오직 선만 있었다. 주 하나님께서 아담에게 왕으로서 잘 다스리도록 선악을 구별할 능력과 권세도 주셨다. 하나님께서 만상을 지으시고 그 이름을 부르셨듯이(사 40:26), 아담은 모든 것들에게 이름을 지어주고 부르며 하나님께서 주신 지구를 다스리기 시작했다(창 2:19).

하나님의 영광스러운 형상의 '모형'으로 지음받은 아담과 그 후손들은 자기들보다 더 뛰어난 천사들의 행위에 대해 판단해야 할 존재들이다. 드디어 '선악과를 먹으면 하나님처럼 선악을 알게 될 것'이라고 마귀가 유혹하는 상황이 왔다. 아담은 천사들과 관련된 상황에서 항상 더 선한 판단을 하기 위해 하나님을 신뢰하고 찾아 그분의 선(善)하심을 맛보아 아는 것이 절실히 필요한 존재였다(시 34:8).

고대세계에서는 천사들의 초자연적인 활동이 빈번했다. 모든 천사들은 아담 때나 지금이나 영원토록 불변의 대단한 능력들을 가졌고 초자연적인 기적들을 행할 수 있다. 천사들은 하늘공간을 번개(빛)처럼 이동할 수 있고 기이한 역사들을 행한다. 사람들은 천사들이 스스로를 나타내지 않으면 그들의 존재조차 볼 수 없다.

하나님께서 앞서 보내신 한 천사에게도 가나안 땅의 장대한 족속 및 견고한 모든 성들을 정복할 능력이 있다(출 33:2). 한 천사가 앗수르 군대의 최고의 지휘관들 18만 5천명의 호흡을 한 순간에 끊어버렸다(사 37:36). 한 천사가 철광석을 녹일 온도보다 뜨거운 풀무불의 세력을 제압하여 머리카락 하나 그슬리지 않게 사람들을 보호했다(단 3:25-28). 바벨론과 메데 파사의 총리였던 다니엘은 천사 앞에 섰을 때 마치 죽은 사람처럼 되었다(단 10:8). 한 천사가 내려와 물을 동하게 함으로 무슨 병이든지 완치하는 일을 늘 해왔다(요 5:4). 천사가 옥에 갇혔던 사도들을 감쪽같이 구원했다(행 5:19,23; 12:7-10).

솔로몬은 작은 나라를 수십 년간 바로 다스리려고 '선악을 구별할 수 있는 지혜'를 하나님께 구했다(왕상 3:9). 더 큰 통치자였던 아담은 선악을 판단하던 솔로몬의 지혜보다 더 뛰어난 지혜를 가졌었다. 그러나 선악을 아는 아담의 지혜는 더 나은 선악을 아는 천사들의 지혜보다 열등했다. 하나님의 후사가 될 아담은 천사들까지 영원토록 다스릴 수 있는 완전한 지혜를 하나님을 찾고 얻어야 했다. 잠깐 후에 모든 천사들보다 뛰어난 존귀와 영광으로 아담과 그 후손들에게 관을 씌우고, 천사들을 영원토록 다스리도록 하나님께서 영원 전에 예정하셨기 때문이다.

<우리가 천사를 판단할 것을 너희가 알지 못하느냐 그러하거든 하물며 세상일이랴>(고전 6:3)

<모든 천사들은 부리는 영(靈)으로서 구원 얻을 후사들을 위하여 섬기라고 보내심이 아니뇨>(히 1:14)

사람은 하나님의 영원한 예정과 경륜을 이루기 위해 하나님의 '완전한 형상'이 될 때까지 하나님께 완전한 지혜를 배워야 한다. 자식이 부모님에게, 학생이 선생님에게 배우는 것처럼 배워서 성장해야 한다.

<하나님이 우리의 말한 바 장차 오는 세상을 천사들에게는 복종케 하심이 아니라>(히 2:5)

천사들은 만주들, 만왕들인 하나님의 아들들이 거주할 새예루살렘성의 문지기로 봉사할 종들에 불과하다(계 21:12). 독생자의 모형인 아담이 천사들까지 영원히 다스릴 선악을 구별하는 능력은 하나님과의 교제와 성장을 통해 상으로 얻는다. 완전한 선(善)을 얻도록 하나님을 언제든지 임의로 찾을 수 있게 하신 이것이야말로 더 좋은 복음이다.

가장 뛰어난 권세와 능력과 지혜를 가진 자로 지음받은 대천사장은 아담이 하나님의 영광의 형상의 실체가 될 때에 자신들도 사람들에게 다스림을 받게 될 것임을 눈치챘다. 대천사장은 하와가 그 계획을 깨닫기 전에 하나님과 같이 선악을 아는 지혜를 얻지 못하도록 차단하려고 뱀에게 거짓말을 주어 하와를 속였다.

<4 뱀이 여자에게 이르되 너희가 결코 죽지 아니하리라 5 너희가 그것을 먹는 날에는 너희 눈이 밝아 하나님과 같이 되어 선악을 알 줄을 하나님이 아심이니라>(창 3장)

'하나님께서 하와에게 하나님과 같이 선악을 알게 하신다'는 목적은 하나님의 뜻과 일치한다. 사단이 뱀을 통해 유혹할 때 '너도 하나님이 되라'고 한 것이 전혀 아니며, 하와도 '나도 하나님이 되겠다'라고 의도한 것도 전혀 아니었다. 첫사람 아담은 우리와 같이 약한 육체를 입으신 예수님보다 더욱 강한 육체를 가지고 있었기에 마지막아담(예수님)보다 훨씬 더 넉넉하게 하나님의 말씀을 순종할 수 있었다.

예수님은 신약 성도들 안에 성령으로 오셔서 하나님의 지혜를 주셨다(고전 1:18-31). 하나님의 아들로 거듭나 십자가의 지혜를 따라 사는 성도들에게 만유와 천사들을 다스릴, 하나님의 후사가 되도록 영원 전에 예정하셨던 뜻 그대로 하나님께서 이루어주셨다(고전 1:18,24).

<6 그러나 우리가 온전한 자들 중에서 지혜를 말하노니 이는 이 세상의 지혜(智慧)가 아니요 또 이 세상의 없어질 관원의 지혜도 아니요 7 오직 비밀한 가운데 있는 하나님의 지혜를 말하는 것이니 곧 감취었던 것인데 하나님이 우리의 영광을 위하사 만세 전에 미리 정하신 것이라>(고전 2장)

새언약의 모든 아들들은 하나님께서 만세 전에 예정하신 뜻을 따라 하나님처럼 선과 악을 구별하는 지혜를 배우게 된다.

<13 대저 젖을 먹는 자마다 어린아이니 의의 말씀을 경험하지 못한 자요 14 단단한 식물은 장성한 자의 것이니 저희는 지각을 사용하므로 연단을 받아 선악을 분변하는 자들이니라>(히 5장)

신약 성도들은 자기를 부인하고 하나님을 찾을 때 완전하게 선한, 주 하나님의 시각을 점점 더 밝게 갖게 된다(히 11:6; 약 1:5).

⑤ 생명과 평강과 희락을 영원히 누리게 하시려는 복음

동산에는 보기도 좋고 먹기에도 좋은 열매가 달리는 많은 과목들이 있었다(창 2:9). 동산 중앙에는 생명과나무와 선악과나무가 있고 아담은 하나님께서 지으신 생명과일을 비롯한 모든 과실들을 임의로 먹고 더욱 더 하나님과 깊은 사귐 안으로 들어갈 수 있었다.

땅의 선악을 알게 하는 나무는 좋은(good) 정도의 기준이다. 하나님께서 천사들에게는 더 나은 선악을 알고 분별하고 선택하는 권한과 능력을 주셨다(창 3:22). 천사들에게 주신 영원한 선의 기준은 아담에 주신 것보다 더 좋은(better) 것이다. 사람의 기준에서 좋은 것이 천사들의 기준으로 볼 때 나쁜 것이 된다. 오직 하나님만 절대 좋은(선/the best) 기준을 가지셨다. 하나님의 선악의 기준으로는 천사들의 선한 것도 나쁜 것이다(참고 렘 24:2). 사람은 천사들보다 낮은 기준을 갖고 있음에도 불구하고 가장 높은 하나님의 기준을 배워 천사까지 다스리도록 지음받은 특별한 존재이다. 이를 위해 선악과를 금하셨으므로 사람에게 창세기 2장 17절은 창세기 3장 15절보다 더 좋은(better) 복음이다.

하나님께서 사람들에게 선악과를 먹지 못하게 금하신 대신 생명과를 따먹게 하심으로써 생명에 의한 평강과 희락을 더 풍성하게 누리게 하셨다. 아담은 범죄 이후에는 생명나무의 과일을 임의로 먹을 수 없었다. 만일 하와가 하나님께서 금하신 선악과를 먹기 전에 생명나무 과일을 먼저 먹었더라면 평안과 기쁨이 충만하였을 것이므로 탐욕에 빠져 뱀의 거짓말에 넘어가지 않았을 것이다. 인간은 말씀에서 벗어나 범죄 후 세상과 육체를 따른 탐욕에 잡혀 참된 길을 잃어버리게 되었다.

선악과를 먹은 후 악이 들어왔고 악한 것을 버려야 할 필요가 생겼다. 하나님께서 범죄한 아담에게 '내가 네게 먹지 말라고 명한 선악을 알게 하는 나무 실과를 왜 먹었느냐'고 물으셨을 때 아담은 '하나님이 나와 함께 하게 하신 여자가 그것을 내게 주므로 내가 먹었나이다'라고 대답했다(창 3:12). 선악과를 먹은 결과로 아담은 하나님께서 주신 '뼈 중의 뼈요 살 중에 살'이었던 아내를 하나님과 싸잡아 비난했다. 그의 말은 하나님께 대한 불만이요 책임전가까지 했다는 증거이다. 선악과를 먹은 결과 인류는 비난과 정죄와 배척하는, 선악의 법에 갇히게 되었다.

하나님께서 첫 계명을 하와를 지으시기 이전에 아담(원어 참고)에게 주셨다(창 2:16). 아담은 하와의 머리였고, 모든 문제에 관한 권한과 책임을 가진 자였다. 하나님께서 남편의 권위를 인정하여 먼저 아담에게 물으셨을 때 아담은 '하나님 제 책임입니다'라고 해야 마땅한데 비정상적인 반응을 나타냈다. 아담과 하와의 실수로 인해 악이 처음 세상에 들어왔고, 이를 해결하기 위해 선한 말을 해야 함에도 불구하고 도리어 비난하고 정죄하는 말로 인해 상태는 악화된다. 하나님은 범죄 전후 어느 때든 불완전한 선악을 따라 비난하는 것을 피하고 생명과를 따라 평강과 기쁨을 더하여 선함을 지키고 온전해지기를 원하신다.

하와도 자기가 뱀보다 더 지혜롭게 창조되었고 뱀을 다스려야 할 존재라는 것을 잊은 채, 뱀 때문에 죄를 지었다고 핑계를 대었다(창 3:13). 하와는 아담이 전해준 하나님의 말씀을 정확하게 알고 남편과 하나님을 믿어야 했는데 그렇지 못했던 자신의 잘못을 인정하지 않았다.

죄가 들어온 세상에서 선악의 법을 따르면 기쁨과 감사가 아닌 불평과 원망과 비난과 정죄로 바뀐다. 하나님의 시각에 이르는 법에서 벗어나 땅에 속한 육체의 시각에 갇혀 악을 찾아내는 법을 따른다면 결국 악함이 점점 가중된다. 선만 있던 곳에 악이 들어오면 이 법을 따라 서로가 끊임없는 정죄에 빠지기에 애초부터 그 실과를 금하셨다.

그들이 생명과를 먼저 따먹었더라면 육체에 따른 탐심을 이기는 힘을 얻었을 것이다. 생명이 잉태한즉 의를 낳고 평강과 희락을 맺게 되며, 더욱 선한 생명으로 성장한다. 탐심이 잉태한즉 죄를 낳고 죄가 장성한즉 사망을 낳는 것의 반대이기 때문이다(약 1:15).

하나님께서 범죄한 아담과 하와를 에덴동산에서 추방하셨고, 에덴동산에 있는 생명과를 따먹지 못하도록 막으셨다(창 3:24). 사람의 생명은 영(속사람)에 있고 혼이나 육체에 있지 않다. 범죄를 통해 이미 아담과 하와의 영은 죽었고 영의 죽음을 땅의 생명과로는 살릴 수 없다. 죽은 영을 살리려면 생령(生靈)의 온전한 값으로 사망을 지불하고, 살려주는 영(생기)을 하나님께서 다시 주셔야 한다. 영이 죽은 상태로 혼과 육체의 생명(목숨)만을 연장한다면 사람들은 죄의 종으로서 더 많은 죄의 삯을 따라 더 지독한 형벌을 받을 상태로 심판대에 설 것이다.

인간이 죄의 종으로 계속 육체로 살면 하나님의 생명에 영원히 이르지 못할 뿐만 아니라 더 큰 형벌을 받게 된다. 지금까지 하나님을 떠난 사람들은 죄는 무시하고 육체적 목숨의 연장에만 몰두하고 있다. 그것이 잘 사는 것이라는 세상 신 마귀의 악한 꾀에 속아서 죄인의 길로 행하며 더 많은 진노를 쌓아가고 있다. 진화론뿐만 아니라 예수님을 아는 것을 반대하며, 죄의 문제를 무시하고자 하는 모든 거짓 교리들이 결국에 동일한 결과를 안겨줄 것이다(시 2:1-12; 고후 10:5,6).

창세기의 말씀을 깊이 이해하려면 모형과 실체를 볼 수 있는 시각이 반드시 필요하다. 아담은 남편이 되실 예수 그리스도의 모형이고 하와는 아내가 될 교회(하늘의 예루살렘)의 모형이다. 하나님께서 장차 만물을 새롭게 하신 후 영원히 안식하실 실체인 새창조가 있다. 에덴동산의 중앙에 있던 두 나무도 하나님께서 세우신 두 가지 언약에 대한 모형과 상징임을 보여준다. 하나님께서 범죄한 아담과 모세를 통해 자기 백성에게 주신 옛언약은 마치 선악과의 특성처럼 선악을 구별하는 '정죄의 법'이다(롬 3:19; 7:23,25; 8:2; 고후 3:8). 정죄의 법은 죄없는 자들에게는 적용되지 않는다. 모세의 율법은 언젠가 죄에서 벗어날 수 있게 해주는 면에서 거룩하고 의롭고 선한 법이다(롬 7:12). 모세의 율법은 정죄와 사망의 법으로서 죄를 덮어줄 뿐 없애주지는 못하며, 새롭고 완전한 생명의 법이 올 때를 기다리게 한다. 율법은 아들이 아닌, 천한 종의 법이요 높은 하늘의 법보다 낮은 땅의 법이다(갈 4:9).

하나님께서 친히 낳으신 독생자 예수 그리스도를 통해 주신 새 법은 셋째하늘의 생명의 성령의 법이다(렘 31:33; 롬 8:2; 고후 3:6-11; 히 8:10; 10:16). 새 법은 사람들을 죄의 종에서 해방시키고 천사보다 낮은 신분에서 셋째하늘로 끌어올려 하나님의 아들 및 후사로 세워준다. 죄의 법인 율법은 종인 모세로 말미암아 주셨으나 의의 법인 은혜와 진리는 아들인 예수 그리스도로 말미암아 주셨다. 율법보다 은혜와 진리가 더 뛰어난 약속이듯이 생명과를 임의로 먹고 선악과를 먹지 말라는 명령도 창세기 3장 15절보다 더 좋은 복음이다.

(4) 대천사장이 사단 마귀가 된 이유

천사들은 전지전능자께서 고안하고 만드실 수 있는 피조물로서는 가장 뛰어난 존재로 창조되었고, 그 속성을 영원히 누릴 수 있다. 지혜와 지식이 출중한 대천사장인데 그가 창조하신 전지전능자보다 자신을 더 높이려고 시도했다면 그는 바보에 불과하다.

아담보다 더 선한 것을 아는 안목을 가진 대천사장은 두 가지의 사실을 통해 하나님의 예정하신 뜻을 짐작했다. 하나님께서 사람을 창조하신 목적이 '하나님의 형상의 실체'가 되게 하신다는 것과 '선악과를 금하신 대신 하나님의 최선을 배우게 하신 것'이었다. 대천사장은 하나님께서 자기의 형상의 모형으로 지으신 아담과 그 후손들을 하나님의 형상의 실체로 완성하시면 그들을 하나님의 영광의 후사가 되게 하실 것임을 알았고, 그 후 하나님께서 모든 피조물들을 자기 형상의 손에 붙이셔서 영원히 다스리게 하실 것임을 알았다.

대천사장은 모든 천사들보다 열등한 사람들이 모든 천사들을 종으로 영원히 부릴 주(主)가 되는 일을 막을 수 있다고 그의 불완전한 선악의 기준으로 오판했다. 하나님께서 주신 출중한 지혜와 능력과 영광으로 인해 교만한 마음에서 탐욕을 따라 거역했고, 하나님께서 자기의 형상으로 만드신 사람들에게 주실 영광과 존귀를 가로채고자 행동했다. 반역한 그 대천사장이 '사단'(거역자)과 '마귀'(훼방자)로 불리는 것도 그가 그러한 이유로 범죄했다는 사실을 증거하는 것이다.

대천사장은 사람으로 하여금 하나님의 뜻을 깨닫지 못하게 하려면 현재의 그 열등한 시력 상태에서 더 나은 시력을 갖지 못하도록 초기부터 영적 소경이 되게 하는 것이 근원적인 방법이라고 판단했다.
<너희가 그것을 먹는 날에는 너희 눈이 밝아 하나님과 같이 되어
 선악을 알 줄을 하나님이 아심이니라>(창 3:5)
하와로 하여금 먼저 선악을 알게 하는 나무 실과를 먹게 하는 방법은 대천사장이 가진 선악의 기준에서 최선의 방법이었음은 분명하다. 대천사장도 그에게 더 아는 선악을 알게 하는 능력과 권한을 주신 하나님을 경외했더라면 처음 권세와 능력을 영원히 누렸을 것이다.

사람의 눈이 하나님과 같이 밝아지려는 것은 전혀 나쁜 일이 아니며 이는 하나님께서 원하시는 것이다. 사람의 눈이 반드시 하나님과 같이 밝아져야만 천사들까지 영원히 다스릴 수 있고 하나님의 후사가 된다. 눈이 하나님처럼 밝아지는 것은 하나님의 목적과 일치했지만 하나님의 선한 방법을 떠나 사단 마귀의 방법을 따른 것이 범죄였다.

범죄는 하나님의 시각으로 보신 것을 육체를 향한 탐욕을 품고 사람의 시각으로 보았을 때 일어났다. '하나님 보시기에 좋았더라'가 '여자가 육신적으로 보기에 좋았다'로 바뀐 데서 비롯되었다.

<6 여자가 그 나무를 본즉 먹음직도 하고 보암직도 하고 지혜롭게 할 만큼 탐스럽기도 한 나무인지라 여자가 그 실과를 따먹고 자기와 함께한 남편(男便)에게도 주매 그도 먹은지라 7 이에 그들의 눈이 밝아 자기들의 몸이 벗은 줄을 알고 무화과나무 잎을 엮어 치마를 하였더라>(창 3장)

성경에 범죄 후에 아담과 하와의 눈이 밝아졌다고 기록되었지만 본래 그들은 선악과를 먹기 전에도 소경이 아니었다. 이 말씀은 아담과 하와가 속사람의 시각을 잃어버리고 탐욕을 향한 혼의 눈이 더 밝아졌다는 의미이다. '개 눈에는 똥만 보인다'는 속담처럼 탐욕을 따라 세속적이고 육신적인 것을 향한 안목이 밝아졌다는 것이다. 탐심은 그가 원하는 것 외에 다른 것을 보지 못하게 한다. 아브라함이 눈을 들어 바라본 시각과 롯이 눈을 들어 바라본 시각은 큰 차이가 있다(창 13:10,14; 15:5).

육체적인 눈의 감각을 잃은 사람의 손끝의 감각은 평범한 사람들의 감각보다 예민하다. 시각장애자들은 5만원, 만원, 5천원, 천원 권 지폐를 만져보고 정확히 구별하지만 일반인들은 그런 감각이 거의 없다. 아담은 육체를 좇는 혼적인 눈이 더 밝아진 반면 하나님을 좇는 영적시각에는 장애가 생겼다(사 29:9; 35:5; 42:7,18,19; 43:8; 56:10; 59:10; 마 11:5; 15:14; 23:16,17,19,24,26; 눅 6:39; 7:22; 14:21; 요 9:39,41; 벧후 1:9). 영적 시력장애는 치료받지 않으면 육체를 벗을 때까지 계속된다.

사단 마귀는 뱀을 통해 하와와 아담의 영적시각을 멀게 함으로써 더 온전한 선을 알지 못하게 하였고, 또 하나님께서 영원 전부터 예정하신 목적을 깨닫지 못하도록 하는데 성공했다.

사단 마귀는 아담을 범죄케 하여 자기 종으로 삼았고 아담이 받았던 세상 통치권을 가로챘다(눅 4:6; 요 12:31; 고후 4:4). 하와는 하나님과 같은 시력을 얻으려다 도리어 흑암과 사망에 떨어졌다.

성경에는 천사장의 타락에 대한 직접적인 진술은 없으나 그가 세상의 왕이 되었기에 세상의 인간 왕에 빗대어 그의 타락이 묘사되었다.

<12 너 아침의 아들 계명성이여 어찌 그리 하늘에서 떨어졌으며 너 열국을 엎은 자여 어찌 그리 땅에 찍혔는고 13 네가 네 마음에 이르기를 내가 하늘에 올라 하나님의 뭇 별 위에 나의 보좌를 높이리라 내가 북극 집회의 산 위에 좌정하리라 14 가장 높은 구름에 올라 지극히 높은 자와 비기리라 하도다 15 그러나 이제 네가 음부 곧 구덩이의 맨 밑에 빠치우리로다>(이사야 14장)

아침의 아들 계명성(새벽별)은 천지창조 이전에 창조된 뛰어난 천사들이고, 그들은 그 범죄로 인해 둘째하늘에서 쫓겨났다. 하나님께서 사단 마귀 및 함께 반역한 천사들을 처벌할 불못을 준비하셨다(마 25:41; 계 20:14). 사단 마귀의 꾐에 빠져 범죄에 동참한 많은 천사들이 사단(마귀)의 사자 혹은 악령(악신), 귀신으로 불리게 되었다. 전지전능하신 분이 아시고 만드실 수 있는 최상의 존재인 천사들 중 가장 뛰어난 자들이 반역하여 사단 마귀와 귀신들이 된 것이다. 피조물로서 최상인 그들의 범죄에 대한 심판이 필연 있으며, 형벌을 위해 예비 된 불못의 고통은 영원토록 감해지지도 않고 지속된다.

사단 마귀가 원하고 탈취하고자 했던 것은 하나님께서 장차 하나님의 아들들에게 주실 하늘의 신령한 복들이다. 즉 둘째하늘에서 가장 뛰어난 대천사장이 셋째하늘에 오르겠다고 시도한 것이다. 셋째하늘은 만유 위 곧 모든 하늘들 위인 가장 높은 하늘이고, 주 하나님께서 영원 전부터 예정하셨던 거듭난 아들들(교회)을 후사로 세우실 하늘이다(엡 1:3,22; 2:6; 4:10). 그 하늘은 하나님께서 창조하신 모든 것들을 초월하는 영역이요 셋째하늘이다(고후 12:1-4). 둘째하늘에서 가장 높았던 대천사장이 오르려고 했지만 결코 오르지 못하게 된 하늘이야말로 물과 성령으로 거듭난 아들들이 태어난 하늘, 그들이 시민권을 갖게 된 곳 참하늘이란 말씀이다(요 3:3; 빌 3:20; 히 9:24).

'구약에서 하나님의 뭇별'이란 둘째하늘에 지으신 천사들을 가리킨다 (욥 38:7). 천사들은 '하나님의 아들들'로 불렸고 모든 천사들을 지배하는 대천사장은 이미 모든 천사들 위에 군림하고 있었다(유 1:9). 그들은 타락한 사람들로부터 신으로 숭배도 받았다(행 7:43). 신약에서 사단이 오르려고 했던 '하나님의 뭇별 위'는 부활한 성도들이 앉을 자리이다. 아브라함은 하늘의 별같이 많은 신령한 후손들의 조상이고(창 15:5; 롬 4:16), '하나님의 뭇별들'은 거듭난 아들들을 비유한 것이다. 대천사장과 새벽별들은 '하나님께로부터 거듭난 아들들'이 앉을 하나님의 후사의 자리를 찬탈하고 거기에 앉으려고 도발한 것이다(단 12:3; 계 1:20). '북극 집회'란 하나님의 아들들의 모임, '예수 그리스도가 머리인 한 새사람의 몸'(엡 2:15), '하나님의 회(assembly of God)'(느 13:1; 시 82:1)라고 부르기도 하고, 하늘 시온산의 장자들의 총회(히 12:22-24)라고 부른다. 사단 마귀가 오르려고 했던 가장 높은 구름은 예수께서 맏아들로 다시 오실 때 부활한 아들들을 모두 끌어올려 함께 타실 하늘의 영광의 구름을 가리킨다(마 24:30; 살전 4:17). 그리스도께서 하늘구름을 타고 다시 오실 것이라고 말씀하셨을 때 당시 대제사장들은 증인이 없어도 죽일 만한 죄라고 격분했다(마 26:64). 사람들에게 주신 아버지의 그 약속을 이루시려고 독생자가 자신을 낮추어 모든 죄인들을 위해 죽기까지 종으로 섬기셨다. 하나님께서 독생자를 지극히 높고 존귀한 자리에 다시 앉히셨다(사 52:13; 빌 2:9). 하나님은 거듭난 아들들을 맏아들이 앉으신 하나님의 영광과 존귀의 자리에 공동후사로 앉히셨다(계 3:21; 22:16). 하나님께서 지으신 영으로서 하나님의 아들이라 불렸던 천사들은 하나님께서 낳으신 많은 아들들에게 종들이 되어 영원토록 섬겨야 한다. 주 하나님의 예정하심을 알아차린 대천사장이 거듭난 아들들의 자리를 찬탈하려고 반역한 것이 그들의 반역에서 드러난다. 교만으로 인해 어리석어진 대천사장은 자기보다 열등한 인간들이 그 자리에 오를 수 있다면 자기도 능히 오를 수 있다고 오판했다. 바보가 아니라 피조물 중에 가장 지혜롭게 창조된 대천사장인데, 그가 전지전능하신 주 하나님의 자리를 넘보고 반역했다는 교리는 동화에 불과하다. 사람을 하나님의 형상으로 삼으신다는 진리는 계시로 나타내신 천국/하나님나라의 비밀이며, 영원 전부터 하나님께서 예정하신 하나님의 경륜에서 나타난다.

세상 왕이 된 사단 마귀는 세상의 인간 두로 왕에게도 빗대어졌다.
<12 인자야 두로 왕을 위하여 애가를 지어 그에게 이르기를 주 יהוה
의 말씀에 너는 완전한 인이었고 지혜가 충족하며 온전히 아름다왔
도다 13 네가 옛적에 하나님의 동산 에덴에 있어서 각종 보석 곧
홍보석과 황보석과 금강석과 황옥과 홍마노와 창옥과 청보석과 남보
석과 홍옥과 황금으로 단장하였었음이여 네가 지음을 받던 날에 너
를 위하여 소고와 비파가 예비되었었도다 14 너는 기름 부음을 받
은 덮는 그룹(the anointed cherub)임이여 내가 너를 세우매 네가
하나님의 성산에 있어서 화광석 사이에 왕래하였었도다 15 네가 지
음을 받던 날로부터 네 모든 길에 완전하더니 마침내 불의가 드러났
도다 16 네 무역이 풍성하므로 네 가운데 강포가 가득하여 네가 범
죄하였도다 너 덮는 그룹아 그러므로 내가 너를 더럽게 여겨 하나님
의 산에서 쫓아내었고 화광석 사이에서 멸하였도다 17 네가 아름다
우므로 마음이 교만하였으며 네가 영화로우므로 네 지혜를 더럽혔음
이여 내가 너를 땅에 던져 열왕 앞에 두어 그들의 구경거리가 되게
하였도다>(겔 28장)

타락하기 전 대천사장은 완전한 인(印)이었고, 솔로몬은 전혀 비교가
안 될 정도로 지혜가 충족했으며, 완전히 아름다운 자로 지음받았다. 주
하나님께서 전지전능하심으로 계획하신 피조물로는 가장 뛰어난 자였다.
인(印)이란 인장반지인 어인(御印)이나 국새(國璽)와도 같다. 대천사장은
에덴동산을 만드실 때 곁에서 하나님을 찬양했고 기름부음을 받은, 덮는
'그룹'이었다. 기름부음을 받은 자란 '특별한 역할이 맡겨진 자'이다. 주
하나님께서 파사(페르시아)의 초대 왕으로 고레스에게 기름을 부으셨다
(사 45:1). '그룹'이라는 천사가 에덴동산을 지켰고(창 3:24). 법궤 위의
속죄소에서 날개를 펴 섬겼으며(출 25:18,19,20,22), 지성소 앞 휘장에도
새겨져 문지기 역할이 주어졌다(출 26:1,31). 하나님은 옛창조 이후에
하늘의 정사와 권세를 천사들에게 맡기셨고(엡 6:12), 주 하나님께서는
둘째하늘의 천사들 앞에 나타나셔서 그들의 섬김을 받으시며 그들을 일
꾼으로 사용하셨다(시 104:4; 히 1:7). 하나님께서 창조하신 천사들 중에
대천사장은 가장 귀한 사명을 받았고, 지혜와 능력과 영광으로 인해 오
히려 교만과 탐욕에 빠져 가장 낮은 곳에 떨어졌다.

하와는 땅 위에서 선한(좋은) 존재였으나 범죄로 인해 나쁜(evil/bad) 존재가 되었고, 음부에 떨어질 더 나쁜(Worse) 처지에 놓였고, 하나님의 구속의 은혜를 저버리고 죄의 종으로서 죽는다면 최악의(Worst) 존재로 영원한 멸망을 받게 되었다. Best와 Worst라는 너무나 큰 차이가 바로 천국과 지옥의 차이이다. 사단 마귀는 후사들의 지위를 가로채고자 대적하고 훼방했으나 하나님의 형상이자 하나님의 아들(독생자/둘째사람)이 친히 종의 형상을 입고 '마지막아담'으로 오셔서 아담의 후손들을 구속하시고, 대적한 모든 천사들이 받을 영원한 형벌을 선포하셨다.

하나님의 예정하신 뜻을 이루기 위해 오신 예수 그리스도께서 가르쳐 주신 '하나님의 복음'은 지선(至善)하신 전지자께서 보시기에 가장 좋은(선한) 소식(The Best News)이다. 그분은 지극히 그 선한(좋은) 계획을 반드시 이루실, 미쁘신 전능자이시다. 하나님께서 주신 새언약은 선악의 법이 아닌 생명의 법, 땅의 육체의 법이 아닌 참하늘의 성령의 법이다(롬 8:2; 고후 3:3). 하나님께서 성령으로 계시해주시기 전에는 사람들이 상상조차 하지 못하였던 비밀의 언약이다(고전 2:9-10). 창세전부터 예비하신 그것은 '마음과 힘과 뜻과 목숨을 다해 주 예수님 יהוה를 사랑하는 자들'이 하나님의 지혜를 받을 약속이다. 그들은 예수님을 신약의 주 하나님 아버지, 아브라함을 부르신 그 하나님으로 믿고 그의 명령을 목숨을 바쳐 순종하는 아들들이다. 아버지께서 죄인들을 위해 독생자를 십자가에서 주셨으니, 거듭난 아들들을 위해 주지 않을 것이 없다(롬 8:32). 아버지께서는 그런 아들들을 사랑하셔서 자신과 하늘의 모든 것, 지으신 모든 것을 유업으로 주신다. 하나님 아버지께서 후사에게 그렇게 해 주신 후에야 영원히 쉬실(안식하실) 것이다. 그것은 사람의 눈으로 본 적이 없는 좋은(good) 소식이며, 귀로 들은 그 어떤 좋은 소식과도 비교할 수 없는 좋은(better) 소식이며, 마음으로 온갖 상상으로 지어낸 것보다 비교할 수 없는 가장 좋은 소식(The Best Gospel)이다. 주님은 그들을 높은(high) 첫째하늘에서 더 높은(higher) 둘째하늘보다 더욱 더 높이셔서 가장 높은(highest) 셋째하늘에 앉히셨다.

3. 하나님의 복음의 그림자: 창세기 1장 26절

(1) 우리가 우리의 형상을 따라 우리의 모양대로

하나님은 스스로 계시는 분(에흐예; אהיה)이요, 영원한 생명과 완전한 사랑이시며 지극히 좋으신 분이시다. 하나님은 그분이 지으신 공간의 안 팎 어디에나 충만하게 거하시는 무소부재하신 영이시다. 그분은 보이지 않으시고 또 아무도 볼 수 없는 분이시다. 주 하나님은 자신의 신성을 나타내실 형상으로서 자신과 연합될 최선(最善)의 존재를 미리 아셨다. 하나님은 자신의 형상으로 최상의 존재를 능히 얻으실 전능자이시다. 주 하나님은 영원 전부터 예지하신 자기의 형상으로 최상인 존재를 얻고자 예정하셨고, 이미 다 이룬 것으로 보시는 초월자이시다. 영원부터 감추 어져있던 하나님의 비밀을 독생자를 통해 비로소 공개하셨다.

전능자께서 그분의 그 예지와 예정하심을 따라 아담을 창조하셨다. <26 하나님이 가라사대 우리의 형상(形像)을 따라 우리의 모양(模 樣)대로 우리가 사람을 만들고 그로 바다의 고기와 공중의 새와 육 축과 온 땅과 땅에 기는 모든 것을 다스리게 하자 하시고 27 하나 님이 자기 형상 곧 하나님의 형상(形象)대로 사람을 창조하시되 남 자와 여자를 창조하시고>(창 1장) 하나님(히-엘로힘)은 세 번씩이나 '우리'라는 복수대명사로 말씀하셨고 '우리'라는 복수대명사를 사용하신 중요한 이유가 있다. '엘로힘'은 복수 명사이지만 단 한 번도 세 인격들로 하나 된 분이라고 증거하신 적이 없이 오직 한 분의 주 하나님 יהוה만 계신다고 증언하셨다. 하나님께서 먼저 십계명의 제1계명을 '오직 한 분의 하나님 יהוה'으로 친히 기록하신 후 모세에게 창세기를 기록케 하셨다. 아담과 노아가 믿었던 하나님은 홀로 하나이신 하나님이시다. 셋으로 하나인 신을 숭배하는 바벨론에서 아브라함을 불러내신 하나님은 그분의 증인으로 선택된 이스라엘 백성 들의 하나님이시다. 히브리인(이스라엘인) 학자들도 '엘로힘' 안에 복수 인격들이 있다는 해설을 인정하지 않으며 이 복수형은 장엄(위엄)이나 충만을 나타내는 관용적 표현이라고 확증한다.

예수님과 사도들과 초대교회 성도들이 믿었던 구약성경이 오직 한 분 주 하나님만 증거한다. 유일하신 주 하나님은 아브라함과 이삭과 야곱의 하나님 יהוה이시다. 신약성경도 오직 한 분의 주 하나님만 계시고 그분 외에 다른 데오스(엘로힘)가 없다고 증언한다.

성경대로 '그 하나님의 아들'을 알아야 이 진리도 알게 된다.
①하나님께서 창조하신 천사들이 '하나님의 아들'이다(욥 1:6; 2:1; 38:7). 영(靈)들인 천사들은 모든 영들의 아버지이신 하나님께서 지으신 '하나님의 아들들'이다(히 1:14; 12:9). ②생령(生靈)으로 지음받은 아담과 후손들은 하나님께서 지으신 '하나님의 아들'이다(출 4:22; 말 2:10). ③예수 그리스도는 하나님 아버지로부터 태어난 '하나님의 아들'이다(요 1:14; 3:16,18; 골 1:15; 요일 4:9). 하나님의 독생자는 하나님께서 친히 낳으신 유일한 아들(사람)이라는 명칭이다(히 1:3,5). 하나님께서 지으신 아들인 천사들과 하나님께서 아버지로서 낳으신 아들은 그 신분이 전혀 다르다(히 1:5). ④하나님께서 새언약으로 지난 2천여 년 동안 수많은 '하나님의 아들들'을 낳으셨다. 많은 '하나님의 아들들'로 인해 독생자는 '맏아들'이 되셨다(롬 8:29; 히 1:6; 2:10,11).

오직 한 분인 만유의 아버지께서 천지를 창조하시기 이전에 수많은 천사들을 지으셨다(욥 38:7). 한 분이신 하나님의 주변에 수많은 천사들이 있을 때 한 분이신 하나님이 관용적인 표현을 따라 '우리'(창 3:22; 11:7; 사 6:8), '우리 ~하자'(Let us ~.)라고 말씀하실 수 있다. 그러나 하나님께서 아담을 창조하신 역사에 어떤 천사도 동참시키지 않으셨다(사 44:24). 성경에 단 한 번도 사람을 '천사의 형상'이라하거나 천사를 '하나님의 형상'이라고 말하지 않으셨다. 하나님께서 천사들에게 '우리 형상대로 우리의 모양을 따라 사람을 만들자'라고 말씀하신 적이 결코 없다. 천사들의 형상은 사람의 형상과는 전혀 다른 몇 가지의 형상들이 있다(출 37:9; 사 6:2). 하나님께서 사람을 천사들이 갖지 못한 특혜인 '하나님의 형상'으로 삼으셨기에 천사들이 반역한 것이다.

(2) 없는 것을 있는 것처럼 부르시는 하나님

하나님은 시간을 초월하는 전능자이시다(창 17:1). 하나님께서 자기의 형상인 독생자를 보시며 아담을 창조하실 수 있음은 아브라함이 믿었던 하나님의 속성을 이해할 때 쉽게 깨닫게 된다.

<기록된 바 내가 너를 많은 민족의 조상으로 세웠다 하심과 같으니 그의 믿은 바 하나님은 죽은 자를 살리시며 <u>없는 것을 있는 것같이 부르시는 이시니라</u>>(롬 4:17)

하나님은 죽은 자 같은 노인 아브라함과 아이를 낳을 수 없었던 사라에게서 약속하신 아들(이삭)이 태어나게 하셨다(롬 4:19; 히 11:12). 그 하나님께서 이삭이 태어나기 전부터 아브람을 '열국의 아비'라는 뜻인 '아브라함'이라고 부르셨다(창 17:5). 하나님께서 아직 이삭도 태어나지 않은 때에 아브라함에게 많은 자손들이 있는 것으로 보시며 '열국(여러 나라들)의 아비'라고 부르신 것이다.

시간을 창조하신 전능하신 하나님은 시간을 초월하여 보시는 분이다. 시간을 초월하시는 하나님은 '아버지집의 경륜(오이코노미아)의 완성'을 시간을 창조하시기 이전에도 이미 보셨다.

아담으로부터 약 4천년 후, 아브라함으로부터 약 2천년 후에 베들레헴에서 한 아기가 탄생하였다. 그는 '사람의 아들', '마지막아담'으로서 죽으셨다가 부활 승천하여 하나님 아버지 우편에 앉으셨다. 주 하나님은 시작과 마침이요, 처음과 나중이며 알파와 오메가시다. 주 하나님께서 아담을 지으실 때 아들을 이미 보시고 '우리'라고 말씀하셨다. 시공을 초월하시는 하나님께서 부활한 아들의 형상을 이미 보시고 아들의 모형으로 아담을 창조하셨다. 알파요 오메가이신 하나님께서 아들을 보시고 '우리'라는 복수 대명사를 쓰실 수도 있음은 의심없는 진리이다. 아담은 오실 자의 표상(모형)이라고 했는데 그 '오실 자'란 아담을 자기 형상의 모형으로 지으신 하나님 자신을 가리키고, 그분이 사람의 형상을 입고 자기 땅 자기 백성을 찾아오셔서 사람들 중에 임마누엘 하셨다. 사람의 시각으로는 '아직'인 것도 시작인 동시에 마침인 하나님의 시각으로는 '현재'요 '이미'인 것이다. 아담을 지으실 그때도 자기 형상인 독생자를 이미 보시고 '우리'(아버지+아들)라고 부르신 것이다.

　하나님께서 아담을 창조하실 때 '우리'라는 복수대명사로 말씀하심은 모든 사람들을 이미 부활한 것으로도 보시기 때문이다. 하나님께서 모세 앞에 나타나셨을 때 자신을 아브라함의 그 하나님이요 모든 산 자들의 주 하나님이시라고 증언하신 것을 볼 때 명백하다.

<38 하나님은 죽은 자의 하나님이 아니요 산 자의 하나님이시라 하나님에게는 모든 사람이 살았느니라 하시니 39 서기관 중 어떤 이들이 말하되 선생이여 말씀이 옳으니이다 하니 40 저희는 아무것도 감히 더 물을 수 없음이더라>(눅 20장)

　하나님께서 모세에게 '아브라함과 이삭과 야곱이 이미 부활했고, 나는 이미 부활해 있는 모든 의인들의 하나님이다'라고 알리셨다는 말씀이다. 하나님께서 모세의 때에 이미 모든 의인들의 부활을 보셨다면 그들보다 먼저 예수 그리스도의 출생, 죽음, 부활, 승천, 하나님의 우편에 앉게 하심을 보셨다는 말씀이다. 주 하나님께서 자신의 형상인 독생자를 보시되 어느 때든지 '현재'로 보시고 아들에게 말씀하실 때 '우리'라고 부르시는 것은 아주 당연한 일임을 서기관들도 인정한 사실이다.

(3) 계시의 복음과 인간을 창조하신 목적

　창세기 1장에서 '우리'라고 말씀하신 분은 분명 하나님 아버지이시다. 아버지께서 아담을 창조하실 때 하나님을 '아버지'라고 부르는 존재로 창조하셨다. 아담은 하나님이 낳으신 아들 예수 그리스도의 모형이다. 먼저 있는 실체를 보고 모형을 만드셨다. 모세가 성막을 만들었을 때(히 8:5) 먼저 하늘에 실체가 있는 것을 보고 모형으로 만들었다. 아버지와 아들을 아는 것은 사람의 지혜가 아니라 성령의 계시로 되는 것이다.

<25 그 때에 예수께서 대답하여 가라사대 천지의 주재이신 아버지여 이것을 지혜롭고 슬기 있는 자들에게는 숨기시고 어린아이들에게는 나타내심을 감사하나이다 26 옳소이다 이렇게 된 것이 아버지의 뜻이니이다 27 내 아버지께서 모든 것을 내게 주셨으니 아버지 외에는 아들을 아는 자가 없고 아들과 또 아들의 소원대로 계시를 받는 자 외에는 아버지를 아는 자가 없느니라>(마 11장)

예수님께서 '아버지 외에는 그 아들을 아는 자가 없다'고 말씀하셨다. '하나님의 아들'이 어떤 신분인지 알려면 아버지의 계시를 받아야 한다. 또한 아들 외에는 아바 아버지를 아는 자가 없다고 하셨는데 하나님의 독생자 외에 아버지를 아는 자가 없다는 말씀은 매우 특이한 말씀이다. 구약성도들은 항상 יהוה 하나님을 아버지로 알고 섬겨왔기 때문이다(말 2:10). 당시의 유대인들이 יהוה 하나님을 자기들의 아버지라고 알았지만 그럼에도 불구하고 예수님은 그들을 '너희 아비는 마귀'라고 책망하셨다 (요 8:24-27,41,44). 비록 유일하신 하나님을 알지라도 독생자를 낳으신 아버지께서 자신이 낳으신 아들 안에 계시고, 아들이 아버지의 형상임을 알고 믿지 않는 자라면 그들의 아버지는 마귀라는 말씀이다.

구약의 의인들과 선지자들에게도 알리지 않으셨던 천국 비밀을 예수 께서 비로소 알리셨다(마 13:17,35). 영원 전부터 감추어져 있던 은혜와 진리의 복음을 하나님께서 독생자를 통해 계시하셨다(롬 16:25-27). 이 계시는 세상의 관원의 지혜로는 상상조차 할 수 없는 것이라 했다(고전 2:7-10). 성령으로 거듭나 하나님의 아들이 된 자들은 완전한 하나님의 시각을 따라 그 비밀을 하나님의 지혜로 깨닫는다.

하나님의 선을 아는 지혜는 영원 전부터 감추어져 있다가 성령으로 거듭난 자들에게 하나님께서 알게 하신 것이다. 사람의 눈으로는 보지도 못하였고, 소문으로 듣지도 못했으며, 상상조차 하지 못했던 비밀들을 하나님께서 자기를 사랑하는 자들을 위해 영원 전부터 예비하셨고, 오직 성령의 계시로 알게 하셨다. 이 비밀은 하나님께서 영원 전부터 자신의 형상인 한 새사람을 얻고자 예정하신 것이며, 말세에 예수님의 성령을 통한 계시로 알려주시고 나타내신 것이다(엡 1:9; 3:3,4,9; 5:2). 아들이 하나님의 영광의 형상이 되는 이 비밀은 만대로부터 옴으로 감추어져 있던 것인데, 계시로 말미암아 거듭난 성도들에게 풍성하게 나타났다(골 1:15,17,26,27; 2:2,9,10; 4:3,4; 히 1:3). 하나님께서 친히 낳으신 아들 과 연합하시고 아들을 자기의 영광의 형상으로 삼으신 일이야말로 가장 놀라운 '경건의 비밀'이다(딤전 3:16).

(4) 하나님께서 만유보다 먼저 낳으신 독생자

'엘샤다이'는 성함이 아니라 직함이다. 하나님은 '당신의 성함이 무엇이냐?'고 묻는 모세에게 '에흐예'(I Am) 일반적으로는 יהוה(He Is)라고 알려주셨다(출 3:14). 이 성함은 '계시는 분'이라는 의미를 갖는다. 현존하는 시간과 공간, 그 안에 있는 모든 것들이 없었던 때가 있었다. 그 어느 것(시공)도, 그 누구(천사나 독생자)도 없을 때에도 하나님은 홀로 계셨기 때문에 그분의 성함을 '계시는 분'으로 알려주신 것이다.

하나님의 본질(本質)은 영(히-루아흐, 헬-프뉴마)이다(요 4:24). 하나님의 영(靈/Spirit)은 하나님 자신이다. 천사의 본질이 영(靈)이고 사람의 본질은 영혼육(靈魂肉)이니 천사의 영이 천사 자신이고 사람의 영혼육이 그 사람인 것과 같이 거룩하신 영은 그 하나님 자신이시다.

하나님은 어디에나 언제나 '계시는 영'이시다. 주 하나님은 시공간의 창조주이시므로 시간이 없던 때에도 계시고 공간이 없을 때에도 계시고, 공간을 지으신 후에도 공간 안팎 어디에나 계시는 분이다. 그러므로 주 하나님은 전후좌우상하가 없이 전재(全在)하시고 광대하신 영이시다(시 139:1-10; 렘 23:23,24). 보이지 않고 거룩한 영이신 하나님을 아무도 보지 못하였고 볼 수도 없다(딤전 6:16). 누군가가 하나님을 뵈었다는 말은 하나님의 본래 형상을 뵈었다는 의미가 아니다. 하나님은 천사나 사람의 모습이나 광채, 불꽃, 구름으로 임재를 나타내셨지만 그것은 주 하나님의 진짜 모양/형상이 아니라 임시로 나타나신 현상에 불과하다. 하나님은 형상이 없고 보이지 않으시므로 모세에게 친히 기록해 주신 십계명에도 어떤 형상도 만들지 말라고 명하셨다(신 4:12-19). 형상이 없는 영이신 하나님이 '우리의 형상을 따라 우리의 모양대로'라고 말씀하신 이유를 깨달으려면, 영원 전부터 감추었던 비밀을 계시해 주시는 예수님의 말씀을 들을 수 있는 귀와 그 이상을 볼 수 있는 눈이 있어야 한다(눅 1:22). 주 하나님께서 만유보다 먼저 아들을 낳으셔서 아버지가 되셨고, 아들을 보이지 않으시는 하나님 아버지의 형상으로 삼으셨음이 그 비밀의 시작이다(골 1:15,17,26,27). 그러므로 창세기 1장 26,27절은 창세기 1:16절보다 나은 최고의(the best) 복음이다. 누구든지 아버지와 아들을 깨닫지 못하면 영원 전부터 예정하신 복음을 깨달을 수 없다.

성경은 '말씀이 하나님과 함께 계셨으며 이 말씀이 하나님이시라'고 증거한다(요 1:1,2). 주 하나님을 '말씀'(Logos)으로 볼 때, 이는 '태초에 생명(또는 사랑)이 계시니라. 이 생명(사랑)이 하나님과 함께 계셨으며 이 생명(사랑)이 그 하나님이시라'는 표현과 같다(요일 1:5; 4:8,16).

이 '말씀'을 '하나님의 아들'로 본다면(계 19:13) 말씀(logos)인 아들(사람)이 아버지와 영원 태초부터 함께 계셨다는 진술이다. 이 태초는 창세기 1장 1절의 태초보다 이전임은 물론 시간이 창조되기 전의 태초이다. '하나님 아버지'께서 사람(인자)의 육체를 입으시고 자기 땅 자기 백성들 가운데 '임마누엘' 하셨다(요 1:14). 이를 원문의 뜻대로 옮기면 '주 하나님이 우리 가운데 장막(육체)을 치시매'이다(레 26:11,12). 아버지와 아들을 알려면 계시를 받아야 한다(마 11:25-27). 예수님은 하나님 아버지와 그분의 형상인 아들이 하나로 연합된 분이다(사 9:6). 예수께서 주 하나님이실 뿐만 아니라 또한 사람(그리스도, 어린양)이기도 한데 이 비밀을 알아야 더 깊은 계시도 깨달을 수 있다.

구약의 마지막 선지자요 여자가 낳은 자 중에 가장 큰 자였던 침례 요한은 자신을 יהוה 앞에서 그분의 길을 예비하는 '광야의 외치는 소리'라고 증언했다(사 40:3; 말 3:1; 마 3:3; 눅 3:4; 요 1:23). 그는 하나님의 아들인 그리스도와 사람의 아들(인자)인 어린양을 백성들에게 알렸다(마 11:10,11; 막 1:7-11; 눅 7:27).

침례 요한은 하나님의 아들이신 예수 그리스도를 '내 뒤에 오시는 분(이)으로서 나보다 먼저 계시는 사람'이라고 증언했다.

<요한이 그에 대하여 증거하여 외쳐 가로되 내가 전에 말하기를 <u>내 뒤에 오시는 이가 나보다 앞선 것은 나보다 먼저 계심이니라</u> 한 것이 <u>이 사람을 가리킴이라</u> 하니라>(요 1:15)

이 말씀은 '하나님의 독생자(유일하게 태어난 아들)'에 초점을 맞추고 사람이신 예수 그리스도를 설명하는 것이다(딤전 2:5). 만일 침례 요한이 감히 자신과 스스로 계시는 자(하나님)를 비교하면서 하나님을 자기보다 앞선 이라고 설명했다면 이는 명백히 신성모독이다. 전후문맥을 보아도 요한이 자신을 스스로 계시는 그분과 비교한 것이 아니라 기록한 대로 '사람인 그리스도'와 비교했음이 분명하다.

<26 요한이 대답하되 나는 물로 침례를 주거니와 너희 가운데 너희
가 알지 못하는 한 사람이 섰으니 27 곧 내 뒤에 오시는 그이라
나는 그의 신들메 풀기도 감당치 못하겠노라 하더라 … 29 이튿날
요한이 예수께서 자기에게 나아오심을 보고 가로되 보라 세상 죄를
지고 가는 하나님의 어린 양이로다 30 내가 전에 말하기를 내 뒤에
오는 사람(註, 헬라어로 '아네르')이 있는데 나보다 앞선 것은 그가
나보다 먼저 계심이라 한 것이 이 사람을 가리킴이라 (This is he o
f whom I said, After me comes a man who is preferred before
me: for he was before me.) 31 나도 그를 알지 못하였으나 내가
와서 물로 침례를 주는 것은 그를 이스라엘에게 나타내려 함이라 하
니라 32 요한이 또 증거하여 가로되 내가 보매 성령이 비둘기같이
하늘로서 내려와서 그의 위에 머물렀더라 33 나도 그를 알지 못하
였으나 나를 보내어 물로 침례를 주라 하신 그 이(註, יהוה)가 나에
게 말씀하시되 성령이 내려서 누구 위에든지 머무는 것을 보거든 그
가 곧 성령으로 침례를 주는 이인 줄 알라 하셨기에 34 내가 보고
그가 하나님의 아들이심을 증거하였노라 하니라>(요 1장)

　요한보다 먼저 계신 사람은 신을 신고 요단강에 찾아오셔서 침례를
받은 사람이다. 그분이 사람의 아들(인자)로서는 요한보다 6개월 후에
태어났지만 하나님의 아들로서는 침례 요한보다 먼저 나신 사람이다.
하나님께서도 요한에게 '성령이 비둘기같이 누구에게 임하는 것을 보면
그가 내 아들인줄 알고 소개하라'고 하셨다. 예수님은 인자(겉사람)로는
땅에 계셔도, 하나님의 아들(속사람)로는 시공을 초월하는 셋째하늘에서
나셔서 여전히 셋째하늘에 계심을 친히 증거하셨다.

<12 내가 땅의 일을 말하여도 너희가 믿지 아니하거든 하물며 하늘
일을 말하면 어떻게 믿겠느냐 13 하늘에서 내려온 자 곧 인자 외에
는 하늘에 올라간 자가 없느니라>(요 3장)

　셋째하늘은 시공을 초월해 있고, 하나님의 아들은 여전히 그 하늘에
속해 계신다. 셋째하늘에 속한 독생자께서 육체를 입으시고 첫째하늘 아
래의 세상에 나타나셨다. 침례 요한은 독생자(사람)이신 예수 그리스도
앞에 보내심을 받았고, '하나님의 아들 그리스도'를 '나보다 먼저 계시는
사람'이라고 증언했다(참고 사 11:1; 마 11:11).

<나의 말한 바 나는 <u>그리스도가 아니요 그의 앞에 보내심을 받은</u> <u>자</u>라고 한 것을 증거할 자는 너희니라>(요 3:28. 참고 요 1:20)

침례 요한보다 먼저 계시는 사람은 그의 뒤에 오신 그리스도이다.

<31 위로부터 오시는 이는 만물(註 헬-파스) 위에 계시고 땅에서 난 이는 땅에 속하여 땅에 속한 것을 말하느니라 <u>하늘로서 오시는</u> <u>이는 만물 위에 계시나니</u> 32 그가 그 보고 들은 것을 증거하되 그 의 증거를 받는 이가 없도다>(요 3장)

'만물'로 번역된 헬라어는 '파스'인데 '모든 물질'만을 의미하는 것이 아니라 하나님께서 창조하신 모든 것(만유)을 의미한다(엡 4:6). 따라서 만유 위에 계신다는 의미는 피조된 시간이나 공간을 초월해 계신다는 의미이다. 그리스도는 시공 위의 하늘에 계시는 독생자(사람)이셨다.

성경은 줄곧 하나님 아버지께서 아들을 하늘에서 세상에 보내셨다고 증언한다. 하나님께서 땅에 있는 사람의 아들 요한을 세상에 보내신 후 만유보다 먼저 친히 낳으신 유일한 아들(독생자)의 겉사람을 육체라는 형상을 입혀 사람의 아들로 침례 요한 뒤에 세상에 보내셨다.

<예수께서 가라사대 너희는 아래서 났고 <u>나는 위에서 났으며</u> 너희 는 이 세상(世上)에 속하였고 <u>나는 이 세상(世上)에 속하지 아니하였</u> <u>느니라</u>>(요 8:23)

다른 성경들은 이 구절을 '나는 위에서 왔다'라고 번역했다(새번역, 우리말성경, 공동번역, 카톨릭성경, 쉬운성경, 현대어성경). 독생자는 시공을 초월하는 셋째하늘에서 났고, 세상으로 보내심을 받았다.

'하나님의 아들'을 사람으로 믿지 않고 '아들하나님'으로 믿으면 우상숭배에 빠진다(요 8:19; 14:7-9). 믿음의 조상 아브라함이 예수님의 때 볼 것을 즐거워하다가 보고 기뻐하였다고 예수께서 말씀하셨다. 유대인들은 '네가 50세도 못 되었는데 어떻게 아브라함이 너를 보았다고 하느냐?'고 비난했다(요 8:56,57). 예수님은 독생자(사람)로서 자신이 아브라함보다 먼저 셋째하늘에서 태어났다고 증거하셨다.

<예수께서 가라사대 진실로 진실로 너희에게 이르노니 <u>아브라함이</u> <u>나기 전부터 내가 있느니라</u> 하시니>(요 8:58)

예수님은 사람(아담, 아브라함, 다윗)의 아들로서는 30대이셨지만 그 '하나님의 아들'로서는 아브라함보다도 먼저 태어나신 사람이다.

　　예수께서 유일하신 참(진리) 하나님(아버지)이심과 주 하나님의 아들 그리스도(사람)이심을 깨달아야 영생을 얻는다(사 9:6; 마 11:25-27; 요 8:23-27; 17:3). 예수님은 독생자로서 자신이 창세전부터 아버지와 함께 영광을 가지고 있었다고도 친히 증거하셨다(참고 요 1:1).
　　<아버지여 창세전에 내가 아버지와 함께 가졌던 영화로써 지금도 아버지와 함께 나를 영화롭게 하옵소서>(요 17:5)
　　단지 하나님의 계획과 예지 안에서 함께 영광을 가지셨다는 의미가 아니라 하나님의 영광의 형상인 아들로 태어나셨다는 말씀이다.

　　하나님께서 아담을 오실 자의 표상(롬 5:14)으로, 자기 형상의 실체인 맏아들의 형상과 같이 되도록 예정하시고 창조하셨다(롬 8:29).
　　<첫사람은 땅에서 났으니 흙에 속한 자이거니와 둘째사람은 하늘에서 나셨느니라>(고전 15:47)
　　둘째사람은 시간과 공간을 초월하는 셋째하늘에서 나셨다. 셋째하늘은 하나님의 경륜을 모두 이룬 영역이기도 하다(마 6:10). 그 그리스도께서 마지막아담(인자, 고전 15:45)으로서는 2000년 전에 땅의 베들레헴에서 나셨지만 둘째사람(하나님의 아들)으로서는 시간을 창조하시기 이전에 셋째하늘에서 나셨다는 말씀이다(참고 사 11:1).
　　첫사람은 하나님의 형상의 모형에 불과하지만 둘째사람인 그리스도는 하나님의 신령하고 영원한 영광의 형상으로 참하늘에서 나셨다.
　　<그 중에 이 세상 신이 믿지 아니하는 자들의 마음을 혼미케 하여 그리스도의 영광의 복음의 광채가 비취지 못하게 함이니 그리스도는 하나님의 형상(形像)이니라>(고후 4:4)
　　세상에 오신 예수님의 속사람은 여전히 하나님의 영광의 형상으로 영체를 가지셨고, 겉사람은 영광의 형상을 벗고 땅의 육체를 입으셨다. 주 하나님의 아들인 대제사장과 사람의 아들인 어린양이 되셨다는 말이다.
　　하나님께서 셋째하늘에서 낳으신 아들을 첫째하늘 아래 세상에 보내셔서 여자의 후손, 사람의 아들(인자)로 태어나게 하셨다는 것이다.
　　<4 때가 차매 하나님이 그 아들을 보내사 여자에게서 나게 하시고 율법 아래 나게 하신 것은 5 율법 아래 있는 자들을 속량하시고 우리로 아들의 명분을 얻게 하려 하심이라>(갈 4장)

하나님이 창세전에 그리스도 안에서 아들들을 택하셨다면 그리스도가 창세전에 하나님으로부터 태어나 존재했다는 말이다(엡 1:4-6,9). 하나님께서 창세전에 낳으신 아들을 보시고 모형으로 아담을 지으셨고, 잠시 후에는 맏아들의 형상을 본받게 예정하셨다. 영원 전부터 있던 이 비밀(경륜)은 사람의 아들들 세대에는 감추어져 왔으나 독생자께서 하나님의 아들들의 세대에게 밝히 드러내셨다(엡 3:2-5,9,11).

그리스도는 하나님의 영광의 형상(본체; 헬-모르페)이지만 죄인들을 위해 자신의 영광을 비우고 종의 형체(형상, 헬-모르페)와 같은 모양(육체, 헬-스케마)으로 나타나셨다는 말이다(빌 2:6-11).

<6 그는 근본 하나님의 <u>본체</u>시나 하나님과 동등됨을 취할 것으로 여기지 아니하시고 7 오히려 자기를 비어 종의 <u>형체</u>를 가져 사람들과 같이 되었고 8 사람의 모양으로 나타나셨으매 자기를 낮추시고 죽기까지 복종하셨으니 곧 십자가에 죽으심이라>(빌 2장)

하나님의 영광의 형상의 실체이신 독생자께서 인자를 입으셨다.

<15 <u>그는 보이지 아니하시는 하나님의 형상이요 모든 창조물보다</u> <u>먼저 나신 자</u>니 … 17 또한 <u>그가 만물보다 먼저 계시고</u> 만물이 그 안에 함께 섰느니라>(골 1장)

하나님께서 시간을 창조하시기 이전에 독생자를 낳으셨다. 이 말씀에 '계획 속'이나 '생각 속'이라는 사람의 말을 더하면 안 된다.

아버지께서 아들 안에 계셔서 사람을 하나님의 모든 신성을 완벽하게 나타내실 형상이 되게 하셨다. 하나님은 몸(體)이 없으시므로 '본체'라는 번역은 하나님의 '본질' 즉 '전재하신 영으로서 존재'를 의미한다.

<<u>이는 하나님의 영광의 광채시요 그 본체(히-휘포스타시스)의 형상</u> <u>이시라</u> 그의 능력의 말씀으로 만물을 붙드시며 죄를 정결케 하는 일을 하시고 높은 곳에 계신 위엄의 우편에 앉으셨느니라>(히 1:3)

예수님은 신격(神格)으로서 주 하나님 아버지이시다. 그러나 '하나님의 아들'로서는 '아들하나님'이 절대로 아니요 주 하나님께로부터 만유보다 먼저 태어난 사람이다. 하나님의 독생자(the only begotten son)는 주 하나님께서 낳으신 유일한 아들이라는 의미이다. 예수님의 인격(人格)은 '하나님의 아들인 그리스도'(속사람/대제사장, 왕, 선지자)라는 역할과 '사람의 아들인 어린양'(겉사람)이라는 역할로 구별된다.

하나님의 형상인 독생자는 하나님께서 지으신 시간이나 공간이나 그 안에 있는 모든 것들을 물려받은 하나님의 후사이시기도 하다.

히브리서 5~7장은 유일한 중보자로서 사람이신 그리스도를 설명하기 위해 모형으로 나타났던 사람 즉 멜기세덱을 등장시켰다.

<3 아비도 없고 어미도 없고 족보도 없고 <u>시작한 날도 없고</u> 생명의 끝도 없어 <u>하나님 아들과 방불하여</u> 항상 제사장으로 있느니라 4 <u>이 사람의 어떻게 높은 것을 생각하라</u> 조상 아브라함이 노략물 중 좋은 것으로 십분의 일을 저에게 주었느니라>(히 7장)

'방불하다'라는 말은 같다(새번역성경, 쉬운성경, 현대어성경), 닮았다(개역개정성경, 우리말성경, 공동번역개정성경, 카톨릭성경), '유사하다'라는 의미이다. 만일 멜기세덱이 '독생자'이신 예수 그리스도의 현현이 아니라면 하나님이 낳으신 두 명의 아들(사람)이 존재하는 것이다. 주 하나님은 한 분이시며 하나님과 사람 사이에 중보도 한 분인데 사람이신 그리스도 예수이시기 때문이다(딤전 2:5).

'하나님의 아들'은 땅의 제사장인 사람의 아들과 달리 육체적 아비나 어미가 없는 사람'이다. 아론의 후손들은 족보가 확인되어야 제사장이 되지만 멜기세덱은 육신적인 부모가 없이 하나님이 낳으신 사람이다. '하나님의 아들'은 시간 창조 이전에 셋째하늘에서 낳으셨으니 시작한 날이 없다. 이는 명백히 존귀한 사람인 하나님의 아들에 관한 진술이다.

사도 요한은 생명이요 말씀이신(요 1:1; 14:6) 그리스도께서 태초부터 아버지와 함께 계셨다고 또 다시 증거했다(참고 계 19:13).

<1 <u>태초부터 있는 생명의 말씀</u>에 관하여는 우리가 들은 바요 눈으로 본 바요 주목하고 우리 손으로 만진 바라 2 이 생명이 나타내신 바 된지라 이 영원한 생명을 우리가 보았고 증거하여 너희에게 전하노니 <u>이는 아버지와 함께 계시다가 우리에게 나타내신 바 된 자니라</u>>(요일 1장)

요한은 영원 전 태초에 태어난 하나님의 아들의 형상과 모양을 보고, 그와 같은 형상이 될 최고의(the best) 복음을 증거한 것이다.

4. 죄를 범하여 하나님의 영광에 이르지 못함

(1) 모든 사람이 죄(罪)를 범하였음

아담이 범죄하기 이전에 대천사장이 먼저 하나님의 예정을 거역하여 죄를 지었다. 사단의 꾀에 넘어간 아담뿐만 아니라 아담 안에 있던 모든 사람이 아담이 범죄할 때 그 안에서 함께 죄를 지었다.

<모든 사람이 죄(罪)를 범하였으매 하나님의 영광(榮光)에 이르지 못하더니>(롬 3:23)

하와는 지극히 선하신 하나님의 성품과 말씀을 믿지 않고 뱀의 말을 복된 소식처럼 믿었다. 하나님을 뱀보다도 선하지 않은 분으로 여겼다는 말이다. 하나님의 법에 불순종함으로써 의를 잃어버리고 죄를 얻었다. 강제력을 갖는 법률, 법령, 명령, 규칙, 조례 등을 '법'이라고 정의(定義) 한다. 따라서 어떤 행위를 정죄(定罪)하기 위해 적용해야 할 법이 필요하고 법을 어겼던 불법자들은 그 법에 근거하여 심판과 형벌을 받는다. 성경적 법이 없는 자들을 무법자라고도 한다.

사전이나 주석마다 다르나 일반적인 것으로 참고했다.[1)]
구약성경에 히브리어로 죄(罪)에 대해 언급할 때 다음과 같다.
① '하탙'(출 32:32)- '유죄', '범죄', '빗나감', 속죄제(출 29:14)
② '아온'(삼하 19:19)- '불법'(법과 규정을 어김), '잘못'(사악)
③ '헤트'(레 20:20)- '죄'(표적에서 벗어남), '범죄', '위반', '잘못'
④ '파솨'(수 24:19)- '허물', '반역'(권위에 도전, 거역), '탈선'
⑤ '아샴'(창 26:10)- '위반', '범죄'. '침해', '배상', 속건제(레 5:6)

신약성경에서 '죄'를 뜻하는 헬라어 단어들은 다음과 같다.
① ἁμαρτία[하마르티아]- '죄', '과녁을 맞히지 못함'
② πονηρός[포네로스]- '악한', '허약한', '앓는', '못쓰게 된', '나쁜
③ ἀδικία[아디키아]- '나쁜 짓', '잘못함', '불의', '부정', '악함'
④ παράβασις[파라바시스]- '밟고 넘어감', '범죄', '위반'
⑤ ἀνομία[아노미아]- '불법', '무법', '악함'

위에서 보는 것 같이 죄(罪)라는 것은 하나님께서 인간을 창조하실 때 정하신 선한 목표에서 벗어나는 것, 최선의 목표에 이르도록 도우시는 하나님의 손길을 거역하는 것, 이를 위해 정해놓은 법과 길을 무시하고 위배하며 훼방하고 대적하는 언행과 생각을 의미한다.

하나님의 뜻을 거역하고 창조질서에서 벗어남으로써 죄가 생겨났다. 첫창조에는 악이 일어날 여지가 있어 완벽하지 않은 상태였으므로 사람에게 선악과를 금하신 법을 주셨다. 사람은 죄를 짓지 않을 능력과 자유의지를 가진 자로 창조되었다. 아담은 하나님의 영원한 존귀와 영광의 관을 쓸 존재로 지으신 하나님의 길에서 자의로 벗어났다.

아담의 원죄가 그의 후손에게 유전된다는 의미보다 그 후손들도 당시 범죄에 동참했다는 말이 더 정확한 진술이다.
<9 또한 십분의 일을 받는 레위도 아브라함으로 말미암아 십분의 일을 바쳤다 할 수 있나니 10 이는 멜기세덱이 아브라함을 만날 때에 레위는 아직 자기 조상의 허리에 있었음이니라>(히 7장)

아브라함이 십일조를 멜기세덱에게 바칠 때에 증손자인 레위도 아브라함 몸 안에서 함께 십일조를 드렸고, 또한 태어나서도 드렸다.

아담이 범죄할 때 후손들이 아담 안에 있었고, 아담으로부터 태어나 개별적인 존재로 죄 아래 갇혔다. 아담과 선악과를 직접 따먹지 않은 자들에게도 죄가 주(主)와 왕(王)노릇을 했다(롬 5:14; 6:17). '아담 안에' 있는 자는 '죄인'이며 '예수 안에' 있는 자는 '예수인' 즉 '그리스도인'이 되어 각각의 머리가 받는 것을 그대로 받는다.
<아담 안에서 모든 사람이 죽은 것같이 그리스도 안에서 모든 사람이 삶을 얻으리라>(고전 15:22)

생물학적으로 사람은 부모로부터 각각 23쌍의 염색체를 받은 육체로 태어나므로 모두가 아담과 하와의 살과 피를 받은 것이다. 그래서 모든 사람은 육신에 속하여 죄 아래 팔려 죄의 종이 되었다.
<우리가 율법은 신령한 줄 알거니와 나는 육신에 속하여 죄 아래 팔렸도다>(롬 7:14)

아담과 하와의 살과 피를 받았기에 그 혈육에 속한 자이면 누구든지 죄에게 속한 자(죄인)라는 증거를 가진 것이다.

<내가 죄악(罪惡) 중에 출생(出生)하였음이여 모친이 죄 중에 나를
잉태(孕胎)하였나이다>(시 51:5)

이 말씀은 범죄 후 성관계 자체가 죄라는 의미가 아니고 각 사람은
잉태부터 개별적인 죄인의 삶으로 시작된다는 의미이다.

하나님께서 영들을 만드셨고, 그 중에 한 영이 태어나는 육체에 들어
가 완전한 사람이 된다는 영혼선재설은 거짓된 이론이다. 성경은 아담이
첫사람이라 증거한다. 아담의 한 영에서 각 사람의 영이 육체처럼 유전
된다는 유전설도 거짓이다. '육으로 난 것은 육이요 영으로 낳은 것은
영'이다(요 3:6). 사람의 영은 '부모의 영들이 결합해 낳은 것'이 아니다.
아담의 영이나 셋의 영이나 에노스의 영이 하나님을 '할아버지'라 부르
지 않고 '아버지'라 부르는 이유는 하나님께서 모든 사람의 영을 친히
지으셨기 때문이다(히 12:9). 만일 영이 유전된다면 거듭난 부모로부터
태어난 자녀들은 모두 거듭난 영을 가진 의인으로 태어날 것이다.

하나님께서 사람의 육체나 영을 직접 창조하신다면 죄인을 창조하신
것이 되므로 이는 하나님의 성품에 위배된다. 하나님께서 부모를 통해
겉사람(생혼육)을 간접적으로 창조하신다. 아담과 하와가 동침해 가인을
낳았을 때 하나님께서 정하신 생육법칙에 따라 낳았기에 'יהוה로 말미암
아 득남했다'고 했고 이 지으심이 계속되었기에 하나님께서 모든 사람을
지으셨다고 말한다(창 4:1; 시 139:13-15; 신 32:15; 욥 31:15; 말
2:10). 하나님께서 사람의 육체가 만들어질 때 그 사람의 영도 사망과
죄 아래서 지어지기 때문에 영(靈)도 죄인의 신분에서 벗어날 수 없다
(민 16:22; 사 57:16; 렘 38:16).

<이스라엘에 관한 יהוה의 말씀의 경고라 יהוה 곧 하늘을 펴시며 땅의
터를 세우시며 <u>사람 안에 심령을 지으신 자</u>가 가라사대>(슥 12:1)

이 구절에서 '심령'은 히브리어 '루아흐'(영)이라는 단어이다.

첫사람 아담은 모든 사람의 조상(머리/뿌리)이요 대표이다. 가지 많은
나무는 바람 잘 날이 없다는 말도 사람을 나무에 비유하고 있다. 성경은
예수님에 대해서도 '다윗의 뿌리와 가지'와 '하나님의 가지'라는 비유로
진술한다(시 1:3; 사 11:1; 61:3; 계 22:16).

머리(대표)가 죄에게 졌고, 그 뿌리가 죄에 오염되었기 때문에 모두가 죄인이 되었다. 사람이 하나님의 영광의 형상의 모형일 때에는 아담이 뿌리이지만 그리스도 안에서 구속되고 거듭나면(접붙임) 그리스도와 주 하나님이 그의 뿌리/머리가 되신다. 선민이든 이방인이든 물과 성령으로 거듭나면 오염된 나무에서 잘려 나와 하나님께서 뿌리이신 생명과 의의 나뭇가지가 되고 하나님의 의와 영원한 생명과 영광이 그 열매가 된다. 주 하나님은 이스라엘을 참감람나무에 비유하면서 뿌리이신 하나님께서 거룩하시니 가지와 열매도 거룩하다고 증거하셨다(롬 11:16-18).

인류의 대표가 사단과 죄에게 졌기 때문에 모두가 진 것이다.
<저희에게 자유를 준다 하여도 자기는 멸망의 종들이니 누구든지 진 자는 이긴 자의 종이 됨이니라>(벧후 2:19)
2002년 월드컵에서 한국의 국가대표선수들은 올림픽경기에서 44년 만에 첫 승리 및 4강이라는 열매를 얻었다. 국가대표선수들만 이긴 것이 아니라 한국국민 모두가 이긴 경기였다. 인류의 대표인 아담의 범죄는 전 인류가 죄와 사망과 마귀에게 졌음을 뜻한다. 마귀는 아담을 이기고 아담뿐만 아니라 아담의 모든 후손들의 머리가 되었다(창 3:15). 다윗과 골리앗의 싸움에서 누가 이기느냐에 따라 진 자에게 속한 자는 승자의 종이 된다는 사실이 이를 잘 보여준다(삼상 17:8,9).
예수께서 인류대표선수로 사단 및 죄/사망과의 싸움에서 이기셨기에 예수 그리스도께 속한 모든 사람들도 예수 그리스도의 승리를 자신의 것으로 함께 누릴 수 있게 된다.

예전에는 종이나 노예의 후손으로 태어난 자는 부모의 신분과 같은 종(노예)이었다. 아브라함의 아내 사라는 아들을 낳지 못하자 자신의 여종인 하갈에게 남편과 동침하여 아들을 낳게 했다. 종의 아들은 주인의 소유가 되기 때문이다. 탈무드에 큰 부자였던 주인이 갑자기 죽게 되자 자신의 모든 소유를 종에게 주고 자기 아들에게는 자기의 유산들 중에 하나만을 선택하라는 유서를 종의 손에 쥐어주고 죽은 이야기가 있다. 크게 슬퍼했던 아들에게 랍비가 '자네는 그 종을 선택하게. 자네 부친의 모든 재산이 자네의 것이 될 것일세.'라고 조언하였다.

누구는 좋은 부모에게서 금수저를 물고 태어나고 누구는 가난한 부모에게서 흙수저를 물고 태어난다는 말이 유행하고 있다. 부모가 많은 재산을 물려주면 좋겠지만 어떤 부모는 재산대신 부채를 물려주기도 한다. 부모의 부채를 상속(유전)받지 않으려면 부모가 돌아가신 후 3개월 안에 유산상속포기각서를 가정법원에 제출하여야 한다.

아담과 하와는 하나님으로부터 하나님의 영원한 영광의 형상이 되고 하나님의 후사가 되는 약속(유언)을 받았다. 그 후손들도 그것을 당연히 누릴 것이지만 범죄로 인하여 동시에 사망과 형벌이라는 부채도 물려받았다. '너는 흙이니 흙으로 돌아가라'는 말씀은 모든 사람이 조상 아담 안에서 흙수저를 받고 죄인의 형상으로 태어났다는 의미이다. 누구든지 예수 그리스도를 통해 주신 하나님의 복음을 믿고 물과 성령으로 거듭나면 하나님의 최상의 피조물인 천사들까지 소유물로 받을 만큼의 단연 최고의 수저를 물고 다시 태어난 것이다.

모든 사람이 죄인이라는 증거는 무엇보다도 누구나 태어나면서부터 점점 잘 살아가는 것이 아니라 사실상은 점점 더 죽어간다는 사실에서 드러난다. 아담의 후손들 중에 영생불사로 자신의 무죄를 증명한 자는 하나도 없었고, 1000년도 살지 못하고 죽어갔다. 죄와 사망이 철저하게 지배하는 세상에서 죄를 이기지 못했기에 예외없이 모두 다 죽었다.

홍수 이전에는 거의 천년을 살았지만 지금은 그 $\frac{1}{10}$인 100년을 살기도 어렵다. 마치 제1염색체에 존재하는 LMNA 유전자 이상으로 어린이들이 걸린 조로증(早老症/progeria) 환자와 같다. 모두가 죽는 현실이야말로 죄인이 아닌 사람은 하나도 없다는 확실한 증거이다. 아담 안에서 모든 인류는 영혼육체에 시한부 사망선고를 받았다. 그런데 예수 그리스도는 죄와 사망을 정복하고 살아나신 유일한 사람이시다.

사람은 어느 시대에 어디에 살든 양심상으로 죄인임을 인정한다. 물론 아담의 후손들 중에 도덕적으로나 선행으로 산 사람도 사망을 이기고 부활한 자가 없었다. 이 사실이 선행으로는 극히 작은 죄도 해결할 수 없고 죽음에서 살아날 능력도 될 수 없다는 확실한 증거이다.

(2) 아담과 하와에게 입히셨던 영광이 벗겨짐

영광스러우시고 선하신 전지전능자께서 그 영광의 형상으로 사람을 창조하셨으니 아담에게 영광이 있었음이 확실하다(롬 5:14; 고전 11:7). 아담과 하와는 선악과를 먹지 않는다면 영생할 존재로 지음받았다. 그 명령은 규제가 아니라 오히려 어느 때 어디서나 지극히 영광스러운 주 하나님께로 나아가 절대 선(善)이신 하나님과 교제하며 최선을 배우고 성장하게 하신 특혜이었다(요일 1:5-7). 아담은 두려움이 없이 영광의 하나님을 대면하고 교제할 수 있는 신분으로서 영원생명(광채)이 가득한 존재였다(참고 마 4:16; 요 6:63; 12:36).

<4 그 안에 생명이 있었으니 이 <u>생명은 사람들의 빛</u>이라 5 빛이 어두움에 비취되 어두움이 깨닫지 못하더라>(요 1장)

<예수께서 또 일러 가라사대 나는 세상의 빛이니 나를 따르는 자는 어두움에 다니지 아니하고 <u>생명의 빛</u>을 얻으리라>(요 8:12)

영원하고 완전한 생명의 빛(영광)이 충만하다면 영원한 생명을 가졌다는 의미이다. 아담의 영광은 거룩하신 영광의 하나님을 두려움이 없이 뵙고 교제할 수 있는 영생의 빛이다. 하나님이 천사들에게 그리하셨듯이 아담에게 하나님의 모든 영광을 완전히 나타내시는 것은 아니었다. 범죄 전의 아담의 영광은 비록 천사들의 영광에는 미치지 못했으나 오늘날의 죄인들이 상상할 수 없는 특별한 영광이었다. 만일 벤아담(셋), 에노스도 죄없이 태어났다면 아담과 같은 영광을 가진 존재로서 영광의 하나님을 두려움 없이 뵈며 사귈 수 있었음은 물론이다.

이스라엘의 범죄로 성전에 가득했던 하나님의 영광(광채)이 성전에서 떠나갔던 사례에서 아담의 범죄로 영광이 떠난 것을 유추해볼 수 있다 (겔 9:3; 10:4,18,19; 11:23). 아담과 하와의 온 몸에 빛났던 영광(생명의 빛)은 죄로 인하여 속사람(영)이 죽자 서서히 사라졌다. 영원히 사는 생명의 빛, 천년을 사는 생명의 빛, 백년을 사는 생명의 빛은 질(質)과 양(量)이 다르다. 아담과 하와는 영광이 사라진 죄인의 몸, 죽을 몸에 드러난 수치를 가리기 위해 두려운 마음으로 급히 무화과 나뭇잎으로 가운을 만들어 수치가 임해 부끄러운 몸을 가렸다.

<7 이에 그들의 눈이 밝아 자기들의 <u>몸이 벗은 줄을 알고</u> 무화과나무 잎을 엮어 치마를 하였더라 8 그들이 날이 서늘할 때에 동산에 거니시는 יהוה 하나님의 음성을 듣고 아담과 그 아내가 יהוה 하나님의 낯을 피하여 동산 나무 사이에 숨은지라 9 יהוה 하나님이 아담을 부르시며 그에게 이르시되 네가 어디 있느냐 10 가로되 내가 동산에서 하나님의 소리를 듣고 내가 <u>벗었으므로 두려워하여 숨었나이다</u> 11 가라사대 누가 너의 벗었음을 네게 고하였느냐 내가 너더러 먹지 말라 명한 그 나무 실과를 네가 먹었느냐>(창 3장)

아담과 하와가 죄를 범하므로 그들의 생명인 영이 죽었다고 믿는다면 그들의 생명의 빛인 영광도 그들의 몸에서 떠났음을 믿어야 한다. 잠간 후면 하나님의 영광의 완전한 형상에 이를 수 있었는데 그만 부끄럽고 추악한 죄의 종의 형상으로 변해버린 것이다(롬 3:23).

하나님께서 거듭난 아들들을 하나님의 영광의 형상으로 삼으시려고 영원 전부터 예정하셨다는 진리를 성령의 계시로 알게 된다. 첫사람인 아담의 후손들이 아담과 하와의 본래 모습과 그 영광을 깨닫지 못하게 된 것은 속사람인 영의 죽음으로 영적 소경들이 되었기 때문이다. 또한 그들이 범죄 전에는 선악을 판단할 능력이나 부끄러움에 대한 감각도 없는 자들이었으나 범죄 후 선악을 아는 분별력을 가지게 되어 그제야 부끄러움을 아는 도덕적인 사람이 된 줄로 착각하는 것도 영적 소경이 되었다는 증거이다(마 15:14; 23:16,17; 요 9:41).

에덴동산은 전지전능하신 하나님께서 지상에 만드신 최고의 작품으로 하나님 보시기에 심히 좋았다. 아담과 하와에게는 하나님께서 통치자로 세우실 때 주신 영광스러움과 권세와 능력이 있었기에 거대한 공룡이나 다른 모든 생물들을 임의로 다스릴 수 있었다.

홍수 심판 이전의 환경은 지금과 비교할 수 없을 만큼 좋았다. 추위나 더위 때문에 몸을 보호해야 할 필요 없이 양극지방은 물론 적도지방도 따뜻했고 아침이나 해질녘에는 하나님과 함께 거닐기 좋을 정도로 시원했다. 극지방에서 많은 매머드가 냉동상태로 발견되었고 그것들의 위(胃)에는 전혀 소화되지 않은 아열대성 식물들이 들어있었다. 홍수 이전에는 극한(極寒)의 기후나 적도의 뜨거움이 없었다는 증거이다.

아담과 하와가 범죄 후에 '옷을 입지 않았다'는 사실을 깨달았기에 부끄러움(수치)을 느낀 것이 아니었다(창세기 3:7). 아담과 하와가 입었던 옷을 벗은 것이 아니라 옷이라는 용어나 개념도 없었던 아담과 하와가 옷을 벗었으니 부끄러워했다는 생각은 영적인 소경의 생각이다. 그들에게는 영광이 입혀있었고 범죄 후에 벗겨진 영광 대신에 끔찍한 수치(부끄러움)가 입혀졌기에 두려움이 엄습하였고 이를 감추기 위해 무화과 나뭇잎으로 황급히 가운(coverings, NIV)을 만들어 추하고 악해진 몸을 가렸다는 말이다. 사실상 사람이 하나님 앞에 발가벗겨진 모습을 보이는 일 자체는 두렵거나 수치스러운 것이 아니다(히 4:13).

이 사실은 그들이 무화과 나뭇잎으로 가운을 만들어 입었음에도 불구하고 여전히 '벗었다'고 고백한 말에서도 명백하게 드러난다.

<… 저는 벗은 몸인 것이 두려워서 숨었습니다.">(창 3:10, 새번역 성경)

아담과 하와가 가운을 만들어 입었을지라도 처음에 입혀있던 영광을 다시 입기까지는 여전히 '벗은 몸'이었다.

지극히 선하시고(좋으시고), 전지전능하신 하나님께서 수치도 모르는 인간을 자기 형상으로 만들어놓으시고 전지자의 보시기에 심히 좋다고 하셨을 리가 없다. 만일 하나님께서 그런 자들에게 하나님께서 지으신 것을 다스리라고 하셨다면 후손이나 지배를 받는 것들이 곧장 파멸로 떨어질 수밖에 없었을 것이다. 지극히 거룩하시고 절대 의로우신 하나님께서 그들에게 통치자다운 영광을 입혀주셨다는 말이다. 그들의 몸은 주 하나님의 모형적 형상으로서 영광(생명의 빛)을 입혀주신 상태였으므로 범죄하지 않았다면 그 무엇으로도 그 영광을 가리면 안 되었다.

하나님께서 아담에게 누가 너더러 벗었다고 '고하였느냐'고 물으셨다(창 3:11). 아담이 벗은 줄도 몰랐거나 벗은 몸을 보지 못했었다는 말이 아니다. '고하다'로 번역된 히브리어 '나가드'는 '선언하다'(신 30:18), '이르다'(삿 3:13), '고발하다'(에 6:2), '고소하다'(렘 20:10), '공포하다', '인정하다', '고백하다' 등의 뜻으로 쓰인다. 이 말씀은 '누가 너희 벗은 것을 고발(고소/참소)하였느냐?'라는 뜻이다. 사단 마귀가 영광이 벗겨진 대신 죄로 인해 입은 아담과 하와의 수치를 비난하며 그들을 저주받은 자들이라고 조롱했다는 말이다.

이것은 '아담아 네가 하나님의 형상은 고사하고 죄의 종으로 추락한 주제로 완전히 망하지 않았느냐?'라고 비난했다는 말이다. 뱀의 말대로 하나님처럼 시각이 밝아져 선과 악을 알게 되기는커녕 상상하지 못했던 비참한 신분으로 떨어진 것이다. 이것은 사단 마귀가 불못에 들어갈 때까지 힘을 다해 끊임없이 성도들을 참소하는 자로서 성도들을 대적할 것임을 보여준 첫 번째 사례이다(계 12:10).

한자는 홍수 후, 주전 2,500년경에 뜻글자(表意文字)로 만들어졌으며 오늘날까지 뜻이 명백하게 전해지는 글자들이 있다. 배 선(船)자는 배 주(舟)자에 여덟 팔(八)자와 입 구(口)자를 합친 글자이다. 노아의 여덟 식구만 큰 배로 말미암아 구원을 받았다는 의미로 이는 성경의 역사적 사실과 일치하는 근거로 만든 글자이다(벧전 3:20).

여자가 탐욕을 따라 선악을 알게 하는 나무 실과를 보고 따 먹었으며 범죄 후에는 하나님께서 생명과일도 금하셨다는 의미를 가진 글자가 두 개의 나무(木) 아래 볼 시(示)자를 더한 금할 금(禁) 자이다.

벗은 사건을 보여주는 글자로 倮(알몸 나)자는 사람 인(人) 자에 실과 과(果)자, 躶(벌거벗을 나)자도 몸 신(身)자에 실과 과(果)자, 裸(벌거숭이 나)자도 옷 의(衣)자에 실과 과(果)자를 합쳐서 만들어졌다. '벗었다'는 의미의 세 개의 한자 모두가 창세기 3장의 사건과 정확하게 일치함은 절대로 우연이 아니다. 그것은 한자를 만들었던 시대까지 사람들이 통한(痛恨)의 역사를 익히 알고 있었음을 의미한다. 선악과를 먹은 결과로 입혀졌던 영광이 벗겨지는 일이 없었다면 단연(斷然), 벗었다는 의미의 '나'자 세 개에 모두 다 실과 과(果)자를 붙인 일이 없었을 것이다.

사람의 삶을 나타내는 衣食住(의식주)라는 말도 분명 창세기의 중요한 역사적 사실을 담고 있다. 의식주라는 말에는 일반적으로 가장 중요하게 쓰이는 먹을 식(食)자보다 범죄 후 부끄러운 적신을 가리게 된 옷 의(衣)자가 첫 번째로 들어가 있다. 에덴동산에서 쫓겨나면서부터 먹을거리를 걱정하는 식(食)자가 뒤따르고, 가인처럼 떠돌이가 되지 않고 하나님께서 주신 복된 거주지를 의미하는 주(住)자가 더해진 단어로서 죄로 인해 순차적으로 찾아온 문제를 그대로 나타내준다. 또한, 장차 영광을 입고, 영생의 만나를 먹으며, 새예루살렘성에 거해야 함을 보여준다.

옳을 의(義)자는 양(羊)자 아래에다 나 아(我)자를 더하여 만들었다. 범죄로 인해 의를 잃어버렸고 죄의 삯인 사망을 지불해야 하는데 양이 대신 죽고 그 아래 있으면 의롭다 여기심을 받는다는 의미이다. 아담과 하와가 수치를 가리려고 입었던 무화과나무 잎의 옷을 벗기시고 하나님께서 가죽옷을 지어 입히셨다는 사실과 일치하는 것이다. 이것이 창세기 4장에서 악인과 의인을 갈라놓은 차이점이 되었다.

<יהוה 하나님이 아담과 그 아내를 위하여 가죽옷을 지어 입히시니라>(창 3:21)

마지막아담이신 예수님은 하나님께서 친히 준비하신 어린양이시다. 주 하나님께서 아담의 무화과 잎으로 만든 옷을 벗기시고 하나님의 어린양의 가죽옷을 입히심은 마지막아담인 예수님과 함께 죽을 때 하나님의 어린양의 가죽을 입을 것을 보여주는 그림자가 된다. 육체를 벗으시고 영광을 입으신 예수께서 다시 오실 때 물과 성령으로 거듭난 성도에게 영화롭고 신령한 몸을 입히실 것의 약속이다(갈 3:27).

모세가 시내산에서 하나님의 부르심을 받고 그분의 영광 앞에 섰다. <18 모세가 가로되 원컨대 주의 영광을 내게 보이소서 19 יהוה께서 가라사대 내가 나의 모든 선한 형상을 네 앞으로 지나게 하고 יהוה 의 이름을 네 앞에 반포하리라 나는 은혜 줄 자에게 은혜를 주고 긍휼히 여길 자에게 긍휼을 베푸느니라 20 또 가라사대 네가 내 얼굴을 보지 못하리니 **나를 보고 살 자가 없음이니라** 21 יהוה께서 가라사대 보라 내 곁에 한 곳이 있으니 너는 그 반석 위에 섰으라 22 내 영광이 지날 때에 내가 너를 반석 틈에 두고 내가 지나도록 내 손으로 너를 덮었다가 23 손을 거두리니 네가 내 등을 볼 것이요 얼굴은 보지 못하리라>(출 33장)

하나님께서 영광으로 아담의 후손들 앞에 나타나신다면 그들은 죄로 인해 그 영광과 공의와 거룩하심 앞에 곧바로 죽게 된다(참고 창 32:30; 삿 6:22). 하나님께서 그분의 영광을 그대로 나타내신다면 그 앞에 어떤 사람도 살 수 없을 만큼 그분은 지극히 영광스러운 분이시다. 이사야 선지자는 하나님의 영광을 단지 환상으로만 보았는데도 그분 앞에 죽을 수밖에 없다는 사실을 필연적으로 깨달았다(사 6:5).

하나님께서 모세와 대면하여 말씀하셨다(신 34:10)는 표현은 그분의 영광을 완전히 다 나타내셨다는 의미가 아니라 친밀하게 말씀하셨다는 뜻이다. 하나님이 모세에게 하나님의 영광을 완전히 보여주지 않으시고 영광의 일부와 후광만을 보여주셨다. 모세가 하나님께 십계명을 받아서 내려올 때 그 얼굴에 광채의 잔영(殘影)이 남아있었다. 백성들은 모세의 얼굴의 광채가 두려워서 자기들에게 말할 때 수건으로 그의 얼굴을 가려달라고 간청했다(출 34:29-35). 주 하나님의 영광의 형상의 모형으로 지어진 아담의 영광은 모세의 영광보다 월등히 찬란했다(히 2:7). 만일 우리가 아담의 그 영광을 보았더라면 선민들이 모세에게서 충격을 받은 것보다 더 큰 충격을 받고 즉시로 죽은 것같이 되었을 것이다.

<남자는 하나님의 형상과 영광이니 그 머리에 마땅히 쓰지 않거니
와 여자는 남자의 영광이니라>(고전 11:7)

하나님의 형상의 모형으로 지음받은 사람이 영광을 입거나 수치를 입는 것은 확실하다.4) 태초에 생명의 빛과 사랑이 하나님과 함께 계셨고, 하나님은 그 생명의 영광과 사랑이시다. 하나님은 더럽게 변한 아담과 하와를 버리시고 사람을 다시 지으실 권한과 능력을 가진 창조주이시다. 그러나 절대적인 사랑이시며 빛(생명/영광)이신 하나님께서는 범죄한 그들을 버리시는 대신 그들의 죄와 저주를 대신 지고 구속하고자 하셨다. 그뿐만 아니라 자기와 같이 영광스러운 형상의 존재로 세우실 예정을 변함없이 확인하셨다.

첫사람 아담이 범죄한 이후 그 약속을 근거로 아담 대신 희생제물을 받으시던 하나님은 진정한 구속자가 되기 위해 수천 년이 지난 때에 영광의 형상을 버리시고 범죄한 형상의 육체를 입고 마지막아담 안에서 약속대로 찾아오셨다(고전 15:45; 빌 2:7).

---

4) <나의 영광을 벗기시며 나의 면류관을 머리에서 취하시고>(욥 19:9)
<인생들아 어느 때까지 나의 영광을 변하여 욕되게 하며 허사를 좋아하고 궤휼을 구하겠는고 (셀라)>(시 4:2)
<나는 의로운 중에 주의 얼굴을 보리니 깰 때에 주의 형상으로 만족하리이다>(시 17:15)
<저희가 주를 앙망하고 광채를 입었으니 그 얼굴이 영영히 부끄럽지 아니하리로다>(시 34:5)
<주께서 옷을 입음같이 빛을 입으시며 하늘을 휘장같이 치시며>(시 104:2)

둘째사람(하나님의 아들)인 '오실 자'께서 구속자 곧 친족으로 육체를
입고 마지막아담이 되셨다. 마지막아담으로서 값을 내려면 첫사람 아담
만큼의 값어치가 있어야 한다. 마지막아담이신 예수께서 첫사람 아담의
영광과 같은 영광을 나타내신 사건이 있다. 예수께서 나타나셔서 모세와
엘리야와 자신의 죽음에 대해 말씀하셨다(눅 9:28-33). 모세와 엘리야는
구약의 대표적인 선지자들로서 언약의 전달자였고, 구약성경은 예수님에
대해 기록한 말씀이다(요 5:39). 예수님의 얼굴이 해같이 빛나며 그 옷
은 빛과 같이 희어져 광채가 났다(마 17:2; 막 9:3; 눅 9:29). 예수께서
마지막아담으로서 첫사람 아담만큼의 영광을 보여주신 것인데 영광의
광채가 몇 겹의 옷들 밖으로 투영(透映)되었다. 이 영광의 광채는 죄인
으로서 모세가 수건으로 가렸을 때 보이지 않게 된 영광의 광채보다 훨
씬 더 찬란했다. 이 영광을 보고 세 제자들도 심히 두려워했다. 종으로
죽기까지 섬기려고 오신 예수님이시므로 이때에만 아담이 가졌던 만큼
의 영광을 나타내신 것이다.

초막절에 보여주신 이 영광은 사람의 육체를 초막에 비유해 가르쳐준
말씀에 기인한다(요 1:14; 고후 5:4). 모든 육체는 풀과 같고 그 영광은
꽃에 불과하고, 풀과 꽃은 잠시지만 하나님의 복음으로 얻는 그 영광은
영원하다(벧전 1:22-25). 독생자의 형상의 모형으로서 아담의 영광은 천
사들의 영광보다 열등한 영광을 가졌었으나 잠간 후에 천사들보다 더
월등한, 하나님의 존귀와 영광을 입도록 영원 전부터 예정되었다.

<23 모든 사람이 죄를 범하였으매 <u>하나님의 영광에 이르지 못하더
니 24 그리스도 예수 안에 있는 구속으로 말미암아 하나님의 은혜
로 값없이 의롭다 하심을 얻은 자 되었느니라</u>>(롬 3장)

'모든 사람이 죄를 범하였다'는 사실은 잘 알려져 있지만 이 구절은
영원 전부터 모든 사람을 하나님의 영광에 이르도록 하나님께서 예정하
셨다는 너무나 놀라운 계시를 보여준다. 하나님의 영광에 이르지 못하게
된 것이 죄 때문이라는 말씀이다. 그래서 그리스도와 어린양인 예수께서
모든 사람들의 죄를 대신 지시고 십자가에서 죽으심으로 주님의 영광에
이를 만한 의를 얻게 하셨다는 증언이다.

(3) 무화과 나뭇잎 옷을 벗기고 가죽옷을 입히심

　범죄한 아담의 후손들의 육체는 풀과 같고, 그 영광은 풀의 꽃과 같아 풀은 마르고 꽃은 떨어진다(사 40:6-9). 하나님께서 아담과 하와에게서 무화과 나뭇잎(풀)으로 만들어 가린 가운을 벗기시고 대신 친히 짐승을 잡아서 얻으신 가죽으로 옷을 지어 입히셨다.

　<יהוה 하나님이 아담과 그 아내를 위하여 가죽옷을 지어 입히시니라>(창 3:21)

　하나님께서 입히신 가죽옷은 동물의 피흘림을 통해 취하신 것이다. 이 가죽옷은 어린양 예수님의 가죽(육체)옷의 그림자이다(욥 19:26).

　나뭇잎으로 만들어 입은 옷은 세상에 속한 율법을 순종함으로 얻은 '율법의 의(義)'를 상징한다. '율법의 의'는 쉽사리 시들고 쇠하는 풀과 같아 모든 것을 끊임없이 반복해야 하는 것이다.

　<대저 우리는 다 부정한 자 같아서 우리의 의(義)는 다 더러운 옷 같으며 우리는 다 쇠패함이 잎사귀 같으므로 우리의 죄악이 바람같이 우리를 몰아가나이다>(사 64:6)

　하나님께서 아담에게 가죽옷을 입히신 것은 초막과 같은 육체를 벗고 하나님의 완전한 영광의 몸을 입기까지 거듭난 성도들도 어린양의 가죽옷을 입고 살아야 함을 보여주는 것이다. 그것은 몸의 구속이 있기까지 어린양의 살과 피를 먹고 마시는 것이고, 자신의 혼을 부인하는 삶이며, 또한 끝까지 자기 십자가를 지는 삶을 의미한다(마 10:38,39; 11:29,30; 막 8:34; 눅 9:23; 고전 1:18; 2:2).

　사람을 창조하신 하나님의 목적을 바로 깨달아야 대천사장의 범죄나 예수 그리스도의 구속에 대해서 완전히 이해할 수 있다. 계시를 통하여 전지전능하신 하나님께서 원하시는 최상의 사람이 어떤 사람인지 바로 알게 된다. 하나님께서 만유를 지으시기 이전부터 미리 아신 존재이며, 그런 후사들을 얻고자 만유보다 먼저 아들을 낳으셨고, 그와 같은 많은 아들들을 얻고자 예정하신 비밀을 깨닫게 된다(롬 8:29; 16:25-27).

(4) 아벨이 드린 믿음의 희생제사

아담과 하와가 범죄한 후 동침하여 아들을 낳았다. 첫 아들은 남녀의 연합을 통한 출산이라는 방법으로, 하나님의 간접창조를 통하여 얻었다. 아담과 하와는 그것이 너무나 신기했기에 '하나님으로부터 얻었다'라는 뜻으로 '가인'이라 이름을 지었다. 다시 동침하여 둘째 아들인 '아벨'(히 -헤벨)을 낳았는데 그 이름은 하나님으로부터 받았던 좋은 것들을 죄로 인해 잃었고 죽게 된 '허무한 인생'이라는 뜻이다(시 89:47).

히브리어 단어 헤벨'은 '헛됨', '허무'라는 뜻으로 전도서 1장 2절에는 '헛되다'는 말이 무려 5회나 나오고 전도서 전체에서 38번이나 나온다. 세상의 일, 육체에 관한 성공은 솔로몬이 충분히 누려보았지만 결국에는 허무하게 끝나는 것임을 나중에야 깨닫고 전도서를 썼다. 전도서는 헛됨 후에 찾아 올 심판에 대해 준비하라고 마무리한다(전 12:8,14).

세월이 흘러 가인과 아벨은 각각 제사를 드렸다. 처음에는 제사드리는 특권이 모든 아들들에게 주어졌음을 보여준다. 제물은 제사드리는 자를 대신하여 죽는다. 제사는 창세기 3장 15절에 약속된 하나님의 어린양의 희생을 믿음으로 바라보고 드리는 것이다. 가인은 농부였고 아벨은 목자였지만 직업과 상관없이 하나님께서 이전에 입혀주신 가죽옷의 약속을 따라 희생제물을 드려야 했다(창 4:1-7). 주 하나님께서 온전한 속죄를 이루어주실 때까지, 피흘림의 제사를 하나님께 드림이 그 약속을 믿고 시인하는 믿음이다(히 11:4). 아벨은 어린양의 약속을 따라 제물을 드렸기에 하나님께서 제물과 아벨을 받으셨지만 가인은 피흘림을 믿지 않고 자기 방법대로 곡물을 드렸기에 거절되었다.

구약의 모든 의인(아벨)들은 죽을 때 '나를 죄로부터 풀어주세요'라고 탄원했는데, 하나님의 어린양의 피는 '내가 네 대신 죽었다'라는 선언이 되었다(히 12:24). 그 어린양이 오셔서 대신 죽으신 후 사망과 음부에 갇힌 의인들을 생명과 참하늘로 해방시키셨다(엡 4:8).

5. 믿음의 선진들이 보여준 복음의 그림자

(1) 아담과 셋과 에노스가 보여준 복음의 그림자

토기장이신 하나님은 천히 쓰실 흙에 속한 그릇과 귀히 쓰실 하늘에 속한 그릇을 만드실 권한이 있으시다(롬 9:21).

하나님께서 아담과 하와를 통해 주와 그리스도이신 예수님과 그분의 신부된 교회에 대한 모형을 보여주셨다. 이것은 신약의 계시로 알리신 아주 크고 놀라운 비밀이다(엡 5:23,32). 하나님은 가인이 아벨을 죽여 셋이 아벨을 대신 한 것을 통하여 마지막아담이 죄인 대신 죽고, 둘째사람으로 살게 될 그림을 보여주셨다(갈 2:20).

<아담이 다시 아내와 동침하매 그가 아들을 낳아 그 이름을 셋이라 하였으니 이는 하나님이 내게 가인의 죽인 아벨 대신에 다른 씨를 주셨다 함이며>(창 4:25)

하나님께서 아담과 아들 셋과 손자 에노스를 통해 그 언약을 후손들 모두에게 주셨으며, 그 약속을 이루어주실 것임을 명백하게 증거하셨다(창 4:25-26). 하나님께서 아담과 벤아담(셋)과 손자(에노스)를 언급하심으로 아담의 모든 후손들에게 천사들보다 높이실 계획을 확증하셨다(시 8:4,5). 아담은 범죄로 멸망받을 죄의 종이 되었으나, 마지막아담으로서 육체를 입으신 하나님의 아들은 인류의 죄를 대신 지심으로 죄를 없애주시고 천사들보다 월등한 존귀와 영광으로 관을 아들들에게 씌우시고, 영원 전부터 예정하신 하나님의 뜻을 이루신다(히 2:6-8).

아담, 벤아담, 에노스에 대한 언약은 대대손손에게 주신 것임을 알리시려고 자신을 아브라함과 이삭과 야곱의 하나님이라고도 말씀하셨다. 새언약의 시대에서도 늙은이와 젊은이, 어린이라는 세 세대를 가리켜 말씀하셨다(행 2:17). 하나님은 이같이 세 세대를 계속 언급하심으로 영원 전부터 예정하신 그 계획이 아담 이후 모든 사람에게도 주신 약속임을 확증해 주시기 위해 '마지막아담'으로 보내신 것이다(고전 15:45).

(2) 에녹이 보여준 복음의 그림자

에녹은 땅에서 하나님과 동행하여 하늘까지 동행한 사람이다.

<21 에녹은 육십오 세에 므두셀라를 낳았고 22 므두셀라를 낳은 후 삼백 년을 하나님과 동행하며 자녀를 낳았으며 23 그가 삼백육십오 세를 향수하였더라 24 에녹이 하나님과 동행하더니 하나님이 그를 데려가시므로 세상에 있지 아니하였더라>(창 5장)

에녹은 65세까지는 자신이 인생의 주인이 되어 헛된 삶을 살았으나 65세에 놀라운 계시를 받고 아들을 낳아 그 이름을 '무드셀라'라고 지었는데 이는 '그가 죽으면 심판을 보낸다'는 뜻이다. 무드셀라를 하나님의 심판을 예고하는 증표의 사람으로 선포한 것이다. 계시를 받은 때부터 에녹의 삶은 완전히 변하여 300년 동안 하나님과 동행했고 하늘에까지 동행했다. 육체를 좇는 쭉정이 같은 헛된 삶을 버리고 알곡과 같이 영을 좇아 하나님의, 하늘의 복을 따랐다. 에녹이 '무드셀라'를 부를 때마다 사람들은 '죽으면 (심판을) 보냄'이라는 메시지를 들었다. 그때 사람들은 반신반의(半信半疑)하는 중에 그의 죽음을 주목하지 않을 수 없었고, 969세를 향수한 그는 성경에 기록된 인물 중에서 가장 오래 산 사람이 되었다. 무드셀라가 죽은 해에 홍수심판이 일어나 노아의 가족 8명 외에 당시 10억 이상의 죄인들 모두가 죽임을 당하였다.

사도 베드로는 예수 그리스도의 재림의 때가 노아의 때와 같을 것이라고 경고했다(벧전 3:20; 벧후 3:6-14). 하나님께서 동일한 말씀으로 불사르기 위해 하늘과 땅을 간수하신 바 되었다. 예수께서 다시 오셔서 진노를 쏟아 부으실 때에도 하나님과 동행으로 시작해 동행으로 마치는 자들, 믿음에서 믿음에 이르는 자들, 믿음으로 말미암아 사는 의인들이 데려감을 당할 것임을 그림자로 보여주셨다.

에녹은 영이 부활하거나 몸의 변화를 받지 못한 상태인지라 첫째하늘에서 사라졌다. 예수께서 다시 오시는 날에 거듭난 성도들은 영화롭고 신령한 몸으로 변화되어 셋째하늘의 구름 가운데로 오를 것이다.

(3) 노아를 통해 복음의 그림자를 보이심

헛된 삶을 즐기다 보면 악하고 음란하고 패역한 세대가 된다. 노아의 때에 이르러서는 사람들의 생각과 행하는 것이 악하기만 했기에 하나님께서 경건한 사람을 건지시고자 악인들을 멸하셔야 했다.

<3 יהוה께서 가라사대 나의 신이 영원히 사람과 함께 하지 아니하리니 이는 그들이 육체가 됨이라 그러나 그들의 날은 일백이십 년이 되리라 하시니라 … 5 יהוה께서 사람의 죄악이 세상에 관영함과 그 마음의 생각의 모든 계획이 항상 악할 뿐임을 보시고 6 땅 위에 사람 지으셨음을 한탄하사 마음에 근심하시고 7 가라사대 나의 창조한 사람을 내가 지면에서 쓸어 버리되 사람으로부터 육축과 기는 것과 공중의 새까지 그리하리니 이는 내가 그것을 지었음을 한탄함이니라 하시니라>(창 6장)

하나님께서 만드신 식물(植物)에게는 물(水)이 생명이다. 동물이 식물보다 존귀한 것은 물과 피가 생명인 육체에 혼(魂)도 더해 주셨기 때문이다. 사람이 동물(생혼)들보다 더 존귀한 이유는 생혼에다 영도 더해주셨기 때문이다. 이 모든 것들은 '하나님께서 주셔서 얻은 것(가인)'이다. 만일 영이 주관한 인생이 아니라면 모두가 허무(아벨)이다. 세상의 모든 동물(생혼)들을 다 제물로 바칠지라도 한 사람의 털끝만큼의 죄도 씻을 수 없을 만큼 생령은 존귀한 존재이다. 생령은 아버지와 아들의 거룩한 영들을 더해주실 때에 천사들보다 더 존귀한 자가 된다.

사람들의 혼이 육체에 치우쳐 마음과 생각이 더 타락하자 120년 후에 홍수로 심판하실 것을 하나님께서 다시 경고하셨다. 본래 육체로 만들어졌던 그들에게 육체가 되었다고 하신 말씀은 육체에 치우친 혼(생각) 즉 흙으로 돌아갈 수밖에 없는 패역하고 사악한 세대, 우상숭배로 음란한 세대가 되었다는 말씀이다.

가인은 하나님께로부터 모든 것을 거저 받았다는 진실을 무시했으나 노아는 하나님께서 주신 생물들을 다스리고 보존하며 지키는 관리자가 되어 수십 년 동안 거대한 방주를 지어 심판에 대비하였다.

노아의 가족과 방주 안에 들어갔던 동물들 외에 모든 생혼들이 홍수 심판을 받아 멸망당하였다. 하나님께서 궁창의 물을 쏟아 내리심으로써 온 땅이 물로 덮였고, 코로 숨 쉬는 모든 생물들이 죽었다. 육체를 좇아 혼(마음과 생각)에 치우친 짐승같은 자들은 다 흙이 되었다.

하나님께서 첫사람에게 주셨던 복과 언약을 노아에게 다시 확인시키셨다(창 9:1,2). 홍수 때 지구 전체를 감싸고 있던 물층이 사라짐으로써 온실효과가 사라지고 전 지구를 감쌌던 아열대성 기후가 사라짐으로써 양극지방들은 꽁꽁 얼어붙고 적도지방은 폭염으로 끓게 되었다.

하나님께서 홍수 이전에는 식물(食物)로 채소를 주셨으나 홍수 후에는 채소와 함께 동물들의 고기도 먹게 하셨다(창 9:4). 사람의 피를 흘리면 그 사람의 피도 흘리게 될 것이라고 하셨고, 고기를 먹게 하셨지만 피는 금하셨는데 육체의 생명이 피에 있기 때문이다(레 17:11,14; 신 12:23). 주 예수께서 자신의 피를 흘리심으로써 죄를 해결하신 것도 육체의 생명이 피에 있기 때문이다(마 23:35; 26:28; 행 15:20; 고전 11:25,27). 영원한 생명의 부활에 참여하려는 자들은 하나님의 어린양의 살을 먹고 피를 마셔야 한다는 말씀도 이 언약과 연관을 갖는다(요 6:53-56).

하나님은 노아 때의 홍수를 통해 신약성도들에게 적용해야 할 중요한 진리의 그림자를 보여주셨다(벧전 3:19-21). 홍수는 예수님을 믿고 죄의 옛사람을 십자가에 못박아 그분의 죽음과 장사에 연합된(헬-'쉼퓌토이', 함께 심겨진) 침례의 그림자라고 했다. 참된 것을 찾는 사람은 하나님의 은혜를 입고 말씀대로 순종케 될 것이나 불에 타고 썩어질 헛된 것을 좇는 자들은 불순종으로 스스로 망할 것이다. 악하고 패역한 세대는 늘 하나님의 심판을 받고, 의로운 세대가 땅을 차지할 것이다.

하나님은 온 세상이 깊은 죄악에 빠져 오직 한 가정만이 남을 때까지 죄인들이 돌아오기를 오래 참고 기다리셨다. 하나님께서 노아의 가족을 무조건 구원하신 것이 아니라 그들이 멸망받은 자들처럼 살지 않았고 '의인은 오직 믿음으로 말미암아 살리라'는 하나님의 약속을 믿고 순종하며 살았기에 구원하신 것이다.

(4) 셈과 야벳과 함이 보여준 복음의 그림자

노아와 그 아들들인 셈과 야벳과 함을 통해 인류가 다시 시작되었다. 모든 권위(권세)는 하나님께로부터 난 것이다. 하나님께로부터 위임받은 아버지의 권위를 아들이 훼방하는 일이 일어났다. 죄나 악도 없이 의와 거룩과 영광스러움으로 지음받았던 아담과 하와도 실수를 했고, 노아도 농사지어 짜놓은 발효된 포도즙을 마심으로 술에 취해 벗은 모습으로 실수했다. 가나안이 할아버지의 수치를 보고 아비 함에게 고하였고(창 9:22), 함이 형제들에게 다시 고하였는데, 이는 사단이 아담의 실수를 고한(동일한 '나가드') 것과 같다(창 3:11). 셈과 야벳은 아비의 수치를 보지 않고 가려드렸다(창 9:23). 권위/권세(머리)를 거역하고 훼방하거나 참소하는 일은 사단을 머리로 따르는 것이다. 위임권위를 훼방하는 것은 최종권위이신 하나님을 훼방하는 것이다.

이때까지는 하나님을 섬기는 제사장권이 아들에게 주어졌기에 노아가 그 가정의 대제사장이었고 셈과 야벳과 함도 각각 가정의 제사장이었다. 함의 아들인 가나안이 형제의 종들의 종이 되는 저주를 자취했다(창 9:24-25). 노아는 하나님으로부터 권위를 받은 자로서 가나안이 자취한 저주를 하나님의 말씀대로 대언한 것이다. 아담과 하와가 받은 저주도 사실상 그들이 자취한 것임을 하나님께서 공증하신 것이다.

셈(하나님의 '존함'이란 뜻)은 하나님의 장막에서 섬기는 자가 되었다 (창 9:26). 이때부터 제사장권은 셈에게 주어졌고, 야벳은 제사장 셈을 보조하는 자가 되었다(창 9:27). 권위에 대한 거역으로 인해 이때부터 하나님을 섬기는 제사장권은 장자에게 주어졌으며 장자는 제사장권과 형제들로부터 섬김을 받는 갑절의 특혜를 받게 되었다.

노아에게서 태어난 셈과 야벳과 함은 거듭난 성도들의 면면을 보여준 모형인데 세 아들은 각 사람의 본질인 영과 혼과 육에 비유된다(살전 5:23). 이스마엘이 육체적 선민, 이삭이 신령한 선민의 모형으로 보인 것이 인종차별이 아니듯이 셈, 야벳, 함에 관한 비유도 다를 바 없는데 모든 사람 안에 셈(영), 야벳(혼), 함(육)이 존재한다. 육체적 선민으로 유대인 안에도 셈과 야벳과 함이 각각 존재한다는 말이다.

사람의 영은 하나님을 섬기는 제사장의 직분을 담당한다. 혼이 영을 섬길 때 혼은 영이 없는 생혼들을 다스리는 왕의 신분을 갖는다. 건강한 그리스도인의 혼(魂:겉사람)은 영(靈:속사람)에게 순종하고 섬기게 된다 (롬 8:6,7,13-15; 벧전 2:9). 반면에 육체는 영과 혼의 처소 및 도구노릇에서 벗어나면 저주를 받는다. 혼과 육으로 인해 저주를 받았기에 영은 강한 권세와 능력으로 겉사람(혼육)을 신령한 제물로 죽여서 하나님께 열납되도록 드려야 한다(롬 12:1,2).

육체적으로 강했던 함의 아들 중에는 가나안뿐만 아니라 구스(Cush)가 있는데 구스가 낳은 아들인 니므롯은 육체적으로 뛰어난 영걸이었다. 성경은 죄인의 육신적인 욕망(마음), 육신의 생각은 하나님께 순종하지 않을 뿐만 아니라 오히려 대적한다고 가르친다. 홍수가 일어나 사람을 멸한 것은 그들이 영을 떠나 육신의 생각에 치우쳐 흙처럼 되었기 때문이라 증거한다. 그래서 성경은 육체적인 사람을 악하고 패역한 세대라 부른다. 개역성경은 니므롯에 대해 하나님 '앞에서' 특이한 사냥꾼이라 번역했지만 현대인의 성경은 '대하여'(anti)와 같은 의미로 'יהוה를 무시하는 힘센 사냥꾼'이라 번역했다. 주 하나님 목전에서 하나님의 양떼인 영혼들을 노략질하는 이리라는 뜻이다(행 20:29). 니므롯은 우상숭배의 주도자가 되었고 신격화된 인물로 적그리스도의 모형으로 숭배 받았다. '구스의 아들'(바쿠스/Barcush)이 신으로 알려졌음은 지금까지 전해오는 이름 '바카스'에서도 분명히 드러난다. 이 세상은 여전히 니므롯과 같은 영웅을 찾다가 결국 사단과 적그리스도와 함께 망할 것이다.

제2부 중기세상에서 나타내신 복음의 그림자

제2부 중기세상에서 나타내신 복음의 그림자

1. 믿음의 조상 아브라함이 보여준 복음의 그림자

(1) 아브람이 본토 친척 아비 집을 떠남

①우상숭배의 중심지인 갈대아 우르

고대로부터 전해지는 설화들은 언어의 혼잡에 이어 의도적으로 각색되기도 했으므로 정확한 역사가 아니다. 니므롯과 그의 아내 세미라미스와 그들의 아들 담무스에 대한 이야기도 그렇다. 우상숭배가 온 세상에 퍼졌고, 그들이 세상을 무력으로 정복해 큰 나라를 이루고 통치한 것은 성경에 기록된 내용에 일치한다(창 10:1-12). 고대 갈대아 우르(바벨론)의 설화 중 '니누스'가 사람들에게 니므롯이자 아들 담무스로 인식된 것은 담무스가 니므롯의 화신이라 선전했기 때문이다. 1세기 유대역사가인 유세비우스는 아브라함이 살던 시대에 니누스(니므롯)와 세미라미스가 통치하였다고 기록하였다. 니누스는 니느웨(또는 '니네베'로 '니누스의 도시'라는 뜻)를 건설한 왕이다.[2]

아담으로부터 노아에 이르기까지 오직 한 분 하나님만이 경배를 받으셨다. 함의 후손인 니므롯은 자신을 신(神)으로 숭배케 했고 그가 사고로 죽자 세미라미스는 유복자로 태어난 담무스를 니므롯의 환생이라고 주장하며 자신과 아들을 숭배케 하였다. 니므롯의 후손들은 셈과 야벳의 후손들을 정복하였고, 갈대아 우르를 중심으로 '셋이 하나인 신' 숭배를 사람들에게 강요했다. 니므롯은 하나님을 대적하고 자기의 이름을 내며 하나님의 심판을 피하기 위해 높은 대(臺)와 탑을 쌓았다. 하나님께서 언어를 혼잡케 하심으로써 바벨탑 공사가 중단된 이후 부신(父神) 니므롯과 자신(子神) 담무스 및 여신숭배 신앙은 언어 분산과 함께 온 세상으로 퍼졌고, 로마시대를 거쳐 지금까지 이어지고 있다는 사실이 수많은 자료들에 나타난다. '셋이 하나'라는 신론은 로마카톨릭교가 도입하기 이전부터 잘 알려진 신론이다.[3]

주 하나님이 아브라함을 '셋으로 하나인 신'을 믿던 바벨론에서 불러 내셨고, 아브라함과 이삭과 야곱의 하나님이 되셨다.

<교황청이 보유하고 있는 교회들 중에는 예를 들면 소위 마드리드의 삼위일체 수도원이라고 불리는 곳에는 셋-하나인 신(Triune God)의 형상이 몸 하나에 머리가 셋 달린 모습을 하고 있는 것이다 *바빌론인들 도 역시 동일한 형상을 가지고 있었다. 레이어드는 그의 마지막 작품에 서 옛 앗시리아에서 경배되던 †셋-하나인 신적 존재(trine divinity)의 견본을 제시하였다(그림 3).>4)

바벨론들은 '셋-하나인 신'을 만들어 섬겼고, 주 하나님은 아브람을 불러내 '오직 하나인 하나님'의 증인으로 세우셨다. 그 하나님의 선민이 된 아브라함의 후손들은 오직 한 분의 참하나님만 믿었고, יהוה가 아닌 신을 믿을 때 그들은 나라가 망하여 세 신들을 섬기는 나라에 종으로 팔려갔다. 초대교회가 유일하게 사용한 구약성경은 셋-하나인 우상신을 철저하게 배격한다. 바벨론에서 시작되어 온 세계, 모든 종교에 퍼진 '셋-하나'인 우상은 지금도 온갖 이방 종교들과 세속적인 교회들 안에서 숭배를 받는다. 주 하나님은 '셋으로 하나'인 바벨론의 신을 믿는 자들 로부터 유일하신 참하나님만을 섬기도록 백성들을 불러내신다.

4세기에 로마종교와 연합하여 등장한 로마카톨릭교는 한 남편이 아닌, 바벨론의 삼위신과 어용기독교의 한 신을 연합한 '셋으로 하나'인 신을 믿고 있다. 이후 로마카톨릭교는 십자군전쟁, 종교재판, 마녀사냥 등을 통해 수천만 명의 유일신론자들을 학살했다.

<5 그 이마에 이름이 기록되었으니 비밀이라, 큰 바벨론이라, 땅의 음녀들과 가증한 것들의 어미라 하였더라 6 또 내가 보매 이 여자 가 성도들의 피와 예수의 증인들의 피에 취한지라 내가 그 여자를 보고 기이히 여기고 크게 기이히 여기니>(계 17장)

예수님은 로마카톨릭교를 큰 음녀라 부르시고, 동일한 신을 믿는 개신 교파들을 딸들로 낳았으니 '음녀들의 어미'라고 부르신다. 주 하나님은 지금도 바벨론에서 나오라고 여전히 자기 백성을 부르신다(계 18:4). 왜 큰 음녀(어미)인지, 특히 개신교파들에게는 철저히 감추어져 있다.

② 아브람이 약속의 땅을 찾아감

아브람이 살았던 갈대아 우르에서는 하나님을 거역하기 위해 견고한 대와 탑을 쌓고 '하늘의 문', 또는 '신들의 문'이라 불렀다. 하나님께서 거역의 공사를 막으시려고 언어를 혼란케 하셨다(창 11:1-9). '바벨'이라는 히브리어 단어는 음과 글자형태가 '혼잡하게 하다'라는 뜻을 가진 히브리어 '발랄'과 비슷하다.

하나님께서 대와 탑을 쌓던 자들의 언어를 혼잡하게 하여 흩으신 흔적은 지금도 남아있다. 언어혼잡 이전에 히브리인의 조상으로 알려진 '에벨'이 사용하던 언어는 히브리어였을 것이다. 에벨의 어근인 '아바르'는 지나가다, 건너다, 통과하다는 뜻을 갖는다(창 15:17). 당시에 갈대아 우르는 가장 발달된 도시였고 아브라함은 그 모든 문화생활을 버리고 하나님이 지시하신 땅으로 이주했다. 아람어는 다니엘서의 일부를 기록할 정도로 히브리어에 영향을 끼쳤는데 갈대아 아람어와 수리아 아람어로 나뉜다. 알렉산더 히슬롭은 '두 개의 바벨론' 제2판 서문에서 아브라함이 사용한 히브리어와 그의 고향 갈대아에서 사용했던 갈대아어가 동일한 언어였다고 주장한다.[5] 하나님께서 아브람을 부르셔서 하나님께서 세우시는 도성을 찾아가게 하셨다(히 11:10-16).

인간들은 하나님께 복을 받아 누리게 되자 육체(함에 비유)의 탐심을 좇아 하나님을 떠나 자기들의 이름을 내며 육체적인 쾌락을 찾아 결국 부패와 죄악에 떨어졌다. 함의 후손들은 야벳과 셈의 후손들을 무력으로 정복하여 우상숭배에 끌어들였다(창 10:10-12). 데라마저 하란에서 우상숭배에 빠졌을 때(수 24:2), 하나님께서 아브람과 사래를 다시 부르셔서 선민의 조상이 되게 하셨다. 따라서 아브라함의 후손 외에 모든 민족은 하나님도, 언약도, 소망도 없는 이방인이 되어버렸다(엡 2:12).

초대교회의 제자들이 오직 구약성경에 기록된 그림자와 모형을 보고, 모든 진리로 인도하시는 성령의 가르침을 받아 실체인 하늘의 진리를 깨달았던 것처럼 오늘날의 제자들도 구약성경만으로도 은혜와 진리를 깨달을 수 있다. 아브라함은 의인은 믿음으로 말미암아 산다는 하나님의 뜻을 그대로 따랐기에 '믿음의 조상'이 되었다. 믿음의 조상 아브라함도 그림자로 새언약의 믿음을 보여주었다.

<יהוה께서 아브람에게 이르시되 너는 너의 본토 친척 아비 집을 떠나 내가 네게 지시할 땅으로 가라>(창 12:1)

아브람은 '고향(본토)을 떠나라'는 하나님의 명령에 순종하였다.

아브람이 살던 갈대아 우르는 문명이 고도로 발달한 도시였으며 또한 우상숭배의 중심지였다. 아브람은 갈 바를 알지 못했으나 하나님의 지시를 듣고 순종하여 하나님께서 인도하시는 대로 약속의 땅까지 양떼를 이끌고 멀고 먼 여행을 하였다(히 11:8).

흔히 아브라함의 고향 갈대아(히-'카스디마') 우르(뜻-'밝음')가 지금의 이라크 땅 '우르'(현재 '텔 무가이어')라고 알려졌으나 성경의 기록이나 다른 증거들은 다르다. 아브람의 고향은 메소포타미아에 데라의 아비인 나홀의 성이 있는 곳이다(창 24:4-24,37,38; 행 7:2). 리브가는 '밧단 아람족속'인 브두엘의 딸이다(창 25:20; 31:20). 창세기를 기록한 모세도 아브람의 조상을 '아람사람'이라고 했다(신 26:5). 여호수아는 아브람과 나홀의 아비 데라가 '강 저편에 거하였고 거기서 아브람을 강 이편으로 이끌어내어'라고 말했다(수 24:2,3). 현재 알려진 우르는 강 저편에 있지 않고 오히려 유프라테스 강 이편에 있는 성읍이므로 아브람의 고향과 일치하지 않는다. '우르'는 성읍 또는 '땅'이라는 보통명사이고, 그러므로 '우르'를 '땅'이라는 보통명사로 보면 '갈대아 (카스디마=갈대아인)의 땅(우르)'이 된다. 이는 당시 갈대아 땅(우르)이 '밧단 아람'과 매우 가까이 있었다는 사실에 비추어보아 앞에서 확인된 성경의 기록과도 일치한다. 산르우르파(Sanliurfa) 주(州)의 산르우르파로 불려지는 우르파(Urfa)는 하란에서 북쪽으로 45km 떨어진 곳에 있는데, 이곳 사람들은 이곳을 아브라함의 고향이라고 믿고 있고, 고대의 실제 지명(고유명사)은 '우스'였다고 한다. 그래서 이곳에는 아브라함과 우스에 살던 욥의 전설들과 유적들이 많이 남아있다.

아담이 범죄함으로써 세상은 사단이 신과 왕으로서 지배하는 멸망의 터전이 되었다(눅 4:6; 요 12:31; 14:30; 16:11; 고후 4:4; 엡 2:2; 6:12; 요일 5:19). 하나님께서 아브람에게 '본토를 떠나라'고 명하신 것은 아브라함의 후손이 될 자들에게 세상에서 밖으로 불러내어 하늘의 예루살렘으로 인도하시는 신약적 회개의 그림자이다.

1. 믿음의 조상 아브라함이 보여준 복음의 그림자

'교회'란 헬라어로 '에클레시아'인데 '~밖으로'라는 뜻의 전치사 '엑'와 '부르다'라는 의미의 동사 '칼레오'를 합친 단어로 '밖으로 불러낸 무리'라는 뜻을 갖는다. 교회는 그리스도와 함께 죽음으로써 시작된다.

<그러나 내게는 우리 주 예수 그리스도의 십자가 외에 결코 자랑할 것이 없으니 그리스도로 말미암아 세상이 나를 대하여 십자가에 못 박히고 내가 또한 세상을 대하여 그러하니라>(갈 6:14)

세상이나 세상에 있는 것들(세상적 권력이나 명예나 성공, 즐거움)을 사랑하는 자는 마귀에게 속아 마귀가 세상에서 나올 수 없으므로 세상이나 세상의 것을 사랑하지 않아야 한다(요일 2:15-17).

하나님은 아브람에게 '친척도 떠나라'고 명령하셨다. 아브람이 명령에 순종하여 떠날 때 죽은 동생 하란의 아들 롯을 자식처럼 데리고 약속의 땅까지 들어갔다(창 11:31; 12:5). 이후 아브람의 목자들과 롯의 목자들 사이에 다툼이 일어나자 아브람은 롯에게 목초지를 먼저 택하여 떠나게 했다. 소돔과 고모라에 가까운 요단들이 그의 눈에 비옥하게 보였기에 롯은 그 땅을 택하여 떠났다(창 13:8-12). 아브람이 친척인 롯과 헤어진 후에야 하나님께서 비로소 아브람에게 약속을 새롭게 하셨다. 현실에는 남은 땅이 티끌로 덮인 황무지요 목축업에 나쁜 땅이었으나 하나님께서 아브람에게 믿음의 눈을 열고 보라고 말씀하셨다.

<14 롯이 아브람을 떠난 후에 יהוה께서 아브람에게 이르시되 너는 눈을 들어 너 있는 곳에서 동서남북을 바라보라 15 보이는 땅을 내가 너와 네 자손에게 주리니 영원히 이르리라 16 내가 네 자손으로 땅의 티끌 같게 하리니 사람이 땅의 티끌을 능히 셀 수 있을찐대 네 자손도 세리라 17 너는 일어나 그 땅을 종과 횡으로 행하여 보라 내가 그것을 네게 주리라>(창 13장)

믿음은 바라는 것들의 실상이요 보지 못하는 것들의 증거이다. '친척을 떠나라'는 명령도 신약 신자들에게 주신 명령인 회개의 그림자이다. 신약의 신자에게 친척이란 상징적으로 자신의 겉사람을 의미한다. 옛사람은 자신의 혼적, 육체적 능력을 신뢰하고 자랑한다. 롯이 장차 멸망할 도성인 소돔을 향하여 장막을 옮겨갔듯이, 육체적 욕심(혼)은 하나님의 뜻을 거스르고 대적하기에 버리지 않으면 은혜를 받을 수 없다.

예수님은 우리와 같이 약한 육체를 입으시고 육체의 원함(욕심)에 대해 시험을 받으셨지만 기록된 말씀과 순종으로 승리하셨다(마 4:4-11). 사람의 육체의 정과 욕심은 하와가 가졌던 탐욕으로 변했다(창 3:6). 주 예수님도 누구든지 혼(욕심)을 따라 살려는 자는 죽고, 혼에 대해 죽는 자가 살 것이라고 말씀하셨다. 이는 탐심(탐욕)을 자기 십자가에 못박고 십자가를 지고 따르라는 명령이다(마 10:38,39; 15:24-26; 막 8:34; 눅 9:23; 14:27). '자기 목숨을 잃는 것'이란 혼의 사람, 육신을 좇는 겉사람을 십자가에 못박으라는 의미인데 예수 그리스도의 죽음에 연합되는 신약적 회개를 하라는 명령이다.

<그리스도 예수의 사람들은 육체와 함께 그 정과 욕심을 십자가에 못 박았느니라>(갈 5:24)

육체의 종이 된 혼의 마음과 생각 즉 정과 욕심(탐심/탐욕)이야말로 우상숭배라고 했다(엡 5:5; 골 3:5). 사도 바울은 물과 성령으로 거듭난 후에도 세상과 함께 정과 욕심을 십자가에 못박은 자리에 두지 않으면 결국 십자가의 원수로 행하게 되고 비록 세상적, 육체적 성공을 할 수는 있어도 그 마침은 멸망이라고 하였다(빌 3:18,19).

예수께서도 오병이어의 놀라운 기적의 떡을 먹은 수많은 신자들에게 육체를 위한 표적은 진정한 믿음의 표적이 아니라고 가르치셨다.

<생명을 주는 것은 영이지 육이 아니다. 내가 너희에게 한 말은 영적인 생명에 관한 것이었다.>(요 6:63, 현대어성경).

하나님께서 아브람에게 '아비 집을 떠나라'는 명령도 은혜와 진리의 말씀(신약/복음)에서 참된 회개에 비유된 그림자이다. 자기 친족을 돌아보지 않는 신자는 불신자보다 더 악한 자이다(딤전 5:8). 따라서 실체인 새언약에서 육신의 아버지를 버리라는 말씀이 아니라 사단 마귀가 아비 노릇하는 데서 영의 진짜 아버지께로 나오라는 명령이다.

모든 인생들에게 각각 육신의 아비가 있지만 그들의 속사람, 각각의 영의 아버지는 오직 한 분 하나님이시다(히 12:9). 예수님 자신이 '유일한 주님 즉 한 분의 하나님'만이 유일한 아버지이시라고 구약성경으로 가르치셨다(마 22:43-46; 막 12:29-32). 그 하나님(아버지) 한 분 외에 다른 신이 없다는 말씀이 영원토록 변함없는 진리이다.

예레미야 선지자는 새언약을 예고하기 전에 거짓복음을 따른 자들을 가리켜 '짐승의 씨'라고 경고했다(렘 31:27,31-34; 히 8:8-13). '짐승'은 사단 마귀 즉 '뱀'을 가리킨다. 거짓말을 따르는 모든 자들은 거짓말의 아비인 마귀에게 속했기에 '뱀의 후손'이라 부른다(요 8:44).

그 유일하신 주 하나님(아버지)께서 사람의 몸(육체)을 성전으로 삼고 자기 땅 자기 백성들 가운데 임마누엘하심으로써 참된 구원자가 되셨다(마 1:21,23; 요 1:11-14). 옛언약의 그 백성을 애굽에서 구원하시려고 나타나신 '그 하나님'이 그 백성을 사단 마귀가 지배하는 세상과 죄에서 구원하시려고 육체를 입고 오셨다. 예수님은 그 주(יהוה/LORD) 하나님께서 사람(아들) 안에서 유일한 구원자로 오신 아버지이시다. 예수께서 자신이 '그'(신 32:39; 사 41:4; 43:10,13; 48:12)이시며 '스스로 계시는 하나님'(참고 출 3:14), '처음부터 말씀하여 오신 분'(쉐마 이스라엘, 신 6:4; 사 43:12; 44:6-8; 45:21,22; 46:9,10; 48:12)이심을 증언하셨다. 사도 요한은 예수께서 자신을 가리켜 '그(스스로 계신 자)', '처음부터 말하여 온 자'라는 호칭으로 자신이 그 하나님 아버지이시라고 증언하신 것이라고 기록했다(요 8:24-27). 아들과 아들의 소원대로 계시를 받지 않으면 그 누구도 예수께서 아버지와 아들이심을 깨달을 수가 없다고 친히 증언하셨다(마 11:25-27). 예수께서 '하나님 아버지'와 그 형상인 아들(사람)이심을 믿지 않는 유대인들에게 마귀의 자식이라 책망하셨다(요 8:38). 예수님의 증언을 들었던 백성들은 유일하신 주 하나님(יהוה/LORD)을 의심없이 믿었다. 그럼에도 불구하고 예수님을 그 주 하나님 아버지이심을 믿지 않았기에 '너희의 아비는 마귀이다'라고 책망하셨던 사실을 볼 수 없다면 영적 소경이기 때문이다(요 8:41-44).

예수께서 진리를 거역하고 거짓말을 따르는 자들을 '독사의 자식들'(마 3:7; 12:34; 23:33; 눅 3:7), '악한 자의 아들'(마 13:38)이라고 정죄하셨다. 예수님을 그 주 하나님 아버지로 영접하지 않았던 대제사장들이 봉사하던 성전은 강도의 굴혈이 되었다. 그러므로 '아비집을 떠나라'는 명령은 יהוה 하나님을 믿어도 그분이 예수이심을 안 믿는 자들이나, 그 하나님 외에 또 다른 하나님들이 있다고 믿는 자들에게 모든 거짓말의 아비 집에서 떠나라는 엄명이요 불러내심이다.

성령을 받은 자들은 작은 자로부터 큰 자에 이르기까지 다 주(יהוה /LORD)를 알기 때문에 '주를 알라'고 하지 않을 것이라고 말씀하셨다 (렘 31:31-34). 교회 첫날에 열두 사도가 수천 명의 유대인들 앞에서 '예수께서 주 하나님(아버지)과 그리스도(아들)가 되셨음을 정녕 알라'고 선포했다(사 9:6; 욜 2:27; 요 20:28-31; 행 2:36,38). 교회가 세워진 첫 날에 성령의 계시를 받은 열두 사도는 수천 명의 유대신자들에게 예수 이름으로 침례를 주었다(행 2:21,38-41). 사도 바울이 에베소에서 전한 주 예수님과 그 복음도 동일했다(행 19:1-6; 20:28).

사단 마귀는 예수께서 하나님과 사람, 주와 그리스도, 신격과 인격 즉 아버지와 아들이시라는 진리와 예수님께 연합될 참 복음에 대한 진리를 변질시킨 거짓교회를 세웠다. 악한 자(사단 마귀)는 다른 복음(가라지)의 씨로 뱀의 자식을 낳는다(마 13:25-30,37-43). 사도 바울은 다른 복음을 전하는 목회자를 영혼을 노략질하는 이리라고 책망했다(행 20:28-32). 다른 예수, 다른 복음을 전하는 자는 뱀(거짓 선지자)이 1세기부터 이미 등장했다(고후 11:2-4). 복음을 전한다고 하나 다른 복음을 전하는 자는 저주를 받는다(갈 1:6-10). 예수께서 참교회만 주 하나님의 회(하나님의 성전)라 하시고, 적그리스도의 거짓말을 따르는 거짓교회를 '사단의 회'라고 엄히 책망하시며 심판을 경고하셨다(계 2:9; 3:9).

(2) 아브라함이 멜기세덱을 만나 떡과 포도주를 받음

아브람의 때에 가나안의 5개국 연합군이 메소포타미아의 4개국 연합군과 전쟁에서 패하자 소돔에 거하던 롯과 가족들도 포로로 잡혀갔다. 아브람이 그 소식을 듣고 자기 사병(私兵)들을 이끌고 기습공격을 하여 하나님의 도우심으로 네 왕들을 쳐 죽이고 사로잡혀 갔던 롯의 가족과 재물, 소돔 고모라의 인민과 소유물을 되찾아 돌아왔다. 그때 소돔 왕과 살렘 왕(멜기세덱)이 나와서 아브람을 영접했다(창 14:17,18; 히 7:1). 멜기세덱은 전쟁의 당사자가 아니었으나 떡과 포도주를 주며 아브람을 맞았다. 멜기세덱은 구약성경에 단 3회만(창 14:18,20, 시 110:4) 언급되었는데 신학자들은 그를 신비에 쌓인 인물이라고 말한다.

1. 믿음의 조상 아브라함이 보여준 복음의 그림자

멜기세덱은 신약성경 히브리서에만 10번이나 등장한다(히 5:6,10,11; 6:20; 7:1,6,10,11,15,17). 성경을 아는 히브리인 성도들도 멜기세덱을 이해하기가 어렵다고 했으니 그는 세상 도성인 살렘의 왕은 아니다. 주 그가 선민도 아닌 이방나라의 왕이라면 거룩하신 하나님의 제사장이 될 수 없다. 예수님도 육신으로는 다윗의 후손이므로 땅의 성전의 제사장이 되실 수 없었다(롬 1:3; 히 7:14). 레위 지파에서 난 아론의 후손들은 30세에서 50세까지 제사장으로 섬기지만 멜기세덱은 죽지 않고 영원토록 섬기는 대제사장이다(시 110:4). 멜기세덱의 제사장 반차는 영원하고 끝이 없다(히 5:6; 6:20; 7:17). 멜기세덱은 '살렘(평화)의 왕'이요 '의의 왕'이다(히 7:1,2). 히브리어로 '멜기'는 '왕'이고 '세덱'은 '의(義)'이다. '살렘의 왕'을 히브리어로 부른다면 '멜기살렘'(평화의 왕)이고, 이 살렘은 사실 새예루살렘을 가리키는 것이다.

사실 멜기세덱은 독생자의 모형으로 임시로 나타난 자이고 예수님은 멜기세덱의 실체(實體)이시다. 신구약에서 참하나님(아버지)은 오직 한 분이시라는 제1계명은 영원한 진리이다. 하나님과 사람 사이에 중보자도 하나인데 사람이신 그리스도 예수이시다(딤전 2:5). 마리아는 다윗의 자손으로서 사람의 아들(여인의 후손)의 어머니였지 유일한 중보자로서 '사람이신 하나님의 아들 예수 그리스도'의 어머니가 아니다.[6]

아담의 실체로서 독생자인 예수 그리스도는 아담이 범죄하자 아담을 위한 어린양이 되실 것을 약속하셨다. 속사람으로서 영원한 대제사장과 겉사람으로서 어린양이 되도록 함께 준비하신 것이다. 아브라함은 전쟁에서 일시적으로 이겼지만 뒤따른 위험에 직면했을 때에 그에게 영원한 '하나님의 도우심'(엘리에셀)으로 나타난 멜기세덱을 만나 기뻐했다(창 14:18; 요 8:56). 친히 십자가에서 죽으셔서 자신의 살과 피를 주심으로 떡과 포도주로 영원히 살리실 것을 미리 보이셨다. 아브라함의 318명 사병(私兵)에 대한 설명을 하자면 충성된 종 '엘리에셀'(אליעזר)의 숫값을 모두 합치면(1+30+10+70+7+200) 318되는데 믿음으로 하나님의 충성된 종(신랑의 친구)들을 상징한다(창 15:1,2; 요 3:29; 고후 11:2). 재물을 주며 사람의 영혼을 달라는 소돔 왕은 적그리스도의 모형이다.

(3) 하나님과 맺는 언약, 카라트 베리트

하나님께서 아브람에게서 태어날 자가 아브람의 후사가 될 것이라고 말씀하셨을 때 아브람은 자신과 아내의 불가능함을 보는 대신 하나님과 그 약속의 확실함을 믿었기에 그 믿음을 의롭다고 여기셨다.

<5 그를 이끌고 밖으로 나가 가라사대 하늘을 우러러 뭇 별을 셀 수 있나 보라 또 그에게 이르시되 네 자손이 이와 같으리라 6 아브람이 יהוה를 <u>믿으니</u> יהוה께서 이를 <u>그의 의로 여기시고</u> 7 또 그에게 이르시되 나는 이 땅을 네게 주어 업을 삼게 하려고 너를 갈대아 우르에서 이끌어낸 יהוה로라>(창 15장)

어떤 행위로가 아니라 믿음으로 의롭다 하심을 얻는다. 사람의 눈으로 보기에는 어떠하든지 하나님의 말씀 그대로 믿는 것을 옳다고 여기신다. 하나님의 약속을 믿을 때 그 믿음을 옳다(義)고 여기시는 믿음의 법칙은 새언약(진리의 복음)을 믿는 자들에게 더 확실하게 설명되었다.

<성경이 무엇을 말하느뇨 아브라함이 하나님을 믿으매 <u>이것이 저에게 의로 여기신 바 되었느니라</u>>(롬 4:3. 참고 5절)

아담과 아브라함과 예수님의 시대에 이르기까지 모든 죄인들은 오직 하나님의 말씀을 믿을 때 그 믿음을 옳다고 여기심을 받았고, 약속대로 이행(순종)할 때 의인(義人)이라고 인정하심을 받았다.

아브람이 하나님께서 자신에게 약속하신 땅을 기업으로 얻을지를 어떻게 알 수 있느냐고 여쭈었다. 하나님께서 아브람에게 암소와 암염소와 수양과 산비둘기와 집비둘기 새끼를 제물로 제사를 드려보라고 하셨다(창 15:8-17). 하나님께서 이를 통해 아브람에게도 쪼개어 맺는 언약을 계시하셨다. 하나님이 아담과 그 후손들을 자신이 준비하신 제물을 통한 제사로 맺으신 백성이라 하시는 근거이다(시 50:5).

<10 아브람이 그 모든 것을 취하여 그 중간을 <u>쪼개고</u> 그 <u>쪼갠</u> 것을 마주 대하여 놓고 그 새는 <u>쪼개지</u> 아니하였으며 11 솔개가 <u>그 사체</u> 위에 내릴 때에는 아브람이 쫓았더라>(창 15장)

하나님은 아브람과 언약(약속)을 맺으셨고, 그 언약은 제사(피흘림)로 확증된 것이다.

히브리어에서 '언약을 맺다'라는 말은 '카라트 베리트'인데 '카라트'는 '베다', '쪼개다'라는 뜻을 갖고 있으며, 언약(베리트)에서는 '맺다', '세우다'라는 뜻으로 사용한다(렘 31:31). 큰 제물은 완전히 쪼개어서 마주대하여 놓고 새같이 작은 제물은 가슴만 쪼갠 후 벌려 놓아 불에 사르게 하여 언약을 맺었다(레 1:17). 언약을 맺을 때 제물을 쪼개어놓고 언약의 당사자들이 쪼개진 제물 사이를 지나가는 관습에서 유래된 말이 '언약을 맺다(쪼개다)'라는 관용어로 사용되었다.[7] 열납하신 주 하나님의 불길은 쪼개진 제물 사이로 지나갔다(11,17절). 쪼개지 않은 제물은 제물이 아닌 사체(死體)에 불과했고 불결한 날짐승들의 먹잇감이 된다. 히브리인이란 쪼갠 사이를 '통과하다', '지나가다', '건너가다' 등의 의미를 가진 히브리어 '아바르'에서 비롯된 '에벨'의 후손들이다.

예레미야가 새언약을 예고할 때(렘 31:31-34; 히 8:8-12)도 제물을 쪼개어서 그 사이로 지나가며 맺는 언약의 관례를 말했다(렘 34:18-21). 쪼개진 사이로 지나가며 언약을 맺었으나 언약을 지키지 않으면 사체가 되어 공중의 독수리, 솔개, 까마귀의 밥이 된다는 의미이다.

아브람에게 제물을 드려보라고 말씀하셨던 것은 예수께서 하나님의 어린양으로서 하나님과 언약을 위해 쪼개어질 것을 보여준 중기세상의 그림자이다(롬 3:25; 고전 5:7; 엡 5:2; 히 10:14; 요일 2:2).

모세의 성막은 방 한 칸을 휘장으로 나누어 아래쪽은 성소, 위쪽은 지성소로 구별하였다. 1년에 단 한번, 대제사장만이 휘장 위, 지성소 안에 속죄를 위해 들어가 법궤 위의 시은좌(施恩座)에 피를 뿌림으로써 백성들의 죄를 1년 동안 덮을 수 있었다(히 9:7).

이미 성막이 세워져있는 때에 하나님께서 다른 장막을 세우시겠다고 말씀하셨다(레 26:11,12). 성막이 기브온에 있고 블레셋에게 빼앗겼던 법궤는 바알래유다(기럇여아림) 아비나답의 집을 거쳐 오벧에돔의 집에 있었다. 다윗이 하나님의 법궤를 모셔오려고 예루살렘성에 새로 장막을 세웠다(삼하 6:17; 대상 16:6,37). 성막에서 휘장으로 지성소와 성소를 갈라놓았던 것과는 달리 다윗의 장막에는 휘장이 없이 시은좌 앞에서 항상 하나님을 섬길 수 있게 했다. 이것 역시 하나님께서 장차 세우실 살아있는 장막을 좀 더 선명하게 보여주신 그림자이다.

주 예수께서 다윗의 후손이라는 육체를 입으시고 자기 백성들 가운데 임마누엘 하셨다(마 1:23). 말씀이 육신이 되어 우리 가운데 육체라는 '장막을 치신 것'이다(요 1:14 원문 참고). 예수께서 죄사함을 위해 돌아가실 때에 육체라는 장막을 찢어버리신 후 신령하고 영화롭게 부활한 새로운 몸의 장막성전으로 세우시겠다고 예고하신 것이다.

<19 예수께서 대답하여 가라사대 <u>너희가 이 성전을 헐라 내가 사흘 동안에 일으키리라</u> 20 유대인들이 가로되 이 성전은 사십 육년 동안에 지었거늘 네가 삼 일 동안에 일으키겠느뇨하더라 21 그러나 예수는 성전된 자기 육체를 가리켜 말씀하신 것이라>(요 2장)

예수께서 십자가에 달려 운명하셨을 때 지성소와 성소를 갈라놓았던 성전의 휘장이 위에서 아래로 찢어졌다(마 27:50,51). 예수께서 십자가에서 육체를 찢으심으로써 땅의 성전이 아닌 하늘의 성전에서 단번에 영원한 속죄제사를 이루신 것이다. 이렇게 제물이자 휘장인 자신의 몸을 찢어 완전한 '카라트 베리트'를 이루셨다. 휘장 위 지성소를 셋째하늘의 성전에 비유하고 휘장 아래 성소를 땅의 성전에 비유한다고 성령께서 계시로 이를 알려주셨다(히 9:8-12).

<그 길은 우리를 위하여 <u>휘장 가운데로 열어 놓으신 새롭고 산 길이요 휘장은 곧 저의 육체니라</u>>(히 10:20)

예수님께서 친히 휘장 가운데로 새로운 길을 여시기 전까지는 아무도 하나님 아버지 앞에, 셋째하늘의 지성소 시은좌 앞에 갈 수가 없었다(요 13:36). 예수께서 '카라트 베리트' 하시지 않으셨다면 하나님 아버지께로 나아갈 수 있는 길이 전혀 없으며, 오직 그 길만이 참생명의 길이다.

<예수께서 가라사대 <u>내가 곧 길이요</u> 진리요 생명이니 나로 말미암지 않고는 아버지께로 올 자가 없느니라>(요 14:6)

믿음으로 아브라함의 후손이 되기를 원한다면 자신을 하나님께 쪼개어진 제물로 드려야 한다. 그것은 자기의 십자가를 지고 옛사람에 대해 죽은 제물로서 상한 심령으로 은혜의 보좌로 나아가는 것이다. 심령을 쪼개지 못한 자들은 예수님의 지상재림 때에 까마귀와 솔개와 독수리의 밥이 될 것이라고 하셨다(마 24:28; 눅 17:37; 계 19:18-21).

(4) 영원한 언약의 표징의 그림자인 할례

아브람은 자신의 씨를 통해 그의 후사를 삼게 해주시겠다는 하나님의 약속을 믿었으나 사라에게서 아들을 낳을 믿음은 아직 없었다. 여종의 자식은 여주인의 것이라는 당시 관습에 따른 아내의 말을 듣고 아내의 여종 하갈에게서 아들(이스마엘)을 낳았다(창 16:15).

아브람이 99세가 되었을 때 하나님께서 자신을 '엘샤다이'로 나타내시면서 '너는 내 앞에서 행(行)하여 완전하라'고 명령하셨다.

<아브람의 구십구 세 때에 יהוה께서 아브람에게 나타나서 그에게 이르시되 나는 전능한 하나님이라 너는 내 앞에서 행하여 완전하라> (창 17:1)

주 하나님의 말씀을 믿을 때 '그 믿음을 의롭다'고 여기시고 하나님의 약속대로 이행할 때에 '그 사람을 의롭다'(의인)고 여기신다는 법칙이다. 하나님께서 아브람에게 행하여 완전하라고 명하신 후에야 보다 확실한 언약을 맺으셨다(창 17:2). 주 하나님께서 확실한 언약을 세우신 후에야 아브람의 이름을 아브라함으로 고쳐주셨고, 언약의 표도 주시며 열국의 아비가 되게 하시겠다고 약속하셨다(창 17:2-6).

<내가 내 언약을 나와 너와 네 대대 후손의 사이에 세워서 영원한 언약을 삼고 너와 네 후손의 하나님이 되리라>(창 17:7)

'행하여 완전하라'는 하나님의 명령에 뒤따른 것은 언약의 표징으로 모든 남자는 할례를 받으라는 것이었다(창 17:10-14). 이는 이스마엘에게만 해당되는 것이 아니라 이삭과 그 후손들과 아브라함의 믿음으로 말미암는 모든 후손들과도 맺으신 영원한 언약이었다(창 17:15,16,19). 만일 할례를 행하지 않은 자는 그 언약을 배반한 자이기 때문에 언약의 백성 중에서 끊어질 것이라고 분명히 경고하셨다.

318명의 상징적인 의미를 신약으로 조명해 보면, ιησους라는 존함의 첫 두 글자 I(10)H(8)의 숫값 18에 헬라어 T(타우)의 숫값 300인을 더한 것이다. '타우'는 십자가를 의미하므로 '예수님의 십자가'로 이해하기도 했다.8) 또한, 히브리어 마지막 자음자 ת(타우)는 '서명'(욥 31:35), '표'(겔 9:4,6)라는 말로 번역되었다. 히브리어의 고어형태에서는 타우가 十, X형태로 나타나고, 이 X는 Χριστός의 첫 글자이다.

이 언약의 표가 없으면 언약의 백성 중에서 끊어질 것이라는 경고가 얼마나 엄중한지를 400년간 처절한 노예살이를 하던 이스라엘 백성을 구원하러 보내셨던 모세의 경우를 통해 보이셨다. 모세는 왕궁의 왕자로서의 40년의 삶을 버리고, 피신한 광야에서 40년 동안 목자수업을 했다. 모세는 피신의 와중에 미디안 족속의 딸인 십보라와 결혼해 두 아들을 낳았는데 장자 게르솜('나그네'라는 뜻)에게는 경황 중에 할례를 못했고 차자 엘리에셀('하나님의 도움'이란 뜻)에게는 할례를 했다. 강권적으로 대사명을 모세에게 맡기신 하나님께서 애굽으로 가는 길에 숙소에서 모세에게 나타나셔서 마음을 강하게 하라고 격려하셨다(출 4:19-26). 다시 숙소에 나타나신 하나님께서 갑자기 모세를 죽이려고 하셨다. 십보라가 무엇이 잘못되었는지를 이미 알았기에 즉시로 차돌을 취하여 장자에게 할례를 행함으로써 남편을 죽음에서 구원했다.

성경은 율법을 하갈에, 구약성도를 이스마엘에 비유했고, 은혜와 진리(복음)를 사라에, 거듭난 신약성도를 이삭에 비유했다(갈 4:21-31). 십보라의 조상은 아브라함의 후처인 그두라의 아들들 중 하나인 미디안이고(창 25:1,2), 그의 후손들은 이삭의 후손들과 자주 왕래했다. 아브라함의 아내였지만 그두라는 언약에 비유된 여자가 아니다. 미디안의 후손들은 언약의 표가 없었기에 십보라는 남편과 동침할 때와 남편이 둘째 아들에게 할례 할 때 할례가 하나님과 맺은 '언약의 표'라는 의미를 알았다. 만일 십보라가 하나님께서 모세를 죽이시려는 이유를 몰라 가만히 있었거나 지체했다면 남편이 죽었을 것이나 신속하고 정확한 순종이 남편과 장자를 하나님의 손에서 죽임 당하는 데서 구원했다.

할례가 '언약의 영원한 표'라는 말씀이 신약성도들도 육체적 할례를 해야 한다는 뜻은 아니다. 영원한 할례는 모세의 율법보다 수백 년 이상 앞서 있던 '믿음의 법'의 조상에게 명하신 것이다. 혈통적인 아브라함의 후손들(구약백성)이 받은 할례는 영원한 언약의 모형이다. 모형과 그림자는 몽학선생과 같이 실체로 인도한다(갈 3:24). 모세보다 더 뛰어난 중보자이신 예수께서 신령한 할례를 가르치셨다. 은혜와 진리인 '자유케 하는 온전한 율법'(마 5:17; 고전 9:20,21; 약 1:25; 2:12) 안에 영원한 참 할례가 있음을 그림자로서 보여준 것이다(골 2:11).

하나님은 율법이 아닌 신령과 진리로 예배하는 아들을 찾으시는 아버지이시다(요 4:24). 하나님은 아버지로서 이스마엘이나 미디안과 같은 자들의 예배를 원치 않으시고, 이삭과 같은 참 아들의 예배를 원하신다. 참 언약의 백성이 되려면 은혜와 진리 안에 있는 영원한 진짜 할례를 순종해야 한다. 자유케 하는 온전한 율법 안에서 신령한 성도들이 받은 진짜 할례가 영원하다. 모형과 그림자에 불과한 할례를 불순종했을 때 대사명을 받았던 모세를 죽이려고 하셨던 하나님께서 영원한 실체의 할례(그리스도의 할례)를 불순종하여 영원한 언약을 배반한다면 당연히 심판하실 것이다. 모형인 할례의 표는 얼마 후에 없어질 것이요 참 할례의 표는 영원히 확인되어야 할 너무나도 중요한 것이다.

율법의 할례를 받든지 은혜와 진리(복음)의 할례이든지 먼저 '마음과 귀의 할례'를 받아야 한다(레 26:41; 신 10:16; 30:6; 렘 4:4; 6:10; 9:26; 겔 44:7,9). 제사장들과 서기관들과 바리새인들이 예수님의 복음을 믿지 못한 것은 그들 조상과 같이 마음과 귀에 할례를 안 받았기 때문이다(행 7:51). 누구든지 귀에 할례를 받지 못하면 하나님의 언약(약속)을 깨닫지 못한다. 언약을 믿어도 순종치 않는 것은 마음의 할례를 받지 못해 탐욕이 마음을 지배하기 때문이다. 새언약 때에도 누구든지 귀와 마음에 할례를 받으면 자유하게 하는 온전한 율법의 요구대로 영원한 참 할례를 깨닫고 순종하게 된다.

<28 대저 표면적 유대인이 유대인이 아니요 <u>표면적 육신의 할례가 할례가 아니라</u> 29 오직 이면적 유대인이 유대인이며 <u>할례는 마음에 할찌니 신령에 있고 의문에 있지 아니한 것이라</u> 그 칭찬이 사람에게서가 아니요 다만 하나님에게서니라>(롬 2장)

회개를 제대로 함이 귀와 마음에 할례이다. 모세의 할례이든 그리스도의 할례이든 마음으로 진실하게 회개한 사람이 말씀에 순종하는 믿음을 갖는다. 예수께서 죽고 장사되셨을 때 그분의 속사람이 겉사람인 육체를 벗어버리셨다. 그리스도께서 가르쳐주신 진리로 죄인의 수치를 완전하게 벗어버리는 참 할례가 그것과 같다. 그분의 복음을 순종함으로 죽으심과 장사에 연합되면(헬-'쉼퓌토이', 함께 심겨지면) 옛사람을 벗는 신령하고 영원한 할례의 표를 받게 된다는 약속이다.

<11 또 그 안에서 <u>너희가 손으로 하지 아니한 할례를 받았으니 곧 육적 몸을 벗는 것이요 그리스도의 할례니라</u> 12 너희가 <u>침례로 그 리스도와 함께 장사한 바 되고</u> 또 죽은 자들 가운데서 그를 일으키 신 하나님의 역사를 믿음으로 말미암아 그 안에서 함께 일으키심을 받았느니라>(골 2장)

그리스도의 제자들은 복음을 마음으로 믿고 진실하게 회개하여 예수 그리스도의 이름으로 물침례를 받아 그리스도와 함께 장사됨으로써 죄 에 사로잡힌 육체를 벗는 완전한 할례의 표를 받게 된다(롬 6:4).

요한보다 더 큰 자들로서(마 11:11) 그림자(율법)보다 더 온전한 실체 (복음)를 전도하는 사도들은 새언약의 신자들에게 신령한 할례를 반드시 주어야 할 의무가 있다. 예수님께서 불법을 행하는 자들을 도무지 모른 다고 외면하실 것임을 경고하신 이유가 여기에 있다(마 7:21-27).

2. 독생자 이삭이 보여준 복음의 그림자

(1) 비유들로 보여주신 아브람의 아들들

① 이스마엘에 비유된 티끌 같은 혈육의 선민

아브람의 아내 사라는 아기를 잉태하지 못하는 여자였다(창 11:30).

하나님께서 아브람의 친족 롯이 떠난 후에 아브람이 씨(아들)를 많이 얻게 될 것을 약속하셨다(창 13:14-18).

<내가 네 자손으로 땅의 티끌 같게 하리니 사람이 땅의 티끌을 능 히 셀 수 있을찐대 네 자손도 세리라>(창 13:16)

아브람이 하갈을 통해 낳은 이스마엘은 혈통적인 선민들을 가리키고, 땅의 티끌에 비유된다. 아브람의 아내(본처)는 사라이고 하갈은 사라의 여종이자 아브람에게도 여종에 불과했다. 여종은 여주인의 소유물이었고 또한 여종이 낳은 아들도 여주인의 소유이되 그 신분은 종이었다. 혈통 적인 선민들은 죄에서부터 온전히 벗어나지 못한 자들이기에 죽을 때 육체는 티끌로 돌아가고 영은 음부로 들어갈 수밖에 없었다.

'티끌'은 성경에서 중요한 것으로 취급받지 못한다.

보잘것없는 존재를 티끌 같다고 한다(창 18:27; 시 102:14; 암 2:7). 땅 사방에 널려있는 흔해빠진 존재들을 티끌 같다고 한다(창 28:14; 욥 27:16; 시 78:27). 모세가 땅의 티끌을 쳤더니 티끌이 이가 되어 애굽 사람들을 괴롭혔다(출 8:17; 9:9). 사람을 괴롭히는 먼지와 같은 것을 티끌로 비유했다(신 28:24). 심한 슬픔이나 치욕을 당할 때 티끌을 머리에 뒤집어썼다(수 7:6; 삼상 4:12; 느 9:1; 욥 30:19; 42:6; 애 2:10; 겔 27:30; 계 18:19). 저주하고 무시할 때 땅의 티끌을 날렸다(삼하 16:13; 행 13:51; 22:23). 심판을 받아 완전히 망하게 될 때 티끌같이 부스러뜨렸다고 표현한다(삼하 22:43; 왕하 13:7; 시 18:42; 사 5:24; 41:2). 죽은 육체가 흙으로 돌아갈 때 티끌로 돌아간다고 말한다(욥 10:9; 시 90:3; 사 26:19; 29:4; 단 12:2). 티끌같은 후손이란 선민이기는 하지만 어차피 흙으로 돌아갈 보잘 것 없는 존재, 언젠가 죄로 인해 심판을 받아야 할 존재라는 것이다. 그들은 이방인들에 비하면 하나님 앞에 특별한 선민이지만, 하늘에 속한, 천사들보다 월등하고 신령한 선민에 비해 너무나 초라한 존재라는 것이다. 하늘에 속한 자들, 물과 성령으로 거듭난 자들은 천사들을 영원히 종으로 삼을 만큼 존귀한 자들이다.

② 이삭에 비유된 하늘의 별 같은 신령한 선민

율법보다 은혜와 진리가 더 좋듯이 하나님께서 주시는 은혜와 복은 처음의 것보다 나중의 것이 훨씬 좋다. 하나님은 아브람에게 엘리에셀보다 더 좋고, 이스마엘보다 더 좋은 아들을 주시기를 원하신다. 아브람이 비록 전쟁에서는 승리하였지만 큰 두려움에 눌려있던 밤에 하나님께서 아브람을 밖으로 불러내시고 눈을 들어 하늘의 별들을 바라보게 하시며 그의 후손이 하늘의 별들처럼 많게 될 것이라고 약속하셨다.

<그를 이끌고 밖으로 나가 가라사대 하늘을 우러러 뭇 별을 셀 수 있나 보라 또 그에게 이르시되 네 자손이 이와 같으리라>(창 15:5)

하늘의 별같은 후손들에 대한 약속은 아브라함이 나이가 더 들고 그의 아내가 아기를 낳기가 불가능한 캄캄한 상황에서도 더 존귀한 아들로 후사를 삼게 하신다는 약속이다. 하나님께서 영원히 의롭다고 하실 자는 하늘에 속한 아들들임을 보이신 것이다.

이삭은 독생자 예수 그리스도를 통한 새언약(믿음의 언약)에서 얻게 될 하늘에 속한 신령한 후손들에 대한 모형이다. 창세기 15장은 아브라함의 '믿음을 의롭게 여기셨다'고 기록한다. 이 믿음은 장차 계시될 믿음이며 하늘에 속한 믿음의 법, 성령의 약속으로 세울 언약에 대한 믿음이며 '은혜와 진리'(복음)에 대한 믿음의 그림자이다.

창세기 17장은 '믿음으로 행하여 완전하라'고 하시며 믿음으로 얻은 의를 순종으로 인(印)쳐야 함을 가르친다. 주 하나님께서 99세의 아브람에게 나타나셔서 '아브라함'이라는 새이름을 주시며 그와 새언약을 맺으시고 영원한 언약의 증표로 할례를 받으라고 명령하셨다(창 17:1-14). 아브라함이 하나님의 언약을 믿을지라도 할례를 하지 않았다면 당연히 하나님과의 언약에서 끊어졌을 것이고 믿음의 조상이 될 수 없었음은 물론이다. 하나님의 새계명이나 새언약에 대한 행함이 없는 믿음은 하나님을 무시하거나 기만하는 것과 같다.

하나님께서 아브라함을 다시 방문하셨고, 사라에게서 명년에 아들이 태어나게 할 것임을 예고하셨다(창 18:10). 약속하신 대로 사라가 아들(이삭)을 낳았고(창 21:2), 이삭은 하나님의 독생자에 대한 모형이다(롬 4:13-22). 주 하나님께서 아들을 율법 아래 보내셔서 새언약을 주셨고, 약속대로 성령으로 거듭나게 하셨다(행 1:5; 롬 8:9,15,16; 갈 4:6).

<7 또한 아브라함의 씨가 다 그 자녀가 아니라 오직 이삭으로부터 난 자라야 네 씨라 칭하리라 하셨으니 8 곧 육신의 자녀가 하나님의 자녀가 아니라 오직 약속(約束)의 자녀가 씨로 여기심을 받느니라>(롬 9장)

하나님은 하늘에 속한 신령한 선민을 영원히 자기 백성으로 여기신다. 혈통적인 선민들도 반드시 새언약(새 약속)으로 다시 태어나야 하늘의 아버지 집에 들어갈 수 있다(요 8:32-36).

③ 바닷가의 모래에 비유된 후손들

티끌 같은 후손과 하늘의 별 같은 후손은 각각 신분이 완전히 다른 존재이듯이 바닷가의 모래와 같은 존재도 이 두 후손들과 신분이 다른 존재이다. 부활한 성도들이 영원토록 왕노릇을 할 때, 다스림을 받으며 만유에 충만해져야 할 백성이 바로 모래와 같은 후손들이다.

<15 יהוה의 사자가 하늘에서부터 두 번째 아브라함을 불러 16 가라 사대 יהוה께서 이르시기를 내가 나를 가리켜 맹세하노니 네가 이같이 행하여 네 아들 네 독자를 아끼지 아니하였은즉 17 내가 네게 큰 복을 주고 네 씨로 크게 성하여 하늘의 별과 같고 바닷가의 모래와 같게 하리니 네 씨가 그 대적의 문을 얻으리라>(창 22장)

하나님의 명령을 받은 아브라함이 그가 가장 사랑하는 이삭을 번제물로 바치려고 했다. 아브라함이 이삭에게 칼을 겨눌 때 하나님께서 친히 막으시고 이삭 대신 준비하신 수양으로 번제를 받으셨다. 이는 하나님께서 자신의 독생자를 죄인들을 위해 대신 십자가에서 죽게 하심으로 구속하실 약속을 보여주는 그림자이다. 그리고 이 사건을 통해 혈통적으로 아브라함의 후손들 중에 티끌과 같은 자들과 달리 모래 같은 후손들도 있게 하실 것과 그들이 영원히 살 것을 보여주셨다. 하늘의 별 같은 후손들이 영원히 왕노릇 할 때 그 왕들에게 통치를 받아야 할 백성들도 있어야 한다. 하나님 아버지는 만세반석이시고, 그로부터 거듭난 자들은 돌(베드로)들이 되고, 그들이 다스릴 자들은 티끌이 아니라 모래와 같은 자들이라는 비유의 말씀으로 가르치신 것이다.

아브라함은 사라가 죽고 난 후에 '그두라'라는 후처를 얻었고 6명의 아들들을 낳았다(창 25:1-6). 그 아들들 중에 미디안의 후손들은 이삭의 후손인 이스라엘 백성들과 깊은 연관을 맺었다. 형들이 요셉을 구덩이에서 끌어내 미디안 상인들에게 팔고, 그들이 다시 이스마엘 상인들에게 팔고, 그들이 다시 보디발에게 팔았었다(창 37:28,36). 모세가 애굽에서 도망을 한 후 미디안 광야에 머물렀고, 거기서 미디안 족속의 딸 십보라와 결혼하여 두 아들을 낳았다(출 2:15,16; 3:1; 4:19; 18:1; 민 10:29). 이스라엘이 광야를 통과할 때 미디안 장로들과 모압(롯과 큰 딸의 아들) 장로들이 발람 선지자를 불러 이스라엘을 저주하자 하나님께서 미디안에게 원수를 갚게 하셨다(민 22:4,7; 25:6,14-18; 31:1-54). 미디안의 시혼의 방백(미디안의 귀족)들을 죽였다(수 13:21). 이스라엘이 악을 행하자 하나님께서 그들을 미디안 족속의 손에 7년간 붙이셨다가 기드온을 통하여 미디안의 압제에서 구원하셨다(삿 6:1-8:28). 이와 같이 미디안은 이스라엘과 오랫동안 연관을 맺고 있었다.

하갈은 모세의 율법(옛언약)을 상징하고 사라는 새언약(은혜와 진리)을 상징하지만 그두라는 언약에 비유된 여인이 아니었기에 언약의 표(할례)도 없었다. 모세의 할례는 그리스도의 할례의 모형이고 그리스도의 할례는 모세의 할례의 실체이다. 그두라는 하갈(모세의 언약에 비유)이나 사라(그리스도의 언약에 비유)와 달리 구약이나 신약에 비유될 수 없다. 아브라함의 후손들 중에 두 언약과 직접적인 상관이 없는 사람이 있는데 '모래와 같은 후손'이라고 비유된 자들이다. 하나님께서 죄와 사망을 영원히 없애신 후에 처음 아담처럼 혈육으로 번성하며 영원히 살 사람들이다. 이들은 마지막까지 혈육으로 살아남은 자들로서 새하늘과 새땅에 들어가 만왕이 된 부활의 아들들 즉 하늘의 별같은 후손들의 통치를 받으며 모든 별(땅)들에서 영원히 번성하며 살아갈 것이다.

예수께서 모든 것을 다 버리고 주 예수님을 따랐던 제자들에게 이스라엘 12지파를 영원히 다스릴 상을 주실 것이라고 약속하셨다.
<예수께서 가라사대 내가 진실로 너희에게 이르노니 세상이 새롭게 되어 인자가 자기 영광의 보좌에 앉을 때에 나를 좇는 너희도 열두 보좌에 앉아 <u>이스라엘 열두 지파</u>를 심판하리라>(마 19:28)
<너희로 내 나라에 있어 내 상에서 먹고 마시며 또는 보좌에 앉아 <u>이스라엘 열두 지파</u>를 다스리게 하려 하노라>(눅 22:30)
부활한 자들이 부활한 자들을 다스리는 게 아니라 진노에서 살아남은 이스라엘의 12지파를 다스린다. 혈육의 자녀로 천년왕국에 들어가 번성할 자들은 혈통적인 선민들 중 살아남은 자들이다(사 65:17-25).
<19 내가 예루살렘을 즐거워하며 나의 백성(百姓)을 기뻐하리니 우는 소리와 부르짖는 소리가 그 가운데서 다시는 들리지 아니할 것이며 20 거기는 날 수가 많지 못하여 죽는 유아와 수한이 차지 못한 노인이 다시는 없을 것이라 곧 백세에 죽는 자가 아이겠고 백세 못되어 죽는 자는 저주 받은 것이리라>(사 65장)
이때는 사망과 음부를 아직 불못에 멸하신 때가 아닌 천년왕국 때다. 그들은 100세에 죽을 수도 있는데 이는 저주를 받아 어린애로 죽는 것이라 했고, 다른 이들은 나무처럼 수천 년도 살 수 있다. 이들은 죽지 않고 영생할, 부활의 아들들이 아니라는 증거이다.

계시록 12장 1-17절에 '해를 입고 그 발아래는 달이 있고 그 머리에는 열두 별의 면류관를 쓴 한 여자'가 나오는데 이는 하나님을 태양에, 이스라엘 백성 전체를 달에, 열두 아들은 열두 별에 비유했다. 이전에 요셉이 꾼 꿈에서도 동일한 비유가 있었다(창 37:5-11).

재림 때에 유대인들 중에서 예수님과 복음을 믿고 성령으로 인침을 먼저 받은 144,000명은 '아이'에 비유되었다(4,5절). 그들의 전도로 거듭나 순교한 유대인 성도들 외의 유대인들과 이방인들은 멸망을 당하나 하나님께서 광야로 피신해 혈육으로 생존케 하실 유대인들이 있다. 7의 70번째인 '7년평화조약'은 재건된 성전에 인공지능 로봇우상을 세우는 사건을 전후로 각각 절반으로 구분된다. 피신한 자들은 후3년 반 동안에 하나님의 보호와 양육을 받다가 아마겟돈 전쟁이 끝난 후에 거기서 나와 혈육으로 살아남아 천년왕국에 들어가서 번성할 것이다(계 20:7-10). 천년동안 무저갱에 가두어두었던 마귀가 놓여서 번성한 그들 모두를 미혹할 것인데, 이때 미혹당한 자들을 예수님께서 영원한 멸망에 던지실 것이다. 미혹을 이기고 남은 백성들은 죄와 사망이 영원히 폐기된 후 도래한 새하늘 새땅의 모든 별들에서 범죄 이전의 아담과 같이 영원히 번성하고 만유에 충만케 채워질 것이다. 그들은 왕들의 통치를 받아 온 우주에 퍼지게 되는 지상낙원에서 영원히 번성할 것이다.

④ 한 분의 남편, 한 분의 아버지

하나님은 성령의 계시를 통해 새언약에 대한 모형을 깨닫게 하신다.

성경은 아브라함을 하나님께, 사라와 하갈을 언약들에, 혈육의 백성을 이스마엘에, 거듭난 백성을 이삭에 비유했다.

<22 기록된 바 아브라함이 두 아들이 있으니 하나는 계집종에게서, 하나는 자유(自由)하는 여자에게서 났다 하였으나 23 계집종에게서는 육체(肉體)를 따라 났고 자유하는 여자에게서는 약속(約束)으로 말미암았느니라 24 이것은 비유니 이 여자들은 두 언약(言約)이라 하나는 시내산으로부터 종을 낳은 자니 곧 하가라 25 이 하가는 아라비아에 있는 시내산으로 지금 있는 예루살렘과 같은 데니 저가 그 자녀들로 더불어 종노릇 하고 26 오직 위에 있는 예루살렘은 자유자니 곧 우리 어머니라>(갈 4장)

하갈의 남편도 아브람 한 사람이었고, 사라의 남편도 동일한 아브라함 한 사람이었듯이, 구약백성들의 남편인 하나님도 한 분이시며 신약백성들의 남편도 동일한 그 한 분 יהוה만 계신다. 사라나 하갈이 아브람 외에 다른 남자와 합하면 음녀(淫女)가 된다.

이스마엘의 아버지와 이삭의 아버지도 동일한 분이었듯이, 구약 성도들의 하나님 아버지인 יהוה께서 신약의 유일한 하나님 아버지가 되셨고, 그분이 바로 주 하나님이신 예수이시다.

하나님께서 아브람이라는 이름을 아브라함으로 바꾸어주셨듯이 새언약을 선포하실 때 오직 '예수'(יהוה+예수아=여호수아)라는 온전하고 영원한 새성함만을 모든 민족들에게 알게 하셨다.

⑤ 아브라함과 이삭 당시의 풍습들

아브람은 가나안 땅에 심각한 흉년이 들자 사래와 목동들과 양떼를 데리고 애굽으로 내려갔다(창 12:10-20). 나일강 주변의 땅들은 후에 야곱의 가족들이 내려가 거했던 고센 땅처럼 비옥한 초원이었기에 유목민인 아브라함에게는 피난처로 보였을 것이다. 당시 애굽인들은 유목민들을 가증하고 천하게 여겼고, 남편이 있는 아름다운 여자를 자기 첩으로 삼기 위해 남편을 가만히 죽이는 일이 흔했다. 이를 알게 된 아브람은 몇 차례 그런 위협도 느꼈다. 사래는 그 나이에도 애굽인들의 눈에 매우 아름다운 여인이었고, 사래가 아름답다는 소문은 애굽 백성은 물론 애굽의 신하들과 바로(왕)에게까지 알려졌다. 기근을 피하려 약속의 땅에서 애굽으로 내려간 아브람이 보다 심각한 어려움에 직면한 것이다.

누지(Nuzi)에 관한 기록을 보면 결혼, 양자 법, 첩 제도, 경제적, 종교적 관습들이 근동지방에 널리 퍼졌으며, 아브라함과 이삭과 야곱이 살았던 지역까지 영향을 미쳤다.5)

---

5) 누지(Nuzi)는 주전 2000년경 후리족에 의하여 정복된 도시로서, 메소포타미아의 하란과 그리 멀지 않은 곳에 위치한 곳으로 현재 요르간 테페(Yorgan Tepe)로 표기된 곳이다. 1925년부터 1931년까지 약 6년 동안의 발굴 작업을 통하여 약 20,000 매 가량의 토판들이 발굴되었다. 이것들 중 4,000개의 토판에는 당시의 사회적, 경제적, 법적 관습이 성서에 묘사된 내용과 같은 것들로 기록된 사실이 성경의 내용을 하나님의 말씀임을 고고학적으로 인정하는 증거가 되었다.

누지문서에는 무자한 부부가 종을 입양하여 아들로 삼는 기록이 있고 아브라함이 엘리에셀을 양자로 삼으려 했던 것과 같다. 부부가 결혼하여 본부인이 아기를 낳지 못하면 본부인의 여종을 첩으로 주고 첩이 낳은 아이는 본부인의 권한 안에 있어 그를 양자로 삼을 수 있고 이후에 본 부인이 아들을 낳으면 내어보낼 수도 있었다. 오라비가 누이의 혼인을 정할 수가 있었고, 이 경우에는 누이의 의사를 확인해야 했으며, 누이는 그 결혼에 동의할 수도 있고 동의하지 않을 수도 있었다. 결혼이 성사되면 오라비는 신랑 측으로부터 상당한 예물을 받았다. 아버지가 정한 혼 인언약은 딸의 동의가 필요 없었다. 혼인언약에서 신부에게 몸종을 주고 그 몸종의 이름을 언약서에 정식으로 기록하는 규정이 있었다. 결혼한 딸이 가정의 수호신으로 여기는 우상을 취할 경우 아버지의 재산에 대한 상속권을 보장받는데 라헬이 우상(드라빔)을 훔쳤다. 부친은 태어난 아들의 순서에 상관없이 어린 아들을 후계자로 삼을 수 있었다. 이는 열 두 형제 중에서 특히 요셉과 베냐민에 대한 형들의 시기에서 볼 수 있는 배경이다. 임종하기 전 가장이 특정인에게 축복한 것이 자녀들 간의 재산소송 법정에서 그대로 인정되었던 사례도 기록되었다.

누지서판에 기록된 많은 내용들은 창세기에 기록된 족장들의 삶이 모세가 임의로 지어낸 설화가 아니라 역사적인 사실들이었음을 분명하게 증거한다. 하나님은 사람들이 익히 알아온 그 당시의 풍습으로 하나님의 계획을 선명하게 보여주신 것이다.

옛날 우리나라의 관습에서도 씨받이 여인일지라도 반드시 본부인의 동의하에 받아들였고, 아이 낳는 것이 목적이기 때문에 이를 선정하는 조건 중 가장 중요한 것은 아이를 잘 낳을 수 있는 여자여야 했다. 씨받 이로 들어오는 여자는 대개 천한 신분이거나 가난한 과부였다. 아들이 태어나면 아기를 본부인에게 주고 외부 사람들에게는 본부인이 낳은 것처럼 하여 사실을 숨겼다. 이렇게 태어나 자라다가도 이후에 본 부인에게서 아들이 태어나면 차별대우 받는 것을 당연시했다. 하갈은 씨받이 여인보다 더 천한 여종의 신분이었다.

(2) 본처로부터 태어난 아들인 이삭

① 사라에게서 태어난 아들

아브람이 아내의 여종 하갈에게서 낳은 아들 이스마엘은 참 아들이 아닌 종의 신분이었다. 성경은 이스마엘을 율법에게 속한 선민 즉 혈육적인 선민에 비유하고 있다.

아브라함의 본처인 사라는 새언약 즉 믿음의 언약, 은혜와 진리(복음)의 언약, 성령의 언약(약속, 법)을 상징한다. 하나님은 하박국 선지자의 질문에 믿음의 법으로 살게 되는 때 즉 계시/묵시로 주실 그 법이 도래할 정한 때가 있다고 대답하셨다(합 2:3,4).

율법(장차 계시될 새언약의 그림자와 모형)은 모세로 말미암아 왔지만 약속하신 새언약(계시로 나타난 은혜와 진리)은 예수 그리스도로 말미암아 왔다(요 1:17; 히 1:1,2). 율법은 종의 신분을 주는 법이지만 은혜와 진리는 거듭남을 통해 아들의 신분을 준다(요 1:12,13; 3:3-11). 여자가 낳은 자 중에 침례 요한이 가장 큰 자이지만 거듭난 자들은 가장 작은 자라도 종의 신분으로 살았던 노아, 아브라함, 모세, 다윗, 침례 요한보다 큰 자로 산다. 물론 하늘 아버지 집에서는 다 부활의 아들들이다.

첫사람 아담은 하나님께서 흙으로 지으신 겉사람 안에 속사람(영)을 지어 불어넣으심으로 생령이 된 자이며 장차 오실 자의 모형이었다.

모형인 아담과 그 후손들은 어느 천사보다도 열등(劣等)한 존재였다.

예수 그리스도로 말미암아 물과 성령으로 거듭난 아들들의 속사람은 이미 하나님의 형상이 되었으므로 모든 천사들을 영원토록 다스릴 아들/후사(後嗣)의 신분과 권세를 받은 것이다.

아브라함의 본처인 사라가 먼저 있었고, 사라의 여종인 하갈이 나중에 있었다. 그것은 율법보다 믿음의 법이 먼저 있었고, 그리스도의 율법의 모형과 그림자로서 모세의 율법이 있게 되었다는 말이다. 하늘의 은혜와 진리의 복음(새언약)이 먼저 있고, 그것을 본으로 삼아 모형과 그림자로 땅에 선포한 것이 율법이다(히 8:5; 9:23). 하갈이 사라에게 복종했듯이 율법의 할례는 은혜와 진리의 할례에게 복종해야 한다. 율법의 안식은 은혜와 진리의 안식을 얻을 때 비로소 완성된다.

② 모든 것 위의 하늘에서 태어난 아들

사라는 위에 있는 어머니 또는 하늘의 예루살렘에 비유되었고, 이삭은 하늘에서 성령으로 거듭난 아들에 비유되었다.

<25 이 하가는 아라비아에 있는 시내 산으로 지금 있는 예루살렘과 같은 데니 저가 그 자녀들로 더불어 종노릇 하고 26 오직 위에 있는 예루살렘은 자유자니 곧 우리 어머니라>(갈 4장)

시내산은 미디안 광야의 아라비아에 있고, 지리상으로는 가나안 땅의 예루살렘과 다른 곳이지만 의미상은 같은 곳이므로 '하갈'(여종)이라는 신분에 비유되었다.9)

이 말씀에서 '위는'(헬라어 '아노')는 셋째하늘을 가리킨다. 예수님은 니고데모와의 대화에서도 '위에서 나야 한다'고 가르치셨다(요 3:3). '위'인 셋째하늘에서 자유로운 어머니로부터 태어나야 하나님을 친 아버지(아바)라 부를 수 있는 아들의 권세를 얻는다. 아들의 권세를 얻어야만 셋째하늘나라(천국)의 시민권을 얻는다.

예수께서 주기도문에서 '하늘에서 뜻이 이루어진 것같이'라고 가르치셨다. 믿음의 조상 아브라함은 약속의 땅에 도착하여 살면서도 여전히 나그네로 살았다. 그는 하나님께서 세우시고 경영하시는 하늘의 예루살렘을 본고향이라고 믿는 자, 위로부터 난 자들의 삶을 그림자로 보였고(히 11:9-16), 그들 모두가 부활로 하나님의 아들이 된다.

③ 혈통으로 나지 않고 약속의 성령으로 난 아들들

주 하나님께서 아브라함과 언약을 맺으셨다. '언약'이란 히브리어로는 '베리트', 헬라어로는 διαθήκη[디아데케], 영어로는 covenant이다(창 15:18; 17:2-21). 언약은 하나님과 사람 사이에 말씀으로 맺은 약속이라는 의미이다. 구약성경에 '언약'이라고 하신 것을 신약성경에서는 '약속'(promise)으로 설명했다. 이스마엘은 육체를 따라 종으로 태어난 아들이고, 이삭은 약속을 따라 참 아들로 태어났다(창 17:19-21; 22:17; 행 7:5; 롬 4:14,16,20,21; 갈 3:14-23). 계약이든 언약이든 약속은 서로 지킬 때에 효력이 있다. 하나님은 믿기만 하는 언약을 주시지 않으셨다. 만일 누구든지 하나님의 약속을 믿기만 하고 지키지 않는다면 약속을 하지 않은 자보다 더 악한 자로 여기실 것이다.

하나님께서 약속하신대로 이삭의 실체로서 예수님이 아브라함의 씨로 태어나셨다. 그가 아브라함의 후손으로 나신 것은 우리들도 그와 같이 아브라함의 신령한 씨, 믿음의 후손이 되게 하시기 위함이다.

범죄하기 이전의 아담일지라도 혈과 육으로는 하나님나라를 유업으로 얻을 수 없었다(고전 15:50). 예수님께서 '위로부터 나지 않으면'(거듭나지 않으면) 하나님나라를 볼 수 없다고 하셨다. 이어서 물과 성령으로 나지 않으면 하나님나라에 들어갈 수 없다고 하셨다(요 3:5). 수만 번 어머니 뱃속에 들어갔다 다시 태어날지라도 단지 육으로 난 것일 뿐이라고 말씀하셨다(요 3:6-8). 아담의 모든 후손들은 부모로부터 혈육을 물려받고 하나님께서 지으신 영을 받아서 세상에 태어난다. 이와 같은 첫 출생은 죄와 사망 아래 태어나는 것이다.

성령으로 나는 것은, 하나님께서 성령침례를 주심으로 하나님께로부터 다시태어나 그분의 아들이 되게 하시는 실제 체험이다. 그것은 사막과 황무지와 같이 메마른 심령과 육체가 성령의 생수를 받는 것과도 같다(사 32:15; 요 4:10-14; 7:37-39).

<너희가 악할찌라도 좋은 것을 자식에게 줄줄 알거든 하물며 너희 천부(天父, heavenly Father)께서 구하는 <u>자에게 성령을 주시지 않겠느냐</u> 하시니라>(눅 11:13)

<볼찌어다 내가 <u>내 아버지의 약속하신 것을</u> 너희에게 보내리니 너희는 위로부터 능력을 입히울 때까지 이 성에 유하라 하시니라>(눅 24:49)

<4 사도와 같이 모이사 저희에게 분부하여 가라사대 예루살렘을 떠나지 말고 <u>내게 들은 바 아버지의 약속하신 것을 기다리라</u> 5 요한은 물로 침례를 베풀었으나 너희는 몇 날이 못되어 <u>성령으로 침례를 받으리라</u> 하셨느니라>(행 1장)

아버지께서 오순절 날 120여명에게 약속하신 성령을 부어주셨다.

<33 하나님이 오른손으로 예수를 높이시매 그가 <u>약속하신 성령을</u> 아버지께 받아서 너희 보고 듣는 이것을 부어 주셨느니라 … 39 <u>이 약속은</u> 너희와 너희 자녀와 모든 먼 데 사람 곧 주 우리 하나님이 얼마든지 부르시는 자들에게 하신 것이라 하고>(행 2장)

성령침례로 생명의 법과 영생의 새로운 언약/약속 안에 들어간다.

2. 독생자 이삭이 보여준 복음의 그림자

아브라함의 후손으로 하나님의 후사가 되는 것은 율법이 아닌, 믿고 성령의 약속으로 다시 태어난 자에게만 가능하다(롬 4:13,14).

<곧 육신의 자녀가 하나님의 자녀가 아니라 오직 <u>약속의 자녀가 씨</u>로 여기심을 받느니라>(롬 9:8)

<이는 그리스도 예수 안에서 아브라함의 복이 이방인에게 미치게 하고 또 우리로 하여금 <u>믿음으로 말미암아 성령의 약속</u>을 받게 하려 함이니라>(갈 3:14)

하나님께서 독생자 이삭을 거듭난 자의 모형으로 보여주셨다. 성령을 계시될 믿음(복음)의 때에 주심으로써 누구든지 이삭과 같이 하나님의 유업을 이을 약속의 후사가 되게 하셨다(갈 3:17-22).

<4 때가 차매 하나님이 그 아들을 보내사 여자에게서 나게 하시고 율법 아래 나게 하신 것은 5 율법 아래 있는 자들을 속량하시고 우리로 아들의 명분(名分)을 얻게 하려 하심이라 6 너희가 아들인 고로 하나님이 <u>그 아들의 영을 우리 마음 가운데 보내사</u> 아바 아버지라 부르게 하셨느니라 7 그러므로 네가 이 후로는 종이 아니요 아들이니 아들이면 하나님으로 말미암아 유업을 이을 자니라 … 23 계집종에게서는 육체를 따라 났고 자유하는 여자에게서는 약속으로 말미암았느니라 … 28 형제들아 너희는 <u>이삭과 같이 약속(約束)의 자녀(children)라</u>>(갈 4장)

율법에서 난 자는 할례로 인 쳐 율법의 의를 얻고, 약속으로 난 자는 성령으로 인침 받아 하나님의 의(義)를 얻는다(롬 4:11; 엡 1:13).

④ 은혜와 진리 즉 복음으로 다시 태어난 아들

예수께서 침례를 받으실 때 하나님 아버지께서 '이는 내 사랑하는 아들이다'라고 증거하셨다. 하나님의 피조물이 아니고 하나님께서 친히 낳으신 아들(사람)이라는 증언이다. 변화산상에서도 '이는 내 사랑하는 아들이니 너희는 저의 말을 들으라'고 하셨다(마 17:5). 이 말씀 후에 종인 모세와 엘리야는 거기서 사라져야 했다. 모세와 엘리야는 종 된 언약을 전했지만 예수 그리스도는 아들 되는 언약을 전하셨다. 하나님께서 포도원에 종들을 보내셨고 마지막에는 상속자인 독생자를 보내셨으나 아들의 말을 거역한 종들이 상속자를 죽였다(마 21:33-41).

율법은 모세로 말미암아 왔고 죄사함과 거듭남의 은혜를 주는 진리는 예수 그리스도로 말미암아 왔다(요 1:16,17). 아들을 보내신 후 아버지께서 신령과 진리로 아버지께 예배하는 아들을 찾으신다(요 4:19-24). 종이 먹는 떡과 아들이 먹는 떡은 다르다. 율법에 속한 마지막 선지자인 요한의 침례는 그림자에 속한 침례이지만 예수님께서 제자들을 통해 주신 물침례는 영원한 죄사함을 위해 은혜와 진리(실체)에 속한 것이다. 은혜와 진리를 알아야 죄에서 자유를 얻을 수 있다(요 8:32-36). 종의 언약으로는 아버지 집에 영원히 거하지 못하고 결국에는 쫓겨난다. 구약 성도들은 율법의 의를 얻은 후 모두가 새언약을 기다려 왔다. 신약에서는 혈통적인 선민들도 물과 성령으로 거듭나야 아버지 집에 들어갈 수 있다. 하나님은 아들이 전파한 진리로 거룩함을 얻게 하시고 아버지의 후사로서 모든 복을 영원히 누리게 하신다(요 17:17-24).

하나님의 진리의 일꾼들이 전한 말씀대로 믿어야 영혼을 노략질 당하지 않고 하나님나라의 복을 얻게 된다(행 20:31,32). 진리의 말씀대로 거듭난 성도만이 진리이신 예수 그리스도와 함께 참된 아들이 된다(히 1:5,6; 2:10,11). 하나님께서 진리인 성령의 첫열매가 되게 하시려고 '그 진리의 말씀'으로 낳으시기 때문이다.
<그가 그 조물 중에 우리로 한 첫 열매가 되게 하시려고 자기의 뜻을 좇아 진리의 말씀으로 우리를 낳으셨느니라>(약 1:18)
여러 종류의 열매들 중에 첫열매는 하나님의 것으로 성별해야 했다. 하나님은 신약성도를 하나님의 첫열매로 삼으시려고 진리의 성령으로 낳으셨다. 예수님으로부터 천국열쇠를 받았던 베드로가 전한 진리의 복음대로 순종한 사람만이 '진리의 말씀대로 거듭난 자'가 된다.
<22 너희가 진리를 순종함으로 너희 영혼을 깨끗하게 하여 거짓이 없이 형제를 사랑하기에 이르렀으니 마음으로 뜨겁게 피차 사랑하라 23 너희가 거듭난 것이 썩어질 씨로 된 것이 아니요 썩지 아니할 씨로 된 것이니 하나님의 살아 있고 항상 있는 말씀으로 되었느니라 24 그러므로 모든 육체는 풀과 같고 그 모든 영광이 풀의 꽃과 같으니 풀은 마르고 꽃은 떨어지되 25 오직 주의 말씀은 세세토록 있도다 하였으니 너희에게 전한 복음이 곧 이 말씀이니라>(벧전 1장)

이 말씀은 יהוה 하나님과 그리스도로 오신 예수님의 길을 예비하였던 침례 요한이 광야에서 외친 소리의 성취이다(사 40:3-11).

구약성도들은 죽어서 육체는 흙으로 돌아갔고, 영은 음부(히-세올, 헬-하데스)에 들어가서 믿음(계시)의 때에 예수께서 오셔서 해방시켜주시기를 기다렸다. 예수님은 불완전했던 율법을 완전한 율법으로 이루어주시겠다는 약속에 따라 율법의 때에 종(육체)의 형상으로 오셨고 그들을 해방시키셨다(마 5:17; 롬 15:8; 갈 4:4; 히 11:40).

(3) 하나님의 독생자의 모형이 된 아브라함의 독생자

아브라함은 하나님의 모형, 독생자(히 11:17) 이삭은 하나님의 독생자 예수 그리스도의 모형이다. 아브라함이 많이 늙고 이삭이 청년이 되었을 때 하나님께서 아브라함에게 독생자 이삭을 하나님께 번제로 드리라고 명하셨다(창 22:1-18). 하나님께 드려질 이삭(독생자)이 십자가에서 돌아가실 하나님의 어린양의 모형이 되었다.

이삭이 죽지 않고 수양이 대신 죽은 것은 하나님의 어린양이신 예수께서 우리의 대속제물이 되실 것임을 보여준 것이다.

이삭은 아브라함이 아기를 낳지 못하던 사랑하는 아내로부터 노년에 얻은 독생자요 생명보다 더 소중한 아들이었다. 아브라함은 사랑하는 독생자를 모든 죄인들의 죄와 저주를 대신 짊어지워 십자가에서 제물로 주실 하나님 아버지의 마음을 뼈에 사무치도록 경험하였다. 그 독생자를 드리려는 아브라함에게(히 11:17) 하나님은 하나님의 독생자를 비롯해 하나님의 모든 것도 함께 주실 은혜를 보여주셨다.

주 하나님으로서 예수님은 아브라함을 부르실 때 영광의 주 하나님, 전능하신 하나님으로 나타나셨다. 하나님의 독생자 예수 그리스도로는 제사장인 멜기세덱으로 나타났고(창 14:18-20), 모리아산의 수양으로도 나타났다. 이것이 예수께서 아브라함이 '나의 때'를 보고 즐거워했다고 말씀하신 배경이다(요 8:56). 그 산 이름을 'יהוה-이레'라 불렀는데 뜻은 '하나님의 산에서 준비하심' 또는 '하나님께서 친히 예비하심'이다. 바로 예수님이 '하나님이 준비하신 어린양'을 그림자로 보여주셨다.

약속의 땅에 들어간 후 솔로몬이 이 산 위에 하나님의 성전을 세웠고 (대하 3:1), 유대인들은 거기서 하나님을 뵙고 경배를 드렸다. 이는 예수 께서 아브라함과 다윗의 자손으로서 제물로 드려짐과 새롭고 영원한 산 성전으로 세워지셨음을 보여주는 그림자이다(요 2:19-21).

아브라함이 이삭을 번제로 드리려 할 때 이삭이 불에 탄 재 가운데서 라도 부활할 줄로 믿었다(히 11:17-19). 아브라함은 죽은 자를 다시 살 리시는 하나님, 없는 것도 있는 것같이 부르시는 하나님을 믿었다(롬 4:17-22). 하나님께는 그리스도를 비롯해 모든 의인들이 이미 살았기에 그분은 모든 산 자들의 하나님이라 불리신다(눅 20:38).

아버지를 믿는 아들일지라도 순종치 않는 아들은 집안의 탕자이다.

이삭은 아버지의 지시를 받고 번제물로 드려지기 위해 아버지의 뜻에 무조건 순종하여 모리아 산의 나뭇단 위에 올랐다(창 22:6-10). 이삭은 번제에 필요한 만큼의 나뭇단을 지고 산을 오를 만큼 힘센 청년이었고 아버지 아브라함은 노인이었다(창 23:1). 이삭이 결박당할 때 하나님의 뜻에 복종하려는 믿음이 없었다면 언제든지 이삭은 아버지를 밀쳐내고 죽음을 피할 수가 있었다. 이삭의 모습에서 십자가를 지고 갈보리 산을 오르시는 독생자, 하나님의 어린양이 보이고 뒤를 따라 자기 십자가를 지고 성전의 산을 오르는 신약성도들의 모습이 드리워진다.

예수 그리스도께서는 많은 사람들의 대속물로 자신이 드려져야 함을 아셨기에, 땀이 떨어지는 핏방울처럼 될 정도로 세 번이나 간절히 기도 하셨다(눅 22:42-44). 의롭고 거룩하신 예수님의 속사람은 온갖 죄들의 잔을 마시는 것이 아버지의 뜻인 줄 알고 있었고, 그분의 겉사람은 모든 인류의 죄와 저주의 잔을 마시는 것을 원치 않았으나 세 번의 간절한 기도를 통해 속사람이 강해지는 힘을 얻음과 동시에 겉사람의 원함을 하나님과 속사람에게 굴복시킴으로써 십자가를 지셨다(히 5:6-8).

예수님은 아들로서 육신의 원함을 꺾고 아버지의 원하심에 순종하여, 제단에 드려질 제물로 잡히는 어린양같이 대제사장이 보낸 군대의 손에 자신을 맡기셨다(사 53:7). 천사 하나로 앗수르 군대의 지휘관 18만 5천 명을 하룻밤에 죽게 하신 아버지께 72,000명의 천사들을 보내시게 할 수도 있었지만 그렇게 하지 않으셨다(마 26:53).

대제사장은 예수께 죽일 죄가 없음을 알았지만, 간교하게도 예수님을 왕이라 주장한 반역자로 몰아 로마의 최악의 십자가형으로 죽이려 했다. 빌라도도 예수께 죄가 없음을 알고 갈릴리가 헤롯의 관할이라는 핑계로 그에게 예수님을 보냈다. 대제사장들과 장로들이 헤롯에게 처형을 요구했으나 헤롯도 예수님을 조롱만 하고 다시 빌라도에게로 보냈다. 총독 빌라도가 예수님을 방면하려고 애를 썼으나 대제사장과 장로들이 그를 시기하여 죽일 것을 강요했다(눅 23:13-16; 요 18:38).

빌라도는 명절이 되면 총독이 무리의 소원대로 죄수 하나를 특사로 놓아주는 전례를 따라 예수님을 놓아주려고 했다. 그래서 일부러 군중들에게 예수와 바라바 중 누구를 놓아주기를 원하는지 물었다(눅 23:20). 바라바는 민란을 일으키고 살인한 죄수였다. 대제사장들과 장로들이 바라바를 놓아주고 예수를 멸해야 한다고 선동하자 무리들도 다 그 말에 속아 바라바를 놓아주고 예수를 십자가에 못 박으라고 했다.

군중들은 '만일 유대인의 왕이라는 자를 놓아주면 로마인들이 와서 예루살렘과 유대를 멸할 것이므로 한 사람이 여러 사람을 대신해서 죽는 것이 유익'이라는 대제사장들의 거짓말에 넘어갔다(요 11:50). 가장 뛰어난 선지자로 믿고 수많은 기적들을 체험하고 예수님을 왕으로 세우려고 강하게 추진했던 군중들이 로마의 총독 앞에 무기력한 죄수의 모습으로 잡혀 있는 예수님을 버리기로 했다. 독사의 자식들이 된 대제사장들과 서기관들이 예수께서 온 인류의 죄를 위해 대신 죽으실 약속을 왜곡한 것인데 군중들은 전혀 알지 못했다. 이것이 어느 때든 거짓 선지자들의 감언이설에 쉽게 넘어가는 군중들의 실상이요, 자신에게 이로우면 힘을 다해 따라다니다가도 이익이 없다고 여겨질 때에는 헌신짝처럼 버리는 신자들의 처세술이자 죄의 종들의 실상이다.

빌라도가 세 번째로 제안을 하되 단지 소란죄로 엄히 채찍질을 한 후 놓아주려고 했다. 빌라도는 예수님을 데려다가 가장 잔인하게 채찍질을 가하자 예수 그리스도의 온 몸은 뼛조각이 달린 채찍에 의해 찢어지고 터지고 피투성이가 되셨으며, 더구나 머리에는 날카로운 가시로 엮어 만든 관이 억지로 씌워져 선혈이 얼굴을 덮었다(마 27:29). 빌라도가 그 예수님을 무리에게 보이며 그에게 죄가 없고 잘못한 이상으로 벌을 받았으니 이제 놓아주겠다고 했다(요 19:1-11).

빌라도의 말에 대제사장과 무리들은 '자신을 왕이라고 하는 자를 놓아주는 총독은 가이사의 충신이 아니다.' '우리에게는 가이사 외에 왕이 없다.'라고 외치며 폭동을 일으키려고 했다. 빌라도는 폭동이 일어날까 두려워 '그의 피값을 너희들이 다 당하라'고 하며 십자가에 못 박기를 허락했다(눅 23:23-25; 요 19:12-18). 대제사장들, 서기관들, 장로들은 가이사에게 충성을 빙자해 빌라도가 놓아주려 애썼던 하나님의 아들을 십자가에 못을 박아 처형케 했다(요 19:7; 행 3:13).

하나님의 어린양이 대제사장들, 장로들을 포함한 모든 죄인들의 죄와 저주를 대신 짊어지고 손발에 대못이 박혀 십자가에 달리셨다. 예수님은 어린양으로서 우리의 짐을 지시고 치욕과 고통의 십자가에 달려계시는 동안에도 하늘의 대제사장으로서 죄인들을 위해 기도하셨다(사 53:12).

하나님께서 친히 예비하신 수양이 이삭을 대신하여 제물로 드려진 것처럼 바라바는 풀려나고 예수께서 대신 돌아가신 것이며, 신자가 회개로 풀려난 그 자리에 예수께서 대신 들어가심을 보여준다.

예수께서 십자가에 달리실 때 그 좌우편에 각각 다른 죄수들도 함께 십자가에 달렸고, 그 죄수들은 십자가에 달린 고통과 임박한 죽음 앞에서도 함께 예수님을 조롱하고 욕했다(마 27:44; 막 15:32). 지극히 선한 영원하신 대제사장은 그들의 죄를 용서하시고 그들을 용서해 달라고 기도하셨다(눅 23:32-34). 그 기도가 응답되어 함께 저주하던 한 죄수가 십자가상에서 회개하여 예수께로 돌아왔다(눅 23:40-43).

그 십자가 양쪽에 달렸던 두 죄수의 모습에서 모든 인류가 예수님과 함께 십자가에 달려 심판 아래 있음과 예수님의 죽음에 합하여(롬 6:4 헬-'에이스', 안으로) 연합하는 자가 부활에 연합되는 그림을 보게 된다. <그리스도의 사랑이 우리를 강권(强勸)하시는도다 우리가 생각건대 한 사람이 모든 사람을 대신(代身)하여 죽었은즉 모든 사람이 죽은 것이라>(고후 5:14)

그 누구도 예수께서 십자가에 달리셨음을 부인하지 못한다. 그 때에 모든 인류가 함께 달렸다는 것도 분명한 사실이다. 십자가에 달려 있는 잠깐 우리네 일생 중 끝까지 그를 저주할 것인지 아니면 믿고 예수님의 은혜를 구할 것인지 그것에 따라 영원한 미래가 결정된다.

예수께서 오전 9시부터 오후 3시까지 십자가에 달리셔서 죄와 저주로 인해 아버지로부터도 버려지는 쓰디 쓴 잔을 맛보신 후 '아버지여, 내 영(靈)을 아버지 손에 부탁하나이다'라고 기도하신 후 돌아가셨다(눅 23:46). 예수님의 시신은 제자들이 맡아 부자의 무덤에 안장했고, 아들(사람)의 영(spirit. 원문 참고)은 하나님 아버지 손에 맡겨졌다. 사람의 아들(인자)로서 겉사람은 우리를 위한 어린양이 되셨고 하나님의 아들로서 속사람(영)은 우리를 위한 대제사장이 되신 것이다(히 5:5-10).

안식일에 시체를 나무에 달린 채로 두면 땅이 저주를 받기에 저녁이 되기 전에 신속히 장사를 지내야 했다(신 21:23; 수 8:29; 10:26,27; 요 19:31). 죄의 종인 세대, 탐욕과 온갖 우상을 섬기는 음란한 세대에게 예수께서 보이시고자 하셨던 최고의 표적은 십자가에 죽으심보다 '장사되심'이었다(마 12:40; 16:4). 장사지낸 지 삼일 만에 죽음에서 부활하시기 위해 씨로 심겨져야 되고 그것이 장사이기 때문이다(요 12:24).

십자가형은 출혈과 수치와 극심한 고통 중에 서서히 죽게 한다. 예수께서는 십자가형을 받은 일반 죄수들과 달리 빨리 죽으셨기에 빌라도도 이상히 여겼다(막 15:44). 안식일이 되기 전에 장사지내려는 유대인들의 요구대로 군병들이 사망여부를 확인할 때 다른 두 죄수들은 다리를 꺾어 빨리 죽게 했으나 이미 돌아가신 예수님의 뼈는 꺾지 않은 대신 창으로 옆구리를 찔렀다(요 19:31-34). 다리 힘으로 몸을 들어 올려야 가슴을 펴 숨을 쉴 수 있는데 다리를 부러뜨리면 곧 죽게 된다.

예수께서 유월절 양의 실체로서 돌아가실 때 뼈를 꺾지 않을 예언이 성취되었다(출 12:46; 시 34:20). 모든 사람들이 창자국을 보고 죄인들을 대신하여 죽으신 분이 그분임을 알게 될 것이 예언되었다(슥 12:10). 그가 다시 오실 때에 그분을 찌른 자들도 그것을 보게 될 것이다(계 1:7). 그분이 쏟으신 물과 피는 그분이 완전히 죽으셨다는 증표요, 그분이 부어주신 성령은 그분이 다시 사셨고 다른 이들까지 살리시는 분이심을 보여주는 증표가 되었다(요일 5:8).

(4) 그리스도와 교회의 모형이 된 이삭과 리브가

아브라함은 이삭의 신붓감을 가나안 땅이 아닌 자기의 고향으로 가서 친족 중에서 찾게 했다. 만일 여인이 따라오기를 원치 않거든 이삭을 그리로 데리고 가느냐고 물었을 때 아브라함은 그렇게 하지 말라고 명하며 그대로 할 것을 맹세케 했다(창 24:1-9).

이삭의 신부는 예수 그리스도의 신부의 모형이다. 주 하나님은 신부로 반드시 진리의 하나님을 믿는 구별된 백성 가운데서 얻기를 원하신다. 아브라함은 할아버지 나홀이 믿었던 같은 그 하나님을 믿었다.

<아브라함의 하나님, 나홀의 하나님, 그들의 조상의 하나님은 우리 사이에 판단하옵소서 하매 야곱이 그 아비 이삭의 경외하는 이를 가리켜 맹세하고>(창 31:53)

갈대아 우르는 니므롯, 세미라미스, 담무스가 동등한 신들로 숭배를 받던 곳이었다. 아들과 함께 하란에 이른 아브람의 아버지 데라도 결국 우상숭배에 빠졌다(수 24:2). 본토(고향)를 떠나온 아브람은 이삭을 그리로 데려가지 못하게 막았다. 이삭이 아브라함과 증조부 나홀의 하나님, 그 조상 셈의 하나님을 섬기려면 우상숭배자들의 땅으로 되돌아가면 안 되었다. 아브라함이 보낸 늙은 종은 아브라함의 모든 소유를 맡아서 관리하는 청지기 엘리에셀이었다(창 15:2). 침례 요한이 자신을 신랑의 친구라고 소개했듯이 예수님의 모든 일꾼들은 신랑을 소개하는 친구들과 같다. 하나님의 종들은 다 유일한 남편인 예수님과 친구가 되어야 하고, 그 친구를 위하여 목숨을 버리면 그보다 큰 사랑이 없다(요 3:22-29; 15:13-15; 고후 11:2). 침례 요한뿐만 아니라 새언약을 따라 제 아무리 뛰어난 사역자들일지라도 그들은 결코 신랑이 아니다. 모든 사역자들은 예수님을 모시고 가는 나귀와 같고 왕이 아니라는 말이다.

하나님께서 엘리에셀의 기도를 들으시고 신붓감을 순조롭게 만나게 해주셨다(창 24:10-15). 엘리에셀은 '내가 물을 달라 할 때 내게 뿐만 아니라 약대에게도 양껏 마시게 하겠다.'고 말하는 소녀이면 그녀를 이삭의 신붓감으로 택하겠다고 마음에 정하고 묵도했는데 하나님께서 그대로 이루어주셨다(창 24:16-20).

약대(낙타)는 한 번에 75~130ℓ의 물을 마시는데 10분 정도의 시간이 걸린다고 한다. 다른 동물들은 이같이 짧은 시간에 이만큼 물을 마시면 체내에 심각한 삼투압 문제를 일으켜 죽을 수도 있지만 하나님께서 뜨거운 사막 환경에 적응하게 만드신 낙타는 체내구조의 특이성 때문에 별다른 문제가 없다고 한다. 자신의 양떼들의 마실 물을 기르는 것만도 힘든 일인데 이삭의 아내가 될 리브가가 낙타 10필이 양껏 마시도록 200ℓ의 드럼통 5개를 채울 만큼의 물을 더 길렀다는 말이다.

이 지역은 물을 구하기가 워낙 힘들어서 우물을 파서 후손들에게 물려주는 것이 큰 유산이었다(삿 1:14,15). 두레박으로 퍼 올리는 우물도 있지만 광야의 우물은 나선형 계단을 깊이 내려가서 길러야 하는 것이 대부분이었다. 리브가도 나선형으로 판 깊은 우물로 내려가서 물동이에 물을 담아 올려 물통에 붓는 어려운 일을 했을 것이다. 리브가는 나그네와 나귀를 사랑하는 헌신적인 마음을 가진 처녀였다.

요한복음 4장에는 이삭의 실체가 되시는 예수께서 사마리아 여인을 우물가에서 만나신 사건과 대화가 기록되어 있다. 포도원에 먼저 종들을 보내셨던 그분께서 말세에 친히 '물 좀 달라' 하시며 신부를 찾아오셨다(요 4:6-15). 예수께서 여인에게 물을 달라 하신 이유는 그녀의 눈물과 땀과 수고를 멈추게 하시기 위해 먼 길에 친히 목마르셨고, 영생할 수 있는 생수를 주시기 위함이셨다. 리브가가 길렀던 우물처럼, 예수께서 사마리아 여인을 만난 우물도 깊었다. 신부 된 교회의 영원한 신랑인 예수께서 주시는 샘물은 영혼의 깊은 데서 흘러나오는 영생수이다.

생수를 달라는 여인에게 예수께서 '네 남편을 데려오라'고 말하셨다. 여인은 그 의도를 알지 못했을지라도 예수님은 결코 의미없는 언행을 하시지 않는다. 예수님은 유대인들에 이어 사마리아인, 이방인에 이르기까지 모두에게 성령의 생수를 주시고, 그들을 한 새사람으로 연합해 자신의 신부로 삼으신다. 그녀에게 이전에 다섯 남편이 있었고 현재 함께 살고 있는 남편도 참 남편이 아니었다. 예수께서 우물가에서 만나셨던 이 여인은 우리 모두의 영적상태를 가장 잘 대변해 준다. 악하고 음란한 세대는 죄악 중에 탐심을 좇아 자신이 의지할 신들 즉 거짓된 남편들을 찾으나 어디서도 참 만족을 얻지 못한다.

아담 이후 지난 6천년 동안 자신이 세상에서 얻고자 원했던 것을 다 얻은 사람이 있다고 할지라도 여전히 영혼의 극심한 목마름을 해결할 수 없다. 그것은 마치 일 주일에 하루를 초라하게 안식하는 것과 같다. 목마른 영혼이 마시고 또 마시고 한 평생 마셔왔지만, 야곱의 우물처럼 반복되는 목마름을 해결할 수 없어서 모든 영혼들은 진정한 만족을 찾아 방황했다. 일곱 번째 남편인 예수님을 가슴 속 깊이 만나 성령침례로 연합해야만 그 영이 영원토록 목마르지 않을 수 있다.

남편에 대한 대화는 여인에 의해 참된 예배에 대한 주제로 옮겨갔다. 그녀는 성경을 잘 알고 있었고, 예수님께서 자신을 예언된 그분이라고 하시자 믿고 곧바로 물동이를 그대로 버려둔 채 마을로 들어가 사람들에게 메시야를 만났다고 전하였다. 다섯 번씩이나 이혼당하고 버림받았던 여인이 참되고 영원한 남편을 만나고, 자신을 냉대하던 사람들에게 예수님을 믿고 예배하게 한 이 여인은 리브가를 그대로 닮았다.

하나님께서 하늘에 속한 자들의 영이 하나님과 연합하여 하나님의 신부가 되는 신령한 결혼을 영원 전부터 예정하셨다. 구원받은 자들의 영원한 신랑이신(요 1:11; 고후 11:2; 엡 5:32) 예수께서 행하신 처음 표적은 혼인잔치에서 물을 포도주로 바꾸는 기적이었다(요 2:11). 예수께서 초대를 받아 가셨던 혼인잔치에 포도음료가 떨어졌을 때 예수께서 아직 자신의 때가 이르지 않았다고 하시며 하인들에게 물을 떠다가 여섯 돌항아리에 아귀까지 채우라고 하셨다(요 2:7). 말씀대로 채우자 예수께서 하인에게 물을 떠다가 연회장에게 주라고 말씀하셨다(요 2:8). 연회장이 맛볼 때 물은 놀랄 만큼 귀한 포도주로 변해있었다. 연회장이 신랑을 일부러 불러 나중 내놓은 포도주가 처음 포도주보다 낫다고 칭찬하였다. 처음 포도주는 황소와 염소의 피로 세우신 구약을 상징한다(히 9:18,20; 10:4). 옛포도주는 아브람과 하갈의 언약과 같고 새포도주는 아브라함과 사라의 언약과 같다(갈 4:26). 하나님은 다윗의 자손의 피로 맺으실 새로운 언약, 값없이 얻을 젖과 포도주의 언약을 약속하셨다(사 55:1-13). 새언약의 죄사함은 다윗의 자손으로서 예수님의 보혈로 세우신 것이다(마 26:28; 막 14:24; 눅 22:20; 고전 11:25; 히 10:29; 12:24; 13:20). 이 진리의 포도주와 생수는 은혜로 영원한 죄사함과 거듭남을 준다.

예수께서 행하신 첫 번째 이 표적은 신부된 교회가 옛사람을 부인하고 날마다 죽는 순종을 질그릇 안에 가득 채우는 참된 믿음의 그림을 보여준다. 장차 예수께서 영원한 신랑으로 오실 때까지 의인들이 자신의 목숨까지 부인하고 옛사람의 죽음으로 온전히 채울 때 예수님은 영원한 영광의 형상으로 변케 하신다. 이삭의 신붓감으로 처음 꼽은 자격은 약대까지 양껏 마시도록 물 기르기를 자발적으로 하는 것이었다. 신랑이 되신 예수께서 다시 오실 때까지 배에서 솟아나도록 하신 생수의 물을 인내로써 퍼서 거반 죽어가는 영혼들에게 나누는 사람만이 그분을 영원한 남편으로 맞이할 수 있다(눅 10:25-37).

예수께서 행하신 두 번째의 표적은 가나에서 왕의 신하의 아들을, 다 죽어가던 차에 고치신 것이다(요 4:46-54). 누구든지 아담 안에서 태어날 때 속사람이 죽었고, 하루 안에 겉사람도 사망에 이르며 결국 둘째 사망에 던져질 상태에 있다. 성령의 생명의 법은 신자들의 속사람을 살리고 예수께서 다시 오실 때 겉사람까지 완전히 살리시는 것이다.

그분이 물을 포도주로 바꾸신 것처럼 질그릇 속에 죽어있던 사람의 영(속사람)에게 생수로 부활과 거듭남을 주시고, 그분이 다시 오실 때에 그의 죽을 몸도 그분의 부활하신 영화롭고 신령한 몸처럼 다시 살리실 것임을 보여주신 아름답고 황홀한 그림이 되었다.

'리브가'란 이름의 의미는 '어린 짐승을 묶기 위한 고리로 된 끈'으로, '묶음'이라는 뜻을 가졌다. 아랍어에도 '라보카'란 단어도 역시 '단단히 묶음'이란 뜻을 가졌다. 교회는 성령침례를 받아 머리가 되신 그리스도의 몸에 하나로 묶여진 양떼들의 모임이다(고전 12:13). 교회는 형제사랑이라는 띠로 단단히 묶인 공동체이다(골 3:14).

이삭이 살던 땅에 흉년이 들었을 때 그도 그랄에 내려갔는데 아버지 아브라함처럼 거기서 아내 리브가를 사람들에게 자기 누이라고 말했다(창 26:1-11). 아브라함이나 이삭의 때에 베두인들은 남편을 가만히 죽이고 그의 아내를 탈취하는 죄악을 저질렀다. 아브라함과 이삭이 자기들의 목숨 보존을 위해 누이(히-'아호트')라고 말한 사실은 또 다른 중요한 이유가 있는데 흔히들 간과하고 있다.

바로나 아비멜렉 같은 세상 임금들과 백성들이 볼 때에 이 여인들은 특별히 아름답게 보였다. 젊은 처녀도 아닌 여인들이 그들의 눈에 그처럼 아름답게 보인 것은 이면의 음모가 있기 때문이다. 그리스도와 약혼한 신부들은 세상신이 볼 때 너무나 뺏고 싶은 대상이어서 그 신부들을 취하려고 남편까지 가만히 죽이는 일을 한다. 세상에도 이같이 사악한 욕구에 붙잡힌 자들이 늘 있어왔기에 하나님은 십계명의 제6계명에 살인하지 말라, 제7계명에 간음하지 말라, 8계명에 거짓 증거하지 말라, 제9계명에 도적질하지 말라, 제10계명에 남의 아내나 소유를 탐내지 말라고 하심으로써 언제든지 영적세계의 실상대로 보이신 계명을 주셨다. 1~4계명은 영적인 남편과 신부의 계명이고, 남의 아내를 가로채는 자는 6계명부터 10계명까지를 범하는 죄인임을 보여주신 것이다.

세상의 관습을 좇아 세상과 연애하고 즐기는 것은 세상 신과 임금인 마귀의 소유가 되며 영적 간음죄에 빠진 음란한 여인(악하고 음란한 세대)이 되는 것이라고 경고하셨다(약 4:4,5).

리브가는 아브라함의 동생 나홀이 낳은 브두엘의 딸이다. '누이'라고 번역한 히브리어 '아호트'는 '같은 족속의 여인'(민 25:18), 은유적으로 '친한 자'(잠 7:4), 사랑하는 '신부'(아 4:9), '동맹자'(렘 3:7; 겔 16:46)를 지칭할 때 사용되었다. 히브리인들은 관습적으로 동족남성을 '형제'(아들), 동족여성을 '누이'(딸)라 부른다.

하나님과 교회의 사랑을 세상에서 가장 아름다운 부부사랑에 그대로 채색하여 보여주신 성경이 '아가서'인데 히브리어 원래 제목은 '노래들 중에 노래'(쉬르 하쉬림)이다. 한글개역성경에서 '신부'라는 단어를 검색하면 가장 먼저 나오는 성경이 '아가서'이다. 아가서는 진한 애정묘사로 인해 정경에 포함시켜야 하느냐 제외시켜야 하느냐는 논란도 있었다. 이 아가서에는 솔로몬의 사랑하는 자를 신부, 잠근 동산, 덮은 우물, 봉한 샘 등으로 묘사하고 있다. 그중에서도 특이한 점은 끔찍이 사랑하는 여인을 가리켜 '누이'(아호트)로 부른다는 것이다(아 4:9,10,12; 5:1,2; 8:8). 솔로몬이 실제 자기 누이를 신부로 삼아 사랑한 것은 아니고 단지 깊은 친밀함과 애정을 보이는 용어이다. 실제로 누이가 아닌데도 누이로 부르는 관습은 깊은 친밀함과 형제의 사랑을 갖고 대한다는 말이다.

솔로몬은 다윗의 아들로서 새예루살렘성의 왕이신 예수 그리스도의 모형적인 모습을 그의 이름과 부귀영화 등으로 보여준다. 그는 수많은 아내들을 취하였기에 실패했지만 예수께서 아담 이후 수많은 거듭난 자들로 한 신부를 이루실 뜻을 하나의 모형으로 보여준다.

'누이'는 한 어머니로부터 태어나 어렸을 때부터 사랑하고 돌보며 그 자라나는 모습을 볼 때마다 행복했던, 그 무엇보다도 한 엄마에게서 난 형제애를 갖는다. 예수께서 자기의 형제, 누이들이 와서 찾고 있을 때 '누구든지 하늘에 계신 내 아버지의 뜻대로 행하는 그 사람이 내 모친이며 내 형제요 내 누이'라고 말씀하셨다(마 12:46-50; 막 3:31-35).

3. 야곱(이스라엘)이 보여준 복음의 그림자

(1) 먼저 난 자와 나중에 난 자

이삭은 어머니 사라가 죽은 후 슬픔을 겪다가 40세에 리브가와 결혼했고 60세에 쌍둥이를 낳았다(창 25:20-26). 아브라함과 사라의 아들인 이삭의 출생도 기적이었지만, 이삭의 두 아들도 기도를 통해 특별하게 태어났다. 육신적인 아들은 쉽게 태어나지만 진리의 신령한 아들은 영적 산고를 겪음으로 태어남을 보여준다.

하나님께서 이삭에게 미리 '큰 자가 어린 자를 섬기리라'고 알리셨다. <יהוה께서 그에게 이르시되 두 국민이 네 태중에 있구나 두 민족이 네 복중에서부터 나누이리라 이 족속이 저 족속보다 강하겠고 <u>큰 자는 어린 자를 섬기리라</u> 하셨더라>(창 25:23)

태속에서부터 강하여 먼저 태어난 자는 전신이 가죽옷 같은 튼튼하고 붉은 피부를 가졌기에 '에서'라고 불렸다. 동생으로 태어난 자는 장자로 태어나려고 손으로 형의 발꿈치를 잡았기에 '야곱'이라 불렸다. 에서는 육체적으로 강한 사냥꾼이 되었고 야곱은 종용한(히-'탐'=완전한, 완벽한) 사람으로 장막에 거하였다. 에서는 자신의 육체적 힘을 믿고 살았고 야곱은 하나님과 그분의 복을 사모하는 자로 살았다.

어느 날 에서가 몹시 허기가 져서 사냥에서 돌아왔을 때 마침 야곱은 팥죽을 끓이고 있었다. 형이 팥죽을 달라고 하자 야곱은 형의 장자권을 팥죽을 받고 팔라고 요구했다. 배고픔보다 장자권을 가볍게 여긴 에서는 야곱의 요구대로 맹세를 하며 장자권을 팔아 붉은 팥죽을 먹었고 이로 인해 별명을 '에돔'이라 불리게 되었다(창 25:29-34). 에서가 헷 족속들 중에서 아내 둘을 취하였기에 그 이방 며느리 둘이 이삭과 리브가에게 근심거리가 되었다(창 26:34,35).

야곱은 에서가 죽이려는 위협을 느꼈기에 77세에 외가로 피신했다. 완전히 선하시고 전지전능하신 하나님은 그분의 때와 목적을 따라 아벨, 에녹, 노아, 아브라함, 이삭, 야곱을 쓰신 것처럼 누군가를 어느 때 하나님의 뜻대로 쓰실 권한이 있으시고 목적대로 쓰신다. 하나님의 계획을 보이시려고 특정인을 모형으로 쓰실 뿐이며, 영원 전부터 영생을 얻을 자와 영벌을 얻을 자를 예정하신 것은 결코 아니다. 다만 에서와 야곱의 성향과 생애를 통해 하나님께서 복음의 그림자를 보이신 것이다. 공의로 우시고 미쁘시고 사랑과 인자가 무한하신 하나님은 모든 사람이 진리를 알고 구원을 얻기를 원하신다(딤전 1:15; 2:4-6; 딛 2:11).

하나님은 야곱을 사랑하셨고 에돔을 미워하셨으며, 야곱의 후손들도 사랑하셨음을 사울 왕으로부터 솔로몬 왕에 이르기까지 에돔을 정복케 하셨던 역사로 친히 증명하셨다(말 1:2-3).

<10 이뿐 아니라 또한 리브가(히-리브카)가 우리 조상 이삭 한 사람으로 말미암아 잉태하였는데 11 그 자식들이 아직 나지도 아니하고 무슨 선이나 악을 행하지 아니한 때에 택하심을 따라 되는 <u>하나님의 뜻이 행위로 말미암지 않고 오직 부르시는 이에게로 말미암아 서게 하려 하사</u> 12 리브가에게 이르시되 큰 자가 어린 자를 섬기리라 하셨나니 13 기록된 바 내가 야곱은 사랑하고 에서는 미워하였다 하심과 같으니라>(롬 9장)

이삭은 진리의 복음으로 거듭난 아들의 모형이다. 이삭에게서 태어난 쌍둥이인 두 아들은 거듭난 사람에게 먼저 태어난 겉사람(에서)과 나중에 난 속사람(야곱)이 있음을 보여주며, 겉사람이 속사람에게 복종해야 영원한 승리를 얻게 된다는 영적원리를 가르친다.

물과 성령으로 거듭날 때 성도의 속사람(영)이 거듭나 새사람이 된다. 사람의 아들의 신분에서 하나님의 아들이 된 속사람은 나중에 태어난 야곱과 같음을 비유로 가르치셨다. 겉사람은 아직 새사람이 아닌 여전히 옛사람이고 사람의 아들의 신분이며 먼저 난 에서와 같다.

야곱에 비유된 속사람은 나중 난(거듭난) 자로서 하나님의 장막(장막 성전/육체) 안에서 어머니(교회)의 말을 잘 따르는 자로 살며 장차 이스라엘로 변하여 하나님의 후사가 된다. 겉사람(옛사람)은 육신대로 생각하고 행동함으로써 세상적으로 살아가다 결국 흙(아담/에돔/붉음/적신)으로 돌아간다. 하나님은 거듭난 아들, 새사람을 상징하는 야곱을 사랑하시고, 죄의 종이 되어 흙으로 돌려보낼 겉사람을 미워하시기에 에서의 하나님이 아니라 '야곱의 하나님'이시라고 증거하신다.

하나님은 만유의 머리이시고, 그 머리에 순종하는 것이 모든 인생의 목적이 되어야 한다. 야곱이 뱃속에서부터 장자권을 사모하는 것은 하나님을 머리로 사모한 것이다. 하나님은 그 목적을 이룰 수단도 하나님의 의를 따를 것을 원하신다. 야곱은 하나님의 의로운(오른) 손을 따르지 않고 자신의 꾀(악인의 꾀)를 쫓는 길에서 방황해야 했다.

하나님은 형의 위협을 피해 외삼촌 라반(리브가의 오라비)의 집으로 피신한 야곱을 야곱보다 더 간교한 라반을 통하여 변화시키고자 하셨다. 누지문서에 아버지가 딸의 혼사를 딸들의 의사와 상관없이 실행할 수 있고, 그때에는 여종도 함께 주는 기록이 있다. 라반은 딸들의 의사를 무시하고 야곱과 맺은 약속도 무시한 채 야곱에게 14년 동안 머슴살이를 요구했다(창 29:26,27). 야곱은 외삼촌에게 계속 속고 당하기만 했다. 야곱이 아내 4명에 아들 11명, 딸 1명의 대가족을 이룬 후 자기의 가정을 세우기 위해 믿음의 법칙을 따라 새로운 도전을 하게 된다. 야곱은 외삼촌 라반에게 양떼 중에서 아롱진 것, 검은 것은 자신의 품삯이 되게 해달라고 제안했다(창 30:32,33). 여전히 야곱을 속일 생각을 한 라반은 쾌히 응낙하고 아롱진 것과 점 있는 것을 야곱의 양떼들 중에서 사흘길이나 멀리 떼어놓으므로 야곱의 삶이 나오지 못하게 막았다.

믿음은 바라는 것들의 실상이라는 말은 현재 보이는 것은 허상이고 실제로는 믿는 대로 존재케 된다는 뜻이다.

야곱이 자기보다 더 간교한 라반을 이긴 비결은 믿음의 법(法)이었다. 세상에 속한 사람은 보이는 것을 믿지만 신자(信者)는 믿는 것을 본다. 하나님은 보이지 않는 분이시며, 그분이 주실 약속도 장래에 이루실 것이므로 소망(所望)으로 주시는 것이다. 천지가 어떻게 생겼는지를 보았거나 깨달았기에 믿는 게 아니라 지으신 하나님께서 증언하신 말씀을 믿음으로 진실을 아는 것이다. 하나님은 그분(야훼=계시는 자)이 어떤 상황에서도 계시는 것과 그분을 찾는 자에게 상 주시는 이심을 믿을 때 기뻐하시며 상 주신다(창 15:1; 히 11:6). 믿는 자의 그 소망은 하나님의 때를 따라 성취되고, 하나님과 영원히 하나로 연합됨으로 완성된다.

야곱은 세 가지 푸른 나뭇가지를 취한 후 껍질을 벗겨 무늬를 내고 건강한 양들이 와서 마시는 물구유에 세워 양들이 보게 하였고, 새끼를 배게 할 때도 건강한 양들에게 이것들을 보게 하였다. 양들이 얼룩얼룩한 것, 아롱진 새끼들을 낳았고 이렇게 얻은 자기의 양떼를 라반의 양떼와 따로 두었다. 하나님께서 주신 믿고 보게 하는 믿음의 법으로 야곱의 양떼가 심히 많아졌다(창 30:37-43).

하나님께서 믿음의 법칙을 이미 믿음의 조상 아브람에게 가르치셨다(창 13:14-17). 하나님은 하늘의 선민으로서 아브라함의 신령한 후손이 될 자들에 대해서도 여전히 믿음의 눈으로 바라보는 법칙을 가르치셨다(창 15:4-7). 이삭도 흉년이 들었을 때에 그랄에 거했는데 애굽으로 내려가지 말고 그 땅에 거하라는 하나님의 말씀을 듣고 믿음으로 거기에 거했다(창 26:1-16). 하나님께서 이삭의 순종을 보시고 그 해의 농사에 100배를 상(賞)으로 얻게 하셨다(마 13:8).

야곱은 자신이 전적으로 하나님을 의지하며 믿음으로 양떼를 쳤을 때 하나님께서 전능하신 손을 얹으심으로써 자기보다 간교한 라반에게서 자신의 삶을 챙길 수 있었다고 고백했다(창 31:10-12). 야곱은 외삼촌의 집에서 양을 치던 20년 동안 품삯을 10번이나 속았다(창 31:7,41). 10이라는 숫자는 '일반적인 것'을 의미하는 상징수인데 10처녀라고 할 때도 마찬가지이다(민 14:22; 느 4:12; 욥 19:3). 외삼촌이 조카를 상습적으로 속였다는 의미이며, 라반은 오직 자기 이익을 위해 그 딸들마저 종처럼 자기 조카에게 팔아먹었다(창 31:15).

하나님의 존함을 불러 기도하는 방법이 하나님의 오른손을 의지하는 방법이다. 목적이 머리되신 하나님을 따를 뿐만 아니라 그 방법도 하나님의 오른손을 의지하는 것이어야 한다. 야곱이 많은 재산과 아내들과 자녀들을 데리고 야반도주하여 아버지 집으로 돌아올 때 하나님께서

에서의 군대보다 많고 강한 하늘군대가 그와 함께 하심을 보이셨다. 야곱은 '마하나임'이라고만 부르고 무심히 지나쳤다(창 32:2). 형이 자신을 죽이기 위해 400명의 사병을 이끌고 온다는 소식을 야곱이 들었다. 야곱은 이전처럼 자신의 인간적인 꾀를 좇으려다 포기하고 하나님의 얼굴을 구하였다. 밤이 맞도록, 환도뼈가 위골되기까지 하나님의 얼굴을 간절히 찾았던 야곱에게 하나님께서 '이스라엘'이라는 이름을 주셨고, 야곱을 죽이려고 왔던 에서의 점령군이 야곱의 수비대로 바꾸어주셨다(창 32:28). 이는 거듭날 때 영이 새사람이 되었지만 여전히 혼의 꾀를 따라 속이며 살다가 겉사람이 완전히 속사람에게 굴복될 때 의(義)의 병기로 쓰이는 성도의 삶을 보여준 그림자이다. 하나님은 '야곱의 하나님'이시지만 하나님 자신의 후사로 세우실 때는 '야곱의 하나님'으로 만족하지 않으시고 '이스라엘의 하나님'이라 불리시길 원하신다.

바울은 사도가 된 후에도 자신의 육신 속에 선한 것이 없을 뿐만 아니라 자기 육신 안에 죄가 살아있다고 고백하였다(롬 7:17-20). 죄사함을 받은 의인이요, 거듭난 성도요, 특별히 택함받은 사도인 바울이 자기 안에 죄가 있다고 고백한 사실은 놀라운 일이다. 사도 바울은 자기 육체(겉사람/옛사람) 안에 있는 죄로 인하여 오는 곤고함과 사망의 몸에서 '누가 나를 구원해 줄까'라고 탄식했다(롬 7:24). 사도 바울은 새사람인 속사람과 여전히 옛사람인 겉사람이 공존하고 있다는 사실을 상기했다. 바울은 그 고통에서 벗어나는 법을 깨달았는데 육신의 원함을 따라 죄의 법을 따르지 말고 육신의 생각과 원함을 죽이고 영의 원함과 생각을 따라 성령의 법으로 하나님의 영을 따라야 한다고 했다(롬 7:25). 하나님의 얼굴(머리)을 구하고 하나님의 오른손의 다루심을 받을 때 옛사람인 겉사람은 하나님께 드리는 제물이 되고, 적진을 가루로 만드는 기드온의 떡덩이가 되며, 의의 병기가 되고, 죄악의 포로를 하늘의 군대로 바꾸는 기회가 된다는 사실을 깨달은 것이다.

바울은 이어진 로마서 8장에서 거듭난 성도들은 정죄의 법에서 해방되어 성령의 생명의 법 안에 들어간 자들이라고 했다(1,2절). 하나님께서 그리스도를 믿는 자들에게 육신을 좇지 않고 영을 따름으로써 율법의 요구인 사망을 지불하고 청산하게 하셨다(3-8). 누구든지 성령침례를 받으면 하나님과 그리스도의 영이 그의 안에 거하시고 그는 그리스도의 사람이 된다고 했다(9절). 물과 성령으로 거듭난 자의 몸은 회개할 때 죽었고 물침례를 받을 때 그리스도 안에 장사로 심어놓은 것이며 영은 하나님의 의(義)를 인하여 다시 살았고 거듭난 것이다(10절).

하나님은 끝까지 하나님의 영을 따른 자의 죽은 몸도 살리신다(11절). 거듭난 성도가 땅에서 육체 안에서 사는 것은 장사지내버린 몸을 빌려 의의 병기로 사용하는 삶이다(12절). 거듭난 성도는 육신대로 살지 않고 영으로써 육신을 죽여야 영원히 살게 될 것이다.

<13 너희가 육신대로 살면 반드시 죽을 것이로되 영으로써 몸의 행실을 죽이면 살리니 14 무릇 하나님의 영으로 인도함을 받는 그들은 곧 하나님의 아들이라>(롬 8장)

거듭난 성도가 하나님의 오른손을 의지하여 믿음으로 기도하지 않으면 겉사람이 더욱 강하여져서 속사람을 죽이는 결과에 이른다. 겉사람의 생각은 어려서부터 길들여졌기에 제물이 되기 전에는 새로 태어난 속사람에게 굴복하지 않는다. 육신의 생각대로 사는 사람은 하나님의 말씀에 순종하지 못할 뿐만 아니라 오히려 하나님을 대적한다. 하나님을 대적하고 진리의 길에서 떠나는 자는 결국 사단 마귀에게로 돌아가게 된다. 생명의 성령의 법을 좇아 겉사람의 생각이 죽고 힘을 잃을 때 전적으로 하나님만을 의지하는 이스라엘로 변한다.

거듭난 성도가 영의 생각을 따르면 이미 죄와 사망을 이기고 부활을 한 영이기에 절대로 죄와 사망에게 지지 않는다. 거듭난 영을 따라 사는 사람은 절대로 죄를 짓지 않으며 또한 지을 수도 없다.

<8 죄를 짓는 자는 마귀에게 속하나니 마귀는 처음부터 범죄함이니라 하나님의 아들이 나타나신 것은 마귀의 일을 멸하려 하심이니라 9 하나님께로서 난 자마다 죄를 짓지 아니하나니 이는 하나님의 씨가 그의 속에 거함이요 저도 범죄치 못하는 것은 하나님께로서 났음이라>(요일 3장)

하나님으로부터 태어난 자마다 죄를 짓지 않을 뿐만 아니라 지을 수도 없다고 했다. 거듭난 성도들 중 누군가 죄를 짓는다면 그것은 그의 겉사람(옛사람)이 실패한 것이지 속사람(새사람)이 실패한 것이 아니다. 죄를 짓는다는 것은 사단 마귀에게 속하여 죄에게 패배하였다는 것인데 죄와 사망을 이기고 부활한 속사람은 죄에게 질 수 없다.

하나님은 전능하신 분이지만 거짓말은 하실 수가 없다. 거짓말을 함은 죄에게 지는 것이기 때문에 전능하신 하나님께는 있을 수 없는 일이다. 속사람은 죄와 사망을 이기고 그리스도의 한 새사람(몸)의 지체가 되어 만유 위에 세워진 자이다. 하나님은 그리스도 안에 있는 자를 악한 마귀가 손도 대지 못하도록 완벽하게 지키신다. 그럴지라도 겉사람은 길들여진 습관을 따라 범죄하길 원한다. 따라서 거듭난 자일지라도 육체대로 살면 사단에게 이용당하고 죄에게 패할 수밖에 없다.

(2) 이삭과 리브가의 두 아들

이삭은 장남이자 힘있는 에서를 더 사랑하고 리브가는 곱상한 야곱을 사랑했다(창 25:28). 하나님은 에서를 미워하시고 야곱을 사랑하셨으나 인간적인 부정(父情)은 그 반대였다. 육체의 아버지는 혈육적 장자에게 시선을 두나 하늘 아버지는 거듭난 자에게 마음을 두신다.

이삭의 눈이 어두워졌고 건강상태도 좋지 않아 죽기 전에 관습대로 장자에게 축복을 하려고 하자 이를 리브가가 알았고, 리브가는 에서가 사냥을 나간 사이 그 축복을 야곱이 받아야 하므로 이삭을 속이기로 하고, 이 일로 인해 야곱에게 저주가 있다면 자신이 대신 받겠다고 야곱을 설득했다. 리브가는 에서(장자)의 옷을 취하여 야곱(차자)에게 입히고 잡은 염소 새끼의 가죽으로 야곱의 목과 손등에 분장했다. 리브가는 집의 염소새끼를 잡아 별미를 만들었다(창 27:1-17).

야곱은 어머니가 시키는 대로 다 갖추고 아버지 앞에 나아갔다(창 27:18-40). 이삭이 누구냐고 묻자 '아버지의 장자인 에서'라고 야곱이 대답했다. 어떻게 이같이 신속하게 사냥감을 잡았느냐고 묻자 아버지의 하나님께서 순적하게 사냥감을 잡게 해주셨다고 대답했다.

이삭은 야곱을 만져보고 털이 있는 것을 확인한 후에 맏아들이라고 믿었다(창 27:23). 또한 야곱을 가까이 불러 그 옷에서 맏아들의 체취를 맡고 맏아들로 확신한 후 야곱에게 마음껏 축복하였다. 그에게 형제들의 주가 되고 다른 자식들이 그에게 굴복하도록 축복하고 그를 축복하는 자는 복을 받으나 그를 저주하는 자는 저주를 받으라고 했다.

야곱이 축복을 받은 후 자리에서 떠나자 에서가 별미를 만들어 이삭 앞에 왔다. 이삭은 이전에 에서가 야곱에게 장자권을 죽 한 그릇에 팔았던 사실을 몰랐고, 또 자신이 차자에게 축복한 것을 알고 매우 놀랐다. 하나님의 존함으로 빈 축복은 이삭도 바꿀 수가 없었다. 에서는 장자의 명분을 빼앗겼다고 했지만 사실은 자신이 장자의 명분을 야곱에게 죽 한 그릇에 팔아먹은 것이었다. 에서는 눈물을 흘리며 후회하고 축복을 간구했으나 돌이킬 수 없었다(히 12:16,17).

아브라함과 사라는 하나님과 교회의 모형이다. 이삭은 그리스도의 모형이며 리브가는 지상교회의 모형이며, 야곱은 거듭난 자의 모형이다. 하나님은 약한 인간들의 실수를 역설적으로 은혜를 보이시는 그림자로 만드셨다. 사라는 남편을 주(主)로 여기고 모든 일에 복종하는 모습을 보였다. 리브가는 남편보다 자식 곧 하나님의 아들에 대한 희생적인 사랑을 보여준다. 이는 엘리야와 엘리사의 사역이 보여주는 차이와 같다. 리브가는 신자를 위해 저주를 대신 감당하는 어머니(교회)를 보여준다. 죄인을 대신해 죽고 가죽옷으로 입혀줄 어린양은 높은 산이나 바다 건너 먼 곳에 숨어 있는 것을 목숨 걸고 찾을 게 아니라 대신 저주받은 교회(몸) 안에 있음을 보이셨다. 예수께서 교회(어머니/하나님의 집)의 머리로서 아담과 야곱과 우리의 모든 죄와 저주를 대신 짊어지셨다. 주 예수님은 구속을 위해 하나님께서 미리 준비하신 어린양이시다. 이삭이 드려졌던 모리아산, 다윗이 제사를 드렸던 그 장소에 솔로몬이 성전을 세웠다. 그곳은 아브라함과 다윗의 자손이신 신령한 어린양께서 영원한 제물과 성전으로 세워진 곳이 되었다(대하 3:1; 요 2:19-21).

하나님은 구약의 많은 제사들과 제물을 기뻐하시지 않으셨다(시 40:6; 히 10:8). 하나님께서 특별히 받으시는 별미는 하나님이 준비하신 어린양이다. 밖에서 제물을 사람의 손으로 잡는 것이 아니라 하나님께서 신령한 산에 세우신 성전(교회) 안에 준비하셨다(사 2:2,3).

누구든지 어린양을 믿고 회개하여 침례를 받으면 어린양의 가죽옷을 입으며, 하나님은 그를 도살당한 어린양처럼 보신다. 사랑은 눈을 멀게 하고 이삭이 야곱의 허물을 보지 못한다. 하나님은 어린양의 가죽옷을 입고, 어린양으로 만든 별미로 아버지를 찾는 죄인을 영접하신다.

<יהוה는 야곱의 허물을 보지 아니하시며 이스라엘의 패역을 보지 아니하시는도다 יהוה 그의 하나님이 그와 함께 계시니 왕을 부르는 소리가 그 중에 있도다>(민 23:21)

누구든지 자신의 죄를 깨닫고 하나님의 은혜와 진리를 믿고 진실하게 회개할 때 그리스도와 합하여 죽는다. 왕이시자 심판자이신 주 하나님은 어린양을 통하여 그를 보신다(갈 2:20). 하나님은 어린양으로 옷 입고 나오는 자들의 허물을 보지 않으시고 대신 저주를 받은 어린양의 의를 통해 그를 받으신다(갈 3:13). 야곱이 형의 옷을 입은 것처럼 누구든지 예수 그리스도와 합하여 물침례를 받은 자는 어린양으로 옷을 입었다. 야곱이 에서 대신 장자권을 받은 것은 신약에서 거듭난 자가 장자권을 받는 실체의 그림자이다.

(3) 장자(長子)의 명분을 받은 차자(次子)

엄마 뱃속에서부터 장자권을 원했던 야곱은 사냥에서 돌아와 기진맥진하는 형에게 팥죽을 줄 테니 대신 장자권을 팔라고 요구했다. 에서는 장자권을 가볍게 여겼기 때문에 약속하고 맹세하며 팥죽 한 그릇에다 장자권을 팔아먹었다(창 25:31-34; 히 12:16,17).

예수님은 40일을 밤낮으로 금식하신 후에 극히 주리셨을 때 능히 돌로 떡을 만들어 드실 수가 있었고, 그것이 죄도 아니었으나 마귀의 제안을 거절하셨다. 먹을 것이 없어 굶어죽을 상황에 처해진 때에도 의인은 '주 하나님께서 주신 말씀(떡)으로, 하나님을 섬기는 믿음으로 말미암아 영원히 살 것'을 믿는다(합 2:2-4; 3:17,18).

날마다 한 평생 크게 잔치만 하다 죽은 부자는 복된 인생이 아니었다(눅 16:19-31). 차라리 부잣집의 문간에서 비참하게 살다 죽은 나사로가 복되게 살았기에 아브라함의 품, 하나님의 품에 영원히 안겼다.

홍수 후 장자는 하나님을 섬기는 제사장권을 무엇보다도 큰 복으로 받았다. 하나님은 '셈의 하나님'이 되셨기에 '하나님께서 거하시는 처소를 셈의 장막'이라 부른다. 장자의 특혜는 형제들보다 유업을 배나 더 받고 형제들보다 높임을 받는다는 것이다(창 9:25-27).

이삭이 야곱에게 축복한 복들 중에도 동일한 내용이 포함되어 있다. <29 만민이 너를 섬기고 열국이 네게 굴복하리니 네가 형제들의 주가 되고 네 어미의 아들들이 네게 굴복하며 네게 저주하는 자는 저주를 받고 네게 축복하는 자는 복을 받기를 원하노라 … 37 이삭이 에서에게 대답하여 가로되 내가 그를 너의 주로 세우고 그 모든 형제를 내가 그에게 종으로 주었으며 곡식과 포도주를 그에게 공급하였으니 내 아들아 내가 네게 무엇을 할 수 있으랴 … 40 너는 칼을 믿고 생활하겠고 네 아우를 섬길 것이며 네가 매임을 벗을 때에는 그 멍에를 네 목에서 떨쳐 버리리라 하였더라>(창 27장)

이는 장차 야곱의 씨에서 진정한 왕이 등장하여 열방을 통치할 것임을 포함한 축복이었다. 에서는 육체의 능력만 믿고 세상의 야망에 도취되어 하나님을 섬기는 특권과 복을 발로 차버린, 망령된 자가 되었다.

누지문서에는 아비가 마지막에 축복해주는 자에게 권한이 주어진다고 기록되어 있다. 야곱의 장자였던 르우벤이 서모와 통간을 함으로써 장자권이 요셉에게로 넘어갔다(창 35:22; 49:3,4; 대상 5:1,2).

요셉의 장자의 이름은 므낫세인데 '잊어버림'이라는 뜻이고 차자의 이름은 에브라임인데 '창대케 함'이라는 뜻이다(창 41:51,52). 이는 마치 사울집안과 다윗집안의 싸움에서 사울집안은 점점 약하여지고 다윗집안은 점점 흥하여짐과 같다(삼하 3:1). 또한 구약의 마지막 선지자이자 여인이 낳은 자들 중 가장 큰 자로서 침례 요한이 '나는 점점 쇠하고 예수님은 점점 흥해야 한다'고 고백했던 것과 같다(요 3:30). 신약성도들은 옛사람(에서)의 점점 쇠함(므낫세)과 새사람(야곱)은 점점 강해짐(에브라임)으로 '이스라엘'이 되어가는 자들이다.

야곱은 늙어 임종을 앞두고 마지막으로 요셉의 두 아들들에게 안수하고 축복했는데 눈이 어두워져 손자들을 분간하기 어려웠다(창 48:10).

야곱이 장자가 된 요셉을 대신하여 두 아들에게 축복하기 위해 안수하려했다. 요셉은 야곱이 양손을 그대로 뻗기만 하면 장자의 머리에 오른손이 얹히고 차자의 머리에 왼손이 얹히게 아들들을 세웠는데 눈이 어두워진 야곱은 이미 이를 알고 손을 어긋맞게 얹었다(창 48:12-20). 요셉이 이를 바꾸려고 하자 야곱은 '나도 안다'라고 선언했다. 요셉은 애굽의 뛰어난 총리로서 사람의 시각으로 알지만 야곱은 하나님의 사람으로서 하나님의 시각으로 알았다. 야곱은 자신이 처음 태중에 있었을 때 하나님께서 정하신 뜻을 경험하고 확실히 전수한 것이다.

<아비가 허락지 아니하여 가로되 나도 안다 내 아들아 나도 안다 그도 한 족속이 되며 그도 크게 되려니와 그 아우가 그보다 큰 자가 되고 그 자손이 여러 민족을 이루리라 하고>(창 48:19)

오른손과 왼손이 갖는 성경적인 의미는 매우 크므로 당연히 장자가 될 자에게 오른손을 얹어 축복해야 한다. 애굽에서는 가장 지혜로운 요셉이었지만 그는 아직 하늘나라의 고귀한 법칙에 대해 몰랐다. 하와의 육적인 눈이 밝아진 반면 영적 눈은 어두워진 것과 같다. 야곱은 노년에 육적 눈은 어두워졌지만 영적인 눈은 밝았는데 큰 자가 어린 자를 섬겨야 한다는 법칙을 그분의 뜻대로 평생에 배웠기 때문이다.

약속의 땅에 들어가 땅을 분배할 때 요셉 지파는 두 몫을 얻었다(수 14:4; 16:4; 17:17). 예수께서 공중에 재림 하신 후 어느 날, 야곱의 열두 아들들에게 성령으로 인을 칠 때에 단 지파가 빠진 사실은 그들이 적그리스도를 배출할 것으로 여겨지는 증거이다. 단 지파 대신 요셉의 장자가 된 에브라임지파와 므낫세 지파가 들어갔다(계 7:4-8).

(4) 야곱이 본 하나님의 집 벧엘

야곱은 형의 위협을 피하여 하란으로 갈 때 '루스'에서 노숙하였다. 하나님은 야곱의 하나님, 이스라엘의 하나님, 성전의 하나님이심을 보이셨다. 야곱은 하늘에 닿은 사닥다리와 천사들이 오르내리며 하나님을 섬기는 꿈을 꾼 후 깨어나 잘 때에 베개로 삼았던 돌을 취하여 기둥으로 세우고 기름을 붓고 '벧엘'이라 불렀다(창 28:10-22).

<16 야곱이 잠이 깨어 가로되 הוהי께서 과연 여기 계시거늘 내가 알지 못하였도다 17 이에 두려워하여 가로되 두렵도다 이 곳이여 다른 것이 아니라 이는 <u>하나님의 전이요 이는 하늘의 문이로다</u> 하고 18 야곱이 아침에 일찌기 일어나 베개하였던 돌을 가져 기둥으로 세우고 그 위에 기름을 붓고 19 그 곳 이름을 벧엘이라 하였더라 이 성의 본 이름은 루스(Luz)더라>(창 28장)

'벧엘'이란 '하나님의 집'이라는 의미이다. 야곱은 하나님께서 자기를 아버지 집으로 무사히 돌아오게 하신다면 자신도 이삭의 하나님을 섬길 수 있을 것이고, 자신이 받은 모든 소득의 십분의 일을 하나님의 것으로 드리겠다고 고하였다. 십분의 일은 믿음의 조상 아브라함이 예수 그리스도의 모형인 멜기세덱에게 처음으로 드렸던 것이며, 주 하나님의 선택을 받은 백성이 자신의 모든 소유가 주 하나님께서 주신 것임을 시인하고 소득의 $\frac{1}{10}$을 구별하여 하나님께 드리는 믿음의 시인이다.

야곱이 세웠던 '벧엘'은 아버지 집으로 돌아가야 할 모든 신자들이 주 하나님의 성전, 아버지의 집으로 세워져야 된다는 진리의 그림자를 보여준다. 예수께서 속사람이 정직한 나다나엘을 보시고 참 이스라엘이라고 칭찬하신 말씀 중에 하늘에 세우실 참된 성전에 대한 계시를 다시 나타내신 것과 같다(요 1:47-51).

<또 내가 네게 이르노니 너는 베드로라 내가 이 반석 위에 내 교회를 세우리니 음부의 권세가 이기지 못하리라>(마 16:18)

새언약의 벧엘은 예수께서 죽으셨다가 부활하심으로써 신령한 성전의 머릿돌과 모퉁잇돌로 놓이심으로써 신령한 건축이 시작된다(시 118:22; 슥 4:7; 마 21:42; 막 12:10; 눅 20:17; 행 4:11; 엡 2:20; 벧전 2:4-8). 야곱이 낳은 열두 아들은 열두 보석에 비유되어 장차 신령한 보석으로 세울 참 성전의 그림자가 된다(벧전 2:5). 생명의 부활에 참여한 모든 자들은 머릿돌과 모퉁잇돌, 보배롭고 신령한 돌인 맏아들에게 연합된다. 이에 대해서는 교회가 벧엘의 실체라는 진리에 대해서는 이후에 좀 더 상세히 설명할 것이다(고전 3:16,17; 고후 6:16; 엡 2:21,22).

(5) 정금과 보석같이 연단하는 하나님의 손길

야곱은 얍복강을 건너면서 '속이는 자', '간사한 자'가 아닌 '하나님의 승리를 얻은 자', '전적으로 하나님을 신뢰하는 자'로 새사람이 되었다. 야곱은 세겜의 아비 하몰의 아들들에게서 은 일백 개를 주고 땅을 사서 그 곳에 단을 세우고 그 이름을 '엘엘로헤이스라엘'(하나님 이스라엘의 하나님)이라 불렀다(창 33:19,20). 속이는 야곱의 하나님이 아닌, 새롭게 완전히 변한 '이스라엘의 하나님'이란 의미이다.

놀랍게도 그 후 이스라엘의 삶은 혹독한 고난을 겪으면서 그의 안에 있는 불순물들이 하나씩 제거되고 하나님의 온전한 사람으로 단련되고 훈련되어 갔다. 성령침례로 거듭난 후 그분의 오른손에 따른 불침례를 받음으로 하나님의 후사로 자라게 됨을 보여주는 것이다.

레아에게서 난 딸 디나가 세겜 성 여자들을 보러 나갔다가 히위 족속 중 하몰의 아들 추장 세겜에게 성폭행을 당하고 그 집 안에 감금되었다. 그들이 결혼허락을 간청하자 야곱의 아들들은 세겜 성의 모든 남자들이 할례를 받으면 허락하겠다고 계교를 꾸몄다. 세겜 남자들은 이스라엘의 재산이 그들의 것이 될 것이라 기대하고 할례를 하였다. 할례 후 고통 중에 있을 때 시므온과 레위가 그곳 남자들을 칼로 다 죽이고 재물들을 약탈하고 디나를 찾아왔다(창 34:1-31). 이로 인해 이스라엘 족속들은 그들 주변 고을들로부터 생존의 위협을 당하는 상황에 놓였다.

야곱은 하나님을 의지하기로 결심하고 이방인들의 복장과 이방 우상들을 다 버리고 벧엘로 올라가 거기에 단을 쌓고 '엘벧엘'이라 불렀다. '야곱의 하나님'을 '이스라엘의 하나님'으로, 더 나아가 '벧엘(안식할 처소)의 하나님'이라는 직함으로 성장함을 통해 성도를 향한 하나님의 원함과 계획을 점차적으로 나타내셨다(창 35:1-15).

하나님의 기이한 손길로 도우심을 얻은 기쁨도 잠시, 라헬이 아들을 낳으면서 아기를 '베노니'(슬픔의 아들)라 부르며 죽었다(창 35:16-20). 이스라엘이 그 이름을 '베냐민' 즉 '오른손(우편)의 아들'로 바꾸었다. 상처 후 야곱은 라헬이 낳은 요셉을 더욱 사랑하였고, 하나님의 오른손을 발견하기까지 긴 세월 동안 연단되어 갔다.

야곱은 라헬을 잃은 슬픔이 채 잊히기도 전에 장자인 르우벤이 라헬의 몸종 빌하와 통간했다는 사실을 들었다(창 35:22). 예전 야곱이었다면 그냥 있지 않을 터였지만 하나님을 머리로 인정하고 굴복하며 따르는 이스라엘이 되었기에 분노할 치욕적인 상황 속에서도 잠잠히 오직 하나님만 바라보았다. 이스라엘이 드디어 아버지 이삭의 집 헤브론에 이르렀지만 곧 180세가 된 아버지 이삭의 임종을 맞음으로써 다시 큰 슬픔을 겪게 된다(창 35:27-29).

이스라엘은 사랑하는 라헬이 낳은 요셉을 특별히 사랑했다. 베냐민은 태어날 때 라헬을 죽게 한 아들이었기에 이때까지 특별한 애정을 느낄 수 없었다. 이스라엘은 요셉에게 멀리서도 눈에 띄도록 장자에게 입히는 긴소매 옷(히-'케토네트 파심', 채색옷과 다름)을 입혀 항상 그를 유심히 살폈다. 요셉은 어려서부터 장래에 관한 꿈을 꾸었고 그 꿈을 그의 형들에게 이야기함으로써 더욱 미움을 샀다(창 37:1-11). 하나님은 요셉에게 꿈으로 인도하시며 믿음의 원리를 주신 것이다.

형들이 요셉을 죽이려고 구덩이에 집어넣었다가 이스마엘 족속에게로 팔아버렸다(창 37:22,27,29). 이스라엘의 아들들은 요셉의 옷에 피를 묻히고 그가 맹수에게 죽은 것처럼 꾸몄다. 요셉의 옷을 받아든 이스라엘은 오랫동안 슬퍼하며 통곡했다.

애굽으로 팔려간 요셉은 온갖 고난 중에도 하나님께서 함께 하심으로 형통하였다. 요셉은 바로의 꿈을 해몽해 준 후 30세에 애굽의 총리가 되었다(창 41:43). 요셉은 꿈을 해몽했던 대로 7년 동안의 대풍년 때에 7년 동안 따라올 심각한 흉년을 지혜롭게 대비했다. 흉년이 들자 애굽 전역과 이웃나라들이 곡식을 구하러 몰려들었다. 가나안 땅에도 흉년이 드니 이스라엘이 곡식을 사오라며 열 아들을 애굽으로 보냈다. 요셉은 형들을 알아보았지만 형들은 요셉을 전혀 알아보지 못했다(창 42:8).

요셉은 자기의 동복형제인 베냐민의 안부가 궁금했으므로 시므온을 볼모로 잡고 베냐민을 데려와 정탐꾼이 아님을 증명하라고 요구했다(창 42:19-25). 라헬이 죽고 난 후에 요셉마저 짐승에게 찢겼다고 비통에 빠졌던 이스라엘에게는 남은 피붙이인 베냐민이 유일한 위로였기에 최악의 번민에 빠졌다(창 42:36-38).

르우벤이 베냐민을 데려갔다가 만일 다시 데려오지 못하면 자기의 두 아들을 죽이라고까지 하며 간청을 했으나 이스라엘은 허락하지 못한다. 시므온은 애굽에 볼모로 잡혀있고, 아껴먹던 양식들도 바닥이 났고, 곧 어린 손자들이 굶어 죽는 모습을 볼 상황이 되었다. 이스라엘은 아들들에게 다시 애굽에 내려가 양식을 사오라고 명하지만 베냐민을 보내지는 못하고 끌어안는다(창 43:1-7). 유다가 자신이 대신하여 죽더라도 베냐민을 반드시 데려오겠다고 이스라엘을 설득한다(창 43:8-10). 이스라엘은 총리에게 줄 예물을 준비하고, 곡물을 살 돈과 전에 도로 가져왔던 돈을 따로 챙겨서 베냐민도 데려가라고 허락한다(창 43:11-13). 믿음의 조상이 자신의 가장 사랑하는 이삭을 드렸듯이, 자기의 가장 사랑하는 아들을 하나님의 손에 맡기는 야곱의 마지막 이 결단이야말로 너무나 아름다운 하나님의 사람의 모습을 보여준다.

<전능하신 하나님께서 그 사람 앞에서 너희에게 은혜를 베푸사 그 사람으로 너희 다른 형제와 베냐민을 돌려보내게 하시기를 원하노라 <u>내가 자식을 잃게 되면 잃으리로다</u>>(창 43:14)

베냐민을 자기의 손에서 놓아 하나님의 손에 맡기는 이스라엘의 모습이야말로 인생항로에서 심한 풍파를 헤치고 안전한 항구에 마침내 도착한 승리자의 모습이다. 죽으면 죽으리라는 고백과 함께, 죽고자 하면 살 것이요 살고자 하면 죽을 것이라는 예수님의 말씀을 상기시킨다.

베냐민을 향한 형들의 본심을 확인한 요셉은 형제들과 극적인 상봉을 하고, 모든 가족들이 남은 흉년도 모면하고 자기와 가까이 있도록 애굽으로 내려오라고 권고한다(창 45:1-10). 애굽의 바로도 총리의 가족들을 데리고 오라고 권했다. 이스라엘은 죽었다고 비통해했던 요셉이 살아있는 데다 애굽의 총리가 되었다는 소식을 듣고 너무나 기뻤고 죽기 전에 그를 보러가겠다고 떠난다. 이스라엘이 브엘세바에서 아버지의 하나님께 제사를 드렸는데 이는 혹시나 하나님께서 이전처럼 애굽에 내려가기를 원치 않으시는데 요셉을 볼 인간적인 원함으로 내려가는 것이 아닌지 두려웠으므로 하나님의 뜻을 묻기 위함이었다. 하나님께서 이스라엘의 애굽행을 허락하시며 그를 지극히 높이고, 다시 약속의 땅으로 인도해 오실 것을 약속하셨다(창 46:1-4).

　바로가 이스라엘의 나이를 묻자 '나그네 길의 세월이 130년이고 연수가 얼마 못 되나 험악한 세월을 보내었다'고 대답하였다(창 47:7-10). 모질게도 단련시킨 이스라엘을 하나님께서 높이셔서 애굽 왕(바로)에게 축복하게 하셨는데 그를 왕보다 더 높이셨다는 의미이다(히 7:7).

　이스라엘은 뱃속에서부터 하나님으로부터 받았던, 하나님께서 정하신 뜻 즉 큰 자가 작은 자를 섬기리라는 계시를 따라 자기의 장자로 삼은 요셉의 두 아들들에게 안수하며 축복할 때 우수를 차자인 에브라임에게 얹었다(창 48:8-20). 그는 임종 직전에도 하나님의 영감을 받아 쇠약해진 몸을 지팡이 머리에 의지하여 자신의 아들들에게 축복하였는데 그 축복은 그 후손들의 장래에 그대로 이루어졌다(창 49:1-33; 히 11:21). 이는 야곱에서 이스라엘로 변한 자, 하나님께서 사랑하는 자로 속사람이 겉사람을 지배하고 승리함으로써 그분 손에서 받은 제련과 단련 뒤에 받게 되는 영원한 상급과도 같다(히 11:6).
　하나님께서 이스라엘이 죽어 장사될 때 그가 이 땅에서 받는 영광의 절정을 이루게 하셨다(창 50장). 이스라엘이 죽고 그의 부활을 사모하는 소망에 따라 향 재료를 넣는데 40일이 걸렸다. 애굽인들이 그를 위하여 70일 동안 애곡하였다. 오래 전부터 신으로 숭배를 받던 담무스를 위해 40일 동안 애곡하는 것과 비교가 된다. 애굽에서 발인하여 가나안으로 올라가는데 바로의 모든 신하와 바로 궁의 모든 장로들과 애굽의 모든 장로들과 병거와 기병들이 함께 따랐다(7절). 이처럼 성대하게 장례를 치른 일로 인해 '아벨미스라임'이라고 지명까지 바뀌졌다.
　하나님의 아들로 거듭난 성도(이삭에 비유)들이 속사람(야곱에 비유)을 따라 겉사람(에서에 비유)을 이기고 제련과 단련을 온전히 이루어 끝내 이스라엘이 된다. 그리스도 안에서 침례로 그분의 장사에 들어간 것이 너무나 영광스럽고 복된 것임을 야곱의 장례식이 보여준다.
　창세기에 요셉의 죽음과 장사에 대해서는 단지 간략하게 한 줄로만 진술하고 있어 이스라엘의 장례와 매우 큰 대조를 보인다. 세상의 부귀영화를 오히려 배설물과 같아서일 것이다(창 50:26; 빌 3:8,17-19).

(6) 보석같이 다듬어진 야곱의 열두 아들

야곱이 열두 아들을 낳았는데, 이 아들들은 성령침례를 받아 거듭난 신약성도들이 주님의 십자가를 지고 살아가는 삶을 통해 각각 희귀한 보석들로 다듬어지는 모습을 모형으로 보여준다.

야곱이 외삼촌의 집에 가서 7년을 봉사해 주고 얻은 첫 번째의 아내 레아가 '르우벤'(보라 아들이다), '시므온'(들으심), '레위'(연합), '유다'(찬송)를 낳았다(창 29:32-35). 라헬이 아들을 낳지 못하자 자기의 여종 빌하를 남편과 동침케 하여 '단'(억울함을 푸심)과 '납달리'(경쟁)를 낳았다(창 30:6,8). 레아도 자기의 여종 실바를 남편과 동침케 해 '갓'(복됨), '아셀'(기쁨)을 낳았다(창 30:11,13). 야곱이 라헬만을 사랑하자 레아가 라헬에게 합환채를 주고 남편과 동침해 '잇사갈'(값), '스불론'(거함)을 낳았다(창 30:18,20). 그리고 레아가 딸을 낳아 '디나'라 불렀다(창 30:21). 하나님께서 라헬에게 자비를 베푸시고 태를 여셔서 '요셉'(더함)이라는 아들을 낳게 하셨다(창 30:24). 야곱이 외삼촌의 집에서 아버지 집으로 돌아오는 노중에 라헬이 아들 '베노니'(슬픔의 아들)를 낳고 세상을 떠났다(창 35:18). 후에 야곱이 '베노니'를 '베냐민'(오른손의 아들/우편의 아들)으로 개명하였다.

사람이신 예수 그리스도는 신령한 돌, 보배로운 돌(보석), 산돌이시다(벧전 2:4-8). 열두 아들의 이름이 거듭난 성도들을 산 보석들로 다듬으시는 하나님의 손길을 보여준다. 그리스도께서 머릿돌과 모퉁잇돌이 되신 것은 거듭난 성도들도 '베드로'(산돌)로 삼으시고 신령한, 보배로운 돌(보석)로 단련하여 하나님께서 영원히 안식하실 영원한 성전의 재료로 쓰시기 위함이다(마 16:15-18; 행 4:11,12; 7:49). 교회는 야곱이 본 꿈, 베게로 삼았던 돌을 일으켜 세우고 기름을 부었던 벧엘(모형)의 실체가 되는 '하나님의 집'(벧엘)이다(딤전 3:15,16).

<4 사람에게는 버린 바가 되었으나 하나님께는 택하심을 입은 보배로운 산 돌이신 예수에게 나아와 5 너희도 산 돌 같이 신령한 집으로 세워지고 예수 그리스도로 말미암아 하나님이 기쁘게 받으실 신령한 제사를 드릴 거룩한 제사장이 될찌니라>(벧전 2장)

영광의 하나님은 산 성전을 세우시고 그 안에서 영원히 안식하시기를 영원 전부터 예정하셨다. 그 산 성전의 재료들은 제련되고 단련되고 훈련되어진 산돌, 거듭난 성도들이다. 그들은 야곱의 열두 아들처럼 각각 다른 환경에서 고난을 받아 각종 신령한 보석들이 된다.

이스라엘의 대제사장의 흉패에 달려있는 열두 보석처럼(출 28:15-30) 거듭난 성도들은 새언약의 대제사장이신 예수님의 가슴에 붙여진 신령한 보석들이다. 그들은 자기 십자가를 지고 각각 다른 제련과 단련을 받아 신령하고 영화롭게 영원히 빛날 산 보석들로서 주 하나님의 상급을 받을 자들이다(롬 8:17; 고후 4:17; 벧전 1:7).

신약의 사역자들은 신령한 성전을 세우는 건축자들이다(고전 3:9-16). 예수 그리스도와 죄사함 및 거듭남에 대한 진리는 성전 건축에 있어서 터(기초)에 해당한다. 유일하신 하나님과 유일한 중보자로서 사람이신 예수 그리스도에 관한 가르침과 죄사함과 거듭남에 관한 진리(가르침)는 영원히 무너지지 않을 반석(터)이 된다. 1세기 교회들은 '주 예수님과 그 복음에 관한 사도들의 진리'가 아니라면 불법이라 했다. 건축자들은 그 가르침 위에 성도들을 나무나 짚, 풀과 같은 믿음에 머물게 하지 말고 금이나 은이나 각종 보석들과 같은 재료가 되도록 가르치고 제련하고 단련해야 한다(고전 3:10-17).

천국 비유에서 돌밭에 뿌려진 곡식 씨는 뿌리를 깊이 내리지 못하여 햇볕이 쬐일 때 결국 말라버린다. 온전히 회개한 마음상태가 아니어서 바닥에는 여전히 굳은 것들이 있기에 말씀으로 인한 핍박이나 환란이 일어나면 믿음을 포기할 자를 비유했다(마 13:5,6,20,21). 곡식은 햇볕이 반드시 필요하므로 일정한 일사량이 없으면 쭉정이가 되고 만다. 비록 곡식이지만 쭉정이는 곡간에 들어가지 못하듯이 물과 성령으로 죄사함과 거듭남을 받았을지라도 주님의 십자가를 외면할 때 쭉정이가 된다. 쭉정이 신앙은 성전건축 재료에서 나무나 짚이나 풀과 같이 불에 타서 사라질 재료와 같다. 현명한 농부들은 거듭난 성도들을 쭉정이가 되지 않고 알곡으로 성장하게 하고 주 하나님의 거룩함에 이르도록 가르치고 훈련한다(마 7:24; 히 6:1,2). 다른 예수나 다른 복음은 쭉정이도 아닌 가라지 열매를 맺을 뿐이다.

3. 야곱(이스라엘)을 통해 보여준 복음의 그림자

이스라엘은 첫아들의 이름을 '보라 아들이다'라는 의미로 '르우벤'이라 지었다. 이는 하나님께서 성령으로 거듭나게 하신 때 선포하신 증거와 같다. 오순절 날 성령으로 거듭난 120여명에게 하나님의 성령께서 친히 생소한 입술과 다른 방언으로 이같이 증거하셨다(행 2:4). 자칭하는 거듭남은 아무 의미가 없고 오직 아버지 되신 하나님께서 낳으셨음을 친히 인정해주셔야 하며, 이때 우리 속사람도 함께 증거한다(롬 8:16). 성령침례는 죽었던 자신의 속사람(영)이 살려주시는 영에 의해 살아난 것이요 (요 14:19; 고전 15:22,45) 뿐만 아니라 모든 천사들보다 월등한 신분인 하나님의 아들로 거듭난 특별한 체험이다(히 1:5,6).

이스라엘의 말째 아들은 '벤야민'인데 '오른손의 아들, 오른쪽의 아들'이라는 의미이다. 우수(右手), 우편(右便)으로 번역한 단어는 히브리어로 '야민'이고 헬라어로는 '덱시아'이다. '우편'이란 '권능을 위임받은 자리, 공의로운 지위, 자리' 등 '권세'를 상징하고(시 16:8,11; 91:7; 109:31; 121:5; 142:4), '우수'이란 '의로운 힘, 옳은 실행 등 '능력'을 상징한다 (출 15:6,12; 욥기 40:14; 시 17:7; 18:35; 20:6; 21:8; 44:3; 45:4; 48:10; 63:8; 73:23; 74:11; 77:10; 78:54; 89:13,25,42; 98:1; 108:6; 118:15,16; 138:7; 139:10; 사 41:10,13; 48:13; 62:8; 렘 22:24; 애 2:3,4; 합 2:16; 계 1:16,17,20; 2:1; 5:1,7; 10:5; 13:16).

아무도 보지 못한 하나님은 아무도 볼 수도 없는 영이시다. 하나님은 공간이 없을 때에도 계시는 영이고 공간 안팎의 어디에나 계시되 무형(無形)의 영이시므로 좌우가 없으시다. '하나님의 우편' 또는 '하나님의 오른손'이란 당연히 상징적인 의미로 사용한 것이다.

하나님의 아들이 죽으시기까지 아버지의 뜻에 복종하셨고(히 5:5-10), 그러므로 하나님께서 아들을 주 하나님의 우수로 높여 우편에 앉히셨다. 우편에 앉히셨다는 말씀은 하나님의 아들로서 사람인 그리스도를 하나님의 후사(後嗣) 또는 상속자로 세우셨다는 의미이다(시 80:17; 110:1,5; 마 22:44; 26:64; 막 12:36; 14:62; 16:19; 행 2:25,35; 7:55,56; 롬 8:34; 골 3:1; 히 1:3,13; 8:1; 10:12; 12:2; 벧전 3:22).

하나님께서 아들을 '오른손으로 높이셨다'는 말씀은 주 하나님의 옳고 바르고 정직한 능력과 방법으로 앉히셨다는 표현이다.

<하나님이 오른손으로 예수를 높이시매 그가 약속하신 성령을 아버지께 받아서 너희 보고 듣는 이것을 부어 주셨느니라>(행 2:33)

오른손으로 높이셨기에 불의가 없고 영원한 공정(公正)을 나타낸다. 우편으로 높이심은 후사(後嗣)의 자리에 앉히셨다는 의미이다.

<내가 네 원수로 네 발등상 되게 하기까지 너는 내 우편에 앉았으라 하셨도다 하였으니>(행 2:35)

'오른손으로 높였다'와 '우편으로 높였다'는 것은 문자로는 같다.

<이스라엘로 회개케 하사 죄사함을 얻게 하시려고 그를 오른손으로 높이사 임금과 구주를 삼으셨느니라>(행 5:31)

한글개역에서는 이 구절을 각주에 '오른편'이라고 표기하고 있으며, 개역개정성경과 한글 킹제임스흠정역은 '오른손'으로 번역했다.

긴 세월동안 온갖 단련으로 정금같이 된 야곱이 요셉의 차자 에브라임을 장자로 삼고 오른손으로 안수한 것과 같은 의미이다. 이것은 '벤야민'의 이름의 뜻이 오른손의 아들, 우편의 아들로 바뀐 것과 상통한다. 르우벤으로부터 벤야민에 이르기까지 '태어난 아들'과 '오른손/오른쪽'의 아들이 이름의 의미로 아주 중요한 계시를 주고 있다. 하나님은 낳으신 아들들을 야곱의 열두 아들과 같은 신령한, 산 보석들로 다듬으신다. 주 하나님은 성령으로 낳으신 아들들을 제련, 단련하셔서 독생자를 앉히신 그 보좌에 함께 후사로 앉히시고자 영원 전부터 예정하셨다(계 3:21). 이는 사람을 하나님의 영광의 형상으로 또한 하나님의 모든 것을 물려받을 후사로 예정하시고 이루시는 하나님의 뜻이자 경륜이다.

성경은 자기 아비 집의 묘실에 장사되는 것을 아름다운 소망의 죽음이라고 가르친다. 오랜 세월을 나그네로 살았지만 객사(客死)를 당하지 않고 아비 집으로 돌아간 이스라엘이다. 믿음의 조상 아브라함은 하나님께서 약속하신 땅에 거할 때에 아들과 함께 나그네로서 고향으로 돌아갈 것임을 증거하며 살았다. 그들이 돌아갈 고향은 땅이 아니라 하늘에 있었다. 하나님께서 지으시고 경영하실 터가 있는 예루살렘성이 그들의 고향이라고 증거했다. 그 고향을 찾아가는 여정은 이스라엘이나 그 아들 요셉에게 있어서도 변함없이 이어졌다.

(7) 형제사랑인 새계명의 그림자

아브라함과 이삭과 야곱의 하나님은 요셉이 형제들의 사랑을 확인한 것으로써 구속사라는 대단원의 막을 내리고 있다.

요셉은 아버지 이스라엘에게 있어서 가장 사랑을 받는 자였다. 그는 다른 형제들과 달리 장래에 대한 일을 꿈을 통하여 알았고, 그 꿈으로 인해 형들로부터 미움을 받았다. 요셉은 형들이 죽이려는 고비를 넘기고 형들의 손에 종으로 팔려서 애굽으로 끌려갔다. 생사를 넘나드는 온갖 위험을 겪었지만 하나님께서 그와 함께 하셨다. 주 하나님께서 바로에게 주신 꿈을 해석하게 하시고, 예고하신 기근을 대비케 함으로써 30세에 애굽과 바로의 아비(스승)와 온 집의 주(主)로 삼으시고 애굽의 온 땅의 실제적인 통치자/주관자가 되게 하셨다(창 41:40; 45:8,9).

이스라엘은 가나안 땅에도 심각한 기근이 들자 곡물을 사오라고 열 아들을 애굽으로 보냈다. 요셉은 형들에게 정탐꾼으로 보이니 시므온을 볼모로 잡고 막내를 데리고 다시 오지 않으면 스므온이 죽을 것이라고 위협했다(창 42:12-25). 아껴먹던 곡물들이 다 바닥이 나고 다시 곡물을 사러가지 않으면 모두가 굶어죽을 위협에 놓였을 때 아들들이 아버지께 베냐민을 반드시 데려가야 한다고 간청을 드린다.

이스라엘은 요셉을 잃어버린 데다 베냐민까지 잃을까봐 보내지 못하다가 온 가족이 아사지경에 이르자 베냐민을 하나님 손에 맡기기로 결정한다(창 43:1-15). 베냐민을 만난 요셉은 얼른 방에 들어가 크게 울고 나와 식사자리를 마련하고 형들을 장유의 차례대로 앉히고 베냐민에게 형들보다 5배나 더 음식을 줘 다시 한 번 베냐민을 향한 형들의 마음을 시험했다. 만일 형들이 베냐민을 미워하고 시기했다면 그들의 언행에서 드러났을 것이다. 식사를 한 후에 요셉은 형들의 자루에 곡식을 채울 수 있는 대로 가득히 채우게 하고 곡식 값들도 다 그대로 넣었고 특별히 베냐민의 자루에 은잔을 가만히 숨기게 했다(창 44:2). 베냐민의 자루에서 발견된 은잔을 갖고 도둑질을 했다는 누명을 씌우고 베냐민을 종으로 삼겠다고 위협했다(창 44:10). 형들은 베냐민을 시기하지 않았을 뿐만 아니라 심각한 허물이 드러났는데도 미워하기는커녕 아비를 위하여 베냐민의 죄를 용서해달라고 빌며 뜨거운 형제사랑을 보였다.

요셉은 형들에게서 아버지의 안부와 형제사랑을 확인하자 참을 수가 없어 방성대곡 하였는데 그 소리가 어찌 큰지 애굽인들과 바로의 궁중에까지 들릴 정도였다(창 45:1-5).

<4 요셉이 형들에게 이르되 내게로 가까이 오소서 그들이 가까이 가니 가로되 나는 당신들의 아우 요셉이니 당신들이 애굽에 판 자라 5 당신들이 나를 이 곳에 팔았으므로 근심하지 마소서 한탄(恨歎)하지 마소서 하나님이 생명(生命)을 구원하시려고 나를 당신들 앞서 보내셨나이다>(창 45장)

만일 형들이 베냐민에게 악하게 대하는 것을 보았더라면, 만일 베냐민도 형들의 핍박으로 인해 사라져버렸다면 요셉이 형들에게 쏟을 분노가 어떠했을지 끔찍하다. 요셉과 베냐민을 통해 12형제들은 생명같이 중한 형제사랑을 뜨겁게 나누었다. 이는 새계명인 형제사랑을 따라 심판하실 예수님의 모습을 미리 보여주신 것이다.

하나님 아버지께서 만유보다 먼저 아들을 낳아 후사로 삼으셨다(골 1:15,17; 히 1:3; 7:3). 야곱의 첫째 아들 '르우벤'의 이름이 선포한 진리이다. 하나님께서는 천사들 중 누구에게도 '내가 너를 낳았다. 나는 너의 아버지가 되고 너는 내 아들이 되었다'라고 말씀하시지 않으셨다(히 1:3,5,6). 하나님의 아들 예수 그리스도는 하나님의 영광의 형상으로서 스랍들이 감히 쳐다 볼 수 없는 찬란한 영광의 형상을 가지셨다.

하나님의 아들이 아담의 범죄로 인해 그 영광의 형상을 벗고 범죄한 아담과 같은 형상을 입으시고 사람의 아들(인자), '마지막아담'으로 오셨다(사 53:2; 고전 15:45; 빌 2:6-8). 사람들은 그를 무시하고 죽였지만 하나님 아버지는 그를 항상 '내 사랑하는 아들'이라고 친히 증거하셨다(마 3:17; 12:18; 17:5). 그리스도께서도 자신을 아버지께 사랑받는 아들이라고 증거하셨다(막 12:6; 요 5:20; 10:17; 15:9,10,12; 17:23,24,26). 그리스도의 형제, 동족은 그를 시기하고 미워하여 십자가에 못을 박아 처절하게 죽였다(사 53:6). 하나님께서 사망에서 그를 끌어내어 부활과 승천으로 하나님의 후사가 되는 영광을 주셨다. 이를 가리켜 하나님의 오른손으로 높여진 자 즉 하나님의 우편에 앉힌 자라고 한다. '벤야민'(우편의 아들)의 이름의 뜻과 같다.

하나님은 형제사랑을 통해 거듭난 아들들 모두를 후사의 자리에 함께 앉히길 원하심을 보여주신다. 구속이란 '친족이 되어 값을 주고 사는 것'이다. 구속자의 조건 중 첫째는 '친족이 되는 것'이고 둘째는 '값을 갖는 것'이고 셋째는 '값을 내는 것'이다. 부자(父子)지간은 1촌 관계이다. 하나님 아버지는 피를 가지셔야 우리의 친족이 되실 수 있다. 죄의 삯은 사망(피흘림)인데 영이신 하나님께는 피가 없으시다. 대신 죽는 것이야말로 가장 큰 사랑이다. 아버지는 완전한 사랑이시지만 값을 낼 수 없는 상태로는 우리들을 온전히 사랑하실 수 없다. 구속을 가장 잘 보여주는 룻기에서 보아스보다 더 가까운 친족에게 룻을 구속할 우선적인 권한이 있으나 자신의 손해를 원치 않았기에 그 사람 다음으로 가까운 친족인 보아스에게 기회가 돌아왔다(룻 4:4-17).

아버지는 사람들과 같이 육체를 입으신 다윗의 자손/인자/마지막아담 안에서 오심으로써 형제(친족)처럼 되셨다(히 2:14-18). 세상 사람들을 미워한다고 해서 살인죄로 여기시지 않으시나 형제를 미워하는 자는 이미 살인한 자라고 말씀하신 이유가 여기 있다(마 5:22-26). 주기도문에서도 우리가 형제의 과실을 용서한다면 아버지께서도 우리를 용서하실 것이며, 우리가 형제의 과실을 용서하지 않으면 아버지께서 우리의 과실도 용서하지 않으시겠다고 말씀하셨다(마 6:12-15). 만일 형제 중 하나를 실족케 하는 자는 연자맷돌을 목에 걸고 깊은 바다에 빠지게 하는 것이 낫고, 차라리 오른손을 자르거나 오른 눈을 뽑아 형제를 실족치 않게 하는 것이 낫다고 하셨다(마 18:5-10). 형제가 죄를 범하면 일곱 번씩 일흔 번이라도 용서해주라고 명하셨다(마 18:21,22). 형제가 하루에 일곱 번이라도 죄를 짓고 일곱 번 회개한다고 하면 용서해주라고 하셨다(눅 17:3,4). 형제가 형제에게 진 죄는 100데나리온이 상한가이지만 우리가 하나님께 진 빚은 1만 달란트가 하한가라고 하셨다. 만일 우리가 형제의 100데나리온을 탕감해 주지 않으면 하나님께 진 우리의 빚도 탕감하지 않으시겠다고 경고하셨다(마 18:23-35).

<너희가 각각 중심으로 형제를 용서하지 아니하면 내 천부께서도 너희에게 이와 같이 하시리라>(마 18:35)

주 예수께서 우리의 형제가 되셨기에 우리가 죄사함의 은혜를 받았다. 다시 형제를 미워하면 그 은혜를 주님께서 거두신다.

마태복음 25장의 천국비유 세 가지 중에 마지막이 형제사랑이다.

열 처녀의 비유와 달란트의 비유와 양과 염소의 비유이다. 이 세 가지 비유는 세 가지의 계명을 의미한다. 열 처녀는 하나님과 약혼한 신부로서 마음과 성품과 힘과 목숨을 다하여 신랑을 사모하라는 계명을 보여준다. 달란트 비유는 네 이웃을 네 몸같이 사랑하라는 계명을 보여준다. 주님께서 주신 달란트를 가지고 이웃을 사랑하여 그 영혼을 구원하라는 말씀이다. 이는 선한 사마리아인처럼 죽어가는 자들의 친구가 되어 그의 영혼을 살리라는 명령이다(눅 10:25-37). 율법을 잘 지키는 자들만 사랑하면 율법의 의(義)이지 하나님의 의(義)가 아니라는 말씀이다.

양과 염소의 비유는 믿음으로 거듭난 형제들에게 예수님께서 사랑해 주셨듯이, 예수님을 사랑하듯이, 형제를 사랑하라고 가르치신 것이다(마 25:31-46). 신약성도들 누구도 승천하신 예수님을 직접 뵙지는 못했을지라도 신령한 한 몸 안에서 보면 그분이 옥에도 계시고 교회 안에도 계시고 집안에도 계신다고 하셨다. 형제에게 하거나 하지 않은 것이 예수께 하거나 하지 않은 것이라고 여기신다. 형제사랑을 훼방한 염소들에게 마귀와 그 사자들을 위해 예비한 영영한 불에 들어가라고 명령하셨다(마 25:41). 형제사랑이 깨어지는 것은 악한 자(마귀)에게 속하였기 때문이라는 말씀이다.

사울이 예수님을 직접 핍박한 적은 없으나 스데반을 죽일 때 증인으로 있었고 예수 이름을 부르는 성도들을 투옥하고 매질하고 죽였다. 주 예수께서 사울에게 '사울아 왜 네가 나를 핍박하느냐?'라고 꾸짖으셨다(행 9:4; 22:7; 26:14). 사울이 핍박한 성도들은 예수님의 몸이었고 지체였다. 성령침례를 받아 거듭난 형제들은 예수께서 머리가 되신 새 한 몸의 지체가 되기 때문이다(엡 2:15).

마지막 만찬에서 유다가 예수님을 팔려고 나간 후에 예수께서 제자들에게 새계명(the new commandment)을 주셨다.
<새 계명을 너희에게 주노니 서로 사랑하라 내가 너희를 사랑한 것같이 너희도 서로 사랑하라>(요 13:34)
새계명의 원리는 '내가 너희를 사랑한 것같이 너희도 서로 사랑하라. 네 형제를 나로 여기고 나를 사랑하듯이 사랑하라'는 것이다.

<12 내 계명은 곧 내가 너희를 사랑한 것같이 너희도 서로 사랑하라 하는 이것이니라 13 사람이 친구를 위하여 자기 목숨을 버리면 이에서 더 큰 사랑이 없나니 … 17 내가 이것을 너희에게 명함은 너희로 서로 사랑하게 하려 함이로라>(요 15장)

יהוה께서 우리와 같은 혈육을 입으셨기에 우리의 친족이 되셨고, 성령을 부어주심으로 사망에서 나와 생명으로 들어갔다(요일 3:14). 이렇게 죄사함과 거듭남을 받은 형제들이 육체까지의 완전한 구속을 받기 위해 형제사랑을 위해 주신 어린양의 살과 피를 끝까지 먹고 마셔야 한다(마 26:26-28; 요 6:30-58; 고전 10:16,17; 11:23-32).

독생자이신 그 그리스도께서 친히 자신의 영(아들의 영)을 부어주셔서 거듭나게 하심으로 하나님을 아버지라 부를 권세를 주시고 친히 형제가 되어 주셨다(갈 4:5; 히 1:6; 2:11,12). 그분은 하나님의 맏아들이 되셨고 우리를 형제라 부르기를 부끄러워하지 않으신다. 사도들은 그분이 새롭게 주신 새계명을 항상 가르쳤다(롬 12:10; 14:15; 갈 5:13; 엡 6:23; 빌 4:1; 살전 4:9; 살후 1:3; 히 13:1; 벧전 1:22; 2:17; 3:8; 벧후 1:7). 하나님 사랑, 이웃을 사랑, 형제를 사랑이 영원한 계명의 핵심이다.

사도 요한은 네로의 핍박이 절정을 이루었던 1세기 마지막 때 예수 그리스도의 지시를 받아 요한일서를 기록하며 형제사랑의 계명을 힘써 지키라고 가르쳤다. 교회의 탄생과 처음부터 내려진 그 계명은 하나님을 목숨 다해 사랑하고 이웃을 자기처럼 사랑하라는 말씀 위에 더해진 '형제를 예수님처럼 사랑하라'는 것이다.

<7 사랑하는 자들아 내가 새계명을 너희에게 쓰는 것이 아니라 너희가 처음부터 가진 옛계명이니 이 옛계명은 너희의 들은 바 말씀이거니와 8 다시 내가 너희에게 새계명을 쓰노니 저에게와 너희에게도 참된 것이라 이는 어두움이 지나가고 참 빛이 벌써 비침이니라 9 빛 가운데 있다 하며 그 형제를 미워하는 자는 지금까지 어두운 가운데 있는 자요 10 그의 형제를 사랑하는 자는 빛 가운데 거하여 자기 속에 거리낌이 없으나 11 그의 형제를 미워하는 자는 어두운 가운데 있고 또 어두운 가운데 행하며 갈 곳을 알지 못하나니 이는 어두움이 그의 눈을 멀게 하였음이니라>(요일 2장)

이어진 3장에서도 형제사랑의 새계명을 강조하여 가르쳤다.

<10 이러므로 하나님의 자녀들과 마귀의 자녀들이 나타나나니 무릇 의를 행치 아니하는 자나 또는 그 형제를 사랑치 아니하는 자는 하나님께 속하지 아니하니라 11 우리가 서로 사랑할찌니 이는 너희가 처음부터 들은 소식이라>(요일 3장)

인류 처음 사람간의 범죄는 마귀에게 속한 형이 하나님께 속한 동생을 미워하여 죽인 형제살인이다(요일 3:12). 세상에 속한 자는 하나님께 속한 자를 미워하는데 형제를 사랑함으로써 사망에서 생명으로 들어갔으니 형제를 사랑하지 않는 자는 여전히 사망에 거하는 것이라고 했다(요일 3:13,14). 형제를 미워하는 자는 누구든지 살인하는 자요 영생이 그 안에 없다고 했다(요일 3:15). 예수 그리스도께서 형제로서 우리를 위해 목숨을 버리셨으니 이로써 형제사랑을 알고, 우리도 형제를 위하여 목숨을 버리는 것까지 마땅하다고 가르치셨다(요일 3:16-22).

<23 그의 계명은 이것이니 곧 그 아들 예수 그리스도의 이름을 믿고 그가 우리에게 주신 계명대로 서로 사랑할 것이니라 24 그의 계명들을 지키는 자는 주 안에 거하고 주는 저 안에 거하시나니 우리에게 주신 성령으로 말미암아 그가 우리 안에 거하시는 줄을 우리가 아느니라>(요일 3장)

<19 우리가 사랑함은 그가 먼저 우리를 사랑하셨음이라 20 누구든지 하나님을 사랑하노라 하고 그 형제를 미워하면 이는 거짓말하는 자니 보는 바 그 형제를 사랑치 아니하는 자가 보지 못하는 바 하나님을 사랑할 수가 없느니라 21 우리가 이 계명을 주께 받았나니 하나님을 사랑하는 자는 또한 그 형제를 사랑할찌니라>(요일 4장)

<1 예수께서 그리스도이심을 믿는 자마다 하나님께로서 난 자니 또한 내신 이를 사랑하는 자마다 그에게서 난 자를 사랑하느니라 2 우리가 하나님을 사랑하고 그의 계명들을 지킬 때에 이로써 우리가 하나님의 자녀 사랑하는 줄을 아느니라 3 하나님을 사랑하는 것은 이것이니 우리가 그의 계명들을 지키는 것이라 그의 계명들은 무거운 것이 아니로다>(요일 5장)

요한일서는 말세에 가장 중요한 새계명인 형제사랑의 서신이다.

이어진 요한이서도 역시 형제사랑을 강조한다(요이 1:5,6).

요한계시록의 일곱 교회들 중에 아무런 흠이나 티나 주름잡힌 것이 없고 칭찬만 있는 교회는 1~3세기의 핍박시대를 상징하는 서머나교회와 잃어버렸던 진리를 완전히 회복한 재림 때의 '빌라델비아교회'뿐이다. 에베소교회는 처음 사랑인 '형제사랑'을 잃어버려 사라진 교회이다.

예수께서 다시 오실 때 맏아들로 오시고(히 1:6), 형제들에 의해 미움을 받거나 형제들의 행위로 인해 실족한 형제를 데려오지 않는 자들을 책망하실 것이다. 지극히 작은 소자라도 예수님의 지체이니만큼 예수님처럼 대우하지 않으면 책망받을 것이라는 말씀이다.

4. 이스라엘 민족이 보여준 복음의 그림자

(1) 이스라엘 백성들의 400년간의 노예살이

애굽의 총리였던 요셉은 죽으면서 유족들에게 애굽에서 떠날 때 필히 자신의 유골도 가지고 떠나라고 명했다(창 50:25). 그가 죽은 얼마 후 애굽에 요셉을 알지 못하는 왕조가 일어나 그 동안 부귀영화를 누리던 요셉의 친족들을 종으로 삼아버렸다. 이스라엘 민족은 400년 동안이나 처절한 노예살이에 떨어졌는데 아들을 낳으면 나일강에 던져서 죽여야 하는 절망적인 고통을 당하기도 했다. 주전 625년에 세워진 바벨론왕국이 주전 539년에 페르시아에게 멸망당하기까지 불과 86년간 존속한 사실에 비추어볼 때 400년이란 참으로 긴긴 세월이었다.

이스라엘 민족의 애굽의 노예살이는 아담의 범죄 이후 모든 사람들이 사단 마귀와 죄와 사망의 종이 된 영적 현실을 보여준 그림자이다. 모든 이들은 거짓말의 아비요 세상신과 세상임금인 사단 마귀의 지배로부터 해방되어 천국의 아버지께로, 죄와 사망이 지배하는 데서 의와 생명으로 해방되어야 한다. 죽은 요셉이나 살아있는 자들이나 모두 애굽에서 나와야 하듯이 아담의 후손들은 누구나 죄와 사망의 노예살이로부터 구원을 받아 하나님의 생명과 영광을 누려야 함을 보여준다.

이스라엘 백성들은 요셉의 유골을 가지고 애굽에서 나왔고(출 13:19), 그들이 광야를 통과하는 동안 하나님의 법궤가 앞장섰는데(민 10:33), 부귀영화를 누렸던 요셉의 유골을 넣은 관이 뒤를 따랐다. 이것이 장차 하나님의 언약궤의 실체인 그 그리스도께서 부활하시고 그 뒤를 따르는 모든 자들도 함께 부활로 하늘에 오를 것을 보여주는 그림자이다.

(2) 장자의 재앙 후에 출애굽과 홍해를 건넘

하나님께서는 애굽의 노예였던 백성들을 구출하여 하나님의 장자로 삼고자 하셨다(출 4:22,23). 하나님께서 모세를 바로에게 신(神)이 되게 하셨고, 애굽의 모든 신들과 신처럼 군림하던 바로와 장자들과 가축들의 첫태생을 치실 것이라고 경고하셨다(출 7:1; 11:5; 12:12).

교만한 바로는 하나님께서 내리신 9가지의 큰 기적의 재앙들을 겪고서도 유월절 양이 오기까지 이스라엘을 보내지 않고 대항하였다. 이것은 주 예수께서 공생애를 통해 수많은 기적을 행하셨고 수많은 사람들에게 은혜를 주셨지만 유월절 양으로 죽으시기 전까지는 사단과 죄와 사망이 여전히 사람들을 사로잡고 있음을 보여준 아주 중요한 그림자이다.

하나님께서 밤중에 애굽의 모든 첫 태생들을 치시는 열 번째 재앙을 피하도록 이스라엘 백성들에게 양을 잡은 피를 문설주와 문인방에 바르고, 집 안에서 양고기를 불에 구워먹되 뼈를 꺾지 말고, 행군할 준비를 하고 급히 먹으라고 명하셨다(출 12:1-51). 유월절 양의 피를 바른 그 집 안에 거하는 이스라엘 백성에게는 죽음이 넘어(유월/踰越)갔다. 이 재앙 후에야 바로와 애굽의 모든 백성들은 모세와 이스라엘 백성들에게 속히 애굽을 떠나달라고 간청했다. 애굽에서 해방된 이 날을 유월절로 정하여 영원히 지키게 하셨다(출 12:24). 그림자를 보고 신약의 실체를 깨달아야 참된 유월절을 영원히 지킬 수 있다. 신령한 유월절은 세상에서 모든 하늘 위로, 죄와 사망의 지배에서 의와 생명으로 해방시킨다. 예수께서 실체의 유월절 양으로 돌아가시되 뼈가 꺾이지 않으셨다(출 12:46; 시 34:20; 요 19:36; 고전 5:7).

예수님의 고향 사람들은 예수님을 믿지 않았으므로 동일한 예수님이 신데도 거기서는 아무 권능도 행하실 수 없어 단지 안수로 몇을 고치셨을 뿐임을 볼 때(막 6:5,6) 요한복음 6장의 신자들은 큰 믿음을 가진 게 확실하다. 온갖 병자들, 장애자들이 완전하게 치료되고 오병이어의 놀라운 표적이 있었다(요 6:2,14). 그 신자들은 예수님을 이때까지 기다려왔던 그 '기름부음 받은 자'(마쉬아흐)인 '그 선지자'라고 믿고 강권적으로 다윗의 보좌에 앉아 다스려주실 '왕'으로 세우려고 했다(신 18:18; 요 6:15). 그들이 예수님을 그 선지자와 왕으로 믿고 세우려고 했던 사실은 예수님을 그 메시야/그리스도로 믿었다는 증거이다. 그런데 예수님은 그 신자들을 피하여 산으로 가셨다.

오늘날도 새언약의 유월절의 표적을 모르는 신자들이 많다(요 6:4). 유대인들은 예수님을 육체의 먹을거리를 주시고 병을 고쳐주시고 로마의 지배로부터 해방시켜 주실 분으로 믿었지만 마귀와 죄와 사망으로부터 해방시켜 주실 신령한 '제사장과 유월절 어린양'으로는 보지 못했다. 예수님은 온갖 표적과 오병이어의 기적을 체험한 그들에게 먹고 배부르게 한 썩을 표적을 좇지 말고 영원한 표적을 찾고 보고 따르라고 말씀하셨다(요 6:26-71). 그들은 더 큰 기적을 볼 수 있겠다는 기대로 보여주실 표적이 무엇이냐고 물었다. 세상 죄를 지고 가는 하나님의 어린양, 해방을 가져다 줄 유월절 양으로 죽으실 때 사단(뱀)은 심판받은 놋뱀이 되어 나무에 높이 달리게 되고, 비로소 신자들은 죄와 사망에서 벗어날 수 있게 되었다. 예수께서 말씀하신 그 표적은 예수께서 진정한 유월절 어린양으로서 죽으실 것을 알고 그분의 살과 피를 먹는 것이 무엇인지 깨닫고 믿음으로 말씀에 순종해야 영원히 산다는 말씀이었다.

예수께서 유월절 어린양으로서 그 살과 피를 우리에게 먹고 마시게 하시는 진정한 표적은 세상과 죄로부터 어린양 예수님과 함께 십자가에 못박히는 진정한 회개와 복음에 순종을 의미한다. 구약의 수많은 기사와 이적(표적)들은 죄로부터 해방을 주는 온전한 표적이 아니다. 예수님을 믿을지라도 구약과 같은 표적을 경험하는 것으로써 죄사함을 받았다고 믿는 것은 진리에 대해 무지하기 때문이다. 오늘날도 초자연적인 표적을 체험하는 믿음을 가진 신자들 중에 예수께서 보여주실 진정한 표적을 보지 못하는 신자들이 너무나 많다.

유월절 밤에 애굽의 모든 장자들은 죽임을 당하였고, 하나님의 장자인 이스라엘 백성들은 여러 가지 패물들을 받아 출애굽 하였다. 출애굽은 홍해를 건너면서 완성되었는데 이스라엘 백성들이 홍해 앞에 이르렀을 때 그들을 다시 끌어가기 위해 애굽의 모든 군대가 쫓아왔다. 이스라엘 백성들은 죽음을 당하거나 이전보다 더욱 참혹한 노예살이에 떨어질 상황이었다. 하나님께서 모세에게 손에 든 지팡이를 홍해를 향해 내밀라고 말씀하셨다(출 14:21-31). 모세가 지팡이를 든 손을 홍해를 향해 내밀자 홍해의 물이 양쪽으로 쌓여 길을 내었고 이스라엘 백성들은 마른 땅을 밟고 홍해를 건넜으며, 따르던 애굽의 모든 군대는 수장되었다.

<물이 다시 흘러 병거들과 기병들을 덮되 그들의 뒤를 쫓아 바다에 들어간 바로의 군대(軍隊)를 다 덮고 하나도 남기지 아니하였더라> (출 14:28)

이스라엘 백성들은 홍해를 건넘으로써 애굽에서 완전히 해방되었다. 아무리 유월절 양이 죽임을 당하였을지라도 홍해가 없었다면 완전한 출애굽을 할 수 없었다. 만일, 모세와 이스라엘 백성들이 홍해를 통과케 하려는 하나님의 뜻을 믿지 않고 가만히 있었다면 이전보다 더 처절한 노예살이에 떨어졌을 것이다.

지팡이를 든 손으로 홍해를 가른 표적은 하나님의 오른손의 능력이다(출 15:6,12). 주 예수님은 표적을 보여주면 믿겠다던 자들에게 요나의 표적 외에 보여줄 다른 표적이 없다고 대답하셨다(눅 11:29-32).

<38 그 때에 서기관과 바리새인 중 몇 사람이 말하되 선생님이여 우리에게 표적 보여 주시기를 원하나이다 39 예수께서 대답하여 가라사대 악하고 음란한 세대가 표적을 구하나 선지자 요나의 표적 밖에는 보일 표적이 없느니라 40 요나가 밤낮 사흘을 큰 물고기 뱃속에 있었던 것같이 인자도 밤낮 사흘을 땅 속에 있으리라>(마 12장)

'악하고 음란한 세대'란 죄에 빠져서 세상을 사랑하는 세대이다. 예수께서 보여주실 진정한 표적은 우리 대신 유월절 어린양으로 죽으시고 장사되셔서 3일 밤낮을 무덤에 계신 것이다. 예수님의 살과 피를 먹는 유월절 양의 죽음을 완전케 하는 표적은 예수께서 무덤에 장사되셨음을 따라 죄의 옛사람이 장사(葬事)되라는 것이다.

홍해에서 애굽의 모든 군대는 수장이 되었지만 죄와 사망의 세력은 여전히 그들을 뒤따라왔고 끝내 죽은 그들의 영(靈)을 끌고 가 음부에 가두었다. 홍해의 기적은 새언약의 실체를 보여주는 모형이었다.

<모세에게 속하여 다 구름과 바다에서 침례를 받고>(고전 10:2)

사도 바울은 홍해의 사건을 예수 그리스도의 이름으로 받는 물침례의 모형이라고 설명했다. 예수께 속한 물침례는 모든 죄와 사망의 세력까지 물에 완전히 장사지내는 진정한 표적이 된다는 말씀이다.

<그러므로 우리가 그의 죽으심과 합하여(헬-'에이스') 침례(浸禮)를 받음으로 그와 함께 장사(葬事)되었나니 이는 아버지의 영광으로 말미암아 그리스도를 죽은 자 가운데서 살리심과 같이 우리로 또한 새 생명 가운데서 행하게 하려 함이니라>(롬 6:4)

예수 그리스도의 이름의 물침례는 그리스도와 함께 부활하기 위해 어린양과 함께(합하여) 심겨지는 것이기도 하기 때문이다.

<내가 진실(眞實)로 진실(眞實)로 너희에게 이르노니 한 알의 밀이 땅에 떨어져 죽지 아니하면 한 알 그대로 있고 죽으면 많은 열매를 맺느니라>(요 12:24)

예수님의 부활이 있기 전에 예수님의 죽으심과 장사되심이 있었다. 주 예수님과 함께 죽고 함께 장사되는 것은 욕된 몸으로 심고 영광스러운 몸으로 부활할 약속을 확증한 표적이다(롬 6:5; 고전 15:42-54).

(3)이스라엘 백성의 40년 동안의 광야교회

이스라엘 백성들이 40년 동안 광야의 삶을 살았던 것은 오순절 날 교회가 탄생한 이후 예수께서 그분의 성도들을 데리러 오시기까지 광야와 같은 세상에서 믿음으로 살아가는 교회의 그림자이다.

<시내 산에서 말하던 그 천사와 및 우리 조상들과 함께 광야(廣野) 교회(敎會)에 있었고 또 생명의 도(道)를 받아 우리에게 주던 자가 이 사람이라>(행 7:38)

홍해를 통해 애굽에서 완전히 벗어났지만 얼마 지나지 않아 이스라엘 백성들은 마실 물이 없는 심각한 갈증으로 인해 부르짖게 된다.

물침례를 받은 자들 모두가 생수의 성령을 받아야 했다. 하나님께서 그들에게 마실 물을 주시려고 모세에게 반석을 치라고 명령하셨다.

<내가 거기서 호렙 산 반석 위에 너를 대하여 서리니 너는 반석을 치라 그것에서 물이 나리니 백성이 마시리라 모세가 이스라엘 장로들의 목전에서 그대로 행하니라>(출 17:6)

반석 위에 יהוה 하나님께서 서 계시는데 그 반석을 지팡이로 친다는 것은 יהוה 하나님께서 율법(지팡이)의 요구대로 피값을 내신다는 뜻이다. 오직 יהוה 하나님만이 영원토록 유일한 반석이시기에 반석을 치는 것은 그 하나님을 치는 것이다(신 32:4,15,18,31,37; 삼상 2:2; 삼하 22:2; 시 18:2,31,46; 19:14; 28:1; 31:3; 42:9; 62:2,6,7; 71:3; 73:26; 78:35; 94:22; 95:1; 144:1; 사 8:14; 17:10; 26:4; 30:29; 44:8; 합 1:12). 물론 하나님께서 지팡이에 맞으시려면 육체를 입으셔야만 했다.

십자가의 사건은 יהוה께서 사람의 육체를 입고 세상에 오셔서 율법의 지팡이에 맞으신 것이다. 반석을 친 사건은 율법의 요구대로 예수께서 죽으심을 보여주는 그림자가 되었다(사 40:3; 마 3:3).

<너희는 자기를 위하여 또는 온 양 떼를 위하여 삼가라 성령이 저들 가운데 너희로 감독자를 삼고 하나님이 자기 피로 사신 교회를 치게 하셨느니라>(행 20:28. 참고 요 20:28)

반석인 하나님께서 율법의 요구대로 맞으시고 성령의 생수를 주셨다.

<다 같은 신령한 음료를 마셨으니 이는 저희를 따르는 신령한 반석으로부터 마셨으매 그 반석은 곧 그리스도시라>(고전 10:4)

그 반석이신 주 하나님(예수님)의 복음에 순종하지 않는 자들은 יהוה와 그리스도를 거절하는 자로서 형벌을 받는다고 경고하셨다.

<14 그가 거룩한 피할 곳이 되시리라 그러나 이스라엘의 두 집에는 거치는 돌, 걸리는 반석이 되실 것이며 예루살렘 거민에게는 함정, 올무가 되시리니 15 많은 사람들이 그로 인하여 거칠 것이며 넘어질 것이며 부러질 것이며 걸릴 것이며 잡힐 것이니라>(사 8장)

하나님의 복음을 믿지 않는 자들이나 믿어도 말씀대로 순종하지 않고 거짓 복음을 믿고 따르는 자들에게 하나님께서는 부딪히는 반석, 거치는 반석이 되셔서 티끌로 돌리신다. 예수 이름의 물침례의 순종과 성령의 생수를 받는 것이 진리의 복음이다(벧전 1:22-25).

<또한 부딪히는 돌과 거치는 반석이 되었다 하니라 저희가 말씀을 순종치 아니하므로 넘어지나니 이는 저희를 이렇게 정하신 것이라> (벧전 2:8)

거짓말을 믿거나 말씀대로 순종하지 않는 자의 결말에 대해서는 모세에게 행하신 하나님의 뜻을 깨닫고 배울 때 바로 알 수 있다.

이스라엘 백성들이 마실 물이 없다고 다시 원망하였을 때 하나님께서 '반석에게 말하여(speak) 물을 내라'고 모세에게 명하셨다(민 20:1-8). 이스라엘 백성들의 끝없는 원망과 불평에 분노한 모세는 반석에게 물을 내라고 말하지 않고 지팡이로 반석을 두 번이나 쳐서 물을 내었다(11절). 모세의 행동은 예수님의 단번에 돌아가심으로써 영원하고 완전한 구속을 이루실 사건의 모형을 깨뜨려 예수님을 두 번 십자가에 못 박는 것이었다. 그로 인해 이 모세는 백성들과 약속의 땅에 들어가지 못하고 느보산에서 바라보기만으로 만족해야 했다(12절; 신 32:51,52).

그 광야교회는 신약교회에 대한 경계와 거울이 되었다(고전 10:6,11). 모형을 깨뜨린 모세가 약속의 땅에 들어가지 못했는데 하물며 실체인 진리를 깨뜨린다면 하늘에는 결단코 들어가지 못할 것이다. 사진을 찢는 죄보다 실체인 사람을 찢는 죄가 더 큰 죄라는 말이다.

(4)그리스도의 언약의 그림자인 모세의 언약

구약의 중보자인 모세는 약속의 땅에 들어가지 못하고 다만 바라보기나 했고, 백성들을 약속의 땅으로 인도한 자는 여호수아('예수스'/'예수')였다. 이것은 모세의 율법으로는 죄를 온전히 없애지 못하기에 하나님의 하늘에 들어갈 만한 의(義)를 받을 수 없지만 예수께서 그 일을 이루신다는 사실을 보여주는 그림자였다(롬 3:21).

옛언약은 몽학선생(초등교사), 새언약은 대학교 교수와 같이 가르친다(갈 3:24). 율법의 마지막 선지자요 여자가 낳은 자 중에 가장 큰 자인 침례 요한 역시 기초학문을 가르쳤다. 요한은 구약적 회개와 속죄함의 침례를 주어 신자들을 예수님께로 안내했다. 요한의 침례를 받고 나온 신자들에게 제자들이 다시 실체인 죄사함의 침례를 주었다.

옛언약은 세상에 속한 낮은 법(초등학문), 종의 신분의 천한 법, 죄를 덮기나 하는 약한 법이다. 셋째하늘의 법, 완전한 죄사함을 주는 법, 천사들보다 뛰어난 아들 신분으로 거듭남을 주는 신약의 모형에 불과하다. 모세의 율법은 죄인임을 드러내어 죽음을 요구하고, 완전한 자유와 참된 안식을 주지 못했다. 애굽의 기적이나 홍해의 기적도 사단과 죄와 사망으로부터 자유와 안식을 주지 못했으므로 온전한 신약에서 이루실 참된 은혜를 받아야 했다(요 1:17).

예수님께서 수고하고 무거운 짐 진 자들을 쉬게 하려고 부르셨다(마 11:28-30). 아들의 법을 따라 멍에(십자가)를 지는 순종함을 통해서 그 무거운 죄의 종의 짐을 내려놓는 은혜를 받게 하신다.

예수님의 은혜와 진리 곧 신약을 알면 하나님의 아들의 참된 자유와 영원하고 완전한 '하나님의 안식'을 얻는다(요 8:32-36). 그 자유는 첫째로는 죄로부터 해방되는 자유이고 둘째로는 셋째하늘에서 누리는 자유 즉 만유를 발아래 다스릴 수 있는, 하나님의 아들로서 누리는 자유이다. 이 새언약을 가리켜 '자유케 하는 온전한 율법, 그리스도의 율법'이라고 부른다(고전 9:21; 약 1:25; 2:12,13).

(5) 보수자(報讐者, avenger)로부터 피할 도피성

하나님께서 이스라엘 백성들의 친족에게 기업을 무를 수 있는 권한을 주셨을 뿐만 아니라 원수를 갚는 권한도 주셨다. 만일 누가 고의로 사람을 죽였을 경우에 죽음을 당한 자의 친족이 살인자를 죽일 권한이 있다. 그 권한을 따라 원수를 갚는 자를 보수자라 한다. 그러나 실수로 사람을 죽인 자는 보수자로부터 죽임을 당하지 않고 피하여 생명을 보존할 수 있도록 정하신 도피성들이 있었다.

① 예루살렘 거민들은 하나님의 성전 안에 있는 번제단의 뿔을 잡고 피할 수 있었다(출 21:12-14). 아도니야가 친히 왕위에 오르려고 모반을 꾸몄지만 주 하나님의 뜻대로 왕위가 솔로몬에게로 위임되자 제단 뿔을 잡고 피신했기에 솔로몬이 그를 용서해주었다(왕상 1:50-53).

아도니야가 탐욕을 버리지 못하고 솔로몬의 어머니 밧세바를 찾아가 선왕의 여인이었던 수넴 여자 아비삭을 아내로 달라고 청했다. 그것은 왕위를 얻으려는 속마음을 보이자 솔로몬이 브나야를 보내어 그를 처형했다(왕상 2:25). 또한 자신의 권력욕에 따라 다윗을 돕기도 하고 거역하기도 했고, 아도니야의 반역에 주도적인 역할을 했던 요압이 죽게 될 상황이 온 것을 알고 피하여 제단의 뿔을 잡았으나 아브넬과 아마사를 고의로 죽인 죄로 인해 결국 처형당했다(왕상 2:28-31).

예루살렘 성전의 제단 뿔을 잡고 피하는 일은 일반인들에게 어려운 일이었다. 그래서 사방에 우거하는 일반인들과 외국인들을 위하여 도피성을 정해주셨다(출 21:12-14; 민 35:6-34). 레위인들에게 주신 42개의 성들 중에서 6개의 성을 도피성으로 정했다. 모세가 정한 3개는 요단강 동편에 정했고(신 4:41-43; 수 20:1-9), 나머지 3성읍들은 요단강 건너편에 정하였다. 인자하신 주 하나님께서 도피자가 빨리 피할 수 있도록 접근하기 쉽게 도로를 닦으라고 명하셨다(신 19:1-3).

여호수아가 가나안 땅에다 구별한 3개의 도피성은 남쪽 지역에 있는 헤브론(유다지파), 중간 지역에 있는 세겜(에브라임 지파), 북쪽 지역에 있는 게데스(납달리 지파)였다(수 21:13,21,32).

살인한 자는 곧바로 도피성으로 피신해야 했고, 살인자에게 고의성이 없었는지 재판을 할 때까지 도피자를 죽이지 못하게 하셨다. 짐짓 살인한 자(고살자)는 도피성에 피했거나 제단의 뿔을 잡았을지라도 반드시 죽이게 하셨다(출 21:12). 실수로 사람을 죽였다는 판결 후에 살인자를 그 도피성으로 돌려보내어 그 성 안에서 머물며 살다가 그 해의 대제사장이 죽으면 살인죄에 대한 죄를 벗고 집으로 돌아갈 수 있게 하셨다. 만일 살인자가 그 대제사장이 죽기 전에 도피성 밖으로 나가 보수자를 만나 죽임을 당했다면 그 책임은 전적으로 도피성에서 피했다가 나온 그 자신에게 있다고 정하셨다(민 35:26-28).

'보수자'라는 히브리어 단어는 '되사다', '도로 찾다', '구속하다, 속량하다', '근친의 역할(권리, 의무)을 행하다'라는 의미의 동사 '가알'에서 나온 '고알'(고엘)이고, '구속자'도 역시 같은 단어이다.

주님께서 억울한 일을 당했을 때 친족이 대신 갚아주도록 정하셨다. 천사장들 중에서 대천사장이 반역하여 살인자가 되었다(요 8:44). 사단은 실수가 아니라 고의로 살인한 자이므로 반드시 죽어야 한다. 실수로 범죄한 천사들일이라 할지라도 대속해줄 구속자가 없다.

인류의 머리(대표)인 아담도 자신의 아내를 사랑하여 아내의 강청에 따라 죄를 범함으로써 그들에게서 태어난 인류 모두가 죄인이 되었다. 1970년대에 미국에서 주인공의 조상을 찾아가는 드라마 '뿌리'가 큰 인기를 얻었다. 인류는 나무와 같아 뿌리인 아담 안에서 모든 사람이 죄를 범하였다. 하나님께서 독생자를 '마지막아담' 즉 '고엘'로 세상에 보내서 사단 마귀와 죄에게 원수를 갚게 하셨다.

네 개의 복음서 중에서 마태복음은 아브라함과 다윗 왕의 족보를 시작으로 기록되어 사자의 얼굴을 비유로 보여준다. 이는 예수께서 아담의 후손, 아브라함의 후손, 다윗 왕의 후손으로서 온 세상을 지배하고 있는 뱀의 머리(권세)를 깨뜨리고 원수를 갚아 주신 분이심을 증거한다. 마태는 요셉의 조상들을 언급했고 누가는 마리아의 조상들을 언급했다. 모든 산 자들의 어미인 하와의 범죄 후, 하와와 그녀의 후손들이 받은 저주를 갚아주려고 '여인의 후손'으로 오신 예수 그리스도께서 '보수자'(報讐者/avenger)로서 원수를 갚아주셨다.

아담의 후손들은 아담이 범죄 할 때에 본의 아니게 그 안에서 다 죄인이 되었고, '보수자'처럼 좇아오는 죄에게 쫓기는 신세가 되었다.

<어떤 사람들의 죄는 밝히 드러나 먼저 심판에 나아가고 <u>어떤 사람들의 죄는 그 뒤를 좇나니</u>>(딤전 5:24)

이는 공의로운 심판자이신 하나님 앞에서 불가피한 일이다. 그 죄와 사망을 영원한 도피성이자 대제사장인 예수님 안에서만 피할 수 있다.

죄가 노아의 홍수로부터 물로 말미암아 구원을 받은 자들을 뒤쫓았다. 홍해에서 애굽의 군대에게서 구원받은 이스라엘 백성들 뒤도 죄가 뒤쫓았다. 죄는 구약성도 모두를 뒤좇았고, 결국 그들이 죽음에 이르렀을 때 그들의 영을 음부에 가두었다. 누구든지 대제사장이자 도피성인 예수님 안에 들어가면 뒤쫓는 죄와 사망으로부터 안전함을 얻는다. 도피성과 대제사장 안에 들지 못한 자는 마지막 심판대 앞에 서고 둘째사망에 던져질 것이다(계 20:11-15).

아담 이후 태어난 모든 사람은 아담 안에서 죄를 지었다. 지구 전체를 삼킨 홍수 때에도 방주 안에 있는 자는 살았듯이 누구 안에 있느냐가 중요하다. 모세를 통해 주신 율법은 '정죄(죄)의 법'인지라 더욱 확실히 죄를 드러내주고, 율법의 의인일지라도 죽으면 그 영을 음부에 가둔다. 대제사장과 어린양이신 예수께서 부활로 사단과 죄와 사망을 이기셨고, 아담 안에서 받은 죽음을 피할 수 있는 은혜를 주셨다. 누구든지 대제사장이자 도피성이신 그리스도 예수 안에 있으면 결코 정죄함이 없다(롬 8:1,2). 예수님은 아담의 모든 후손들을 위해 대신 죽으신 어린양(인자)이실 뿐만 아니라 사람의 아들을 하나님의 아들로 거듭나게 하는 대제사장(하나님의 아들 그리스도)이시다. 예수 그리스도께서 죽으신 후 대제사장인 그리스도(아들)의 영은 옥인 음부로 내려가셔서 거기에 갇혀있던 의인의 영들을 해방시켜 모든 하늘 위에 있는 영원한 본향으로 데려가셨다. 예수께서 도피성이요 대제사장이 되심은 세상에서 그의 몸 된 교회가 영혼의 도피성임을 보여준다.

② 베셀(베체르/ Bezer)

도피성 베셀(신 4:43)은 요새, 철옹성이라는 뜻을 지닌다. 주 하나님은 피난처이시며 피할 바위시며 견고한 요새이시다(삼하 22:3,33; 시 18:2; 61:3; 91:2; 144:2). 하나님의 성함은 견고한 망대가 되었고 의인들은 그리로 달려가 안전함을 얻는다(잠 18:10). 구약시대의 안전함은 육체적, 세상적인 안전함이었다. 그러나 누구도 사단과 죄와 사망의 공격을 이길 만큼의 완전한 안전함을 얻지는 못했다.

물과 성령으로 거듭나 육체를 입고 예수 그리스도 안에 들어간 자의 영은 완전한 안전함을 얻는다(롬 8:1,2,35-39). 예수께서 사단의 권세, 죄와 사망의 권세를 깨뜨리고 부활하셨기 때문이다. 주 하나님께서 예수 그리스도 안에서 거듭난 자들에게 베푸시는 사랑을 끊을 수 있는 것은 아무 것도 없다. 주 예수 그리스도의 성령으로 거듭난 자는 사단이 접근조차 못하는, 가장 높은 하늘의 완전한 도피성에 들어간 아들이다(요일 5:18). 그러나 아직 구속받지 못한 겉사람을 따라 도피성 밖으로 나오면 당연히 죄와 사망에게 죽을 수 있다.

③ 길르앗 라못(라모트길르아드/ Ramoth in Gilead)

'길르앗'(신 4:43)은 반석이 많은 지역, 강함이라는 뜻을 지녔고, '라못'은 높임, 오름, 높은 곳이라는 뜻을 지녔다.

하나님께서 모세를 호렙산 반석 위에 두셨듯이(출 33:21), 하나님은 죄인들을 예수 그리스도의 은혜로 죄와 사망에서 구원하셔서 가장 높은 영원한 반석 위에 교회로 세우셨다(마 16:18). 예수께서 세우신 교회는 예수님의 몸이요, 베드로들의 연합이요, 장차 겉사람까지 신령한 산돌과 영광스러운 보석으로 다듬어져 만유 위의 하늘로 오를 자들이다. 교회는 한 새사람이요 만유 위에서 만유를 채울 자이다(엡 1:22,23).

<앞에서 가고 뒤에서 따르는 무리가 소리질러 가로되 호산나 다윗의 자손이여 찬송하리로다 주의 이름으로 오시는 이여 <u>가장 높은 곳에서 호산나</u> 하더라>(마 21:9. 참고 막 11:10)

가장 높은 하늘은 하늘과 하늘들 위에 있는, '하나님의 하늘'이다.

<또 만물(헬-파스: 만유)을 그 발아래 복종하게 하시고 그를 만물(파스) 위에 교회의 머리로 주셨느니라>(엡 1:22)

<5 허물로 죽은 우리를 그리스도와 함께 살리셨고 (너희가 은혜로 구원을 얻은 것이라) 6 <u>또 함께 일으키사 그리스도 예수 안에서 함께 하늘에 앉히시니</u> 7 이는 그리스도 예수 안에서 우리에게 자비하심으로써 그 은혜의 지극히 풍성함을 오는 여러 세대에 나타내려 하심이니라>(엡 2장)

예수 그리스도와 합하여 죽고 그와 합하여 부활한 자(영)는 머리이신 그분의 몸에 지체로 연합되어 셋째하늘에 앉혀졌다(엡 2:15). 그 하늘을 가리켜 모든 하늘들 위라고 한다(엡 4:10). 시간과 공간을 초월하는 셋째하늘, 대천사장이 오르려했던 가장 높은 하늘이다(사 14:13,14).

④ 바산 골란(뱌산 골란/ Golan in Bashan)

'바산'이란 지명은 '비옥한'이라는 뜻을 갖고10) '골란'은 기쁨이라는 뜻인 גיל{길}에서 유래했다.11) 하나님께서 창조하시어 온전한 상태였을 때는 산모나 신생아가 고통을 당하지 않고 출산하도록 하셨다. 하와가 저주를 받은 이후 모든 자녀는 그 어머니 태에서 태어날 때 기쁨은커녕 가난과 압제 아래, 죄의 종으로 울면서 태어난다.

모든 사람은 죄 아래서 탄생하고(시 51:5), 일생이 쏜살같이 지나가며 그 과정은 수고와 슬픔뿐이라 했다(시 90:1-10). 그 어디에서도 진정한 기쁨이 없지만 오직 주 예수 그리스도 안에서 참된 기쁨, 영원한 극락의 나라로 들어가 완전한 기쁨과 평강을 누린다(시 43:4; 사 12:3).

<주께서 생명의 길로 내게 보이시리니 주의 앞에는 기쁨이 충만하고 주의 우편에는 영원한 즐거움이 있나이다>(시 16:11)

<5 그 노염은 잠간이요 그 은총은 평생이로다 저녁에는 울음이 기숙할찌라도 아침에는 기쁨이 오리로다 … 11 주께서 나의 슬픔을 변하여 춤이 되게 하시며 나의 베옷을 벗기고 기쁨으로 띠 띠우셨나이다>(시 30편)

은혜와 진리는 예수님으로 말미암아 전파된 지극히 좋은 소식이다.

복음은 '온 백성에게 미치는 큰 기쁨의 소식'이다(눅 2:10). 예수께서 믿는 자 안에 성령으로 오시고, 믿는 자가 성령침례로 하나님 안에 들어갔을 때 그 기쁨은 예수님이 가지셨던 그 기쁨이며, 아무도 빼앗을 수 없는 완전한 기쁨이다(요 15:11; 16:20,22,24; 17:13).

<주께서 생명의 길로 내게 보이셨으니 주의 앞에서 나로 기쁨이 충만하게 하시리로다 하였으니>(행 2:28)

주 예수께서 성령으로 제자들 안에 오셨을 때부터 제자들은 기쁨과 평강이 충만하였다(행 13:52; 롬 14:17; 15:13; 갈 5:22; 벧전 1:8).

⑤ 헤브론(레브론/ Hebron)

'헤브론'(수 21:13)은 연합하다, 결합하다, 묶다라는 히브리어 '하바르'에서 유래되어 친교, 동맹이란 뜻을 가졌다. 헤브론은 해발 927m 고지대에 세워진 세계에서 가장 오래된 성읍 중 하나인데, 옛 이름은 '기럇 아르바'(창 35:27; 수 14:15) 혹은 '마므레'(창 23:19)라 부른다. 가나안으로 이주한 아브람이 처음에 장막을 치고 하나님을 위하여 단을 쌓았던 곳이 '헤브론'이다(창 13:18). 아브라함이 아내 사라를 장사지낸 곳이며(창 23:19), 이삭과 야곱의 주요 거처였다(창 35:27; 37:14). 헤브론은 갈렙에게 주어진 성읍이며(수 14:13-15; 15:13-19), 다윗이 왕위에 올라 7년 반 동안 통치한 곳이기도 하다(삼하 2:1-11). 주 하나님과 친교를 맺고, 하나님과 연합되는 것은 최상의 복이다.

예수 그리스도는 유일하신 하나님과 사람 사이에 유일한 중보자이다
(딤전 2:5). 예수께서 죄로 인하여 하나님과 원수가 되었던 우리를 위해
화목제물이 되심으로써 우리가 하나님과 화목, 화평을 누리게 되었다.
영어로 속죄라는 뜻의 atonement는 at+one+ment로 분해할 수 있는데
'하나 되기'라는 의미이다. 아브람은 헤브론에 단을 쌓고 제사드림으로
하나님과 교제하고 연합했다(창 13:18). 예수께서 우리를 위한 속죄물이
되심으로써 하나님과 우리를 하나로 연합시키셨다(요 17:21-23). 참된
중보자인 예수 그리스도 안에서, 그의 몸된 교회가 하나님과 부부관계로
맺어져서 완전하고 복된 교제, 교통과 연합과 공유가 이루어진다(잠
3:32; 고전 1:9; 고후 13:13; 요일 1:3,6,7). 예수께서 선민과 이방인들
사이를 갈라놓았던 담도 허시고 둘이 한 몸의 형제관계로 화평 가운데
함께 유업을 얻는 데로 나아가게 하셨다(행 10:28; 엡 2:11-22).

성도들은 자신의 몸을 화목제물로 삼을 때 하나님과 교제가 시작된다.
구약시대와 달리, 신약성도가 죽으면 영이 참하늘로 올라가 그리스도와
영원히 하나로 연합된다(고후 5:8). 믿음의 열조가 헤브론(교제)에 장사
되었듯이(창 23:20; 49:31) 겉사람은 물침례로 그리스도의 장사 속으로
들어감으로써 부활과 연합의 산 소망을 갖게 된다(롬 6:4,5).

⑥ 세겜(셰켐/ Shechem)

성경에는 사람의 지체에 어떤 의미를 부여하여 표현하는 예가 굉장히
많다. 머리는 권위·왕·주를 상징하고 뿔은 권능을, 오른팔이나 오른손과
손가락은 의로운 능력을, 눈은 지식이나 분별력을, 발은 다스림을 상징
한다. 어린양의 일곱 눈은 그의 전지함을 비유로 표현한 것이다.

'세겜'(수 21:21)이라는 지명은 '어깨'라는 뜻인데, 옛날 사람들은 주
로 어깨에 물건을 지고 날랐고 어깨가 넓고 튼튼하면 그만큼 많은 짐을
지고 나를 수 있었다. 소나 나귀에게 멍에를 메어 일을 시켰듯이 어깨에
멍에를 메었다는 말은 종으로서 섬긴다는 의미이다. 우리말에도 어깨가
무겁다는 말은 책임이 크다거나 부담이 크다는 것을 의미하고 어깨가
가벼워졌다는 말은 그 반대의 의미인데 이런 것들이 세겜이 갖는 의미
를 보여준다. 오늘날도 힘깨나 쓰는 사람을 어깨에 빗대듯 세겜은 강한
힘으로 역사(役事)하거나 섬기는 것(봉사)을 상징한다.

이집트에서는 어깨에 손을 얹는 행위는 국가나 혹은 개인이 책임을 떠넘긴다는 상징적 표시가 되기도 했다. 또한 다른 이의 어깨에 기대는 것은 그 사람에 대한 의지(依支)와 친밀감을 표시한다.

예수님께서 어깨에 정사(政事)를 메셨는데 다윗의 보좌의 왕으로서 죄를 어깨에 지시고 사단과 죄와 사망을 멸하실 것임을 가리킨다.

<이는 한 아기가 우리에게 났고 한 아들을 우리에게 주신 바 되었는데 그 어깨에는 정사를 메었고 그 이름은 기묘자라, 모사라, 전능하신 하나님이라, 영존하시는 아버지라, 평강의 왕이라 할 것임이라>(사 9:6)

<내가 또 다윗 집의 열쇠를 그의 어깨에 두리니 그가 열면 닫을 자가 없겠고 닫으면 열 자가 없으리라>(사 22:22)

대제사장의 어깨에는 보석들을 붙인 흉배를 메었다. 하나님의 법궤도 반드시 어깨에 메어서 옮기도록 정하셨다.

아담 안에서 태어난 모든 사람은 죄의 종이라는 멍에를 어깨에 메고 있다(사 9:4; 마 11:28; 행 15:10; 갈 5:1). 선한 목자께서 잃은 양을 찾아 어깨에 메고 돌아오셨다(사 49:22; 눅 15:5). 예수께서 우리의 모든 생활의 짐, 죄의 짐을 그분의 어깨로 대신 져주셨다. 무겁고 강한 죄의 멍에를 메고 있던 인류가 어깨를 예수님의 대신 짊어지심으로 인하여 가볍게 해주셨고 영원히 쉴 수 있게 되었다.

<베냐민에 대하여는 일렀으되 יהוה의 사랑을 입은 자는 그 곁에 안전히 거하리로다 יהוה께서 그를 날이 맞도록 보호하시고 그로 자기 어깨 사이에 처하게 하시리로다>(신 33:12)

우리는 예수님의 어깨에 기대어 쉼과 위로를 얻고, 우리가 더 힘들어할 때는 그분이 친히 우리 자신을 그분의 어깨 위에 얹고 가신다.

⑦ 게데스(케데쉬/ Kedesh)

'게데스'(수 21:32)는 히브리어 '성소'를 의미하는 '코데쉬'와 어근이 같고 '거룩함', '성물', '성소'를 의미한다. 썩어가는 것들 속에서 썩기 전에 깨끗한 것을 가려내 따로 거하게 해야 하는데 이를 구별(區別)이요 거룩한 곳에 떼어두는 성별(聖別)이라 말한다.

이전에는 버림받은 땅이었을지라도 하나님께서 임재하심을 나타내신 곳은 거룩한 곳이 된다(출 3:5). 죄인들이 하나님의 임재 앞에 임의로 선다면 그분의 거룩함과 영광과 공의 앞에서 곧바로 죽을 수밖에 없다. 하나님은 지극히 거룩하시고 영광스럽고 의로운 분이시다. 그분의 긍휼하심으로 하나님께 속하게 하실 때 우리는 하나님의 거룩함을 얻는다.

예수 그리스도는 하나님 아버지의 진리로 우리를 거룩케 하신다.
<17 저희를 진리로 거룩하게 하옵소서 아버지의 말씀은 진리니이다 … 19 또 저희를 위하여 내가 나를 거룩하게 하오니 이는 저희도 진리로 거룩함을 얻게 하려 함이니이다>(요 17장)

거룩한 영(성령/聖靈)이신 하나님께서 거하시는 집이 성전(聖殿)이다. 하나님께서 예수 그리스도를 하나님의 새롭고 완전한 성전의 머릿돌과 모퉁잇돌로 세우셨다(시 118:22; 마 21:42; 막 12:10; 눅 20:17; 행 4:11; 엡 2:20; 벧전 2:6,7). 예수님의 신격은 하나님이시며, 예수님의 인격은 둘째사람이자 아들의 영으로서는 대제사장이시고, 부활한 몸은 지성소(至聖所)가 되었다는 말씀이다. 복음을 믿고 회개하여 물과 성령으로 거듭나면 하나님을 모신 신령한 성전 즉 진리의 코데쉬(게데스)에 연합된다(고전 1:2,30; 3:16,17; 6:11; 12:13; 고후 7:1; 엡 1:4; 2:21; 5:27; 살전 3:13; 4:7; 5:23; 살후 2:13; 히 13:12; 벧전 1:15,16; 2:5; 계 3:12; 21:22). 맏아들로서 머릿돌이신 예수 그리스도께 성령침례로 연합된 자들은 영원한 성전의 일부가 되었다. 이것은 예수님의 교회, 예수님의 몸이라는 도피성 코데쉬 안에 들어간 것과 같고, 그는 끝까지 그 거룩함 안에 거해야 몸까지 영원한 거룩함을 얻는다. 죽기까지 거룩함을 지키고 산다면 육체도 영원히 신령하고 거룩하고 영광스럽고 완전한 성전으로 변할 것이다(행 20:32; 26:18; 히 2:11).
<모든 사람으로 더불어 화평함과 거룩함을 좇으라 이것이 없이는 아무도 주를 보지 못하리라>(히 12:14)

거룩함(코데쉬)를 잃어버리는 것은 도피성에서 임의로 나와 보수자(사단과 죄)의 손에 죽임을 당하는 것과 같다.

(6) 열두 지파에게 분배해 주신 기업의 땅

하나님께서 창조하신 에덴동산을 아담에게 주시고 지구의 땅 전체를 에덴동산처럼 만들라고 말씀하셨다(창 1:28; 2:8). 세상은 하나님의 형상이자 아들의 모형인 아담이 받은 통치영역이다. 아담은 범죄 후 안식을 잃어버리고 에덴동산에서 추방되어 세상의 임금이 된 사단 마귀와 죄의 종이라는 신세로 전락(轉落)하였다.

온 세상이 죄악으로 가득해지자 하나님께서 홍수로 심판하셨고, 구원받은 자들이 다시 우상숭배에 빠지자 아브람을 부르시고 그와 후손들을 선민으로 삼으셨다(창 12:7; 13:14-17; 15:18; 17:8; 48:4).

기근을 피해 애굽에 내려갔던 이스라엘 백성들은 종이 되었고, 애굽에 내려간 지 430년 만에 애굽에서 구원을 받았다(출 12:40). 출애굽 후에 노약자와 여인들을 제외하고 20세 이상 전쟁에 나갈 만한 자들의 수가 603,550명이었다(민 1:46). 염병 후에 계수했을 때는 그들 중 살아남은 자는 여호수아와 갈렙 뿐이었고, 전보다 1,820명이 줄어든 601,730명이었다(민 26:51). 열한지파에 속한 자들이 제비뽑아서 약속의 땅을 분배받았다(민 26:52-56; 33:54; 34:13; 수 14:2; 18:6).

레위지파에게는 40개의 성읍과 6개의 도피성을 주셨고, 안식일에도 다닐 수 있도록 성벽으로부터 2천 규빗까지 성 사면의 땅을 주셨다(레 25:32-34; 민 35:2-8). 아론의 후손 제사장들과 레위인들의 그 외 받을 것은 백성들이 하나님께 바친 십일조와 성물과 특별히 바친 토지였다. 다른 지파들과 달리 레위인에게는 토지 대신 하나님께서 친히 기업이 되셨다(레 27:21; 민 18:20-32; 26:62; 신 10:9; 12:12; 14:27; 18:1,2; 수 13:33; 14:3; 18:7; 겔 44:28). 이스라엘 백성들이 하나님을 경홀히 여기고 우상숭배에 빠지면 제사장들의 생존도 막막해졌다.

장자에게는 다른 아들들보다 두 배의 분깃을 주셨다(신 21:17). 본래 열두 아들 중에서 르우벤이 장자이지만 아비의 침상에 올랐기 때문에 장자의 명분이 요셉에게로 넘어갔고(대상 5:1,2), 요셉은 장자 므낫세와 차자 에브라임의 분깃까지 받았다(수 14:4; 16:4; 17:14-18). 예수님의 재림 때에도 단지파가 빠진 자리에 레위지파가 들어가고, 요셉과 요셉의 아들인 므낫세도 들어가 있다(계 7:6,8).

하나님께서는 에서를 미워하시고 야곱을 사랑하신다고 하셨지만 그 후손이 소유한 땅의 한 발자국도 야곱의 후손들에게 주지 않으셨다(신 2:5). 모압족속의 땅(신 2:9)이나 암몬족속의 땅(신 2:19)도 선민들에게 안 주셨다. 하나님께서 암몬사람과 모압사람은 하나님의 총회에 영원히 들어오지 못할 것이라고 선언하셨다(신 23:3). 그런데도 이스라엘 백성에게 고작 그 좁은 땅만을 영원히 주신다고 약속한 것이다(창 13:15; 대하 20:7). 지구표면의 총면적은 148,940,000㎢인데 그중에서 러시아가 17,098,242㎢로 가장 크고, 캐나다가 9,984,670㎢, 미국이 9,826,676㎢, 중국이 9,596,961㎢, 남한은 100,295㎢, 이스라엘은 20,770㎢이다.[12] 이스라엘 땅은 미국의 473분의 1, 남한의 4.4분의 1에 불과하다.

만유의 주님께서 열국의 기업을 주시고 인종을 분정하실 때 이스라엘 자손의 수효대로 민족들의 경계를 정하셨다(신 32:8). 주님은 그들에게 기업으로 주신 땅을 다른 지파에게도 옮기지 말고 각기 조상들이 받은 기업을 지키라고 명하셨다(민 36:7; 왕상 21:3). 조상들이 정한 땅 경계표를 옮기지 말라고 명하셨다(신 19:14). 하나님께서 아브라함의 후손들에게 영원히 거하게 하시겠다는 약속으로 주신 땅으로는 영원토록 생육하고 번성하기에는 너무나도 비좁다는 말이다.

예수께서 만왕의 왕으로 지상에 재림하실 때 구원받지 못한 악인들을 모두 아마겟돈전쟁에서 멸하신다. 첫째부활에 참여한 성도들은 기업으로 분배받은 땅들을 그리스도와 함께 만왕(만주)들로서 천년동안 다스릴 것이다(계 20:6). 부활한 이스라엘 백성들이 각 지파가 예전에 받은 땅만 영원히 다스릴 것이 아니다. 선민이나 할례를 그림자로 보인 구약에서 영원하다는 것은 실체가 영원하다는 것이다. 하나님께서 아브라함과 그 후손들에게 주신 가나안 땅도 영원한 기업의 그림자일 뿐이며, 하나님의 형상의 모형인 아담에게 주신 지구 역시 하나님의 형상이 된 후사들이 통치할 땅(기업)의 모형적인 의미로 주신 것일 뿐 그 실체는 우주(첫째 하늘) 전체의 별(땅)들에 이를 것이라는 말이다.

5. 옛언약의 하나님의 처소가 보여준 복음의 그림자

(1) 모세의 성막(장막/회막)에 그려진 진리의 길

하나님은 시간과 공간 안팎에 계시지만 보이지 않으시며 또한 볼 수도 없는 영(靈)이시다(딤전 6:16). 이스라엘 백성들이 광야를 통과하여 약속의 땅으로 가는 동안 이스라엘 백성의 장막들 가운데 하나님께서 함께 하실 임시처소인 장막(帳幕)을 만들라고 지시하셨다(출 25:9). 이는 하나님의 거룩하심을 따라 임재하심을 나타내실 장막이므로 성막(聖幕)이라고 부르셨다(출 26:1). 성막은 하나님과 사람이 만나는 장소였기에 회막(會幕)이라고도 불렀다(출 27:21).

성막은 하늘의 하나님의 집, 하나님의 성전에 들어가 하나님을 섬기는 모든 것을 보여주는 설계도(그림)나 모형과 같은 의미를 갖는다(히 8:5). 이 설계도에 대한 영적지식을 가져야 셋째하늘의 영원한 성전에 들어가 하나님께 분향하며 섬길 수 있는 제사장의 자격과 바로 섬기는 예법을 깨닫게 된다. 하나님께서 세우시는 영원한 처소에 대한 완전한 계획도 깨닫게 된다. 비록 모형과 같은 땅의 성막일지라도 하나님께서 정하신 방법을 정확히 순종해야 하나님께서 그 헌신을 받으셨다.

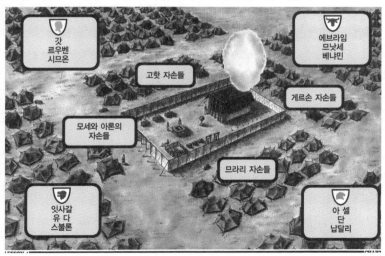

하나님은 이스라엘 열두 지파의 하나님이시지만 성소에 들어가 섬길
수 있는 성별하신 특권을 레위의 아들들 중 고핫(그핫)의 손자요 아므람
의 아들인 아론과 아론의 아들들에게만 주셨다(민 3:9). 성막을 위해서
일할 수 있는 나이는 30세에서 50세까지 한정적이다. 12지파는 3지파씩
나뉘어 각각 성막 4면에 진을 쳤고, 레위지파의 후손들은 성막을 4면에
감싸서 진을 치고 지키되 레위인 외의 사람들이 성막 가까이 오는 자를
죽이라는 명령을 받았다(민 1:51; 3:10,38; 18:4,7).

제사장 지파인 레위인들 중 아론의 후손이 성막 동쪽에 진치고, 법궤
와 성물을 포장하고 옮기는 일을 총괄했다. 게르손 자손은 성막 서쪽에
진치고 성막의 덮개와 휘장 천을 옮기는 일을, 므라리 자손은 북쪽에 진
치고 말뚝과 기둥을 옮기는 일을, 고핫 자손은 남쪽에 진치고 포장해준
법궤와 등대, 떡상 등을 메어 옮기는 일을 맡게 되었다(민 4:15; 7:9).
다른 이가 성물을 보거나 만지면 죽게 되므로 아론의 후손인 제사장들
이 포장을 해주고, 고핫 자손이 옮기게 하신 것이다(민 4:19,20).

20세 이상으로 전장에 나갈만한 사람들이 603,550명이었고, 한 달 이
상 된 레위 지파 남자들 22,273명이었는데 1년에 오직 대제사장 한 사
람이 한 번만(단번) 지성소 안의 시은좌 앞에 들어가 섬길 수가 있었다.

왕으로 기름부음을 받을 때도 출생은 매우 중요한 조건이기에 마태는
아브라함과 다윗 왕의 아들로서 예수 그리스도의 출생을 소개하였다(마
1:1-16). 제사장으로 기름부음을 받으려면 출생이 왕의 경우보다 더 중
요한 조건으로 요구된다. 레위의 아들은 게르손과 고핫(그핫)과 므라리
이다(창 46:11; 출 6:16; 민 26:57; 대상 6:1,16,38). 고핫(그핫)의 아들
들은 아브라함의 약속을 믿었던 아므람(아내 요게벳)과 이스할과 헤브론
과 웃시엘이다(대상 6:2,18). 장자에게 주어졌던 제사장권이 레위지파에
게로, 요게벳과 함께 헌신한 아므람에게로, 아므람의 장자인 아론에게
주어진 지 얼마 후 제사장권을 탐내어 레위의 증손, 고핫(그핫)의 손자,
이스할의 아들인 고라가 주동하고 르우벤(야곱의 장자)의 후손 엘리압의
아들 다단과 형제 아비람과 벨렛의 아들 온과 이스라엘 백성들 중에서
뽑힌 250명의 유명한 족장들이 당을 짓고 아론과 그 아들들에게 주어진
제사장권을 같이 갖자고 반역을 일으켰다(민 16:1-3).

아론의 아버지 아므람과 고라의 아버지 이스할은 형제지간이고, 아론과 고라는 사촌지간이다. 반역을 주동했던 고라는 사촌지간에 아론의 후손들에게는 대대로 성소 안에서 섬기는 일이 주어지고, 고라의 후손들에게는 보조사역이나 주는 것이 공평하지 않다고 여겨 반역을 주도했다. 지도자들 모두가 성민(聖民)의 자손들이고 각 지파의 대표들이라는 배경을 가지고 대적한 것이다. 주동자들이었던 고라와 다단과 아비람의 가족들은 갈라진 땅 속으로 빠져 모두 신속하게 멸망을 당하였다. 하나님의 지시로 250명의 족장들도 각자 향로를 들고 분향하려고 서자 하나님의 진노가 임하였고 그들의 향로에서 불이 나와 다 불에 타 죽임을 당했다(민 16:4-35). 하나님께서 주시는 은사는 하나님의 거룩한 뜻대로 택하심에 따른 것이지 개인의 능력, 열정, 헌신, 원함이나 다수결에 따르는 것이 아님을 보여주셨다.

성경을 연구하고 가르치는 자들은 고라의 반역이 제사장의 자격인 출생에 관한 것임을 깨달아야 한다. 일시적인 땅의 제사장의 조건에서도 출생의 중요성을 보이셨고, 하늘의 영원한 제사장의 조건에서 거듭나는 것이야말로 더욱 더 중요하다는 사실을 보여주신 것이다.

땅의 성소에서도 분향하는 제사장 직분을 얻으려면 아론의 후손 남자여야 할 뿐만 아니라 신체적으로 흠이 없어야 하고, 반드시 다음과 같은 세 가지의 의식을 거쳐야만 했다(출 29:1-46; 레 8:1-36).

제사장으로 세우는 첫째 의식은 '전신을 물로 씻기는 것'이다.

<아론과 그 아들들을 데려다가 물로 그들을 씻기고>(레 8:6)

둘째는 하나님께서 지시하신 대로 기름을 '머리에 붓는 것'이다. 여기에서 '기름부음 받은 자' 즉 '마쉬아흐'라는 칭호가 비롯되었다.

<또 관유로 아론의 머리에 부어 발라 거룩하게 하고>(레 8:12)

셋째는 위임식의 수양의 머리 위에 안수하고 바친 제물의 피를 '오른쪽 귓불과 오른손가락과 오른발가락에 바르는 것'이다.

<모세가 잡고 그 피를 취하여 아론의 오른 귓부리와 오른손 엄지가락과 오른발 엄지가락에 바르고>(레 8:23)

이 세 가지 중 어느 하나를 생략하거나 하나님이 지시하신 대로 하지 않으면 제사장이 될 수 없음은 물론 죽임까지 당하였다.

　　이러한 예법(예식)들은 신약에서 하늘성전의 신령한 제사장을 세우는 실체인 진리(가르침)의 중요성을 강조한 것이다.

　　침례 요한은 예수님의 마쉬아흐(크리스토스)로서 공생애를 위한 취임식을 베풀기 위해 보내심을 받았다(마 3:13-17; 요 1:31). 침례 요한은 '그리스도'(메시야)의 길을 예비하는 자로서 두 가지 일들을 시행했다. 첫째는 믿고 회개하라는 메시지를 전파하며 믿는 자에게 회개의 침례를 베풀어 자기 뒤에 오시는 그리스도께로 보낸 것이다. 둘째는 예수께서 그의 앞에 오시자 세 가지의 '마쉬아흐' 의식의 의(義)를 성취하기 위해 예수께 물침례를 베푼 것이다.

　　예수께서 요한에게 물침례를 받으심으로써 새언약의 제사장이 되기 위한 물로 씻기는 실체의 첫째 의식으로 의(義)를 이루셨다.

　　예수께서 물에서 올라오실 때 하나님께서 그를 '하나님의 아들이심과 성령으로 기름을 부은 참된 메시야(그리스도)임을 친히 증거하심으로써 둘째 의식의 실체를 이루셨다. 옛언약의 제사장은 사람에게서 감람유로 기름부음을 받았지만 하늘의 대제사장은 하나님께서 하나님의 성령으로 친히 기름을 부으신, 하나님의 아들로서 진리의 메시아(그리스도)라고 친히 증거하셨다(요 1:30). 성령(하나님의 영)은 보이지 않기에 성령을 한량없이 부어주실지라도 요한이나 사람들의 눈으로 볼 수 없다. 침례 요한과 그곳에 있던 유대인들이 볼 수 있도록 비둘기와 같은 형상이 나타나게 하심으로 기름을 부으셨음을 확증하신 것이다.

　　피를 바르는 셋째 의식의 실체는 예수 그리스도께서 로마군병으로부터 뼛조각이 달린 채찍으로 40여대를 맞으셨고, 억지로 머리에 가시관을 쓰셨을 뿐만 아니라 손과 발에 대못이 박힘으로써 온 몸이 피투성이가 될 때 이루셨고, 이렇게 함으로 모든 의(義)를 이루신 것이다.

　　<예수께서 신 포도주를 받으신 후 가라사대 다 이루었다 하시고 머리를 숙이시고 영혼이 돌아가시니라>(요 19:30. 참고 눅 23:46)

　　예수님은 주 하나님이셨고, 사람이신 대제사장과 유월절 어린양이셨다(출 12:46; 요 19:33-37). 창으로 옆구리를 찔렀을 때 '물과 피'가 다 흘러나와 온전히 죽으셨음을 증거하셨다. 그가 죽음에서 부활하심으로써 그의 영광스럽고 신령한 몸은 영원한 산 성전이 되셨다.

예수께서 사람의 손으로 짓지 아니한, 하늘에 속한 성전의 시은좌에 단번에 영원한 속죄로 그분의 피를 뿌리신 것이다(히 9:12-14,23-26).

예수 그리스도께서 어린양과 그리스도(메시야)로 취임하심은 새언약의 실체의 세 가지로 임하신 것이라고 사도 요한도 증거한다.

<6 이는 물과 피로 임하신 자니 곧 예수 그리스도시라 물로만 아니요 물과 피로 임하셨고 7 증거하는 이는 성령이시니 성령은 진리니라 8 증거하는 이가 셋이니 성령과 물과 피라 또한 이 셋이 합하여 하나이니라>(요일 5장)

예수 그리스도께서 물침례와 온몸의 피를 쏟으심으로 대속의 죽음을 증거하셨고, 제자들에게 성령을 부어주심으로 사망을 영원히 이기고 살아나셨음을 증거하신 것이다(요 14:19,23).

하나님께서 자기 땅 자기 백성들에게 찾아오셔서 구속을 이루시고, 새롭고 산 길을 여셨다. 성막에 있는 번제단, 물두멍, 시은좌 등의 성구들의 순서와 기능들을 알고 따를 때에 진리로 구속을 얻게 된다(히 8:5). 성령께서 계시로 알려주신 비유는 성소가 옛언약에 속한 땅의 성전을, 지성소가 새언약의 하늘성전임을 보여준다(히 9:8-12).

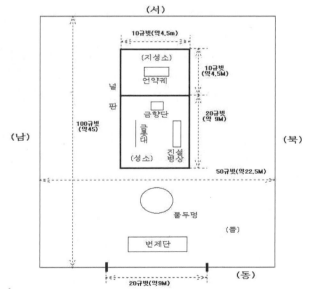

성막의 모든 성구(聖具)들은 새언약의 성막이신 예수님을 상징한다.

지성소의 법궤는 썩지 않는 싯딤나무 상자의 안팎을 순금으로 싸서 만들었다. 법궤는 예수님의 완전한 신성(神性/하나님 아버지)과 완전한 인성(人性, 하나님의 아들)의 연합을 상징적으로 보여준다.

법궤로서 하나님의 영광의 형상이신 독생자는 구속자가 되시기 위해 하늘의 지성소에서 아래로 내려오셨다(요 3:13). 그분이 하늘지성소에서 내려오실 때 지성소와 성소 사이를 가로막았던 휘장(육체)을 입으셨다. 이것이 바로 말씀이 육체가 되어 우리 가운데 장막(성막)을 치셨다는 원문의 의미이다(요 1:14). 하나님께서 우리의 친족이 되시기 위해 영광의 신령한 형상을 벗어버리고 땅의 형상, 사람의 육체를 입으시고 세상에 육체의 장막을 세우심으로써 자기 땅 자기 백성들 가운데 임마누엘 하신 것이다(마 1:23; 요 1:11). 창조주 하나님께서 육체의 장막(성막)을 처소로 삼으시고 자기 땅 자기 백성들 가운데 나타나셨다. 사람의 친족으로 오셔서 그 휘장(육체)을 찢으심으로 휘장(육체) 가운데로 새롭고 산 길을 여신 것이 구약을 이루신 절정(絶頂)이다.

성소에 있는 분향단은 참하나님 앞에 유일한 중보자로서 사람이신 그 그리스도 예수의 상징이다(딤전 2:5; 히 8:6; 9:15; 12:24; 요일 2:1). 일곱 가지의 금등대는 영원한 생명의 빛이신 예수 그리스도의 상징이다(사 42:6; 마 4:16; 눅 1:79; 2:32; 요 1:4-9; 3:19-21; 5:44; 8:12; 9:4,5; 11:9,10; 12:35,36,46; 요일 2:8). 항상 진설해 놓는 떡이 놓인 떡상도 영원한 생명의 떡이 되신 예수 그리스도의 상징이다(요 6:26,27,32-58).

그분이 성소에서 더 아래인 안뜰로 내려오셔서 침례 요한에게 침례를 받으신 것은 물두멍에 이르신 것이다.

예수님께서 십자가를 지신 어린양으로 물두멍 아래에 있는 번제단에 오르셨다. 예수께서 죽으심으로써 자신의 육체(휘장)를 찢으심으로 '카라트 베리트'가 되셨다(창 15:10,17; 렘 34:18,19; 마 27:50,51). 성소와 지성소를 갈라놓았던 휘장이 위에서 아래로 찢어져 지성소(하늘)로 올라가는 길이 열렸다. 예수님께서 내려오셔서 죄인들을 하늘로 올리시기 위해 열어놓으신 새언약의 길, 진리의 길, 생명(산)의 길이다. 예수께서 십자가에서 휘장(육체)을 찢어 길을 여시기까지 셋째하늘의 아버지께로 나아갈 길/문이 열리지 않았다는 말씀이다(요 13:36; 14:6; 히 10:20).

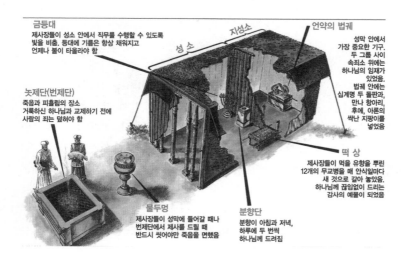

신약을 믿는 신자들은 예수께서 닦아놓으신 새로운 생명의 길을 따라 하늘지성소에 은혜의 보좌(시은좌) 앞으로 올라갈 수 있게 되었다. 이 진리의 길이야말로 예수께서 우리에게 계시로 알리신 길/문이요 소경된 죄인이 쉽게 발견할 수 없는 좁고 협착한 길/문이다(마 7:14).

성막은 '하나님(아버지)의 성막'인 독생자의 모형이다. 성막에는 오직 하나의 문이 유다 지파가 장막을 쳤던 동쪽에 있었다. 유다 지파에서 '실로'(보내심을 받은 자)로 독생자가 오셨고(창 49:10), 독생자가 셋째하늘에 들어갈 문, 아버지 집의 문이 되셨다(창 28:17; 요 10:7). 우리는 그 문을 통해서 하늘성막 안으로 들어가야만 영생을 얻을 수 있다.

그 문과 길로 안뜰에 들어가야만 번제단을 발견하게 된다. 새언약의 대제사장이신 예수 그리스도의 인도하심을 따라 번제단의 실체를 거칠 때 완전한 죄사함을 받을 수 있다. 은혜와 진리인 복음 안에서 실체의 번제단에 오르는 길은 옛사람이 죽는 회개이다. 육체의 정욕과 세상에 대해 철저히 부인하여 회개하면 하나님께서 십자가상의 한 죄수와 같이 예수 그리스도와 함께 십자가에 달린 것으로 인정하신다. 예수님과 함께 십자가에 달려 회개했던 죄수는 자신의 육체나 세상에 대한 모든 것을 십자가에 못박아 죽는 과정을 거쳤다는 말이다.

침례 요한은 옛언약의 마지막 선지자로서 백성들에게 회개의 침례로 예수님을 영접할 길을 준비시켰다(마 3:2,3,8,11; 막 1:3,4; 눅 3:3,4). 그는 아버지의 마음을 자녀에게로, 자녀의 마음을 아버지께로 돌이키게 하여 회개한 사람 안에 오실 예수님의 길을 예비했다(눅 1:17).

예수 그리스도께서 공생애를 시작하실 때 가장 먼저 전파하신 말씀은 '회개하라'였다(마 4:17; 막 1:15; 눅 5:32). 누구든지 회개하지 않으면 다 망할 것이라고 말씀하셨다(눅 13:3,5). 죄인 하나가 회개하면 하나님의 사자들에게도 기쁨이 된다고 하셨다(눅 15:7,10; 24:47). 바른 회개는 아버지 집으로 돌아가 무엇이든 순종하겠다는 종의 심정으로 변화이다.

예수 그리스도께서는 아버지께서 주신 명령을 전하였으며, 그 명령이 영생이라고 가르치셨다(요 12:49,50). 예수 그리스도를 사랑하는 자는 '믿기만 하는 자'가 아니라 그분이 '회개하라'고 명령하신 대로 진실하게 회개하는 자이다(막 1:15; 요 14:15,21; 15:10).

열두 제자가 전도한 말씀도 역시 '회개하라'였다(막 6:12). 누구든지 구원을 얻으려면 죄를 회개하라는 예수님과 사도들의 명령에 순종해야 한다. 회개하지 않으면 어린양과 함께 십자가에 못 박히는 은혜를 받지 못하므로 망할 수밖에 없다는 말씀이다.

음부에 떨어진 부자는 자기 동생들도 회개하지 않으면 자기처럼 물한 방울도 얻지 못하는 고통에 떨어질 것임을 즉시 깨달았다(눅 16:30). 회개는 신자(信者)의 선택이 아니라 반드시 복종해야 할 명령이다.

안뜰의 번제단을 지나면 실체인 신약의 물두멍을 마주하게 된다. 제사장은 제물의 피가 묻은 손발을 씻어야 죽지 않게 되는데 이는 은혜와 진리인 복음 안에 물침례에 대한 그림자이다(출 30:20).

<이와 같이 그들이 그 수족을 씻어 죽기를 면할찌니 이는 그와 그 자손이 대대로 영원히 지킬 규례니라>(출 30:21)

수족을 씻어 죽기를 면하라는 명령이 영원한 규례라는 뜻은 그것이 마치 할례와 같이 새언약의 실체를 보여주는 그림자이기 때문이다. 죄로 인해 죽은 더러운 피를 씻으려면 물두멍의 실체를 하늘성전의 생명의 길/문인 복음 안에서 깨닫고 믿음으로 순종해야 한다.

ﬧﬧﬧﬧ 하나님은 자신의 길을 예비하라고 침례 요한을 보내시며 사람들에게 침례를 베풀라고 명령하셨다(마 21:25; 눅 7:30; 20:4; 요 1:33). 침례 요한은 그 어떤 기적도 행한 적이 없지만 여자가 낳은 자들 중에 가장 큰 자였다(마 11:11; 눅 7:28,29). 그 이유는 요한이 모든 백성과 세리들에게 '죄사함을 얻는 회개의 침례'를 주었기 때문이다.

<4 침례 요한이 이르러 광야에서 <u>죄 사함을 받게 하는 회개의 침례</u>를 전파하니 5 온 유대 지방과 예루살렘 사람이 다 나아가 자기 죄를 자복하고 요단 강에서 그에게 침례를 받더라>(막 1:4)

<3 요한이 요단 강 부근 각처에 와서 <u>죄 사함을 얻게 하는 회개의 침례</u>를 전파하니 4 선지자 이사야의 책에 쓴 바 광야에 외치는 자의 소리가 있어 가로되 너희는 주의 길을 예비하라 그의 첩경을 평탄케 하라>(눅 3장)

침례 요한이 준 침례가 '죄사함을 주는 것'이라 했는데 이는 구약의 모든 말씀이 죄사함을 위한 그림자와 모형으로 죄를 씻어(사해)주는 실체인 침례로 인도하기 때문이다. 요한이 자기에게 침례를 받은 자들에게 '이것은 내 뒤에 오실 이에게 속한 진리인 침례의 모형이니 내 뒤에 오시는 예수께로 가서 실체로 죄사함을 받으라'고 전한 것이다. 예수님께 속한 물침례를 받아야 율법의 의보다 뛰어난 하나님의 의(義)에 이른다. 번제단을 거친 신자가 물두멍을 거쳐야 죽지 않듯이 반드시 진리대로 물침례를 순종해야 죄를 씻고 죄와 사망에서 구원을 받는다.

예수님께로 보내심을 받은 자들은 예수님께 속한 진리의 물침례를 다 받았다. 주 예수님은 천하 모든 사람들에게 믿고 회개한 자가 물침례를 받을 때 죄를 사함받아 구원받는 은혜를 얻는다고 확증하셨다.

<15 또 가라사대 너희는 온 천하에 다니며 만민에게 복음을 전파하라 16 믿고 침례를 받는 사람은 구원을 얻을 것이요 믿지 않는 사람은 정죄를 받으리라>(막 16장)

율법이 죄사함을 주지 못하듯이, 요한의 침례도 죄사함을 실제로 주는 것은 아니며 요한이 안내해 준 대로 예수께 속한 물침례를 받아야 영원토록 죄사함을 얻는다. 모형인 요한의 침례를 거절하는 것도 죄악인데 실체의 침례를 거절하면 더 큰 죄악이라는 말씀이다(눅 7:30).

물두멍을 지나서 성소 안에서 진설병 금상과 일곱 가지의 금등대를 만난다. 오병이어 기적의 떡은 대단한 믿음이 있어야 먹을 수 있는 떡이지만 영생의 떡이 아니다. 오직 진리의 '복음'을 순종하는 것이 영원한 생명의 참떡을 먹는 것이다(요 6:32). 예수님은 생명의 빛으로 오셨고, 진리의 복음을 순종할 때 죄와 사망의 어둠에 갇힌 데서 나와 영생의 빛을 주시는 성령(기름)의 빛을 발하는 금등대가 될 수 있다. 그 빛을 영접한 자들은 영원토록 생명의 영광을 발할 것이다. 지성소 앞의 금향단의 실체인 중보자의 영 곧 성령을 받아야 하나님과 연합된다.

대제사장만이 휘장 뒤의 지성소에 1년에 단 한 차례씩 들어가 법궤의 뚜껑 위의 속죄소(시은좌)에 희생제물의 피를 뿌려 백성들의 죄를 1년 동안 덮어주었다(레 16:34; 히 9:7). 선민들의 죄를 1년 동안 덮어주기(속죄) 위해 속죄일 제사를 드리는 대제사장은 반드시 하나님께서 정하신 규례대로 순종해야 하고 규례대로 하지 않으면 죽음을 당했다.
<여호와께서 모세에게 이르시되 네 형 아론에게 이르라 성소의 장 안 법궤 위 속죄소 앞에 무시로 들어오지 말아서 사망을 면하라 내가 구름 가운데서 속죄소 위에 나타남이니라>(레 16:2)
'무시로'라는 말을 다른 성경들에서 '아무 때나', '함부로', '보통 때는'이라고 번역했다. 대제사장도 아무 때나 지성소 안으로 들어갈 수 있는 게 아니었다. 만일, 규례대로 제사하지 않으면 시체가 되어 끌려 나와야 했다. 오직 하나님께서 정하신 규례를 따라 한 명의 대제사장만 1년에 속죄일(유대력으로 7월 10일/대속죄일)에 한 번만 지성소에 들어갈 수 있었다. 하나님께서 명하신 말씀대로 속죄 희생제물의 피를 속죄소에 뿌려야 백성들의 죄가 1년 동안 덮이게 된다. 히브리어로 '속죄일'은 '덮는(키푸르) 날(욤)'이라는 의미를 갖는다.
하나님은 속죄일에 드리는 제사의 모든 규례가 은혜와 진리의 모형과 그림자이기에 영원한 규례라고 말씀하셨다(레 16:29,31,34; 23:31). 성막에서 성소는 땅의 성전에서 동물의 피로 드리는 제사를 상징하고 지성소는 하나님의 어린양의 피로 하늘성전의 제사를 상징한다. 죄를 덮는 것은 죄를 씻거나 사하거나 없애는 것이 아니다. 주 하나님의 어린양인 예수님의 피가 아니면 죄사함이 없다.

<6 이 모든 것을 이같이 예비하였으니 제사장들이 항상 첫 장막에 들어가 섬기는 예를 행하고 7 오직 둘째 장막은 대제사장이 홀로 일 년 일 차씩 들어가되 피 없이는 아니하나니 이 피는 자기와 백성의 허물을 위하여 드리는 것이라 8 성령이 이로써 보이신 것은 첫 장막이 서 있을 동안에 성소에 들어가는 길이 아직 나타나지 아니한 것이라 9 이 장막은 현재까지의 비유니 이에 의지하여 드리는 예물과 제사가 섬기는 자로 그 양심상으로 온전케 할 수 없나니 10 이런 것은 먹고 마시는 것과 여러 가지 씻는 것과 함께 육체의 예법만 되어 개혁할 때까지 맡겨 둔 것이니라>(히 9장)

성전 된 예수님의 장막(육체)을 찢으신 후에야 하늘성전에 들어갈 수 있는 길이 열렸다. 율법은 죄를 드러내 주되 씻지는 못한 채 덮어주고, 죄 아래 가둘 뿐이었기에 율법의 행위로는 하나님의 의를 얻지 못했다(롬 3:20). 율법은 약하고 낮고 천한 법이다(갈 4:9). 율법(몽학선생)의 가르침조차 지킬 수 없다는 신자들은 천사까지 다스리게 될 더 온전한 법을 당연히 지킬 수 없다고 말할 것이다.

하나님께서는 누구나 율법을 지킬 수가 있다고 선언하셨다(신 30:14). 구약의 의인들은 율법대로 다 준수하여 율법의 의(義)를 얻었다(신 6:25; 7:12; 13:18 15:4; 28:1-14). 그 예로 침례 요한의 부모(눅 1:6)나 사도 바울도 율법의 의로는 흠이 없는 자였다(빌 3:6). 만일 율법의 제사만으로도 완전한 의를 얻었다면 예수 그리스도께서 죽으실 필요가 없었다. 율법은 해마다 죄를 기억나게 해주고 온전한 피흘림이 올 때까지 다만 죄를 덮어주었기에 한 평생 죄는 쌓였었다. 예수님은 자신의 피를 흘려 주심으로써 단번에 영원한 속죄를 이루시되 모든 죄들을 완전히 제거해 주셨다(롬 6:10; 히 7:27; 9:11-12,26-28).

<1 율법은 장차 오는 좋은 일의 그림자요 참 형상이 아니므로 해마다 늘 드리는 바 같은 제사로는 나아오는 자들을 언제든지 온전케 할 수 없느니라 2 그렇지 아니하면 섬기는 자들이 단번에 정결케 되어 다시 죄를 깨닫는 일이 없으리니 어찌 드리는 일을 그치지 아니하였으리요 … 10 이 뜻을 좇아 예수 그리스도의 몸을 단번에 드리심으로 말미암아 우리가 거룩함을 얻었노라>(히 10장)

예수님의 속죄의 효력은 일 년은커녕 평생 동안만도 아니라 영원하다.

제2부 중기세상에서 나타내신 복음의 그림자

모세로 말미암아 전해진 율법은 정죄의 법(죄와 사망의 법)이요, 예수 그리스도로 말미암아 전해진 은혜와 진리(복음)는 생명의 성령의 법이다 (롬 3:19,20; 8:1,2; 고후 3:6-9; 갈 3:10; 엡 2:15; 골 2:14).

제사장이 매일 섬기는 성소의 안은 일곱 가지의 등대가 밝혀주지만 지성소 안은 시은좌 위에 빛나는 주 하나님의 영광의 광채가 밝혀준다. 대제사장도 율법의 행위로 온전한 의를 얻을 수 없기에 피를 속죄소에 뿌리기 위해 지성소에 들어갈 때 시은좌 위에 빛나는 하나님의 영광을 직접 목도(目睹)하면 죽게 된다(레 16:2). 속죄일에 대제사장이 해마다 한 번씩 들어가는 이유는 온전한 속죄가 이루어지지 못하고 다만 죄를 동물의 피로 덮어서 1년씩 미루어주기 때문이다. 이 제사는 주 예수께서 피를 흘려주시기까지 계속 되었다.

<יהוה 앞에서 분향하여 향연으로 증거궤 위 속죄소를 가리우게 할지니 그리하면 그가 죽음을 면할 것이며>(레 16:13)

그것은 이사야가 하나님의 환상을 본 후에도 그랬던 것처럼 누구든지 하나님의 의를 얻지 못하면 하나님의 영광을 직접 목도할 수 없다.

죄와 저주를 대신 지신 예수께서 영원한 속죄 제물로 드려지기 전에 분향과 같은 기도를 하나님께 드렸다(사 53:12). 그분의 기도로 우리도 시은좌의 영광에 참여하게 되었다(요 17:21-24). '아버지께서 아들 안에, 아들이 아버지 안에 계신 것같이 저들도 우리 안에서 우리와 같이 하나가 되게 해주시고, 내게 주신 아버지의 영광을 저들에게도 주었사오니 저들도 그 영광을 보게 하옵소서'라는 말씀이 하나님과 우리를 하나로 연합시키시려는 완전한 중보자(분향단)의 기도이다.

예수님은 오실 자이시며, 아담을 자기 형상의 모형으로 창조하신 하나님 아버지이시다. 인자로서 예수님은 우리의 죄를 대신 짊어지신 어린양이셨고, 하나님의 아들로서는 대제사장이 되셔서 말할 수 없는 탄식과 눈물로 우리를 위해 간구하셨다(히 5:1-10). 십자가에 대신 달린 어린양, 제사장으로서의 간구로 인해 그분을 욕했던 한 강도는 회개하고 함께 낙원에 이르게 되었다(마 27:44; 눅 23:33,43). 주 예수께서 휘장(육체) 앞에 있는 분향단의 실체가 되셨음을 보여주는 증거이다.

누구든지 대제사장이신 예수 그리스도를 따라 그 시은좌(은혜의 보좌) 앞으로 나아가 영원한 죄사함과 거듭남의 은혜를 얻으려면 회개 기도를 드려야 한다. 기도는 주님 앞에 분향과 같고, 거룩한 손을 듦(기도함)은 저녁 제사와 같다(시 141:2). 바울도 성도의 기도를 분향과 제사에 비유했다(딤전 2:8). 사도 요한도 하늘성전에서 섬기는 광경을 보고 하나님께 드려지는 분향을 성도들의 기도라고 했다(계 5:8; 8:3,4).

아론의 아들로서 제사장들인 나답과 아비후가 분향할 때 하나님께서 명하시지 않은 불, 제단 외의 불로 분향을 하다가 향로에서 나온 불에 타서 죽임을 당했다(레 10:1,2). 주님께서 쪼개진 제물에 불을 내리셔야 열납된 제사가 된다(창 15:17; 레 9:24; 대상 21:26; 대하 7:1; 왕상 18:38). 속죄일에 대한 명령은 이 사건 직후에 주신 것이며(레 16:1,12) 지성소를 가득하게 채울 향로의 향을 피울 불과 뿌릴 피는 번제단에서 취한 것이다. 아론의 후손들이 임의로 취할 수 없는 특권을 받은 것같이 예배자는 하나님의 말씀대로 순종해야 할 막중한 의무가 있으며, 그에 대한 책임도 매우 크다(눅 12:48). 성령으로 거듭나는 은혜를 얻을 만한 열납되는 기도는 성령께서 자기 안에 오실 때까지 자신이 십자가에서 죽음을 경험하는 철저한 회개의 기도이다.

신자가 그리스도와 함께 죽어 죄사함을 받고 그리스도의 성령을 받아 영(속사람)의 부활을 얻으려면 죽음에 연합되는 회개를 해야 하는데 이 그림자를 속죄일의 규례에서 찾을 수 있다. 대속죄일에 이스라엘 백성은 모든 노동을 금하되 슬퍼하며 금식하고 철저하게 자신의 죄를 회개해야 했다(레 16:29; 23:28-31). 이 날은 율법에 정한 유일한 금식일이며, 실체에 대한 그림자이기에 영원한 규례라 하셨다(레 16:31,34).

이처럼 신약의 신자들은 세상 모든 일을 내려놓고, 번제단에서 옛사람이 온전히 죽는 회개의 기도, 세상적으로 살지 않겠다는 결심의 기도, 하나님의 도우심을 간구하는 간절한 기도를 드려야 한다. 이러한 마음의 할례가 없으면 성령침례로 속사람이 부활하는 은혜도 받을 수가 없다. 진정한 마음의 할례가 없으면 마음이 쉽게 변하여 세속적 육신적으로 흘러가고, 환란이나 핍박을 받을 때 믿음을 저버리기 쉽다. 그런 예를 부활하신 예수님을 믿음으로 보았던 신자들에게서도 볼 수 있다.

예수께서 자신의 장막(육체)을 찢으셔서 새로운 참길을 여시고, 부활 후 40일 동안 하나님나라의 일에 대해 가르치셨다(행 1:3). 부활하신 그 모습을 500여 형제들에게 일시에 보이셨다(고전 15:6). 그리고 아버지의 약속하신 성령침례를 받을 때까지 기다리라고 명령하셨다(행 1:5). 그들 중에 오직 일부만이 예수님의 승천하시는 모습을 보았다(행 1:9-11). 그리고 120여명만 다락방에 모여 기도했다(행 1:12-15). 오순절 날이 이르기까지 한 곳에 모여 전심으로 기도하여 성령을 받았던 제자들의 수는 500여명의 ¼ 정도인 120여명이었다. 예수께서 천국의 비유에서 사람의 마음을 밭에 비유하셨는데 열매를 거두는 밭은 네 가지의 밭들 중 하나(¼)인 오직 옥토뿐이었다(마 13:8,23).

예수님은 초실절에 부활하셨고, 초실절부터 일곱 주가 지난 다음 날인 50일째 날이 오순절이다. 그들은 아버지의 약속인 성령침례를 받기 위해 기도에만 전혀 힘썼는데 이것이 바로 성소 안에 있는 향연으로 지성소 안을 가득 채우는 것이었다. 그 기도를 드린 후에야 비로소 성령침례를 받게 됨으로써 속사람(영)이 다시 살아나는 은혜를 받은 것이다.

성전에서 섬기는 제사장의 복장에서도 성령침례의 그림자를 찾을 수 있다. 제사장이 반드시 입어야 하는 에봇에는 금방울과 석류방울이 달려 있는데 지성소에 들어가 섬길 때 밖에서는 금방울 소리로 하나님께서 속죄일 제사를 열납하셨음을 알게 된다(출 28:31-35). 대제사장이 시은좌에 피를 뿌리고 성소로 나올 때까지 에봇에 달린 금방울의 아름다운 소리가 지속적으로 울려야 한다.

<아론이 입고 הוהי를 섬기러 성소(聖所)에 들어갈 때와 성소(聖所)에서 나갈 때에 그 소리가 들릴 것이라 그리하면 그가 죽지 아니하리라>(출 28:35)

속죄일에 들리는 금방울 소리를 듣는 자들을 가리켜 '즐거운 소리를 아는 백성'은 유복(有福)한 자라고 기록했다(시 89:13-18). 금방울 소리를 듣는 것이 하나님의 영광의 빛, 생명을 얻는 특별한 체험이다.

<즐거운 소리를 아는 백성은 유복한 자라 הוהי여 저희가 주의 얼굴빛에 다니며>(시 89:15)

하나님의 얼굴빛(브니엘)이 야곱을 이스라엘로 변케 하셨다.

이 '금방울 소리', '즐거운 소리'가 바로 성령침례를 받은 120여명 제자들 모두가 성령이 말하게 하심을 따라 그들이 알지 못하는 언어를 말한 체험의 모형이다(행 2:1-4). 사도들은 이것을 믿고 회개하여 기도할 때 죄사함과 거듭남을 받을 모든 자들 곧 하나님께서 얼마든지 부르시는 자들에게 주신 '보고 듣는 약속'이라 증거했다(행 2:33,39). 아버지의 약속인 성령침례를 받을 때 그리스도와 함께 사망에서 일으키심을 받고 그리스도의 몸에 함께 연합된다(고전 12:13). 성령침례로 거듭난 자가 되고, 성령의 첫열매(초실절)로서 부활하신 예수 그리스도와 함께 일으키심을 받았고 '한 새사람'의 지체로 함께 하늘에 앉혀졌다(엡 1:22; 2:6,15). 금방울은 성령침례로 거듭났음을 알게 하는 증거로 주신 그림자이고, 석류방울은 성령침례를 받은 자들이 성령의 은사로 주시는 방언의 그림자임을 보여준다(출 28:34).

대제사장이 속죄소(시은좌)에 피를 뿌리고 지성소에서 나와 번제단에도 피를 뿌린다. 그 후 아사셀의 염소를 멀리 무인지경까지 보내는 것도 세상 죄를 지고 가는 하나님의 어린양의 그림자이다.

예수님은 하늘의 시은좌에 자신의 피를 뿌린 후 인류의 죄를 지시고 흉악한 죄를 우리에게서 멀리 옮기는 아사셀의 염소가 되셨다.

<12 동(東)이 서(西)에서 먼 것같이 우리 죄과를 우리에게서 멀리 옮기셨으며 13 아비가 자식을 불쌍히 여김같이 יהוה께서 자기를 경외하는 자를 불쌍히 여기시나니 14 이는 저가 우리의 체질을 아시며 우리가 진토(塵土)임을 기억하심이로다 15 인생은 그 날이 풀과 같으며 그 영화가 들의 꽃과 같도다 16 그것은 바람이 지나면 없어지나니 그 곳이 다시 알지 못하거니와 17 יהוה의 인자하심은 자기를 경외하는 자에게 영원부터 영원까지 이르며 그의 의는 자손의 자손에게 미치리니 18 곧 그 언약(言約)을 지키고 그 법도를 기억하여 행(行)하는 자에게로다>(시 103편)

그는 언약을 행하는 자의 죄를 지고 가는 '하나님의 어린양'이시다.

<이튿날 요한이 예수께서 자기에게 나아오심을 보고 가로되 보라 세상 죄를 지고 가는 하나님의 어린 양이로다>(요 1:29)

인자(人子)는 유월절 어린양, 아사셀의 염소의 실체가 되셨다.

예수께서 단번에 영원한 속죄를 하셨고, 죄를 지고 멀리 옮기셨기에 주 하나님은 믿고 침례 받은 자의 죄를 기억하지 않으신다(히 8:12,13; 10:16-20). 특히 이 속죄에 대한 섬기심을 '휘장 가운데로 열어놓으신 새롭고 산 길'을 따라 하늘 지성소에 올라가는 것이라 하셨다(히 10:20).

예수님은 모든 것을 이루신 후, 지성소의 법궤 위의 시은좌에 계시는 '하나님과 어린양'이심을 계시로 보이셨다(계 22:1,3,16).

(2) 다윗의 장막에 그려진 은혜와 진리의 복음

성막은 40년 동안 이스라엘 백성들과 함께 비바람을 맞으며 그들의 길을 인도하고 그들을 곁에서 보호하였고 약속의 땅으로 옮겨졌다. 사사들의 시대에 엘리와 그의 아들들은 불량한 제사장들이었다. 엘리의 두 아들(제사장들)은 블레셋과의 전쟁에서 이기려고 법궤를 전장으로 옮겨갔다. 이스라엘은 패배하고 두 제사장은 전사하였고 법궤는 블레셋에게 빼앗겼다. 비보를 듣고 엘리는 의자에서 넘어져 목이 부러져 죽고, 죽은 제사장의 아내요 엘리의 며느리는 '이가봇'이라는 이름의 아이를 낳고 (이스라엘에서 영광이 떠났다는 의미) 죽었다(삼상 4:21).

하나님은 이방인들이 섬기는 변덕쟁이 우상과 다르셔서 선민이라고 무조건 승리를 주지는 않으신다. 오히려 자기 백성이 범죄하면 더 호되게 다루시는 공의로운 하나님이시다. 블레셋은 법궤를 빼앗고 하나님을 이긴 것처럼 오만해졌지만, 주 하나님은 친히 하나님이심을 증거하셨다. 블레셋 사람들이 아스돗에 있는 신전으로 법궤를 옮기자 우상 신 다곤이 넘어져 부서졌다. 그들은 사람들에게 독종 재앙이 내리자 법궤를 가드로 옮겼고, 거기서는 더 큰 환란과 독종이 발생했다. 다시 에글론으로 옮긴 후에 그들은 더 이상 벌을 받지 않으려고 수레를 만들어 법궤를 싣고 젖먹이는 암소 둘이 끌게 하여 이스라엘로 돌려보냈다.

수레가 이스라엘 땅 벧세메스에 이르렀을 때 그곳 사람들과 레위인들이 나무수레를 패어 장작을 만들고 암소를 잡아 제물로 삼아 하나님께 제사를 드렸다. 벧세메스 사람들이 법궤 안을 들여다본 일로 70명('5만'은 복사 실수)이 죽는 사고가 일어났다.

에벤에셀 전투(주전 1102년)에서 빼앗겼던 법궤는 7개월 만에 이스라엘 땅으로 돌아왔고, 벧세메스 사람들이 법궤를 기럇여아림으로 보내어 레위인 아비나답의 집에서 20년 동안 머물게 되었다. 아비나답은 아들 엘리아살을 거룩히 구별시켜 법궤를 지키게 하였다(삼상 6:19-7:2). 그때에 미스바 전투(주전 1082년)가 있었고, 이후 사울을 왕으로 기름붓기(주전 1050년)까지 약 32년이 흐르고, 사울이 즉위해(주전 1050년) 40년간 통치했고, 다윗이 즉위해(주전 1003년) 헤브론에서 7년 6개월을 다스렸다. 다윗은 예루살렘 성(다윗 성)으로 도읍을 옮긴 후 그렇게도 사모하던 법궤를 예루살렘으로 옮기고자 했다.

다윗이 법궤를 옮겨오려는 사모하는 마음이 이스라엘 백성들 중 그 누구보다도 간절했음을 그의 시편이 여실히 보여준다(시 132:1-9). 다윗의 후손으로 오신 예수께서 '주님의 전을 사모하는 열심이 나를 삼켰나이다'라고 고백하신 것과 같다(요 2:17). 이 마음이야말로 살아있는 참법궤인 예수 그리스도의 성령으로 침례를 받으려는 신자들의 간절한 마음이다(렘 3:15,16; 요 1:12,13; 14:17,20,23).

법궤를 블레셋에게 빼앗긴지 100여년이 지난 후에야 다윗이 예루살렘 성에 장막을 치고 법궤를 안치하고자 한 것이다. 다윗은 온 땅의 이스라엘 백성들 중에서 3만 명을 선발했다. 바알레유다로 가서 법궤를 새수레에 싣고, 아비나답의 아들 웃사와 아효가 수레를 몰고 나오는데 다윗과 백성들이 법궤 앞에서 찬양하며 잣나무로 만든 여러 악기와 수금과 비파, 소고, 양금, 제금으로 주 하나님을 힘껏 찬양하였다(삼하 6:1-5; 대상 13:1-8). 한글개역성경에는 '메어 오려'라고 번역되었지만 원어의 의미는 단지 '옮겨오려'(to bring up)라는 의미로 기록되었다.

수레가 나곤의 타작마당에 이르자 소들이 뛰었고 하나님의 법궤가 떨어질까 봐 손으로 법궤를 붙들었던 웃사가 곧바로 죽임을 당했다(삼하 6:6-8; 대상 13:9,10). 젖먹이는 어미 소들이 제 새끼들을 돌아보지 않고 벧세메스로 곧장 가게 하신 분이 하나님이셨다. 나곤의 타작마당에서 이스라엘의 소들이 뛰었고, 하나님께서 웃사를 치신 것이다. 오랫동안 법궤를 자기 집에 정성을 다해 모셨던 아비나답은 다윗과 이스라엘 백성들이 법궤를 블레셋 사람들의 방식대로 잘못 옮기는 일로 인해 귀한 아들을 비참하게 잃어버렸다.

　다윗은 한껏 두려움을 느끼고 법궤를 가드 사람인 오벧에돔의 집으로 옮겨가게 하였다. 법궤가 석 달 동안 집에 머물 동안 하나님께서 그의 온 집에 복을 주셨음이 드러났다(삼하 6:11).

　'오벧에돔'은 '경배하다', '섬기다'(창 14:4), '일하다'(출 5:18), '시키다'(출 1:14), '갈다'(삼하 9:10; 렘 27:11), '처리하다'(민 4:26), '부리다'(신 15:19; 렘 27:6) 등의 의미를 가진 히브리어 '아바드'에다 '에돔'을 합친 이름이다. '오벧(벧)'은 다윗의 할아버지의 이름이고 '예배자', '봉사자'라는 좋은 의미를 가졌다. 대부분의 주석은 '오벧에돔'을 '에돔의 종'이라고 해설하지만 맞지 않다. 사울 왕은 에돔인 도엑을 목자장으로 부렸다(삼상 21:7). 사울은 도엑에게 다윗을 도왔다고 제사장들을 무자비하게 죽이게 했다(삼상 22:9,18,19). 다윗은 염곡에서 에돔인 18,000명을 죽이고 에돔인들을 다 종으로 삼았기에 에돔인들은 기를 펴지 못했다(삼하 8:13,14; 왕상 11:15,16). 이런 때는 이스라엘 사람들이 '에돔의 종'이라는 뜻으로 이름을 지을 상황이 아니다. 일반 유대인일지라도 성물을 만지면 죽는데 제사장이 맡아야 할 법궤를 '에돔의 종'이 맡을 수 없다. '오벧에돔'이란 '에돔인을 부리는 레위인'인 것이다.
　다윗은 레위인들로 거룩한 찬양대를 세우고 노래와 악기로 힘껏 찬양하게 하였는데 그들 중에 오벧에돔이 있다(대상 15:18,21). 법궤 앞에서 섬기는 오벧에돔과 법궤를 자기 집으로 모셔간 오벧에돔은 같은 레위족이다(대상 15:25). 법궤 앞에서 항상 찬양하는 레위인들 중에 인도자로 오벧에돔이 있다(대상 16:5). 외부인이 가까이 오면 죽이라고 지키게 한 레위인들 중에 '오벧에돔'이 있다6:38; 26:4,5,8,15; 대하 25:24).
　에돔'은 에서의 별명인데 그는 동생 야곱에게 장자권을 죽 한 그릇에 판 자이고, 그 장자권 안에는 제사장권이 포함된다. 하나님은 에서(에돔)를 미워하시지만 야곱(이스라엘)은 사랑하신다. 에돔 사람인 헤롯은 다윗의 자손이자 법궤의 실체인 예수 그리스도를 죽이려 했으나 실패하자 많은 영아들을 살해한 자이다.
　어떤 이들은 오벧에돔을 블레셋 사람이라고 추측한다. 블레셋에게서 친히 권능으로 돌아온 법궤를 다시 블레셋인에게 넘기고, 하나님께서 그 블레셋 사람에게 석 달 만에 범사에 복을 주셨다니 말도 안 된다.

여호수아의 칼날에 이스라엘 땅 안에는 아낙 자손이 다 죽고 가사와 가드와 아스돗에만 약간 남았다(수 11:22). 사무엘의 미스바 전투에서 가드를 다시 회복하고 에벤에셀의 기념비를 세웠다(삼상 7:5-14). 거인 중 가드 사람인 골리앗이 다윗의 손에 죽임을 당했다(삼상 17:4). 블레셋에 속한 가드 사람들은 잇대와 함께 다윗이 압살롬에게 쫓겨 갈 때도 충성을 다한 자들이다(삼하 15:18-22; 18:2,5,12).

오벧에돔은 단 지파의 지경 안에 있던 레위인의 성읍인 가드 림몬에서 출생했거나(수 19:45; 21:20-24) 가드에 우거했으므로 거주지로는 '가드 사람'이라 불리지만 혈통은 레위의 후손이다.

<처음과는 다른 결심을 하였다. 그래서 다윗은 법궤를 예루살렘에 있는 성으로 모셔 가지 않고, 단 지파의 영역에 있는 레위족의 마을 가드로 보내 그 마을에 사는 오벧에돔의 집에 맡겼다.>(삼하 6:10, 현대어성경)

사무엘의 아버지 엘가나는 레위의 후손이지만 '에브라임 사람'이라 표기한 것(삼상 1:1; 대상 6:1,27,34) 같이 레위 사람인 오벧에돔을 '가드 사람'이라고 기록한 것이다. 다른 오벧에돔은 문지기의 반차를 따르는 고핫 자손이었다(대상 26:1-4). 아론의 두 아들 제사장들은 다른 불로 죽었다. 웃사는 법궤를 만졌다가 죽었는데, 오벧에돔의 집에 있는 동안 하나님께서 오벧에돔과 온 집에 복을 주신 사실도 오벧에돔이 '에돔인을 부리는 하나님의 종'임을 보여주는 증거이다.

다윗은 그제야 무엇이 잘못되었는지 알고 다시 법궤를 옮기게 된다. 한글개역성경은 대개 '메다'는 말로 번역했지만 원문은 대개 '옮기다'로 기록되었다. 온 이스라엘 백성들 중에서 3만 명을 선발했던 전과 달리 이번에는 아론의 자손과 레위의 자손들로 860여명을 모아 성결케 하고 제사장이 법궤를 메어 옮기라고 명령했다(대상 15:3-14). 다윗이 이전에 일어난 사고의 원인을 깨닫고 레위인들 즉 고핫의 자손들에게 하나님의 법궤를 어깨에 메어서 옮기게 했다(대상 15:13).

<모세가 יהוה의 말씀을 따라 명한 대로 레위 자손이 채로 하나님의 궤를 꿰어 어깨에 메니라>(대상 15:15)

바른 목적이 그른 방법까지 정당화시킬 수 없음을 보여주신 증거이다.

예수님의 육체는 모세가 세운 성막의 실체로서 산 성막이다. 모형인 성막의 법궤 안에 있던 세 가지(지팡이, 만나단지, 십계명)의 실체가 완전한 법궤이신 예수 그리스도 안에 있다(렘 3:16).

다윗이 법궤를 모신 장막은 신약에 이루어질 참된 장막의 그림자이다. 성경의 많은 구절에서 다윗은 예수 그리스도의 모형으로 나타난다. 다윗의 후손으로서 예수님의 육체가 장막 성전의 실체이다. 예수님은 자기 백성들 육체(장막) 가운데 다윗의 후손(육체)이라는 장막을 치신 하나님이시다(요 1:14, 원문 참고). 그 육체의 장막이 찢어졌을 때 지성소와 성소를 갈라놓던 휘장이 찢어졌다(마 27:51; 요 2:19-21; 14:6; 히 10:20). 바울도 자신의 육체를 하나님의 '장막'에 비유했고(고후 5:1-4), 베드로 역시 자신의 육체를 '장막'이라 비유했다(벧후 1:14).

다윗이 세운 장막은 모세가 세운 장막과 크게 다른 점이 있다. 다윗의 장막은 지성소와 성소 사이의 휘장을 없앤 구조로 만들어졌다. 다윗이 하나님의 규례대로 법궤를 장막에 안치한 후 레위인 찬양대로 연주하며 항상 법궤 앞에서 섬기게 하였다. 이는 대제사장이 1년에 단 한 번만 들어갈 수 있던 모세의 성막의 규례와 다른 것이다. 구약은 율법을 따라 성소에서 예배하는 것이지만 새언약은 은혜와 진리를 따라 하늘의 아버지께 항상 법궤 앞에서 예배한다(요 4:23,24). 예수 그리스도께서 새로운 성전의 신령한 법궤(머릿돌)이시고, 한 몸의 지체(거듭난 성도)들로 연합된 교회가 '다윗의 장막', '신령한 장막성전'임을 보여준다.

안디옥교회는 예루살렘에서 주와 복음으로 거듭난 유대인 형제들의 전도를 통해 거듭난 이방인들이 주축이 되어 세워진 교회이다. 안디옥교회에 유대로부터 온 어떤 형제들이 이방인 성도들도 모세의 율법대로 할례를 받지 않으면 구원을 받지 못한다고 가르쳤는데 이를 반대했던 바울과 바나바도 그들의 주장을 꺾지 못했다. 결국 이들 모두는 이 문제를 해결하기 위해 예루살렘교회의 사도들과 장로들에게로 함께 갔다(행 15:1-5). 첫 번째의 전체 교회의 최고지도자 회의가 열렸고, 베드로와 바울의 이야기를 진지하게 듣고 난 후 야고보(야고보서 기록자)가 의장 권위로 결론을 내렸다(행 15:6-22). 여기서 야고보는 당시 유일한 성경인 구약성경을 인용해 교회를 '다윗의 장막'이라 증거했다.

<15 선지자들의 말씀이 이와 합하도다 기록된 바 16 이 후에 내가 돌아와서 다윗의 무너진 장막(帳幕)을 다시 지으며 또 그 퇴락(頹落)한 것을 다시 지어 일으키리니 17 이는 그 남은 사람들과 내 이름으로 일컬음을 받는 모든 이방인들로 주(主)를 찾게 하려 함이라 하셨으니 18 즉 예로부터 이것을 알게 하시는 주(主)의 말씀이라 함과 같으니라>(행 15장)

교회의 터가 되는 구원의 복음(진리)이 변질되고 거짓교리에 빠지면 '다윗의 장막이 퇴락하고 무너지는 것'이라고 설명한 것이다.

4세기에 바벨론교리인 삼신론의 도입으로 배도한 음녀교회가 나타나 다윗의 장막을 허물었는데(살후 2:3; 딤전 4:1-5; 계 17:5,6), 주님께서 예언하신 대로 재림이 가까운 때에 사도적인 진리의 복음으로 회복시켜 주셨고, 회복된 교회를 다시 '다윗의 집(장막)'이라고 부르셨다.

<7 빌라델비아 교회의 사자에게 편지하기를 거룩하고 진실(眞實)하사 다윗의 열쇠를 가지신 이 곧 열면 닫을 사람이 없고 닫으면 열 사람이 없는 그이가 가라사대 8 볼찌어다 내가 네 앞에 열린 문을 두었으되 능히 닫을 사람이 없으리라 내가 네 행위를 아노니 네가 적은 능력(能力)을 가지고도 내 말을 지키며 내 이름을 배반치 아니하였도다>(계 3장)

다윗의 장막예배가 모세의 성막예배와 다른 점은 신약성도의 육체가 땅에서 예배할지라도 그의 속사람(영)이 셋째하늘에 속하여 어느 때든지 하늘의 지성소 안에 은혜의 보좌 앞에 이른다는 것이다(히 4:16).

거듭나지 않은 수만 명의 신자들이 모여서 세상적인 음악재능을 따라 온갖 악기로 연주하며 성악가수와 같은 목소리로 노래하며 흥겨운 집회를 할지라도 그런 예배는 신령과 진리로 드리는 예배가 아니다. 은혜와 진리의 복음대로 성령을 받아야 실체인 법궤(예수님의 성령)를 영접한 것이다. 거듭나기를 거절하는 신자들이 단지 믿기만을 고집하는 교리에 따라 드리는 예배는 산당에서 행하던 숭배와 같다. 성령으로 오신 참된 법궤(예수님)를 모시고 드리는 예배가 아버지가 아들에게서 기쁘게 받으시는 신령과 진리로 드리는 예배이기 때문이다.

(3) 다윗에게 일어난 탐심과 교만의 죄

다윗은 하나님의 마음에 합한 자였다(행 13:22). 다윗은 목동일 때도 하나님을 절대적으로 신뢰하여 곰과 사자를 이기고 양을 찾아온 자였다(삼상 17:34-37). 하나님의 성함을 조롱하는 블레셋의 거인 장수 골리앗과 싸울 때 사울의 갑옷을 빌려 입지 않고 목동인 자신의 물매를 손에 들고 하나님의 존함만 절대적으로 신뢰함으로 이겼다(삼상 17:39,45). 하나님께서 전심으로 하나님을 신뢰하는 다윗에게 '엘리에셀'(하나님이 도움이심)같이 전쟁 때마다 능력과 승리가 되어 주셨다.

다윗은 사울의 손에 죽임을 당하지 않기 위해 처절한 고통을 당하며 피신을 다녀야 했다. 다윗에게 사울을 죽일 절호의 기회가 두 번씩이나 왔으나 하나님께서 세우신 권위를 해치지 않으려고 그 기회를 포기했다(삼상 24:4; 26:12). 다윗은 고난받는 자들 편에 서서 도왔고 하나님의 오른손으로 높이시는 때와 장소를 기다렸다. 결국 사울이 블레셋과의 전쟁에서 아들과 함께 전사하자(삼상 31:6), 다윗은 전국의 왕이 되었고, 다윗이 어디로 가든지 하나님께서 함께 하셔서 승리를 주셨다.

다윗에게 헷 족속으로 충실한 장수인 우리아가 있었는데 다윗이 그의 아내인 밧세바를 보고 데려다가 동침했고, 그로인해 그녀가 잉태된 것을 알게 되었다. 다윗은 자신의 죄를 숨기기 위해 다윗 왕과 나라에 충성한 장수를 계교로 전장에서 장렬히 전사하게 했다. 우리아를 장사한 후에 다윗은 밧세바를 데려다가 자기 아내로 삼았다.

다윗이 밧세바를 취하고 자신의 죄를 덮기 위해 그의 남편을 살해한 것은 옛날 그들의 조상 아브라함과 이삭을 위협했던 죄악이었다. 다윗의 마음속에 있던 탐욕과 간교함이 다윗으로 하여금 사단과 죄에게 종노릇 하도록 사로잡은 것이었다. 하와를 범죄케 한 것도 탐욕이었다. 이스라엘 백성들이 만나를 먹으면서도 광야에서 멸망한 것도 탐욕 때문이었다(민 11:4,34; 시 78:18). 그래서 탐심은 우상숭배라고 하셨다(시 119:36; 엡 5:5; 골 3:5). 성경은 탐욕에 사로잡힌 목자들을 가리켜 '개'들이라고 비유하고 있다(사 56:11; 마 7:6; 빌 3:2; 벧후 2:3,14,19-22). 예수님 당시에 제사장들과 서기관들과 바리새인들 속에는 탐욕과 방탕이 가득했기에 하나님의 독생자를 십자가로 죽였다(마 23:25; 눅 11:39).

하나님께서 나단 선지자를 보내서서 다윗의 범죄를 책망하셨다(삼하 12:1-12). 하나님을 업신여긴 그 죄로 인해 반역한 압살롬에게 다윗의 첩들이 백주에 백성들 앞에서 겁탈을 당하고, 칼이 다윗의 집에 영영히 떠나지 않는 저주가 임했다. 나단의 책망을 들은 다윗은 יהוה께 범죄를 시인했고 하나님께 처절하게 용서를 구했다. 다윗은 하나님의 인자를 따라 긍휼히 여기시고 많은 자비를 좇아 자신의 죄과를 도말하시고 씻기어 달라고 용서를 빌었고 그 통회가 시편 51편에 기록되었다(1,2,9절). 자신이 죄악 중에 출생하였고, 모친이 죄 중에 잉태하였다고 고백했다(5절). '내 속에 정한 마음을 창조하시고, 정직한 영을 새롭게 하소서. 나를 주의 앞에서 쫓아내지 마시고 성령을 거두지 마소서. 주의 구원의 기쁨을 내게 회복시키시고 자원하는 심령을 주사 나를 붙드소서'(10-12절). 하나님은 제사를 원치 않으시고 상한(부서진) 심령을 원하심을 알고 그분께 침상이 뜰 정도의 눈물로 간절히 구했다(16,17절).

하나님께서 그의 죄를 용서하셨으나 그 죄로 인해 사단의 큰 훼방거리가 되었으므로 밧세바가 낳은 아기가 앓기 시작했다. 다윗은 하나님의 자비하심으로 긍휼히 여기사 아기를 고쳐달라고 땅에 엎드려 밤새도록 7일 동안 금식하며 간절히 기도했다. 그런데도 결국 아기가 죽자 다윗은 신복들도 놀랄 정도로 하나님의 뜻을 온전히 순복하는 태도를 보였다(삼하 12:15-23). 하나님께 긍휼히 여김을 간절히 구하는 마음, 하나님의 결정에 온전히 순복하는 마음이 하나님의 마음과 합한 마음이다. 하나님께서 다윗을 위로하셔서 다시 아들을 낳게 하셨고 그 이름을 '솔로몬'이라고 지었는데, 하나님께서 나단 선지자를 통해 '여디디야'(יהוה께서 사랑하는 자)라는 이름으로 부르게 하셨다(삼하 12:24,25).

하나님께서 다윗의 죄를 용서하셔서서 마귀를 던질 불못에서 구원해주셨을지라도 일단 죄의 씨를 뿌렸으니 이 땅에서 그 죄의 열매를 거둘 수밖에 없음을 다윗을 징계하심으로 명백하게 보여주셨다. 이로 인해 왕자들 중에 다윗이 가장 사랑했던 압살롬이 반역을 일으켜 아버지의 첩들을 백주에 백성들 앞에서 욕보였고, 결국 죽임을 당했다(삼하 12:11; 16:22; 18:33). 다윗은 압살롬의 죽음을 심히 애통해했는데 이는 범죄한 아담을 향하신 하나님 아버지의 마음이 이와 같음을 보여준다.

특별한 체험으로 예수 그리스도를 믿었고 물과 성령으로 거듭나 사도로 헌신했던 바울이었을지라도 그 역시 여전히 구속받지 못한 육체를 가지고 살았다. 하나님은 물침례 받은 자들의 육체를 그리스도와 함께 장사지낸 것으로 여기신다. 그래서 끝까지 예수 그리스도의 살과 피를 먹고 마시는 삶(요 6:53-58), 탐심을 십자가에 못 박은 삶을 따라 육체를 의의 병기로 사용해야 몸의 구속까지 얻게 하신다(롬 6:13).

사도 바울은 자신이 사도일지라도 여전히 겉사람은 죄에 팔린 육체에 속하여 있고, 그의 육체 안에 죄가 완전히 소멸되지 않고 그저 있으므로 자신의 육체의 원함을 따르면 사도 바울 자신(겉사람)도 죄를 지을 수밖에 없다고 가르쳤다(롬 7:14-25).

<17 이제는 이것을 행하는 자가 내가 아니요 내 속에 거하는 죄니라 18 내 속 곧 내 육신에 선한 것이 거하지 아니하는 줄을 아노니 원함은 내게 있으나 선을 행하는 것은 없노라 19 내가 원하는 바 선은 하지 아니하고 도리어 원치 아니하는 바 악은 행하는도다 20 만일 내가 원치 아니하는 그것을 하면 이를 행하는 자가 내가 아니요 내 속에 거하는 죄니라>(롬 7장)

아담 안에서 육체로 태어나는 모든 사람들은 죄에 팔려 죄의 종이 되었다. 거듭난 사도일지라도 아직 겉사람은 구속되지 않았기에, 구속을 기다리고 있다. 이것이 오순절 명절에 드려진 두 개의 떡에 누룩(죄를 상징)을 넣어서 불에 구워 드린 그림자의 실체이다.

다윗의 실패를 거울삼아 육체가 구속을 받아 부활의 몸에 이를 때까지 육체의 소욕을 십자가에 못 박아야 생명의 부활에 참여한다.

<6 육신(肉身)의 생각은 사망이요 영(靈)의 생각은 생명과 평안이니라 7 육신의 생각은 하나님과 원수가 되나니 이는 하나님의 법에 굴복치 아니할 뿐 아니라 할 수도 없음이라 8 육신에 있는 자들은 하나님을 기쁘시게 할 수 없느니라 … 12 그러므로 형제들아 우리가 빚진 자로되 육신에게 져서 육신대로 살 것이 아니니라 13 너희가 육신대로 살면 반드시 죽을 것이로되 영(靈)으로써 몸의 행실을 죽이면 살리니 14 무릇 하나님의 영으로 인도함을 받는 그들은 곧 하나님의 아들이라>(롬 8장)

거듭난 자의 영은 하나님의 원하심을 따르지만 그의 혼(魂)은 여전히 육신의 원함을 따르기에 '육신의 생각'이라고 말한다. 그래서 육신이 원하는 탐욕 즉 탐심은 또 다른 우상숭배이다(엡 5:3; 골 3:5).

하나님만을 절대적으로 신뢰했던 다윗이 범한 또 하나의 죄는 교만이었다. 하나님께서 다윗의 나라를 강하게 하셔서 누구와 싸우든지 이기게 하셨고 주변나라들이 조공을 바치게 하셨다(대상 18:6). 다윗은 자신의 능력으로 이 같은 부귀영화를 이룬 것으로 여겨 교만에 빠졌고(신 8:14; 대하 32:25) 자신의 힘을 과시하기 위해 군대장관 요압에게 군대의 수를 세어 보고하라고 명령하였다.
<사단이 일어나 이스라엘을 대적하고 다윗을 격동하여 이스라엘을 계수하게 하니라>(대상 21:1)
사단이 자기 영광에 도취한 다윗을 격하게 충동하였다. 교만과 탐심은 전능하신 하나님의 가장 뛰어난 창조물인 천사장을 사단 마귀로 전락시켰던 근본적인 죄이다(사 14:13; 겔 28:17). 다윗이 갓 선지자의 지적을 받고 회개하자 '3년간의 기근'과 '3달 동안 전쟁에서 패하여 쫓겨 다닐 것'과 '3일간의 온역'이라는 세 가지의 징벌들 중에서 하나를 선택하게 하셨다. 그런데 사무엘하 24장 13절에는 '왕의 땅에 7년 기근'이라 했으나 역대상 21장 12절에는 '3년 기근'이라 했다고 기록되었다. 이미 이스라엘 땅에 사울 왕이 기브온 사람들을 무고히 죽인 일로 이미 3년간의 기근이 계속되고 있었고(삼하 21:1), 기근의 원인에 대해 하나님께 여쭙고 이를 수습하는데 1달 이상이 걸렸기 때문일 것이다. 기근이란 갑자기 사라지는 것이 아니므로 여파가 계속되는 중에 다윗이 군대의 수를 세는데 9개월 20일이 걸렸다(삼하 24:8). 따라서 3년 11개월가량의 기근이 계속되고 난 후에 다윗이 다시 3년간의 흉년을 선택한다면 7년 동안 기근이 계속될 것임을 기록한 것이다. 다윗은 하나님의 자비하심에 따른 손길에 의한 징계를 받고자 온역을 선택하였고, 그 온역으로 인해 악인들이 7만이나 죽었다(삼하 24:15).
<이에 יהוה께서 이스라엘 백성에게 온역을 내리시매 이스라엘 백성의 죽은 자가 칠만이었더라>(대상 21:14)
천사가 예루살렘까지 치려고 했을 때 하나님께서 멈추게 하셨다.

다윗이 수많은 백성들의 죽는 모습을 보고 하나님께 차라리 자신과 아비 집을 치시라고 탄원했다. 하나님은 죄인이 회개할 때 죄를 용서하시지만 땅에서 그 열매를 거두게 하신다.

다윗이 선지자 갓의 지시를 따라 여부스의 사람 오르난의 타작마당을 은 6백 세겔을 주고 사서 거기에 단을 쌓고 하나님께 번제와 화목제를 드리자 온역이 멈추었다(대상 21:18-28).

이 타작마당은 다윗의 조상인 아브라함이 자신의 전부와 같은 이삭을 하나님께 번제로 바치려고 했던 모리아 산이며, 다윗의 아들 솔로몬이 하나님께서 허락하신 성전을 건축한 곳이다.

<솔로몬이 예루살렘 모리아 산에 יהוה의 전 건축하기를 시작하니 그 곳은 전에 יהוה께서 그 아비 다윗에게 나타나신 곳이요 여부스 사람 오르난의 타작마당에 다윗이 정한 곳이라>(대하 3:1)

다윗이 법궤를 옮길 때 웃사가 죽은 곳도 나곤(기돈)의 '타작마당'이고(삼하 6:6; 대상 13:9), 자신의 죄로 인해 하나님께 제사를 드린 곳도 오르난(아라우나)의 '타작마당'이다. '타작마당'에서 이런 일들이 일어나는 성경적 이유가 있다. 하나님께서 인류 최초의 직업인 농사를 통해 장차 열매를 보고 구원하실 심판에 대한 교훈을 보이신 것이다.

예수님은 '사람이 물과 성령으로 나지 않으면 하나님 나라에 들어갈 수 없다'고 '진실로'를 여섯 번이나 반복하여 강조하셨다(요 3:3,5,11). 예수님의 진리를 받은 열두 사도는 '너희가 회개하여 각각 예수 그리스도의 이름으로 침례를 받고 죄사함을 얻으라. 그리하면 성령을 선물로 받으리니 이 약속은 하나님이 얼마든지 부르시는 자들에게 하신 약속이다'라고 선포했다. 참복음을 믿고 회개하여 예수 이름으로 물침례를 받아야 세상과 죄와 사망에서 나와 자유를 얻는다. 또한 성령침례를 받아야 속사람이 거듭나 천국에 들어갈 곡식이 된다. 하나님은 곡식의 씨로 난 자라 할지라도 알곡과 쭉정이를 구별하셔서 알곡은 천국곡간에 들이시지만 쭉정이는 영원한 불에 던지신다(마 3:11,12; 눅 3:7). 십자가를 통해 제련되고 단련될 때 마치 알곡과 같이 됨으로써 비로소 겉사람까지 완전히 모든 하늘 위에 오르게 된다.

하나님께서 야곱을 이스라엘로 변화시켜 주셨고 그의 상여(喪輿)가 타작마당에 이르렀을 때 그의 영광은 최고에 달하게 되었다(창 50:10). 타작 때에는 막대기나 도리깨, 바퀴를 사용해 떨고 알갱이를 모아 풍구나 키에 넣고 알곡과 쭉정이를 구별한다(사 28:23-29). 하나님은 교만한 자, 탐욕에 잡혀 하나님의 뜻을 저버리고 자기 뜻을 이루려는 자들을 영적 소경으로 만드실 것이다(사 28:1-3,14-16; 29:9-14).

홍수심판이 일어났을 때 당시의 인구수는 줄잡아도 10억이 넘었는데[13] 구원 받은 사람은 노아의 식구(食口)로 겨우 8명이었다(벧전 3:20). 출애굽 하여 계수된 자들 603,550명 중 단지 2명만이 약속의 땅에 들어갔다(민 14:30,38; 32:12). 이것을 말세를 만난 교회의 거울이라 했다.

광야교회에서도 성막만이 하나님을 만날 수 있던 유일한 장소였고(행 7:38), 그 성막에도 오직 하나의 문만 있었다. 예수 그리스도는 셋째하늘과 영생과 아버지 안으로 들어갈 수 있는 유일한 문이다(요 10:7). 그 문은 모든 죄인들에게 들어오라고 열어놓으셨지만 오직 그분의 말씀을 행한 자라야 들어갈 수 있는 좁고 발견하기 어려운 문이다.

성경은 하나님의 집(성전)을 가리켜 '하늘 문(門)'으로 비유한다(창 28:17). '하나님의 문'이란 하나님의 집의 모든 권세를 의미하는 상징어이며 반면에 '대적의 문'이란 '음부의 권세'를 상징하는 말이다. 하나님께서 이삭의 순종을 보시고 '대적의 문'을 얻게 하겠다고 약속하셨다(창 22:17). 이는 장차 교회를 세우실 때 '음부의 권세'가 교회를 이기지 못할 것이라는 말씀이다(마 16:18). '권세'라고 번역된 단어는 헬라어로 '퓔레'인데 대문(gate), 문(door)이란 뜻이다. 교회는 바로 하나님의 집이요 셋째하늘로, 하나님 안으로 들어가는 문이다.

누구든지 영생을 얻으려면 반드시 '좁은 문'을 찾아야(find) 한다.
<13 좁은 문으로 들어가라 멸망으로 인도하는 문은 크고 그 길이 넓어 그리로 들어가는 자가 많고 14 생명으로 인도하는 문은 좁고 길이 협착하여 찾는(discover) 이가 적음이니라>(마 7장)

멸망으로 들어가는 문과 길은 넓고, 넓은 문을 발견하고 넓은 길을 걷는 자는 많다. 그러나 좁은 길, 좁은 문 즉 참 예수님과 참 복음을 믿는 교회를 발견하기란 정말 어렵다. 좁은 문으로 들어가 끝까지 좁은 길로 가지 않으면 마지막 영생의 진주 문은 결코 열리지 않는다.

거짓 선지자들은 겉은 양의 모습으로 나오지만 속은 영혼을 노략하는 이리들이다. 인격이나 학식이나 신앙적 큰 헌신이 선한 목자라는 증표가 아니다. 예수 이름으로 큰 기적을 행하여 많은 신자들이 따른 유명한 목사였을지라도 예수께서도 모르시는, 불법을 행한 자들이 많다고 경고하셨다. 아버지의 뜻 즉 예수님의 말씀대로 진리를 '순종'하지 않으면 그 누구도 천국에 들어갈 수 없는데, 말씀(반석)이 아닌 교파의 교리(모래) 위에 세운 신상은 반드시 무너진다고 경고하셨다. 단지 '믿기만 하면 구원을 받는다'는 복음은 거짓이다. 예수께서 불법을 행한 자들은 모두 구덩이에 빠질 것이라고 경고하셨다(마 15:13,14). 예수께서 '진실로'를 여섯 번이나 강조하신 대로 물과 성령으로 거듭나는 복음이 무너지지 않을 반석(터/기초)이다. 열매로 분별한다는 말씀은 곡식을 심어야 곡식이 되고 가라지를 심으면 가라지(뱀의 씨)가 된다는 말씀이다(고후 11:2-4). 예수님께서 하나님, 제사장, 어린양, 성전이심을 믿고 물과 성령으로 날 때 속사람(영)은 부활하고 또한 거듭남의 문에 입문하게 되며 장차 겉사람도 부활로 영생의 문으로 들어가도록 좁은 생명의 길로 가야 한다.

예수께서 '구원을 받을 자가 적습니까?'라는 질문을 받으시고, 진리로 거듭난 자가 죽은 후에 맞을, 마지막 관문인 좁은 문에 대해 대답하셨다(눅 13:23-30). 사람들의 말을 따른 자가 아니라 예수님의 말씀을 듣고 따른 신자들을 위해 대답하신 마지막 '좁은 문'에 관한 대답이다.

<좁은 문으로 들어가기를 힘쓰라 내가 너희에게 이르노니 들어가기를 구하여도 못하는 자가 많으리라>(눅 13:24)

진리를 믿고 거듭났어도 지성소에 은혜의 보좌 앞까지 들어가지 않은 채 세상을 즐기는 안뜰(길거리)에만 머무는 자들이 있다. 마치 신랑을 기다리되 어리석은 다섯 처녀들(마 25:12), 한 달란트를 받아 땅에 묻어둔 악하고 게으른 종들(마 25:26), 한 므나를 받고 수건에 싸둔 악한 종들과 같이, 알곡이 아닌 쭉정이로 버려질 자들이다(눅 19:22). 그 문과 길을 발견했어도 협착한 그 길로 십자가를 지고 가야 한다. 구원의 진리에 입문했어도 끝까지 좁은 관문(關門)을 통과해 마지막 완전한 영생의 좁은 문으로 들어가야 한다. 진리의 좁은 문, 좁은 길을 발견하여 좋아하던 신자들 중에도 세상과 육신에 져서 넓은 길, 넓은 문으로 들어가서 쭉정이로 멸망에 버려지는 자들이 많다고 하셨다.

이것을 사도 바울은 고린도교회에게 하나님의 밭과 하나님의 집에 관한 비유로 가르쳤다(고전 3:9-13). 성도가 밭이라는 비유에서는 가라지가 아닌 곡식을 믿고, 쭉정이가 아닌 알곡으로 추수되어야 한다고 했다. 성도가 집(성전)이라는 비유에서는 바른 예수, 바른 복음을 믿고 물과 성령으로 거듭났다 할지라도 이는 기초만 바로 놓은 상태이다. 그 위에 세워질 재료인 성도가 십자가의 고난으로 금이나 은이나 각종 보석으로 신령하고 살아있는 돌(베드로)이 되지 못하고 나무나 짚이나 풀이 되면 결국은 버림을 받는다는 말이다. 악한 자의 꾀를 좇아 죄인의 길을 걷고 오만한 자의 자리에 앉으면 바람에 나는 겨(쭉정이)와 같이 버려진다.

다윗은 추앙받는 왕이고 예수 그리스도의 모형이며, 그가 전한 예언의 성취가 신약에 여러 번 기록되었다. 다윗은 다윗의 집(교회)의 성도들이 물질과 세상적으로 부하다고, 자만과 교만에 빠지면 라오디게아교회와 같이 심판을 받을 것임을 보여준 예표의 사람이다(빌 3:17-19).

(4) 죽은 돌로 지은 옛 성전

[솔로몬의 성전]

만유를 창조하신 하나님은 어디에나 항상 계시지만 보이지 않는 영이시다. 그 영(靈)은 자신의 임재를 피조물 가운데 나타내기를 원하셨기에 사람의 형상이나 광채, 음성 등으로 일시적으로 나타내셨다. 그 하나님께서 초기세상에서는 아담과 아벨, 에녹, 노아에게 그렇게 나타내셨다. 중기세상에서는 사람들이 서로 언약을 맺듯이, 아브람이 드린 쪼갠 제물 사이를 불로 나타나 지나시면서 언약을 맺으셨다.

하나님께서 이스라엘 백성들 중에 모세를 통해 성막을 세우게 하셨고 광채나 구름으로 임재를 알리셨고, 백성들을 만나셨다. 이어서 법궤를 안치한 다윗의 장막에서 신약적 예배를 모형으로 받으셨다. 약속의 땅의 구별하신 곳에 돌로 세운 솔로몬의 성전도 하나님께서 친히 세울 영원히 안식하실 성전(처소)에 대한 모형이었다(대하 3:1). 죽은 돌로 지은 성전은 모형에 불과했기에 살아계시는 영인 하나님은 거기에 영원히 거하시거나 거기에서 완전한 안식을 누릴 수 없으셨다(행 7:49).

하나님은 아브라함의 제사를 받은 모리아산에서 'יהוה-이레'라고 약속
하셨다(창 22:14). '하나님의 산에서 준비되리라'는 뜻대로 아브라함의
자손, 다윗의 잔손으로서 예수 그리스도께서 하나님의 어린양으로 준비
되셨던 대로 죽으시고 부활하셨다. 그의 몸은 영원하고 신령하며 살아있
는, 지극히 보배로운, 하나님께서 영원히 안식하실, 하늘의 참 성전의
머릿돌과 모퉁잇돌로 세워진 것이다(마 21:42). 성전이 완성된 때, 모든
원수들을 멸하신 때에는 참된 평화만 가득할 것이다.

[스룹바벨의 성전]

솔로몬은 말년에 이방인 왕비들에게 휘둘려 우상을 좇았다. 아스다롯
여신과 밀곰을 좇았고, 그모스를 위해 성전 산에 산당을 지었다. 솔로몬
의 우상숭배로 나라가 남북으로 쪼개지게 되었다(왕상 11:4-13).

오직 예루살렘에만 유일한 성전이 있고, 모든 백성들은 1년에 3차례
예루살렘 성전으로 모여야 했다. 북왕국 열 지파의 왕이 된 여로보암은
백성들이 예루살렘으로 예배하러 내려가면 결국 자신을 버릴까 두려워
했다(왕상 12:27). 그는 자구책으로 산당을 세우고, 금송아지를 만들고,
보통 사람으로 제사장을 삼고, 하나님께서 정하신 절기들과 유사한 것을
만들었다. 결국 북왕국은 יהוה 하나님이 아닌 다른 신들 숭배와 범죄로
인해 앗수르에게 멸망당하였다.

남쪽 유다도 יהוה 외에 다른 신들을 숭배하며 제1,2계명을 버렸기에
바벨론 왕 느부갓네살에게 멸망당하였다. 예루살렘의 성전은 파괴되고
모든 성물들은 약탈을 당했다(왕하 25:13-17; 렘 52:13-23).

주전 538년, 하나님께서 페르시아의 초대 왕 고레스에게 유대인의 본
국귀환을 허락한다는 칙령을 내리게 하셨다(대하 36:22,23; 스 1:1-11;
사 44:28; 45:1-4). 고레스가 '스룹바벨'(Zerubbabel)을 '세스바살'이라
는 이름으로 유대총독에 임명했다(스 1:8,11,5:14). 다윗왕의 후손이며
(마 1:12) 예수 그리스도의 조상인 스룹바벨이 5만여 명의 경건한 유대
인들을 이끌고 1차로 귀환하였다(스 2:64,65).

주전 537년, 총독 스룹바벨과 여호사닥의 아들 대제사장 여호수아(예
수아)와 백성들이 성전을 재건하기 위해 지대를 놓았다(스 3:1-13).

그 땅의 주변 원주민들의 훼방으로 다리오 왕 제2년(주전 520년)까지 약 16년 동안 성전재건 공사가 중단되었다(스 4:24). 하나님께서 학개 선지자를 통해 스룹바벨과 여호수아(예수아)와 백성들의 마음을 감동시키심으로 성전건축을 재개하게 하셨다(학 1:1-15). 시작한지 20년이 흘러서 주전 515년에야 성전이 완공되어 이듬해에 봉헌되었다.

주 하나님께서 학개와 스가랴를 통하여 이 성전에 대해 매우 중요한 예언의 말씀을 주셨다. 하나님께서 스가랴에게 성전의 성소에 둔 순금 등대를 보여주셨다(학 2:3-9; 슥 4:2,10). 등대는 신약에서 교회를 가리키는 것임을 알 수 있다(계 1:20). 특히 스룹바벨 성전은 말세지말에 회복된 교회의 모형으로서 중요성을 갖게 되었다.

[헤롯이 개축한 성전]

에돔 사람인 헤롯이 로마에 의해 유대의 왕으로 임명되자 유대인의 마음을 사기 위해 재위 18년째 되던 해(주전 20년경)에 성전개축을 시작했다. 공사 시작 18개월 만에 본체를 15층 규모로 개축하고, 주전 9년경에 제단을 비롯한 주요 기구들을 모두 완성했다. 이어서 성전의 뜰과 담과 문 등의 외곽을 매우 아름답고 화려하게 꾸몄는데 헤롯 사후 주후 64년경에 완공되었다. 1,000여명의 제사장들을 포함한 2만 여명이 동원된 대역사였다. 대리석으로 개축된 이 성전은 당대 최고의 웅장한 건축물이었다. 대리석의 높이는 평균 90-120㎝나 되었고, 어떤 돌 하나의 길이는 12m이며 무게가 100t이나 되었다. 이 성전의 모습을 본 자는 누구나 감탄하지 않을 수 없었다는데, 유대 랍비들이 '이 성전을 보지 못한 자는 아름다움이 무엇인지 모른다.'고 극찬하였다고 한다.[14] 예수님의 제자들도 '미석과 헌물로 꾸민 성전'에 대해 자랑스럽게 예수님께 질문했었다(마 24:1; 막 13:1; 눅 21:5. 참고 요 2:19).

이 성전은 솔로몬이 말씀대로 세운 본연의 성전과 달리 많이 변개되었다. 대제사장도 로마의 정치적 영향을 강하게 받아 총독에 의해 임명되기가 일수였고, 헤롯이 죽이려고 했던 독생자를 그들이 십자가에 못박았다. 헤롯이 무너진 스룹바벨의 성전을 개축했으나 선지자 학개와 스가랴를 통해 새 성전의 영광이 솔로몬이 지은 성전의 영광보다 클 것이라고 예언하신 말씀은 이때까지도 성취되지 않았다.

유대인들은 절기 때마다 예루살렘에 모였고, 열성파들은 헤롯이 개축한 성전을 거점으로 로마에 항쟁했다. 로마는 유대의 항전을 분쇄하기 위해 성전이 완공 된지 6년 후인 주후 70년에 로마 장군 디도(Titus)를 보내어 예루살렘을 함락시켰고, 성전이 불탈 때 벽에서 녹은 금을 찾아 돌 위에 돌 하나도 남지 않게 파헤쳐졌다(마 24:2; 막 13:2; 눅 21:6). 로마 제왕 하드리아누스(Hadrianus)는 유대교와 기독교의 흔적을 없애려고 135년에 성전 자리에 주피터 신전을 세우고 골고다 언덕 위에는 비너스 신전을 세웠다. 우마이야 왕조의 칼리프였던 아브드 알-말리크는 691년에 바위의 돔(Dome of the rock)이라는 이슬람사원을 세웠다.

이전과 같은 예루살렘 성전은 오늘날까지 존재하지 않는다.

사단의 사주를 받은 헤롯은 아기로 태어난 예수님을 살해하려고 했다. 예수 그리스도께서 신령한 성전의 머릿돌과 모퉁잇돌로 놓이고 그와 함께 연합된 여러 베드로(돌)들로 지어지는 성전은 예수님께서 친히 세우실 것이며, 사단과 음부의 권세를 넉넉히 이긴다.

(5) 북쪽 이스라엘 왕 여로보암의 죄

하나님께서 솔로몬의 우상숭배로 열 지파를 떼어 여로보암에게 주어 다스리게 하셨는데(왕상 11:11-13,31-39; 12:20) 여로보암은 더욱 가증한 황금송아지들 및 다른 우상숭배와 죄악에 빠졌다(왕상 12:28-33). 하나님께서 선지자 아히야를 통해 '내가 참하나님만 섬기라고 다윗의 나라를 찢어 네게 주어 열 지파의 주권자로 삼았거늘 네가 이전 사람들보다 더 악을 행하여 너를 위해 다른 신을 만들어 나의 노를 격발하고 나를 네 등 뒤에 버렸다. 그러므로 내가 네 집에 재앙을 내려 네게 속한 사내는 종에 이르기까지 다 끊어 거름을 쓸어버림같이 말갛게 쓸어버리고 네게 속한 자의 시체로 공중의 새와 개들이 먹게 할 것이라'고 경고하셨다(왕상 14:7-16). 결국 바아사가 반역하여 왕이 되고 여로보암의 집에 생명이 있는 자는 하나도 남기지 않고 다 죽게 되었고, 하나님의 말씀대로 이루어졌다(왕상 13:33,34; 15:29,30).

북왕국의 이스라엘 모든 왕들이 여로보암의 죄들을 답습하였다(왕상 15:34; 16:2-4,7,19,26,31; 21:22; 왕하 3:3; 9:9; 10:29,31; 13:2,6,11; 14:24; 15:9,18,24,28; 17:16). 북왕국은 반복된 여로보암의 죄로 인하여 주전 722년에 우상숭배 국가인 앗수르에게 멸망을 당하였고, 백성들은 목석금으로 만든 우상들의 종이 되었다(왕상 14:16; 왕하 17:21-23).

주님께서 책망하신 여로보암의 죄악들 중에서 네 가지만을 살펴본다.

①여로보암의 죄1: 황금송아지 우상숭배

이스라엘 백성들이 애굽에서 나와 시내산 앞에 이르렀을 때 모세가 시내산에 올라가 하나님의 말씀을 받는데 40여일이나 걸리자 백성들은 아론에게 자기들을 인도할 신을 만들자고 요구했다. 대언할 말씀을 듣지 못했던 아론은 이스라엘 백성들의 말을 듣고 출애굽 때 가지고 나왔던 금들을 모아 녹여서 황금송아지를 만들었다(출 32:1-6,21-25). 백성들은 금송아지를 가리켜 애굽에서 그들을 구원하신 יהוה 하나님이라고 부르며(출 32:4,8), 금송아지 앞에 힘을 다해 춤추며 예배했고, 이것이 재물을 신(하나님)으로 숭배하는 선례(先例)가 되었다.

하나님께서 이스라엘 민족 전체를 멸하시고 모세를 통해 새로 나라를 이루겠다고 하셨다. יהוה 하나님 대신 다른 신 또는 금송아지를 섬기는 죄는 극히 자비하신 하나님이 민족 전체를 멸하실 만큼의 중죄였다(출 32:10). 모세가 하나님께서 열조에게 약속하시고 맹세하신 대로 이루어 주시기를 하나님께 간구함으로써 비로소 뜻을 돌이키셨다(출 32:11-14).

산에서 내려온 모세는 하나님께서 친히 만들어 십계명을 기록해주신 두 개의 돌판을 산 아래로 던져 깨뜨렸다(출 32:15-19). 모세가 금송아지 우상을 부수어 만든 가루를 물에 타서 백성들로 마시게 하여 배설물로 나오게 하였다(출 32:20). 모세가 יהוה 편에 설 자들을 불러내 금송아지를 숭배한 자들을 칼로 치게 하자 레위지파가 나와서 3,000명을 칼로 처형했다(출 32:26-29). 금송아지 숭배자들을 처형한 헌신으로 인하여 이전까지는 각 가정마다 장자가 받던 제사장권을 레위 지파가 물려받게 되었다(민 1:47-54; 3:5-13). 하나님의 제사장 신분을 받은 레위지파에게는 땅에 속한 기업은 주지 않으셨다.

다음날 모세가 이스라엘의 죄를 속죄하기 위해 다시 산으로 올라갔다. 하나님께서 이스라엘의 죄를 사하지 않으시려면 자신의 이름을 생명책에서 지워버려 달라고 탄원했다(출 32:30-35).

그들을 멸하실 뜻을 거두신 하나님은 한 천사(사자)를 앞서 보내셔서 그들의 열조에게 약속하신 땅을 얻게 하겠다고 하셨다. 이스라엘 백성은 목이 곧고 교만하기에 또 다시 같은 죄를 지어 하나님의 진노를 격발할 것이므로 하나님은 그들과 함께 올라가지 않겠다고 하셨다(출 33:1-5). 백성들은 비로소 그들의 단장품을 다 제하여 땅에다 묻었다. 재물숭배와 자신의 교만을 막기 위해 단장품을 제하는 처신은 하나님의 백성들이 회개할 때 가졌던 당연한 규례였다(출 33:6, 참고 창 35:2).

모세는 ㅠㅠ 하나님께서 친히 이 백성을 인도하여 약속의 땅으로 가지 않으시려면 차라리 이 백성들을 약속의 땅으로 가게 하지 말라고 다시 탄원하였다(출 33:14-17). 하나님께서 함께 하시지 않는다면 하나님의 백성이 아닌 신분으로 재물로 가득 찬 큰 집과 젖과 꿀이 흐르는 땅의 풍요를 누리는 삶이 아무 의미도 없다는 진실함을 보인 것이다. 하나님께서 모세의 탄원대로 이스라엘 백성들과 함께 하시겠다는 증거로 모세에게 하나님의 영광을 보이셨다. 모세가 두 번째의 십계명을 받아가지고 산에서 내려올 때 주 하나님의 영광의 후광을 보았던 일로 그의 얼굴에 그 어떤 재물보다 더 귀한 하나님의 영광이 남아있었다(출 34:35).

여로보암은 북왕국 백성들이 예루살렘으로 제사를 드리러 올라가면 자기를 배반할까 두려워하여 금송아지를 북왕국의 북쪽인 단과 남쪽인 벧엘에 세우고 예루살렘에 올라가는 길을 막았다(왕상 12:27-30). 북왕국의 백성들은 앞뒤가 황금으로 막힌 인생을 따를 때 하나님을 버리는 죄악에 빠졌다(대하 13:8). 이후 이스라엘의 모든 왕들도 금송아지 숭배에서 떠나지 못했고, 엘리야 선지자와 엘리사 선지자에 의해 왕으로 기름부음받은 예후마저도 열정을 다해 바알은 멸했으나 여전히 금송아지 숭배에서는 떠나지 못했다(왕하 9:6).

<이스라엘로 범죄(犯罪)케 한 느밧의 아들 여로보암의 죄 곧 벧엘과 단에 있는 금송아지를 섬기는 죄(罪)에서는 떠나지 아니하였더라> (왕하 10:29)

재물숭배자들은 하나님보다 재물을 더 사랑하고 의지하고 자랑하며 재물의 인도함과 보호함을 따른다. 그들이 황소의 형상을 만들지 않고 어린 송아지의 형상으로 만든 것은 그들의 마음과 원함에 맞게 따르는 신(神)으로 키워서 부리겠다는 의도였다.

이 사건은 신약시대에 세상과 육체의 원함을 버리지 못하는 자들의 기복신앙(祈福信仰)에 내재된 물질숭배를 보여주는 그림자이다.
<한 사람이 두 주인을 섬기지 못할 것이니 혹 이를 미워하며 저를 사랑하거나 혹 이를 중히 여기며 저를 경히 여김이라 너희가 하나님과 재물을 겸하여 섬기지 못하느니라>(마 6:24. 참고 눅 16:13)
어려서부터 율법을 다 지켜서 복을 많이 받아 젊은 때에 관원이 되고 재물도 많이 갖게 된 신자가 칭찬을 받기 위해 예수께 나왔다가 도리어 예수님과 영생을 버리고 떠나갔다(마 19:22; 막 10:22; 눅 18:23). 재물을 사랑하는 부자는 약대가 바늘귀로 통과하기 어려운 것처럼 천국에 들어가기 어렵다고 말씀하셨다(마 19:24; 막 10:25; 눅 18:25). 어떤 이들은 '바늘귀'를 성문 곁에 바늘귀같이 조그맣게 만든 문이라고 설명하는데 제자들이 듣고 예수께서 재확인하신 말씀은 그런 의미가 전혀 아님을 알 수 있다. 부자는 하나님으로부터 받은 재물을 자기 능력으로 얻은 것으로 착각하고 자기 것으로 간주하지만 청지기는 자신에게 있는 모든 재물을 하나님께서 맡기신 것이라 하나님의 것이라고 믿는다.
제사장들과 서기관들은 성전으로 맹세하면 아무 일도 없지만 성전의 금으로 맹세하면 반드시 지켜야 하며, 제단으로 맹세하면 지키지 않아도 괜찮으나 제단의 예물로 맹세하면 반드시 지켜야 한다고 가르쳤다 예수님께서 그들을 가리켜 소경들이요 독사의 자식들이라고 책망하셨다(마 23:13-22). 그들은 십일조를 하지만 근본적으로 중요한 믿음과 의와 자비를 버렸다. 자신의 모든 것이 하나님께서 맡기신 하나님의 소유라고 십일조를 하는 것이 아니라, 열 개 중에 한 개를 드려서 다시 열 개를 받겠다고 투자하는 탐욕이라 하셨다. 그들은 자기들도 영생에 들어가지 않고 들어가려는 자들에게도 문을 가로막고, 그들에게도 황금송아지를 섬기는 우상숭배자, 배나 지옥 자식이 되게 하고 있기에 주 예수님께서 그들을 호되게 책망하신 것이다(마 23:23-26).

성전을 버리고 산당을 세우고 ווהי 하나님을 버리고 다른 신들을 섬기
자 하나님께서 앗수르를 통해 북 이스라엘을 징계하셨다(왕하 17:1-12).
하나님께서 그들을 멸망시키신 이유는 우상숭배, 산당의 제사 등의 죄악
때문이었다. 나라가 망한 후 사마리아에는 가난하고 힘없는 자들과 앗수
르가 이주시킨 이방인들이 섞여 살게 되었다. 그 땅의 맹수들이 사람들
을 해하자 하나님의 노하심으로 일어난 일임을 알고 레위 제사장들을
세워 하나님을 섬기게 했으나 제사장들은 ווהי 하나님과 우상들을 겸해
섬기며 율법을 엉터리로 가르쳤다(왕하 17:13-33).
<33 이와 같이 저희가 ווהי도 경외하고 또한 어디서부터 옮겨 왔든
지 그 민족의 풍속(風俗)대로 자기의 신들도 섬겼더라>(왕하 17장)

사마리아식 예배의 특징은 ווהי 주 하나님을 섬기는 데다 다른 신들도
섬기는 것이다(왕하 17:34-41). 성경에는 오직 한 분의 남편이자 아버지
이신 ווהי만이 계시는데 진리에서 떠나 다른 신들을 섬기는 것은 이방과
혼합한 배교(背敎)에서 나타나는 특징이다.
또 다른 특징은 말씀에 대한 순종은 등한시하고 물질적 복을 우선적
으로 추구한다는 것이다. 하나님은 모세에게 그리심산에서 '말씀을 순종
하는 자는 복과 영생을 받는다'라는 말씀을 선포케 하시고 에발산에서는
'말씀을 순종하지 않는 자는 저주와 멸망을 받는다'라는 말씀을 선포케
하셨다(신 11:29). 하나님께서 큰 돌을 세우고 위에 율법의 모든 말씀을
새기고 석회를 발라서 대대로 기억되게 하셨다(신 27:1-26). 그들에게
다듬지 않은 돌로 제단을 쌓되 절대로 철기를 대지 못하게 하신 것은
하나님의 말씀에 인위적인 가감행위를 철저히 막으시고 명령하신 대로
다 순종하라고 하신 의미이다. 각기 여섯 지파씩 그리심산과 에발산에
나눠 서게 하시고 오직 ווהי 하나님만 섬기며, 그분의 계명을 반드시 순
종하겠다고 맹세하게 하셨다(수 8:33-35).
ווהי 외에 다른 신들도 같이 섬기며, 물과 성령으로 거듭난 성도들이
하나님의 성전(교회)이건만 거듭나지도 않은 자들을 교회라고 하는 것은
산당의 예배와 다름없다. 물침례로 씻기고 성령의 침례로 기름을 부어야
신령한 제사장으로 세워진다. 물질적, 육신적 복을 받는 것이 참된 신앙
의 척도가 아니라는 사실을 신종 사마리아 종교는 알지 못한다.

יהוה 하나님을 섬기며 그 하나님만 남편, 아버지로 섬기지 않고 다른 하나님을 섬기며, 그분의 말씀을 믿기만 하면 구원받았다고 가르친다면 이는 신사마리아적 신앙이다(왕하 17:13,34,36) 그들은 세상적, 물질적, 육체적 복 받기를 중시하는 기복(祈福)신앙을 따를 뿐이다. 신앙 대상인 하나님과 그분의 뜻을 추구하는 것보다 자신의 원함에 따른 만사형통과 소원성취, 입신양명, 무병장수, 자손번영을 신앙의 목적으로 삼는 초보적인 신앙이다.15) 많은 이들은 יהוה 하나님이 아닌 2위, 3위 하나님들도 믿고, 믿기만 하면 구원을 받았다고 가르친다. 십일조를 하면 물질의 복을 받으므로 이를 믿는다면 실제로 십일조를 드려서 순종하는 것이 바른 믿음이라고 가르치면서도, 죄로부터 구원을 받고 영생을 얻는 복음을 믿음은 순종없이 단지 믿기만 하는 것이 믿음이라고 한다. 사도 바울은 이것을 실제로 금송아지 앞에 춤추는 것은 아닐지라도 사실상 물질숭배 사상이요 기복신앙이라고 경고했다.

<저희 중에 어떤 이들과 같이 너희는 우상숭배하는 자가 되지 말라 기록(記錄)된 바 백성이 앉아서 먹고 마시며 일어나서 뛰논다 함과 같으니라>(고전 10:7)

광야교회가 보여준 과정과 결말은 거울이 되어 말세에 믿는 우리와 모든 신약 교회들에게 교훈이 된다고 했다(고전 10:6,11).

오직 한 분의 하나님 יהוה 외에 다른 2위, 3위 신들은 예수님과 사도들이 전한 하나님이 아니다. 그 신은 로마카톨릭교가 4세기에 로마교와 기독교를 혼합해 만든 신(神)이다.

큰 주택과 큰 승용차를 타는 것을 목회자의 성공이라 자랑하며, 죄를 회개하라는 설교보다 복에 관한 구절들을 골라 편집하고 그럴듯한 예화로 양념해 설교한다고 지적을 받는 자들이 많다. 성경은 이런 목사들을 짖지 못하는 개들이라고 책망한다(사 56:10; 빌 3:2; 계 22:15). 대부분의 신자들도 물질축복과 육체적 질병치료가 최고 믿음인양 자기 취향과 원함에 맞는 설교(꼴)를 찾아 듣고 은혜를 받았다고 좋아한다. 바울은 육신적이고 세상적인 자랑을 배설물이라 버렸고, 그것을 좇는 것을 십자가에 역행하는 삶이라고 했다(빌 3:1-8,17-19). 그들의 자랑은 영광이 아니라 부끄러움이며 영생이 아니라 멸망이라 했다.

②여로보암의 죄2: 가짜 성전인 산당에서의 예배

솔로몬이 성전을 세우기 전에는 정해진 위치에 견고히 세워진 성전은 없었고 모세의 성막, 다윗의 장막이 하나님의 거처 역할을 하였다.

성전은 아브라함이 독생자를 드리려 했던 모리아산이자 다윗이 화목제와 번제를 드렸던 그 타작마당에 세워졌다. 그림자와 모형인 성막이나 성전도 지구상에 오직 하나만 세우게 하셨다. 세상에 흩어진 이스라엘 백성들은 회당을 지어서 매 안식일마다 모였지만 매 절기 때는 반드시 예루살렘의 성전에 모여야 하나님과 언약한 백성으로 인정하셨다(출 23:14,17; 34:23; 신 16:16). 아브라함과 다윗의 자손이신 예수님께서 친히 자기 백성들 가운데 육체의 장막을 치신 것은 참된 성막의 그림자이며(요 1:14 원문 참고), 십자가의 죽으심은 'יהוה-이레'의 어린양으로 드려진 것(요 1:29)과 옛성전을 허신 것이며, 부활하심은 새로운 성전의 머릿돌과 모퉁잇돌이 되신 것이다(시 118:22; 행 4:11).

산당(山堂)은 이교도들이 우상을 세워 숭배하는 신당(神堂)이었다(민 22:41). 하나님은 이스라엘 백성들에게 약속의 땅에 들어가면 그 땅의 우상들과 산당을 다 훼파하라고 명하셨다(민 33:52).

선민들이 약속의 땅에 들어가 יהוה 하나님을 섬길 때 솔로몬이 성전을 세우기 전까지는 산당을 성별(聖別)하여 성막(聖幕)을 안치하고 거기서 하나님 יהוה께 제사를 드렸다(삼상 9:14,19; 10:5,13; 왕상 3:1-5; 대상 16:39; 21:29; 대하 1:3,13).

다윗은 성전을 건축하고 싶은 간절한 마음으로 수많은 건축재를 준비했다. 하나님께서는 많은 사람들의 피를 흘린 다윗에게 성전건축을 허락하지 않으셨다(왕상 5:3; 대상 22:8; 28:3). 하나님께서 평화의 사람인 솔로몬에게 성전을 건축하게 허락하셨다. 솔로몬은 성전을 건축 후 부귀영화가 극에 달하고, 많은 이방여인들을 아내로 맞이하면서 그들의 말을 듣고 예루살렘 앞의 산에 그모스 우상과 몰록을 위하여 산당을 지어서 우상숭배를 돕는 죄를 지었다(왕상 11:4-8).

<모압의 가증한 그모스를 위하여 예루살렘 앞 산에 <u>산당을 지었고</u> 또 암몬 자손의 가증(可憎)한 몰록을 위하여 그와 같이 하였으며> (왕상 11:7)

יהוה 하나님 외에 다른 신을 섬기는 자는 우상숭배자이다. 유일하신 하나님도 알지 못한 채 예배당을 교회 또는 신령한 성전이라 하는 것은 신약적인 산당을 세운 것이다(왕상 12:31,32; 대하 11:15).

하나님은 예루살렘에서부터 시작된 예배를 통해 사마리아 예배들을 엄하게 책망하셨다(참고 왕상 13:1-34). 참된 성전을 깨닫지 못한 수많은 신자들과 목회자들이 여로보암의 죄와 같은 죄를 따라가고 있다(왕상 15:30,34; 16:2,3,7,19,26,31; 21:22; 22:52; 왕하 3:3; 9:9; 10:29,31; 13:2,6,11; 14:24; 15:9,18,24,28; 17:7-23). 하나님 יהוה 외에 다른 신들도 섬기며, 참 성전이 아닌 산당들을 곳곳에 세워서 예배하면 예수님을 격노케 하는 신종 사마리아 예배가 되므로 여로보암과 같이 심판을 받을 것임을 성경 거울에 비추어주셨다.

남쪽 유다 왕국의 르호보암도 산당을 많이 세워서 יהוה께 범죄했다.
<22 유다가 יהוה 보시기에 악을 행하되 그 열조의 행한 모든 일보다 뛰어나게 하여 그 범한 죄로 יהוה의 노를 격발하였으니 23 이는 저희도 산 위에와 모든 푸른 나무 아래 산당(山堂)과 우상과 아세라 목상을 세웠음이라>(왕상 14장)

예수님을 하나님과 그리스도, 참성전의 머릿돌과 모퉁잇돌임을 깨닫고 거듭나서 그분께 연합된 자들이 성전이다. יהוה 외에 다른 신들을 믿고, 순종없는 복음을 믿는 신자들의 모임은 신종 영적 산당이다.

유다의 3대 왕 아사는 그의 조상 다윗과 같이 יהוה 하나님 보시기에 정직히 행하여 남색자들을 추방하고 우상들을 없앴고, 모친이 아세라를 숭배하자 태후의 위(位)를 폐하고 아세라 우상을 찍어서 불살랐으며 한평생 마음이 יהוה 앞에 경건한 왕이었다. 아사는 산당도 제하였는데(대하 14:3-5) 온전히 제하지는 않았다(왕상 15:11-14). 변질된 교회가 진리의 말씀대로 회복될 때 비로소 신종 산당들이 파괴된다.

유다의 4대 왕 여호사밧은 하나님을 경외하였고 통치초기에 산당들과 목상들을 제거함으로 하나님께 순종했다. 이로 인해 하나님께서 그에게 부귀영화가 극에 달하도록 복을 주셨다(대하 17:5).
<저가 전심으로 יהוה의 도를 행하여 산당과 아세라 목상들도 유다에서 제하였더라>(대하 17:6)

주 하나님은 자기 성함을 두신 성전을 향하여 기도하면 응답하겠다고 약속하셨다. 여호사밧은 암몬, 모압, 마온 족속들이 유다를 침공해오자 하나님의 약속을 믿고 모든 백성들과 함께 금식하며 전심으로 성전을 향해 간구했다(대하 20:1-13). 하나님은 성전에 두신 존함 יהוה를 인하여 여호사밧의 기도를 응답하셨다. 하나님께서 자기 성함을 위해 친히 싸워 이기게 하셨고, 사흘 동안 엄청난 양의 군수물자들을 노획하게 하셨다. 하나님께서 승리를 주심으로 하나님께 찬양을 드렸다고 하여 그 계곡을 '브라가 골짜기'라는 이름으로 부르게 되었다(대하 20:14-30). 산당에는 하나님의 존함을 두신 적이 없어 유일한 그 존함을 모른다.

여호사밧도 이전보다 더 큰 부귀영화를 누리게 되자 처음의 마음이 변하여 산당을 제하지 않고 남겨둠으로써 백성들의 마음이 하나님께로 온전히 돌아오지는 못하게 방치했다(왕상 22:43; 대하 20:33).

여호사밧이 세자 여호람을 이스라엘의 가장 사악한 왕들 중 하나인 아합 왕(아내는 이세벨)의 딸 아달랴와 정략적인 결혼을 시켰다. 왕비의 꾐에 빠진 여호람 왕은 많은 산당들을 세워 우상숭배에 빠졌고, 결국 블레셋과 아라비아인들의 침공으로 나라가 초토화되고, 아내들과 아들들은 포로로 끌려가 죽었고 말째인 여호아하스만 남았다(대하 21:11-17). 여호람은 징계를 받아 창자가 밖으로 삐져나오는 불치의 병으로 2년 동안 고통을 겪도록 방치되어 비참하게 죽었다(대하 21:18-20).

유다 왕 요아스는 조모 아달랴가 손자들을 다 죽이고 왕위를 찬탈할 때 대제사장 여호야다에 의해 구원받고, 왕위에도 올랐다(왕하 11:1-21; 대하 23:1-21). 여호야다가 죽자 그의 은혜를 여호야다의 아들 제사장 사가랴에게 도리어 원수로 갚아 살해했고(대하 24:17-22; 마 23:35), 우상숭배에도 깊이 빠졌는데 신복들에게 비참하게 살해되었다.

요아스의 아들 아마샤가 왕위에 올라 하나님의 말씀을 따랐으나 그가 남긴 산당에서 백성들이 제사를 드리며 분향하였다(왕하 14:3,4). 세일 자손들의 우상들을 가져다가 신(神)으로 받들고 경배했다. 하나님께서 북 왕국 이스라엘 왕 요아스를 불러 아마샤를 공격하게 하시니 나라가 초토화되고 아마샤는 생포되었다. 모든 것을 빼앗기고 겨우 풀려난 아마샤는 배반한 무리들로 인해 라기스로 도망을 갔다가 거기서 잡혀 죽임을 당하였다(왕하 14:8-20; 대하 25:21-24).

아마샤의 뒤를 이어 왕위에 오른 아사랴(웃시야)는 하나님을 경건하게 섬겨 기이한 도우심을 받아 명성이 원방에까지 퍼졌으나 산당을 제하지 않아 백성들이 여전히 산당에서 제사하며 분향했다(왕하 15:4). 교만에 빠진 웃시야(아사랴)가 제사장에게만 허락하신 분향을 하려고 성소에 들어갔다가 이마에 문둥병이 생겨 쫓겨났고 왕위에서도 물러나 별궁에 거하다 죽음을 맞이했다(왕하 15:5; 대하 26:16-21; 사 6:1).

웃시야(아사랴)의 아들 요담이 유다의 왕이 되어 선행을 따랐지만 그 역시 산당은 폐하지 아니하였다(왕하 15:35).

히스기야가 피폐해진 유다의 왕위에 오르자 산당을 제하여 성전에서 예배와 절기를 회복시켜 지키게 했다(왕하 18:1-8; 대하 29-31장).

<여러 산당을 제하며 주상을 깨뜨리며 아세라 목상을 찍으며 모세가 만들었던 놋뱀을 이스라엘 자손이 이때까지 향하여 분향하므로 그것을 부수고 느후스단이라 일컬었더라>(왕하 18:4)

히스기야가 이전 유다의 왕들 중 어떤 왕보다도 יהוה를 의지하고 연합하여 떠나지 아니하고 주 하나님께서 모세에게 명하신 계명을 지켰으므로 יהוה께서 저와 함께 하시매 저가 어디로 가든지 형통하였다. 나라가 회복되기 전, 앗수르 산헤립이 침공하여 은 삼백 달란트와 금 삼십 달란트를 요구하자 히스기야 왕이 하나님의 성전과 왕궁 곳간의 은과 성전 문의 기둥에 입힌 금까지 벗겨서 바쳤다(왕하 18:13-16).

앗수르가 유다를 집어삼키려고 다시 공격을 해오고 우상에게 하듯이 사악한 말로 하나님을 비난했다(왕하 18:17-37; 사 36:1-22). 히스기야와 이사야는 יהוה 존함을 두신 성전을 향해 간구했다. 하나님께서 밤에 한 천사(영)를 보내셔서 앗수르의 군대 중에 최고의 지휘관들 18만 5천 명을 다 송장이 되게 하셨다(왕하 19:1-37; 대하 32:1-33; 사 37:1-38). 산헤립은 송장들을 싣고 본국으로 돌아갔고 신전에 들어가 경배할 때 두 아들에 의해 살해를 당하였다.

'히스기야'라는 이름은 'יהוה는 강하시다'라는 뜻이다. 하나님께서 자기 성함을 위해 우상들과 산당들과 산당에서 섬기는 자들을 강한 손으로 멸하실 분임을 보여주는 이름이다. 산당이 하나님의 성함을 두신 성전과 다른 점을 깨닫게 해주는 사건들은 성경 전체에 즐비하다.

므낫세는 히스기야의 생명을 15년 연장시켜 주신 기간에 태어났지만 12세에 왕위에 올라 유대에서 가장 긴 기간(55년) 동안 통치한 사악한 왕이다(왕하 21:1; 대하 33:1). 그는 히스기야가 허물었던 산당을 다시 세우고, 바알을 위하여 단을 쌓고, 하나님의 성전의 마당에 일월성신을 위한 단을 쌓고 아세라의 목상을 성전에 세웠고, 이방인들같이 아들들을 불 가운데로 지나게 하고, 점을 치며, 사술을 행하고 무당들과 박수를 신임하여 하나님 יהוה의 진노를 격발하였다(왕하 21:2-16). 그의 악행은 열방의 죄악이나 아모리인들의 죄악보다 더 심하였다. 이사야 선지자가 장차 유다가 멸망될 때 포로로 끌려갈 백성들의 모습을 하고 3년 동안 경고하자 므낫세가 이사야의 사지를 톱으로 절단해서 죽였다(사 20:2; 히 11:37). יהוה 하나님께서 죄악에 깊이 빠진 므낫세를 쇠사슬에 묶여 바벨론으로 끌려가게 하셨다. 므낫세가 환난을 당하여 주 하나님 יהוה께 회개하여 그 열조의 하나님 앞에 크게 겸비하여 간절히 기도를 드렸다. 한없이 자비로우신 하나님께서 므낫세를 용서하시고 예루살렘으로 돌아 오게 하시고 다시 왕위에까지 오르게 하셨다. 므낫세도 יהוה께서 참된 하나님이신 줄을 비로소 확실히 깨닫게 되었다(대하 33:10-13).

므낫세가 이방 신들과 성전에 세웠던 우상들을 제하며 모든 우상의 제단들을 부수었다. יהוה의 제단을 중수하고 화목제와 감사제를 단위에 드렸다(대하 33:16). 므낫세가 하나님만을 섬기라 명하였지만 백성들은 여전히 산당에서 יהוה께 제사를 드렸다(대하 33:17).

므낫세의 뒤를 이어 왕위에 오른 아몬이 이전 므낫세의 악행을 좇아 산당에서 우상들을 경배하고 하나님 יהוה를 버렸으므로 그의 신복들이 궁중에서 그를 살해했다(왕하 21:20-24; 대하 33:20-25).

요시야가 8살에 아몬의 뒤를 이어 31년간을 치리하는 동안에 다윗의 길로 행하여 좌우로 치우치지 않았다(왕하 22:1,2; 대하 34:1-7). 통치한 18년째에 하나님 יהוה를 찾았고, 12년부터 수년 동안 유다와 예루살렘을 정결케 하는 역사를 계속하였다(왕하 22:3-20; 대하 34:8-33). 성전을 수리하다가 발견한 율법책의 말씀을 깨달아 국가적으로 회개케 하였고 우상들을 깨뜨리고 여로보암이 세운 단과 산당을 불사르고 가루로 만들 어버렸으며 우상들을 불살랐다(왕하 23:15).

진실로, 요시야는 모세 이후 전무후무한 종교개혁을 이루었다.

<19 전에 이스라엘 열왕이 사마리아 각 성읍에 지어서 יהוה의 노를 격발한 산당을 요시야가 다 제하되 벧엘에서 행한 모든 일대로 행하고 20 또 거기 있는 산당의 제사장들을 다 단 위에서 죽이고 사람의 해골을 단 위에 불사르고 예루살렘으로 돌아왔더라… 25 요시야와 같이 마음을 다하며 성품을 다하며 힘을 다하여 יהוה를 향하여 모세의 모든 율법(律法)을 온전히 준행(遵行)한 임금은 요시야 전에도 없었고 후에도 그와 같은 자가 없었더라>(왕하 23장)

요시야는 이전에 유다 왕들이 유다 모든 고을들과 예루살렘에 세운 산당들을 제하여 땅을 정결케 하고 산당의 제사장들을 폐하여 버리고, 이전에 산당에서 분향하며 우상을 섬기게 한 제사장들의 뼈를 단에서 불살랐다. 이것으로 유다에서 보냄 받았던 선지자가 산당의 단에서 분향하는 자들의 뼈를 이 단에 불사를 것이라고 외쳤던 예언이 성취되었다 (왕상 13:2; 왕하 23:16-20). 하나님의 성전(참 교회)은 오직 하나밖에 없고 그 외에는 산당이므로 참된 개혁을 하려면 영적인 산당을 멸하고 참 교회만을 세워야 함을 보여주신 본보기가 되었다.

요시야는 하나님의 율법을 다윗보다 더 온전히 지킨 왕이었지만 이전에 므낫세가 산당과 우상숭배로 하나님을 격노케 했던 일로 인해 예루살렘과 유다의 멸망을 돌이킬 수 없었다(왕하 23:26,27). 애굽의 바로느고가 앗수르를 치고자 유대의 영토를 거쳐 유프라테스 강으로 올라갈 때 그 일이 하나님으로부터 지시받은 일이라며 화친을 제안했다. 이를 거부한 요시야가 변장하고 막던 므깃도 전투에서 화살에 맞아 치명상을 입고 39세의 나이로 사망하였다(왕하 23:29; 대하 35:20-25). 요시야는 범사에 하나님께 여쭈어보고 결정하였는데 이 일에 대해서는 하나님의 뜻을 여쭈어보지 않은 것이 참으로 애석한 일이 아닐 수 없다. 유프라테스로 계속 진격한 느고의 군대가 하란 전투에서 참패를 당하고, 메소포타미아는 바벨론의 수중에 확고하게 들어갔다. 하나님께서 유다 나라를 갈대아(바벨론) 군대를 불러다가 치실 것을 이미 하박국을 통해서도 알리신 바 있다. 하나님은 하박국에게 악인들로부터 고통을 받는 의인들에게 더 무서운 환란이 올지라도 오직 말씀대로 순종하는 의인은 믿음으로 말미암아 영원히 산다고 약속하셨다.

　나라는 망하고 백성들은 짓밟히어 무수히 죽고 온 세계로 끌려갔어도 하나님은 여전히 하나님의 계명을 순종하는 믿음으로 사는 의인들에게 은혜를 베푸셨다. 다니엘, 사드락, 메삭, 아벳느고뿐만 아니라 에스더와 모르드개와 같은 신자들이 믿음으로 사는 의인들이었다. 하나님께서는 전에 이사야를 통해 미리 말씀하셨던 대로 파사 왕 고레스 원년에 특급 명령을 내려 예루살렘으로 돌아가서 יהוה 하나님의 존함을 두실 성전을 재건하도록 모든 조치를 취하셨다(사 44:28; 대하 36:22,23).

　당시 은혜를 받아 믿음으로 살았던 의인들이 스룹바벨과 느헤미야와 여호수아와 학개와 스가랴요 이후에도 에스라와 많은 의인들이 동일한 은혜를 받아 고국으로 돌아왔다. 그들이야말로 산당을 세운 것이 아니라 천하에 하나밖에 없는 성전을 세운 자들이었다.

　에돔인 헤롯은 유대인들의 환심을 사기 위해 스룹바벨의 성전을 개축하는데 많은 재물과 인력을 동원했다. 그가 예수님의 탄생소식을 들었을 때 아기 예수를 살해하려고 수많은 유아들을 학살했다. 그는 스룹바벨의 성전재건을 막았던 대적들보다 더 흉악하고 잔인한 죄를 지었다. 이는 예수 그리스도께서 참된 성전의 머릿돌과 모퉁잇돌로서 건축되지 못하도록 근본적으로 막기 위함이었다(시 118:22; 슥 4:7; 마 21:42; 막 12:10; 눅 20:17; 행 4:11; 벧전 2:7). 하나님은 죽은 돌로 지은 성전에 계시지 않고 살아있는 돌들인, 거듭나고 부활한 성도들 안에 영원토록 거하시며 안식하신다. 새언약의 성전은 하늘의 예루살렘에 속한 것으로 오직 하나밖에 없다. 새성전에는 신약의 완전한 구원의 성함인 예호수아/예수스/예수 외에 다른 성함이 없다. '여호사닥'을 줄여 '요사닥'으로, '여호람'을 줄여 '요람'으로, '예호수아'를 줄여 '예수아'로 부른다. 히브리어 '예호수아'를 아람어 '예수아'로 부르고 헬라어로 '예수스'라고 하는 성함은 산 새성전에 두실 완전한 구원의 성함으로서 동일한 성함이다. 예루살렘에 세운 하나의 성전 외에 모든 산당들은 반드시 헐어버려야 했듯이, 거듭난 성도들로 건축된 성전 외에 거듭남이 무엇인지 알지도 못한 채 믿기만 하는 신자들로만 세운 영적 산당은 기초 가르침(터)부터 허물고 사도적인 진리의 터 위에 새로 건축해야 한다.

③여로보암의 죄3: 보통 사람을 제사장을 삼음

아담부터 노아까지는 아들로 태어난 자이면 누구나 제사장이 될 수 있었다. 가인과 아벨과 셋은 하나님께 제사를 드린 제사장들이었다.

노아의 홍수 이후에는 셈을 따라 장자가 제사장권을 물려받았다.

황금송아지 숭배 이후에는 아론의 아들들이 제사장이 되었고 레위지파가 제사장 일을 돕는 부제(副祭)의 역할을 부여받았다.

아론의 사촌인 고라와 르우벤의 자손인 엘리압과 250명의 두령들이 자기들에게도 분향을 할 수 있는 제사장권을 달라고 반역을 일으켰다가 땅이 갈라지고 음부에 곧바로 던져지는 심판을 받았다(민 16:1-35).

하나님께서 고라와 250명의 족장들의 요구를 들어주시지 않으셨음을 알고도 여로보암은 보통 백성으로 산당의 제사장을 삼아 하나님의 거룩함을 멸시하고 하나님의 권위에 무시하였다.

<31 저가 또 산당들을 짓고 레위 자손 아닌 보통 백성으로 제사장을 삼고 32 팔월 곧 그 달 십오일로 절기를 정하여 유다의 절기와 비슷하게 하고 단에 올라가되 벧엘에서 그와 같이 행하여 그 만든 송아지에게 제사를 드렸으며 그 지은 산당의 제사장은 벧엘에서 세웠더라>(왕상 12장)

하나님께서 선지자를 보내셔서 여로보암을 강하게 책망하셨건만 그는 그 죄에서 돌이키지 않았다.

<33 여로보암이 이 일 후에도 그 악한 길에서 떠나 돌이키지 아니하고 다시 보통 백성으로 산당의 제사장을 삼되 누구든지 자원하면 그 사람으로 산당의 제사장을 삼았으므로 34 이 일이 여로보암 집에 죄가 되어 그 집이 지면에서 끊어져 멸망케 되니라>(왕상 13장)

여로보암이 보통 사람에게 뇌물을 받고 제사장직을 주고 오히려 레위지파 제사장들의 직분을 박탈하자 북의 제사장들과 예루살렘의 성전을 사모하는 북의 경건한 백성들이 모든 지파들에서 나와 남쪽 예루살렘으로 내려왔고, 이로 인해 남쪽 르호보암은 3년 동안이나 더 강성해졌다(대하 11:13-17).

유다의 2대왕 아비야와 여로보암과의 전쟁이 일어났을 때 그 명분은 참하나님과 소금언약으로 세우신 다윗의 통치와 제사장에 관한 것이다. 하나님의 새언약대로 하늘의 신령한 것들은 더욱 중요함을 보여준다.

남쪽 유다에는 참하나님 יהוה와 소금언약대로 세워진 제사장들이 있지만 북쪽 이스라엘에는 가짜 제사장들만 있었다(대하 13:8-12). 하나님은 거짓 제사장을 세우는 죄로 인해 아비야의 40만 군대로 여로보암의 80만 군대 중 50만 명을 죽이고 나머지를 항복시키게 하셨다. 오늘날도 거듭나지도 않은 자들을 왕같은 제사장, 목사, 장로, 집사, 성도라고 인정하는 것이 여로보암의 죄와 같은 죄라고 가르치신다.

④여로보암의 죄4: 하나님의 절기와 비슷하게 인간의 절기를 만듦

하나님의 선민들에게 지키게 하신 일곱 절기는 본래 하나님께서 친히 정하신 'יהוה의 절기들'이다(출 12:14; 23:18; 레 23:2,4,37,39,44; 삿 21:19; 대하 2:4; 호 9:5). 일곱 가지의 절기는 하나님께서 영원 전부터 예정하신 경륜에 의거, 구속의 역사를 순서에 따라 나타내시는 것이다. 그런데 여로보암은 יהוה의 절기를 다 변질시켰다.

<32 팔월 곧 그 달 십오일로 절기를 정하여 유다의 절기와 비슷하게 하고 단에 올라가되 벧엘에서 그와 같이 행하여 그 만든 송아지에게 제사를 드렸으며 그 지은 산당의 제사장은 벧엘에서 세웠더라 33 저가 자기 마음대로 정한 달 곧 팔월 십오일로 이스라엘 자손을 위하여 절기(節氣)로 정하고 벧엘에 쌓은 단에 올라가서 분향(焚香)하였더라>(왕상 12장)

절기를 바꾸는 것은 하나님의 영원한 계획을 훼방하는 마귀(훼방자)를 따르는 것이다. 유월절, 무교절, 초실절로부터 오순절과 나팔절, 속죄일, 초막절 모두가 내용이나 순서가 바뀌어서는 안 된다. 실체의 명절들을 지켜야 하늘의 예루살렘성에 들어갈 수 있기 때문이다.

일곱 명절들 중에서 유월절과 무교절과 초실절을 이루셨고 오순절은 진행 중이다. 거짓 명절/절기를 따르면 확고한 믿음, 온 마음, 희생적인 헌신과는 상관없이 사단에게 속은 것이다. 여로보암처럼, 지금도 하늘의 예루살렘에 올라가지 못하게 하는 자들이 많다. 성경적인 명절에 관한 상세한 설명은 '일곱 명절에 뵙는 예수 그리스도'라는 책을 참고할 수 있어서 여기에서 설명은 상세히 하지 않기로 한다.

6. 정결 의식들과 명절 의식들이 보여준 복음의 그림자

(1) 다섯 가지의 제사들

하나님께 예배에 있어서 범죄 이전에는 제사가 포함되지 않았다. 아담의 범죄 후에 모두가 죽게 되었고, 죄인을 대신하는 피흘림이 있어야만 하나님 앞에 나아갈 수 있게 되었다. 따라서 범죄 후 예배에 제사라는 개념이 새롭게 포함되었다. 제사에는 하나님과 사람 사이의 중보를 위해 성별된 제물, 제사장, 제단, 성전이 반드시 필요하게 되었다.

하나님께서 아담과 하와에게 가죽옷을 지어 입혀 구속을 알리심부터 노아의 때에 정결한 짐승과 부정한 짐승을 구별하신 것, 주 하나님께서 아브라함에게 기업으로 땅을 얻을 것을 알리면 제사를 드리라고 말씀하신 것 등, 이 모든 것들이 하나님의 어린양이신 예수 그리스도의 중보와 속죄에 대해 미리 보여준 그림자와 모형이다. 하나님께서 모세를 통해 더욱 명확하게 성문화된 법규인 율법을 주셨다. 율법에는 제사의 의미와 목적과 방법에 대한 상세한 규례가 기록되어 있다.

A 제사의 의미 또는 목적에 따른 구별
❶번제(燔祭; Burnt offering)
번제는 히브리어로 '올라'인데 제물을 불에 태울 때 그 향기가 하나님께로 올라가므로 '올라가다'라는 의미의 동사 '알라'에서 나온 이름이다 (출 29:18,25; 레 1:9,13; 3:5). 번제는 범죄한 후부터 하나님께서 명하신 제사이다. 아벨(창 4:4), 노아(창 8:20), 아브라함이 번제를 드렸다(창 22:2). 성전을 세우기 전에도 하나님께 번제를 드려야 했다(출 10:25; 20:24). 제사장이 성소에 들어가려면 먼저 번제단을 거쳐야 한다(출 28:43). 매일 조석(朝夕)으로 번제를 드려야 하며, 번제를 드릴 때 하나님께서 만나주신다(출 29:38-43). 아브라함이나 다윗, 솔로몬, 엘리야가 드렸던 번제물을 하나님께서 불로 태우심으로써 받으셨다(창 15:17; 레 9:24; 대상 21:26; 대하 7:1; 왕상 18:38). 반드시 정하신 규례대로 번제를 드려야 열납하신다(창 15:1-14; 레 1:1-17; 6:8-13; 10:1). 제사장은 번제단에 내린 불을 꺼지지 않도록 관리해야 한다(레 6:9,12,13).

번제에는 자원제와 의무제가 있으며, 번제물로는 소, 양, 염소를 드리되 가난한 자는 산비둘기나 집비둘기로 흠이 없는 수컷만을 드린다(레 1:1-17; 5:7; 12:8; 14:22; 22:18-20; 말 1:8-10. 참고 히 9:14; 벧전 1:19). 번제(燔祭)는 일반적으로 소제(素祭)와 전제(奠祭)를 같이 드렸다 (출 29:38-42; 민 15:1-16; 28:29. 참고 겔 46:4,7,11-14). 가난한 자가 비둘기로 드릴 때는 다른 제사를 요구하지 않으셨다. 제사장의 죄 때문에 드리는 번제는 가죽도 태우지만 백성을 위한 번제는 제물 전체를 태우되 가죽은 제사장의 몫으로 돌렸다(레 7:8). 하나님께서 아담에게 가죽옷을 지어 입히심으로써 구속을 약속하셨다(창 3:21). 교회의 상징으로 리브가는 야곱의 손목과 목에 가죽을 입혔다(창 27:16).

예수님은 33년 반의 전 생애를 온전한 번제물로 드리셨다. 예수님은 어린양으로 번제단에 오르셨고(창 22:9,14), 수송아지, 수양과 숫염소 번제물이 되셨다(레 16:3,5; 시 22:14-18; 막 10:38,39; 12:33; 눅 12:50; 히 10:1-10). 하나님께서 그의 육체(가죽)를 벗기시고 영원하고 신령한 부활의 몸을 입혀주셔서 대제사장으로 삼으셨다(슥 3:4). 하나님의 어린양이신 예수님은 우리의 영원한 속죄를 증명하신 가죽옷이 되셨다.

믿음의 회개로 십자가에서 그리스도와 함께 죽어 번제물로 드려지고, 침례로 어린양의 가죽옷을 입는다. 번제제물을 늘 드렸듯이, 신약성도의 번제도 단번으로 끝나는 게 아니라 몸의 구속이 이루어지기까지 몸을 산 제물로 항상 드려야 한다(눅 22:19; 롬 12:1,2). 자기의 자아와 목숨과 자신의 소유를 주님께 굴복하는 것이 번제이다. 성도가 자기 자신을 부인하고 예수님을 따를 때 '내가 죽고 주께서 사시는 것'이 된다(갈 2:20; 벧전 2:21,24). 자신을 십자가에 못박는 번제를 드릴 때마다 더 온전함으로 나아간다. 이러한 순종을 가리켜 세마포 옷, 갑옷, 신부의 예복을 입는 것이라 한다(롬 13:12; 계 3:4,5,17,18; 7:9,13,14; 16:15; 19:8,13,14,16). 마지막 날에 예복을 입지 않은 자는 청함을 받았지만 택함을 받지는 못하여 쫓겨난다(마 22:11-13; 계 19:8,9).

복음의 말씀대로 끝까지 순종하는 의의 행실은 그리스도로 옷입는 것이요, 정욕을 위해 육신의 일을 하는 것은 의(義)의 옷을 벗은 수치로 여겨진다(롬 13:14; 골 3:12; 벧전 4:1; 계 3:17).

❷소제(素祭; Grain offering)

소제는 히브리어로 '민하'인데 '선물'이란 의미이고, 고운 가루로 만든 제물로 드리는 제사이다(레 2:1-16; 6:14-23). 고운 가루에 유향을 넣은 것, 기름을 섞어 화덕에 구운 무교병이나 무교전병, 번철에 구운 것을 조각내어 그 위에 기름을 부은 것, 기름을 넣고 가마솥에 삶아 화제로 드리는 것과 첫 이삭을 볶아 찧은 곡식에 기름을 붓고 유향을 섞은 것을 드린다(레 2:2). 모든 소제물에는 누룩과 꿀을 넣지 않으나 반드시 소금을 쳐야 한다(레 2:11-13). 기름섞은 고운 가루 한 움큼과 소제물 위에 유향을 취하여 단 위에서 화제로 불살라 향기로운 냄새가 되게 드리고 그 나머지는 제사장들에게 응식(應食)으로 주셨으므로 제사장이 거룩한 곳에서 먹어야 한다(레 6:16; 10:12,13,17; 민 18:9,10). 번제와 소제와 전제는 대표적인 제사이다(시 20:3; 렘 14:12; 17:26; 33:18; 암 5:22,25; 욜 1:9,13; 2:14).

고운 밀가루는 세마포와 같이 예수 그리스도의 인성(人性)에서 나오는 의의 행실을 상징한다. 한 알의 밀알이 되신 예수께서 온갖 고난과 고통 중에서 겸손과 온유로 곱게 부수어졌고, 모든 이를 위한 영원한 생명의 참떡이 되셨다(요 6:55). 그는 세상의 육체적 즐거움(꿀)을 취하지 않으셨고, 세상의 불결과 악함(누룩)이 없는 거룩한 떡이 되셨으며 영원한 소금 언약으로 십자가의 고난의 불에 구워져서, 드디어 지극히 순결하고 거룩하신 소제로 번제와 함께 하나님께 드려지셨다.

신약의 신자가 복음을 믿고 회개하여 죄사함과 거듭남을 얻으면 참된 소제를 드린 것이다. 이후에도 육신의 생각(누룩)과 세상과 육체의 즐거움(꿀)에 빠지지 말아야 한다. 주 하나님은 영원히 변함없는 소금언약을 주셨다(민 18:19; 대하 13:5). 맛을 내며 부패를 막는 방부제 역할을 하는 성도들을 '세상의 소금'이라 하셨다(마 5:13; 막 9:49,50; 골 4:6). '맛잃은 소금'이 되면 세상에서는 밟히고 장차 불못에서 고통을 당하게 된다. 성도들이 그리스도의 성품을 그대로 닮아가는 것이 그분의 내적형상을 이루는 것이다(갈 4:19). 속사람(영)의 생각을 따르는 자만이 신령한 소제를 드릴 수 있다. 소제(素祭)를 '흰 제사'라고도 부르는 이유는 흰옷(素服)을 입는 의미와 상통한다(계 7:13).

❸화목제(和睦祭; Peace offering)

히브리어로 '셸렘'인 화목제는 하나님과 사람 사이에 친밀한 관계를 맺는 제사로서 번제와 함께 드렸다(출 20:24; 레 19:5). 화목제 안에는 감사제, 서원제, 자원제가 있고, 제물의 기름은 불에 태워드리고 일부는 제사장과 제사를 위임한 신자의 몫으로 주셨다(레 3:1-17).

소, 양, 염소의 암컷이나 수컷을 제물로 삼아 머리에 안수하고 잡아 피를 번제단 사면에 뿌리고 내장의 지방과 두 콩팥과 그 지방과 간에 덮인 꺼풀을 취하여 번제단 위에서 살라 향기로운 냄새로 드린다(레 4:10,26.31). 제물의 가슴은 요제(搖祭)를 드린 제사장들에게 주고, 제사장과 그 가족들은 그것을 당일에 먹고 남은 것은 불태운다(레 7:11-21; 19:5-8). 제물의 우편 뒷다리를 거제(擧祭)로 드리되 이것들은 제사장의 몫으로 돌리는 것이 영원한 규례이다(레 10:12-15). 그 외의 것들은 제사를 위임한 신자들이 먹는다. 감사함으로 드리는 화목제사의 희생고기는 드리는 날에 먹고 이튿날 아침까지 남겨두지 말아야 한다. 희생제물이 서원이나 자원하는 예물이면 이튿날까지 먹을 수 있고 삼일에는 남은 것을 불살라야 한다. 삼일에 조금이라도 먹는다면 그 제사는 열납되지 않고 가증한 것이 된다. 백성들이 소나 양, 염소를 진 밖이나 안에서 잡을 때 잡기 전에 먼저 하나님의 장막 앞에서 하나님께 예물로 드리지 않는 자는 그 백성 중에서 끊어진다(레 17:3-6). 화목제 제사가 열납되려면 아무 흠이 없는 제물로 드려야 하고(레 22:21,22), 드린 후에 먹을 때도 명하신 규례대로 따라야 한다.

아담 안의 모든 사람들은 죄인으로서 하나님과 원수(怨讐)지간이었다(눅 19:27; 롬 8:7; 히 10:30). 그들 모두는 하나님으로부터 멀리 떠나 있었고, 영적 문둥병자로서 격리되어 있었다(엡 2:12,13). 주 예수께서 화목제의 실체로 완전한 제물이 되셨다(롬 3:25; 5:1,9-11; 고후 5:18-20; 엡 2:16; 골 1:20-22; 요일 2:2; 4:10).

화평케 하는 자가 하나님의 아들이라 칭함을 받으며, 특별히 형제들은 서로 화목해야 한다(마 5:9,21-26). 예수님께서 우리의 죄를 용서해 주신 것같이 우리에게 죄를 지은 자의 죄도 용서해주라고 가르치셨다. 우리가 우리에게 죄를 지은 형제를 용서치 않으면 하나님께서 우리의 죄도 용서치 않으시겠다고 하셨다(마 18:35).

형제들은 '서로 사랑하라'는 새계명을 따라 반드시 화목해야 한다(요 13:34,35; 마 25:31-46). 모든 사람으로 더불어 화평과 거룩함을 이루지 못하면 결단코 주님을 뵙지 못한다고 정하셨다(히 12:14).

하나님과 화목하지 못하거나 형제끼리 화목하지 못한 것은 세상적인, 육적인 기름이 끼였기 때문이다(시 119:70,71). 거제를 통해 은혜를 늘 새롭게 받아야 하고, 신령한 제사장은 주님으로 인해 가슴으로 기뻐하는 삶을 지킴으로 요제를 드려야 한다. 돌려주신 뒷다리는 힘을 상징하고, 하나님과 더불어 화목함이 그분께서 성도들에게 돌려주시는 능력이다.

❹속죄제(贖罪祭: Sin offering)
속죄제는 히브리어로 '핫탙'인데 '죄'라는 말로 사용된다(창 4:7; 출 29:14). 속죄제는 부지중에나 실수로 인해 하나님의 금령 중에 하나라도 범하였을 때의 죄를 속하는 의무적인 제사이다(레 4:1-5:13; 6:24-30). 속죄제 제물의 남은 것은 제사장이 성소에서 먹어야 한다(레 10:16-20).

히브리어로 '죄짓다'라는 동사 '하타'(창 43:9)는 '과녁에서 벗어나다', '실패하다', '실수하다'라는 의미를 갖는다. 따라서 속죄제는 하나님께서 사람을 창조하신 목적에서 벗어난 범죄로 인해 드리는 제사이다. 번제는 죄와 저주, 악함 자체를 태워 없애는 것이고, 속죄제는 죄인을 정결케 하여 하나님의 산 성전(벧엘)이 되도록 일으켜 세워준다.

대속죄일 제사는 속죄제의 중요성을 보여준다. 희생제물 제사의 근본 목적은 속죄를 위함이다(창 12:7,8,; 13:4,18). 율법을 주시기 전까지 드려진 희생제사는 사실상 각종 제사들을 다 내포했다(출 17:15; 20:24). 하나님께서 이스라엘 백성들을 애굽에서 이끌어내시고 그들과 맺으신 언약은 좀 더 구체적으로 죄를 드러내시고 그 죄를 제거하는 법과 드릴 장소까지 더 상세하게 알려주신 것이다. 성전이 허물어지고, 열국으로 흩어진 다니엘이나 다른 의인들도 하나님의 존함으로 성별한 단을 쌓고 모세 이전처럼 제사를 드렸다. 하나님은 제사로 언약한 백성들이 제단을 쌓고 그분의 존함을 부를 때에 거기에 임재하셨다. 주 하나님이 제사와 제물(예물)을 기뻐하지 않으시며 번제와 속죄제를 요구치 아니하신다고 하셨는데 이는 그림자와 모형인 제사들을 어린양이신 예수님으로 말미암아 온전한 제사로 완성하신다는 말씀이다(시 40:6,7).

예수께서 십자가에서 돌아가심으로 구약에서 부분적인 의미로 드려진 모든 제사를 완성하셨다(히 10:8-14). 모든 제사를 합친 완전한 제사를 드려 새언약을 세우셨고, 단번에 드린 제사로 영원한 속죄를 이루셨다.

히브리어로 '하탓'이나 '코페르'가 성경에서 '속죄' 또는 '대속', '속전'이란 의미로 번역되었는데 이는 '깨끗케 하다', '정결케 하다'라는 의미 및 '값을 치르다'라는 의미가 있다.16) 이는 신약에서 하나님께서 주신 약속대로 순종하여 죄사함을 받을 때 '깨끗하게 씻어짐'과 주 예수께서 값을 내어 사심(대속)으로 그분 것이 되었음을 보여준다.

'그릇행하다'(히-타아)라는 말은 히브리어의 '(양처럼) 길을 잃다'에서 파생되었다.17) 하나님께서 인생이 걸어가도록 정하신 참된 길에서 벗어나는 것이 죄의 개념이다(사 53:6). 하나님께서 닦으시고 인도하시는 그 길에서 벗어나도록 거짓말로 신자를 속이는 자가 마귀이다.

❺속건제(贖愆祭, Guilt offering)

히브리어로 '아쌈'이라는 속건제도 죄로 인하여 드리는 제사이다(레 5:14-6:7). 속건제는 사람이나 제사장과의 관계에서 범과(犯過)했을 때 하나님 앞에서 용서를 구하는 동시에 사람에게 '보상'하는 성격의 제사이기에 하나님께 속죄를 위해 드리는 희생이 동반된다.

제사를 드린 후 제사장에게 돌려야 할 성물에 대한 규례에서 잘못을 범했을 때 이 죄를 용서받기 위해 속건제를 드린다. 남의 물건을 맡거나 전당을 잡거나 뺏거나 빚을 강압적으로 받고도 그 사실을 부인하거나 남의 유실물을 취하고도 부인하여 거짓 맹세하는 죄를 범했을 때도 속건제를 드린다. 부지중에 하나님의 금령을 범한 자도 속건제를 드린다. 나실인 서원을 한 사람이 중간에 실패하여 서원 날을 새로 정할 때도 일 년 된 수양으로 속건제를 드려야 한다(민 6:12).

제사장은 꼬리와 내장의 기름과 콩팥과 거기 덮인 기름과 간에 덮인 꺼풀을 취하여 단 위에 불살라(火祭) 속건제를 드린다.

예수님은 하나님과 사람(우리) 사이, 사람과 사람들 사이에 지은 죄와 허물로 인한 속건제 제물로도 드려지셨다. 하나님께 대한 죄악과 사람 사이의 과실도 속건제물인 예수님을 통해 용서를 받았다(엡 2:13).

B 제사를 드리는 방법에 따라 구별

❶화제(火祭, Offering by fire)

화제는 제물을 번제단의 불에 태워 드리는 제사이다(출 29:18,25,41; 레 1:9; 2:2,9). 번제, 소제, 화목제, 속죄제, 속건제를 화제로 드렸으며, 제물로는 흠 없는 수소, 암수양, 암수염소, 산비둘기, 집비둘기, 밀가루, 기름, 유향 등을 드린다(레 1:3,10,14; 2:2). 제물을 불에 태워 드릴 때 하나님께서 그 향기를 기쁘게 받으신다.

인자로서 예수님의 온 생애는 물론 특히 십자가에서 불같은 고통을 당하셔서 화제물이 되셨다(시 22:1,14,15; 43:2; 마 27:46; 막 15:34).

누구든지 십자가를 짐으로 죽어야 하고, 물과 성령으로 거듭난 후에도 불순물들을 제련하여 정금같이 되고 모든 시련과 시험을 이길 수 있는 후사들로 단련되고 성장되는 과정을 거쳐야 한다. 이는 알곡이 될 것인지 쭉정이가 될 것인지, 나무나 짚이나 풀이 될 것인지 금과 은과 각종 보석과 같이 될 것인지를 결정짓게 하는 불침례에 해당된다.

❷거제(擧祭, Heave offering)

거제는 제물을 하나님께 높이 들어서 드리는 제사이다(출 29:28; 민 18:11,19). 화목제물 중 희생제물의 오른편 뒷다리(레 7:14,32), 땅의 첫 소산물(민 15:20), 십일조(민 18:24-29)를 거제로 드리고, 노획물들 중에 일부를 거제로 드린 후 제사장에게 주었다(민 31:29).

하나님은 하나님을 경외하고 존귀하게 여기는 자들을 존귀케 하시고 (heave↗heaven) 하나님을 멸시하는 자를 경멸하신다(삼상 2:30).

이사야가 영광의 왕이신 주님께서 높이 들린 보좌에 계시는 환상을 보았는데, 그분의 거룩함과 영광을 본 자는 죽게 될 것임을 깨달았다.

만유 위에 계시던 예수 그리스도께서 지극히 낮은 곳으로 내리셨다가 죄와 사망에 사로잡힌 자들을 해방시켜 자신의 소유로 삼으시고 모든 하늘 위로 오르셨다. 모든 성도는 하나님을 경외함으로 몸과 마음을 다하여 거룩함을 온전히 이루어야 한다(롬 12:1,2; 히 12:28,29). 휴거라는 단어가 '끌 휴'(携)자와 '들 거'(擧)자로 이루어져 있듯이 그래야만 가장 높은 하늘의 보좌로 끌어올림을 받는다(계 3:21).

❸요제(搖祭, Wave offering)

요제는 제물을 흔들어서 하나님께 드리는 제사이다. 화목제 중 제물의 가슴부위를 드릴 때(레 9:21; 10:14,15), 문둥이의 정결의식을 위해 속건제를 드릴 때(레 14:12,24), 초실절에 먼저 추수한 보리 한 단을 드릴 때(레 23:11,12,15), 오순절에 밀 처음 익은 것으로 두 개의 떡을 드릴 때(레 23:17,20), 나실인의 서원을 마쳤을 때(민 6:19-21), 레위인을 구별시켜 드릴 때(민 8:11,13,15,21)에 요제로 드렸다.

그리스도는 극락(極樂)의 하나님으로부터 희락의 기름부음을 받으셨다(시 43:4; 히 1:9). 법궤 앞 다윗처럼, 항상 기뻐하며 성령 안에서 춤과 찬미의 제사를 드리는 삶이 요제이다(롬 14:17; 빌 4:4; 히 13:15).

❹전제(奠祭, Drink offering)

전제는 포도주나 기름 등을 부어 드리는 관제(灌祭)인데, 단독으로 드리지 않고 번제나 소제 때 보조로 드린다. 제사장의 취임식이나 명절에 포도주를 드릴 때(출 29:40,41; 레 23:13,37; 민 28:24,31; 29:6-39), 월삭(민 29:6), 나실인의 서원을 마칠 때(민 6:15,17)에도 전제를 드렸다. 전제 때 부어지는 포도주의 양은 조금씩 다르다(민 15:5,7,10; 28:7,14).

전제는 예수께서 자신을 종으로 낮추시고 섬기신 것이요 이를 본받아 성도들이 온 마음을 쏟아 다른 이를 섬기며, 땀, 눈물, 피로 드려진 한 평생의 헌신적 삶을 의미한다(빌 2:17; 딤후 4:6).

ⓒ 제사의 목적에 따라 구별

❶성막 성별과 봉헌(奉獻)

성막이나 성전이나 성물을 봉헌할 때 신분에 따라서 번제와 속죄제와 화목제와 소제를 드렸다(민 7:1-89; 왕상 8:63-66; 대하 7:7). 지성소를 위해(레 16:16,20,33,34), 제단을 위해(출 29:36,37; 40:29), 향단 뿔을 위해(출 30:10) 각종 제사를 드려 성별(聖別)하고 봉헌했다.

예수님도 새로운 성전의 모든 것이 되기 위해 자신을 봉헌하셨다(히 5:7-9). 신약에서 물과 성령으로 거듭난 성도들도 하나님의 성전과 그 안의 여러 기구들 및 그릇들로서 드려져야 한다(딤후 2:20,21).

❷제사장과 레위인의 성별(聖別) 위임식

제사장으로 성별하여 위임할 때 속죄제(출 29:14,36,37; 레 8:2,14; 9:2,3), 번제(레 8:18,21; 9:3), 화목제(레 9:4,18), 소제와 전제(출 29:41; 레 6:20-23; 9:17)를 드렸고, 조석으로 소제물을 드렸다. 제사장의 소제물은 화제로 온전히 불사르고 먹지 말라고 하셨다(레 6:20-23). 레위인을 이스라엘의 장자를 대신하여 봉헌할 때(레 8:2), 레위인을 성별할 때도 번제와 소제를 드렸다(민 8:8).

예수님도 새언약의 대제사장이 되시기 위해 침례 요한으로부터 위임식을 성경대로 받으셨다. 새언약의 진리대로 물과 성령으로 거듭난 성도들의 영은 제사장이고 몸은 성전/제물이다. 회개, 물침례, 성령침례 및 끝까지 십자가를 지는 삶 속에 이 모든 의식의 실체가 있다.

❸제사장이나 족장이나 회중의 죄를 속하는 제사

제사장이 죄를 범했을 때(레 4:3-12), 이스라엘 온 회중이 금령을 범했을 때(레 4:13-21; 민 15:22-26), 족장이 죄를 범하였을 때(레 4:22), 평민이 죄를 범하였을 때(민 15:27) 드리는 제사들이 있다.

영혼의 목자로 세워진 자들은 존귀한 신분인 만큼 책임도 크다(눅 12:48; 딤전 5:17; 히 13:17). 물과 성령으로 거듭나 하늘에 속한 성전에서 섬길 신령한 제사장들이다(벧전 2:5,9). 제사장의 범죄는 왕이나 선지자의 범죄보다 책임이 더 중하다. 성도에게 제사장으로서 하나님을 섬기는 직임은 무엇보다 중요하다. 범죄한 제사장들은 자신이 죽는 것같이 철저히 회개함으로써 신령한 속죄제를 드려야 한다(요일 2:1).

❹조석으로 항상 드리는 제사인 상번제

매일 조석(朝夕)으로 드리는 번제를 상번제(常燔祭)라 하는데 소제와 전제와 함께 드렸다(레 6:9,12,13,20; 민 28:2-8; 대상 16:40; 왕상 18:26-38; 대하 2:4; 13:11; 31:3; 스 3:3).

예수님은 십자가를 지기 이전에도 대제사장, 어린양이라는 산 제물로 매일 자신을 드리셨다. 성도들도 하나님께서 기뻐하시는 산제사로 자기 몸을 늘 새롭게 더 헌신적으로 드려야 한다(롬 12:1,2; 고전 15:31).

❺안식일 제사

안식일에는 상번제 외에도 소제와 전제를 드렸다(민 28:9,10; 대상 23:31; 대하 2:4; 8:12,13; 31:3; 겔 46:4,5,12).

새언약의 안식은 참된 하나님이시자 성전이시고 대제사장이신 예수 그리스도 안에 항상 거하는 것이다. 우리의 겉사람을 십자가로 죽이고 거듭난 속사람을 따르는 삶이 안식일 제사이다(마 11:28-12:8). 예수 그리스도와 연합하여 속사람으로 살면 하나님의 피조물인 시간(안식일)의 종이 아니라 하나님의 후사, 시간의 주(lord)의 신분이 된다.

❻절기(명절) 제사

속죄일에 속죄제와 번제를 드렸다(레 16:3). 속죄일 제사에 대해서는 별도로 상세하게 설명하기로 한다.

절기 때 드리는 제사는 절기마다 조금씩 다른데 절기를 설명할 때에 좀 더 상세히 설명했다(레 23:4-44; 민 10:10; 15:3-16; 28:16-31; 29:1-40; 겔 45:21-25; 46:11-15).

❼월삭(月朔) 제사

월삭은 매달 첫째 날로서 1년에 12번이 온다. 매 월삭에는 상번제와 더불어 번제와 화목제와 소제(素祭)와 전제(奠祭)와 속죄제를 드렸다(민 28:11-15; 겔 46:6,7).

성도들은 날마다 새로움을 받고 살아야 한다(고후 4:16). 장차 새하늘 아래 새땅에 내려진 새예루살렘성에 새로운 성전이 완성될 때(계 21:22) 생명의 강가에 심겨진 각종 과실나무가 달마다 생명실과를 맺는데(겔 47:12; 계 22:2), 마음의 변화를 받아 새로운 열매를 항상 맺는 성장의 삶을 사는 성도가 그 성에 입주할 것이다(롬 12:1,2; 고후 5:17).

❽서원제(誓願祭), 낙헌제(樂獻祭)

서원제, 낙헌제를 드릴 때 소나 양이나 염소의 수컷들 중에서 흠없는 것을 번제로 드렸다(레 22:18; 신 12:5,6).

서원(誓願)이란 말은 '원함을 맹세로 세움'이라는 뜻이다. 새언약에서 주님은 무엇보다 맹세하지 말라고 명령하셨다(마 5:34; 약 5:12).

서약(誓約)이라는 말은 '맹세로 약속함'이라는 뜻이며 결혼이나 심지어 목사 임직에서 '서약(誓約)한다'는 고백을 요구하는데 이런 일들은 사실 범사가 하나님의 뜻과 손에 달려있음을 부정하는 행동들이다.

하나님은 독생자를 사망에서 풀어 큰 기쁨 중에 살리셨다(행 2:24; 롬 6:9; 히 2:14). 이것은 즐거움의 기름을 부으사 낙헌제를 드린 것이므로 성도는 성령 안에서 늘 희락을 누리는 낙헌제를 드려야 한다(빌 4:4).

❾증인에 관한 허물로 인한 죄

만일 증인으로서 맹세시킨 말을 듣고도 진술치 않으면 죄가 있으므로 속죄제를 드렸다(레 5:1-13).

예수 그리스도는 주 하나님의 참되며 충성되고 진실한 증인이셨다(요 3:11,32; 8:18; 18:37; 딤전 6:13; 계 1:5; 3:14).

성령을 받아 거듭난 성도라면 예수 그리스도와 하늘/하나님나라의 증인이 되어야 한다(행 1:8). 이웃에게 예수님과 복음을 증거하지 않으면 주님께서 주신 달란트/므나를 땅에 묻어두거나 수건에 싸 둔, 게으르고 악한 종과 같다. 그는 진실한 회개를 통해 선한 양심으로 신령한 제사를 드려서 증인의 삶, 파수군의 삶으로 변화 되어야 한다.

❿의심의 소제

남편이 아내의 부정(不貞)이 의심될 때 아내로 하여금 부정한 행동을 생각나게 하는 '의심의 소제'를 드렸다(민 5:11-31).

성경은 하나님을 모든 성도들의 유일한 남편으로 비유하고 있다. 주 하나님 יהוה 외에 다른 신을 믿거나 탐심을 좇거나 세상과 벗되는 자는 마음의 회복을 위해 의심의 소제를 드릴 필요가 있다. 예수 그리스도는 온 마음으로 전 생애에 יהוה 하나님만을 뜨겁게 사랑하셨듯이 우리 또한 오직 한 분 하나님만 사랑하기를 예수님처럼 닮아가야 한다.

⓫부정(不淨)하게 된 사람을 정결(淨潔)케 하는 제사

누구든지 부정한 들짐승의 사체나 부정한 가축의 사체, 부정한 곤충의 사체 등 부정한 것들을 부지중에라도 만지면 몸이 더러워져서 허물이 되므로 속죄제를 드려서 죄를 해결해야 한다.

하나님은 신자들도 하나님처럼 거룩하라고 하셨고, 거룩함이 없이는 아무도 주님을 보지 못한다고 하셨으며, 거룩함을 버리는 것은 하나님을 버리는 것이라 하셨다(요 17:17; 고후 7:1; 살전 3:13; 5:23; 히 12:14; 벧전 1:15,16). 거룩함에서 떨어지면 부정케 된다(고후 6:17; 살전 4:8). 성도로서 자신의 부정케 된 것을 깨달았다면 반드시 철저한 회개로써 결례(潔禮) 제사를 드려 거룩함을 회복해야 한다(요일 1:9).

⑫출산(出産)한 산모를 정결케 하는 제사

출산으로 입은 산모의 부정(不淨)을 정결케 하려고 번제와 속제제를 드렸다(레 12:1-8). 아담 안에서 태어나는 모든 자들이 죄 아래서 태어난다는 사실을 상기시키는 것이 이 제사의 목적이다(시 51:5).

여자가 낳은 자들 중에 유일하게 죄 없이 태어난 예수 그리스도께서 오셔서 대신 피를 흘려주시기까지는 아무도 죄 아래서 벗어나지 못하고(히 9:22) 모든 인류가 부정하게 되었다.

이 제사는 신약에서 물과 성령으로 거듭난 부모에게서 태어나는 자 역시 아직 구속되지 못한 육체 안에서 죄와 사망의 법 아래에서 태어나는 것임을 보여준다. 혈과 육은 하나님나라를 유업으로 받을 수 없다. 오직 예수 그리스도의 살과 피를 끝까지 먹고 마시는 자만이 죄와 부정에서 벗어나 영원한 생명의 부활에 참여할 수 있다.

(2) 속죄일 제사와 아사셀의 염소

유대력으로 7월 10은 대속죄일인데, 이스라엘 백성들의 죄가 속죄일 제사를 통해 1년 동안 덮여진다(레 23:27). 대속죄일에 제사를 드리려면 대제사장은 자기와 권속(제사장들)을 위한 수송아지(속죄 제물)와 수양(번제물)을 준비한다(레 16:3). 이때 대제사장은 필히 몸을 씻고 거룩한 예복(모두 세마포로 만든 속옷, 고의, 띠, 관)을 입어야 한다(레 16:4). 대제사장은 이스라엘 회중의 속죄를 위해 번제물로 수양 하나를 취하고, 숫염소 둘을 취하되 하나는 하나님을 위하고 다른 하나는 아사셀을 위하여 제비로 뽑아 구별해 놓는다(레 16:5-11).

대제사장이 지성소 안에 들어갈 때 향로에 번제단의 불로 향을 피워 지성소 안을 향연(香煙)으로 가득 채워서 법궤 위에 찬란하게 빛나는 하나님의 영광을 직접 보지 않아야 죽음을 면한다(레 16:12,13). 그 후 대제사장은 잡은 수송아지의 피를 취하여 손가락으로 속죄소의 동편에 뿌리고 또 속죄소 앞에 일곱 번 뿌린다(레 16:14). 이어서 하나님께 속죄제로 드린 염소의 피를 가지고 휘장 안으로 들어가서 수송아지 피로 행함같이 속죄소의 위와 앞과 지성소와 회막에 뿌려 속죄해야 한다(레 16:15,16). 대제사장이 속죄하고 나오기 전까지는 아무도 회막 안에 들어갈 수 없다(레 16:17). 대제사장이 수송아지의 피와 염소의 피로 제단의 귀퉁이 뿔들에 바르고 손가락으로 그 피를 취하여 단 위에 일곱 번 뿌려 단을 거룩하게 해야 한다(레 16:18,19).

속죄를 마친 후에 아사셀(아자젤)을 위해 구별해놓았던 염소의 머리에 안수하여 이스라엘 백성들의 모든 불의와 범한 모든 죄를 고함으로 그 염소의 머리 위로 옮긴(轉嫁) 후 미리 정하여 구별받은 사람에게 맡겨 광야의 무인지경에 이른 후에 그 염소를 거기에 놓아준다(레 16:20-22; 민 29:7-11). '아사셀'은 '떠나다'는 의미의 히브리어 '아잘'과 '염소'라는 뜻의 '에즈'가 결합된 단어로 보는데, '(죄의 짐을 얹혀서) 떠나보냄 받은(떠나는) 염소'라는 의미이다.

이 중요한 속죄일 규례를 예수 그리스도께서 제사장과 희생제물로서 영원히 단번에 성취하셨다(창 14:18-20; 22:13; 히 5:6,10; 7:1-4,17).
<그리로 앞서 가신 예수께서 멜기세덱의 반차를 좇아 영원히 대제사장이 되어 우리를 위하여 들어가셨느니라>(히 6:20)
하나님의 아들이 멜기세덱의 반차를 따라 맹세로 영원한 대제사장이 되셨다(히 7:1-4,14-28). 유다 지파 출신으로서의 예수 그리스도께서 세상 죄를 지고 가는 아사셀, 속죄일에 드려졌던 수송아지와 수양이 되신 것이다. 예수 그리스도를 믿고 죄를 고백하여 회개하고 그와 함께 장사된 모든 자들의 죄를 지고 가신 아사셀의 실체, 세상 죄를 지고 가는 주 하나님의 어린양이 되셨다.
<동이 서에서 먼 것같이 우리 죄과를 우리에게서 멀리 옮기셨으며> (시 103:12)

<이튿날 요한이 예수께서 자기에게 나아오심을 보고 가로되 보라 세상 죄를 지고 가는 하나님의 어린 양이로다>(요 1:29)

어린양(제물)으로 영혼의 죄를 완전히 사함 받았을지라도 육체가 구속될 때까지 어린양의 살과 피를 먹고 마셔야 한다. 다시 육체 곧 광야(사 40:3)와 같은 삶으로 돌아간다면 죄를 만나게 될 것이고 실패할 것이다. 영을 따라 살면 육체도 헵시바와 쁄라와 같은 구속을 받는다(사 62:4).

<염소와 송아지의 피로 아니하고 오직 자기 피로 영원한 속죄를 이루사 단번에 성소에 들어가셨느니라>(히 9:12)

동물의 피는 죄를 1년 동안만 덮어주지만 예수님의 피는 단번에 영원한 씻음을 가져다준다(롬 6:10; 히 7:27; 9:26-28; 10:2,10). 그리스도와 함께 온전한 장사에 연합됨이 죄의 옛사람을 영원히 제거해준다.

(3) 붉은 암송아지 제사

하나님께서 자기 백성에게 속죄제 외에 늘 정결케 하는 법을 주셨다(민 19:1-22). 붉은 암송아지(red heifer)는 제사를 드릴 때 흘려야 하는 핏빛과 연관이 있다. 하나님께서 온전하여 흠이 없고 아직 멍에를 메지 않은 붉은 암송아지를 끌고 와 진 밖에서 잡아 제사장이 그 피를 손가락에 찍어 회막 정문을 향하여 일곱 번 뿌려 회막을 정하게 하였다. 그 암송아지 제물과 백향목, 우슬초, 홍색실과 함께 태운 재를 거둬 진 밖 정한 데 두고, 이 재를 흐르는 물에 타서 정결케 하는 잿물을 만든다. 이 물을 우슬초에 찍어서 장막과 그 모든 기구와 부정한 자에게 뿌리면 정결함을 받는다. 시체를 만지는 등 부정케 된 자가 정결케 하지 않고 성막을 접하면 성막을 더럽히게 한 것이므로 그는 이스라엘의 총회에서 끊어지게 되지만, 이 잿물로 정결케 할 수 있다.

<19 모세가 율법대로 모든 계명을 온 백성에게 말한 후에 송아지와 염소의 피와 및 물과 붉은 양털과 우슬초를 취하여 그 책과 온 백성에게 뿌려 20 이르되 이는 하나님이 너희에게 명하신 언약의 피라 하고 21 또한 이와 같이 피로써 장막과 섬기는 일에 쓰는 모든 그릇에 뿌렸느니라>(히 9장)

붉은 암송아지는 죄의 종이라는 멍에를 멘 적이 없고, 붉은 피를 흘려 죄와 사망을 이기되, 새끼를 사랑하는 어미의 마음으로 예루살렘성 영문 밖에서 죽음을 당하신 예수님을 상징한다(히 13:12). 그곳은 제물들의 재를 처리하는 곳, 더러운 똥을 처리하는 곳이다. 하나님의 독생자이신 예수께서 만물의 찌끼 같이 취급을 받으셨다.

성경은 사람을 나무나 풀에 비유했고, 뛰어난 사람을 백향목에, 보잘 것 없는 자를 우슬초에 비유하였다(레 14:4; 왕상 4:33). 예수님이 가장 뛰어난 인생으로부터 가장 보잘 것 없는 인생에 이르기까지 모든 인생 들을 대신해서 죽으셨다. 홍색실은 피로 맺은 하나님의 언약을 상징하는 데, 이스라엘이 여리고를 정복할 때 라합이 창문에 걸었던 줄의 붉은 색 도 같은 의미를 갖는다(수 2:18,21).

누구든지 예수 그리스도를 믿고 회개하여 그 이름으로 침례를 받으면 피 흘리신 그분과 함께 죽음과 장사에 연합된다(롬 6:3-5). 성경은 그런 자에게 죄씻음을 위해 목욕한 자라고 하였고(요 13:10), 이후에는 발만 씻으면 된다고 하셨다. 이 발을 씻는 것이 정결케 하는 잿물을 뿌리듯이 죄를 고백하고 돌이켜 회개하는 것이다(요일 1:9).

누가 하루에 일곱 번씩 죄를 짓더라도 회개하면 용서하라고 명령하실 만큼 예수님은 한없이 자비로운 용서의 주님이시다(마 18:22; 눅 17:4).

(4) 문둥병 걸린 자를 정결케 하는 제사

문둥병 환자는 제사장에게로 가서 정결하다는 판결을 받아야 했다(레 14:1-32). 문둥병 환처가 나았다고 판정한 제사장은 그를 위하여 정한 산(living) 새 두 마리와 백향목과 홍색실과 우슬초를 가져오게 하여 새 한 마리는 흐르는 물 위 질그릇 안에서 잡고, 잡은 새의 피를 백향목과 우슬초로 찍어 문둥병에서 정함을 받을 자에게 일곱 번 뿌려 '정하다' 하고, 살아있는 다른 새는 들에 놓아 보낸다. 그 후 장막 밖에서 7일을 거하고 머리털과 수염과 눈썹 및 모든 털을 밀고 물로 몸을 씻고 옷을 빨아야 한다. 제8일에 제사장은 문둥병자의 정결함을 마무리하는 결례를 다음과 같이 행하여야 했다.

그는 흠없는 어린 수양 둘과 일 년 된 흠없는 어린 암양 하나, 고운 가루 에바 10분의 3에 기름섞은 소제물과 기름 한 록(약 0.54ℓ)을 준비하여 정결케 하는 제사장은 정결함을 받을 자와 그 물건들을 회막문 주 하나님 앞에 두고 어린수양 하나를 거룩한 장소에서 잡아 기름 한 록과 아울러 요제로 속건제를 드리되 속건 제물은 제사장에게로 돌린다. 제사장은 속건제 희생의 피를 취하여 정결함을 받을 사람의 오른 귓부리와 오른 엄지손가락과 오른 엄지발가락에 바르고, 한 록의 기름을 취하여 왼손바닥에 따르고 오른손가락으로 기름을 찍어 그것을 יהוה 앞에 일곱 번 뿌리고, 손에 남은 기름도 제사장이 정결함을 받을 자의 오른 귓불과 오른 엄지손가락과 오른 엄지발가락의 속건제 희생 피 위에 바르고, 그래도 손에 남은 기름은 제사장이 정결함을 받을 자의 머리에 바르고, 또 속죄제를 드려서 속죄하고, 번제와 소제로 속죄해야 정결례가 끝난다. 가난하여 능력이 미치지 못하면 속건제를 요제로 드리기 위한 어린 수양 하나와 소제를 위하여 고운 가루 에바 10분의 1에 기름섞은 것과 기름 한 록을 취하고 산비둘기 둘이나 집비둘기 새끼 둘을 취한다. 결례를 위해 제8일에 속건제와 소제와 번제를 드리고 피와 기름바름을 받아야 한다. 집이 문둥병에 오염되었을 때의 결례도 있다(레 14:33-57). 문둥병이 죄의 성격을 잘 나타내므로 성경은 죄를 영적인 문둥병으로 묘사한다. 사람의 육체를 영혼의 장막/흙집, 질그릇에 비유하고, 놓아주는 새는 죄의 올무에서 벗어난 영혼을 비유한다(시 124:7). 이 결례(潔禮)는 물과 피와 기름을 다 적용해야 할 정도로 중요하고 복잡하고 엄격하게 치러지는 제사였다. 죄사함을 위한 세례의 모형이었던 나아만의 문둥병 치료에 있어서도 반드시 말씀대로 다 순종해야만 했다.

예수께서도 문둥병자를 치료하신 후 제사장에게 보이고 정결하다는 판정을 받으라고 명하셨다(눅 17:11-19). 고침받은 아홉 명의 문둥병자들은 영혼의 문둥병을 치료하시는 완전한 제사장이신 예수 그리스도를 찾지 않았다. 영혼의 문둥병에서부터 깨끗함을 받기 위해 반드시 복음의 진리대로 순종해야만 한다. 어린양으로 승리하신 예수님의 피를 바르는 회개와 침례와 기름을 붓는 성령침례에 대한 모형으로 되었다.

(5) 일곱 명절의 실체인 진리의 복음에 참여하기

하나님께서 일곱 가지의 명절들을 이스라엘 백성들에게 주셔서 아담 이후 모든 사람들을 구속하시는 하나님의 경륜을 미리 알리셨다. 그래서 명절을 'ㅋㅋㅋ의 절기(명절)'이라 부르는데(레 23:2,4,37,39,44; 삿 21:19; 대하 2:4), ①유월절 ②무교절 ③초실절 ④오순절(칠칠절/맥추절) ⑤나팔절 ⑥속죄일 ⑦수장절(초막절/장막절)이다. 봄절기로 세 개, 여름절기가 오순절, 가을절기로 세 개인데 세 기간들은 추수로 마무리된다. 이는 주 하나님께서 사람의 아들들을 이 땅에 심으시고 거듭남을 통해 하나님의 장자(첫열매)로 추수하실 것임을 보여주신다(약 1:18). 이 명절들은 새언 약에서 이루실 실체(진리)에 대한 그림자이기에 영원한 규례라고 하셨다 (출 12:14,17,24; 27:21; 레 16:29,31,34; 23:14,21,31,41).[18]

①유월절(逾越節, 히-'페사흐', 헬-'파스카', 영-Passover)

애굽에 내려간 이스라엘 백성들은 30년을 평안히 살았고, 노예로 전 락해 400년 동안 처절한 고통을 당하였고, 430년이 마치는 날에 애굽에 서 나왔다(출 12:41). 바로는 자신의 권세와 능력과 나라의 힘을 믿고 교만하고 무지해져 이스라엘 백성들을 놓지 않았고, 하나님은 그의 어리 석고 교만한 마음을 사용하셔서 하나님의 능력을 보이셨다.

하나님께서 아홉 가지 재앙으로 바로와 애굽 백성과 그 모든 신들을 치셨고 마지막 재앙으로 애굽의 첫태생을 치셨다(출 12:12). 하나님께서 애굽의 장자를 치셨으나 이스라엘을 그분의 장자로 삼으셨다.

애굽은 세상을 상징하고 바로는 세상임금 사단을 상징한다(요 12:31; 16:11). 세상에서 태어난 옛사람을 애굽의 장자에 빗대고, 하늘로부터 태어나 구원받은 백성(새사람)을 하나님의 장자에 비유한다. 예수 그리 스도께서 마지막아담으로서 아담 이후 모든 사람의 죄를 대신 짊어지고 죽으실 때 그의 안에서 모든 사람도 함께 심판을 받았다(고전 15:45; 고 후 5:14). 예수께서 나무에 달리셨을 때 사단 마귀도 함께 달렸다(요 3:14). 예수께서 실체인 완전한 유월절의 어린양이 되셨다(고전 5:7). 주 예수님의 부활로 사단, 죄, 사망의 머리가 깨어졌다(15:26).

아담 이후 모든 후손들은 예수께서 십자가로 그들의 죄값을 완전히 지불하시기 전까지는 죽은 후 사망과 음부에 갇혀있었다. 그들은 짐승의 피로 그들의 죄를 덮어주는 은혜를 받았을 뿐이므로 완전한 속죄함이 없었다. 예수께서 죽으시고 육체는 무덤에 계셨을 때 아들의 영으로는 음부에 내려가서 의인의 영들을 참된 생명과 셋째하늘로 해방시키셨다 (롬 1:3,4; 엡 4:8-10; 벧전 4:6; 계 1:18). 그리스도께서 그들의 영을 자신과 연합시켜 아들 신분의 생명의 영으로 변화시키셨다.

예수께서 다시 오실 때까지 새언약을 따라 누구든지 예수 그리스도를 믿고 회개할 때 사단 마귀가 지배하는 세상과 죄와 사망의 지배로부터 해방되는 실체의 유월절에 참여한다(요 12:31; 16:11; 고후 4:4).

②무교절(히-'맛차', 헬-'아쥐모스', 영-Feast of Unleavened Bread)

유월절인 정월 14일 밤(저녁부터 하루가 시작되는 종교적 하루개념으로는 15일)부터 7일 동안 누룩을 넣지 않은 떡을 먹어야 하고 집 안을 샅샅이 뒤져서 모든 누룩을 없애는 명절이 무교절이다. 만일 유교병을 먹은 사람은 하나님과의 언약에서 끊어질 것이라 하셨다.

신약성경에서 누룩은 거짓말의 아비인 사단 마귀의 거짓말(마 16:12; 요 8:44; 갈 5:9; 요일 2:21), 악행과 죄(마 23:13,15,23-33; 25:41; 눅 12:1; 고전 5:5-8; 약 1:15)에 비유했다.

예수께서 시신이 장사되셨을 때 속사람은 음부에 가셔서 악인의 영들에게는 심판을 선포하셨다(벧전 3:18-20). 음부에 갇혔어도 아브라함과 함께 쉬며 예수님을 기다려왔던 의인의 영들의 죄(누룩)를 없애주고 참 생명과 참하늘로 해방시키는 복음을 전하셨다(벧전 4:6; 계 1:18).

누구든지 복음을 믿고 회개로 누룩을 찾아내고, 예수 이름으로 침례를 받으면 영혼의 모든 죄(누룩)를 없앰으로 신령한 무교절에 참여케 된다.

③초실절(初實節, 히-'비쿠르', 헬-'아르케', 영-First Fruits)

초실절은 광야생활을 마치고 약속의 땅에 들어가 씨를 뿌려서 경작해 첫 추수를 하는 때 오는 명절이다. 초실절에는 지난 해 뿌려서 추수한 보리의 첫 단을 하나님께 요제로 드렸다. '한 알갱이'나 '한 이삭'이 아닌, '한 단'을 드리는 것을 주목해야 한다(레 23:10).

예수님은 한 알의 밀알이셨고(요 12:24), 부활하실 때 한 단으로 묶인 의인들이 함께 부활했다(마 27:52,53). 성경은 그들에 대해 '자던 자들의 몸이 많이 일어나고', '무덤이 열리고', '거기서 나와서', '많은 사람에게 보이고'라는 네 가지의 증거로 강조했다. 이는 예수께서 부활하셨을 때 증명해 보이신 네 가지의 증거와 일치한다. 이때에 믿음의 조상 아브라함이나 다윗의 무덤까지 열린 것은 아니다(행 2:29). '한 단'으로 묶여 부활한 자들은 아담으로부터 아브라함 이전의 의인들이다. 사도 요한이 본 환상에서 나타난 장로들, 예수님인 줄 알고 경배하려 했던 하나님의 영광의 형상이 된 성도들이 바로 그들이다(계 19:10; 22:8,9).

믿음의 조상이라 불리는 아브라함으로부터 예수님의 초림 때까지의 의인들과 물과 성령으로 거듭난 의인들의 추수는 재림 때 몸의 부활로 이루어진다. 한 단은 본 추수를 할 때에 거둬지는 수많은 단들 중의 일부에 불과하다. 한 단은 '첫째부활'의 순서에서 '첫 열매'에 해당되지만 본 추수는 '그리스도 강림 때 그에게 붙은 자'들이고, 능히 셀 수 없는 큰 무리이다(계 7:9). 부활을 보고 회개하고 돌아와 구원받은 유대인들이 '나중' 즉 이삭줍기에 해당되는 자들이다(고전 15:20,23,24).

④오순절(五殉節, 히-'샤브아', 헬-'펜테코스테', 영-Pentecost)

오순절은 초실절로부터 일곱 번의 안식일을 지낸 다음 날인 명절이라 칠칠절이라 부르고, 밀농사의 첫열매를 찧어서 얻은 밀가루로 누룩 넣은 두 개의 떡을 만들어 불에 구워서 새 소제와 첫 요제로 드리는 날이므로 맥추절이라고도 부른다. 이때에 희생 제물로는 일 년 되고 흠 없는 어린 양 일곱과 젊은 수소 하나와 수양 둘을 번제로 드려서 하나님께 향기로운 냄새로 화제를 드리고, 별도로 숫염소 하나로 속죄제를, 수양 둘로 화목제를 드린다. 초실절로부터 50일째 되는 명절이므로 신약에서는 '오순절'이라 부르게 되었다.

승천하신 예수께서 약속하신 대로 오순절 날에 제자들에게 예수님의 성령으로 침례를 부어주심으로써 새언약의 오순절이 실체로 성취되었다. 120여명의 제자들은 성령침례를 통하여 예수 그리스도께서 머리이신 '한 새사람'의 몸에 연합된 지체가 되었다(고전 12:13; 엡 2:15).

오순절의 성령침례는 그분의 희생제물 되심과 첫열매로 부활하심에 근거한 것이다. 오순절에 드린 두 개의 떡은 성령으로 거듭난 성도들을 육체적으로 선민과 이방인의 구별로 보여준다. 속사람이 거듭났으므로 여전히 육체에는 누룩에 비유된 죄가 있음을 보여준다.

성령침례를 받은 것은 죄로 인해 죽어있던 그의 영이 부활한 것이다. 또한 그의 영이 종의 신분에서 아들의 신분으로 거듭난 것이다. 거듭남은 속사람에게 일어난 변화이며 겉사람까지 새사람으로 변화된 것은 아니다. 겉사람은 아담 안에서 태어난 육신대로 옛사람이다. 다만 그리스도 안에 장사되고 부활을 위해 심겨진 상태이다. 겉사람이 옛사람이기에 무교절을 경험했음에도 누룩을 넣어 불에 굽게 하신 것이다.

바울은 사도인 자신에게도 육체에 선한 것이 없고 대신 죄가 있다고 고백했다(롬 7:8-20). 바울이 구원받지 못한 죄인이라고 자백한 것이 아니며 또한 바울 자신이 날마다 죄를 지을 수밖에 없는 자라고 인정한 것도 아니다. 육체대로 살면 반드시 죽을 것이지만 옛사람을 십자가에 못 박고(부인하고) 거듭난 새사람(영)을 따라 살면 항상 이길 수 있음을 보여주는 것이다(롬 8:13,14). 십자가를 짐으로써 두렵고 떨림으로 항상 복종하여 누룩이 있는 떡(육체)을 불침례로 구워 무교병같이 살되 육체의 구속함(구원)까지 이루라는 것이다(롬 8:23; 빌 2:12).

⑤나팔절(히-'욤 테루아', 영-Feast of Trumpets)
종교력으로 7월 1일은 나팔절인데 유대인들은 이날을 정월 초하루인 설날로 여긴다. 이 날은 전국에서 나팔을 시끄럽게 불어 기념하고, 안식하며 성회로 모이는 날이다(레 23:24).

성경에는 모으기 위해(출 19:13; 민 10:3,7), 행진을 위해(민 10:2), 대적을 치러 나아갈 때(민 10:9), 희생제물 위에(민 10:10), 하나님을 찬양할 때(시 150:3), 월삭과 월망/만월에(시 81:3), 속죄일(7월 10일)에도 나팔을 불고(레 25:9), 적들이 공격해 옴을 알릴 때(렘 6:17; 고전 14:8), 하나님의 거룩한 성에 입성할 때 나팔을 불었다(렘 4:5).

예수께서 신약으로 오순절까지는 실체로 성취하셨고, 나팔절의 실체는 예수께서 다시 오실 때에 성취될 것이다.

예수께서 재림하실 때에 천지가 진동하는 큰 나팔소리와 함께 천사들을 온 땅에 보내어 구원받은 성도들을 모으실 것이다(마 24:31). 마지막 나팔소리가 나면 자던 성도들이 부활로 일어날 것이다(고전 15:51,52). 그 나팔소리는 땅의 제사장들이 부는 나팔소리가 아니라 하늘에서 나는 '하나님의 나팔소리'이다(살전 4:16). 하나님께서 옛언약을 세우려 시내산에 강림하셨을 때 하나님께로부터 난 나팔소리가 산(땅)을 진동시켰다. 그와 같이 예수께서 하늘의 시온산 영광의 구름 가운데 강림하실 때도 하나님의 나팔소리가 울릴 것이며, 그때에는 없어질 것들인 하늘과 땅을 진동시키고 부동의 하나님나라를 보이실 것이다(히 1:10-12; 12:28).

예수께서 공중에 강림하실 때 아브라함과 그 후손들과 새언약의 성도들이 본추수로 부활될 것이다. 이때 그들은 첫열매이신 예수 그리스도의 부활하신 형상처럼 신령한 영광의 몸을 입는다. 그 대상은 아브라함으로부터 초림까지의 약 2천년(이틀) 동안의 절대다수의 선민들과 초림부터 재림까지의 약 2천년(이틀) 동안의 절대다수의 이방인들이다. 이때 이들의 겉사람도 셋째하늘에, 하나님의 하늘구름 속으로 끌어올려져 예수님 앞에 함께 모이는 것이다(살후 2:1).

⑥속죄일(贖罪日, 히-'욤 키푸르', 영-The Day of Atonement)

레위기 16장에는 1년에 한 번씩 돌아오는 속죄일의 속죄제가 제물이신 예수님의 모형과 그림자임이 상세하게 기록된 반면 레위기 23장에는 하나님의 전체 구속사에서 이어지는 속죄일에 일어날 사건이 개괄적으로 기록되었다(레 23:27-32). 레위기 16장의 속죄일에 대한 설명은 이미 설명했으니 장차 성취될 명절인 실체의 속죄일에 대해 기록한 레위기 23장의 말씀을 살펴보고자 한다.

일곱 명절들 중 속죄일의 규례의 특징은 '아무 일도 하지 않고 안식을 하며 스스로 괴롭게 함'이 주를 이룬다. 본추수가 모든 추수의 마무리가 아니라 가난한 사람과 나그네를 위해 곡식의 일부를 들에 남겨두었다가 '이삭'을 줍게 하신 규례가 있다. 이삭줍기는 룻기에서도 매우 중요한 추수과정으로 등장한다(룻 2:2,3). 이는 아브라함의 혈통적인 후손들에게 하나님께서 자비와 은혜로 마지막 구원의 기회를 주시는 사건으로 새언약의 속죄절이다(레 19:9; 23:22; 신 24:19-22).

이스라엘 백성들은 적그리스도를 그리스도로 믿고 영접할 것이다(요 5:43). 예수께서 영광 중에 재림으로 나타나실 때 성도들도 부활과 휴거로 영광중에 함께 나타날 것이다. 이를 본 유대인들이 비로소 적그리스도에게 속은 줄 깨닫고 통회하여 하나님께 간구할 것이다(슥 12:7-14). 이스라엘 각 지파들이 통회할 때 하나님께서 그들도 물과 성령으로 침례를 받게 하심으로 오순절 날과 동일하게 성령으로 인을 치실 것이다(사 66:7-9; 계 7:1-8). 이는 예수님의 구속사에 속죄일의 성취이다.

구원받은 이방인들의 수가 가득 차면 공중재림과 부활과 휴거가 있고, 이들이 누구도 능히 셀 수 없는 수많은 무리(본추수)이다(계 7:9). 그 후 이스라엘 백성들에게 잠시 동안 구원의 기회가 주어진다(롬 11:1-36). 이들은 부활의 순서에서 '나중'이라고 알려진 자들이고(고전 15:24), 이 '이삭줍기' 추수에는 이스라엘 각 지파들 중에서 성령으로 인침을 받은 144,000명과 그들의 전도로 거듭나서 순교자가 된 유대 성도들이 있다.

⑦초막절(草幕節, 히-'숙곳', 영-The Feast of Tabernacle)

초막절은 출애굽 후 40년 동안 광야를 여행할 때 장막을 쳤던 것을 기념하여 '장막절'이라 부르고, 약속의 땅에 들어와서 한 해의 마지막에 추수한 모든 것을 저장하고 즐기는 절기이기에 '수장절'이라고도 부르며, 집을 떠나 야외로 나가 초막을 짓고 8일 동안 거기서 하나님을 섬기고 성회로 모이기에 '초막절'이라고도 부른다.

예수님께서 다윗의 후손으로서 육체의 장막을 입고 세상에 임마누엘 하셨다(요 1:14). 그래서 성령을 받은 자들인 교회도 다윗의 장막이라 불리게 되었다(행 15:16; 계 3:7). 예수께서 다시 오실 때 부활한 자들이 '하나님의 장막'이라고 불린다(계 7:15; 13:6; 21:3).

부활성도들이 천년 동안 예수 그리스도와 더불어 다스림으로 신령한 실체의 초막절이 성취된다(슥 1:3-4,9,16-21).[19]

제3부 말기세상에서 나타내신 복음의 실체들

제3부 말기세상에서 나타내신 복음의 실체들

1. 예수 그리스도와 참복음을 믿고 순종함

(1) 예수님은 주 하나님과 그리스도와 어린양

예수님 당시에 성경은 오직 구약성경만 있었고, 모든 성경은 예수님에 대해 기록한 말씀이다(요 5:39). 주 예수 그리스도는 '자기(יהוה) 백성을 저희 죄 가운데서 구원하시는 임마누엘'이다.

<21 아들을 낳으리니 이름을 예수라 하라 이는 <u>그가 자기 백성을 저희 죄에서 구원할 자</u>이심이라 하니라 … 23 보라 처녀가 잉태하여 아들을 낳을 것이요 <u>그 이름은 임마누엘이라 하리라</u> 하셨으니 이를 번역한즉 하나님이 우리와 함께 계시다 함이라>(마 1장)

사람으로서 예수 그리스도는 하나님의 아들인 동시에 사람의 아들이다(사 11:1). 예수 그리스도의 속사람(하나님의 아들)은 셋째하늘에서, 만유보다 먼저 하나님으로부터 태어나셨고(골 1:15,17), 멜기세덱의 반차를 좇아 영원한 대제사장이 되셨다(창 14:18; 마 16:16; 딤전 2:5; 히 7:3). 예수님의 겉사람은 여인의 후손(사람의 아들/인자)으로 베들레헴에서 태어나셨고(창 3:15), 모리아산에서 보이신 어린양의 실체로 영원한 단번의 대속제물이 되셨다(창 22:8,14).

만일 예수 그리스도께서 그 주 하나님이 아닌 완전한 사람이시기만 하다면 결코 완전한 구원자가 되실 수 없다. 초대교회가 사용했던 유일한 성경은 오직 한 분, 하나님 יהוה 외에 구원자가 없다고 선언한다(사 43:10-13; 호 13:4). יהוה께서 유일한 구원자이시나 구약에서는 자기 백성의 영혼을 세상의 왕인 사단 마귀 및 죄와 사망으로부터 구원하지는 않으신 때였다. 구약의 의인들은 동물의 피로 율법의 의를 얻었지만, 그 의인들도 죽으면 영(靈)이 음부(셰올/하데스)로 들어가 갇힌 채 יהוה께서 완전한 구원자로 오실 때를 기다려야 했다.

이 구원을 가리켜 말세에 나타내기로 한 구원, 죄로부터 영혼의 구원
이라 했다(벧전 1:5,9,22; 3:21). 이 구원에 관한 예언은 기록된 그대로
정확히 성취되었고, 그래서 예수님은 유일한 구원자가 되신 יהוה이시다.
초림 때부터 죄로부터 속사람인 영을 구원하시고, 겉사람에 대한 완전한
구원은 재림 때에 부활이나 변화로 완성하신다(빌 2:12; 3:21).

죄에서 구원하시는 첫째 방법은 죄를 깨끗이 '씻음'이다.
구약의 짐승의 피는 죄를 씻지 못하고 다만 덮어주는 역할만 했다(레
16:15; 히 10:4). 따라서 모든 의인들의 죄도 한 평생 쌓였으며 심판대
앞에서 산더미 같은 죄더미로 드러나게 되었다.
죄의 삯은 사망이므로 완전한 의인의 피흘림(사망)이 없으면 죄사함도
없다(히 9:22). 하나님은 영이시며 육체가 아니시니(민 23:19; 요 4:24),
자기 백성을 저희 죄로부터 구원하시기 위해서는 완전한 사람의 육체를
입으셔야 했다. 예언과 약속대로 יהוה 하나님은 사람의 육체를 입으시고
구원자로 오셨고(요 1:14), 피를 흘리셔서 죄를 영원히 씻게 해주셨다.
은혜와 진리(복음) 안에서 어린양 예수 그리스도의 보혈로 죄를 완전하
게 씻어 없앰으로써 사면(赦免)을 주신다(행 20:28; 히 9:14; 요일 1:7).
누구든지 예수 그리스도의 이름으로 세례(洗禮)를 받음으로 모든 죄들을
깨끗이 씻겨주시는 은혜를 받게 된다.

죄로부터 구원하는 둘째 방법은 죄에게 팔린 데서부터 '되사는 것' 즉
친족의 권리이자 의무를 따라 '구속하는 것'이다.
희생제사 제물들은 단순히 피만 흘린 것이 아니라 완전히 죽임을 당
해야 했다. 성경에서 יהוה 하나님은 오직 자신만이 유일한 '구속자'라고
증언, 선포하셨다(사 41:14; 43:11-14; 44:6). 구속자/救贖者/redeemer
는 친족으로서 기업 무를 자, 원수 갚는 자(보수자/報讐者/avenger)를
가리킨다(잠 23:11; 사 59:20). 하나님도 구속자가 되시려면 자기 피를
흘리는 값을 내셔야 한다. 빚을 져서 팔린 토지나 종으로 팔린 자를 친
족이 대신 값을 지불하여 종의 신분에서 벗어나게 해주거나 땅을 찾아
주거나 억울하게 죽임당한 자를 대신하여 의로운 보복을 하는 자, 후사
가 없이 죽은 형제를 위해 후사를 낳아주는 자 등을 구속자라 부른다.

구속자의 조건으로 첫째는 '친족'이 되는 것, 둘째는 구속할 값을 갖는 것, 셋째는 어떤 불이익을 감수하고라도 구속할 의지(사랑)를 갖는 것이다. 룻의 남편 엘리멜렉의 친족인 보아스가 룻을 구속하여 자기 아내로 맞이한 기사가 이를 잘 나타내준다(룻 4:4). 만일 하나님께서 혈육을 입지 않으셨다면 우리의 친족이 되실 수 없을 뿐만 아니라 구속을 위한 피값도, 대신 죽으심도 불가능했다(히 9:22).

홀로 하늘을 펴고 땅을 지으신 그분만이 유일한 구속자이심을 깨닫지 못한다면 바른 믿음이 아니다(사 44:24; 47:4; 48:17). 오직 하늘의 왕이신 יהוה만이 합법적인 유일한 구속자, 구원자요 그 백성의 남편과 각 성도들의 아버지시다(사 54:5; 60:16; 63:16). 그 하나님(남편)을 버리고 우상숭배에 빠진 종교를 창녀(娼女)라 여기시고, 그 하나님께로 돌아와 그분과 언약을 맺은 백성을 신부로 삼으신다. 그 하나님 한 분(한 분의 남편과 아버지) 외에 다른 2위, 3위 신을 함께 믿는 자들을 음녀(淫女)라 여기신다. 아브람은 하갈(율법)의 남편이고 이스마엘(종)의 아버지이며, 아브라함은 사라(은혜와 진리/복음)의 남편이고 이삭(아들)의 아버지이시다(갈 4:21-31).[20] 신구약에 오직 동일한 남편•아버지만 계신다.

동방 박사들이 아기 예수를 바라보며 '유대인(이스라엘)의 왕'이라고 부르고 경배를 드렸던 이유는 יהוה께서 구속자가 되시려고 육체를 입고 임마누엘 하셨기 때문이다.

초대교회는 예수님을 육체를 입으시고 자기 땅 자기 백성을 찾아오신 주 하나님으로 믿었다(사 7:14; 마 1:23; 요 1:11). 예수님을 영접하려면 아버지와 아들이신 예수님으로 맞이해야 한다. 도마도 구속자가 되신 그 하나님을 확인하고 '나의 주시며 나의 하나님'이라 고백했다(요 20:28). 사울도 예수님을 '자기 피로 사신 그 하나님'이라 증거했다(행 20:28). 아담을 자기 형상의 모형으로 창조하신 하나님께서 아담의 죄로 인해 대신 짐을 지실 '오실 자'이셨고, 천한 육체를 입고 오셨기에 영접받지 못하고 오히려 배척당하셨다(창 1:27; 요 1:14; 롬 5:14; 고전 15:45). 교회탄생부터 많은 유대인들이 그분을 믿고 구원을 받았지만 주후 70년 이후에는 유대인들 모두가 그분을 버렸고, 예수께서 다시 오실 때까지 그분을 영접하지 아니할 것이다(마 23:39; 요 5:43).

약속하신 구속, 구원의 때가 찼을 때 예수께서 오셔서 '은혜의 해'를 선포하셨다(고후 6:1,2; 갈 4:4).

<יהוה께서 또 가라사대 은혜의 때에 내가 네게 응답하였고 구원의 날에 내가 너를 도왔도다 내가 장차 너를 보호하여 너로 백성(百姓)의 언약(言約)을 삼으며 나라를 일으켜 그들로 그 황무하였던 땅을 기업으로 상속케 하리라>(사 49:8)

<1 주 יהוה의 신이 내게 임하셨으니 이는 יהוה께서 내게 기름을 부으사 가난한 자에게 아름다운 소식을 전하게 하려 하심이라 나를 보내사 마음이 상한 자를 고치며 포로된 자에게 자유를, 갇힌 자에게 놓임을 전파하며 2 יהוה의 은혜의 해와 우리 하나님의 신원의 날을 전파하여 모든 슬픈 자를 위로하되 3 무릇 시온에서 슬퍼하는 자에게 화관을 주어 그 재를 대신하며 희락의 기름으로 그 슬픔을 대신하며 찬송의 옷으로 그 근심을 대신하시고 그들로 의의 나무 곧 יהוה의 심으신 바 그 영광을 나타낼 자라 일컬음을 얻게 하려 하심이니라> (사 61장)

<18 주의 성령이 내게 임하셨으니 이는 가난한 자에게 복음을 전하게 하시려고 내게 기름을 부으시고 나를 보내사 포로된 자에게 자유를, 눈먼 자에게 다시 보게 함을 전파하며 눌린 자를 자유케 하고 19 주의 은혜의 해를 전파하게 하려 하심이라 하였더라>(눅 4장)

예수께서 하나님의 아들(영)로는 대제사장, 사람의 아들(혼+육체)로는 어린양이 되셨음을 믿고 은혜로 구원을 받으라는 말씀이다.

(2) 믿음은 예수님의 말씀을 들음에서 나는 것

A '믿음'과 '신자(信者)'란 용어의 성경적 정의(定義)

태어날 때 자신이 자신의 부모가 누구인지 스스로 알고 믿는 사람은 아무도 없다. 부모가 가르쳐준 말을 듣고 비로소 부모를 알고 믿는다. 사람은 세상에 살아가면서 누구나 예외 없이 많은 것들에 대해 듣고 보고서야 그것을 믿고, 그 믿음에 따라 행동하지만 그럴지라도 성경은 그들을 신자(信者)라고 인정하지는 않는다.

성경은 많은 신들을 믿는 자들 역시 신자(信者)라고 인정하지 않는다. 비록 거짓을 믿고 순교자가 되었을지라도 성경대로 믿는 게 아니므로 그들 역시 믿어야 할 것을 '믿는 자(신자)'가 아니다.

모든 사람이 구원을 받기 위해 믿어야 할 완전한 진리는 그분이 친히 주신 말씀, 그 말씀을 기록한 성경에 나타난다(롬 10:17). 성경이 말하는 신자는 믿음의 대상인 하나님 및 그리스도와 그분이 주신 약속(언약)을 믿고 순종하는 믿음을 가진 자이다.

예수님은 자신을 '계시는 자'(헬라어 '에고 에이미'는 출애굽기 3장 14절의 '에흐예'이다)라고 증거하셨다(요 8:24). 예수님은 יהוה와 '그 기름부음받은 자'(메시야/그리스도)이시다(시 2:2; 행 2:36). 성경은 '믿음이 없이는 그분을 기쁘시게 할 수 없다'고 하는데 '그분이 계신 것과 그분의 부르신 말씀을 듣고 그분을 찾는 자에게 상주시는 분이심을 믿는 것'을 믿음이라 하셨다(히 11:1,6). 그분은 아무 것도 없을 때에도 '계시는 분'이고 만유를 존재케 하신 창조주이시다(엡 4:6). 성경은 그분을 가리켜 히브리어로는 '엘로힘', 헬라어로는 '데오스'라 부른다. 우리는 그분을 '하나님'이라 부르는데 그분이 가장 높은 영역인 '셋째하늘에 계시는 분'이라 여겨 부르는 명칭/직함/호칭이다(시 2:4).

B 하나님의 '말씀'이란 무엇인가?

'말씀'이란 히브리어로 דבר [다바르]인데 첫 글자와 세 번째 글자는 모서리의 각이 있는지 없는지의 차이만 있다. "천지가 없어지기 전에는 율법의 일점일획이라도 없어지지 않고 다 이루리라"는 말씀은 'ד/다렛'과 'ר/레쉬'의 모서리의 차이가 천지보다 더 중하다는 말씀이다(마 5:18).

헬라어로 '말씀'은 주로 λόγος[로고스]라는 단어를 쓰는데 '말하다(say)'라는 뜻 외에 '모으다', '셈하다', '열거하다' 등의 뜻이 들어있는 λέγω[레고]라는 동사에서 유래한 것이다. 따라서 로고스는 말, 수집, 계산, 법칙, 질서, 비율 등의 뜻으로도 사용된다.

하나님은 '들으라! 이스라엘아! 하나님은 오직 하나인 יהוה이시라'고 말씀하셨다. 예수님은 자신을 가리켜 '계시는 자'이실 뿐만 아니라 '처음부터 말씀하여 오신 자'이라고 증거하셨다(요 8:24-27). 스스로 계시는 자로서 말씀으로 만유를 창조하신 '만유의 아버지'시라는 증언이다.

성경에서 '말씀'이란 단어는 다음의 몇 가지로 구별할 수 있다.

❶하나님의 속성에 따른 여러 직함들 중 '말씀', '생명', '사랑', '빛', '지혜' 등등이 있다. 태초에 빛(생명, 사랑, 지혜)이 있었고 이 빛(생명, 사랑, 지혜)이 하나님과 함께 계셨고, 이 빛(생명, 사랑, 지혜)이 곧 그 하나님이시다. 그러므로 '태초에 말씀이 계셨고 이 말씀이 주 하나님과 함께 계셨으며, 그 하나님이 곧 그 말씀'이시다(요 1:1).

❷하나님께서 만유를 지으시기 전에 낳으신 아들(독생자)을 '말씀'이라 부른다(눅 1:2; 요 1:1; 골 1:15,17; 요일 1:1). 하나님께서 아들(사람)을 낳으심으로 아버지가 되셨고, 이 아들(사람)은 아버지(하나님)와 영원히 하나로 완전 연합되셨다(요 10:30,38). 하나님의 독생자로서 그 말씀은 침례 요한보다 먼저 계셨고(요 1:15,26,27,30), 아브라함보다 먼저 계셨고(요 8:56-58), 천지보다 먼저 계셨고(요 17:5), 시간과 공간보다 먼저 계셨다(히 7:3). 하나님께서 시공(時空)을 창조하시기 이전에 그 아들을 낳으셨기 때문에 시공으로 인해 아버지와 아들을 분리(分離)할 수 없다.

아버지와 아들은 분리될 수는 없지만 신격과 인격으로 구별해야 유일하신 참하나님과 보내심을 받은 그리스도를 정확히 알게 된다(요 17:3). '그 그리스도'는 대제사장이지만 하나님과 영원히 분리될 수 없어 주(Lord)라고도 부른다(마 22:37,45). 하나님 아버지만 만주의 주요 만왕의 왕이시고(고전 15:28; 딤전 6:15,16), '그 어린양'은 십자가에 죽으신 인자(사람의 아들)이지만 하나님과 분리될 수 없기에 만왕의 왕 만주의 주라고 부른다(계 17:14). 아버지와 아들(말씀)을 분리할 수 없기에 '그 말씀'도 만왕의 왕 만주의 주라 부른다(시 2:2-7; 계 19:16).

아무도 하나님을 보지 못하였고, 하나님은 영원히 보이지 아니하시는 영(靈)이시다(골 1:15). 하나님(아버지)의 형상인 독생자를 공경하는 것이 아버지를 공경하는 것이요(요 5:23), 그 아들을 영접하는 것이 아버지를 영접하는 것이요(요 13:20), 그 아들을 보는 것이 보이지 않으시는 아버지를 보는 것이다(요 14:9). 예수 그리스도를 부인하는 것은 아버지와 그 아들을 부인하는 것이요, 아들을 부인하는 자에게는 아버지도 없으되 아들을 시인하는 자에게는 아버지도 계신다(요일 2:22-24).

❸하나님께서 친히 발설하신 말씀: 만유를 지으실 때 바로 그 말씀(헬-레마)으로 창조하셨다(히 11:3). '빛이 있으라'고 말씀하시자 말씀의 권능으로 빛이 창조되었다(창 1:3). 그 말씀(헬-레마)의 권능으로 만유를 붙들고 계신다(히 1:3). '너는 내 아들이라, 오늘 내가 너를 낳았다'라는 것도 하나님 아버지께서 친히 발설하신 말씀이다. 신약에서도 '이는 내 사랑하는 아들이요 내 기뻐하는 자다. 너희는 저의 말을 들으라'는 것도 하나님께서 발설(發說)하신 말씀이다(마 3:17; 17:5).

❹하나님께서 사람에게 '대언(代言)하게 하신 말씀': 하나님이 아담으로부터 노아, 아브라함, 침례 요한 등 사람들에게 말씀하셨고 그들은 하나님의 말씀을 대언했다(겔 37:4,7,9,10,12; 히 1:1; 계 19:10).

구약의 대언자들의 신분은 종이었고, 그들이 전한 말씀은 하늘에 있는 것의 모형과 그림자였다(마 1:22; 히 1:1; 8:5; 10:1). 하나님(아버지)께서 아들(사람)인 그 그리스도 안에서 오셨고, 그 아들의 입을 빌려 발하신 '아버지의 말씀'이 실체인 진리이다(요 12:49,50; 14:24; 히 1:2).

또한 하나님 아버지(성령)께서 성령을 받고 거듭난 아들 안에서 아들의 입을 통해 하신 '말씀'도 있다(마 10:20). 그러므로 아버지의 성령이 하신 말씀을 사단(귀신)의 말이라고 훼방하는 죄는 영원히 사함받을 수 없다고 하셨다(마 12:31; 막 3:29).

❺'기록된 말씀': 하나님의 종 선지자들이 하나님(성령)의 감동을 통해 보고 듣거나 깨달아 구약성경을 기록했다(딤후 3:16,17; 벧후 1:21). 예수께서 인정하신 당시의 유일한 성경인 '기록된 말씀'은 누군가가 영적 세계로부터 어떤 말(말씀)을 들었을 때 그것이 참하나님으로부터 온 것인지 거짓 영으로부터 온 것인지를 구별할 수 있는 유일한 기준이었다. 그리스도도 마귀에게 시험을 받으실 때에 오직 '하나님의 기록된 말씀'으로 이기는 본을 보이셨다(마 4:4,7,10). 신약성경은 성령으로 거듭나, 성령으로 기름부으심과 충만함을 받은 자들이 하나님이나 예수 그리스도를 통해 들은 말씀을 기록한 책이다. 사도 바울도 교회에게 '기록된 말씀' 밖으로 벗어나지 말라고 명령하였다(고전 4:6).

1. 예수 그리스도와 참복음을 믿고 순종함

❻전도자들이 말이나 글로 현장에서 선포, 전파, 가르치는 하나님의 말씀이 있다(시 147:18; 살후 3:1). 기름부음 받은 자들이 하나님의 감동하심을 받아 하나님의 뜻을 전하는 '말씀'이 있다. '이러므로 남자가 부모를 떠나 그 아내와 연합하여 둘이 한 몸을 이룰찌로다'(창 2:24)라는 말은 육체적 부모가 없던 때 아담과 하와에게 주신 것이 아니고 모세가 살던 당시에 통용된 말씀을 모세가 기록한 것이다(참고 마 19:5).

하나님의 독생자는 하나님 아버지로부터 하늘과 땅의 모든 권세를 받았기에(마 28:18) 그의 가르침은 종의 신분으로서 가르쳤던 구약의 랍비(서기관/율법사)들의 말보다 더 큰 권세가 있었다(마 7:28,29). 예수님의 입에서 나오는 말씀은 그 어떤 권세나 능력도 깨뜨리고 굴복시키는 권능이 있다(시 2:7-9; 계 19:15).

독생자가 아버지의 모든 권세를 받았기에 아들의 권세와 장차 죄와 사망도 이길 근거로 죄를 사했다(마 9:2; 막 2:10; 눅 5:24). 아들이 명령하시자 멀리 있는 환자의 중풍병이 곧바로 나았고(마 8:13; 막 2:11; 눅 5:24), 아들의 명령에 바다와 바람이 복종했고(마 8:27; 막 4:41; 눅 8:25), 귀신들도 복종했고(마 8:29; 17:18; 막 1:27; 5:8; 9:25; 눅 4:36; 8:29; 9:42), 죽은 자가 살아났고(마 9:25; 막 5:41; 눅 7:15; 8:54; 요 4:46-54), 무화과나무를 저주하시자 말라버렸고(마 21:19), 38년 동안 침상에 누워만 있던 자가 침상을 들고 집으로 갔고(요 5:1-11), 죽어서 악취가 나던 자도 살아서 무덤에서 나왔다(요 11:39-44).

하나님의 아들이신 예수 그리스도의 말씀뿐만 아니라 하나님의 아들들이 된 사도와 선지자 및 동류의 사역자들이 감동하심을 받아 전하거나 선포한 말씀이 있다. 부활의 아들들 모두가 천년왕국에서 왕노릇 할 때 예수 그리스도처럼 대언하는 권능의 말씀이 있다(요 14:12).

❼성경에 기록자나 등장인물의 말이 기록되어 있는데 이는 정확하게 말하자면 하나님의 말씀이 아닐 수 있다. 예를 들자면, '네 시작은 미약하나 나중은 심히 창대해지리라'(욥 8:7)는 말은 수아 사람 빌닷이 한 말인데 하나님께서 그의 모든 말을 옳다고 하시지는 않으셨다(욥 42:7). 성경에 기록된 말이라 할지라도 사람의 말로서 틀린 것도 있고, 사람이 한 말이 하나님의 말씀과 동등한 권능을 가진 것도 아니다.

갈대아 우르 즉 메소포타미아(두 개의 강 사이 땅)인 유프라테스 강 저편이 데라의 고향이다(수 24:2; 행 7:2). 데라가 70세가 되기까지 아브람과 나홀과 하란(חרן/Haran)을 낳았다.

<데라는 칠십(七十) 세가 되기까지 아브람과 나홀과 하란(Haran)을 낳았다>(창 11:26, 공동번역개정판)

<데라는 칠십(七十) 년을 살며 아브람과 나홀과 하란(Haran)을 낳았더라.>(창 11:26, 한글흠정역)

스데반은 성령이 충만하여 많은 기적을 행한 전도자였다. 그는 아브람이 갈대아 우르에 있을 때 영광의 하나님께서 그에게 보이셨다고 했다(행 7:2). '보이다'라는 뜻의 헬라어는 '호라오'인데, 예수께서 부활 후 제자들에게 나타나신 것을 '호라오'라는 단어를 썼다(고전 15:5,6,7,8). 하란은 갈대아 우르에서 죽고, 데라와 아브람이 하나님의 부르심을 받고 롯과 함께 하란(חרן/Charan)으로 이주했다.

스데반은 아브람이 아버지 데라가 죽은 후에 하란을 떠났다고 했다(행 7:4). 아브람이 하란을 떠난 때의 나이가 75세이므로 데라의 나이는 145(70+75)세가 된다(창 11:26-32; 12:1). 데라는 205세에 하란에서 죽었으므로 만일 아브람이 데라가 죽은 후 하란을 떠났다면 그때 나이는 130(205-75)세이어야 한다. 아니면 데라가 아브람을 130세에 낳았어야 한다. 이미 데라가 죽었다면 '아비 집을 떠나라'는 말씀은 별로 의미가 없을 것이다(창 12:1). 하나님께서 아브람에게 아비집을 떠나라고 하신 명령은 갈대아 우르가 아니라 데라가 하란에서 우상숭배에 빠졌을 때 주신 것이다. 데라의 아버지 '나홀'(창 11:24)은 그 조상들의 하나님, 전능하신 יהוה 하나님 즉 아브라함의 하나님을 믿은 자였다.

<아브라함의 하나님, 나홀의 하나님, 그들의 조상의 하나님은 우리 사이에 판단하옵소서 하매 야곱이 그 아비 이삭의 경외하는 이를 가리켜 맹세하고>(창 31:53)

결국, 바벨론에서 가족을 이끌고 나왔던 데라도 하란에서 우상숭배에 빠졌고, 하나님께서 아브람이 부르심을 이루도록 다시 부르신 것이다. 아브람은 조카 롯을 데리고 하란에서 떠났다. 데라의 아들 나홀은 아브라함의 동생인데 브드엘을 낳고, 브드엘이 이삭의 아내(조카)인 리브가를 낳았다(창 22:23; 24:15).

스데반이 성령이 충만하여 큰 권능으로 수많은 기적을 행하였고(행 6:8,10,15), 그의 말이 성경에 기록되었을지라도 그의 모든 말이 하나님의 말씀인 것은 아니다. 스데반은 아브라함이 하몰의 자손에게 산 무덤에 야곱이 장사되었다고 말했다(행 7:16). 야곱은 세겜의 아들 하몰에게서 '엘엘로헤이스라엘'이라는 단을 쌓기 위해 땅을 샀다(창 33:19,20). 야곱이 실제로 장사된 곳은 아브라함이 헷 족속인 에브론에게 막벨라 밭과 함께 산 굴이다(창 49-29-32; 50:12,13). 사도 바울도 서신에서 하나님의 말씀이 아닌 자신의 의견을 기록하기도 했다(고전 15:12-40). 교파, 교단의 기존 교리가 성경의 기록과 동등한 권위가 있는 게 아니다.

ⓒ 온전한 믿음은 '믿음에서 믿음에 이르는 믿음'이다
❶마음으로 믿어 의(義)에 이르고 입으로 시인하여 구원에 이름
하나님의 말씀을 믿을 때 '그 믿음'을 하나님께서 의롭다고 하신다.
יהוה 하나님의 창조를 믿을 때(창 1:1) '그 믿음을 옳다'고 여기신다.
노아가 방주를 지으라는 말씀을 믿었을 때 하나님께서 그의 믿음을 의롭다(옳다)고 하셨다. 만일 노아가 말씀을 마음으로 믿었을지라도 방주를 짓는 약속을 순종하지 않았다면 그는 의롭다고 인정받지 못했을 것이고, 구원을 받지도 못했을 것이다. 하나님의 약속을 믿는다고 하면서도 그 말씀대로 순종하지 않는다면 하나님께서 그 믿음을 가증하게 여기신다. 상세한 것은 생명의 강 시리즈 제2권에 설명하였다.
예수님이나 초대교회는 구약성경을 믿었다. '의인은 믿음으로 말미암아 살리라'라는 그 믿음도 순종하는 믿음이다(합 2:4). 하박국 선지자는 하나님께 드렸던 두 가지 질문과 받은 두 가지 답들을 기록했다. 하나님을 믿으면서도 말씀을 순종하기는커녕 도리어 악행하는 자들이 있었고 그들은 말씀을 순종하는 신자들을 핍박까지 했다. 간악과 패역과 겁탈과 강포와 싸움으로 율법이 무시되어 공의가 땅에 떨어졌다. 순종하는 신자들이 핍박을 당하며 하나님께 부르짖어도 응답이 없자 하박국은 몹시 괴로웠다(합 1:1-4). 하나님께서 갈대아인들을 불러다 악인들을 심판하겠다고 대답하셨다(합 1:6-11). 이에 하박국 선지자는 유대의 악인보다 더 악한 갈대아인으로 유대나라를 치시면 유대의 순종하는 의인들은 더 고통을 당하지 않겠느냐고 다시 질문을 드렸다(합 1:12-2:1).

하나님께서 다시 하박국 선지자에게 대답하시되 전시상황에서 황급히 도망할 때에라도 읽을 수 있도록 판에 명백히 새겨서 보게 하라시며 한 말씀을 주셨다. 그 말씀은 '계시는 정하신 때가 있고, 그 종말이 속히 이를 것이며 결코 거짓되지 않을 것이며, 더딜지라도 기다리라, 지체되지 않고 정녕 응하리라'는 것이다. 말씀을 순종치 않는 악인들은 마음이 정직하지 못하고 교만하여, 믿어도 순종치 않으므로 망할 것이나 '오직 의인은 믿음으로 말미암아 살리라'고 대답하셨다. 하나님께서 찾으시는 믿음이란 '마음으로 믿어서 순종에까지 이르는 믿음'이다.

바울이 하박국서를 인용해 신약성도가 가질 '믿음'이란 온갖 손해와 조롱과 핍박과 순교를 당하면서도 순종하는 그 믿음이다(롬 1:16,17).

아브람이 '네 후손이 하늘의 별같이 많아질 것이라'는 말씀을 믿자 그 믿음을 하나님께서 의(옳음)로 여기셨다(창 15:6; 롬 4:3,5,9,10). 사람의 생각으로는 불가능하지만 하나님께는 능치 못함이 없음을 믿기에 그 약속을 믿는 믿음을 옳다(의롭다)고 여기신 것이다.

<아브람의 구십구 세 때에 יהוה께서 아브람에게 나타나서 그에게 이르시되 나는 전능한 하나님이라 너는 내 앞에서 행하여 완전하라> (창 17:1)

하나님께서 아브람에게 '할례를 해야 내 백성으로 인정될 것이라'고 약속하셨을 때 그가 믿었고 그의 믿음을 하나님께서 의롭다고 여기셨다. 아브라함이 마음으로만 믿지 않고 할례를 함으로써 의(義)로 인(印)침을 받고 믿음의 조상, 의인들의 조상으로 삼으셨다(창 17:10-14).

<3 성경이 무엇을 말하느뇨 아브라함이 하나님을 믿으매 이것이(it) 저에게 의로 여기신 바 되었느니라 … 5 일을 아니할찌라도 경건치 아니한 자를 의롭다 하시는 이를 믿는 자에게는 그의 믿음을 의로 여기시나니 … 9 그런즉 이 행복이 할례자에게뇨 혹 무할례자에게 도뇨 대저 우리가 말하기를 아브라함에게는 그 믿음을 의로 여기셨다 하노라 10 그런즉 이를 어떻게 여기셨느뇨 할례 시냐 무할례 시냐 할례 시가 아니라 무할례 시니라 11 저가 할례의 표를 받은 것은 무할례 시에 믿음으로 된 의를 인친 것이니 이는 무할례자로서 믿는 모든 자의 조상이 되어 저희로 의로 여기심을 얻게 하려 하심이라>(롬 4장)

하나님은 약속을 마음에 믿을 때 '그 믿음'을 의롭다/옳다고 여기시고, 약속대로 순종할 때 그 사람을 의인/옳은 사람으로 여기신다. 사람이 '마음으로 믿어 의에 이르고 입으로 시인하여 구원에 이른다.'는 말씀은 믿음의 후손들에게 변함없는 믿음의 법칙이다(마 5:18; 롬 10:10). 아브라함은 하나님의 말씀을 순종하고 그 명령과 계명과 율례와 법도를 지켰기에 '믿음의 조상'이요 하나님의 벗이라고 불렸다(약 2:23).

<이는 아브라함이 내 말을 순종하고 내 명령과 내 계명과 내 율례와 내 법도를 지켰음이니라 하시니라>(창 26:5)

성경에는 '하나님의 모든 말씀을 순종하라'는 명령으로 가득 차 있다.

하나님은 그분의 언약을 지키는 자를 하나님의 소유, 백성, 제사장, 나라가 되게 하신다(출 19:5,6). 하나님의 규례와 법도를 지키면 그로 인하여 살리라고 하셨다(레 18:4,5). 하나님은 순종하는 이들을 하나님의 백성으로 삼으시는 반면(레 26:3-13), 순종치 않는 악인들이 계속 불순종하면 α×2,401배의 저주를 더하시겠다고 경고하셨다(레 26:14-39). 그러나 돌이켜 회개하고 순종하면 용서하시겠다고 하셨다(레 26:40-46). 애굽에서 기이한 기적들을 체험하고 홍해를 기적으로 건넌 장정들 603,550명 중에 603,548명은 다 광야에서 멸망을 당했고 오직 하나님의 명령과 약속을 온전히 순종한 두 사람만이 약속의 땅에 들어가는 구원을 받았다(민 14:24,30,38; 26:65; 32:12; 신 1:36). 멸망한 자들은 마음과 귀가 할례를 받지 못하여 말씀을 싫어하여 불순종하였기 때문이다(레 26:41; 신 10:16; 30:6; 렘 4:4; 6:10; 9:26; 겔 44:7,9; 행 7:51). 하나님은 자기 백성이 그 모든 명령을 지켜 영원히 복을 받기를 원하신다(신 5:27-33). 하나님의 모든 명령을 지키면 그것이 그들의 의로움이 된다(신 6:25). 하나님은 40년 동안 그들을 낮추시고 시험하사 하나님의 명령을 지키는지 안 지키는지 시험하셨다(신 8:1-6). 순종으로 약속의 땅에 들어간 후에라도 불순종한다면 그들에게 주신 땅에서 신속하게 멸망당할 것이라고 경고하였다(신 11:1-32).

하나님은 신명기 28장에서 순종과 복에 대해서는 14개 구절로 약속하셨고, 불순종과 저주에 대해서는 54개 구절로 경고하셨다(15-68절). 주 하나님께서 주신 율법과 계명, 규례, 율례는 지키기 어려운 것이 아니며 지킬 수 있다고 하나님께서 친히 확증하셨다(신 30:6,8,11-20).

여호수아는 하나님의 율법과 명령과 규례를 다 지켜 순종하였기에 가
는 곳마다 승리했다(수 1:7,8; 23:6). 시편 119편은 성경에서 가장 길게
기록된 장(章)인데 하나님의 말씀, 법, 율법, 법도, 계명, 규례, 율례를
전심으로 지키겠다는 다짐으로 가득하다.

<1 행위 완전하여 יהוה의 법에 행하는 자가 복이 있음이여 2 יהוה의
증거를 지키고 전심으로 יהוה를 구하는 자가 복이 있도다 3 실로 저
희는 불의를 행치 아니하고 주의 도를 행하는도다 4 주께서 주의
법도로 명하사 우리로 근실히 지키게 하셨나이다 5 내 길을 굳이
정하사 주의 율례를 지키게 하소서>(시 119편)

구약의 랍비들은 주 하나님의 율법을 613개 조항으로 보고 248개를
'하라'는 명령으로, 365개를 '하지 말라'는 명령으로 분류했다. 248개는
사람의 뼈마디의 수와 같고 365는 1년의 날수와 같다. 모든 뼈마디마다
말씀을 새기고, 하루도 빠짐없이 말씀대로 순종하라는 의미이다.

이스라엘과 유다가 이방인들에게 멸망을 당한 이유는 그들이 마음과
귀에 할례를 받지 않아 하나님의 율법과 계명을 떠나 순종하지 않았기
때문이었다(느 1:5,7). 주 하나님의 율법을 순종하면 '율법의 의인'이라
인정되지만 그가 율법을 버리고 불순종하면 '악인'으로 심판을 받는다고
하셨다(겔 18:21-28). 하나님의 성령을 받은 자를 새언약대로 순종하는
'하나님의 의인'이라고 말씀하셨다(겔 36:26-28).

예수께서도 아버지의 말씀대로 행하지 않는 자는 천국에 들어갈 수
없다고 분명히 말씀하셨다(마 7:21). 독생자도 죽기까지 아버지의 말씀
을 순종하였기에 순종하는 자들의 구원의 근원이 되셨다(히 5:7-10).

어떤 율법사가 영생을 얻으려면 무엇을 해야 하느냐고 예수께 질문을
드렸을 때 율법대로 행해야 영생을 얻는다고 대답하셨다(눅 10:28). 오
병이어의 기적을 체험한 대단한 믿음의 신자들일지라도 예수님의 살과
피를 먹어야만 영원히 살 것이라고 가르치셨다(요 6:53). 예수님의 동생
야고보는 이미 12사도가 생존해 있던 때부터 예루살렘교회의 감독의 권
위를 인정받았는데(행 12:17; 15:13) 야고보도 순종이 없는 죽은 믿음은
영혼을 구원할 수 없다고 가르쳤다(약 2:14-26).

❷율법(모형)의 믿음에서 복음(실체)의 믿음에 이름

　노아는 홍수로부터 육체의 구원을 받았지만 죄로부터 영혼이 구원을 받은 것은 아니었다. 노아도 죄사함에 관한 약속을 성경대로 믿고 죄에서도 구원을 받아야 했듯이, 구약의 모든 의인들도 마찬가지이다.

　율법은 모세로 말미암아 왔고 '은혜와 진리'는 예수님으로 말미암아 왔다(마 5:17; 7:24; 요 1:17; 8:32; 17:17; 히 1:2). 율법은 예수께서 장차 새언약으로 주실 은혜와 진리의 그림자와 모형이다(히 8:5). 예수님은 율법을 순종하여 얻은 '율법의 의(義)'를 '하나님의 의'로 이루어주시고 완전한 자유를 주시려고 오셨다. 모세의 육적 할례는 그리스도의 신령한 할례의 그림자였다. 모세의 할례나 그리스도의 할례나 어느 할례든지 반드시 마음의 할례를 받아 진실하게 믿어야만 올바른 순종이 된다(롬 2:28,29). 율법은 온전한 죄사함을 주지 못하기 때문에 율법의 의로는 하나님의 영광에 이르지 못한다고 했다(롬 3:20). 그림자와 모형인 율법의 의(義)도 약속대로 믿고 순종해야 얻는데 실체인 하나님의 의(義)는 더더구나 진실한 믿음의 순종을 통해 얻는다(롬 3:23-26).

　바울은 창세기 15장의 믿음을 예수 그리스도를 믿는 '믿음의 법' 즉 신약의 법에 비유하고 창세기 17장의 할례를 모세의 율법에 비유하여 율법이 있기 전에 '믿음의 법'이 있었다고 설명한다(롬 3:27-31).
　<그런즉 우리가 믿음으로 말미암아 율법을 폐하느뇨 그럴 수 없느니라 도리어 율법을 굳게 세우느니라>(롬 3:31)
　'믿음을 의로 여기심을 받았다'는 말씀은 율법의 순종(행위)이 아니라 믿음의 법인 신약을 따른 온전한 순종(행위)을 통해 하나님의 의(義)로 의롭다고 여기심을 받는다고 강조한 것이다(롬 4:9-16).
　<아브라함이나 그 후손에게 세상의 후사가 되리라고 하신 언약은 율법(律法)으로 말미암은 것이 아니요 오직 믿음의 의로 말미암은 것이니라>(롬 4:13)
　유대인들은 율법의 행위로 얻은 자기 의(義)에 자만하고 교만하여 주 하나님의 의(義)를 힘써 거절하고 순종치 않았다(롬 10:5,16,21). 실체인 율법은 완전한 죄사함을 줄 뿐만 아니라 하나님의 의를 주고 거듭나게 하여 셋째하늘에 앉힌다(고전 9:21; 약 1:25; 2:12).

갈라디아교회가 은혜와 진리(복음)에서 떠나 율법으로 회귀하자 '율법의 행위'를 따르면 저주를 받는다고 경고했다(갈 1:6-10).

<사람이 의롭게 되는 것은 율법의 행위에서 난 것이 아니요 오직 예수 그리스도를 믿음으로 말미암는 줄 아는 고로 우리도 그리스도 예수를 믿나니 이는 우리가 율법의 행위에서 아니고 그리스도를 믿음으로서 의롭다 함을 얻으려 함이라 율법의 행위로서는 의롭다 함을 얻을 육체가 없느니라>(갈 2:16)

<3 내가 너희에게 다만 이것을 알려 하노니 너희가 성령을 받은 것은 율법의 행위로냐 듣고 믿음으로냐 … 5 너희에게 성령을 주시고 너희 가운데서 능력을 행하시는 이의 일이 율법의 행위에서냐 듣고 믿음에서냐 … 10 무릇 율법 행위에 속한 자들은 저주 아래 있나니 기록된 바 누구든지 율법책에 기록된 대로 온갖 일을 항상 행하지 아니하는 자는 저주 아래 있는 자라 하였음이라 11 하나님 앞에서 아무나 율법으로 말미암아 의롭게 되지 못할 것이 분명하니 이는 의인이 믿음으로 살리라 하였음이니라 12 율법은 믿음에서 난 것이 아니라 이를 행하는 자는 그 가운데서 살리라 하였느니라 13 그리스도께서 우리를 위하여 저주를 받은 바 되사 율법의 저주에서 우리를 속량하셨으니 기록된 바 나무에 달린 자마다 저주 아래 있는 자라 하였음이라>(갈 3장)

율법의 의인들은 죽으면 그 영이 음부에 갇혀 믿음의 법이 올 때를 기다려야 했다(눅 16:16,17,23,29). 율법은 세상에 속하여 낮고, 짐승의 피로 맺었기에 죄를 완전히 없애지 못할 만큼 약하고, 아들의 신분이 아닌 종의 신분이므로 천한 법이었다(갈 4:9). 온전히 자유케 하는 완전한 율법(그리스도의 율법) 안에는 모세의 할례의 실체인 그리스도의 할례가 있는데 육체(죄인의 몸)를 벗는 장례(葬禮)이다(골 2:11,12).

율법은 각종 제사를 위한 제물을 늘 죄인 자신이 준비하지만 은혜와 진리는 하나님께서 친히 어린양을 예비하셔서 십자가를 통해 받으셨고 영원히 만족해하셨다. 신약은 하나님께서 어린양 예수를 우리의 제물로 받아주신 은혜에 믿음으로 연합하기 때문에 '믿음의 법'이라 부른다.

하나님께서 하박국에게 말씀하신 계시의 때의 그 믿음이란 새언약의 이 믿음을 가리키는 것이다(합 2:3,4).

<믿음이 오기 전에 우리가 율법 아래 매인 바 되고 <u>계시될 믿음의</u>
<u>때까지</u> 갇혔느니라>(갈 3:23)

하나님께서 말씀을 순종치 않는 악인들의 마음이 교만하며 정직하지
않음을 안다고 하박국에게 말씀하셨다(합 2:4). 할례 받지 못한 마음이
교만한 마음이고, 정직하지 못한 마음이 주 하나님의 말씀을 거절한다.
믿음은 구약의 그림자와 모형을 믿는 믿음에서 반드시 신약의 실체를
믿는 믿음에 이르러야 한다. 만일 '믿음의 법'(은혜와 진리)을 거절한다
면 율법의 의로 흠이 없던 사울도 그 저주에서 벗어나지 못한다.

❸처음 믿음에서 죽기까지 변함없는 믿음에 이름

진리로 시작하였다가 율법으로 돌아가면 만복으로 시작하여 저주로
마치게 된다. 새언약의 믿음, 은혜와 진리로 참된 자유를 얻는 믿음, 하
나님의 의를 얻는 믿음, 복음에 연합해 물과 성령으로 거듭나는 믿음은
'성령으로 시작하여 성령으로 마치는 믿음'이다(갈 3:3).

바울은 성령으로 거듭나 하나님의 아들이 된 자들이 다시 육체의 법
으로 돌아가 율법의 종이나 죄의 종이라는 신분으로 마치면 하나님의
유업을 잃고 저주를 자취하는 것이라고 경고했다. 은혜와 진리로 시작한
교회가 율법으로 돌아가 안식일을 지키거나 육체적 할례를 회귀한다면
동물제사는 물론 모세의 율법의 모든 것을 다 지켜야 하고, 이는 다시
저주 아래로 되돌아가는 것이라 했다. 성령침례로 거듭난(고전 12:13)
후에 십자가를 통해 육체의 원함과 생각을 성령의 생각과 원함에 복종
시키고 승화시켜 알곡이 되고 각종 보석이 되어야 한다는 말씀이다(마
3:11). 바울은 사도인데도 자신의 육체 안에 선한 것이 없다고 탄식하고
고백하며 육신대로 살면 반드시 죽을 것이로되 영으로써 육신을 죽이면
살리라고 했다(롬 7:18-20; 8:12-15). 바울은 육적인 사람이 되지 않기
위해 늘 자신을 채찍질 했다(고전 9:27).

<오직 나의 의인은 믿음으로 말미암아 살리라 또한 뒤로 물러가면
내 마음이 저를 기뻐하지 아니하리라 하셨느니라>(히 10:38)

'의인은 그 믿음으로 말미암아 산다.'는 선포는 시작도 참 믿음으로
하고 마침도 참 믿음으로 마쳐야 영원한 생명을 얻는다는 말씀이다.

D 믿음은 바라는 것들의 실상이요 보지 못하는 것들의 증거

'태초에 하나님께서 천지를 창조하셨다'는 말씀을 믿을 때 그 믿음은 죄사함을 받는 믿음이 아니다. 죄사함과 거듭남에 관한 믿음은 죄사함과 거듭남에 관한 약속의 말씀대로 믿고 올바른 방법으로 연합할 때 구원받는다. 하나님의 약속과 상관없으면 아무리 의심 없이 믿을지라도 그 믿음은 구원의 은혜를 받을 수 없다. 우리가 소망으로 구원을 얻었으매 보이지 않는 것을 믿음으로 본다고 했다(롬 8:24). 다른 예수와 다른 복음을 믿는 자는 사단에게 속고 있는데도 모르고 살다가 죽은 후에야 돌이킬 수 없는 후회를 하게 된다(고후 11:2-4,13-15). 참 믿음이 아니면 소망도 없고, 하나님의 언약대로 믿어야 소망도 갖게 된다(고전 13:13). 소망은 장차 올 것이므로 현재는 보이지 않지만, 믿음이란 하나님께서 말씀하신대로 이루어질 증거이다.21)

(3) 오직 의인은 계시된 믿음으로 말미암아 산다

① 믿음은 죽을 때까지 이어가는 성도의 삶 자체이다

'의인은 믿음으로 산다'는 말씀의 의미는 '사람이 떡으로만 사는 것이 아니라 하나님의 입에서 나오는 모든 말씀으로 산다'라는 의미가 있다. 매일 음식을 먹어야 육체가 살듯이, 의인은 죽을 때까지 평생 하나님의 말씀을 순종함으로 먹어야 산다. 진실하게 회개하고 약속대로 죄사함의 은혜를 받았다면, 끝가지 회개한 자리를 지켜야 하며(히 12:17), 만일 그 자리에서 떠내려갔다면 진정으로 회개하여 순종하는 자리로 되돌아와야 예수께서 받으시는 믿음이 된다(계 3:19).

② 믿음으로 생을 마친 사람은 장차 영원한 생명으로 살아난다

믿음으로 사는 의인도 어느 때엔가 호흡이 멈춘다. '의인은 믿음으로 말미암아 죽는다'라고 말하지 않음은 그들은 잠든 것이기 때문이다(고전 15:20; 살전 4:13). 그들의 영은 셋째하늘로 옮겨져 안식하고 있고 더 좋은 장막/옷을 입는 날에 몸도 영원히 살게 될 것이다.

③ 믿음을 지키다 순교한 사람도 죽은 것이 아니다

'의인은 믿음으로 말미암아 죽는다'는 말도 맞다. 최초의 순교자 아벨로부터 마지막 순교자 사가랴에 이르기까지, 의인들은 믿음으로 말미암아 죽었으나 오히려 영원히 살게 된다(마 16:25; 23:35; 딤후 2:11).

스데반 집사, 야고보 사도뿐만 아니라 요한을 제외한 열 명의 사도와 바울도 다 믿음으로 순교를 당했다(마 10:28). 하나님께는 그들 모두가 이미 살았고, 하나님은 산 자들의 하나님이시다(눅 20:38).

(4) 은혜의 구원을 순종으로 받고 선행으로 살아감

행위로 구원받지 않고 믿음으로 구원을 받는다는 교리는 진리이다.

아담이 무화과나무 잎으로 옷을 만들어 입은 선행을 인정받아 죽임을 당하지 않은 게 아니라 하나님께서 베푸신 은혜로 죽지 않았다. 아브라함이 의롭다 하심을 받은 것은 하나님 앞에 수고의 대가 때문이 아니라 하나님의 약속을 순종했기 때문이다(약 2:23,24). 마지막아담이 오시기까지 의인들은 선행이 아니라 하나님께서 주신 약속에 순종함으로 의롭다 하심을 받았다(롬 3:27; 4:2; 9:11,32; 11:6; 딤후 1:9; 딛 3:5).

하나님께서 지으신 모든 것이 심히 좋았을(善) 때에도 선과 악을 구별하는 기능의 나무가 있었고, 그때에도 하나님의 의를 얻을 만한 완전한 인간의 선행은 있을 수 없었다. 범죄로 인해 이 모든 것을 잃어버렸는데 죄인들의 어떤 선행으로도 죄를 해결할 수가 없다.

하나님은 사람을 가장 선한(the best) 상태로 세우시고자 예정하셨다. 하나님께서 원하는 선행과 타락한 인간의 선행은 천지 차이로 다르다. 죄인들의 어떤 선행도 하나님께서 세우신 선함을 대신할 선행은 결코 없기에 그 누구도 자신의 선행으로는 하나님의 의를 얻지 못한다.

죄를 제거하는 데는 의로운 사람이 죽어야 하는 값이 요구된다. 죄인들 중에는 그 값을 지불할 만한 사람이 전혀 없으며, 예수께서 지불해 주신 은혜와 약속에 순종으로 참여할 때 의롭다 하심을 얻는다. 행위들 중에는 선행(善行), 의행(義行), 율법의 행위, 믿음의 순종(행함)이 있고, 이 행위들을 성경적으로 따져보면 서로 확연히 다르다.

의로운 행위(義行)란 어떤 자의적 기준에 따라 '나쁘고 좋고'(선행)가 아니라 적용하는 법에 따른 적법(適法)한 행위를 가리킨다.

아담이 선악과를 따먹지 않고 살았던 삶은 선하고 의로운 행위였으나 선악과를 따먹은 것은 악행이요 법대로 말하자면 죄를 범한 범행(犯行)이었다. 그 범죄 때 아담과 하와 안에서 모든 후손들은 함께 범행했고 선인/의인의 신분을 잃고 죄인(罪人)이 되었다. 하나님이 그들을 그대로 멸하지 않으시고 구원하시고자 은혜로 약속들을 주셨다. 주 하나님께서 사람들이 먼저 선하거나 의로운 행위를 했기에 그 행위의 가치를 인정하여 언약을 맺으신 것이 아니다. 그 약속을 믿고 순종한 것을 믿음으로 말미암은 의행(義行), 그 사람을 의인(義人)이라 부른다. 믿음으로 의를 행한 사람은 생명을 얻을 의인이요, 시냇가에 심은 생명나무나 의(義)의 나무로 비유되었다(시 1:3; 사 61:3).

옛언약의 율법에 대한 성경적인 이해도 무엇보다 필요하다.
<이로 보건대 율법(律法)도 거룩하며 계명도 거룩하며 의(義)로우며 선(善)하도다>(롬 7:12)
세상의 어느 법보다 의롭고 거룩한 율법을 순종하는 것은 의행(義行)인데 율법의 행위만으로는 하나님의 영광에 이를 만한 의를 받을 수 없다. 바울은 죄인들의 선행(善行)뿐만 아니라 바로 이 '율법의 행위'(의행)으로 의롭다함을 받지 못한다고 했다(롬 3:28; 갈 2:16; 3:2,5,10).
<그러므로 율법의 행위로 그의 앞에 의롭다 하심을 얻을 육체가 없나니 율법으로는 죄를 깨달음이니라>(롬 3:20)
율법으로는 하나님의 영광에 이를 만한 의를 받을 수 없지만 복음을 믿고 순종할 때 하나님의 의를 얻는다. 하나님의 의인들은 죄인의 선행보다 더 나은 선행(善行)을 위해 살아가야 한다(엡 2:8-10). 그 선행이란 모세의 율법보다 더 높은 기준을 갖는데 산상수훈에도 기록되어 있다. 그러나 마음에 미워하지 않거나 음욕을 품지 않는다고 해서 그것으로 죄사함을 받거나 거듭나는 것은 아님도 알아야 한다.

2. 예수님의 죽음에 연합되는 새언약의 회개

(1) 회개는 마음과 귀에 할례를 받는 것

하나님께서 아브라함을 믿음의 조상으로 부르셨고, 아브라함과 언약을 맺으신 표로 할례를 받으라 하셨는데 그 할례는 육체에 상관된 법으로 맺어진 땅에 속한 '하나님의 백성'이라는 증표였다(창 17:10-14). 할례를 받지 않은 사람은 하나님의 언약을 버린 사람으로서, 하나님께서 주실 구원과 생명에 상관없는 이방인으로 여기신다는 말씀이다.

하나님은 선민들에게 과목을 심은 후 3년 동안은 할례를 받지 않은 것으로 여기고 과일을 따먹지 못하게 하셨다(레 19:23). 선민들은 할례 받지 않은 이방인들의 손에 죽는 것을 치욕으로 여겼다(삿 15:18; 삼상 17:36; 31:4). '마음과 귀의 할례'를 받아야 하나님의 언약을 듣고 깨달아 마음으로 믿어 순종하여 의인이 될 수 있다고 가르치셨다.

하나님은 선민들에게 하나님의 말씀을 불순종하면 α×2401배로 저주하시겠다고 경고하신 후 할례를 명령하셨다(레 26:14-39).

<41 나도 그들을 대항하여 그 대적의 땅으로 끌어갔음을 깨닫고 그 할례받지 아니한 마음이 낮아져서 그 죄악의 형벌을 순히 받으면 42 내가 야곱과 맺은 내 언약과 이삭과 맺은 내 언약을 생각하며 아브라함과 맺은 내 언약을 생각하고 그 땅을 권고하리라>(레 26장)

모세는 하나님께서 십계명을 주신 이유를 설명했다. 하나님께서 자기 백성들에게 요구하시는 것이 하나님 יהוה를 경외하여 그분의 모든 도를 행하고 그분을 사랑하며 마음을 다하고 성품을 다하여 주 하나님 יהוה를 섬기고, 그들의 행복을 위하여 명하신 יהוה의 명령과 규례를 지킬 것이라고 했다(신 10:12-15). 그대로 순종하기 위하여 마음의 할례를 행하고 다시는 목을 곧게 하여 불순종하지 말라고 명령했다.

<그러므로 너희는 마음에 할례(割禮)를 행하고 다시는 목을 곧게 하지 말라>(신 10:16)

할례를 받지 못한 교만한 마음이 악인이 되게 하고 의인을 미워한다.

이스라엘 백성들이 불순종으로 나라가 망하고 전 세계로 흩어졌어도 다시 마음에 할례를 하여 순종하면 그들을 용서하셨다.

<네 하나님 יהוה께서 네 마음과 네 자손의 마음에 할례를 베푸사 너로 마음을 다하며 성품을 다하여 네 하나님 יהוה를 사랑하게 하사 너로 생명을 얻게 하실 것이며>(신 30:6)

마음의 할례를 받아야 곧았던 교만한 목을 굽히고 순종할 것이다(신 30:8). 주 하나님의 명령은 어려운 것도 아니요 멀리 있는 것도 아니며 오직 마음에 있고 입술에 있어서 마음의 할례를 받은 자라면 누구든지 행할 수 있다고 하나님께서 말씀하셨다(신 30:11-16).

북쪽 이스라엘이 마음과 귀에 할례를 하지 않음으로써 경고하신 대로 앗수르에게 멸망을 당했다. 남쪽 유다도 북왕국의 전철을 밟고 있을 때 하나님께서 예레미야 선지자를 통해 경고하셨다.

<유다인과 예루살렘 거민들아 너희는 스스로 할례를 행하여 너희 마음 가죽을 베고 나 יהוה께 속하라 그렇지 아니하면 너희 행악을 인하여 나의 분노(忿怒)가 불같이 발하여 사르리니 그것을 끌 자가 없으리라>(렘 4:4)

귀에 할례를 받지 않아 하나님의 말씀을 듣지 못하고 욕으로 여기면 바벨론의 포로와 종이 된다고 하나님께서 연이어 경고하셨다.

<10 내가 누구에게 말하며 누구에게 경책하여 듣게 할꼬 보라 그 귀가 할례를 받지 못하였으므로 듣지 못하는도다 보라 יהוה의 말씀을 그들이 자기에게 욕으로 여기고 이를 즐겨 아니하니 11 그러므로 יהוה의 분노가 내게 가득하여 참기 어렵도다 그것을 거리에 있는 아이들과 모인 청년들에게 부으리니 지아비와 지어미와 노인과 늙은 이가 다 잡히리로다>(렘 6장)

장차 이스라엘과 그 주변국들에게 하나님께서 벌을 내리실 것이라고 하셨다. 이방은 언약의 표인 할례가 없기 때문이고, 이스라엘은 그나마 육체적 할례는 했지만 마음의 할례를 하지 않았기 때문이라 하셨다.

<25 יהוה께서 말씀하시되 날이 이르면 할례받은 자와 할례받지 못한 자를 내가 다 벌하리니 26 곧 애굽과 유다와 에돔과 암몬 자손과 모압과 및 광야에 거하여 그 머리털을 모지게 깎은 자들에게라 대저 열방은 할례를 받지 못하였고 이스라엘은 마음에 할례를 받지 못하였느니라 하셨느니라>(렘 9장)

마음의 할례는 이전의 불순종을 통회하고 하나님의 모든 말씀을 순종하는 변화를 의미한다. 진실한 마음에서 나온 믿음이 중요하기에 마음의 할례없는 육체적 할례는 하나님 앞에 별 의미가 없다.

하나님께서 에스겔을 통해 다윗의 실체이신 예수 그리스도의 신약을 약속하셨다(겔 34:23,24; 37:24,25). 신약의 신령한 성소가 세워질 그 때 진리의 할례를 하지 않은 자들에게 경고하신 것이다.

<7 대저 너희가 <u>마음과 몸에 할례받지 아니한 이방인</u>을 데려오고 내 떡과 기름과 피를 드릴 때에 그들로 내 성소 안에 있게 하여 내 전을 더럽히므로 너희의 모든 가증한 일 외에 그들이 내 언약을 위반케 하는 것이 되었으며 … 9 나 주 יהוה가 말하노라 이스라엘 족속 중에 있는 <u>이방인 중에 마음과 몸이 할례를 받지 아니한 이방인은 내 성소에 들어오지 못하리라</u>>(겔 44장)

전도자 스데반은 신약을 전하며 이스라엘 백성들이 예수님과 복음을 거절하는 그들의 마음이 완고함을 책망했다.

<<u>목이 곧고 마음과 귀에 할례를 받지 못한 사람들</u>아 너희가 항상 성령을 거스려 너희 조상과 같이 너희도 하는도다>(행 7:51)

하나님은 선민이든 이방인이든 육체의 표면적 할례보다 먼저 이면적 마음의 할례 즉 진실한 회개인 순종하는 마음을 원하신다.

<28 대저 표면적 유대인이 유대인이 아니요 표면적 <u>육신의 할례가 할례가 아니라</u> 29 오직 이면적 유대인이 유대인이며 <u>할례는 마음에 할찌니 신령에 있고 의문에 있지 아니한 것이라</u> 그 칭찬이 사람에게서가 아니요 다만 하나님에게서니라>(롬 2장)

하나님은 옛언약의 할례든 새언약의 할례든 진실한 마음으로 할례를 받고 그분의 약속을 순종할 때 그 믿음을 의롭다고 하실 뿐만 아니라 의로 인을 치셔서 의인으로 인정하신다(롬 4:9-12).

마음의 할례, 묵은 땅을 기경하는 것이야말로 진실한 회개이다.

<너희가 자기를 위하여 의를 심고 긍휼을 거두라 지금이 곧 יהוה를 찾을 때니 너희 묵은 땅을 기경하라 마침내 יהוה께서 임하사 의를 비처럼 너희에게 내리시리라>(호 10:12. 참고 렘 4:3)

(2) 구약적 회개(모형)와 신약적 회개(실체)의 큰 차이

한글개역 구약성경에서는 '회개'라는 번역이 3번만 등장한다.
<그러므로 내가 스스로 한하고 티끌과 재 가운데서 회개(히-'나함':
후회)하나이다>(욥기 42:6)
<사람이 회개(히-'슈브': 돌아감. 회복함)치 아니하면 저가 그 칼을
갈으심이여 그 활을 이미 당기어 예비하셨도다>(시 7:12)
<나 주 ㅠㅠ가 말하노라 이스라엘 족속아 내가 너희 각 사람의 행한
대로 국문할찌라 너희는 돌이켜 회개(히-'슈브')하고 모든 죄에서
떠날 찌어다 그리한즉 죄악이 너희를 패망케 아니하리라>(겔 18:30)

구약의 마지막 선지자인 침례 요한은 '회개하라 천국이 가까왔다'고
전파했다(마 3:2,8,11; 막 1:4; 눅 3:3). 그는 회개로 마음에 길을 닦은
신자들에게 침례를 주었고 그의 침례가 하나님의 명령임을 믿는 백성들
은 다 회개하고 침례를 받았고(마 3:6; 막 1:4; 눅 3:3,21; 20:4; 요
1:33), 예수께 속하는 침례를 다시 받았다(요 3:26; 4:1).
<29 모든 백성과 세리들은 이미 요한의 침례를 받은지라 이 말씀을
듣고 하나님을 의롭다 하되 30 오직 바리새인과 율법사들은 그 침
례를 받지 아니한지라 스스로 하나님의 뜻을 저버리니라>(눅 7장)
제사장들과 서기관들을 제외한 모두가 회개하고 요한에게 이 침례를
받았다는 사실은 구약의 결론이 '회개와 침례'의 모형이라는 것이다.

예수께서 공생애를 시작하시면서 전파하신 말씀도 '회개하라 천국이
가까이 왔다'(마 4:17), '회개하고 복음을 믿으라'였다.
<14 요한이 잡힌 후 예수께서 갈릴리에 오셔서 하나님의 복음을 전
파하여 15 가라사대 때가 찼고 하나님 나라가 가까왔으니 회개하고
복음을 믿으라 하시더라>(막 1장)
옛언약의 율법을 순종한 자들은 율법의 의인이었다(창 6:9; 시 32:11;
33:1; 34:19; 69:28; 합 2:4; 눅 1:6; 빌 3:6). 율법을 순종함으로 얻은
의는 완전한 죄사함을 주지 못했으므로 하나님의 영광에 이르지 못하는
모형적인 의(義)에 불과했다(롬 3:10,23).

예수께서 이미 요한의 회개의 침례를 받은 자들에게 다시 회개하라고 명하셨음을 주목해야 한다. 진리에 속한 온전한 회개를 시켜 제사장이나 서기관들의 의보다 더 온전한 의(義)를 주시기 위함이다(마 5:17-20). 그 마음과 귀에 할례를 받았다면 예수님의 복음을 듣고 단지 믿기만 하지 않고 그분의 명령대로 온전한 마음으로 진리에 속한 회개를 할 것이다. 복음에는 '죄사함과 거듭남'이라는 두 가지의 은혜가 있다(요 1:16). 이 은혜들을 받으려면 진리에 따른 완전한 회개를 해야 한다.

예수님의 보내심을 받은 열두 제자도 침례 요한에게 회개의 침례를 받은 신자들에게 '회개하라'는 명령을 전파했다.

<제자들이 나가서 회개하라 전파하고>(막 6:12)

네 생물들 중에서 사람의 형상에 비유된 누가복음에는 '회개'가 많이 나온다(눅 10:13; 11:32; 13:3,5; 15:7,10; 16:30; 17:3,4). 구약의 회개보다 신약의 회개가 철저하다는 사실을 복음의 계시를 따라 깨달아야 한다. 요한의 회개의 침례를 받고 예수님을 믿고 놀라운 기적을 체험한 신자들에게 '회개하고 천국복음을 믿으라'고 명령하신 것은 완전한 은혜를 위해 신약적인 회개를 하라는 말씀이다(마 11:20-24; 눅 10:13-15). 가버나움, 고라신, 벳새다는 예수께서 가장 많은 기적들을 행하신 고을들로서 그곳 신자들의 믿음은 대단했다(마 4:13-17; 8:5-17; 막 2:1-12; 눅 4:23,31-41; 7:1-10; 요 4:46). 엘리야나 엘리사 때에 사렙다 과부와 나아만에게만 기적을 베푸신 것은 유대인들에게는 믿음이 없었기 때문이다. 예수께서 나사렛 사람들에게는 더 많은 기적과 치료를 해주고 싶으셨고, 그들도 '가버나움에서 행한 기적을 보이라'고는 했지만 믿음이 없는 고로 어떤 권능도 행하실 수 없었다(눅 4:16-30).

<5 거기서는 아무 권능도 행하실 수 없어 다만 소수의 병인에게 안수하여 고치실 뿐이었고 6 저희의 믿지 않음을 이상히 여기셨더라 이에 모든 촌에 두루 다니시며 가르치시더라>(막 6장)

예수께서 가장 많은 기적을 행하셨던 가버나움, 고라신, 벳새다 사람들은 요한의 회개의 침례를 받고 놀라운 체험을 한 사람들이었지만 진리대로 실체의 회개는 하지 않았다. 살려주는 성령이 임하여 속사람을 살리실 수 있도록, '죽음'을 경험하는 회개가 진리의 회개이다.

성령침례를 받은 사람은 회개가 열납되었기에 그 영이 부활한 것이다. 그러므로 영의 부활을 위해서는 세상을 포기하고 자신의 육적 생명도 포기하는 것을 경험하는 회개가 있어야 한다.

예수께서 이 회개를 가르쳤을 때 어떤 이가 와서 구원을 얻을 자가 적으냐고 여쭈었다(눅 13:1-9,23-30). 비록 예수님 앞에서 말씀을 배워 믿을지라도 좁은 문, 좁은 길로 들어가려는 참된 회개로 입문이 없다면 구원을 받을 수 없다. 모형적인 믿음과 회개, 세상과 육체에 속한 기적 체험도 단지 믿기만 하는 것으로는 될 수 없다. 구약적 회개의 침례를 받은 자들도 신약적 실체의 회개를 하고 침례를 받음으로써 죄사함의 은혜를 얻는 것이다(막 1:4; 눅 3:3; 행 13:24; 19:4).

<47 또 그의 이름으로 죄 사함을 얻게 하는 회개가 예루살렘으로부터 시작하여 모든 족속에게 전파될 것이 기록되었으니 48 너희는 이 모든 일의 증인이라>(눅 24장. 참고 행 11:18)

은혜와 진리(복음) 안에서 진리의 회개가 무엇인지 알기 원한다면 오병이어의 육신의 떡이 아닌, 하늘에서 내려온 말씀의 떡, 참된 표적을 깨달아야 한다(요 6:26,68). 그것은 예수님의 살과 피를 먹어야 영생을 얻는다는 말씀이며, 이것은 자신의 육체와 세상의 모든 것을 포기하는, 음부에 갇혔던 요나의 체험과 같은 회개를 뜻한다. 이런 자들이 요나의 장사됨의 실체요 최고의 표적인 예수께서 장사되심에 연합될 수 있다.

교회가 탄생한 날에 베드로의 설교를 듣고 믿어 마음이 찔리게 된 수많은 유대인들이 '우리가 구원을 받기 위해서 어찌할꼬?'라고 물었을 때 열두 사도는 이전의 '죄를 덮는 구약적 회개'가 아닌, '옛사람이 죽음을 맛보는 복음적(진리적) 회개를 하라'고 선포했다.

<베드로가 가로되 너희가 회개하여 각각 예수 그리스도의 이름으로 침례를 받고 죄 사함을 얻으라 그리하면 성령을 선물로 받으리니> (행 2:38)

이것은 기독교 역사상 유일하게 열두 사도가 함께 모여 선포한 진리이고, 천국열쇠를 받은 베드로 사도가 교회가 시작된 첫날에 전한 복음이고, 모든 진리 가운데로 인도하시는 성령께서 처음으로 신자들 안에 오셔서 하나님의 사자들을 통해 대언하신 거듭남의 씨이다.

베드로와 요한은 나면서부터 걷지 못하던 사람을 주 예수 그리스도의 이름으로 즉시 일어나 걷고 뛰어다니게 하는 기적을 일으켰고, 그를 본 수많은 유대 신자들에게 '회개하고 죄사함을 받으라'고 명령했다.

<그러므로 너희가 회개하고 돌이켜 너희 죄 없이 함을 받으라 이같이 하면 유쾌하게 되는 날이 주 앞으로부터 이를 것이요>(행 3:19)

그것은 땅의 성전에서 속죄일에 죄를 1년 동안 덮어주던 것과는 전혀 다르게 완전한 죄사함을 위해 회개하라는 명령이다. 대제사장들과 서기관들, 율법사들이 예수 이름을 전하는 사도들을 때리고 옥에 가두었고, 예수님께서 천사를 보내서 그들을 옥에서 끌어내셨다. 곧 바로 사도들은 이스라엘로 죄사함을 얻도록 회개하게 하시려고 하나님께서 그리스도를 오른손으로 높이사 임금과 구주로 삼았다고 선포했다.

<이스라엘로 회개케 하사 죄 사함을 얻게 하시려고 그를 오른손으로 높이사 임금과 구주를 삼으셨느니라>(행 5:31)

신약적인 회개의 개념은 이방인으로서 처음으로 물과 성령으로 거듭나 구원을 받게 된 고넬료의 가족이 순종한 그 회개이다(눅 24:47; 행 11:18). 하나님을 알지 못하고 버림을 받았던 모든 족속들에게도 죄에서 구원을 받으려면 '다 회개하라'고 명령하였다(행 17:30; 20:21; 26:20; 롬 2:4,5; 벧후 3:9). '허물치 아니하셨다'는 말씀은 죄로 여기지 않으셨다는 의미가 아니다. '우리말 성경'이나 '현대인의 성경'처럼, 하나님도 없고 언약도 없고 소망도 없는 이방인이라 '사생아처럼 내버려두셨다'는 의미이다. 신약의 기초, 터가 되는 회개에 대한 진리를 깨닫고 순종하면 누구든지 구원받을 수 있으나 이 명령을 거절하면 수많은 기적을 체험했을지라도 법대로 하시는 공의로운 심판을 피할 수가 없다는 말씀이다(마 7:21-27; 11:220-23; 엡 2:2,20; 히 6:1-8).

회개하여 물과 성령으로 거듭난 성도도 실수로 범죄했다면 회개해야한다(행 8:22; 고후 7:9,10; 12:21; 딤후 2:25; 계 2:5,16,21,22; 3:3,19). 그렇지만, 성령훼방 죄나 구원받은 후에 예수님을 저주하는 자나 배도로 타락한 자나 고의로 죄를 지은 자의 회개는 하나님께서 받지 않으신다(시 19:13; 마 12:31; 히 6:6; 10:26; 12:17).

(3) 신약의 회개란 자기를 부인(否認)하고 예수님을 시인하는 것

아브라함이 아비집과 본토와 친척을 떠나는 것과 후손들이 노예살이 멍에를 벗어던지고 애굽에서 나오는 사건에서 우리는 진리의 '회개'에 대한 모형을 볼 수 있다. '교회'란 헬라어로 '에클레시아'인데 이는 죄뿐만 아니라 사단이 지배하는 세상에서 나오는 [ἐκ]에 근거한 명칭이다. 그러므로 믿음이 아무리 좋아도 세상에서 나오는(出) 회개를 하지 않은 신자는 예수님을 신용(信用)하는 자일 뿐 성도는 아니라는 말이다.

예수님은 제자들에게 몸은 죽여도 영혼은 능히 죽이지 못하는 자들을 두려워하지 말고 몸과 영혼을 능히 지옥에 멸하는 분을 두려워하라고 하셨다. 참새 한 마리도 하나님께서 허락지 않으시면 떨어지지 않으며, 그분의 아들들을 머리털 하나까지도 세시고 지키시며 귀히 여기신다고 말씀하셨다(삼상 14:45; 마 10:30; 눅 12:7; 21:18).

<32 누구든지 사람 앞에서 나를 시인(是認)하면 나도 하늘에 계신 내 아버지 앞에서 저를 시인할 것이요 33 누구든지 사람 앞에서 나를 부인(否認)하면 나도 하늘에 계신 내 아버지 앞에서 저를 부인하리라>(마 10장. 참고 눅 12:4-9)

예수님을 믿고 회개하여 복음을 믿는 것은 절명의 상황에서도 자기를 부인하는 것, 하나님의 원하심을 따라 자신을 포기하는 것이다.

<23 예수께서 돌이키시며 베드로에게 이르시되 <u>사단아 내 뒤로 물러가라</u> 너는 나를 넘어지게 하는 자로다 네가 하나님의 일을 생각지 아니하고 도리어 사람의 일을 생각하는도다 하시고 24 이에 예수께서 제자들에게 이르시되 <u>아무든지 나를 따라오려거든 자기를 부인하고</u> 자기 십자가를 지고 나를 좇을 것이니라>(마 16장. 참고 막 8:33-38; 눅 9:23-26)

위대한 고백으로 천국열쇠를 받은 베드로가 예수님의 죽으심을 만류하자 사단이라고 책망을 받았다. 속사람(영)의 원함을 부인하라는 것이 아니라 육신의 원함을 부인하는 것이다. 베드로의 속사람(영)은 죽기까지 예수님을 따르기를 원했지만 그의 겉사람은 세 번씩이나 예수님을 부인했을 뿐만 아니라 저주하고 맹세까지 했다(마 26:33-35,41,69-75; 막 14:29-31,38,66-72; 눅 22:31-34,54-62; 요 13:37,38; 18:25-27).

신약의 회개는 예수님을 신용(信用)하는 것이 아니라 어떤 환경 속에서도 자기의 생명이 다할 때까지 신앙(信仰)하며 시인(是認)하는 것이다(딤후 2:12; 딛 1:16; 벧후 2:1; 요일 2:22,23; 요이 1:7; 유 1:4). 속사람의 뜻 즉 영(靈)의 생각은 영생을 따르지만 육신(겉사람)을 좇는 혼의 생각은 세상에 속하여 사단의 지배를 받기 때문이다(엡 2:2).

예수님은 회개에 대해 비유로 가르치실 때 어떤 사람이 맏아들에게 포도원에 가서 일하라고 하자 '예. 하겠습니다'하고 대답했으나 일하러 가지 않았고 둘째 아들은 '싫어요'라고 했으나 뉘우치고 포도원에 들어가 일을 했는데 '누가 아버지의 뜻을 따른 아들이냐'고 질문하셨다(마 21:28-32). 하나님께서 침례 요한을 보내 독생자를 믿고 포도원인 교회에 들어가라고 하셨을 때 말씀대로 순종해야 된다고 말해왔던 대제사장, 서기관(율법사), 바리새인들은 되레 거절했고, 하나님의 뜻을 거역하고 살아왔던 세리들과 창기들은 옛 삶을 버리고 회개하여 순종했다. 누구든지 신령한 제사장이 될 수 있다는 은혜와 진리를 듣자 제사장들, 서기관들은 자기들의 특권을 버리고 순복해야 할 그 회개를 거절했다. 그들은 회개는커녕 도리어 독생자를 죽임으로 그들의 기득권을 지키고자 범죄했다(마 21:33-41; 막 12:1-9; 눅 20:9-16). 새언약은 레위 지파에게만 특정해 요구하는 것이 아니라 모든 이들에게 자신을 부인하는 회개를 요구한다. 누구든지 세상과 육신의 원함을 따르면 예수께서 다시 오실 때 가루로 부수어 형벌에 던지실 것이라 경고하셨다(마 21:42-46; 막 12:10-12; 눅 20:17-19; 단 2:44; 벧전 2:8).

잃어버린 양과 잃어버린 드라크마의 비유로 회개를 설명하셨다. 집(믿음)안에 있을지라도 자기 원대로 사는 자들을 회개시켜 아버지의 원대로 살게 하려고 오셨다(눅 15:7,10). 잘 알려진 탕자의 비유에서 작은아들이나 큰아들이나 다 탕자이다(눅 15:11-32). 아버지의 유산을 말아먹은 탕자는 모든 죄인들을 비유한 것이다. 죄인이 된 후 아버지로부터 받을 복들을 모두 잃어버리고 죄 중에서 개, 돼지와 같은 인생으로 전락한 것이다(벧후 2:22). 신약의 유업은 세상(땅)의 육신적인 것이 아니라 하늘의 신령하고 영원한 것이다. 회개는 주인의 말에 무조건 순종하는 종과 같이 무조건 순종하려는 마음으로 돌이키는 것이다.

아버지는 그의 더러운 옷을 벗기고 새옷으로 갈아입히고 그를 위해 살찐 송아지를 잡고 잔치를 베풀며 죽었던 아들이 살아서 돌아온 것처럼 즐거워했다. 신약의 회개는 죄의 종의 삶에서 돌이킬 뿐만 아니라 의(義)의 종, 말씀의 종으로 무조건 순종하겠다고 약속하고, 하늘의 아버지 뜻대로 따르기 위한 자기부인(否認)을 포함한다.

대제사장, 서기관들은 율법에는 순종했지만 은혜와 진리에 이르려는 회개는 하지 않았다. 육체적 선민들은 세상에서 육체적 복을 받는 것을 놓기를 거절했다. 마치 가버나움과 고라신과 벳새다에서 기적을 체험한 신자들처럼, 아버지의 뜻을 신앙(信仰)한 것이 아니라 자기 원함을 위해 아버지를 신용(信用)했다. 신약의 신령한 선민들도 하늘의 목적과 길에서 일탈하면 하나님나라를 볼 수 없다. 죽음 앞의 예수께서 '내 원대로 마옵시고 아버지의 원대로 하옵소서'라고 간절하게 기도하실 때 이를 깨닫지 못했던 베드로와 제자들 실패가 교훈이 된다.

(4) 신약의 회개란 십자가에 옛사람을 못 박는 것

예수님은 모든 것을 버리고 예수님을 따른 제자들과 그들이 전하는 복음을 듣고 예수님을 믿게 될 자들에게 복음적 회개는 자기 십자가를 지고 처음부터 끝까지 주님을 따르는 것이라고 가르치셨다.

<38 또 자기 십자가를 지고 나를 좇지 않는 자도 내게 합당치 아니하니라 39 자기 목숨을 얻는 자는 잃을 것이요 나를 위하여 자기 목숨을 잃는 자는 얻으리라>(마 10장)

진리의 복음을 믿고 은혜를 받으려면 육체와 세상을 따르는 자신이 십자가에서 죽는 회개를 경험해야 한다. 십자가를 지고 따름이란 단순한 고백이나 통상적 후회나 한 번의 경험으로 끝나는 게 아니라 육체와 그 원함을 끝까지 부인하여 십자가에서 매일 죽는 삶이다.

<28 수고하고 무거운 짐진 자들아 다 내게로 오라 내가 너희를 쉬게 하리라 29 나는 마음이 온유하고 겸손하니 나의 멍에를 메고 내게 배우라 그러면 너희 마음이 쉼을 얻으리니 30 이는 내 멍에는 쉽고 내 짐은 가벼움이라 하시니라>(마 11장)

멍에는 마소, 나귀가 짐을 지거나 무엇을 끌 때 목에 거는 기구이다.

　예수님은 친히 우리의 죄를 대신 짊어지심으로 십자가에서 죽으셨고 부활하심으로써 우리에게서 죄의 종이라는 멍에를 꺾어주셨다. 그리고 그분의 복음을 순종케 하심으로써 누구나 져야 할, 또한 능히 질 수 있는 멍에를 메라고 명하셨다(히 13:13). 자기를 부인하고 죽은 자(회개한 자), 의(義)에게 종이 된 자들은 한 평생 그 멍에를 져야 한다.

　물고기 뱃속(세올/음부)에 철저히 회개했던 요나가 니느웨 사람들에게 회개를 전했다(욘 2:2; 마 12:38-42; 16:4). 놀랍게도 니느웨인들도 회개하여 멸망에서 구원을 받았다. 신약적 진정한 회개는 자신이 죽어 음부에 떨어진 경우를 간접적으로 경험하는 것이다. 십자가에서 죽음에 연합될 회개를 하지 않았다면 장사인 물침례도 없고 당연히 부활도 없다. 주 하나님의 독생자일지라도 죽지 않으셨다면 아담으로 말미암아 들어온 죄와 사망의 권세를 이기는 결과도 없다. 누구든지 죽음에 연합되는 그 회개를 하지 않으면 장사나 부활의 산 소망에 참여할 수 없다.
　<24 이에 예수께서 제자들에게 이르시되 아무든지 나를 따라오려거든 자기를 부인하고 자기 십자가를 지고 나를 좇을 것이니라 25 누구든지 제 목숨을 구원코자 하면 잃을 것이요 누구든지 나를 위하여 제 목숨을 잃으면 찾으리라 26 사람이 만일 온 천하를 얻고도 제 목숨을 잃으면 무엇이 유익하리요 사람이 무엇을 주고 제 목숨을 바꾸겠느냐>(마 16장. 참고 막 8:34-38; 눅 9:23-26)
　진리의 '회개'란 '십자가를 지는 것'이며, 채찍을 맞은 예수께서 십자가를 지고 골고다를 올라가는 것과 같은 가시(형극/荊棘)밭 길도 한평생 따르는 것이다(마 27:26,31). 예수께서 십자가를 지고 가다 쓰러지셨을 때 구레네 사람 시몬이 그 십자가를 대신 지게 되었다(마 27:32; 막 15:21; 눅 23:26). 이것은 누구든지 예수님의 제자가 되려면 그분이 주시는 자기 십자가를 져야 함을 보여주는 모형이다. 한 부자 청년 관원이 율법의 의로 칭찬도 받고 자랑도 하려고 예수님께 나왔다(마 19:16-22; 막 10:17-22; 눅 18:18-23). 그는 율법을 다 지켰지만 자신의 소유와 세상과 자기의 목숨까지 포기하라는 회개를 요구받자 순종하지 못하고 하나님나라를 포기했다.

'너희도 회개하지 않으면 다 망하리라'(눅 13:1-5)고 가르치신 회개는 이 회개이다. 예수께서 그 회개가 없는 자는 구원받지 못하고 심판받을 것이라고 가르치셨다(눅 13:6-9. 참고 마 3:8-10; 눅 3:8).

그 회개로 진리의 좁은문을 발견하고 입문(入門)하는 자는 매우 적다(마 7:13). 좁은문을 발견하고 입문한 자들 중에도 몸의 구속까지 이루기 위해 마지막 관문의 좁은문을 통과하는 자는 더 적다(눅 13:24-30). 대다수의 신자들은 영혼의 구원을 받은 후에도 도중에 그 십자가를 내려놓는다. 자기 목숨까지 미워하는 것이 자기부인이며, 자기 십자가를 지는 것이요 반드시 끝까지 지켜야 할 회개의 자리(상태)이다.

<25 허다한 무리가 함께 갈 쌔 예수께서 돌이키사 이르시되 26 무릇 내게 오는 자가 자기 부모와 처자와 형제와 자매와 및 자기 목숨까지 미워하지 아니하면 능히 나의 제자가 되지 못하고 27 누구든지 자기 십자가를 지고 나를 좇지 않는 자도 능히 나의 제자가 되지 못하리라>(눅 14장)

이어서 예수님은 망대를 세울 때나 적과 전쟁을 할 때 예산을 하는 일을 비유로 드시면서 예수님의 제자가 되길 원한다면 그 십자가를 질 수 있는지를 먼저 계산해보라고 회개를 가르치셨다(눅 14:28-32).

<이와 같이 너희 중에 누구든지 자기의 모든 소유를 버리지 아니하면 능히 내 제자가 되지 못하리라>(눅 14:33)

끝까지 십자가를 지고 가지 않는 신자는 맛을 잃은 소금과 같아 아무 데도 쓸 데가 없어 세상의 짓밟힘을 받는다고 하셨다(눅 14:34,35).

진리의 회개는 음부에서 갖게 될 상황과 처지와 연결된다. 세상에서 자기의 모든 것을 잃어버린 나사로는 죽어서 천사들에게 받들려 아브라함의 품에 안겼지만 복을 많이 받아 평생 매일 호화로이 연회를 즐겼던 부자는 최소한의 이웃사랑도 잊은 채 회개하지 않고 살고 있는, 자신과 같은 처지에 떨어질 형제들 생각으로 괴로웠다.

<30 가로되 그렇지 아니하니이다 아버지 아브라함이여 만일 죽은 자에게서 저희에게 가는 자가 있으면 회개하리이다 31 가로되 모세와 선지자들에게 듣지 아니하면 비록 죽은 자 가운데서 살아나는 자가 있을찌라도 권함을 받지 아니하리라 하였다 하시니라>(눅 16장)

예수 그리스도께서 어린양으로 대신 죽으셨다가 음부에 갇힌 자들을 만난 후 살아나셔서 간증하셨는데도 회개하는 이들을 적다. 일부는 불완전한 회개로 세상과 육체의 복을 누리기는 하지만 진리의 회개로 천국복음을 순종하는 자는 극히 적다(막 1:15). 하나님의 아들로서 영원한 후사의 삶의 길은 종으로서 살았던 구약성도들의 삶의 길과 너무나 큰 차이가 있음을 깨닫지 못했다(마 5:17-48; 7:29; 15:8-20).

신약의 신자들에게는 십자가에 못 박히는 체험 즉 자신의 옛사람이 사단의 세상과 죄의 육체에 대해 죽는 회개가 필히 요구된다. 예수께서 십자가에 달리실 때 좌우에 두 죄수들이 함께 못 박힌 사건이 그것을 상징적으로 보여준다(막 15:27; 눅 23:33; 요 19:18).
<이때에 예수와 함께 강도 둘이 십자가에 못 박히니 하나는 우편에, 하나는 좌편에 있더라>(마 27:38)
예수께서 십자가에 못 박히실 때 진실하게 회개한 자들 모두가 함께 십자가에 달렸다(고후 5:14). 인류는 구원을 받기 위해 함께 못 박힌 자와 멸망을 받기 위해 함께 못 박힌 자로 나뉜다. 처음에는 양쪽 죄수들 둘 다 예수님을 비방했다(마 27:44; 막 15:32). 어린양(육체)으로 십자가에 달리신 중에도 예수 그리스도의 속사람은 제사장으로서 죄인들을 위해 기도하셨고(눅 23:34,46), 그 기도로 인해 죄수 중 하나가 십자가에 달린 채 회개하고 주님의 긍휼히 여기심을 받았다(눅 23:39-43).
<42 가로되 예수여 당신의 나라에 임하실 때에 나를 생각하소서 하니 43 예수께서 이르시되 내가 진실로 네게 이르노니 오늘 네가 나와 함께 낙원에 있으리라 하시니라>(눅 23장)
예수께서 신령한 대제사장으로서 구약의 대제사장이 드렸던 것보다 더 온전한 제물(육체, 어린양)을 드릴 때 강도는 회개로 어린양과 연합되어 함께 십자가에서 죽었다. 인간은 살아 숨쉬고 있는 동안 회개할 기회를 받은 자이다. 진리의 회개는 그 어린양과 함께 못 박힘이요 죽기까지 그 십자가를 지고, 그분의 살과 피를 먹고 마심이다.
예수께서 이미 죽으셨으므로 유월절 양처럼 뼈가 꺾이지 않으셨으나 두 죄수들을 빨리 죽게 하려고 다리뼈를 꺾었다. 십자가 위에 달렸다면 옛사람에 대해 일찍 죽을수록 고통을 덜 겪는다는 교훈을 준다.

4복음서에 다 기록된 오병이어의 기적 후 예수님이 가버나움에서 그 기적들을 체험한 신자들에게 말씀하셨다(요 6:17,24,59). 그들은 수많은 기적(표적)들을 믿음으로 경험하고 따랐다(요 6:2). 그러나 그 표적들은 예수께서 복음으로 보여주실 진리의 표적이 아니었다. 큰 믿음을 따라 세상과 육체를 위해 오병이어의 기적을 체험한 신자들이 예수님을 따른 것은 진리의 표적(기적)을 본 것이 아니라 먹고 배불렀기 때문이었다. 예수님은 그들에게 썩지 않을 참된 양식을 위하여 하나님의 일을 하라고 하셨다(요 6:26,27). 그들은 하나님의 일이 아닌 자기들의 일을 위한 믿음으로 행했다(마 16:23; 요 6:28). 진리의 회개는 '예수님이 십자가에서 죽으신 참된 표적에 근거하여 어린양의 살과 피를 먹고 마시는 것'이다. 예수님(어린양)의 살을 먹고 피를 마시지 않는다면 육체적 부활과 같은 큰 기적을 체험한 자일지라도 영생을 얻지 못한다. 진리의 회개 없이는 그 누구도 구원받을 수 없기 때문이다(요 6:53-57).

오병이어, 불치병의 완치, 죽은 후 부활, 귀신들 추방 등의 표적들을 체험할 정도로 대단한 믿음을 가진 만 명이 훨씬 넘을 신자들이 진리의 회개를 거절하고 다 예수님을 떠나갔다. 십자가에 세상 신(뱀)이 달린 표적을 본 자만이 독사(사단)의 독에서 벗어난다(요 3:14).

참된 '회개'는 하나님의 목적과 거기에 이르도록 예수께서 닦아주신 길에서 벗어나 죄의 종(죄인)으로서 살아온 삶인 옛사람을 죽음으로써 버리는 것이다. 구약에서, 하나님의 영광의 형상의 모형으로서 인간의 삶의 목적은 땅(세상)에서 육체적으로 복을 누리는 것이며 그 길(방법)은 하나님을 믿음으로 순종하는 것이다. 그렇지만 이것들은 사실상 바람을 잡는 것이나 실상이 아닌 허상에 불과하다. 예수께서 주신 복음, 은혜와 진리의 목적과 길은 구약의 것들보다 더 높고 귀하고 영원하다. 인자는 하나님의 영광의 형상이자 상속자로서 목적과 길을 가르쳐주셨다(사 55장). 신구약 모든 이들은 죄의 종으로서 삶을 회개해야 하고, 그 목적과 길에서 벗어난다면 언제든지 다시 회개해야 한다.

3. 죄사함을 위한 은혜의 복음: 물침례

(1) 인간과 물이 갖는 긴밀한 관계

광대한 우주 안에 해변의 모래 수같이 많은 별들이 있다. 오늘날 지구 환경은 최악의 상태로 나빠져 가고, 핵전쟁으로 인한 지구멸망의 가능성도 상존한다. 만일, 지구멸망에 대비해 인간이 이주할 수 있는 별을 찾는다면 당연히 물이 있는 별을 찾아야 한다. 하나님께서 물로 인간에게 베푸시는 은혜를 깨닫기 위해 그분께서 창조하신 '물'의 중요성을 살펴보자. 하나님께서 말씀으로 땅을 창조하셨고 또한 지표면을 물로 온통 덮으셨다. 지표면 전체를 덮고 있던 물 위(수면/水面)로 하나님의 영(靈)이 운행(히-'라하프', 마치 새가 알을 품듯이)하심으로 지구는 생명체가 살아갈 터전이 되었다(창 1:2).

하나님께서 땅이 물에서 나와 물로 말미암아 성립되게 하셨다(벧후 3:5). 물이 전체 지표면을 덮고 있던 때에 하나님께서 말씀하시자 땅의 융기와 침하가 일어나서 뭍이 드러나고 물이 모인 호수가 생겼다(창 1:9). 하나님께서 지표면에 시내들과 강들이 흐르게 하셨고 땅속에 흐르는 지하수가 곳곳에서 솟아나 적심으로써 지구는 생물들이 살고 번성할 좋은 환경을 갖춘 별이 되었다. 노아의 때에 궁창에서 내린 물은 다시 한 번 지표면 전체에 덮였다. 홍수로 지표면 전체를 물이 덮고 있던 때에 하나님께서 다시 말씀하심으로 생물들이 살 수 있는 땅이 솟아나게 하셨다. 산들은 더 솟아올랐고 골짜기는 더 내려가 홍수 이전보다 높은 산과 더 깊은 바다가 만들어졌다(시 104:6-13).

남극지방에서 발견된 거대한 석탄층이나 시베리아에서 발견된 냉동 매머드들 속의 아열대성 식물, 2.7m 크기의 큰 과일나무 화석은 과거 남극지방이 매우 온난한 기후대였음을 보여준다. 과거에는 지구환경이 생물들이 살기에 매우 좋았기에 사람들도 장수할 수 있었다. 홍수심판은 지구 전체를 감싸고 있던 궁창의 물을 땅으로 쏟아지게 하신 것이었다(창 1:6,7; 7:11). 궁창의 물로 인해 있었던 온실효과는 사라지게 되었고 극지방은 혹한, 열대지방은 폭염으로 덮였고, 크게 나빠진 환경에 따라 인류의 평균수명은 홍수 이전보다 절반으로 감소하게 되었다.

하나님은 의로운 노아의 여덟 식구들을 물로 말미암아 악인들에게서 구원하였고, 새롭게 복을 주시며 번성하게 하셨다(벧전 3:20,21).

하나님의 말씀으로 인해 대륙들은 이동하고 갈라졌고, 지표면은 약 70%가 물로 덮이게 되었다. 이는 흙에서 나온 육체가 신토불이(身土不二)라 여겨지는데 흙인 인체의 약 70%가 물이다. 혈액의 90%, 뇌의 80%, 근육의 75%가 물로 이루어져 있으며, 인체 내에 있는 물의 60% 정도가 세포 안에 있고 나머지 40% 정도는 세포 밖에 있으며 이중 10% 정도가 혈관을 타고 온몸을 돌고 있다. 생물체를 불에 태우면 대부분 10%이하의 잔해만 남기 때문에 생명체의 90%가 물로 구성되어 있다는 주장도 한다. 땅이 물에서 나와 물로 말미암아 성립된 것과 같이, 태아는 물(양수)에 싸여서 열 달 동안 모태에서 자라고 비로소 세상에 태어나는데 이 출생을 '물과 육체로 남'이라 한다.

물은 살아있는 육체에 산소와 영양분을 녹여서 공급하며 몸에서 노폐물을 배출하는 매개체 역할을 한다. 생명체의 물질대사를 하는 데 있어서 물 외에 다른 어떤 적합한 액체도 발견된 적이 없다. 세포는 물속에 담겨있는 작은 최소의 생명체이다. 세포내에서 일어나는 모든 생화학 반응은 '물속의 분자이동 반응'이다.

산소 없이 살 수 있는 박테리아도 물이 없으면 살 수 없다고 한다. 지구상에 살아가는 모든 인간은 물이 없이는 살아갈 수가 없다.

물이 지구와 모든 생물들에게 그렇게 중요한 것이기에 기원전 6세기에 수학, 기하학, 천문학, 철학을 연구하고 가르쳤던 그리스의 철학자 탈레스(Thales)는 우주의 원리를 '물'이라고 주장했다. 고대 동양철학에서도 물은 만물을 살게 하는 시초요 근본이라 가르쳤다. 물은 생체 안의 노폐물뿐만 아니라 몸 밖의 더러운 것을 씻는데 사용된다. 인류는 지금까지 물로 몸이나 의복을 깨끗케 하였을 뿐만 아니라 영혼을 정결케 하는 종교의식을 행할 때도 물을 사용하였다. 인간의 영혼육과 물은 매우 밀접한 연관성을 가졌음을 보여준다.

(2) 침례/세례라는 용어의 성경적 의미

홍수 후 노아의 후손들도 하나님을 섬기는 믿음에서 떠나 우상들을 숭배하는 죄에 빠지게 되었다. 탐욕과 교만에 빠진 자들이 온갖 신들을 만들고 종교를 시작한 때와 실상이 창세기 10장과 11장에 기록되었다. 사람들은 손수 종교들을 만들고 자신들의 더러움을 물로 씻고자 했는데 이는 하나님께서 먼저 지구를 씻으실 때 사용하신 방법이다.

온 세상이 우상숭배자들로 가득해지자 하나님께서 창조주 하나님만을 섬길 사람을 부르셨고 이에 아브람이 응답했다. 하나님께서 아브람에게 갈대아 우르에서 떠나 아브람이 가야 할 땅을 지시하셨다. 유프라테스 강을 건너 아브람은 그 땅으로 들어갔고, 그 '히브리인'들은 '물을 건넌 자들'이라는 더해진 의미와 함께 선민이라 불렸다(수 24:2,3).

예수님의 길을 예비한 침례 요한의 침례/세례는 구약시대에 속한 것이지만 구약성경에는 침례(浸禮), 혹은 세례(洗禮)라는 용어가 없다.

헬라어로 기록된 신약성경에서 침례/세례는 원래 '속에 또는 밑으로 담그다'라는 뜻인 βάπτω[밥토]에서 유래한 동사 βαπτίζω[밥티조]에서 나온 βαπισμα[밥티스마]이다. 영어성경들은 '밥티조'를 baptize로 음역(音譯)하고 명사로 baptism을 썼다. 일본에서 기독교를 접한 이수정이 <신약 마가젼복음셔언해>(1885)를 간행할 때 '밥테슈마'로 음역했고,[22] 죤 로스 선교사와 이응찬이 한글로 번역한 <예수성교젼서>(1887)에서는 원어의 음을 따서 '밥팀례'라고 번역했다.

원어의 의미는 '완전한 침수에 의한 세례'임을 분명하게 알 수 있다.

성서 헬라어 사전에서 '밥티조'는 담근다, 잠근다, 적신다, 빠뜨린다, 씻는다는 의미로 사용되었다고 설명하고 있고[23] 성서원어 대사전도 '밥티조'를 잠기다, 가라앉히다 등으로 설명하고 있으며[24] 히브리어 헬라어 원어사전에서도 '담그다, 가라앉다, 세례/침례를 주다, 씻다'로 설명했다.[25] 성서원어 헬-한 완벽사전에는 <밥토에서 유래. 반복하여 담그다, 잠그다, 물에 잠기다(가라앉혀진 배들, 가라앉혀진 동물), 담가서 깨끗이 하다 … 밥티스마는 밥티조에서 유래. 신약성서와 교회문헌에 독특한 용어이다. 침수세례>라고 설명했다.[26]

성서백과대사전에서는 <유대인들은 할례와 세례(완전한 침례)와 번제를 통하여 개종자들을 받아들였다. … 신약성서의 모든 세례는 침례였다 (롬 6:1-11). … 기독교의 역사적 행위는 딘 스탠리(Dean Stanley)의 말로 요약될 수 있다. '세례의 원래 형태가 세례를 베푸는 깊은 물에 완전히 잠기는 것임은 의심할 수 없다. 그리고 적어도 4세기 동안은 다른 어떤 형태의 세례도 알려지지도 않았으며 또한 취급받지도 못했다. … 처음 3세기 동안 일반적으로 행해졌던 세례는 물에 완전히 잠기는 침례였다.>라고 설명하고 있다.[27] 또한 <밥티스마는 70인역 등 헬라어에서 사용된 의미는 물속에 뛰어드는 것, 함빡 적심, 물에 묻힘, 물에 담금, 물을 (흠뻑)뿌림 등으로 나타낼 수 있다.>고 설명했다.[28] 이어서 '밥티'라는 동사의 의미는 담그다, 가라앉히다, 물에 빠뜨리다, 밑으로 가다, 안으로 가라앉히다, 목욕하다는 뜻이다. … 명사 밥티스마는 신약에서만 나오고 오직 침례/세례만을 뜻한다.>라고 설명했다.[29] 위의 인용된 자료에서 '세례'로 표기된 것은 '밥티스마'를 가리킨다. 성서대백과사전에는 침례교단의 입장에서 본 그 정당성을 아래와 같이 기술하였다.

<웨슬리와 칼빈, 루터는 모두 롬 6:3-5에 대하여 '그리스도와 함께 장사지낸 바'되었다는 기록은 물에 잠김으로써 이 의식을 받던 옛 방법을 암시한다는 사실에 동의했다. 로슨(J. G. Lawson)은 밥티조(baptizō)라는 신약성서의 어휘가, 물에 잠기는 것을 뜻한다고 밝힌 저자와 학자들을 다음과 같이 밝히고 있다. '16종의 표준영어사전, 7종의 사전, 26종의 백과사전, 20종의 성서사전, 50종의 헬라어사전(침례교인이 편찬한 것 외의 것만 대상으로 했음), 45명의 고전(古典) 헬라어 학자, 처음 6세기 동안의 13종의 신약성서 번역판, 70명의 저명한 성서주석가, 38명의 로마카톨릭 교회 학자들, 15명의 루터교 학자, 60명의 성공회 학자들, 25명의 장로교 학자들 … 침례는 역사적 사건에서도 정당성이 입증되고 있다. 1940년대 초기에 로마시 외곽(外廓)에서 발굴된, A.D. 2세기의 것으로 보이는 가톨릭교회 성당의 잔해(殘骸)에서는 조금도 손상되지 않은 침례탕(浸禮湯)이 발굴되었다. 또 이탈리아의 피렌체(Firenze)에 제일 오래된 건물은 A.D. 11세기에 건조된 침례탕이었다. 그 탕의 벽에는 예수께서 요단강에서 침례를 받고 올라오는 모습이 새겨져 있었다.>[30]

역시, '밥티스마'의 성경적 정확한 의미는 '침수세례'임을 증거한다.

사도 바울이 전한 복음은 '예수께서 우리의 죄를 위하여 죽으시고 장사지낸 바 되셨다가 성경대로 사흘 만에 부활하셨다.'는 것이라고 했다. 그 '성경'은 일점일획도 떨어지지 않고 이루실 구약성경이며, 성경에는 요나가 삼일 밤낮을 물고기 뱃속에 있었다고 증거한다(욘 1:17).

<u>\<3 무릇 그리스도 예수와 합하여 침례를 받은 우리는 그의 죽으심과 합하여 침례받은 줄을 알지 못하느뇨 4 그러므로 우리가 그의 죽으심과 합하여(헬-'에이스', 안으로) 침례를 받음으로 그와 함께 장사되었나니</u> 이는 아버지의 영광으로 말미암아 그리스도를 죽은 자 가운데서 살리심과 같이 우리로 또한 새 생명 가운데서 행하게 하려 함이니라 5 만일 우리가 그의 죽으심을 본받아 연합한 자가 되었으면 또한 그의 부활을 본받아 연합한 자가 되리라\>(롬 6장)

예수님의 죽으심을 믿고 '회개'할 때 그와 함께 십자가에서 죽게 되고 그 성함의 '물침례'를 받을 때 그와 함께 장사된다. 그와 함께 장사되는 방법은 그 성함으로 물속에 완전히 침수되는 방법 외에는 없다. 예수님께서 행하신 표적들 중 가장 큰 표적은 그분의 장사되심이라 하셨다(마 12:39; 16:4; 눅 11:29). 예수님이 장사되실 때 무덤에 완전히 묻히셨던 것처럼 그와 함께 십자가에서 죽은 사람은 완전히 물속에 묻혀야 한다. 장차 흙으로 돌아간 육체가 신령하고 영광스러운 몸으로 부활하기 위해 진리의 씨로 심겨지는 것이기 때문이다(롬 6:3-5; 고전 15:42-44).

한글개역성경에서 '밥티조'가 약간 다르게 번역된 구절도 있으나 이 역시 원뜻으로는 '담근다'는 의미에서 벗어나지 않았다. '밥티조'가 '씻다(wash, 눅 11:38)'로 번역되었기에 반드시 '침수'만을 의미하지는 않는다는 주장이 있다.[31] 그러나 손을 씻을 때 손을 물에 잠그는 것을 의미하므로 bathe(ASV), baptize(YLT)로도 번역하였다. 한글개역성경에서 '찍다'(눅 16:24)로 번역된 것은 손가락에 물을 바르거나 칠함이 아니라 물에 손가락을 '잠그다'가 명백하고, 다른 구절에서 떡 조각도 '담근'(요 13:26)이며, 옷에 '뿌리다'(계 19:13)가 아닌, 마치 염색을 위해 염료를 탄 물에 완전히 '잠긴', '적신'이라는 의미가 정확하다. 그릇들에 '물을 뿌리지'와 '씻음'이라고 번역된 말은 다 '밥티조'인데 그 그릇들을 물에 담금으로 씻었다는 의미이다(막 7:4).

헬라어에 '(온몸을) 씻다'(목욕하다)는 의미인 λούω[루오]라는 동사가 있고, '(몸의 지체를) 씻다'라는 의미인 νίπτω[닙토]가 있다.

'루오'는 '목욕한'(요 13:10), '(시체를) 씻어'(행 9:37), '(상처를) 씻기고'(행 16:33), '(몸을) 씻었으니'(히 10:22), '씻었다가'(벧후 2:22), '(죄에서) 씻기시고'(흠정역, 계 1:5)에 기록되었다. '루오'에서 파생한 명사 '루트론'은 '목욕', '씻음'을 뜻한다(엡 5:28; 딛 3:5). 침례/세례를 주는 '예식 방법'으로는 결코 '루오'를 쓴 적이 없고 모두 '밥티조'를 썼다.

'뿌리다'(Sprinkle)라는 방식은 ραίνω[라이노]에서 파생된 ραντίζω[란티조]가 쓰였다(히 9:13,19,21; 10:22; 12:24; 벧전 1:2). 물로 침례/세례를 행할 때 단 한 번도 '란티조'를 쓴 적이 없이 '밥티조'만 사용했고, 피뿌림에서는 '밥티조'를 쓰지 않고 단지 '란티조'를 썼다.

기름 등을 '바르다'(마 6:17; 막 6:13; 16:1 약 5:14), '붓다'(눅 7:38; 요 11:2; 12:3)라는 의미로는 ἀλείφω[알레이포]를 쓰고 이 단어 역시 침례/세례와 관해서는 단 한 번도 사용하지 않았다.

침례 요한도 모두에게 침수례(浸水禮)를 주었고, 물론 예수님도 물에 내려가서 침수례를 받으시고 물에서 올라오셨다. 열두 제자도 물이 많은 곳에서 침수례를 주었다(요 3:22,23). 빌립도 에디오피아 내시와 물에 내려가 침수례를 주고 물에서 올라왔다(행 8:36,38). 광야를 여행하는 자들에게 마실 물은 생명과도 같다. 만일 뿌리는 방식도 괜찮다면 '물이 있는 곳'까지 계속 갈 필요가 없었다. 사도들의 교회들의 물침례 방식은 모두 침수(侵水)로 행하여졌다는 것이 확실한 사실이다.[32]

신약에서 터(기초/반석)가 되는 가르침들 중에는 '침례들'(βαπτισμων/밥티스몬)이 있다(히 6:1,2). 침례들은 물로 주는 것과 성령으로 주는 것과 불(火)로 주는 침례들이다(마 3:11; 눅 3:16). 성령과 불로 주는 것은 씻는 것과 상관없이 완전히 그 안에 들어가게 하는 것임이 확실하다. 보험사 약관에서 '침수된 차'와 '세차된 차'는 전혀 다르다. 가장 중요한 죄사함을 위한 '밥티스마'야말로 일점일획도 바꿀 수 없다. 하와가 뱀의 거짓말에 속아 범죄로 죽었기 때문이다(요 8:44; 고후 11:3,4).

(3) 예수 이름으로 받는 물침례의 중요성

① 침례/세례, 죄씻음/죄사함, 장사/심음의 목적

침례/세례는 영혼의 부정한 것을 정결케 하기 위해 새언약에서 명령하신 '정결(淨潔)하게 하는 예식(禮式)' 즉 결례(潔禮)이다. 옛언약에는 제사장, 제물, 그릇, 옷 등 씻어야 되는 게 많았고 이는 죄를 덮기 위해 드리는 제사의 반드시 지켜야 할 조건 중 하나였다.[33]

<9 이 장막은 현재까지의 비유니 이에 의지하여 드리는 예물과 제사가 섬기는 자로 그 양심상으로 온전케 할 수 없나니 10 이런 것은 먹고 마시는 것과 여러 가지 씻는 것과 함께 육체의 예법만 되어 개혁할 때까지 맡겨 둔 것이니라>(히 9장)

이러한 것들은 일점일획도 떨어지지 않게 완전한 것으로 개혁을 해야 할 모형이었다(마 5:17-20). 예수께서 오셔서 그림자와 모형이었던 것의 실체를 완전하게 이루어주셨으므로 씻는 것도 새언약으로 개혁된 참된 것이 있다는 말씀이다. 결례의 규례를 따라 반드시 씻어야 할 것 중에 가장 중요한 것은 육체의 오물이 아닌 영혼의 죄이다. '밥티조'는 죄를 씻는 목적도 이루기에 침례/세례를 받은 자들에게 λούω[루오]라는 동사에서 나온 명사 '루트론'을 사용해 '목욕'(씻음)했다는 뜻으로 사용했다.

구약이든 신약이든 결례 행위 자체로는 어떤 것도, 그 일부도 정결케 할 수 없지만 하나님께서 언약(약속)하셨기 때문에 그 말씀으로 깨끗케 하는 것이다. 정직한 마음이라면 결례를 하기 전에 정결케 되는지 행한 후에 정결케 되는지 쉽게 알 수 있다. 그러므로 완전한 결례를 행하지 않고서는 당연히 죄로부터 정결함을 얻을 수 없다.

세례(洗禮)는 '죄씻는 정결예식'이라는 의미에 따라 번역한 용어이다. '세례'는 더럽고 추악한 죄들을 '씻는다'는 목적을 따라 번역한 용어이지 '물을 붓거나 적시거나 뿌리는 방식'을 인정하는 용어가 아니므로 '세례는 뿌리거나 붓는 방법'이라고 말할 수 없다.

구약성경이 이 더러운 죄를 씻음(루트론)에 대해 예언하였다.
<그러므로 너희가 기쁨으로 구원의 우물들에서 물을 길으리로다>
(사 12:3)

'꼬꼬'는 구원(예수아)이심'이 '예수' 이름의 뜻이다(사 12:2; 마 1:21). '구원의 우물들'에서 물을 길을 것이라고 했다. 이 '구원의 우물들'이란 은혜 위에 은혜를 받게 하는 샘들로서 '죄씻음을 받는 샘'과 '거듭남'을 받아 영생하도록 솟아나는 '생명의 샘(성령)'을 가리킨다.

<그 날에 죄와 더러움을 씻는 샘이 다윗의 족속과 예루살렘 거민을 위하여 열리리라>(슥 13:1)

스가랴 선지자가 예언한 '죄를 씻는 샘'은 대제사장 여호수아(예수스)가 인류의 모든 죄를 대신 지시고 십자가의 죽음과 부활로 영광의 관을 쓰시고 거룩한 옷(몸)을 입으시고 금등대(교회)를 세우실 때에 솟아날 죄사함의 샘이다(슥 3:1-10; 4:1-14). '예수 이름을 믿음으로 부르는 것'이 죄를 씻는 샘물을 긷는 방법이다(행 2:21,38).

침례 요한은 예수님 앞에서 그분이 오실 길을 예비하였기에 여자가 낳은 자 중에 가장 큰 자라고 예수님의 인정을 받았다(사 40:3; 마 3:3; 11:10,11; 막 1:2,3; 눅 3:4; 7:27). 하나님께서 침례 요한에게 명령하신 사역은 회개의 침례를 주어 예수께로 보내는 것이었다. 예수님께로 간 자들은 예수님께 속한 새언약의 침례를 받았다. 요한의 침례를 받은 후 예수님의 사도가 된 자들 중에 베드로의 형제 안드레와 요한이 있다(요 1:40). 예수께서 침례 요한에게 침례를 받으러 오셨을 때 요한 자신도 예수님께 속한 침례를 받아야 한다고 고백했었다(마 3:14).

침례 요한이 옥에 갇히기 전에 수많은 백성들에게 침례를 주어 예수님께로 보내 예수님의 제자들에게 다시 침례를 받게 했다(눅 7:29,30). 이것을 본 요한의 제자가 '왜 제자들을 다 예수에게로 보내 다시 침례를 받게 합니까?'라고 물었다(요 3:24-26). 요한이 베푼 침례는 완전한 죄사함을 얻기 위하여 다시 받았던, 예수님께 속한 침례의 모형이다. 침례 요한은 자신에게 침례를 받는 자의 수는 점점 줄어들고 예수님께 침례를 받는 자들의 수는 점점 늘어나야 된다고 가르쳤다(요 3:27-34). 세상 모든 족속이 예수님의 지상명령에 복종하여 예수께 속한 침례를 받아야 하기 때문이다. 예수님께 속한 침례를 받지 않고 하나님의 뜻을 저버린 자들은 침례 요한의 침례를 받지 않은 자들보다도 더 큰 진노 아래 있다고 경고하셨다(35,36절).

이미 이 말씀 이전에 예수님께서도 율법의 선생인 니고데모를 비롯한 모든 선민들에게 이 물침례를 받아야 구원을 받는다고 가르치셨다.

<예수께서 대답하시되 진실로 진실로 네게 이르노니 사람이 물과 성령(聖靈)으로 나지 아니하면 하나님 나라에 들어갈 수 없느니라> (요 3:5)

'물과 성령으로 남'이라는 예수님의 말씀에서 '물'이 무엇을 뜻하는지 마음과 귀에 할례를 받은 자들은 안다. 하나님의 뜻대로 행하길 원하는 자라면 예수께서 제자들을 통해 순종케 하신 물침례임을 깨닫게 된다. 요한이 죄사함을 얻게 하는 회개의 침례를 주며 예수께로 보내던 시기 즉 요한이 투옥되기 이전부터 예수께서 물침례를 주셨다(요 3:22-36; 4:1,2). 은혜와 진리 안에 죄사함과 거듭남의 은혜가 있다(요 1:16,17). 예수님은 니고데모라는 랍비에게 두 가지의 은혜 즉 죄사함과 거듭남을 설명하셨다. 진리 안에 죄를 '씻는 샘'이 있는데 물침례를 순종함으로써 죄사함의 은혜를 받는다고 강조하여 말씀하신 것이다.

하나님이 세상을 이처럼 사랑하사 독생자를 십자가에 내어주신 것은 그분의 죽으심과 장사가 그분을 믿는 자에게 은혜로 주어져 죄와 사망에서 구원을 받게 하기 위함이다(마 1:21). 세례는 이전까지 덮어왔던 죄를 완전히 씻는 결례의 약속이요, 은혜와 진리인 말씀(복음)으로 씻는 것이다. 침례 요한의 사역은 점점 쇠하였고 예수께 속한 물침례 사역은 점점 흥하여졌다(요 4:1,2). 주 하나님의 뜻과 명령인 예행연습, 모형을 순종치 않은 것보다 그것의 실체를 순종치 않는 것이 더 잘못이다.

<30 그는 흥(興)하여야 하겠고 나는 쇠(衰)하여야 하리라 하니라 … 36 아들을 믿는 자는 영생이 있고 아들을 순종(順從)치 아니하는 자는 영생(永生)을 보지 못하고 도리어 하나님의 진노(震怒)가 그 위에 머물러 있느니라>(요 3장)

요한복음 3장 16절과 5절과 36절의 말씀은 동일한 진리의 말씀인데 예수께서 명하신 새언약과 지상명령을 믿는다면 물침례를 순종하라는 복음이다. 침례 요한이 옥에 갇히기 전부터 예수님께 속한 침례를 주게 하셨다(요 3:22). 죄를 완전히 씻기기 위해 죽기까지 하심으로 실체인 침례를 주셨는데, 죄사함의 실체인 물침례를 순종하지 않는 자들 위에 은혜 대신 진노가 놓여있음을 경고하신 것이다.

예수께서 공생애를 마치시고 유월절 만찬을 드실 때 친히 제자들의 발을 씻기셨다. 예수께서 씻기시지 않으면 예수님과 상관이 없는 자라는 말씀을 들은 베드로가 발뿐만 아니라 손과 머리도 씻겨달라고 했을 때 예수께서 '이미 목욕한 자는 발밖에 씻을 필요가 없느니라. 너희는 온 몸이 깨끗하니라.'라고 말씀하셨다(요 13:10). 제자들이 신령한 목욕을 했던 때는 침례 요한으로부터 보냄을 받고 예수께로 와 실체의 침례를 받았던 때가 분명하다. 제자들이 침례/세례를 받을 때는 물에 잠기는 '밥티조'로 받아 장사되었지만 또 다른 하나의 목적은 '루오' 즉 '씻기다(목욕하다)'라는 의미로 받은 것이라는 말씀이다.

요한이 옥에 갇힌 후, 예수께서 '때가 찼고 하나님 나라가 가까왔으니 회개하고 복음을 믿으라.'고 명령하셨다(막 1:14,15). 예수께서 공생애를 마치신 후 제자들을 사도로 보내시기 전에 주신 동일한 복음의 내용은 누구든지 믿고 침례를 받으면 죄사함을 받는다는 언약이다.

<15 또 가라사대 너희는 온 천하에 다니며 만민에게 복음을 전파하라 16 믿고 침례를 받는 사람은 구원을 얻을 것이요 믿지 않는 사람은 정죄를 받으리라>(막 16장)

'할례 받은 사람은 내 백성으로 인정할 것이요 믿지 않는 사람은 버림을 받으리라'는 말씀을 믿는다면 당연히 할례를 받아야 한다. 그럼에도 불구하고 개혁자들은 순종함이 없이 단지 믿기만 하는 것을 구원받는 믿음이라고 가르쳐왔다. 이런 거짓말을 오늘날까지 수많은 지도자들이 되풀이하고 있다. 요한의 모형적 침례를 거절했던 불순종보다 죄사함의 실체인 예수께 속한 침례를 거절하는 게 더 큰 불순종이다.

예수께서 부활승천하신 후 다락방에 모여 간절히 기도했던 사도들과 120여명 제자들은 이미 예수님께 속한 물침례를 받았다. 물침례를 통해 일으켜 세운 돌(베드로)들에게 성령으로 기름을 부어서 교회를 세우셨다. 제자들 안에 성령께서 충만하게 임하심으로 교회가 탄생한 첫날에 이 놀라운 현장을 목격한 수천 명의 유대 신자들은 베드로와 열한 사도가 전한, 물과 성령으로 거듭나는 복음에 대해 들었다(벧전 1:22-25). 이 첫날에 행해진 물침례의 첫 번째 사례는 매우 중요하다.

'구원을 받으라'는 설교를 듣고 마음이 찔린 그들은 '(구원 받으려면) 우리가 어찌할꼬?'라고 물었다(행 2:21,37). 열한 사도가 함께 선 가운데 천국열쇠를 받은 베드로가 구원의 열쇠를 선포했다.

<38 베드로가 가로되 너희가 회개하여 각각 예수 그리스도의 이름으로 침례를 받고(*밥티조*) 죄사함을 얻으라 그리하면 성령을 선물로 받으리니 39 이 약속은 너희와 너희 자녀와 모든 먼 데 사람 곧 주 우리 하나님이 얼마든지 부르시는 자들에게 하신 것이라 하고 40 또 여러 말로 확증하며 권하여 가로되 <u>너희가 이 패역한 세대에서 구원을 받으라</u> 하니 41 <u>그 말을 받는 사람들은</u> 침례를 받으매 이 날에 제자의 수가 삼천이나 더하더라>(행 2장)

'믿는 우리가 어떻게 하면 구원을 받느냐'고 물었을 때 베드로와 열한 사도는 이구동성으로 '죄사함을 위해 밥티스마를 받으라'고 명하였고, 구원받으라는 그 말을 받는 신자들은 밥티스마를 받았다. 대부분의 영어 성경들은 for the remission이나 for the forgiveness라고 번역하였다. 링컨이 말한 민주주의는 for the people이고, 사도들이 말한 침례는 for the remission of sins(JKV)이다. 믿고 '용서함(forgiveness)' 또는 '죄사함'(죄사면/remission)을 받으려면 믿기만 하면 구원을 받은 것이 아니라 회개하여 예수 이름으로 침례를 받아야 한다는 말씀이다.

한글로 번역한 다른 성경들도 회개와 침례의 인과관계를 정확히 보여준다. '침례를 받고 죄사함을 받으라'(한글개역개정), '세례/침례를 받고, 죄 용서를 받으십시오.'(새번역 성경), '죄를 용서받기 위해 예수 그리스도의 이름으로 여러분이 각각 침례를 받으십시오.'(우리말 성경), '침례를 받고 여러분의 죄를 용서받으십시오.'(공동번역 개정판), '침례를 받으십시오. 그러면 여러분의 죄는 용서받을 것이며,'(쉬운 성경), '침례를 받아 죄사함을 받으십시오.'(현대인의 성경), '침례받아 죄를 용서받으십시오.'(현대어 성경), '침례를 받아 죄들의 사면을 얻으라.'(한글 킹제임스, 흠정역), '죄를 용서받기 위하여 예수 그리스도의 이름으로 각각 세례를 받아라.'(바른 성경), '침례를 받아 여러분의 죄를 용서받으십시오.'(카톨릭 성경). 이 명확한 말씀을 읽으면서도 순종치 않는 것은 마음과 귀에 할례를 받지 못해 마음이 정직하지 않고 교만하기 때문이다.

예수께서 모든 족속으로 제자를 삼아 침례를 주라고 명령하셨듯이, '예수 그리스도의 이름으로 밥티스마를 받고 죄사함으로 구원 받으라'는 이 명령은 시간적으로나 공간적으로 먼 데 사람까지 우리 하나님께서 얼마든지 부르시는 자들에게 주신 약속이다. 하나님께서 부르신 유대인 신자들은 '주(יהוה)의 이름을 부르는 자를 구원하신다'는 말씀을 잘 알고 있었다(욜 2:32; 행 2:21). 주 하나님께서 부르신 아브라함과 모세와 그 백성들은 주의 존함을 불렀으나 완전한 죄사함을 받지는 못했었다. 누구든지 진리에 속한 이 명령을 순종함으로써 은혜로 죄사함을 받게 된다. 헬라어로 '엑클레시아'(밖으로 부름받은 자/교회)는 이 복음으로 세상과 죄와 형벌로부터 불러내어 그리스도께 연합시킨 자들을 가리킨다.

'단지 믿기만 하는 것이 구원의 복음'이라는 주장은 사도들의 진리를 회복하지 못한, 마음이 부정직하고 교만한 자들의 교리라는 말이다.[34] 교파창시자나 신학자들이나 목회자들 중 그 누구도 예수께서 위임하신 베드로와 열한 사도의 이 복음을 바꿀 수 있는 권위가 없다.

예수 이름의 침례는 열두 제자뿐만 아니라 예수님의 특별한 부르심을 받고 이방인의 사도로서, 신약성경의 절반을 기록한 바울의 간증에서도 분명하고 정확하게 증거로 기록되었다.

예수님의 제자들을 잡으려고 다메섹으로 가던 사울은 노중에서 예수님을 만나 믿게 되자 구원을 받으려면 '무엇을 하리이까?'라고 예수님께 여쭈었다(행 9:3-9; 22:10). 예수님의 지시로 사울은 다메섹에 들어가 3일 동안 금식하며 철저히 회개하였고, 기도 중에 환상까지 보는 깊은 영적체험을 하였다. 환상의 내용은 누군가가 와서 사울 자신에게 안수를 하여 눈으로 보게 할 때 그가 바로 예수께서 보내셔서 사울이 죄에서 구원을 받기 위해 행할 일을 가르칠 사람, 예수께서 보내신 사자(使者)라는 것이었다(행 9:6,12). 또한 예수께서 환상 중에 아나니아에게도 나타나셔서 사울이 행할 것을 전하라고 보내셨다. 아나니아가 전한 복음이 아닌 다른 복음을 전하는 자는 예수님의 일꾼이 아니다. 아나니아가 사울을 찾아가 안수하였을 때 사울의 눈이 치료되고 성령 충만함을 받고 침례를 받았다(행 9:17,18). 신약성경의 절반을 기록한 바울이 경험한 사건이 예수께서 확증해주신 물침례의 은혜임이 확실하다.

<이제는 왜 주저하느뇨 일어나 주의 이름을 불러 침례를 받고 너의 죄를 씻으라(아폴루오) 하더라>(행 22:16)

이 말씀은 예수님의 명령을 받은 아나니아가 사울에게 지시한 복음의 진리이다. '침례를 받아 죄씻음을 받으라'는 이 어명은 모든 사도에게 주신 지상명령이다. 사울은 침례받기 전에 대단히 특별한 체험을 했다. ㉠율법으로 흠이 없는 자(빌 3:6) ㉡주 예수님을 가장 놀라운 기적으로 만나고 믿은 자 ㉢3일 동안 금식하며 철저히 회개한 자 ㉣기도하는 중에 환상을 본 자 ㉤아나니아의 안수로 성령충만을 받은 자 ㉥기적으로 눈을 치료받은 자였다. 그럴지라도 침례를 받기 전에는 그 죄가 그대로 있었다는 확증은 최후 심판자이신 예수님의 선언이라는 말이다.

예수님은 산상수훈의 결론에서 아버지의 뜻, 예수님의 말씀대로 행하지 않은 선지자나 신자들은 그 어떤 권능과 기적을 행하였을지라도 죄사함을 법대로 얻지 못했기에 예수님께서 도무지 모르는 자(불법자)로 보시고 형벌에 던지실 것임을 경고하셨다(마 7:21-23).

예수님은 공생애 초기에 물과 성령으로 나지 않으면 아무도 하나님 나라에 들어갈 수 없다고 가르치셨고 부활하신 후에 '성령을 받으라'고 명령하시며 '너희가 뉘 죄든지 사하여주면 사하여질 것이요 뉘 죄든지 그대로 두면 죄가 그대로 있으리라'고 확증하셨다(요 20:22,23). 아나니아가 침례를 주지 않았다면 죄가 심판 때까지 그대로 있다는 확증이다.

'아폴루오'는 '~로부터'라는 뜻의 ἀπό[아포]와 '씻다'라는 동사 '루오'를 합친 단어이다. 밥티조의 결과 중 하나가 '씻음'이라는 것인데 '죄를 씻는 예식'이 세례(洗禮)라는 말씀이다. '주의 이름을 불러 밥티조'하되 란티조(뿌리다)'나 루오(씻다)를 쓰지 말아야 한다. 이 '밥티조'의 결과가 '루오'인데 '아폴루오'는 아나니아로부터 죄씻음의 은혜를 받은 바울이 기록한 다른 서신에서도 나타난다.

<너희 중에 이와 같은 자들이 있더니 주 예수 그리스도의 이름과 우리 하나님의 성령 안에서 씻음(아폴루오)과 거룩함과 의롭다 하심을 얻었느니라>(고전 6:11)

예수 그리스도의 이름으로 세례/침례를 받아 죄씻음을 받았고, 성령 침례로 거듭나 거룩함과 의롭다 함을 얻었다는 말씀이다(요 3:5).

바울은 아나니아를 통해 배운 죄사함의 그 복음을 3차 전도여행 때에 에베소 신자들에게 그대로 전하였고(행 19:1-7), 예루살렘교회와 동일한 복음으로 교회들을 세웠고, 그 교회들에게 동일하게 편지를 썼다.

<이는 곧 물로 씻어(헬-루트론) 말씀으로 깨끗하게 하사 거룩하게 하시고>(엡 5:26)

<엡 5:26의 '물로 씻어 말씀으로 깨끗하게 하다'라는 귀절은, 세례를 구성하는 것은 외부적인 요소만이 아니며 또한 단지 물을 물리적(物理的)으로 적용하는 행위만이 아니라, 진실로 하나의 세례가 있기 위해서는 요소의 행위에 반드시 '말씀'이 첨가되어야만 한다는 것을 보여주고 있다('말씀을 제거해 보라, 그리하면 물은 단지 물일 수밖에 없다. 이 물이라는 요소에 말씀이 첨가될 때에 비로소 聖禮가 된다.')>35)

물과 성령으로 거듭나는 복음(요 3:5)을 디도도 동일하게 증거했다.

<우리를 구원하시되 우리의 행한 바 의로운 행위로 말미암지 아니하고 오직 그의 긍휼하심을 좇아 중생의 씻음(헬-루트론)과 성령의 새롭게 하심으로 하셨나니>(딛 3:5)

<사도행전 22:16에서 아폴루사이(apolousai)는 확실히 세례와 관련이 있다. 고린도전서 6:11에 이와 유사한 단어가 나온다는 것은 이 단어도 역시 세례시의 죄의 씻음이라는 의미를 지니고 있는 것임을 나타낸다.>36) 이는 이미 설명한 에베소서 5장 26절에서 침례/세례로 죄를 씻겨주신다고 약속하신 말씀으로 말미암은 것임을 보여준다.37) <성서는 때때로 정규적인 용어를 사용하지 않으면서도 기독교의 세례를 시사하는 경우가 있다. 딛 3:5; 엡 5:26에서 우리는 밥티스마(baptisma) 대신에 루트론(loutron: 씻음)이라는 단어를 본다. 이 단어로부터 라틴교회는 세례를 뜻하는 라바크룸(lavacrum : 洗禮盤)을 끌어왔다. 히 10:22에서는 란티조(rhantizo)와 루오(louo: 씻다)라는 동사들을 취하며, 고전 6:11에서는 아폴루오(apolouo: 씻다)라는 동사가 명백하게 밥티조(baptizo)의 동의어로 쓰였으며, 그 행위는 그것은 주된 효과에서 명명된 것이다.>38) 그래서 청교도들의 신앙을 정리한 웨스트민스터 소요리문답(Westminster Shorter Catechim, Question 94)도 세례를 '물로 씻는 것'이라 설명하고 있다.

루터도 '하나님의 말씀 없는 물은 단지 물일 뿐이다. 그것은 세례가 아니다.'라고 주장했다.39) 침례를 죄를 씻을 수 있는 세례라 할 수 있는 것은 하나님께서 약속하신 말씀이 씻기 때문이다.

그 씻음은 침례를 통하여 죄사함을 얻은 결과라고 진술하고 있다.40) 이 사전은 '밥티조'에 이어 '루오'에 대해 설명할 때 침례와 씻음을 연결하고 있다. 다른 사전은 <디도서 3:5에서 세례는 "중생의 씻음(루트론[loutron])과 성령의 새롭게 하심"으로 정의된다.>고 설명했다.41) <디도서 3:5과 요한복음 3:5에서 세례는 중생과 관련된다.>42)

하나님은 모든 천사들을 지으신 아버지이시며(엡 4:6), 모든 인류를 창조하신 아버지이시다(말 2:10). 하나님은 하나님의 아들이나 타락한 천사들과 악인들을 공의에 따라 법대로 재판하실 심판자이시다(약 4:2). 용서(容恕)란 아버지와 아들 관계에서 부성애(父性愛)로 분노를 거두시고 사랑과 긍휼히 여기심으로 원래 화목관계로 회복함을 의미한다. 죄사면(罪赦免)은 모든 대상 앞에 공의로운 재판장으로서 형벌을 받을 죄들을 합법적으로 없애고 무죄상태로 만들어줌을 의미한다.

② 침례는 오직 예수 이름으로 받아야 함

예수님께서 승천하시기 전에 사도들에게 모든 족속으로 제자를 삼아 '아버지와 아들과 성령의 이름으로 침례를 주라고 명령하셨다(마 28:19). 이미 유일한 구원자는 '예수아(구원)가 되신 יהוה'이심을 설명했다. 초대교회가 사용했던 70인역에는 히브리어로 '예호슈아'가 ιησους[예수스]로 음역되어 있다. '여호수아'란 이름은 'יהוה는 예수아(구원)이시다'이다. '주 יהוה께서 구원(예수아)'으로서 임마누엘하신 것이다.

<아들을 낳으리니 이름을 예수라 하라 이는 그가 자기 백성을 저희 죄에서 구원할 자이심이라 하니라>(마 1:21)

'예수스/여호수아'는 '그(יהוה)가 자기 백성을 저희 죄에서 구원(예수아)하실 자'이다. 새언약을 맺으신 하나님의 성함(聖銜)은 יהוה[야훼]와 '예수아'(구원)를 합한 존함인 '예호슈아'(예수스/예수)임이 확실하다.43) 약속대로 יהוה 하나님께서 완전한 사람인 아들을 형상과 성전으로 삼으시고 구원자로서 자기 백성들 중에 오셨다(사 7:14; 마 1:23).

물침례를 받을 때에 '아버지와 아들과 성령의 이름'이 무엇인지 아는 것은 필수이다(요 17:3; 행 4:12). 십계명과 초대교회가 읽었던 성경은 선민의 하나님이 오직 יהוה 한 분밖에 계시지 않는다고 확증한다. 북쪽 선민들이 주 יהוה 하나님을 떠나 우상들을 섬기자 하나님께서 호세아를 불러 고멜에게 장가를 들라고 말씀하심으로 이를 확증하셨다.6)

결혼하지 않고 뭇 남자들과 관계를 맺는 창녀(娼女)는 음녀(淫女)라고 여기지 않고 돌로 치지도 않는다. 창녀였던 고멜이 호세아와 결혼하여 아들을 낳자 '이스르엘'이라 부르게 하셨다(호 1:3,4). 파종 때 씨앗을 손으로 흩어버림같이 우상숭배에 빠진 나라를 멸하여 '그의 백성을 온 세상에 흩어버리겠다'는 경고의 이름이다. יהוה 하나님을 떠나 다른 신들을 섬길 때 음녀로 여겨 반드시 이렇게 하실 것임을 누이 경고하셨다. 고멜이 또 다른 남자의 딸을 낳자 그 이름을 '로루하마'라고 하셨다. 이 이름은 '하나님께서 긍휼히 여기지 않는 자'로 여겨 진노를 쏟아부으실 것임을 경고하신 이름이다(호 1:6). 고멜이 낳은 또 다른 사생자에게는 '로암미'라 부르셨고 그 뜻은 '내 백성이 아닌 자'이다(호 1:8,9). 그러나 하나님께서 마지막 날에 고멜과 같은 이스라엘 백성들을 긍휼이 여기사 'יהוה로 구원'(예수)을 약속하셨다(호 1:7,10,11; 마 1:21).

자기 백성을 죄로부터 구원하심은 마병으로나 칼로 할 수 없고 하나님께서 육체를 입으시고 보혈로 구원하실 것이기에 'יהוה로 예수아'하심이며, 그 존함이 바로 '예호슈아/예수스/예수'이다. 만일 יהוה께서 자기 백성을 저희 죄로부터 구원하는 그 중요한 약속이행을 하지 않으셨다면 그분은 언약을 어기신 거짓말쟁이로 비난을 받을 것이다. 당시 유일한 성경(구약)의 핵심은 예수이시고 이는 יהוה께서 성육신으로 그 구원자(구속자)가 되신다고 약속하신 것이다(요 5:39; 마 1:23). יהוה 하나님만이 약속하신 대로 완전한 구원자, 구속자가 되셔야 한다(사 12:2; 60:16).
   <나 곧 나는 יהוה라 나 외에 구원자가 없느니라>(사 43:11)
   <그러나 네가 애굽 땅에서 나옴으로부터 나는 네 하나님 יהוה라 나 밖에 네가 다른 신을 알지 말 것이라>(호 13:4)

---

6) '구원'이란 뜻이고 '여호수아'도 옛이름은 '호세아'였다(민 13:16)

3. 죄사함을 위한 은혜의 복음: 물침례

오직 한 분의 주(아도나이=יהוה)를 섬기는 히브리인 바울도 예수께서 자기 조상들의 유일한 그 하나님이심을 증거했다(행 9:17; 22:14-16).

<5 조상들도 저희 것이요 육신으로 하면 그리스도가 저희에게서 나셨으니 저는 만물 위에 계셔 세세에 찬양을 받으실 하나님이시니라 아멘 … 25 호세아 글에도 이르기를 내가 내 백성 아닌 자를 내 백성(註, 암미)이라, 사랑치 아니한 자를 사랑한 자(註, 루하마)라 부르리라 26 너희는 내 백성이 아니라 한 그 곳에서 저희가 살아 계신 하나님의 아들이라 부름을 얻으리라 함과 같으니라>(롬 9장)

오직 한 주 하나님만을 철저히 섬기던 바울도 '주(יהוה/아도나이)의 존함을 부르는 자는 구원을 얻으리라'고 증언했다.

<12 유대인이나 헬라인이나 차별이 없음이라 한 주(יהוה)께서 모든 사람의 주가 되사 저를 부르는 모든 사람에게 부요하시도다 13 누구든지 주의 이름을 부르는 자는 구원을 얻으리라>(롬 10장)

한 주님(יהוה/LORD/아도나이)은 신명기 6장 4절의 그 엘로힘이시다. 그 주님은 우리의 하나님이시고 유일한 주님(Lord)이시다(막 12:29).

바울은 아브라함을 하나님으로, 하갈을 옛언약으로, 사라를 새언약에 비유하여 설명하였다(갈 4:22-31). 아브람의 이름이 아브라함이 되었듯이 יהוה라는 성함이 יהוה+예수아=예호슈아(예수스)기 되었다. 이후에는 아브람이 오직 아브라함으로만 불리듯이, 새언약에서 영원한 새존함이 '예수스'이며, 구약과 신약의 남편도 한 분, 아버지도 한 분임을 증거한다.

'아버지와 아들과 성령의 이름으로 침례를 주라'하신 예수님의 어명을 예수님의 수제자로서 천국열쇠를 받은 사도 베드로도 오순절 날 교회가 탄생될 때에 예수 그리스도의 이름으로 받으라고 선포했고, 또 호세아가 증거한 그 말씀을 그대로 증거했다(참고 행 2:38).

<9 오직 너희는 택하신 족속이요 왕 같은 제사장들이요 거룩한 나라요 그의 소유된 백성이니 이는 너희를 어두운 데서 불러내어 그의 기이한 빛에 들어가게 하신 자의 아름다운 덕을 선전하게 하려 하심이라 10 너희가 전에는 백성(百姓)이 아니더니 이제는 하나님의 백성(註, 암미)이요 전에는 긍휼을 얻지 못하였더니 이제는 긍휼을 얻은 자(註, 루하마)니라>(벧전 2장)

구원을 받으려면 자기 백성을 저희 죄에서 구원하러 구속자로 오신 예수님이 יהוה이심을 믿어야 한다(요 8:24; 17:3; 행 16:31). 주 하나님은 자기 백성을 '주의 존함을 부르는 자'라고 부르셨다(창 4:26; 고전 1:2). '주의 이름을 부른다'는 관용어는 기도할 때, 찬양할 때, 축복할 때, 중대사를 선포할 때 그 존함을 부른다는 의미이다. 구약에서는 오직 옛언약을 세우신 하나님의 성함(יהוה)을 불렀다. 구원받기 이전의 바울도 그 주(יהוה)의 이름을 부르고 그 성함을 전한 자였다.

침례받을 때도 이름을 불러야 구원을 받는다는 것은 성경 전체에서 확증된 진리이다. 요엘도 믿어 구원을 받기 위해서는 그 이름을 불러야 한다고 증언했고, 사도 베드로와 열한 사도도 그대로 인용했다.

<누구든지 יהוה의 이름을 부르는 자는 구원을 얻으리니 이는 나 יהוה 의 말대로 시온 산과 예루살렘에서 피할 자가 있을 것임이요 남은 자 중에 나 יהוה의 부름을 받을 자가 있을 것임이니라>(욜 2:32)

이것을 사도들이 교회가 탄생한 날 설교에서 인용했고, 복음을 따라 죄사함을 위한 침례를 줄 때도 그 성함을 불렀다.

<누구든지 주(יהוה/아도나이/퀴리오스)의 이름을 부르는 자는 구원을 얻으리라 하였느니라>(행 2:21)

이 말씀은 이미 설명했듯이 사도 바울도 인용한 말씀이다(롬 10:13). 이 구절에서 '주(퀴리오스)'는 '아도나이'로 대용했던 יהוה이다.

<그들이 불러야 하는 주의 이름이 히브리어 본문에서는 하나님의 거룩한 이름, 즉 "회당에서 성경을 낭독하는 사람들이 '주'(Adonai)에 해당하는 단어로 발음했던 그 이름 야훼를 가리킨다. … 모든 사람들이 그 단어가 하나님을 의미하는 것을 알았을 것이다.>[44]

히브리어는 자음자만 쓰는 언어인지라 하나님의 성함도 네 개의 자음자(יהוה: 테트라그람마톤)로만 기록되었다. 하나님께서 제3계명에서 그 성함을 함부로 부르지 말라고 명하셨고, 이에 따라 이스라엘 백성들은 점차 '아도나이'라는 직함으로 대용해 불렀다. יהוה 하나님의 증인으로 세워진 선민들의 신앙이 퇴보하고, 하나님께서 더 이상 선지자도 보내지 않으신 말라기 이후에는 그 성함 안에 어떤 모음을 어디에 넣어 불러야 할지 아무도 모르게 되었다.

주전 200년경에 70여명의 유대장로들이 히브리어 구약성경을 당시의 공용어인 헬라어로 번역할 때는 יהוה라는 성함에 하나님께서 알려주신 어느 자음을 어디에 넣을지 몰라 난감하게 되었다. 따라서 יהוה 대용했던 '아도나이'(히)와 같은 뜻인 κυριος[퀴리오스](헬)로 대체하게 하였다. 그러기에 70인역 성경에 יהוה라는 성함은 단 한 번도 표기되지 않았다. 예수님께서 제자들을 가르치실 때 사용한 성경을 이 70인역이라 하는데 이를 인용한 신약성경에도 יהוה라는 성함이 단 한 번도 나타나지 않고 오직 '퀴리오스'(헬, 主)만 등장할 뿐이다.

모든 것을 아시는 주 예수님이시나 יהוה라는 성함에 들어있던 모음이 무엇인지, 어디에 넣어 어떻게 발음해야 하는지를 제자들에게 알려주지 않으셨다. 신약성경에 יהוה라는 성함이 기록되지 않은 이유는 완전하고 영원한 새언약을 맺으시는, 더 완전하고 영원한 새성함을 주셨으므로 그 יהוה라는 옛성함을 사용할 필요가 전혀 없었기 때문이다.

<앞에서 가고 뒤에서 따르는 무리가 소리질러 가로되 호산나 다윗의 자손이여 찬송하리로다 주(יהוה)의 이름으로 오시는 이여 가장 높은 곳에서 호산나 하더라>(마 21:9)

'주의 이름'은 정확하게 יהוה의 완전한 새성함인 '예수스'(예호슈아)를 가리킴이 확실하다(마 23:39; 막 11:9; 눅 13:35; 19:38; 요 12:13).

한글개역성경에 '주의 이름'이라는 문구가 107번이나 나오지만 위의 구절들과 그 외 몇 구절들(행 2:21; 롬 10:13; 딤후 2:19; 약 5:10,14) 빼고는 모두 '당신의(your) 이름'이라는 의미이다.

<그러므로 내 백성은 내 이름을 알리라 그러므로 그 날에는 그들이 이 말을 하는 자가 나인 줄 알리라 곧 내니라 7 좋은 소식을 가져오며 평화를 공포하며 복된 좋은 소식을 가져오며 구원을 공포하며 시온을 향하여 이르기를 네 하나님이 통치하신다 하는 자의 산을 넘는 발이 어찌 그리 아름다운고>(사 52:6)

이 예언은 새언약의 복음이 전해질 때 선포될 그분의 완전한 성함을 명백하게 알 것이라고 증언하고 있다. יהוה 하나님의 옛성함은 잊혔지만 완전한 새성함이 죄사함을 위해 모든 민족에게 선포되었다.

'자기 백성을 저희 죄에서 구원하실 그분'의 존함이 '예수'라고 믿는 자들에게 하나님의 자녀가 되는 권세를 주셨다(요 1:12). 독생자이자 참 그리스도이신 예수님은 아버지의 성함(聖銜)으로 오셨다(요 5:43). 이때 '아버지라는 이름으로 오셨다'는 말씀은 '나의 이름(직함)이 아버지다'가 아니라 '아들 직함으로 온 내 이름도 예수이다'라는 뜻이다. 하나님의 독생자는 아버지의 성함인 '예수' 존함으로 수많은 기적을 행하셨다(요 10:25). 구약을 이루실 신약의 ㅠㅠ의 새롭고 완전한 성함이 '예수'라는 증거이다(요 12:13,41). 아들이 '예수'라는 성함으로 가르치시거나 기적을 행할 때 '아버지의 성함을 영화롭게 하는 것'이다(요 12:28). 아들은 세상 중에서 부르시고 택하신 자들에게 '아버지의 새성함'을 알리셨고 그 성함으로 아버지께 영광을 돌리셨다(요 17:6).

하나님의 아들 예수께서 나타내신 성함 '예수'는 아버지께서 아들에게 주신 '아버지의 새성함'이라고 분명히 증거하셨다.

<11 나는 세상에 더 있지 아니하오나 저희는 세상에 있사옵고 나는 아버지께로 가옵나니 거룩하신 아버지여 <u>내게 주신 아버지의 이름으로(by the power of your name, the name you gave me)</u> 저희를 보전하사 우리와 같이 저희도 하나가 되게 하옵소서 12 내가 저희와 함께 있을 때에 <u>내게 주신 아버지의 이름으로</u> 저희를 보전하와 지키었나이다 그 중에 하나도 멸망치 않고 오직 멸망의 자식뿐이오니 이는 성경을 응하게 함이니이다 … 26 내가 <u>아버지의 이름을 저희에게 알게 하였고 또 알게 하리니</u> 이는 나를 사랑하신 사랑이 저희 안에 있고 나도 저희 안에 있게 하려 함이니이다>(요 17장)

아들의 성함 '예수'는 아버지께서 아들에게 주신 아버지의 성함이니 아버지와 아들의 성함(존함)이 '예수'임이 확실하다. 아버지께서 아들을 낳으실 때부터 아버지와 아들은 하나가 되셨다(요 10:30). 공간 안팎에 충만하게 거하시는 하나님 아버지 안에 아들이 있고 아들 안에 아버지께서 영원히 거하신다(요 17:21-23). 예수 그리스도는 완전하고 유일하신 참하나님이시고 또한 완전한 사람으로 유일한 중보자이시다(사 9:6). 오직 그분의 새로운 성함만이 홀로 영원히 높임을 받으실 것이라 했다(시 148:13; 슥 14:9). 물론 그 구절들에서 ㅠㅠ의 새성함이 '예수'이고 신약성경에는 인용될 때 ㅠㅠ는 '퀴리오스'(主)로 표기되어 있다.

주기도문에서 거룩히 여김을 받으실 아버지의 성함이 '예수'인 것은 당연하다(마 6:9; 눅 11:2). 아버지와 아들의 성함이 '예수'이기에 그분의 증인들은 예수 이름 때문에 핍박을 받을지라도 죽기까지 충성할 것이며 (마 10:22; 19:29; 24:9; 막 13:13; 눅 21:12,17; 요 15:21), 온 세상은 선민에게 알려진 후 잊혀버린 옛성함의 회복이 아니라 온전한 새성함인 '예수' 이름을 바랄 것이라 하셨다(마 12:21). 가장 뛰어나고 존귀하고 강한 성함이기에 '예수' 이름으로 귀신을 쫓아냈다(막 9:38,39; 16:17; 눅 9:49; 10:17). '예수' 이름은 아버지와 아들의 성함(존함)이라고 믿는 것이 바른 믿음이다(요 1:12; 2:23; 5:43; 14:13,14; 15:16; 16:23-26). '예수'라는 성함이 아버지와 아들의 성함이라고 믿지 않는 자들은 יהוה 외에 다른 이름을 부르는 자들이기에 제1계명뿐만 아니라 제2계명까지 거역하는 자들로 드러나 영원한 심판을 받을 것이다(요 3:18).

성령이라는 보혜사는 '아버지와 아들의 영이신 예수님의 영(靈)'이기에 그 성함도 '예수'이시다(요 14:17,18,23,26). 성령으로 제자들 안에 오신 분은 아버지와 아들이신 '예수님의 영'이다(요 15:26,27).

영적 시각이 있는 사람, 성령을 받아 보혜사의 증언을 들을 수 있는 사람이라면 지상명령, 어명의 의미를 정확하게 깨달을 것이다.
<그러므로 너희는 가서 모든 족속으로 제자를 삼아 아버지와 아들 과 성령의 이름으로 침례를 주고>(마 28:19)
어떤 아이가 '아버지의 이름이 무엇이냐?'라는 질문을 받은 때 '우리 아버지요'라고 대답했다면 정상적인 대답이 아니다. '아버지와 아들의 이름이 무엇이냐?'는 질문에 '아버지와 아들의 이름이다'라고 대답하는 신학자들이 있다면 이는 심각한 문제이다. '믿음의 조상과 그의 아들의 이름이 무엇인가?'라고 질문을 받았다면 '아브라함과 이삭'이라고 대답 하는 것이 정상적인 대화이다.

'아버지와 아들과 성령의 존함'을 명백히 언급하신 이유가 있다. 그 말씀을 받았던 당시의 일부 사도들에게 아버지와 아들에 관한 계시가 없었기 때문이다. 성령의 계시와 증거를 통해 의심하던 사도들도 모두 예수께서 아버지와 아들과 성령이심을 깨닫게 되었다.

많은 신학자들, 목사들은 도마를 가리켜 부활을 믿지 않은 사도라고 일방적으로 매도하나 도마가 의심한 것은 단순히 그분의 부활이 아니다. 예수께서 부활 후 '사도들 앞에 세 번 나타나셨음'에도 여전히 의심하는 다른 사도들이 있었다는 말씀에 주목해야 비로소 아버지와 아들에 관한 계시를 받을 수 있다(마 11:25-27; 28:16; 요 20:28). 아버지와 아들을 바로 알아야 예수님의 영인 생명의 성령을 알게 된다(요 17:3).

막달아 마리아와 다른 마리아(야고보와 요셉의 모친)와 살로메 및 여인들이 무덤에 갔다가 돌이 옮겨져 있는 것을 보고 사도들에게 전하자 베드로와 요한이 무덤으로 가서 무덤이 비어있다는 사실을 확인했다(마 28:1; 막 16:1-4; 눅 1:3; 요 20:1-10). 여자들이 다시 가서 울며 무덤을 들여다보고 있을 때 예수께서 살아나셨다는 천사들의 말을 들었고, 이어서 예수께서 나타나셨고, 여자들이 제자들에게 다시 알렸다(마 28:2-10; 막 16:5-11; 눅 24:4-12; 요 20:11-18).
예수께서 예루살렘에서 엠마오로 가던 두 제자들에게 나타나셨다(막 16:12; 눅 24:13-32). 두 제자들이 예루살렘으로 함께 모였던 열한 사도와 제자들에게 예수님의 부활하심을 알렸다(막 16:13; 눅 24:33-35). 그때가 예수께서 '사도들에게 첫 번째 나타나신 것'은 열한 사도가 음식을 먹고 있던 때였다(막 16:14; 눅 24:36-49; 요 20:19-23). 이때에는 도마 외에 맛디아를 포함한 열한 사도에게 손과 옆구리를 보이셨다(눅 24:39,40; 요 20:20). 이때 물침례와 진리에 속한 회개와 성령침례(막 16:15,16; 눅 24:47-49; 요 20:21-23)를 다시 명하셨다. 도마가 돌아와 다른 사도들의 말을 듣고 '내가 그 손의 못자국을 보며 내 손가락을 그 못자국에 넣고 내 손을 그 옆구리에 넣어보지 않고는 믿지 아니하겠노라'고 말했다. 교회가 탄생한 후에 기록한 복음서에서 마가(막 16:14)와 누가(눅 24:33)는 가룟 유다가 빠진 후에는 예수님의 침례부터 승천까지 같이 있었던 맛디아를 포함해 '열한 사도'로 표현했다. 또한 예수께서 '사도들이 모여 있을 때', '첫 번째' 그들 중에 나타나셨다고 정확하게 진술한 내용을 주목해야 한다. 예수께서 여인들과 베드로(고전 15:5)와 엠마오로 가던 제자들에게 나타나신 경우는 '사도들'에게 나타내신 것이 아니라는 사실이다.

예수께서 사도들에게 '두 번째' 나타나신 것은 도마 사도가 있을 때였다(요 20:26-29; 고전 15:5). 예수께서 첫 번째 말씀하셨던 것처럼 도마에게도 손과 옆구리를 보여주시며 '믿는 자가 되라'고 하시자 도마는 다른 사도들이 고백하지 않은 특별한 고백을 하였다.

<도마가 대답하여 가로되 나의 주(主)시며 나의 그(원문 참고) 하나님이시니이다>(요 20:28. 참고 막 12:29,32)

예수님은 도마의 마음까지 아셨기에 그에게 손의 못자국과 옆구리의 창자국을 보고 '예수님을 구원자이신 יהוה 하나님과 어린양으로 믿으라'고 말씀하신 것이다. 도마는 예수님께서 그 주 하나님이실 뿐만 아니라 어린양이심을 믿고 고백한 것이다(참고 계 22:16). יהוה께서 사람의 육체를 입으심으로써 유월절 양이 되셨고, 예언대로 뼈가 꺾이지 않으셨음을 증명하셨다(출 12:46; 사 53:5; 슥 12:10; 요 19:36,37).

도마는 보이지 않아도 어디에나 계시며, 모든 이의 마음을 다 아시는 분은 오직 주 하나님 יהוה 한 분밖에 계시지 않음을 확신했었고, 그분 외에 다른 신을 섬기지 말라는 제1계명을 진실하게 지키는 제자였다(왕상 8:39; 시 139:1-18). 도마는 예수님께서 자신의 마음을 모두 아시는 그분이심을 확인했다. 자신이 사도들 곁에 있지 않았을 때도 전재하신 그분(전재하신 영)이 거기 계셨고, 도마가 제자들과 함께 대화할 때도 거기에서 듣고 계셨던 'I Am'(יהוה)이심을 확인하려고 했던 것이다. 도마는 다른 사도들과 달리 주 예수님께서 부활하신 어린양이실 뿐만 아니라 경배를 받으실 유일한 그 주 하나님이신지 확인했던 것이다. 그래서 '저도 이제 부활하신 것을 믿습니다.'라는 고백이 아닌, '(예수님은) 나의 주님, 나의 하나님이십니다!'이라고 확실하게 고백한 것이다.

'나에게 모든 무릎이 꿇겠고 모든 혀가 주(יהוה)라고 맹약하리라'고 선언하신 말씀은 도마는 물론 모든 사도들에게 해당된다(사 45:23; 빌 2:10,11). 도마를 포함한 열한 사도의 마음을 홀로 다 아시는 예수께서 '네가 손의 못 자국을 보고야 나를 주 하나님이라고 믿느냐? 보지 않고 믿는 사람은 복되도다'라고 말씀하셨다. 예수께서 도마에게나 다른 모든 사도(제자)들에게 기대하신 것은 그분이 부활하신 어린양일 뿐만 아니라 유일한 구원자이신 주 하나님이심을 고백하는 믿음이었다. 그러나 많은 신학자들이 예수께 대한 도마의 믿음을 따르지 않고 있다.

사도 요한은 '예수 그리스도가 하나님의 아들(사람)이실 뿐만 아니라 주 하나님이심(아버지와 아들이 하나이심)을 알리는 것이 이 요한복음을 기록한 목적이라 천명했다(요 20:28,31 참고 마 16:16).

고대 히브리어는 어떤 사물의 모양을 본떠서 만든 글자이다. 하나님의 성함 יהוה의 첫 글자는 '손'의 모양을 따라 만들었고 두 번째와 네 번째 글자는 창문을 따라 만들어서 '보다'(behold)라는 의미를 갖고 세 번째 글자는 못 모양을 따라 만들었다. 따라서 하나님의 성함을 문자가 지닌 뜻대로 풀자면 놀랍게도 '손을 보라 못을 보라'가 된다. 이는 יהוה께서 구속을 위해 '영혼육'이 있는 완전한 사람의 육체를 입으신 기묘자로서 십자가에 못 박히셨고, 사도 바울도 증언한 것같이 '주 하나님께서 자기 피로 사신 교회'라는 언약을 이루셨다는 증거가 된다(사 9:6).

<너희는 자기를 위하여 또는 온 양 떼를 위하여 삼가라 성령이 저들 가운데 너희로 감독자를 삼고 하나님(註 원문에 '그 하나님')이 자기 피로 사신 교회를 치게 하셨느니라>(행 20:28)

도마의 고백 후에 예수님은 갈릴리에서 사도들과 다시 만나셨다(마 26:32; 28:7,10; 막 14:28; 16:7). 갈릴리는 예언에서 매우 중요한 의미를 갖는다. 예수께서 땅에서 태어난 한 아기와 하늘에서 하나님으로부터 태어난 아들, 기묘자와 모사, 전능하신 하나님과 영존하시는 아버지이시라고 가장 정확하게 예언하신 말씀과 직결된 곳이다(사 9:1-6; 마 4:15). 마음과 귀에 할례를 받지 못한 자들은 결코 주 예수 그리스도에 대한 계시를 보지 못한다(마 11:25-27). 예수님이 사도로 택하신 후 3년 반 동안 밤낮으로 가르쳤던 사도들 중에 몇 명은 그때까지도 하나님 아버지와 하나님의 아들이신 예수님을 깨닫지 못했다는 사실이 너무나 충격적인데 대부분의 신학자들과 목회자들은 이 사실조차 모르고 있다.

예수님께서 갈릴리에서 기다리던 제자들에게 '세 번째' 나타나셨다(요 21:1,2,14). 예수께서 나타나시길 기다리던 열한 명의 제자들 중 일곱 명은 고기를 잡으러 바닷가로 나갔다. 이 일은 믿음없이 옛날로 돌아간 처신이 아니라 중요한 교훈을 주는 것이다. 주님은 깊은 곳(목적/머리) 즉 영혼을 낚는 어부로 부르셨던 그들을 이제는 고기를 낚는 옳은(오른) 손(길/방법)까지 가르치시려고 다시 바닷가로 부르신 것이다.

이때 모인 제자들은 베드로(시몬), 도마(디두모), 나다나엘(바돌로매), 요한, 야고보, 안드레, 빌립이다. 하나님의 뜻대로 계시를 받은 베드로는 위대한 고백을 했었다(마 11:25-27; 16:15-18). 그의 고백은 뒤따라 언급된 도마의 고백과 동일하다(요 20:28). 예수께서 나다나엘을 보시고 '그 속에 간사한 것이 없는 참이스라엘'이라고 인정하셨다(요 1:45-51). '야곱'(속이는 자)과 달리 나다나엘은 진실한 자임을 알고 계심을 알리신 것이다. 사람의 마음을 아시는 분은 하나님밖에 없음을 믿는 나다나엘은 놀라 '저를 어떻게 아십니까?'라고 물었다. 예수님은 '빌립이 너를 부르기 전에 네가 무화과나무 아래 있을 때부터 너를 보았다'고 대답하셨다. 이스라엘인들에게 무화과나무 아래는 요람이 되고 놀이터가 되며 어른이 되어서는 토라(율법)를 읽으면서 말씀을 묵상하는 교실이 된다. 나다나엘의 유아기부터 성경을 읽던 그를 빌립이 부를 때까지의 모든 것을 보았다고 예수님께서 말씀하심으로써 전지하신 데다 전재하신 분이심을 친히 증거하셨다(시 139편). 나다나엘은 곧바로 '당신은 하나님의 아들이시요 당신은 이스라엘의 임금이로소이다.'라고 고백했다. '이스라엘의 (유대의) 임금'이라는 고백은 경배 받으시기에 홀로 합당하신 하나님을 가리키는 칭호이다(사 44:6; 마 2:2; 요 12:13). 대제사장들, 서기관들, 장로들은 사무엘 때처럼 왕이신 하나님을 거절했다(삼상 8:7; 요 19:21). 예수께서 야곱이 꿈에 보았던 벧엘을 말씀하시며, 신약에서는 예수께서 친히 그 보좌에 앉아계시고 천사들이 그 יהוה 하나님이신 예수님을 섬길 것이라고 말씀하셨다(창 28:11-19; 요 12:41). 만일 도마가 일찍이 나다나엘과 사귀며 대화를 했었다면 예수께서 '이 성전을 헐라 내가 3일 만에 내 몸 된 성전을 일으키리라'고 하신 말씀을 진작 깨달았을 것이다(요 2:19-21). 야고보와 안드레는 יהוה의 길을 예비하러 온 침례 요한이 하나님의 아들 그리스도라고 증언한 말을 듣고 예수께로 가 직접 말씀을 듣고 주(יהוה)와 그리스도이심을 확신했다(요 1:35-40). 요한은 친형제 야고보와 베드로와 함께 예수님의 제자가 되었고, 사도로 택함을 받았다(마 4:21; 막 1:19; 눅 5:10). 예수님께서 빌립의 마음을 아셨기에 그를 택하셨고, 빌립은 자신이 깨닫고 영접한 그분을 모세가 예언하였고 여러 선지자들이 예언한 메시야/그리스도이심을 확신하고 증거함으로써 나다나엘을 예수님께 인도했고 함께 말씀을 들었다(요 1:43-51).

고기를 잡으러 갔던 일곱 제자는 모두 예수 그리스도께서 하나님(아버지)과 사람(아들)이 하나로 연합된 분이심을 깨달은 자들이었다. 영생을 얻기 위해서는 반드시 유일하신 참하나님과 그의 보내신 자 예수 그리스도를 알아야 하고(요 17:3; 딤전 2:5), 그래야 주 하나님의 일을 할 수 있다. 이 일곱 사도들은 예수께서 주(יהוה/아도나이)이신 줄을 믿었으나(요 21:12) 다른 4명의 사도들은 예수님의 부활을 믿기는 하였지만 이 계시를 받은 사도들과 같이 어울리지는 못하고 있었다.

제자들이 밤이 맞도록 그물을 내렸으나, 처음 제자들을 부르셨을 때와 같이 아무 것도 잡지 못했다. 예수께서 제자들에게 배 오른 편에 그물을 내리라고 말씀하셨고, 말씀대로 순종하자 153마리의 고기가 잡혔다(눅 5:6; 요 21:6). 그물을 끌어올리는 때는 재림 때요 그때 153개 나라에서 영혼들이 나올 것이라 짐작되는 사건이다. 배 오른 편에 그물을 내리는 교훈은 주님을 전적으로 신뢰하여 기도하고 간구하여 그분의 오른손(능력)으로 하나님의 나라를 세우라는 말씀이다(슥 4:6; 요 14:12-14).
예수께서 제자들에게 종으로서 형제들을 섬김으로 사랑하고 하나님의 집을 세우라고 가르치시며 본을 보여주셨듯이, 이때에도 친히 제자들의 식사를 준비하심으로 다시 가르치셨다(눅 22:27; 요 21:9; 고후 4:5).
예수께서 베드로에게 '네가 나를 사랑하느냐?'고 세 번이나 물으셨다(요 21:15-22). 예수님의 '네가 나를 사랑하느냐?'라는 세 번의 질문은 바로 십계명 중 제1계명을 따라 질문하신 것이다. '모든 것을 아시오매 내가 주님을 사랑하는 줄 주께서 아시나이다'라는 대답은 예수께 모든 사람의 마음을 홀로 다 아시는 주 하나님이시라고 고백한 것이다. 예수님은 세 번이나 '내 어린양, 내 양, 내 양'이라 말씀하심으로써 자신이 양을 위해 목숨을 버리는 유일한 선한 목자이심을 증거하셨다(시 23:1; 요 10:11). 오직 한 분의 주 하나님만을 목숨을 다해 사랑해야 하지만 양떼를 사랑하는 것이 그 계명을 지키는 것임을 확증하신 것이다.

이후 디베랴 바닷가에서 갈릴리 산으로 제자들을 데리고 올라가셨다. 이곳은 יהוה께서 모세에게 율법을 주셨듯이, 주 예수께서 제자들에게 그리스도의 자유케 하는 황금법을 선포해 주셨던 곳이다.

<16 열한 제자가 갈릴리에 가서 예수의 명하시던 산에 이르러 17 예수를 뵈옵고 경배하나 오히려 의심하는 자도 있더라>(마 28장)

모세가 יהוה 하나님께 경배했듯이 열한 제자도 예수님께 무릎을 꿇고 경배 드렸다. 모든 것 특히 모든 사람들의 마음을 유일하게 다 아시는 주 예수께서 경배하는 제자들 중에서도 의심하는 자들이 있음을 아셨다. 한글개역성경은 '의심하는 자'라고 단수로 번역했으나 영어성경들은 다 원문대로 some으로 번역하였다. 그들은 예수님의 부활을 의심한 것이 아니라 경배 받으실 주 하나님이신지를 의심했다. 그들은 자신의 상태를 스스로 알고 기록한 마태와 나머지 3명일 것이다. 그들도 오직 하나님, 아버지, 주, יהוה 한 분만이 유일하게 경배받으실 분임을 모세에게 친히 기록해주신 제1계명에 따라 잘 알고 있었다(참고 마 4:10).

예수께서 제자들에게 성령(보혜사)을 받기 전에는 예루살렘을 떠나지 말라고 명령하셨다. 성령(보혜사: 은혜의 스승. 사 30:20)을 받기 전까지는 제자이지만 '보내심을 받은 자(사도)'는 아니다. 영생을 얻어야 할 진리, 아버지와 아들이신 예수님을 의심하는 자를 사도로 보내실 수 없다. 성령은 예수님의 영 즉 하나님과 그리스도의 영(요 14:23; 롬 8:9)이시므로 예수께서 성령으로 제자들 안에 오시면 자신이 누구이신지를 밝히 계시하여 주신다고 말씀하셨다(욜 2:27; 요 14:26; 15:26,27; 16:13).

주 예수께서 부활하신 후 40일 동안 여러 차례 제자들에게 보이셨고, 예루살렘의 감람산에서 승천하셨다(행 1:3-11). 누구든지, 성령을 받으면 예수님이 누구신지 정확하게 깨닫게 되고 그 예수님의 증인이 된다(마 1:21; 행 1:8). 이전까지는 יהוה의 증인(사 43:10,12; 44:8)이지만 거듭난 후에는 완전한 구원자로서 יהוה(주/아도나이)와 그리스도이신 예수님의 증인이다. 증인이라는 헬라어 단어는 μάρτυς인데 이 단어에서 martyr(순교자)라는 단어가 파생했다. 이후에 예수님을 알지 못하는 신자들의 핍박으로 수천만 명의 참된 증인들이 순교자가 되었다.

오순절 날 예수께서 성령으로 임하였고 베드로와 열한 사도는 יהוה의 존함을 부르는 자는 구원을 얻는다고 증언했다(욜 2:32; 행 2:21). יהוה의 증인들 앞에서 '그런즉 이스라엘 온집이 정녕 알지니 하나님께서 이 예수를 주(יהוה)와 그리스도가 되게 하셨느니라'고 증언했다(행 2:36). 이 증언은 의심이 영원히 사라진 열두 사도 모두의 증언이다.

<베드로가 가로되 너희가 회개하여 <u>각각 예수 그리스도의 이름으로 세례(洗禮)/침례(浸禮)를 받고 죄(罪)사함을 얻으라</u> 그리하면 성령을 선물로 받으리니>(행 2:38)

'주(예수)의 이름을 불러 죄로부터 구원을 받으라'는 이 명령은 하나님께서 얼마든지 부르시는 모든 자들에게 주신 약속이기도 하다. 그 날에 '예수 이름으로 침례를 주라'는 지상명령을 받은 자 즉 이 패역한 세대에서 구원을 받으라는 명을 받아들인 3,000명의 신자들 모두가 구원을 주시는 유일한 이름인 예수 이름으로 침례를 받았다.

<무리의 반응을 다루는 본 설교의 마지막 부분은 청중이 들은 것을 자기들에게 어떻게 적용해야 하는지를 명확하게 밝히고 있다. 38절은 누구든지 주의 이름을 부르는 자는 구원을 얻으리라는 21절을 의도적으로 반영한다. 그러나 '주의 이름'이 이제는 '예수 그리스도의 이름'으로 바뀌었다. '부르는'이란 어구는 '회개하여'와 '세례를 받고'의 두 부분으로 확대되며, 마찬가지로 '구원을 얻으리라'도 이제 '죄사함을 얻으라'와 '성령을 선물로 받으리라'가 된다.>[45]

베드로와 요한이 성전 미문에 앉아서 구걸하던 하반신 장애인을 예수 이름의 권세로 명령하여 완전하게 치료해 주자 제사장들과 서기관들이 사도들에게 '아도나이'로 부르라고 강요하며 예수 이름의 권능을 대적하고 사도들을 핍박했다(행 3:6,16; 4:7). 사도들은 사람으로서 예수님이 하나님 아버지의 살아있는 영원한 성전의 머릿돌과 모퉁잇돌이 되셨다고 증언했다(행 4:10,11). יהוה 성함을 두신 구약성전을 허무시고 예수 성함을 두신 완전하고 영원한 새로운 성전을 세우셨다고 선포했다.

<다른 이로서는 구원을 얻을 수 없나니 천하인간에 구원을 얻을 만한 다른 이름을 우리에게 주신 일이 없음이니라 하였더라>(행 4:12)

마음에 할례를 받지 않은 자들은 주 예수 이름을 사용하지 못하도록 사도들을 위협하고 투옥하고 핍박했다(행 4:17,18; 5:28-41). 아버지와 아들과 성령이신 예수님을 대적하는 자들은 항상 예수 이름을 사용하지 못하도록 막고 있다. 사도들은 하나님 앞에서 하나님의 말씀을 듣는 것이 옳은지 사람의 말을 듣는 것이 옳은지 스스로 판단하라고 답하면서, 예수 이름 사용하기를 포기할 수 없다고 선언했다(행 4:19-21).

예수라는 성함의 도(가르침)는 예루살렘과 온 유대와 사마리아에 널리 전파되었고, 모든 곳에서 모두 오직 예수 이름으로 침례를 받았다.

<12 빌립이 하나님 나라와 및 예수 그리스도의 이름에 관하여 전도함을 저희가 믿고 남녀가 다 침례를 받으니 … 16 이는 아직 한 사람에게도 성령 내리신 일이 없고 오직 주 예수의 이름으로 침례만 받을 뿐이러라>(행 8장)

<그들이 성부, 성자, 성령의 이름'으로 세례를 받은 것이 아니라 '주 예수의 이름으로 세례를 받았다.">46)

예수 이름으로 침례를 받아 죄에서 구원받는 복음이 사도 베드로에 의해 이방인 고넬료 가정에도 전파되었는데, 하나님의 특별한 부르심이 있었다. 고넬료는 온 집으로 더불어 하나님을 경외하며 순종하는 계명과 이웃사랑의 계명에 따라 늘 구제에 힘썼던 이방인이었다(행 10:1-6). 참 복음을 깨닫지 못한 이들은 고넬료의 신앙경험을 보고 이미 구원받은 자라고 여기지만 하나님은 그들이 아직 구원받지 못했으므로 베드로를 청하여 구원받을 말씀을 들으라고 지시하셨다(행 11:13-16).

베드로는 세 번이나 반복된 주님의 환상을 보고 성령의 지시를 따라 고넬료 가정을 방문했다. 하나님은 지으신 생물들을 정한 것들과 부정한 것들로 구별하셨는데, 선민을 정결한 동물에, 이방인을 부정한 동물에 비유하신 것이었다. 주 예수 그리스도의 온전한 제사로 말미암아 이제는 누구든지 하늘의 번제단에 드려질 수 있는 정결한 제물이 될 수 있게 하셨다(행 17:30). 베드로가 고넬료 가정에게 '예수 이름을 힘입어 죄사함을 얻는다'고까지 설교하자 성령께서 임하셨다.

<저에 대하여 모든 선지자도 증거하되 <u>저를 믿는 사람들이 다 그 이름을 힘입어 죄 사함을 받는다</u> 하였느니라>(행 10:43)

예수라는 존함은 '그(יהוה)가 자기 백성을 저희 죄 가운데서 구원하실 자'라는 의미를 갖는다(마 1:21). 주 예수 그리스도 외에 다른 이로서는 구원 얻을 수 없으며, 천하인간에게 구원 얻을 만한 다른 이름을 주신 일이 없다(행 4:12). 오직 그 예수 이름을 힙 입어서 죄사함을 얻는다. 이는 진리의 성령께서 확증해 주신 참복음이기에 베드로는 동행한 형제들에게 예수 그리스도 이름으로 침례를 주라고 지시했다.

<명하여 예수 그리스도의 이름으로 침례를 주라 하니라 저희가 베
드로에게 수일 더 유하기를 청하니라>(행 10:48)
　베드로가 형제들이 침례를 주게 한 것은 '누가 침례를 주느냐'는 중요
하지 않고 '누구의 이름으로 침례를 주느냐'가 중요하다는 증거이다.

　초대교회 성도들은 말에나 일에나 다 오직 예수 이름만을 사용했다.
사울은 '예수 이름'을 부르지 못하도록 저지하는 일에 앞장섰던 자이다
(행 7:58; 8:1; 9:1,2,5,13,14; 22:7; 26:9,10,15). 예수 이름을 부르지 못
하게 하는 자를 예수님께서 택하여서 '이방인들에게 예수 이름을 담아
전할 그릇'이 되게 하셨다(행 9:15). 예수께서 친히 사울에게 아나니아를
보내셔서 사울이 구원받기 위해 순종하여야 할 지상명령을 전하셨다. 아
나니아는 가장 놀라운 체험을 통해 예수님을 믿음으로 영접하고 철저히
회개하고 깊은 기도 중에 환상까지 본 사울에게 '예수님의 이름을 불러
침례를 받아 죄사함을 얻으라'는 어명을 전했다(행 22:16). 예수님과 사
울과의 대화는 이전에 하나님과 모세와의 대화처럼 히브리어로 이루어
졌다(행 22:2; 26:14). 사울이 히브리어로 '아도나이여 뉘시옵니까?'라고
질문한 것은 모세가 아브라함과 이삭과 야곱의 하나님의 성함을 물었던
것과 동일한 질문이다(출 3:13; 행 22:2,8,14; 26:15). 그때 예수님께서
잊혀졌던 '아도나이(יהוה)'의 성함을 '예수'라고 명백하게 증언해주셨고(사
52:6; 요 17:26), 사울은 그 성함 앞에 완전하게 무릎을 꿇었다.
　히브리어 구약성경을 헬라어로 번역한 70인역에서 '예호슈아'(예수아)
가 '예수스'로 음역된 것처럼, 예수께서 사울에게 자신의 새로운 성함을
히브리어 '예호슈아'로 알리셨을 것이다. 예수아(아람어)나 예수스(헬),
예수, Jesus라는 성함은 יהוה 하나님의 새롭고 완전한 성함이다. 따라서
아버지와 아들의 성함은 '예수'이고, 성령은 예수 그리스도의 영(靈)이기
때문에 성령의 존함 역시 '예수'임은 명백한 진리이다.

　바울은 바나바의 인도를 따라 안디옥교회에서 1차 선교여행을 떠났다.
안디옥교회로 돌아왔을 때 유대로부터 안디옥에 내려온 유대인 그리스
도인들로부터 구원에 관한 교리적인 논쟁을 겪게 되었다(행 15:1-3). 바
나바와 바울이 그들과 논쟁(변론)을 했으나 해결이 되지 않았다.

이러한 논쟁을 해결하는 확실한 길/답은 처음의 예루살렘교회에 있다. 안디옥교회는 바나바와 바울을 그들과 함께 예루살렘교회의 사도들과 장로들에게로 보냈다. 사도들과 장로들은 사도행전 2장 38절의 말씀에 기초하여 율법의 안식일이나 할례가 구원의 조건이 아님과 새언약으로 풀어준 성경의 가르침을 상기시켜 확인해 줌으로써 구원에 관한 동일한 가르침으로 확증하였다. 이때에도 하나님의 신실한 성도들과 사도들을 가리켜 '주(יהוה 즉 예수)의 성함'을 위하는 자들이라 불렀다.

<14 하나님이 처음으로 이방인 중에서 <u>자기 이름을 위할 백성을 취</u>하시려고 저희를 권고하신 것을 시므온이 고하였으니 … 17 이는 그 남은 사람들과 <u>내 이름으로 일컬음(註. 예수교, 그리스도교)을 받는 모든 이방인들</u>로 주(יהוה)를 찾게 하려 함이라 하셨으니 18 즉 예로부터 이것을 알게 하시는 주의 말씀이라 함과 같으니라 … 25 사람을 택하여 <u>우리 주 예수 그리스도의 이름을 위하여 생명을 아끼지 아니하는 자</u>인 우리의 사랑하는 바나바와 바울과 함께 너희에게 보내기를 일치 가결하였노라>(행 15장)

바울은 1차 선교여행 때 세운 교회들에게 이 결론과 주 예수 이름을 전파하기 위해 2차 선교여행을 곧바로 떠났다. 이때에 세워진 대표적인 고린도교회도 확실히 예수 이름으로 침례를 받았다(고전 1:13).

사도 바울이 3차 선교여행 때, 에베소에서 전도할 때 예수 그리스도를 믿는 아볼로의 제자들을 만났다(행 19:1-7). 아볼로는 율법과 학문에 뛰어난 학자로 일찍부터 성경(구약)을 배워 예수님을 깨닫고 예수님에 관한 진리를 자세히 가르치는 대학자였다(행 18:24,25). 바울이 아볼로의 제자들에게 '너희가 (예수님을) 믿을 때 성령을 받았느냐?'고 질문했다. 그들이 성령침례에 대해 알지 못하기에 '그러면 너희가 무슨 침례를 받았느냐?'고 다시 물었다. 두 가지 질문은 예수께서 '진실로'를 여섯 번이나 반복해서 가르쳤던 진리로 '물과 성령으로 거듭나는 그 복음'과 일치한다(요 3:1-13). 요한복음 3장은 침례 요한이 유대인들에게 모형적인 침례를 주어 예수께로 보내고 예수님의 제자들이 다시 침례를 준 내용이다. 그들도 아볼로를 통해 요한의 그 침례를 받았다고 대답했고, 바울의 설명을 들은 후 믿고 예수 이름으로 다시 침례를 받았다.

<4 바울이 가로되 요한이 회개의 침례를 베풀며 백성에게 말하되 내 뒤에 오시는 이를 믿으라 하였으니 이는 곧 예수라 하거늘 5 저희가 듣고 주 예수의 이름으로 침례를 받으니>(행 19장)

바울은 자신이 예수 이름으로 침례를 받아 죄사함을 받았던 복음을 1~3차의 선교여행에서도 동일하게 전하였다. 바울이 그들을 위해 성령침례를 받도록 안수하고 기도했을 때 성령을 받음으로써 방언도 하고 예언도 할 정도로 매우 충실한 믿음을 보였다. 그들의 영적수준은 성령침례를 받아 거듭나고 예수님의 한 몸에 연합된 자들에게 특별히 예언하기를 위해 기도하라고 권면하였던 고린도전서에서 볼 수 있다(고전 12:13; 14:1,4,5,24,25). 요한복음 3장의 거듭남의 복음과 동일하게 구원받은 이들이 계시록의 일곱 교회들의 선교기지가 되었다.

바울은 1~3차 선교여행 및 로마에 예수 이름을 전하는 그릇으로 선택되어 보내심을 받은 이방인의 사도이다(행 9:15; 13:46; 15:25). 바울은 가이사에게도 그 성함을 증거하기 위해 로마로 가는 도중에 예루살렘을 거쳤으며, 예수 이름을 대적하는 자들에게 죽을 것도 각오했다.

<1바울이 대답하되 너희가 어찌하여 울어 내 마음을 상하게 하느냐 나는 주 예수의 이름을 위하여 결박받을 뿐 아니라 예루살렘에서 죽을 것도 각오하였노라 하니>(행 21:13)

그 이름을 부르던 자들을 죽였던 사울이 그 이름을 위해 죽기로 각오한 것이다. 사도 바울이 예루살렘에서 예수님의 성함을 대적하는 유대인들에게 죽을 것을 각오하고 증언한 말이 바로 '주의 이름을 불러 침례를 받고 죄사함을 받으라'는 말씀이었다(참고 행 22:16).

바울이 로마교회에 전한 존함은 로마교회 성도들이 '예수 이름을 위한 예수 그리스도의 것'이라는 서신에 잘 나타난다(롬 10:14).

<5 그로 말미암아 우리가 은혜와 사도의 직분을 받아 그 이름을 위하여 모든 이방인 중에서 믿어 순종케 하나니 6 너희도 그들 중에 있어 예수 그리스도의 것으로 부르심을 입은 자니라>(롬 1장)

예수 이름을 기념하는 곳에 예수께서 임재하시므로 그 이름의 침례는 어린양이신 그분께 연합되는 비결이다(출 20:24; 마 18:20).

예수 이름으로 침례를 받은 자는 예수님의 죽으심과 '합하여' 침례를 받은 것이며 그분과 '합하여' 장사된 것이다(롬 6:3-5). 위의 구절에서 '합하여'는 헬라어로 εἰς[에이스]인데 '안(속)으로'라는 뜻이다. 예수님의 죽으심과 장사되심에 연합하려면 예수 이름의 침례를 받아야 한다. 예수 이름의 침례로 구원자이신 예수님의 죽음과 장사 안으로 들어가 연합된다는(함께 심겨지는) 약속의 말씀이다. 예수님의 죽으심과 장사되심이 믿음과 순종으로 침례받은 자의 것이 되는 은혜라는 말이다.

바울은 하나님의 완전한 구원을 위해 계시된 새성함이 온 땅의 모든 사람들에게 전파되어야 한다고 선언했다(롬 9:17,24). 아버지와 아들과 성령이신 '예수' 이름을 부르기를 거절하는 자는 할례받지 못한 교만한 마음으로 인해 심판을 받을 것이라 했다.

<12 유대인이나 헬라인이나 차별이 없음이라 한 주께서 모든 사람의 주가 되사 저를 부르는 모든 사람에게 부요하시도다 13 누구든지 주(יהוה)의 이름을 부르는 자는 구원을 얻으리라>(롬 10장)

요엘과 같이 오직 한 분의 '아도나이'만 믿던 바울에게 예수께서 친히 알려주신 새성함 '예수'를 부르는 것이며, 교회 첫날의 설교와 일치하는 말씀이다(욜 2:32; 행 2:21,38). 오직 '예수 이름'만 온 땅에 가득하게 전파되어야 한다는 말씀이 제3계명의 진리이다(롬 15:9,20).

바울이 고린도교회에게 보낸 서신에서 '우리의 주 곧 저희와 우리의 주 되신 예수 그리스도의 이름을 부르는 모든 자들'이라고 했다(고전 1:2). 바울은 교회에게 분열을 피하고 주 예수 그리스도의 이름으로 같은 말, 같은 마음, 같은 뜻으로 온전히 합하라고 명령했다(고전 1:10). '누가 십자가에 못박혔으며 누구의 이름으로 침례를 받았느냐?'고 질문했다(고전 1:13-15). 십자가에 못박히신 분과 연합되기 위해 당연히 그분의 이름으로 침례를 받은 사실을 상기시킨 것이다. 바울이 복음을 전하였지만 친히 침례를 주지는 않았다는 말은 침례가 중요하지 않다는 말이 아니다. 오히려 누가 침례를 주든지 그것은 중요하지 않으나 누구의 이름으로 침례를 받았는지가 절대적으로 중요하다고 강조한 말이다. 이방인 중에 처음으로 침례를 받았던 고넬료 가정도 천국 열쇠를 받은 베드로가 전도했으나 침례는 그 존함을 부르는 형제들이 주었다.

　　바울도 죄씻음이 예수 그리스도의 이름으로 말미암는다고 전했다(고전 6:11; 엡 5:20,26; 딛 3:5). 예수 그리스도의 이름으로 '침례'를 받는다는 것은 예수께서 보여주시는 최고의 표적을 받은 것이며(마 16:4), 예수 그리스도 안에(함께) '심는다'는 의미이다. 예수 이름으로 심기어져야만 부활에도 연합한 자가 된다(요 12:24; 롬 6:5; 고전 15:42-49).

　　יהוה의 새성함이 '예수'라는 계시의 진리는 아브람→아브라함을 통해 이미 보여주셨다(갈 4:22). 그 어떤 이름보다 존귀한 존함이 '예수'이며, 아들들에게도 주신 아버지의 성함이다(엡 1:21; 3:15; 5:20; 빌 2:9,10). 바울은 말에나 일에나 다 예수 이름으로 하여 그 이름을 힘입어 하나님 아버지께 감사하라고 그가 받은 아버지의 존함을 전했다(골 3:17). 하나님 아버지께서 아들에게 모든 것을 주셨다는 사실이 특별히 그 존함을 기업으로 주심이며, 맏아들도 아들들에게 아버지의 성함을 전해 주셨다(히 1:4; 2:12). 모든 아들들은 예수님의 존함에 영광을 돌리고, 그 존함으로 명령하며, 그 존함으로 선포하고, 그 존함을 위해 살고, 그 존함을 위해 죽어야 한다(살후 1:12; 3:6; 딤전 6:1; 딤후 2:19; 히 6:10; 약 2:7; 5:10,14; 벧전 4:14,16). 그 존함을 찬양하며 증거하는 것이 찬미의 제사이다(히 13:15). 오직 예수 이름이 죄를 사하며(요일 2:12), 예수 이름이 유일한 성함임을 믿고 사랑해야 하며(요일 3:23), 예수 이름을 믿는 자들에게 자녀가 되는 권세와 영생이 있으므로(요일 5:13), 예수 이름을 전하는 일이 하나님의 일이다(요삼 1:7). 초대교회 성도들은 예수 이름을 전하고 선포하기 위해 참고 견디고 열심을 내고, 목숨을 걸었다(계 2:3,13,17; 3:8,12). 하나님은 그 존함을 경외하는 자들에게 상(賞)을 주신다(말 3:16; 계 11:18). 적그리스도도 예수의 존함과 그 존함을 두신 장막성전을 훼방한다(계 13:6; 16:9). 144,000명의 이마에도 '예수'라는, 어린양과 아버지의 성함이 새겨져 있다(계 14:1). 적그리스도와 그 우상에게 경배하는 자들의 이마와 손에는 적그리스도의 이름의 숫자가 새겨진다(계 13:14-18; 14:11; 15:2-4). 하나님의 아들이라면 그들의 이마에 모두 예수라는 성함이 새겨져 있다(계 22:4). 중요한 일에 오히려 예수 이름을 빼고 우상인 삼위의 호칭을 쓰는 자들은 심판을 받을 것이다.

(4) 그림자에 나타난 실체인 물침례의 중요성

①땅이 물에서 나와 물로 말미암아 성립되었음

창세기 1장에는 '하나님 보시기에 좋았더라'는 말이 7번 반복되었다. 그런데 궁창 위에도 물을 만드신 둘째 날에는 이 말이 없고 대신 셋째 날에 2번 기록되었다. 셋째 날에 하신 일은 '물을 한 곳에 모이게 하여 뭍이 드러나게 하심'과 '씨맺는 채소들과 씨를 가진 과일나무들을 나게 하심'이었다(창 1:10,12). 물에서 나온 땅이 되어야 채소와 과일을 내는 좋은 땅, 하나님 보시기에 좋은 옥토가 된다(마 13:8).

기경된 좋은 땅에서는 채소가 나오지만 기경하지 않은 땅에서는 가시와 엉겅퀴가 나오고 결국에는 불사름이 되는데 이것은 사람의 마음에 대한 비유였다(창 3:18; 호 10:12; 히 6:7,8). 하나님께서 사람을 땅에다 비유하셨고 곡식의 씨를 뿌려 열매를 맺게 하신다. 물로 말미암아 열매 맺는 나무가 되어야 하고, 열매(순종)없는 나무는 불사름이 된다(엡 5:11; 딛 3:14; 벧후 1:8; 유 1:12). 물로 침례를 받으면 물로 말미암아 새로운 땅, 기경한 밭으로 변하여 선한 열매들을 맺는다. 이는 선한 양심이 하나님을 찾아가 첫열매로 우편에 앉는 것이다(벧전 3:21,22).

②물로 악하고 패역한 세대를 심판하시고 의로운 세대로 구원하셨음

하나님께서 궁창에 두신 물은 지구에 온실효과를 만들어 지구 전체가 따뜻한 아열대성 기후가 되게 하였기에 극지방에서도 거대한 초식성 동물이 번성할 수 있었다. 죄를 회개하지 않은 가인이 가는 곳마다 땅을 황폐하게 하기에 사람들은 그를 오지 못하도록 막았다. 홍수 이전의 사람들은 천년 가까이 살면서 살아갈수록 더욱 많은 죄를 짓게 되었고 죽은 후 더욱 큰 형벌을 받게 되는데, 그들이 살아가는 땅도 점차적으로 더욱 황폐하게 되었다. 생물에게 절대적으로 필요한 물이었지만 인간의 죄악이 관영해지자 궁창의 물은 죄인들을 심판하는 수단이 되었고, 하나님은 이를 미리 아셨기에 둘째 날만은 좋았다고 하지 않으셨다(창 1:8). 하나님은 땅을 쉬게 하시기 위해서 홍수로 악인들을 심판하셔야 했다. 그대로 둔다면 어느 땐가 마지막 남은 노아의 가정도 죄악에 휩쓸리고 하나님의 형상에 이르기 전에 인류는 전멸할 수밖에 없었기 때문이다.

　베드로는 모든 악인들을 수장시켰던 노아의 홍수의 물을 죄와 옛사람(죄인)을 수장시키고 죄를 씻는 물침례의 모형이라 증거했다.

　당시 물로 구원받은 자가 10억여 명 중에 겨우 여덟 명뿐이었다.[47]

　<19 저가 또한 영으로 옥에 있는 영들에게 전파하시니라 20 그들은 전에 노아의 날 방주 예비할 동안 하나님이 오래 참고 기다리실 때에 순종치 아니하던 자들이라 방주에서 물로 말미암아 구원을 얻은 자가 몇 명뿐이니 겨우 여덟 명이라 21 물은 예수 그리스도의 부활하심으로 말미암아 이제 너희를 구원하는 표니 곧 침례라 육체의 더러운 것을 제하여 버림이 아니요 오직 선한 양심이 하나님을 향하여 찾아가는 것이라>(벧전 3장)

　하나님께서 65세인 에녹에게 그가 낳은 아들이 죽으면 세상에 심판을 보내시겠다고 알리셨다. 이후부터 에녹은 300년 동안을 하나님과 동행하며 살다가 죽음을 보지 않고 하나님께 데려감을 받았다. '므두셀라'는 '죽음(심판)을 보냄'이라는 의미로 지어진 이름이고 그가 언제 죽을지는 당대 사람들의 관심사였으며, 그는 가장 장수한 사람으로 기록되었다.

　홍수를 내리기 120년 전에 또 경고하셨고, 믿고 순종했던 8명만 구원받았으며 순종하지 않은 모든 사람들은 물로 말미암아 심판을 받았다. 홍수 이후에 표의문자로 만든 배 선(船) 자가 이를 정확하게 증거한다. 천국 열쇠를 받은 베드로는 '물'이 구원하는 표(헬-안티튀포스)라고 증언했다. 이 단어는 '대하여', '반대의'라는 뜻인 '안티'와 도장 같은 것을 나무나 납, 점토판, 종이 등에 찍을 때 새겨지는 표적, 형상, 자국 등을 의미하는 '튀포스'를 합쳐서 만들어졌다. 도장이 종이에 자국(표적)을 남기는데 도장과 찍힌 자국은 서로 실체와 그림자로서 '안티튀포스'라는 의미이다. 노아의 홍수는 사단 마귀의 종에서 구원하는 신약에 나타난 실체인 침례이다. 홍수는 단순히 물 뿌리는 방식이나 물 바르는 방식이 아님을 증거한다. 개역성경 각주에는 안티튀포스를 '실체'라고 설명하고 있고, 카톨릭성경에서는 '본형'이라고 번역했다.

　침례는 이미 구원을 받았기 때문에 받는 표가 아니라 '침례를 받는 그 때에 (죄에서) 구원하는 실체'라는 것이다. 옛언약처럼 육체의 더러움을 씻는 것이 아니라 영혼의 죄를 씻는 것이다(벧전 1:22).

③하나님의 선민(히브리인): 물을 건넌 자들

함의 손자, 구스의 아들(바쿠스) 니므롯이 신격화 되어 숭배를 받았다. 니므롯이 '하나님 앞에 특이한 사냥꾼'이라고 불린 이유는 그가 숭배를 받으면서 하나님의 양떼인 영혼을 노략질하였기 때문이다(창 10:8,9). '앞에서'라 번역된 히브리어는 '파님'(복수)으로 '얼굴', '정면에서', '~의 반대편에/opposite'(E. Tiedtke)라는 의미로도 쓰이고 '굳은 얼굴(파님)'은 하나님을 대항하는 모습을 의미한다(렘 5:3).

온 세상이 우상숭배에 빠졌고, 하나님의 심판을 피하기 위해 바벨탑을 건설하는 데 한 마음으로 동참하였을 때 유일한 참하나님 יהוה만을 섬길 자를 그분이 부르셨다. 아브람이 아버지 데라와 함께 응답하여 갈대아 우르에서 떠났다. 데라가 우상에 빠져 하란에 안주하자 다시 아브람은 아비집을 떠나 조카 롯을 데리고 하나님께서 지시하신 땅으로 이주했다. 하나님 יהוה만을 섬기는 아브람의 후손을 '히브리인'이라 불렀는데 '에벨'에서부터 유래한 이름이다. 벨렉 때까지는 단 하나의 말과 글을 썼지만 바벨(혼란)이 있게 하심으로써 말과 글이 나뉘고 세상으로 흩어짐(벨렉/나뉨)을 당했다(창 10:25,32; 11:9).

위키백과는 '히브리인'에 대해서 <히브리 민족(Heberites, Eberites, Hebreians, descendants of biblical Patriarch Eber; עברים,>라고 진술하고 있다.[48] 히브리어 정관사 ה[하]를 '에벨'에 붙여서 부른데 기인한 이름이다. 히브리인들인 아브라함의 후손이 유프라테스 강 저편에서부터 약속의 땅으로 이주하였기에 '물을 건넌 자들'이라고도 부른다.

에벨(Eber)은 <'저쪽 편'(맞은편), '강 건너편'이란 뜻. 아브라함이 유브라데 강을 건너 가나안에 들어온 이후에 붙여진 이름. 여기서 '히브리'란 말이 파생되었다(창 10:21). 셀라의 아들, 셈의 손자, 벨렉과 욕단의 아버지, 예수님의 조상들 중 한 사람인 '헤버'로도 불린다.>[49] 히브리어 '아바르'는 '건너가다'라는 뜻이다. 오늘날도 택하신 백성(선민)과 이방인의 경계는 약속을 믿고 물을 건넌 여부로 구별된다는 것이다.

<내가 너희 조상 아브라함을 강 저편(註 히-에베르)에서 이끌어 내어 가나안으로 인도하여 온 땅을 두루 행하게 하고 그 씨를 번성케 하려고 그에게 이삭을 주었고>(수 24:3)

③홍해에서 애굽의 모든 군대가 장사되다

모세가 이끈 이스라엘 백성들은 홍해에서 구원을 받았고, 애굽의 모든 군대는 수장되었다(수 24:6-7). 애굽의 노예로 400년 동안 종살이하던 선민들은 하나님께서 애굽의 모든 신들을 심판하시기 위해 열 가지의 재앙 특히 장자들을 치신 유월절 마지막 재앙을 내리신 후에 출애굽을 했으나 바로는 다시 애굽의 모든 군대를 동원하여 이스라엘을 추격했다. 이스라엘 백성들은 그들에게 붙잡히면 이전보다 더 처절한 고통을 당할 극도로 위험한 상황이었다. 그때 하나님께서 홍해를 통과케 하심으로써 애굽의 모든 군대를 수장(水葬)시키셨고(출 14:15-31), 선민들이 마른 땅으로 물을 건너게 하심으로 완전한 해방과 자유를 주셨다.

사도 바울도 당시의 성경인 구약성경을 가지고 홍해는 신약의 실체인 물침례에 대한 그림자라고 가르쳤다.

<모세에게 속하여 다 구름과 바다에서 침례를 받고>(고전 10:2)

바울이 애굽 왕 바로를 세상 임금, 세상 신(神) 사단 마귀에 비유했고 애굽의 노예가 됨을 사단과 죄와 사망의 노예로 비유했고, 애굽의 마병과 병거와 모든 군대를 사단과 죄와 사망의 권세로 비유했다. 홍해에서 애굽의 모든 군대가 수장되었듯이 물침례를 받을 때 죄의 권세가 수장(水葬)되는 것임을 보여준 것이라고 증거한 것이다.

예수님의 부활 후 '물은 침례요 죄에서 구원하는 실체'라는 말씀이다. 만일 홍해가 얕은 시냇물이었다면 애굽의 마병과 병거와 군인들이 이스라엘 백성들을 참혹하게 죽이고 살아남은 자들에게 혹독한 노예살이를 시켰을 것이다. 애굽같은 세상에서 예수님을 믿고 아무리 많은 기적들을 체험했을지라도 주 예수 이름의 침수세례를 통해 죄를 수장시키지 않는다면 사망과 음부의 권세에서 벗어날 수 없다는 분명한 증거이다.

④제사장으로 위임을 받으려면 물로 씻어야 한다

하나님을 섬기는 성전 성소의 일에 있어서 물로 씻는 의식은 사람(레 14:8,9; 15:5-11,13,16,18,21,22,27; 16:24,26,28; 17:15,16; 22:6; 민 19:7,8,19; 겔 16:4,9), 제물(레 1:9,13; 8:21; 9:14; 겔 40:38), 그릇(레 6:28; 15:12)과 기구(器具)에 이르기까지 절대적으로 중요했다. 특히 제사장을 세울 때, 제물을 드릴 때와 드린 후에도 물로 씻어야 했다.

구약은 대제사장이시자 제물이신 예수 그리스도에 대한 그림자로서 신약의 복음 안에 있는 실체를 보여준다. 제사장으로 세움을 받으려면 레위지파 아론의 후손(아들)으로 태어나야 했다. 대제사장 아론과 제사장들이 될 그 아들들의 몸을 반드시 물로 씻겨야 했다(출 29:4; 40:12; 레 8:6). 신약에서도 신령한 제사장이 되려면 물로 영혼을 씻어야 한다.

제사장은 속죄제를 드리는 속죄일에 에봇을 입기 전에도 반드시 몸을 물로 씻어야 했다(레 16:4). 속죄일에 지성소 안에 들어갔던 대제사장도 지성소에서 나와 제사장의 옷을 벗고 몸을 물로 씻은 후 자기의 옷을 입어야 했다(레 16:24). 정결케 하는 물을 만들기 위해 붉은 암송아지와 백향목과 우슬초와 홍색실을 함께 태운 제사장은 옷을 빨고 몸을 물로 씻고 진으로 들어와야 했다(민 19:7). 그림자와 모형인 구약의 의식에서 물로 씻는 것은 너무나 중요했고, 그것의 실체가 되어 죄를 씻는 예식인 물침례는 그림자를 순종하는 것보다 더 중요하다. 진리의 복음 안에서 예수 이름으로 물침례를 받을 때 구약의 모형과 그림자로 보여주셨던 모든 정결례를 완전한 것으로 이행하게 되기 때문이다.

예수님은 멜기세덱의 반차를 따라 하늘성전의 신약의 대제사장이시다 (창 14:18; 시 110:4; 히 5:10; 6:20; 7:3). 예수께서 대제사장이 되시기 위해 레위기 8장의 세 가지 의식의 진리와 실체를 행하셨던 것에 대해 이미 설명했다(요일 5:6-8). 물과 피는 어린양으로서 완전히 죽으셨음을 증거하고 성령은 그가 살아나시고 살려주는 영으로서 신자들의 영을 살리고 기름을 부으신 증거이다(고전 15:45). 신약의 성도들도 신령한 제사장들(벧전 2:5,9)로 세우기 위해 진리에 속한 물로 씻기는 실체적인 예식이 반드시 필요하다(벧전 3:21). 신약의 제사장이 되려면 이 세 가지 증거들을 반드시 실체의 것으로 가져야 한다. 즉 죄에 따른 죽음을 증거하는 피(회개), 죄를 씻음과 장사됨(물침례), 부활과 기름부으심(성령침례)을 받은 증거가 있어야만 한다.

⑤지성소에 들어가려면 물두멍에서 씻어야 한다
모세의 성막에서 성소는 땅의 성전 제사를 보여주는 그림자이며 지성소는 하늘성전의 완전한 제사를 보여주는 것이다(히 8:5; 9:8-12).

제사장이 성막 안에 들어가려면 먼저 번제단에서 제물을 드린 다음 물두멍에서 수족을 씻어야 죽지 않는데, 이를 '영원한 규례'라고 하셨다 (출 30:19-21; 40:30-32). 영원한 규례라는 말씀은 일점일획도 떨어지지 않고 신약에서 실체로 이루어질 말씀이라는 뜻이다(마 5:17,18).

율법으로는 죄를 씻을 수 없었고, 온전한 피를 흘려주실 때까지 덮어 줄 뿐이었다. 구약성경에는 물로 씻는 예식이 있었지만 물에 몸 전체를 완전히 잠기게 하는 예식/의식은 없었다. 초대교회는 구약성경만을 갖고 복음의 진리의 실체인 예식을 가르치고 확증하였다(행 2:40; 고전 15:3). 모형과 그림자를 이해하여야 실체를 가르칠 수 있다는 말씀이다.

하늘성전의 모형인 성막을 보면 예수께서 지성소(하늘)에서 내려오실 때 휘장을 지나심으로 육체(휘장/장막)를 입으셨고(마 1:23; 요 1:14; 2:19-21), 공생애를 위해 안뜰로 내려오셨을 때 침례 요한에게 침례를 받으셨으며, 십자가에서 죽으심으로 번제물이 되셨음을 보여준다. 그때 성소의 휘장이 위에서 아래로 찢어져 하늘성전에 들어가는 진리의 생명 길인 새길이 열린 것이다(마 27:51; 요 14:6; 히 9:8; 10:20).

예수님께서 세우신 새 장막 안에 들어가려면 대제사장으로 예수께서 내려오셨던 길을 그분을 따라 올라가면 된다. 회개는 번제단의 번제물이 되는 것이며, 예수 이름의 물침례는 물두멍에서 어린양의 보혈을 힘입어 영혼의 죄를 씻는 길인데 이 모든 것이 발견하기는 어려운 좁은길이다.

솔로몬이 지은 성전에도 제물을 씻는 물두멍이 10개가 놓였고, 제사 장이 씻기 위한 큰 물두멍(바다)도 놓여 있었다(대하 4:6). 구약에서도 제사장이 제물의 피가 묻은 손과 발을 물로 씻지 않으면 곧바로 육체가 죽지만 그 실체인 세례/침례로 씻지 않으면 영원히 죽는다.

⑥문둥병자를 정결케 하려고 씻김

문둥병은 죄의 모형이기에 병이 나아서 정결하다는 최종적인 판결을 제사장에게 받아야 했다(레 14:1-32). 신약의 대제사장이신 예수께서도 그대로 확인케 하신 규례이기도 하다(마 8:4; 눅 17:14). 영혼에 생겨난 문둥병인 죄를 치료하고 정결케 되는 것은 더더욱 중요하다.

3. 죄사함을 위한 은혜의 복음: 물침례

가버나움, 벳새다, 고라신 사람들은 예수님을 믿고 수많은 표적들을 체험하며 구약에서 그분을 예언된 메시야/그리스도(그 선지자와 임금)로 세우려고 힘썼지만 제사장으로 믿고 따를 마음은 없었다(요 6:2,14,15). 예수께서 그들에게 예수님의 살과 피를 먹는 것 즉 어린양과 제사장으로서 주시는 표적을 보지 못하면 영생을 얻을 수 없다고 가르치셨다(요 6:26-27,47-63). 이는 육적인 문둥병보다 영적인 문둥병인 죄를 사해주시는 제사장이심을 보이신 것이다(마 11:5; 12:39).

히브리서 8,9장은 옛언약과 새언약을 상세하게 비교하여 설명하였다. 유언(헬-디아데케/언약)은 유언자가 죽어야 효력이 있다고 강조하면서 첫언약을 맺으셨던 יהוה께서 육체를 입으시고 피 흘리셨기에 예수님이 흘리신 피로 새언약으로 완성되었다고 증거했다(히 9:8-28).
<19 모세가 율법대로 모든 계명을 온 백성에게 말한 후에 송아지와 염소의 피와 및 물과 붉은 양털과 우슬초를 취하여 그 책과 온 백성에게 뿌려 20 이르되 이는 하나님이 너희에게 명하신 언약의 피라 하고 21 또한 이와 같이 피로써 장막과 섬기는 일에 쓰는 모든 그릇에 뿌렸느니라 22 율법을 좇아 거의 모든 물건이 피로써 정결케 되나니 피 흘림이 없은즉 사함이 없느니라>(히 9장)
이미 앞에서 설명했듯이, 구약에서 문둥병을 정결케 하는 데는 매우 복잡한 의식을 거쳐야만 했다(레 14:1-57). 특히 히브리서 9장 13절과 19절의 말씀은 구약에서 속죄제를 드릴 때와 문둥병을 정결케 해주는 의식을 언급한 것이다(레 14:4,7; 민 19:6,18).
하나님께서 에스겔 선지자를 통해 하나님을 떠난 이스라엘 백성들을 새언약으로 다시 돌이키게 하실 때도 이와 같이 말씀하셨다.
<25 맑은 물로 너희에게 뿌려서 너희로 정결(淨潔)케 하되 곧 너희 모든 더러운 것에서와 모든 우상을 섬김에서 너희를 정결케 할 것이며 26 또 새 영을 너희 속에 두고 새 마음을 너희에게 주되 너희 육신에서 굳은 마음을 제하고 부드러운 마음을 줄 것이며 27 또 내 신을 너희 속에 두어 너희로 내 율례를 행하게 하리니 너희가 내 규례를 지켜 행할찌라 28 내가 너희 열조에게 준 땅에 너희가 거하여 내 백성이 되고 나는 너희 하나님이 되리라>(겔 36장)

이 말씀은 물침례로 받는 은혜의 죄사함과 성령침례로 받는 은혜인 거듭남을 약속하신 새언약 때에 성취될 말씀이다(겔 37:24-28).

예수 이름을 불러 십자가에서 함께 죽는 체험적 회개가 그 어린양의 보혈을 뿌림이며, 보혈이 뿌려진 물에 잠김이 죄를 사하고 장사(심음)에 들어감이다. 피뿌림이 없던 침례 요한의 침례는 피뿌림으로 다시 받아야 했고, 예수 이름이 없는 침례는 당연히 죄사함도 없다는 말이다.

<21 또 하나님의 집 다스리는 큰 제사장이 계시매 22 우리가 마음에 뿌림을 받아 양심의 악을 깨닫고 몸을 맑은 물로 씻었으니 참 마음과 온전한 믿음으로 하나님께 나아가자>(히 10장)

베드로도 예수 이름을 불러 진실하게 회개하고 물침례를 순종할 때 영혼의 더러운 죄가 깨끗케 되는 새언약에 참여한다고 증거했다.

<2 곧 하나님 아버지의 미리 아심을 따라 성령의 거룩하게 하심으로 순종함과 예수 그리스도의 피 뿌림을 얻기 위하여 택하심을 입은 자들에게 편지하노니 은혜와 평강이 너희에게 더욱 많을찌어다 … 19 오직 흠 없고 점 없는 어린 양 같은 그리스도의 보배로운 피로 한 것이니라 … 22 너희가 진리를 순종함으로 너희 영혼을 깨끗하게 하여 거짓이 없이 형제를 사랑하기에 이르렀으니 마음으로 뜨겁게 피차 사랑하라>(벧전 1장)

새언약의 성도가 되기 위해 영혼의 문둥병(죄)을 정결하게 치료받고 깨끗한 양심으로 하나님께 순종하는 삶으로 나아간다고 증거한다.

<물은 예수 그리스도의 부활하심으로 말미암아 이제 너희를 구원하는 표니 곧 침례라 육체의 더러운 것을 제하여 버림이 아니요 오직 선한 양심이 하나님을 향하여 찾아가는 것이라>(벧전 3:21)

이 결례가 물침례로 이루어진다는 그림자를 엘리사의 사역에서 볼 수 있다. '엘리사'는 '하나님이 구원이시다'라는 이름이다.

<10 엘리사가 사자를 저에게 보내어 가로되 너는 가서 요단강에 몸을 일곱 번 씻으라 네 살이 여전하여 깨끗하리라 … 14 나아만이 이에 내려가서 하나님의 사람의 말씀대로 요단강에 일곱 번 몸을 잠그니 그 살이 여전하여 어린아이의 살 같아서 깨끗하게 되었더라>(왕하 5장)

치료는 물에 일곱 번 잠긴 대가나 공로로 주어진 것이 아니라 전적인 은혜였다. 나아만이 요단강에서 여섯 번까지만 씻었거나 다른 강물에서 씻었다면 결코 깨끗함을 얻지 못했을 것이다. 나아만이 온전히 말씀대로 순종했기에 치료받았듯이 하나님의 말씀대로 순종하는 것이 믿음임을 경건한 신자들은 믿는다. 육체의 문둥병을 치료받기 위해서도 말씀대로 순종해야 되며 더더구나 영혼의 문둥병인 죄를 치료받기 위해서는 변함 없는 영원한 복음의 진리대로 순종해야 된다. 단지 믿기만 해도 구원을 받는다는 가르침은 기록된 말씀에서 벗어난 다른 길이다.

진리의 침례는 '예수님을 믿고 회개로 죄와 육체의 정과 욕심을 십자가에 못 박고, 예수 그리스도 이름의 침수세례를 받아 완전한 죄사함을 얻는 은혜'이다. 누가 한 평생 매일 물침례를 받을지라도 약속의 말씀이 없었다면 죄사함도 없다. 주 예수님의 말씀에 의지하여 순종하고 그물을 내릴 때 고기가 잡힌 것처럼, 그 약속을 순종해야 죄사함을 받는다.

⑦예수 이름의 침수세례를 사람들이 바꾸었다

오늘날 기독교(그리스도교/예수교)에는 교파도 많고 가르침도 많아서 교인들마다 입맛에 맞는 떡을 먹으며 신앙생활을 한다. 그러나 하나님의 입에서 나온 모든 말씀을 먹으며, 기록된 말씀대로 영적싸움을 해야만 승리를 얻을 수 있다(마 4:4,7,10; 엡 6:17; 히 4:12; 계 19:15).

이사야 7장 14절은 '임마누엘'을 예언했고, 8장에서는 이때에 언약을 순종치 않을 자들에 대해 경고했다. 이사야는 יהוה 하나님께서 장차 새 언약의 백성으로 삼은 자들에게 영원토록 안전한 피난처가 되시겠지만 임마누엘(새언약)의 복음을 순종치 않는 자들에게는 거치는 돌, 걸리는 반석이 되셔서 심판하실 것이라고 경고하셨다(사 8:13-19). 예수 그리스도의 복음을 순종치 않을 자들에게는 온전케 하는 율법을 깨닫지 못하도록 봉함하라고 하셨다. 하나님은 그들에게 얼굴을 가리시고 돌아보지 않으실 것이라고 경고하셨다. '구원이 되신 하나님(יהוה+예수아)'께 묻고 행함이 없는 죽은 믿음을 가진(살았다는 이름만 있고 실상은 죽은) 자들에게 묻지 말라고 경고하셨다(약 2:26; 계 3:1). 마음의 할례를 거부해 정직하지 못하고 교만하여 하나님의 말씀을 바꾸는 자들, 글은 읽어도 하나님의 '말씀'을 읽지 못하는 소경들에게 묻지 말라고 말씀하셨다.

<6 경에 기록하였으되 보라 내가 택한 보배롭고 요긴한 모퉁이 돌을 시온에 두노니 저를 믿는 자는 부끄러움을 당치 아니하리라 하였으니 7 그러므로 믿는 너희에게는 보배이나 믿지 아니하는 자에게는 건축자의 버린 그 돌이 모퉁이의 머릿돌이 되고 8 또한 부딪히는 돌과 거치는 반석이 되었다 하니라 저희가 말씀을 순종치 아니하므로 넘어지나니 이는 저희를 이렇게 정하신 것이라>(벧전 2장)

이사야가 순종의 진리를 대적하는 거짓말에 대해 이미 경고했다.

<마땅히 율법과 증거의 말씀을 좇을지니 그들의 말하는 바가 이 말씀에 맞지 아니하면 그들이 정녕히 아침빛을 보지 못하고>(사 8:20)

예수님은 다윗의 뿌리(주 하나님)와 가지(자손, 어린양)이시자 광명한 새벽별(대제사장)이다(사 9:6; 계 22:16). 예수께서 아들과 아버지이심을 믿지 않으면 영원한 고통과 흑암에 던져질 것이다(사 8:21,22).

또한 영원한 반석(하나님)이심과 머릿돌(그리스도)과 모퉁잇돌이심을 믿지 않는 자들의 입술은 하나님께 가까우나 마음은 멀고, 사람의 교리(누룩)로 하나님의 말씀을 폐하는 폐역한 자들이요, 주 하나님을 헛되이 경배하는 자들이라 하셨다(마 15:7-10,13,14; 16:6).

이사야는 1장부터 66장까지 초림과 재림을 예언하였다(사 1:9,10☞롬 9:27-29. 사 2:1-4; 미 4:1; 5:2; 사 7:14; 9:6☞마 1:23. 사 40:3 …).

특히 예수님의 공생애에 대해 예언한 이사야 28장 말씀을 살펴보자. 예수님의 초림 때에도 모두가 죄악에 떨어지고 '남은 자'들만이 예수 그리스도의 은혜와 진리를 받게 되었다(5,6절; 롬 9:27). 예수님은 '남은 자들'에게 영화로운 면류관과 아름다운 화관, 재판하는 자들에게는 하나님의 의로 판결하는 신(神/靈)이 되시며, 전쟁하는 자들에게는 사단과 사망의 음부의 권세를 물리치는 권능이 되신다(참고 사 62:2,3; 행 1:8). 말씀대로 순종치 않았던 제사장들과 서기관(율법사)들과 장로들이 가르치는 강단은 세상에 취해 토한 것, 더러운 것, 배설물로 가득할 것이라 하셨다(7,8절; 사 29:10; 빌 3:8). 그들은 나사렛 동네에서 자라난 목수 출신의 선생이라는 젊은이가 가난하고 어리석고 무식한 갈릴리인들을 택하여 여기저기서 조금씩 가르치며 제자와 사도로 삼으시는 것을 보고 경멸하고 조롱했다(9,10절; 사 53:1-3; 마 11:25-27).

유대교의 최고 지도자들은 하나님의 아들을 이방인의 가장 저주스런 십자가에 죽게 하였다. 주 예수님은 자기 제자들에게 이사야의 예언대로 오순절 날에 아버지의 약속인 성령침례를 주심으로 종의 신분을 아들로 바꾸시고, 하나님의 안식과 하늘로부터 희락(상쾌함/즐거움)의 기름을 부어주셨다(11,12절; 욜 2:27-32; 행 1:5; 2:1-4). 마음에 할례 받지 못한 인도자들은 항상 주 하나님의 말씀을 빼고 사람의 계명과 교리를 더하여 하나님을 거역한다. 그들은 말씀대로 순종하는 믿음의 의인들과 사도들을 핍박하고 죽이는 길로 나갔고, 결국 순종치 않는 자들의 본에 빠져서 넘어지고 부러지며 걸리며 사단 마귀에게 사로잡혔다(1,13절; 마 15:14; 16:12). 그들은 사실상 사망과 음부와 언약을 맺고도 스스로 안전하다고 자타(自他)를 속이는 자들이었다(15절). 언약의 말씀을 바꾼 그들을 가리켜 '독사의 자식들'이라고 책망하셨다(마 3:7; 12:34; 23:33). 오직 하나님의 진리 위에 세워진 교회만이 사단과 음부의 권세를 이길 것이다(마 16:18; 행 2:38-41).

<그러므로 주 יהוה께서 가라사대 보라 내가 한 돌을 시온에 두어 기초를 삼았노니 곧 시험한 돌이요 귀하고 견고한 기초 돌이라 그것을 믿는 자는 급절하게 되지 아니하리로다>(사 28:16)

말씀대로 순종치 않는 자에게 예수님은 거치고 부딪히는 돌이 되신다(벧전 2:8)고 베드로가 경고한 것처럼 바울도 동일하게 경고했다.

<기록된 바 보라 내가 부딪히는 돌과 거치는 반석(磐石)을 시온에 두노니 저를 믿는 자는 부끄러움을 당치 아니하리라 함과 같으니라>(롬 9:33)

<16 그러나 저희가 다 복음을 순종치 아니하였도다 이사야가 가로되 주여 우리의 전하는 바를 누가 믿었나이까 하였으니 … 21 이스라엘을 대하여 가라사대 순종치 아니하고 거스려 말하는 백성에게 내가 종일 내 손을 벌렸노라 하셨느니라>(롬 10장)

교회가 탄생한 날에 예루살렘에서 성령이 충만한 열두 제자가 전파한 '주 예수님과 복음'에 순종치 않는 자들에게 무서운 심판을 내리실 것을 하나님께서 명백하게 경고하셨다(사 28:17-21).

<침상이 짧아서 능히 몸을 펴지 못하며 이불이 좁아서 능히 몸을 싸지 못함 같으리라 하셨나니>(사 28:20)

침상이 짧으면 발목을 자르지 말고 침상을 교체해야 하듯이 사람들이 만든 교리가 기록된 말씀보다 짧으면 성경을 자를 것이 아니라 교리를 바꾸어야 한다는 말씀이다. 이사야는 평생 성경을 연구하는 신학자들과 목사들이 성경에 기록된 이 진리를 보지 못하거나 깨닫지 못하는 것은 소경이 되었거나 깊이 잠들게 하는 신(神/靈)에 취하였기 때문이라고 경고했다(사 29:9-12). 또한 그들이 진리를 보지 못하는 까닭은 그들의 입의 말과 속의 마음이 다르기 때문이다.

<13 주께서 가라사대 <u>이 백성이 입으로는 나를 가까이하며 입술로는 나를 존경하나 그 마음은 내게서 멀리 떠났나니 그들이 나를 경외함은 사람의 계명으로 가르침을 받았을 뿐이라</u> 14 그러므로 내가 이 백성 중에 기이한 일 곧 기이하고 가장 기이한 일을 다시 행하리니 그들 중의 지혜자의 지혜가 없어지고 명철자의 총명이 가리워지리라>(사 29장)

교부신학의 문턱을 넘지 못했던 개혁자들의 '초대교회로 돌아가자' '성경으로 돌아가자'던 외침은 공염불이 되어버렸다.

<8 이 백성이 입술로는 나를 존경(尊敬)하되 마음은 내게서 멀도다 9 사람의 계명으로 교훈(doctrines)을 삼아 가르치니 나를 헛되이 경배(傾杯)하는도다 하였느니라 하시고 10 무리를 불러 이르시되 듣고 깨달으라>(마 15장)

예수님 당시와 사도들이 인도하였던 초대교회 때에는 '성경'이라 하면 창세기부터 말라기를 가리키는 것이었다. 그것을 풀어서 가르치기 위해 사도와 신약 선지자들이 거룩한 문서를 기록했다. 수백 년이 지나 이를 '신약성경'이라 부르자 이때까지 유일한 규범(CANON)이었던 '성경'을 '구약성경'이라 부르게 되었다.

장차 마음에 할례받지 못한 자들이 하나님의 말씀을 버리고 거짓된 스승을 좇아 다른 복음을 따를 것이라고 성령께서 경고하셨다.

<1 그러나 성령(聖靈)이 밝히 말씀하시기를 후일에 어떤 사람들이 믿음에서 떠나 미혹(迷惑)케 하는 영과 귀신(鬼神)의 가르침을 좇으리라 하셨으니 2 자기 양심이 화인 맞아서 외식함으로 거짓말하는 자들이라>(딤전 4장)

사도 바울은 영적 아들 디모데에게 때가 이르면 사람들이 귀가 가려워서 자기 사욕을 채워주는 거짓 선생들의 가르침을 좇아 진리를 떠날 것이므로 사도에게 배운 '그 말씀을 전파하라'고 명령했다(딤후 4:1-5).

예수 이름의 침례는 예수께서 신약의 유일하신 하나님이심과 유일한 중보자(사람/아들)와 성령(아버지와 아들의 영)이 되셨다고 선포하는 그 진리이다. 구약에서 유일한 남편이셨던 주 יהוה께서 신약에서 '자기 백성을 저희 죄에서 구원하는 자', 동일한 남편 '예수/여호수아'가 되셨음을 고백하는 초대교회의 믿음이다(갈 4:22-31).

아버지와 아들과 성령이신 예수님과 참된 복음을 듣고 깨달아 믿고 회개한 사람만이 신약의 물침례를 받을 수 있다. 영아(嬰兒)들에게 물을 바르거나 뿌리는 약식세례를 주는 것은 전혀 성경적이지 않다. 믿음도 회개도 없는 자에게, 이교도들의 관행대로 주는 세례는 3세기에 은밀히 뿌려진 가라지요 거짓 선생들이 넣은 누룩이다.

이레니우스가 최초로 유아세례를 언급했을 것이라고 주장하는 이가 있다.50) '이레니우스는 예수께서 50세가 될 때까지도 생존하셨다고 가르쳤다'는 주장과 함께 전해지는 말이다. 어용기독교는 초기 지도자들의 글을 변개하거나 남의 이름을 도용해 기록한 것도 심각한 문제이다.

초대교회는 어린아이들도 물과 성령으로 거듭날 수 있음을 가르쳤다. 국어사전에는 '유아(幼兒)는 생후 1년으로부터 만 6세까지의 아이'라고 설명한다. 태어나면서부터 믿음의 가정에서 자라난 아이들 중 기도하다 회개하고 성령을 받은 아이들이 있었다(행 2:17). 순수한 아이들이 믿고 진실하게 회개하면 주 하나님께서 받으시고 성령침례를 주신다(마 18:2). 고넬료의 가정이 유대인과 상종조차 하지 않던 이방인이었을지라도 성령침례를 받았으면 '물로 침례줌을 금할 자'가 없었듯이 유아라 할지라도 성령침례를 받으면 당연히 물침례를 주어야 한다.

오늘날에도 진리의 교회 안에는 초등학교에 들어가기 전의 아이들이 눈물을 흘리며 기도하는 중에 사도행전의 기록처럼 성령이 말하게 하심을 따라 다른 방언을 말하는 사례들이 있다. 그 아이를 하나님께서 인정하신 것이니 물로 침례 줌을 금할 수 없다. 침례는 누구든지 믿고 회개할 때 하나님으로부터 받는 구원의 은혜이기 때문이다.

오늘날 영아(嬰兒)세례의 시작은 3세기에 카르타고의 키프리안(키프리아누스, 200-258)에 의해 가라지 씨로 뿌려졌다. 키프리안은 신생아(新生兒)가 8일째 할례를 받는 구약적 개념을 따라 영아에게 세례를 베풀 수 있다고 주장했고, 252년 카르타고(Carthage)회의에서 영아들은 8일 이내에 세례를 받아야 한다고 결정했다.51) 로마의 감독 스테파누스(253-257)가 영아세례 결정을 반대하고 철회할 것을 요구했으나 키프리안은 자신이 베드로의 후계자라고 자칭하며 거절했다.

로마제국기독교는 교인들을 진리 말씀대로 믿는 신앙으로 돌아가지 못하도록 영아 때부터 영세를 강요했다. 제국기독교 사제들이 주례하지 않은 결혼을 '비밀동거죄'로 걸어 핍박했다.52) 어거스틴(아우구스티누스)은 자신의 고향인 북아프리카 누미디아 제국기독교회의에서 '영아세례를 거부하는 사람은 저주를 받는다'는 결정을 주도했다(415). 그가 언급한 저주란 고문, 투옥, 사형을 당해야 된다는 것이었다.

교왕 알렉산더 3세(1159-1181)는 제3차 라테란회의에서 알비주의자(Abligensian)들을 이단으로 정죄하고 죽이도록 명령하였다(1179). 점차 알비주의자란 이름도 사라지고, 영아세례를 반대하고 예수이름의 침례를 강조함으로써 재침례교도(Anabaptism)라는 이름이 나타났다. 이때까지 알비주의자(카타리)로 불렸던 그룹들은 사도적인 진리를 믿었다.

프랑스 리옹에서 로마카톨릭교의 개혁을 요구하는 왈도(1140-1205)가 등장하여 유아세례를 포함한 사람들의 전통을 반대했다. 로마카톨릭교의 일곱 종사(성사) 가운데 영세(永世)는 삼위호칭과 뿌리는 방법으로 변질되었으나 죄를 씻는 목적은 여전히 그대로 보존되고 있는데 개혁(개신)교회는 '믿음만'이라는 교리로 그 목적마저 버렸다. 종교개혁을 외쳤던 무리들이 하나의 파를 이루면 본래 그들의 목적에서 벗어나버렸다.

죄사함의 침례는 너무나 중요한데 J. M, 캐롤이 저술한 [피흘린 발자취]라는 책에는 암흑기였던 약 1300년 동안만 하더라도 로마카톨릭교가 죽인 재침례교도들의 수는 5천만 명이 넘는다고 증언한다.53) 미국에서만도 42판에 25,000권을 다시 인쇄되었는데 한국의 혜남사도 번역 출판했고, [한국 침례교회 진흥원]이 추천했다.

'시베리아의 불꽃'이라는 책은 구 소련치하에서, 무자비하게 죽이는 잔인한 핍박 속에서도 공개적인 물침례를 통하여 신자들이 그리스도와 영원한 계약관계를 맺는 모습을 전해주고 있다.[54] 그들이 순종한 침례에 대한 믿음은 주 예수님의 지상명령을 변경시키기는커녕, 오히려 생명을 걸고 오직 순종할 어명임을 증명하는 증인들의 순교적인 삶이었다.

칼뱅은 여섯 아이의 어머니와 그녀의 어머니인 80세의 노파를 처형장으로 함께 끌고 가 죽였다. 죄목은 유아세례를 거부한 것이 전부였다.[55] 칼뱅주의자들이 재침례 신자들을 잡아다 베니스 갤리선 노예로 팔아 돈을 챙겼다. 제네바는 인구가 1만 3천명밖에 되지 않았지만 칼뱅의 재임 초 4년(1542-1546) 동안 그가 만든 종교국은 불에 태워 35명, 교수대로 13명, 목을 잘라 10명을 처형했고 76명을 강제 추방했다. 말씀에 대한 무지가 개혁신앙에서 달라진 게 없다는 증거이다.

<신약성경에서는 유아세례에 대한 증거를 찾을 수 없다.>[56] <처음의 침례는 성년(成年)이었고 유아세례는 물뿌림으로 후대에 개발되었다>[57]

<스펄전도 분명히 말하기를 "유아세례는 인간이 만든 육신적인 발상이고 성경에 첨가하는 행위이며, 악하고 해로운 것이다."라고 못 박는다. 왜 그들은 존경하는 선배의 말에 귀 기울이지 않는가? … 칼뱅을 반대한 세르베투스도 유아세례를 가리켜 "마귀의 교리요 교황의 창안이며 기독교를 완전히 전복시키려는 수작"이라고 했다.>[58]

<서독의 350명 루터교 지도자들은 유아세례를 포기할 것을 원했다. 대부분의 지도자들이 자신들의 유아에게 세례주기를 거절했다. 세례는 먼저 수혜자의 이해함이 있어야 한다고 믿었다.>[59]

<20세기 신학자로 잘 알려진 스위스 사람 칼 바르트는 "유아세례는 성경(聖經)에 기초(基礎)한 것이 아니다. 이 전통(傳統)은 솔직히 교회의 오래된 실수이다."라고 증거했다.>[60]

성경에 넘쳐나는 증거들을 거절하고 거짓 교리를 옹호하는 이들은 1873년에 그리스 정교회의 주교 필로테오스 브뤼엔니오스가 콘스탄티노플의 한 수도원 도서관에서 발견한 그리스어로 된 양피지 문헌 사본 중 일부인 「디다케」('교훈'이라는 뜻)를 붙들고 고집한다.

이것은 누가 언제 어디서 기록했는지 아무도 알지 못하는 문서인데[61] 2세기 후반에 시리아에서 편집된 '모음집'일 것이라 추정하고, 현존하는 필사본도 1056년경의 것으로 추정할 뿐이다. 1883년에 브뤼엔니오스가 출판하여 기독교계에 주목을 끌었고 '열 두 사도를 통하여 이방인들에게 전해진 주님의 가르침'이라는 제목과 이를 줄여 '열 두 사도의 가르침'이라고 불리는데 일반적으로 「디다케」라고 한다.

이 글의 제목에서 '사도들'이라는 말은 이 글을 사도들이 썼다는 의미가 아니라 사도들의 가르침이란 의미이다. 7세기경에 카톨릭교에 의해 편집 완성된 신조를 '열두 사도가 각각 한 구절씩 기록한 글'이라고 주장하는 것과 다를 바 없다. 장 폴 오데(Jean-Paul Audet), 크라프트(R. A. Kraft) 등이 저술한 주석서에 따르면 '디다케'는 한 사람의 작품이 아니라 당시 교회 안에 전해져 내려오던 여러 전승들의 다양한 내용을 편집한 것으로 보인다. 4세기의 어용학자인 유세비우스와 루피누스도 '디다케'는 정경(正經)이 아니라고 분명히 인정했다.

디다케에는 침례를 받을 때에 '아버지와 아들과 성령의 이름'(7:1)으로 하되 물에 잠기는 방법을 원칙으로 시행하고 특별한 경우에는 '머리에 물을 아버지와 아들과 성령의 이름으로 세 번 부음'(7:3)으로 시행되어야 한다고 기록되었다.[62]

디다케가 '아버지와 아들과 성령의 이름'으로 침례를 주라고 했다고 실제로 '성부 성자 성령의 이름'으로 주었다고 단정할 수 없다. '아버지와 아들과 성령의 이름'으로 주라는 예수님의 지상명령을 모든 사도들은 '예수 그리스도의 이름'으로 주었다. 오순절로부터 당시에 이르기까지 어느 곳에서나 침수세례가 주어졌다. 디다케가 '주님의 이름으로 침례를 받은 이들'(9:5)이라고 명시하고 있는 사실로 볼 때 당시 디다케를 기록한 자들도 '아버지와 아들과 성령의 이름'을 '예수'로 알고 그 이름으로 침례를 주었을 수도 있다. 디다케도 물에 잠기는 침례를 원칙으로 했고, 단번에 주는 침례가 어려운 부득이한 경우에만 각각의 이름으로 세 번 (잠길 만큼)부라 했다. 이때는 삼위신론이 등장하지도 않았고, 물을 뿌리는 방법을 따랐을지라도 선한 양심이 있는 신자라면 정경(正經)의 수많은 증거를 버리고 디다케를 따르지 않을 것이다.

디다케는 '누구에게 물질을 주는 자들은 죄가 없고, 부족함이 없는데 무엇을 받으면 심판을 받을 것'이라고 가르친다(1:5). '날마다 성인들의 얼굴을 찾아 그들의 말에 의지하도록 하라'(4:2)는 '죽은 자들과 교통'을 의미하고, '남에게 재물을 줌으로써 죄에 대한 속전을 내라'(4:6)는 교리는 연옥설과 상통한다. '위선자들은 월요일과 목요일에 금식하니까 너희들은 수요일과 금요일에 금식하라'(8:1), '주기도문을 하루에 세 번 암송하라'(8:3)는 교리는 로마카톨릭교나 불교가 축일(祝日)에 '재(齋)를 지킴' 교리, 금욕교리와 같다. '방문한 선지자(사도, 예언자)가 3일 동안 머물며 가지 않으면 거짓 선지자'(11:5)라고 엉뚱하게 가르친다. 영(靈)으로 말하는 모든 예언자들을 판단하지 말라고 명하며 그런 죄를 용서받지 못한다고 가르친다(11:7). 사도 요한은 영으로 말하는 선지자들이 하나님께 속했는지 마귀에게 속했는지 시험하라 했다(요일 4:1). 소위 영으로 말한다는 이들을 사도들과 동급 예언자라 하여 각 교회의 감독보다 더 큰 '대사제'라는 권위를 부여했다(13:3). 이는 로마카톨릭교가 '교황', '주교', '신부', '사제' 등의 직분으로 신자들 위에 군림하는 조직의 근거 교리이다. '영으로 말하는 선지자들이 그 식탁에서 먹으면 거짓 선지자'라는 교리도 가르친다(11:9). '끝까지 바로(그 이상한 가르침) 믿지 않으면 여러분의 믿음의 모든 세월이 여러분에게 아무 소용이 없을 것이다'(16:1-2)라고 가르치는데 칼뱅의 예정론을 따르는 장로교가 디다케를 지지하는 사실이 놀랍다. 디다케를 옹호하고 미화하는 것은 잘못된 세례의 근거를 찾아보려는 발버둥에서 나온 것이다. 디다케가 초기문서(230년경)일 가능성이 있다 하더라도[63] 사도들이 경고했던 바로 그 거짓된 교리라는 사실은 변함이 없다. 디다케는 언제 어디서 누가 기록했는지 모르는 문서인데다 거의 1000년이 지나기까지 어떻게 변개됐는지 전혀 모르는 것이며 사도들의 가르침과 너무나도 다른 것임을 알 수 있는데, 이렇게 잘못된 초기문서들을 다 성경에 포함할 수는 없는 것이다.

'사도전승'(220년)은 많은 저술을 남긴 로마의 히폴리투스(Hippolytus)가 기록한 게 거의 확실하다. 로마카톨릭교의 교부(敎父)로 알려진 터툴리안, 키프리안, 어거스틴과는 달리 스스로 이레니우스(Iraeneous)의 제자라고 자칭하는 히폴리투스는 로마의 교직자요 저술가로 알려졌다.

　　로마의 어용교회의 감독인 제퍼리누스(Zephyrinus, 199-217)가 차기 감독으로 노예출신인 칼리투스(Callistus, 217-222)를 임명했었다. 차기 감독이 되기를 바랐던 히폴리투스가 반발하고 추종자들을 모아 자신이 교회의 진정한 감독이라고 주장하며 폰티아누스(230-235) 감독 때까지 교권투쟁을 했다. 대립감독인 히폴리투스는 터툴리안의 삼위일체론을 따라 제퍼리누스 감독을 유일신론자라고 비난하며 공격하였다. 막시미누스 트락스 제왕(재위 235-238)이 개입해서 사르데냐 섬으로 폰티아누스와 히폴리투스를 귀양을 보냈다. 둘은 유배지에서 죽기 전에 화해를 했고 유해는 얼마 후에 같은 날 다른 장소에 매장되었다.

　　히폴리투스가 지은 '사도전승'은 43장으로 구성되었는데 1장(머리말), 1부(2-14장, 교회의 구성과 교회제도), 2부(15-21장, 입교자들의 등록과 침례), 3부(22-42장, 신자들의 생활), 43장(맺는말)으로 이루어져 있다. 사도전승에는 '성찬의 떡'을 주님의 성체라고 주장하여 화체설을 연상케 한다. 애찬식에서는 평신도가 축복기도를 할 수 없다 한다. 더구나 천사들과 죽은 자(성인)들의 영혼과 하나 되어 기도하라고 하여 이교도들의 초혼(招魂)을 가르친다. 대사제직분을 비롯해 수많은 직분과 계급으로 구별하여 교회의 감독을 '교회의 형제'가 아닌 '교회의 황제'라고 부르는 카톨릭교 교리의 근거를 놓았다. 축복예식에 관한 규정에서는 '포도, 무화과, 석류, 올리브, 배, 사과, 오디, 복숭아, 버찌, 편도 열매, 자두는 축복할 것이나, 수박, 멜론, 참외, 양파, 마늘, 다른 채소들은 축복하지 말 것'과 장미와 백합은 봉헌하되 다른 꽃들은 봉헌하지 말 것'이라는 기괴한 교리도 가르친다.

　　카톨릭교는 사도전승을 옹호하지만 개신교가 사도전승을 멀리하는 이유는 카톨릭적 교리들뿐만 아니라 침례교리 때문일 것이다. 사도전승은 침례를 받기 전에 3년을 준비하고 목요일에 목욕하고 금요일에 금식하고 토요일에 퇴마식(구마식/축귀식)을 한 후 무릎을 꿇은 수침자들의 얼굴에 집례자가 숨을 내쉬고, 그들의 이마와 귀와 코에 십자가 표시를 한 다음 그들에게 철야기도를 닭 우는 시간까지 계속하게 하고 그 후에 축성(祝聖)한 물에서 침례식을 한다는 교리가 있다. 개신교도 이러한 침례/세례방식은 사도들의 가르침이 아닌 줄 충분히 알고 있다.

사도전승은 침례절차에서 사도신경의 내용과 비슷한 질문을 세 차례 하는데 한 번 질문하고 아버지 이름으로 한 번 침수하고, 다시 질문하고 아들 이름으로 한 번 침수하고, 다시 질문하고 성령 이름으로 한 번 침수한다. 이것은 개신교의 방식과 다름은 물론이고 사도행전적인 방법과 완전히 달라, 틀린 것이다. 사도전승에는 유아세례도 언급하고 있고, 물침례 후에는 기름을 바르는데 로마카톨릭교는 이를 견진성사(성령침례)라고 한다. '사도신경', '사도들의 교훈', '사도전승'은 사도들의 이름을 빙자해서 진리를 버리고 거짓 것들을 만들어 자기를 따르게 했던 거짓 선생들이 가르쳤던 것으로 거짓의 아비에게서 나온 것들이다.

침례/세례 시에 잠기는 방식을 떠나 물을 붓는 관수례(灌水禮)는 250년경 노바티안(노바티아누스)의 때에 시작되었다는 기록이 있다. 중병이 들자 노바티안이 예수님을 믿게 되었는데 위독했으므로 온몸을 종이로 싸고 침상에 뉘인 채 잠길 만한 물을 붓는 세례를 받았다. 그가 건강을 회복하자 로마교회에서 대립감독('교황'이란 칭호는 후에 로마카톨릭교가 붙임)이 되어 권력을 다툴 때 비성경적인 관수례를 받았다는 공격을 받았고, 결국에는 투쟁에서 져서 이단으로 파문되었다. 노바티안이 터툴리안에 이어 라틴어로 '삼위일체'라는 글을 썼고, 대립감독이 된 후에는 삼위이름 침례를 도입했다. 유일신론과 기독론, 구원론의 진리가 뿌려진 광대한 밭들 중에 이와 같은 가라지 씨가 하나 둘씩 극히 작은 구석에 뿌려지기 시작했으나 이때까지도 가라지 씨(가르침)에 대한 공적인 인정도 전혀 없었고 다만 어용기독교 안에 한 두 사람의 가르침이었다.

4세기에 제왕이 이교도와 어용기독교를 하나로 연합시키게 된다.
<"성부와, 성자와, 성령의 이름으로 라는 삼위일체적 양식을 사용한 것은 동방교회에서는 요한 크리소스토모와 몹스에스타의 테오도르, 서방교회에서는 에우세비오 시대부터이다." "후대에 생겨난 삼위일체적 세례 양식은 '예수 이름으로' 주던 세례의 단순 양식의 확장이다.>[64]
3세기의 거짓 선생들과 4세기의 음녀교회의 교직자들이 예수 이름을 '성부와 성자와 성령의 호칭'으로 바꾸면서 광대한 진리의 밭 한 구석에 제왕이 주도한 어용기독교가 공적으로 가라지를 뿌리기 시작했다.

개신교가 그런 세례를 옹호하려면 그들의 다른 교리들도 믿어야 한다. 이슬람에서 탈취해온 것으로 밝혀진(1662) 의자가 초대 교황 베드로가 앉았던 의자라는 주장도 믿어야 한다.65) '사도신조'(신경)는 열두 사도가 흩어지기 전에 한 구절씩 기록했다는 주장도 믿어야 한다. 위조된 것으로 세상에 드러났지만(1440) 700년 동안 믿어왔던 '콘스탄틴 기증서'란 것도 믿어야 한다. 교부란 로마카톨릭교의 아버지란 뜻인데 개신교의 아버지라고도 믿어야 한다. 하나님께서 친필로 돌판에 새겨주신 십계명도 바꾸어 본래 제2계명을 없애고 대신 제10계명을 둘로 나누어서 만든 가짜 십계명도 믿고, 마리아가 무죄하게 잉태하였고, 종신처녀이며, 죽지 않고 승천했다는 말도 믿고, 성찬 때의 빵이 실제로 예수님의 살로 변한다는 말도 믿고, 베드로가 결혼하지 않았다는 말도 믿고, 교황의 언행들은 무오하다는 가르침도 믿어야 한다. 예수님을 시험했을 때같이 마귀는 모든 것을 회복하게 하고 복 받게 양보할지라도 경건의 비밀과 복음의 비밀은 회복하지 못하도록 온갖 교묘한 기적으로 끝까지 대적한다.

사도들은 이미 그들의 시대에 거짓 선생들의 활동에 대해 강력하게 경고했다(행 20:28-32; 롬 16:17-20; 고후 11:2-4,13-15; 갈 1:6-10; 골 2:8,9; 살후 1:8; 2:11-15; 딤전 1:18-20; 4:1,2; 벧후 2:1; 유 1:4).
디다케에는 바울의 가르침은 없고, 마태복음의 일부를 편집한 것이다. 초기기록에서 '사도들의 교훈'이 반드시 '디다케'를 가리킨 것도 아니다. 1873년에 카톨릭교 안에서 다른 것들과 같이 발견되어 '사도들의 교훈'이라는 명칭으로 편집된 기록물일 뿐'이다. 그 사본이 1056년에 기록되었을 것이라는 것도 추론일 뿐이다. 십계명까지 변개한 로마카톨릭교가 그것을 언제 어떻게 변개했는지 아무도 모른다. 성경을 소유했다고 신자들을 죽였던 카톨릭교의 끔찍한 만행을 안다면 카톨릭교가 따르고 있는 디다케와 사도전승을 따르는 의도가 무엇인지 분별할 수 있을 것이다. 마지막 사도인 요한이 처음부터 가르친 진리에서 떠났다면 적그리스도에게로 간 것이라고 증거한 말씀을 잊지 말아야 한다(요일 2:18-27).

4. 거듭남을 위한 은혜의 복음: 성령침례

(1) 하나님께서 약속하신 성령침례

①구약에 예언된 성령침례

구약성경에 하나님께서 말세에 사람들에게 주실 성령침례를 그림자로 보여주시고 약속하셨다.

모세가 지팡이로 반석을 쳤을 때 반석에서 생수가 나왔고 그 생수를 이스라엘 백성들이 마셨다(출 17:6). 바울은 이 생수가 생명의 반석이신 예수께서 율법의 요구대로 십자가에 달리셨다가 무덤에서 부활하신 후 제자들에게 부어주신 성령침례의 그림자라고 가르쳤다(고전 10:4).

구약에서 메시야(제사장, 왕, 선지자)로 세우기 위해 기름을 붓는 것은 신약 성도들을 영원히 왕, 제사장으로 세우시는 진리의 그림자이다.

하나님께서 약속하신 젖과 꿀이 흐르는 땅은 성령침례를 받을 때 영원한 생명의 젖과 영원한 기쁨을 누리게 된 심령에 대한 그림자이다(신 6:3). 히브리어로 여호수아는 헬라어로 예수스, 우리말로 예수인데 그가 하늘나라에 들어가도록 성령침례를 주신다는 약속을 보여주었다.

이사야도 예수님께서 죄를 완전히 사해주시고 성령침례로 거듭나게 하신다는 복음을 예언했다. 아담 이후의 성도들의 죄를 완전히 없애주실 뿐만 아니라 하나님의 아들의 권세를 얻을 신약을 주신다(사 1:18-20). 그 언약은 하늘의 예루살렘에 있는 것으로 땅의 예루살렘에서부터 땅끝까지 전파되어야 할, 영원히 변함없는 언약이다(사 2:1-4).

<2 그 날에 יהוה의 싹이 아름답고 영화로울 것이요 그 땅의 소산은 이스라엘의 피난한 자를 위하여 영화롭고 아름다울 것이며 3 시온에 남아 있는 자, 예루살렘에 머물러 있는 자 곧 예루살렘에 있어 생존한 자 중 녹명된 모든 사람은 거룩하다 칭함을 얻으리니 4 이는 주께서 그 심판하는 영과 소멸하는 영으로 시온의 딸들의 더러움을 씻으시며 예루살렘의 피를 그 중에서 청결케 하실 때가 됨이라> (사 4장)

'יהוה 하나님의 싹'이란 하나님의 아들 예수 그리스도를 가리킨다.

사도 요한은 이사야 선지자가 본 이스라엘의 왕 יהוה에 대한 환상을 예수님의 영광을 보고 예수님을 가리켜 말한 것이라 했다(사 6:1-10; 요 12:37-45). 임마누엘의 약속대로 그 주 יהוה 하나님께서 자기 백성들을 죄에서 구원하시려고 'יהוה의 예수아'(예호수아/예수스)라는 새성함으로 오셨다(사 7:14; 마 1:21,23). 장차 예수께서 오실 때 새언약을 순종치 않는 백성들에게는 거치는 반석이 되시고, 언약의 말씀을 봉함하여 싸매고 그들로 깨닫지 못하게 하셨다(사 8:13-17). 예수님에 대해 베들레헴에서 태어난 한 아기와 하나님께로부터 태어난 아들, 기묘자와 모사, 전능하신 하나님과 영존하시는 아버지, 평강의 왕이시라고 예언했다(사 9:1-7). 사람이신 예수 그리스도에 대해 이새의 뿌리(하나님)의 한 가지(독생자)이자 다윗의 가지(자손)이 될 분이라고 예언했다(사 11:1). 그때 하나님 יהוה께서 큰 구원을 행하실 것이라 했다(사 12:1-6).

<2 보라 하나님은 나의 구원(救援)이시라 내가 의뢰하고 두려움이 없으리니 주 יהוה는 나의 힘이시며 나의 노래시며 나의 구원(救援)이심이라 3 그러므로 너희가 기쁨으로 <u>구원의 우물들</u>에서 물을 길으리로다>(사 12장)

예수님은 구원의 우물들에서 은혜 위의 은혜를 주신다. 첫째 은혜는 보혈의 샘에서 그 존함으로 주시는 죄사함의 은혜이고 다른 하나의 은혜는 성령의 생수의 샘에서 영생을 주시는 은혜이다(요 4:10). 하나님의 집 교회를 다윗의 집이라고 불렀다(사 22:22-24). 죄사함보다 더 놀라운 은혜란 그 약속을 믿는 자의 배에서 흐르는 성령의 생수의 샘에서 영생하게 될 성령침례의 약속이다(사 28:5-12).

<그러므로 생소(生疎)한 입술과 다른 방언(方言)으로 이 백성에게 말씀하시리라>(사 28:11)

마음이 교만하고 정직하지 못한 자들은 성령을 거절하니 하나님께서 깊이 잠들게 하는 영을 주신다고 경고했다(사 29:9-14). 하나님을 찾는 자들을 부르시고, 환란의 떡과 고생의 물을 주시나 보혜사로 참된 생명의 길로 인도하신다(사 30:18-22). 예수께서 그들 안에 의의 왕, 평강의 왕으로 오셔서 통치할 것이다(사 32:1-4,15-18).

<필경은 <u>위에서부터 성신을 우리에게 부어 주시리니</u> 광야가 아름다운 밭이 되며 아름다운 밭을 삼림으로 여기게 되리라>(사 32:15)

평강의 왕이요 율법을 세우신 분이요, 재판장이자 יהוה의 구원이신 주 예수께서 오셨다(사 33:22). 메시야로 오실 예수님과 그가 하실 일들을 노래했고(사 35:1-10), 옥에 갇힌 침례 요한이 오실 메시야가 당신이냐고 물었을 때 예수께서 이 말씀을 인용하여 답변하셨다.

<그 때에 저는 자는 사슴같이 뛸 것이며 벙어리의 혀는 노래하리니 이는 광야(廣野)에서 물이 솟겠고 사막에서 시내가 흐를 것임이라> (사 35:6)

이사야는 יהוה께서 오셔서 죄악을 완전히 사하시며 성령을 부어주실 복음을 반복적으로 예언했다(사 40:1-18; 42:5-9; 43:15-21; 52:6-15). 예수께서 하나님의 어린양이 되실 것을 예언했다(사 53:1-12). 성령으로 거듭날 사람, 새로운 아내에 대한 약속을 예언했다(사 54:1-8). 이것이 하나님의 성령의 영생수이며, 영원히 살리는 새언약이라고 했다.

<1 너희 목마른 자들아 물로 나아오라 돈 없는 자도 오라 너희는 와서 사 먹되 돈 없이, 값없이 와서 포도주와 젖을 사라 … 3 너희는 귀를 기울이고 내게 나아와 들으라 그리하면 너희 영혼이 살리라 내가 너희에게 영원한 언약을 세우리니 곧 다윗에게 허락한 확실한 은혜니라>(사 55장)

יהוה께서 친히 구속자로서 오실 것이라고 예언했다(사 59:16-21).

<יהוה께서 또 가라사대 내가 그들과 세운 나의 언약이 이러하니 곧 네 위에 있는 나의 신과 네 입에 둔 나의 말이 이제부터 영영토록 네 입에서와 네 후손의 입에서와 네 후손의 후손의 입에서 떠나지 아니하리라 하시니라 יהוה의 말씀이니라>(사 59:21)

하나님의 영이 사람들에게 임하신다고 했고, 하나님의 영이 임하시면 하나님의 영광도 임하는 것이다(사 60:1-5,15-22).

<1 주 יהוה의 신이 내게 임하셨으니 이는 יהוה께서 내게 기름을 부으사 가난한 자에게 아름다운 소식을 전하게 하려 하심이라 나를 보내사 마음이 상한 자를 고치며 포로된 자에게 자유를, 갇힌 자에게 놓임을 전파하며 2 יהוה의 은혜의 해와 우리 하나님의 신원의 날을 전파하여 모든 슬픈 자를 위로하되>(사 61장. 참고 10,11절)

신약은 하나님과 영원한 결혼언약이다(사 62:1-12). יהוה께서 구원자로 오셨음을 믿지 않으면 심판을 받을 것이라고 했다(사 63:1-6,10-14).

<백성이 옛적 모세의 날을 추억하여 가로되 백성과 양 무리의 목자
를 바다에서 올라오게 하신 자가 이제 어디 계시뇨 <u>그들 중에 성신
을 두신 자가 이제 어디 계시뇨</u>>(사 63:11)

예레미야도 יהוה께서 남편이 되셔서 자기 백성들로 아내를 삼을 것이
라고 예언했다(렘 3:14-18). 그것은 주 יהוה께서 신령한 선민과 결혼으로
맺으실 영원한 새언약인 성령침례이다(렘 31:31-34; 고후 3:2,3).
<나 יהוה가 말하노라 그러나 그 날 후에 내가 이스라엘 집에 세울
언약(言約)은 이러하니 곧 내가 나의 법을 그들의 속에 두며 그 마
음에 기록하여 나는 그들의 하나님이 되고 그들은 내 백성이 될 것
이라>(렘 31:33)
그 언약은 신령한 성도들의 마음에 새길 언약이며 한 도와 한 마음을
주어 하나님을 경외하며 떠나지 않게 하리라고 하셨다(렘 32:37-42).
다윗에게서 나올 의로운 가지(다윗의 자손)를 예언했다(렘 33:14-16).
다윗에게 허락한 확실한 은혜들이란 물과 성령의 침례들이다.

<19 내가 그들에게 일치한 마음을 주고 그 속에 새 신을 주며 그
몸에서 굳은 마음을 제하고 부드러운 마음을 주어서 20 내 율례를
좇으며 내 규례를 지켜 행하게 하리니 그들은 내 백성이 되고 나는
그들의 하나님이 되리라>(겔 11장)
에스겔도 새언약의 성령을 부어주실 것을 예언했다(겔 36:22-28).
<26 또 새 영을 너희 속에 두고 새 마음을 너희에게 주되 너희 육
신에서 굳은 마음을 제하고 부드러운 마음을 줄 것이며 27 또 <u>내
신을 너희 속에 두어 너희로 내 율례를 행하게 하리니</u> 너희가 내 규
례를 지켜 행할찌라 28 내가 너희 열조에게 준 땅에 너희가 거하여
내 백성이 되고 나는 너희 하나님이 되리라>(겔 36절)
다윗(예수님의 모형)이 왕과 목자가 될 것이며, 하나님이 그들의 하나
님이 되시고 그들은 하나님의 백성이 될 것이라고 했다(겔 37:23-28).
성령침례를 받지 않으면 신약과 상관없는 신자이다. '하나님의 성소'란
성령으로 기름을 부으면 '벧엘' 곧 하나님의 집으로 세워진다는 것이다.
바로 그들의 영이 하늘에 속한 신령한 제사장(백성)이라는 말씀이다.

성령으로 거듭난 자에게 하나님의 성소의 보좌로부터 생수가 흘러날 것을 보이셨다(겔 47:1-12) 그 성읍을 'יהוה-삼마'라 부른다(겔 48:35).

호세아(호 2:1,15,19-20), 요엘(욜 2:21-32), 아모스(암 9:11,12), 미가(미 4:1-5; 5:2), 하박국 선지자도 성령침례를 주실, 계시의 믿음의 때를 예언했다(합 2:2-4). 스가랴(슥 3:1-10; 4:1-14; 9:9; 14:4,916-21), 말라기도 하나님과 언약의 사자(使者)인 그리스도(보내심을 받은 아들)께서 오셔서 새언약(신약)인 성령침례를 주실 것을 예언했다(말 3:1; 4:5).

침례 요한은 구약의 마지막 선지자로서 침례로 신구약을 연결해주는 교량역할을 했다. 요한은 예수께서 새언약인 성령과 불로 침례주실 분이심을 선포했다(마 3:11; 막 1:8; 눅 3:16; 요 1:33).

②'성령의 임하심 및 충만'에 관한 신구약시대의 차이

하나님은 독생자의 모형으로 아담을 지으셨고(롬 5:14) 언젠가는 독생자와 같은 아들이 되게 하시길 영원 전에 예정하셨다(롬 8:29). 하나님의 독생자의 모형인 아담의 영은 하나님께서 지으신 영인지라 아들인 독생자와 달리 하나님과 하나로 연합될 수가 없는 천한 종의 신분이다. 따라서 아담 안에는 하나님의 영이 일시적으로 충만하게 거하실 수는 있었으나 영원히 계실 수는 없었다.

아담은 하나님께서 아들의 영광의 형상의 실체로 세우시기 전에 범죄해 죄와 사망의 종으로 떨어졌다. 빛이신 하나님에게서 떨어져 어둠의 자식이 되었기에 하나님의 영광을 빕는 자는 곧바로 죽게 된 것이다. 주 하나님께서 아담을 버리지 않으시고 희생제물의 피로 죄를 덮게 하셨다. 그러나 죄가 완전히 사해지기 전에는 처음의 의로운 상태에도 이르지 못하였고 성령의 영원한 임재는 불가능한 것이었다.

사람들이 범죄로 '흙(육체)', '죄의 종'이 되었기에 하나님의 거룩하신 영은 죄사함이 없이는 사람과 영원히 함께 하실 수 없으셨다.

<네가 얼굴에 땀이 흘러야 식물을 먹고 필경은 흙으로 돌아가리니 그 속에서 네가 취함을 입었음이라 너는 흙이니 흙으로 돌아갈 것이니라 하시니라>(창 3:19)

흙이 되고 죄의 종이 된 인생들은 반복하여 죄짓는 일에 빠졌다.

<주님께서 말씀하셨다. "생명을 주는 나의 영이 사람 속에 영원히 머물지는 않을 것이다. 사람은 살과 피를 지닌 육체요, 그들의 날은 백이십 년이다.">(창 6:3 새번역 성경)

구약 때에는 하나님의 영(성령/신)이 사람에게 일시적으로 임하셨다. 하나님의 신(영)이 발람에게 임하셨다(민 24:2). יהוה의 신(영)이 옷니엘, 기드온, 입다, 삼손에게 임하셨다(삿 3:10; 6:34; 11:29; 14:19; 15:14). יהוה의 영이 사울에게 임하셨다(삼상 10:6,10; 11:6). 하나님의 신(영)이 다윗을 잡으라고 보낸 사울의 사자들에게 임하시자 그들이 예언했다(삼상 19:20). 사울도 하나님의 신(영)이 임하자 예언했다(10:6; 19:23). 아사랴가 하나님의 신(영)이 임하자 예언했다(대하 15:1). 하나님의 신(영)이 임하자 야하시엘이 예언했다(대하 20:14). 스가랴가 하나님의 신에 감동되어 예언했다(대하 24:20). 에스겔 선지자에게도 하나님의 신(영)이 일시적으로 임하셨다(겔 2:2; 3:24; 11:5).

구약 때에는 사람들이 일시적으로 성령 충만함을 받았다. 하나님께서 유다 지파의 자손인 브살렐에게 하나님의 신(루아흐)을 충만하게 하여 성막의 기구들을 만들게 하셨다(출 31:3; 35:31). 모세가 여호수아에게 안수하자 지혜의 신(영)이 충만해졌다(신 34:9. 참고 사 11:2; 눅 11:49; 롬 16:27; 고전 1:21,24; 2:7).
비록 신약성경에 기록되었으나 아직 구약인 때에 침례 요한은 모태로부터 성령의 충만함을 받았다(눅 1:15). 침례 요한의 모친 엘리사벳이 마리아의 방문을 받자 성령의 충만함을 받았다(눅 1:41). 침례 요한의 아버지 사가랴도 성령의 충만함을 받고 예언했다(눅 1:67). 이와 같은 성령 충만은 비록 신약성경에 기록되어 있지만 구약의 시기에 일어난 일시적인 성령 충만함이다.

영원 전부터 예정하신 하나님의 뜻을 이루시기 위해 예수께서 오셨다. 예수 그리스도 안에 일곱 영으로 충만하다고 예언했다(계 1:4).
<יהוה의 신 곧 지혜와 총명의 신이요 모략과 재능의 신이요 지식과 יהוה를 경외하는 신이 그 위에 강림하시리니>(사 11:2)

이 말씀은 하나님의 아들(사람)에게 하나님의 영만 충만했다는 의미가 아니다. 또한 사람의 영(루아흐, 신)만으로 충만했다는 의미도 아니다. 그리스도(아들) 안에 아버지의 영과 아버지의 특성을 닮은 아들의 영의 특성을 설명한 것이다. 모든 피조물보다 먼저 태어난 독생자이신 예수 그리스도 안에 יהוה의 영과 יהוה를 경외하는 아들의 영이 계신다.

예수 그리스도 안에 '하나님의 일곱 영'이라는 말씀은 신성의 충만을 의미하는 말씀이다(사 61:1; 눅 4:1; 골 2:9; 계 3:1; 4:5; 5:6). 그러나 예수 그리스도의 성령 충만은 거듭남이나 성령침례가 아니다.

יהוה 하나님은 영이시고(요 4:24; 고후 3:17), 하나님만이 절대 거룩하시므로 하나님은 '성령'(성신)이시다. 구약에서 יהוה 하나님은 자신을 '거룩한 영'(성령/성신)이라고 하셨다. 구약에서 성령/신의 임하심과 충만은 하나님 יהוה의 영이 일시적으로 충만하신 것이다.

구속자가 되시기 위해 יהוה 하나님이 아들의 몸 안에서 세상에 오셨다(사 9:6). 예수님은 하나님의 영으로는 יהוה이시고, 사람의 영으로는 하나님께서 낳으신 아들이시고, 겉사람(혼+육)으로서는 인자가 되셨다. 이는 거룩하시고 의로우신 하나님과 죄인인 사람을 중보하시기 위함이셨다(딤전 2:5). 그 중보자를 통해 아버지와 독생자가 하나로 연합 되신 것같이 우리들도 하나님과 하나가 되게 하신다(요 17:11,21-23).

구약에서는 하나님께서 영으로서 영광, 구름, 천사, 사람 등 임시 모습으로 나타나셨으나 신약에서는 완전한 사람인 아들과 하나로 연합된 분으로서 성령(아버지와 아들의 영)으로 신자 안에 오셨으므로 신자의 영의 부활과 거듭남과 영주(永住)하심을 가능케 하셨다.

예수께서 십자가의 보혈로 죄인의 영을 깨끗케 하신다. 오순절처럼, 예수님을 믿는 신자들에게 일어난 첫 번째의 성령 충만은 성령침례이다(행 1:5,8; 2:4; 9:17). 죄로 죽었던 영을 성령침례로 살리시고, 종의 영이 아닌 아들의 영으로 거듭나게 하심으로 천사들보다 존귀한 신분을 얻게 하신다. 비로소 하나님의 영과 거듭난 사람의 영이 영원히 하나로 연합될 수 있게 된다. 하나님께서 아들인 사람과 하나가 되셨고, 우리의 영이 하나님과 영원히 하나가 되는, 영원한 임재와 충만과 거듭남, 보증, 인치심을 위해서는 완전한 중보자가 반드시 필요하다.

③아버지와 아들이신 예수님의 약속과 명령인 성령침례

예수님은 침례 요한의 침례를 받고 찾아 온 신자들에게 제자들이 물침례를 주게 하셨지만 성령침례는 예수께서 친히 주신다고 약속하셨다 (요 1:33; 20:22). 예수님이 주시는 성령침례는 죄사함을 위한 물침례보다 비교할 수 없는 더 큰 은혜이다(마 3:11; 막 1:8; 눅 3:16).

<나도 그를 알지 못하였으나 <u>나를 보내어 물로 침례를 주라 하신 그이</u>가 나에게 말씀하시되 성령이 내려서 누구 위에든지 머무는 것을 보거든 그가 곧 <u>성령으로 침례를 주는 이인 줄 알라</u> 하셨기에> (요 1:33)

아버지께서 독생자를 세상에 보내실 때도 성령으로 기름부으셨다(사 61:1; 마 3:16; 12:18; 막 1:10; 눅 3:22; 4:18; 요 1:33; 3:34). 사도들과 제자들이 예수 이름을 인하여 핍박과 환란과 순교를 당할 때도 그 안에 오신 아버지의 성령이 말씀하신다(마 10:20; 막 13:11; 눅 12:12).

예수님은 제자들에게 기도를 가르치신 후 기도 응답으로 받는 가장 큰 선물은 성령을 받는 것이라고 말씀하셨다(눅 11:1-13).

<너희가 악할찌라도 좋은 것을 자식에게 줄줄 알거든 하물며 너희 천부께서 구하는 자에게 성령(聖靈)을 주시지 않겠느냐 하시니라> (눅 11:13)

예수께서 또한 성령침례를 가리켜 영생하는 샘물이라고 말씀하셨다.

<10 예수께서 대답하여 가라사대 네가 만일 하나님의 선물과 또 네게 물 좀 달라 하는 이가 누구인 줄 알았더면 네가 그에게 구하였을 것이요 그가 생수를 네게 주었으리라 … 14 내가 주는 물을 먹는 자는 영원히 목마르지 아니하리니 나의 주는 물은 그 속에서 영생하도록 솟아나는 샘물이 되리라>(요 4장)

초막절에는 성령침례를 배에서 흐르는 생수의 강이라 비유하셨다.

<37 명절 끝 날 곧 큰 날에 예수께서 서서 외쳐 가라사대 누구든지 목마르거든 내게로 와서 마시라 38 나를 믿는 자는 성경에 이름과 같이 그 배에서 생수(生水)의 강이 흘러나리라 하시니 39 이는 <u>그를 믿는 자의 받을 성령(聖靈)을 가리켜 말씀하신 것이라</u> (예수께서 아직 영광을 받지 못하신 고로 성령이 아직 저희에게 계시지 아니하시더라)>(요 7장)

예수께서 영광을 받으신 후에야 성령을 부어주실 것이라고 하셨으며, 영광을 받으시기 전에는 성령을 주지 않으셨다(요 16:7; 17:5).

성령을 받는 것은 다른 보혜사를 영접하는 것인데 예수께서 성령으로 제자들 안에 오시는 것이다(요 14:16-20,23,26,28; 15:26; 16:1-22). 이 영접함을 통해 아들의 권세를 얻는다는 말씀이다(요 1:12,13). 예수께서 지금까지는 제자들 곁에 육체로 함께 계시면서 도우셨는데, 하늘로 가신 후에는 성령으로 그들 안에 오시겠다고 약속하신 것이다.

<그러하나 내가 너희에게 실상을 말하노니 내가 떠나가는 것이 너희에게 유익이라 내가 떠나가지 아니하면 보혜사가 너희에게로 오시지 아니할 것이요 가면 내가 그를 너희에게로 보내리니>(요 16:7)

성령침례를 받기 전에는 예루살렘을 떠나지 말라고 명하셨고, 성령을 받아야 땅끝까지 이르러 예수님의 참된 증인, 보내심을 받은 자(사도)가 될 것이라고 말씀하셨다.

<볼찌어다 내가 내 아버지의 약속(約束)하신 것을 너희에게 보내리니 너희는 위로부터 능력(能力)을 입히울 때까지 이 성에 유(留)하라 하시니라>(눅 24:49)

예수께서 부활하신 후에도 제자들에게 나타나셔서 성령침례에 대해 가르치셨고, 숨을 내쉬며 성령을 받으라고 명령하셨다.

<21 예수께서 또 가라사대 너희에게 평강이 있을찌어다 아버지께서 나를 보내신 것 같이 나도 너희를 보내노라 22 이 말씀을 하시고 저희를 향하사 숨을 내쉬며 가라사대 성령을 받으라 23 너희가 뉘 죄든지 사하면 사하여질 것이요 뉘 죄든지 그대로 두면 그대로 있으리라 하시니라>(요 20장)

부활하신 후 '성령을 받으라'고 말씀하신 것은 살리는 영(靈), 생수인 성령침례를 곧 부어주실 것임을 알리신 말씀이다. 예수께서 부활하신 후 승천하시기까지 40일간 제자들에게 거듭나야 들어갈 수 있는 하나님나라에 대해 성령으로 가르치셨다(행 1:1-4). 아버지의 약속하신 성령을 받는 것은 성령침례를 받는 것이다.

<요한은 물로 침례를 베풀었으나 너희는 몇 날이 못되어 성령으로 침례(헬-밥티스마)를 받으리라 하셨느니라>(행 1:5)

④성령침례를 주신다는 아버지의 약속이 성취되다

예수님의 약속인 성령침례를 받으려면 그 명령대로 기도해야 한다.

500여 형제가 함께 부활하신 예수님을 뵈었으나(고전 15:6) 약 ¼의 제자들만이 약속을 믿고 모여서 기도하였다(눅 11:13; 행 1:4,5).

<13 들어가 저희 유하는 다락에 올라가니 베드로, 요한, 야고보, 안드레와 빌립, 도마와 바돌로매, 마태와 및 알패오의 아들 야고보, 셀롯인 시몬, 야고보의 아들 유다가 다 거기 있어 14 여자들과 예수의 모친 마리아와 예수의 아우들로 더불어 마음을 같이하여 전혀 기도에 힘쓰니라 15 모인 무리의 수가 한 일백이십 명이나 되더라 …>
(행 1장)

120여명의 제자들은 예수님을 믿고 예수께 속한 물침례를 받았으며, 수많은 기적들을 체험했으며, 죽으심과 부활과 승천도 목격했다. 그러나 오순절이 오기까지 누구에게도 성령침례는 주지 않으셨다.

약속을 믿고 명령에 순종한 자들이 오순절 날에 성령침례를 받았고, 비로소 교회가 탄생했다(욜 2:27-32; 눅 11:5-13; 행 2:1-4;16-21).

<1 오순절날이 이미 이르매 저희가 다 같이 한 곳에 모였더니 2 홀연히 하늘로부터 급하고 강한 바람 같은 소리가 있어 저희 앉은 온 집에 가득하며 3 불의 혀같이 갈라지는 것이 저희에게 보여 각 사람 위에 임하여 있더니 4 저희가 다 성령의 충만함을 받고 성령이 말하게 하심을 따라 다른 방언으로 말하기를 시작하니라>(행 2장)

오순절은 초실절로부터 50일째 날인데 부활의 첫열매이신 예수께서 자기의 성령을 제자들 속에 '부어주심'으로 성취하신 명절이다.

예수께서 성령으로 신자들 안에 오셔서 충만하게 채우시고, 신자의 영이 성령 안에 완전히 잠기는 체험이 성령침례이다. 마치 깊고 넓은 바다에 잠긴 그릇에 안팎으로 물이 차는 것과 같은 체험이다(참고 고후 4:7). 오순절 날 성령이 임하신 후부터 첫 번째의 성령충만을 성령침례, 속사람의 부활, 성령으로 거듭남이라고 한다. 아버지께서 주신 성령침례의 약속은 아버지께서 얼마든지 부르시는 모든 사람(만민/모든 육체)들에게 주신 약속이다(욜 2:28; 행 2:17,39).

<33 하나님이 오른손으로 예수를 높이시매 <u>그가 약속하신 성령을</u>
<u>아버지께 받아서 너희 보고 듣는 이것을 부어 주셨느니라</u> … 38 베
드로가 가로되 너희가 회개하여 각각 예수 그리스도의 이름으로 침
례를 받고 죄 사함을 얻으라 <u>그리하면 성령을 선물로 받으리니 39</u>
<u>이 약속은 너희와 너희 자녀와 모든 먼 데 사람 곧 주 우리 하나님</u>
<u>이 얼마든지 부르시는 자들에게 하신 것이라</u> 하고>(행 2장)

아버지께서 얼마든지 부르시는 모든 사람(만민)들에게 주신 이 약속은
당연히 사마리아인들에게도 주신 약속이다.
<15 그들이 내려가서 저희를 위하여 성령받기를 기도하니 16 이는
아직 한 사람에게도 성령 내리신 일이 없고 오직 주 예수의 이름으
로 침례만 받을 뿐이러라 17 이에 두 사도가 저희에게 안수하매 성
령을 받는지라>(행 8장)

많은 사마리아인들이 빌립을 통하여 수많은 기적들을 체험했고 예수
이름으로 침례까지 받았다. 그러나 그것이 성령침례를 받은 것이 아니
다. 하나님께서 수많은 기적들을 체험케 하셔서 사람을 부르시는 이유는
결국 성령침례를 주심으로 영을 살리고 거듭남을 주기 위함이다.

하나님께서 천국 갈 자와 지옥 갈 자를 태어나기 전에 예정하셨다는
교리는 하나님을 최악의 신으로 만든다. 하나님은 모든 육체에게 성령을
부어주셔서 후사로 삼으실 것을 약속하셨다.
그 약속대로 이방인들도 같은 복음으로 부르시고 성령침례를 주셨다.
고넬료는 온 가족으로 더불어 주 하나님을 경외하며 사랑하였고, 그분의
백성들을 이웃처럼 사랑하고 도와주며 이웃사랑의 계명까지 신실하게
지키는 자였다(막 12:29-32). 하나님께서 그의 믿음을 보셨고, 성령을
부어주기 위해 베드로를 청하여 구원얻을 말씀을 들으라고 명하셨다
(행 11:14). 베드로가 오순절 날 성령을 함께 받았던 몇 성도들과 고넬
료의 집으로 가 복음을 전했다. 베드로가 '예수 이름을 힘입어 죄사함을
받는다'까지 설교를 시작했을 때 하나님께서 그들 모두에게 성령을 부어
주셨다. 베드로는 '오순절 날에 우리가 받은 성령침례와 고넬료 가정이
받은 성령침례가 같은 선물'이라고 증언했다.

<이에 베드로가 가로되 <u>이 사람들이 우리와 같이 성령을 받았으니</u>
누가 능히 물로 침례 줌을 금하리요 하고>(행 10:47)

유대인인 교회 형제들이 '왜 율법을 어기고 이방인들과 교제했느냐?'
고 추궁했을 때 베드로는 '주 하나님께서 보내셨고, 우리에게 주신 것과
동일한 성령침례를 그들에게 주셨다'라고 증언했다.

<16 내가 주의 말씀에 요한은 물로 침례 주었으나 너희는 성령으로
침례받으리라 하신 것이 생각났노라 17 그런즉 하나님이 <u>우리가 주
예수 그리스도를 믿을 때에 주신 것과 같은 선물</u>을 저희에게도 주셨
으니 내가 누구관대 하나님을 능히 막겠느냐 하더라>(행 11장)

침례 요한이 물로 침례를 주며 증거하였던 성령침례는 예수께서 공생
애 동안 가르치신 성령침례이며, 예루살렘에 임하였던 성령침례이며, 주
하나님께서 얼마든지 부르시는 자들에게 약속하신 동일한 선물이다.

예루살렘교회에서 복음을 받은 성도들이 세운 안디옥교회에 사도들이
바나바를 감독으로 파송했다. 바나바가 바울을 조력자로 초청하여 함께
안디옥교회를 섬겼고, 얼마 후에 바나바와 바울은 이방인들에게 전도할
사도로 보내심을 받았다(행 13:1-3). 1차 선교여행을 마치고 돌아온 후
안디옥교회 안에 구원의 진리(구원론)에 대한 논쟁이 일어났는데 바나바
와 바울이 해결할 수 없었다. 사도들과 사도적인 선지자들과 장로들이
모인 예루살렘교회가 죄사함의 진리뿐만 아니라 성령으로 거듭남의 진
리도 이방인이나 유대인이나 동일하다는 것을 확증하였다.

<8 또 마음을 아시는 하나님이 우리에게와 같이 저희에게도 성령을
<u>주어 증거하시고</u> 9 믿음으로 저희 마음을 깨끗이 하사 저희나 우리
나 분간치 아니하셨느니라 … 11 <u>우리가 저희와 동일하게 주 예수
의 은혜로 구원받을 줄을 믿노라</u> 하니라>(행 15장)

예루살렘에서 열두 사도가 성령 충만한 가운데 함께 전하였던 복음이
안디옥교회의 복음이다. 바나바와 바울이 1차 선교여행에서 전했던 복음
과 예루살렘교회의 복음은 동일하다. 바울은 1차 선교여행에서 세운 교
회들에게 이 메시지를 다시 확증하며 2차 선교여행을 떠났다(행 15:36).

2차 선교여행에서 세운 대표적인 교회는 고린도교회인데 고린도교회
에게도 물과 성령의 침례들을 받는 동일한 복음을 전했다.

4. 거듭남을 위한 은혜의 복음: 성령침례

<1 형제들아 너희가 알지 못하기를 내가 원치 아니하노니 우리 조상들이 다 구름 아래 있고 바다 가운데로 지나며 2 모세에게 속하여 다 구름과 바다에서 침례를 받고 3 다 같은 신령한 식물을 먹으며 4 다 같은 신령한 음료를 마셨으니 이는 저희를 따르는 신령한 반석으로부터 마셨으매 그 반석은 곧 그리스도시라>(고전 10장)

바울은 성령침례를 '구름침례'라고 비유했다. 구름은 보이지 않으시는 영이신 하나님의 임재와 가시적인 출현을 상징하는 것이기 때문이다(출 14:24; 16:10; 19:9; 24:16; 33:10; 34:5; 40:34,35,38; 민 11:25; 12:5; 16:42; 신 31:15; 왕상 8:11; 대하 5:13; 겔 10:4; 마 17:5).

바울이 3차 선교여행에서 전도한 복음은 예수께서 니고데모에게 물과 성령으로 거듭남에 대해 가르친 후 요한의 물침례를 받은 유대인들에게 행하신 사역과 완전히 일치한다(요 3:1-4:2).

<1 아볼로가 고린도에 있을 때에 바울이 윗지방으로 다녀 에베소에 와서 어떤 제자들을 만나 2 가로되 너희가 믿을 때에 성령을 받았느냐 가로되 아니라 우리는 성령이 있음도 듣지 못하였노라 3 바울이 가로되 그러면 너희가 무슨 침례를 받았느냐 대답하되 요한의 침례로라 4 바울이 가로되 요한이 회개의 침례를 베풀며 백성에게 말하되 내 뒤에 오시는 이를 믿으라 하였으니 이는 곧 예수라 하거늘 5 저희가 듣고 주 예수의 이름으로 침례를 받으니 6 바울이 그들에게 안수하매 성령이 그들에게 임하시므로 방언도 하고 예언도 하니 7 모두 열두 사람쯤 되니라>(행 19장)

바울이 만난 아볼로의 제자들은 예수님에 대해 자세히 배워 예수님을 믿었고 요한의 침례를 받은 신자들이었다(행 18:24,25). 바울은 '너희가 (예수님을) 믿을 때에 성령을 받았다'라고 가르치지 않았다. 바울도 물과 성령으로 거듭나는 복음을 전했고, 바울이 안수하자 비로소 성령침례를 받았으며, 에베소교회의 기둥들이 되었다. 바울은 이 동일한 가르침을 소아시아에 전파해 일곱 교회들을 세웠다. 이 일곱 교회들은 2천년 교회사를 나타내는 교회의 시대적 유형들이다. 성령을 받는 것은 새언약을 받는 것이므로 다른 무엇으로 대체할 수 있는 것이 절대로 아니다.

(2) 성령침례를 받아야 속사람이 부활함

모든 사람들은 아담 안에서 함께 죄에 동참하였고 그 즉시 속사람인 영이 죽었고 겉사람은 천년 안에 다 죽게 되었다(마 8:22; 눅 9:60; 롬 5:14; 고전 15:22). 모든 죄인들의 속사람은 죄와 사망의 권세를 이기고 부활해야 한다. 모든 사람들 위에서 왕노릇하며 지배하는 죄와 사망이야 말로 이겨야 할 가장 큰 원수이다(고전 15:26).

예수께서 예수 이름으로 침례를 받을 때 죄를 사하신다고 약속하셨다. 물침례를 받을 때 죽으심과 장사되심에 연합된(함께 심겨진) 것이 맞다. 그러나 물 밖으로 나올 때 부활에 연합된 것이라는 교리는 틀렸다. 복음 (진리)은 죄사함을 통해 아담의 범죄 이전 상태로 그의 영(종의 신분인 영)을 다시 살리신다는 약속이 아니다. 참된 복음 안에는 속사람인 영의 부활은 물론 더 나아가 아들로 거듭나는 약속이기 때문이다.

<24 내가 진실로 진실로 너희에게 이르노니 내 말을 듣고 또 나 보내신 이를 믿는(believes) 자는 영생을 얻었고 심판에 이르지 아니하나니 사망에서 생명으로 옮겼느니라 25 진실로 진실로 너희에게 이르노니 죽은 자들이 하나님의 아들의 음성을 들을 때가 오나니 곧 이 때라 듣는 자는 살아나리라>(요 5장)

예수님을 믿는 자들이 사망에서 생명으로 옮겨졌고 영생을 얻었다는 말씀은 예수님을 믿는 즉시 속사람이 살아났다는 뜻이 아니다. 정죄로 죽이는 법인 모세의 율법에서 살리는 예수 그리스도의 의(義)의 법으로 갈아탄다는 뜻이고, 그 법의 과정을 따르는 것이다. 성경의 '믿음'이란 과거의 한 번의 경험이 아니라 끝까지 이어지는 현재형이다.

요한복음 6장에서 예수님을 믿고 수많은 사람들이 기적들을 체험했을 때도 그들의 죽었던 영이 살아난 것이 아니었다.

<생명을 주는 것은 영이지 육이 아니다. 내가 너희에게 한 말은 영적인 생명에 관한 것이었다.>(요 6:63, 현대어 성경)

육신의 떡은 겉사람을 잠시 살릴 뿐 영원히 살게 하는 양식이 아니다. 영을 살리는 떡을 먹어야 된다는 말씀을 들은 만여 명의 신자들이 다 떠났는데, 영생으로 옮겨졌던 자들이 떠난 것이 아니다.

요한복음 7장 37-39절에 초막절에 예수님께서 성령의 생수의 강을 말씀하셨을 때, 예수께서 다시 영광을 받으시기 전이므로 생명의 성령이 아직 저들 안에 오시지 않았기에 그들의 영이 산 것이 아니다.

<25 예수께서 가라사대 나는 부활이요 생명이니 나를 믿는 자는 죽어도 살겠고 26 무릇 살아서 나를 믿는 자는 영원히 죽지 아니하리니 이것을 네가 믿느냐>(요 11장)

예수께서 죽은 나사로를 다시 살리셨을 때 그의 겉사람은 부활했으나 그의 속사람(영)이 부활한 것은 아니다. 나사로의 속사람도 언젠가 그가 죽기 전에 부활해야 한다. 살려주는 영을 받아 속사람이 부활한 자들은 겉사람이 죽을지라도 죽은 것이 아니라 '자는 것'이기에 언젠가 완전한 부활로 깨어나는 것이기에 영원히 죽지 않는다.

예수께서 부활하심으로 대천사장도 이기지 못한 죄와 사망을 영원히 이기셨다. 예수님께서 살려주는 영을 제자들 안에 부어주실 때 그들의 영(속사람)이 살아나는 것이다(요 14:16-19).

<조금 있으면 세상은 다시 나를 보지 못할 터이로되 너희는 나를 보리니 이는 내가 살았고 너희도 살겠음이라>(요 14:19)

예수께서 육적보혜사(어린양)로 죄인을 대신해 죽으셨고, 죄와 사망을 이기신 부활의 영 곧 성령의 보혜사(제사장)로 제자들 안에 오심으로 그 성령을 영접하는 자의 속사람을 살리시고 아들로 거듭나게 하신다. 예수님은 어린양으로 죄사함을 돕는 보혜사이시고 대제사장(그리스도)으로서 의와 부활과 거듭난 생명을 얻도록 완전하게 도우시는 보혜사이시다.

바울은 예수 이름의 침례로 예수님 안에 장사되었다고 증거했다. 예수 그리스도의 성령으로 침례를 받으면 그의 영이 사망과 정죄의 법에서 생명의 법, 성령의 법 안으로 해방되어 옮겨진다고 했다.

<1 그러므로 이제 그리스도 예수 안에 있는 자에게는 결코 정죄함이 없나니 2 이는 그리스도 예수 안에 있는 생명의 성령의 법이 죄와 사망의 법에서 너를 해방하였음이라>(롬 8장)

성령침례로 부활의 영에 연합해야 영이 살아나 생명을 얻은 것이다.

예수 그리스도의 영을 받은 사람만이 그리스도인이다(고전 12:13).
<9 만일 너희 속에 하나님의 영이 거하시면 너희가 육신에 있지 아니하고 영에 있나니 누구든지 <u>그리스도의 영이 없으면 그리스도의 사람이 아니라</u> 10 또 그리스도께서 너희 안에 계시면 몸은 죄로 인하여 죽은 것이나 <u>영은 의를 인하여 산 것이니라</u>>(롬 8장)

예수님의 성령으로 침례를 받은 자는 그의 속사람이 영원한 생명으로 부활한 동시에 예수님의 몸에 연합된 것이다(고전 12:13).
<기록된 바 첫 사람 아담은 산 영이 되었다 함과 같이 마지막아담은 <u>살려주는 영이 되었나니</u>>(고전 15:45)

예수님이 장사되신 것만으로 복음이 완성되지 않는다. 완전한 구원은 예수님의 죽으심과 장사되심과 부활하심에 연합되는 것이다. 물침례는 속사람(영)의 모든 죄를 깨끗케 하신 것이며 겉사람을 부활 때까지 그의 안에 함께 장사지내(심어) 놓은 것이다. 예수님께서 부활하신 후 40일 동안 제자들 곁에 계실 때 아무도 그 영의 부활을 경험한 자가 없었다. 살려주는 영을 받을 때 비로소 사망을 이긴 생명을 받는다.

(3) 성령침례로 속사람이 거듭남

①구약성경이 보여주는 거듭남의 그림자

주님께서 지으신 첫사람 아담은 둘째사람 예수 그리스도의 모형이다. 하나님께서 혈육에 속한 자, 땅에 속한 자를 하늘에 속한 자 즉 성령에 속한 자의 모형으로 만드셨기에 언젠가 실체가 되어야 한다. 물침례로 마지막아담에게 연합되면 첫사람 아담 안에서 나오게 되고, 성령침례로 속사람이 하나님의 아들로 거듭나고 둘째사람인 그리스도 안에 들어가 영광의 형상의 내적실체가 된다. 사람마다 그가 속사람을 따라 성령으로 충만한 삶을 살면 겉사람까지 둘째사람의 형상과 같이 변하게 된다.

가인은 죄인의 모형이고 아벨은 거듭나기 위해 자기 옛사람을 죽이는 성도의 모형이다(히 12:24). 아벨이 죽자 셋이 그를 대신했듯이 옛사람이 죽으면 성령을 통해 그리스도의 지체가 된 새사람이 사는 것이다.

옛사람이 회개로 예수님과 함께 십자가에서 죽고 물침례로 예수님과 함께 장사되면 성령침례로 새로워진 영의 삶이 성도의 삶이다.

홍수로 악인들은 다 멸망을 당하였지만 노아의 가족은 구원을 받았고, 하나님께서 노아의 가족들에게도 아담에게처럼 다시 복을 주심으로써 신약의 새사람의 모형이 되게 하셨다(창 9:1-7; 벧전 3:18-22).

노아가 방주에서 내어보냈던 새들이 죄인일 때의 영과 새사람이 된 후의 영을 보여주는 그림자이다. 하나님께서 모든 새들을 선하게 지으셨으나 죄인과 의인의 특성을 보여주시기 위해 새를 영(靈)에 비유하셨고 부정한 새와 정결한 새로 구별하셨다(마 3:16; 10:16; 13:19,32; 막 1:10; 4:4,32; 눅 3:22; 8:5; 13:19; 요 1:32; 계 18:2). 까마귀는 거듭나기 전에 속사람(죽은 영)을 상징하고 비둘기는 새사람 안에 거듭난 산 영을 상징한다. 거듭났을지라도 겉사람의 혼은 여전히 까마귀의 습성과 같고 거듭난 영이 비둘기와 같음을 보여준다.

성령으로 충만해야 할 신령한 성전, 세상에서 구원의 방주와 같아야 할 교회가 공중권세 잡은 영(사단)이 임하여 더럽고 불결한 영들, 더러운 새들의 처소가 될 것임을 경고하셨다(딤전 4:1; 계 18:2).

아브라함의 아들 이스마엘은 혈육으로 태어난 선민의 모형이고 이삭은 성령으로 거듭난 성도의 모형이다(롬 9:8; 갈 4:28). 이삭에게서 태어난 에서와 야곱은 거듭난 성도의 겉사람과 속사람의 모형이다(롬 9:13). 야곱과 이스라엘은 성령침례로 거듭난 성도가 불침례를 받아 금은이나 각종 보석같이 제련되고 다듬어지는 삶을 보여주는 모형이다.

모세는 혈육으로 난 선민의 중보자로 종의 신분이었지만 여호수아는 성령으로 난 자들의 중보자의 모형이다(신 18:18). 여호수아는 이름과 뜻, 역할이 동일하게 예수 그리스도의 모형이 되었다(슥 3:8).

엘가나에게 사라와 하갈처럼 한나와 브닌나라는 아내들이 있었는데 이들은 하늘의 아들의 언약과 땅의 종의 언약을 보여준다(삼상 1:1-20). 누구든지 성령침례를 받으면 하나님의 아들로 거듭나고 '하나님의 존함'(사무엘)을 그 이마에 새기게 된다(계 22:4).

사울이 하나님의 영(루아흐, 신)의 임재로 예언하며 변하여 새사람이 된 것은 성령침례로 새사람이 되는 것의 그림자이다(삼상 10:6,9).

사울은 혈육으로 난 자들의 모형이고 다윗은 성령침례를 받아 거듭난 자들 즉 왕같은 신령한 제사장들의 모형이다(벧전 2:9).

선지자 엘리야의 이름은 'יהוה만 엘로힘이다'라는 뜻으로 혈육의 선민의 신앙고백을 보여주고, 선지자 엘리사의 이름은 '하나님이 구원이시다'라는 뜻으로 구원의 은혜를 받은 새언약의 선민의 신앙고백을 보여준다. 예수라는 성함의 뜻은 'יהוה의 예수아(구원)'이시다(마 1:21).

욥은 동물 희생제사법에 의거한 자기의 의(義)를 자부하고 더 완전한 하나님의 의(義)를 모른 채 의로움에 어떤 부족함도 없다고 생각했다. 마침내 하나님께서 욥이 듣는 것으로 알았던 의보다 완전한 의를 보게 하심으로써 온전히 회개하자 갑절의 복을 주셨다. 이 복은 성령침례로 거듭나고 불침례로 단련된 성도가 하나님의 장자의 총회의 일원이 되어 받게 될 갑절의 복 즉 하늘(제사장)과 땅(왕)의 복의 모형이다.

이사야서에 예언된 '남은 자'는 주홍빛 같은 죄를 흰눈같이 씻김 받고 성령의 법으로 거듭난 초대교회의 성도들이다(1:1-10,18-20; 롬 9:29). 시온과 예루살렘에서부터 온전한 율법을 받은 그들은 하늘의 예루살렘, 참어머니로부터 거듭난 성도들이다(2:1-4). 주님께서 시온에 남은 자들 위에 천막을 치실 것이라는 말씀은 거듭난 성도들로 이루어진 교회 즉 다윗의 장막(교회)을 가리킨다(4:2-6; 행 15:16).

이사야는 환상 중에 예수님과 그 영광을 보았으며, 하늘성전에 있는 제단의 불로 입술이 정결함을 받은 체험으로 거듭나고 증인으로 보냄을 받은 성도의 그림자를 보였다(6:1-5; 요 12:41). 주 예수님은 성령으로 거듭난 성도들 가운데 하나님으로 임하신 '임마누엘'이시다(7:14; 마 1:23). 주 예수님이야말로 영원히 피할 반석이 되신 יהוה이시다(8:13,14). 또한 아버지와 아들로 하나가 되신 예수님은 베들레헴에서 태어난 한 아기와 한 아들, 기묘자와 모사, 전능하신 하나님과 영존하시는 아버지, 평강의 왕이시다(9:6,7; 요 8:24-27; 20:28; 행 20:28).

다윗의 자손으로 어린양인 예수님은 이새의 가지에서 난 한 싹이며 대제사장이신 예수님은 이새의 뿌리에서 나신 한 가지로서 하나님의 아들이시다(11:1). 새언약의 성도들은 육신의 보혜사(어린양)와 연합해 죄 사함을 받고 성령의 보혜사(대제사장)를 영접, 연합하여 거듭난다.

'구원이 되신 יהוה'가 예수님이시며, 그분의 보혈의 샘에서 죄를 씻고 성령의 샘이 그 배에 터짐으로 거듭난 생명을 얻는다(12:1-6). 다윗의 집은 거듭난 성도들의 모임인 교회를 가리킨다(22:22-24; 행 15:16; 계 3:7). 생소한 입술과 다른 방언을 증표로 성령침례를 받은 성도들은 그 속사람이 하나님의 아들로 거듭나 하나님의 안식에 들어갔다(28:5-13). 십자가를 지고 성장해가는 거듭난 성도들은 '환란의 떡과 고생의 물'(불 침례)을 마시며 보혜사(스승)의 인도를 받는다(30:18-22). 예수 그리스도는 장차 하늘과 새땅을 다스릴 한 의의 왕이며 거듭난 성도들은 하늘의 성도, 신령한 선민이 되었다(32:1-4,15-18). 예수님이 성령으로 거듭난 성도들을 침례 요한의 제자에게 יהוה 하나님의 속량함을 받은 무리라고 증거하셨다(35:1-10; 마 11:3,4). 사람의 장막을 입고 오실 יהוה의 길을 예비하러 침례 요한을 보내셨고, 예수님께로 가서 물과 성령으로 거듭난 자들이 יהוה를 영접한 산성전이 되었다(40:1-17). 예수님은 홍해보다 온전한 물침례를 주시고, 광야와 황무지 같은 이들의 마음에 생수의 강을 여셨고, 그 은혜들을 받아 하나님의 아들로 거듭나게 하셨다(43:15-21). 물과 성령으로 거듭난 자들, 성령을 받은 자들은 새언약을 맺으신 하나님의 완전한 존함이 '예수'임을 안다(52:6,7). 예수께서 미천한 모습으로 오셔서 모든 사람들로부터 멸시당하시고, 자신의 살과 피를 십자가에서 먹을거리로 주시기까지 종노릇하셨다(53:1-12). 그분의 살과 피를 마시는 신자들은 완전한 죄사함과 영생의 부활과 거듭남에 참여하게 된다. 성령의 새언약으로 거듭난 자들은 잉태치 못하던 사라에게서 태어난 이삭과 같은 아들이다(54:1-8). 다윗은 예수님의 모형이기에 다윗의 언약이란 물과 성령으로 나는 확실한 은혜와 진리이다(55:1-13). יהוה 하나님께서 친히 구속자로 오셨고 그 피로 교회를 사시고 성령으로 거듭나게 하셨다(59:16-21). 하나님의 영이 사람 속에 생명의 빛, 영광으로 임하심으로 거듭난 아들이 되게 하시고, 해보다 더 찬란한 하나님의 영광의 형상이 되게 하셨다(60:1-3). 성령을 영접한 자들은 하나님으로부터 태어난 아들이 되고 하나님과 하나로 연합된 신부가 된다(61:1-3,10,11). 하나님의 신부가 된 자들의 육체와 심령은 예전에 황무지, 버림받은 땅, 사막과 같았으나 헵시바와 쁄라같이 변한다(62:1-12). 어머니이신 교회 안에 각각의 성도들은 하나님의 아들로서 후사가 된다(63:1-6,10-14).

'예레미야'도 영원한 새언약인 은혜와 진리의 복음에 대해 예언했다. 예수님이야말로 부활이요 성령의 법이요 영생의 떡이므로 참된 법궤이시다(3:14-18). 예수님을 영접해 거듭나면 모형인 옛법궤를 기억하거나 말하거나 생각하거나 찾거나 만들지 않을 것이라 했다.

거듭난 자들은 심비에 새언약(성령의 법)이 새겨진 하나님의 아들들이며 모든 천사들보다 존귀한 자들이다(31:31-34; 히 8:6-13). 하나님께서 온 마음으로 만유 위의 참하늘에 거듭난 아들들을 세우셨다(32:37-42). 다윗에게서 난 의로운 한 가지가 실상은 'הוהי의 의(義)'이신 그리스도이심을 그분에게 거듭남으로 연합된 지체들에게 확증하셨다(33:14-18).

'에스겔'도 새언약의 성령침례를 받은 자들이 완전한 새사람, 하나님이 낳으신 아들이 될 것임을 예언했다(11:19,20). 물론 맑은 물로 죄를 씻기고 성령을 부어 새사람으로 거듭나게 하신다는 약속이다(36:22-28). 모형인 다윗의 실체로 예수께서 왕이 되시고, 성령으로 거듭남과 기름부으심을 통해 성도들을 다윗의 집, 하나님의 신령한 성전으로 세우신다고 약속하셨다(37:23-28). 하늘성전의 하나님의 보좌로부터 흐르는 성령의 생수가 닿는 곳마다 살게 될 것이라고 예고하셨다(47:1-12). 그러므로 거듭난 성도들은 하나님의 신부된 예루살렘성, הוהי-삼마(하나님께서 여기 계심)라 불릴 것이라고 했다(48:35).

호세아(2:1,15,19-23), 요엘(2:21-32), 아모스(9:11,12), 미가(4:1-5; 5:2), 하박국(2:2-4), 스가랴(3:1-10; 4:1-14; 9:9; 14:4,9,16-21), 말라기(3:1; 4:5,6), 침례 요한도 성령침례를 받은 자들이 거듭난 아들들, 신부가 될 것을 예언했다(마 3:11; 요 1:33; 3:29. 참고 고후 11:2).

②예수께서 가르치신 거듭남의 진리

모든 인생은 '물과 육체'로 태어나서 사람의 아들, 죄의 종의 신분을 갖는다. 독생자께서 새언약으로 죄를 사하시고, 하나님의 아들로 다시 태어나게 해 주시기 위해 오셨다. 사람의 생명의 기운은 영(靈)이자 그 안의 빛이다. 누구든지 생명의 빛(영광)이신 예수님의 영(靈)을 영접하면 하나님의 아들로 거듭나게 된다(요 1:4-13).

<12 영접하는 자 곧 그 이름을 믿는 자들에게는 하나님의 자녀가 되는 권세를 주셨으니 13 이는 혈통으로나 육정으로나 사람의 뜻으로 나지 아니하고 오직 하나님께로서 난 자들이니라>(요 1장)

예수님 안에 있는 생명의 빛을 받는 방법은 생기(살려주는 영)인 예수님의 영(성령)을 받는 것이다. 이 말씀은 살려주는 생명의 성령으로 오신 예수님을 몸 안으로 영접하라는 말씀이다. 성령으로 오신 예수님을 몸 안으로 영접하면 성령으로 거듭난 새사람이 되고 천사들보다 월등한 '하나님으로부터 태어난 아들'의 권세를 받는다. 성령으로 거듭난 사람은 하나님의 영, 하나님의 영광의 새생명, 만유 위, 영원한 진리의 말씀으로 난 것이고, 혈통으로나 육정으로나 사람의 뜻으로 태어난 자들이나 천사들과도 비교조차 할 수 없는 존귀한 신분을 얻는다.

<예수께서 대답하여 가라사대 진실로 진실로 네게 이르노니 사람이 <u>거듭나지</u> <u>아니하면</u> 하나님 나라를 볼 수 없느니라>(요 3:3)

'거듭나지(야)'라고 번역한 말씀은 헬라어로 '아노덴'인데(각주 참고) 31절에도 동일한 단어로 기록되었으며 '위로부터'라는 뜻이다(카톨릭성경, 바른성경, BLB, CEV, ISV, NETB, GWT, YLT…).

<위로부터(헬-아노덴) 오시는 이는 만물 위에 계시고 땅에서 난 이는 땅에 속하여 땅에 속한 것을 말하느니라 하늘로서 오시는 이는 만물(헬-파스) 위에(헬-에파노) 계시나니>(요 3:31)

그 '위'(아노덴)는 만유(하나님께서 창조하신 모든 것) 위요 가장 높은 하늘(셋째하늘)을 가리킨다. 셋째하늘에서 태어나면 시공을 초월하는 그 하늘나라의 시민권을 얻게 된다는 말씀이다.

물침례로 아담 안에서 나오고, 성령침례로 예수님 안에 들어가는 이 복음이 '은혜 위에 은혜'인데(요 1:16), 예수께서 랍비인 니고데모와의 대화에서는 말씀하신 '물과 성령'으로 나는 것이다.

<5 예수께서 대답하시되 진실로 진실로 네게 이르노니 사람이 물과 성령으로(water and the Spirit) 나지 <u>아니하면</u> 하나님 나라에 들어갈 수 <u>없느니라</u> 6 <u>육으로 난 것은 육(肉)이요</u> 성령(프뉴마/Spirit)으로 난 것은 영이니 7 내가 네게 거듭나야 하겠다 하는 말을 기이히 여기지 말라>(요 3장)

'물과 성령으로 남'에 대한 진리는 '진실로'(헬-아멘)를 '여섯 번'이나 반복하신 말씀이다(요 3:3,5,11). 예수님의 말씀은 '진실로'를 언급하시지 않아도 변함없는 약속이요 일점일획도 떨어지지 않을 영원한 진리이다. 이와 같이 여섯 번이나 강조한 진리의 말씀은 거듭남의 진리 외에 없다. 니고데모처럼 사람들은 기적에 관심을 갖지만 예수님은 죄사함과 거듭 남을 강조하여 가르치셨다. 물과 성령으로 거듭남의 복음은 '진실로'를 도합 6번이나 강조하신 가장 중요한 진리의 말씀이다.

범죄하기 이전의 아담도 하나님의 영광의 형상인 독생자의 모형에 불과하기에 언젠가 지음받은 영(종)의 신분에서 벗어나 하나님으로부터 태어난 아들의 신분을 얻어야 참하늘에 들어갈 수 있었다.

예수님은 '물과 성령으로 거듭나면 하나님나라에 들어갈 수 있다'라고 말씀하시지 않았다. 만일 이렇게 말씀하셨다면 물과 성령으로 거듭나는 방법(길) 외에도 하나님나라에 들어가는 다른 방법(길/수단)들이 있을 수 있다는 표현이 된다. 3절과 5절에서 '아니면 안 된다'(unless ~ cannot)라고 '부정에 부정'으로 표현하신 말씀은 오직 '물과 성령으로 거듭나는 방법' 외에 다른 방법이 전혀 없다는 말씀이다.

예수 그리스도께서 죄와 사망을 이기시고 부활, 승천하심으로 영광을 받으셨고, 성령으로 성도들 안에 오셨다. 주 예수님은 아버지와 아들과 성령이시다. 따라서 성령(보혜사)을 안으로 영접하는 것이 예수님을 영접하는 것이며, 진리의 말씀으로 거듭나 하나님의 아들이 되고, 천사들을 유업으로 물려받는 후사가 되는 것이다(요 14:16-20,23).

<17 저는 진리의 영이라 세상은 능히 저를 받지 못하나니 이는 저를 보지도 못하고 알지도 못함이라 그러나 너희는 저를 아나니 저는 너희와 함께 거하심이요 또 <u>너희 속에 계시겠음이라</u> 18 내가 너희를 고아와 같이 버려두지 아니하고 <u>너희에게로 오리라</u>>(요 14장)

예수님은 도마가 고백한 '주 하나님'으로서 아버지이시다(요 20:28). 예수님을 안에 모시지 않은 자는 아버지가 없는 고아요, 영이 죽어 있는 자임을 알고 반드시 살려주는 영을 영접해야 살게 된다(고전 14:45). 그 누구든지 물과 성령으로 거듭나는 '은혜와 진리'를 믿고 순종해야 죄에서 구원을 받고 진리로 거듭나 천국에 들어가게 된다.

<그가 그 조물 중에 우리로 한 첫 열매가 되게 하시려고 자기의 뜻을 좇아 진리의 말씀으로 우리를 낳으셨느니라>(약 1:18)

예레미야가 하나님께서 새언약의 성도들에게 한 마음과 온전한 도를 주어 하나님께서 주실 영원한 복을 위하여 항상 주 하나님을 청종하는 백성이 되게 하신다고 한 것처럼 야고보도 같은 진리를 가르쳤다(렘 32:37-42; 약 1:21-25). 당연히 순종하지 않는 믿음은 귀신들이 가진 믿음보다도 못한 죽은 믿음이라는 말씀이다(약 2:12-26).

베드로도 교회 첫날에 전파한 영원한 그 복음으로 거듭난다고 했다. <22 너희가 진리를 순종(順從)함으로 너희 영혼(靈魂)을 깨끗하게 하여 거짓이 없이 형제를 사랑하기에 이르렀으니 마음으로 뜨겁게 피차 사랑하라 23 너희가 거듭난 것이 썩어질 씨로 된 것이 아니요 썩지 아니할 씨로 된 것이니 하나님의 살아 있고 항상 있는 말씀으로 되었느니라 … 25 오직 주의 말씀은 세세토록 있도다 하였으니 너희에게 전한 복음이 곧 이 말씀이니라 >(벧전 1장)

이 복음은 하나님께서 얼마든지 부르시는 모든 이들을 위한 것이다.

사도 요한은 처음부터 들은 진리대로 믿고 거듭난 자들을 '하나님께로 난 자들'이라고 증언한다(요일 2:24; 5:1,4,18).
<9 하나님께로서 난 자마다 죄를 짓지 아니하나니 이는 하나님의 씨가 그의 속에 거함이요 저도 범죄치 못하는 것은 하나님께로서 났음이라 10 이러므로 하나님의 자녀들과 마귀의 자녀들이 나타나나니 무릇 의를 행치 아니하는 자나 또는 그 형제를 사랑치 아니하는 자는 하나님께 속하지 아니하니라>(요일 3장)

사람의 아들은 죄를 지으나 하나님께로부터 난 자는 죄짓지 않는다.

③성령침례를 주셨다는 성령의 증표(證票)

하나님께서 얼마든지 부르시는 자들에게 주시는 성령침례를 받을 때 본인이나 타인이 알도록 하나님께서 인증하시는 증표가 있다.

'물과 성령으로 거듭남'에서 성령침례를 받았다는 확실한 증표에 대해 예수께서 가르치신 말씀대로 깨닫는 사람은 복이 있다.

<6 육으로 난 것은 육이요 성령(Spirit)으로 난 것은 영이니 7 내가 네게 거듭나야 하겠다 하는 말을 기이히 여기지 말라 8 바람이 임의로 불매 네가 그 소리를 들어도 어디서 오며 어디로 가는지 알지 못하나니 성령으로 난 사람은 다 이러하니라>(요 3장)

모든 사람은 '육체의 아버지'가 낳은 육이었고, '모든 영들의 아버지는 오직 한 분 하나님'이시다(말 2:10; 히 12:9). 하나님은 영들인 모든 천사들을 지으신 천사들의 아버지시다(욥 1:6; 히 1:5). 사람의 육체는 주 하나님이 모태에서 간접적으로 지으셨지만(시 139:13,14) 그들의 영은 하나님께서 직접 지으셨기에 영의 아버지는 하나님이시다(사 64:8).

'성령으로 나는 것'은 랍비인 니고데모도 전혀 알지 못했던, 인류사상 초유(初有)의 체험이다. 오순절 날이 오기까지 성령침례는 전혀 없었다. 성령으로 날 때 본인이나 다른 이들이 알 수 있는 증거도 초유의 것이어야 맞다. 구약에 나타났던 표적들, 징조들, 예언, 환상, 죽었다가 부활하는 기적, 태양을 멈추는 기적, 홍해 가운데서 마른 땅을 걷기, 물을 밟고 마른 땅을 걷기, 물위를 걷는 것 등 그 어떤 것으로도 성령침례를 받았다는 믿을 만한 확실한 증거로 삼을 수가 없다. 성령으로 거듭나는 것은 너무나 중요하기에 그 증거도 확실해야 한다.

바람이 불 때 그 소리를 듣고 일어나는 현상을 보고 알 수 있듯이 '성령(원문에는 단지 영)으로 난 사람은 다 이러하다.'라고 예수님께서 가르치셨다. 어린이들도 바람이 부는 여부를 알 수 있듯이 복음을 바로 배운다면 신앙의 초보자도 성령침례의 여부를 알 수 있다는 말씀이다.

성경에서 '영(靈)'으로 번역하는 원어는 히브리어로 רוּחַ[루아흐]와 헬라어 πνεῦμα[프뉴마]이다. 이 두 단어는 '영'으로 번역할 뿐만 아니라 '바람'(창 8:1; 출 15:10 … 요 3:8; 히 1:7)으로도 번역한다. 요한복음 3장 8절에서 '프뉴마'(원문에 '하기오스'가 없음)를 번역할 때 '영이 분다'는 뜻보다 '바람이 분다'는 뜻이 문맥에 맞는다는 말이다.

예수님은 '프뉴마로 나는 자는 누구나 다 이러하다'고 말씀하심으로 누구든지 알 수 있는 동일하고 확실한 증거가 있음을 가르치셨다.

예수님의 죽으심과 부활하심이 구약의 그림자인 유월절과 초실절을 성취한 초유의 사건이듯이 성령침례도 오순절에 대한 예언이 성취된 것으로서 초유의 사건으로 일어났다.

오순절 날에 예수께서 가르치신 그 표적이 정확하게 나타났다.

<2 홀연히 하늘로부터 급하고 강한 바람 같은 소리가 있어 저희 앉은 온 집에 가득하며 3 불의 혀같이 갈라지는 것이 저희에게 보여 각 사람 위에 임하여 있더니 4 저희가 다 성령의 충만(充滿)함을 받고 성령(聖靈)이 말하게 하심을 따라 다른 방언(헬-γλωσσα/글로싸)으로 말하기를 시작하니라>(행 2장)

이날에 세 가지의 초자연적인 현상이 있었다. 강한 바람소리 같은 것이 방안에 가득하였고, 불의 혀같이 갈라지는 것이 각 사람의 머리위에 임하였고, 성령이 말하게 하심을 따라 다른 방언을 말하는 것이었다.

성령침례를 받은 자들 중 어떤 이들은 새 술에 취한 것 같은 모습을 보였다(행 2:13,14). 오순절을 지키기 위해 각 나라에서 찾아온 경건한 유대인들이 놀란 것은 이미 사라진 바람소리 같은 것이나 불의 혀 같은 현상 때문이 아니었다. 갈릴리 말을 하는 무식한 이들이 외국어(방언)로 말한다는 것은 이전에 듣지도 보지도 못한 기이한 현상이었다.

<우리가 우리 각 사람의 난 곳 방언(헬-διαλεκτος/디알렉토스)으로 듣게 되는 것이 어찜이뇨>(행 2:8. 참고 11절)

이 질문에 베드로와 열한 사도는 함께 일어서서 요엘이 예언한 바 주 하나님께서 얼마든지 부르시는 '그 모든 육체'에게 성령을 부어주신다는 언약/약속의 성취라고 증언했다(행 2:15-21).

<하나님이 오른손으로 예수를 높이시매 그가 약속하신 성령을 아버지께 받아서 너희 보고 듣는 이것을 부어 주셨느니라>(행 2:33)

베드로와 열한 사도는 '성령을 부으심=보고 듣는 이것을 부으심'이라고 증언하였다. 이 증거는 예수께서 '프뉴마(성령/바람)로 나는 자는 다 이러하다'고 가르치신 말씀과 정확히 일치한다. '보는 것'이란 성령 받은 신자들이 새술에 취한 모습처럼 보이는 현상을 가리킨다. 성령이 곁에 강하게 임재하실 때에는 바람소리 같은 것은 사라졌어도 술 취한 듯한 모습이 나타나고 성령이 사람 안에 임재하실 때 '듣는 것'(방언)이 증거로 나타난다. 바람이 세게 불면 흔들림(봄)이 있고 더 강력하게 불면 소리(들음)가 증거로 나타난다. 이 증표는 구약시대에는 전혀 없었던 초유의 표적이다. 이 두 현상은 전적으로 하나님께서 친히 보이신 증거의 표적이며, '보고 듣는 이 약속'은 모든 육체들에게 약속하신 그것이다.

　　열두 사도는 교회 첫날에 성령침례에 대해 설명할 때 요엘서를 인용하고 이사야서를 인용하지 않았다. 요엘서는 예수께서 마지막아담으로 모든 인류의 죄(세상 죄)를 지고가신 어린양이기에 '모든 육체, 만민'에게 부어주실 성령침례의 약속이기 때문에 유대인과 이방인들을 연합해 새 한사람으로 세우실 교회 첫날이므로 인용한 것이다.

　　요엘서에는 성령침례를 받은 증거로 하나님께서 주신 표적에 대한 언급이 없지만 열두 사도는 성령께서 가르쳐주신 대로 어떤 이견도 없이 '성령이 말하게 하심을 따른 방언'에 대해 증거했다. 열두 사도는 예수께서 요한복음 3장에서 주신 증표를 성령의 가르침으로 정확히 알았다. 복음은 예루살렘에서 유대인으로부터 나올 것(요 4:22)이기에 그들에게 주신 예언에서는 증표까지 명백하게 알리셨다.

　　<11 그러므로 <u>생소한 입술과 다른 방언으로 이 백성에게 말씀하시리라</u> 12 전에 그들에게 이르시기를 이것이 너희 안식이요 이것이 너희 상쾌함이니 너희는 곤비한 자에게 안식을 주라 하셨으나 그들이 듣지 아니하였으므로>(사 28장)

　　하나님께서 생소한 입술과 다른 방언으로 말씀하신 증표는 '피조된 영'으로 종의 신분에서 '태어난 영'으로 아들 신분의 권세를 얻고 진정한 안식을 얻었다는 확증이다(마 11:11,28-30). 하나님과 그리스도이신 예수님의 영을 받으면 '아바'라 부를 수 있는 권세, 거듭난 아들의 신분을 얻는다(롬 8:9,10,14-16; 갈 4:5-7; 엡 1:5). 스스로 세상의 제왕이나 재벌의 아들이 되었다고 선언할지라도 그대로 되는 것이 아닌데 하물며 하나님의 후사가 될 아들로 거듭났다고 스스로 선언할지라도 인정되지 않는다. 진실로(×6) 성경에 기록된 영원한 진리대로 물과 성령으로 거듭나지 않으면 안 된다. 하나님 아버지께서 이전에 죄로 인해 죽었던 신자의 영을 다시 살리시고 또한 낳으셨다고 친히 인정해 주시고, 거듭난 성도의 영도 친히 거듭났음을 증거해야 한다.

　　<성령이 친히 우리 영으로 더불어 우리가 하나님의 자녀인 것을 증거하시나니>(롬 8:16)

　　이는 성령께서 친히 신자의 생소한 입술과 다른 방언으로 '내가 오늘 너를 낳았다. 나는 너의 아버지(아바)가 되고 너는 내 아들이 되리라'고 선언하시고, 성도의 영도 더불어 '아바'라고 부르짖는 것이다.

성령침례로 부활하고 거듭난 자의 영이 방언으로 '아바 아버지'라고 고백함은 사마리아 신자들에게도 나타난 증표이다. 사마리아인들도 빌립을 통해 복음을 믿었는데 귀신들이 떠나고 중풍병자, 앉은뱅이가 낫는 등 수많은 기적들을 체험했고 주 예수 그리스도의 이름으로 침례까지 받았으나 아무도 성령을 받지 못했다(행 8:7,8,12,16).

<16 이는 아직 한 사람에게도 성령 내리신 일이 없고 오직 주 예수의 이름으로 침례만 받을 뿐이러라 17 이에 두 사도가 저희에게 안수하매 성령을 받는지라 18 시몬이 <u>사도들의 안수함으로 성령받는 것을 보고</u> 돈을 드려 19 가로되 이 권능을 내게도 주어 누구든지 내가 안수하는 사람은 성령을 받게 하여 주소서 하니>(행 8장)

여기에서는 '보고 듣는 것'이라는 언급이 없지만 열두 사도들과 빌립의 전도로 사마리아 신자들도 성령받은 때의 증표에 대해 알았다. 뿐만 아니라 마귀의 특별한 능력으로 자신도 속고 남도 속여 사마리아의 큰 자부터 작은 자에 이르기까지 '하나님의 위대한 능력'이라고 존경을 받았으나 빌립의 전도로 회개하고 예수 이름으로 침례를 받고 전적으로 예수님을 따르던 시몬도 빌립 집사로부터 배웠기에 정확히 알고 있었다.

신자들이 사마리아의 전도에서 깨달아야 할 몇 가지 것들이 있다.

첫째, 대천사장과 그를 따르는 대단한 천사들이 반역하고 타락했으나 그 능력을 박탈당한 것이 아니기에 그것들이 역사하는 능력도 대단하다는 사실이다(벧후 2:11). 둘째, 진리를 알지 못하면 분별없이 기적만을 보고 오래된 신자는 물론이고 심지어 기적을 행하는 자신도 이를 '하나님이 주신 은혜'라고 오해한다는 사실이다. 셋째, 사도적인 진리를 깨달아야 그것들이 사단의 능력임을 깨닫고 버리게 된다는 사실이다.

시몬은 자신이 행했던 기적들은 물론 빌립이 행했던 어떤 기적보다 거듭남의 기적이 더 큰 권능이라는 진리를 깨달았다. 시몬은 사도들이 안수할 때 기도하는 신자들이 성령을 받는 것을 보고, 자기도 신자들에게 안수하여 성령 받게 해주는 그 권능을 사려고 했다. 시몬은 성령에 취한 사람들에게 나타나는, '보고 듣는 것'을 눈으로 보고 귀로 들었다. 성령을 받을 때 알 수 있는 확실하고 공인된 표적이 없었다면 시몬이 반응할 수 없는 일이다. 시몬의 목적이 선했을지라도 하나님의 선물을 돈을 주고 사려했기에 베드로로부터 강한 책망을 받았다.

이렇게 확증된 증거는 이방인으로서 최초로 성령침례를 받은 고넬료 가족에게도 동일한 증거로 나타났다(행 10:44-48).

베드로와 함께 예루살렘에서 내려온 신자들은 하나님께서 이방인들에게도 성령침례 주심을 인하여 놀랐는데 그것은 그들이 방언을 말하며 하나님을 높였기 때문이다.

<45 베드로와 함께 온 할례받은 신자들이 이방인들에게도 성령 부어 주심을 인하여 놀라니 46 <u>이는 방언을 말하며 하나님 높임을 들음이러라</u>>(행 10장)

그 증표는 분명히 이전 같이 성령이 말하게 하심을 따른 방언이었다.

베드로와 유대인들은 그 증거를 따라 다음과 같이 확증했다.

<베드로가 가로되 이 사람들이 <u>우리와 같이 성령을 받았으니</u> 누가 능히 물로 침례 줌을 금하리요 하고>(행 10:47)

베드로와 함께 간 유대인들에게 성령께서 임하실 때 나타났던 초자연적인 현상들은 급하고 강한 바람소리가 방 안에 가득함에서 각 사람 머리 위에 임한 불의 혀같이 갈라진 것으로 더욱 가까워지고 성령이 신자 속에 임하셔서 성령이 말하게 하심을 따라 말한 방언이었다. 여기에서는 단지 방언만이 증표로 나타났는데 '이들이 우리와 같이 성령을 받았다'라고 증언했다. 예수께서 성령으로 난 자들은 다 이러하다고 말씀하신 증표를 유대인, 사마리아인, 이방인 모두에게 다 그러함을 확증하신 것이다. 성령을 받았다는 증표에 대한 증언은 베드로와 형제들만이 증거한 것만 아니라 사실 주 예수님께서 친히 증거하신 것이라고 했다.

<15 내가 말을 시작할 때에 성령이 저희에게 임하시기를 <u>처음 우리에게 하신 것과 같이 하는지라</u> 16 내가 주의 말씀에 요한은 물로 침례 주었으나 너희는 <u>성령으로 침례받으리라 하신 것이</u> 생각났노라 17 그런즉 하나님이 우리가 주 예수 그리스도를 믿을 때에 <u>주신 것과 같은 선물을</u> 저희에게도 주셨으니 내가 누구관대 하나님을 능히 막겠느냐 하더라>(행 11장. 참고 막 1:15; 눅 24:47-49)

이것은 베드로와 유대인들이 사도들과 예루살렘교회 앞에서 증언한 말씀이다. 분명히 처음에 성령이 충만하게 임하신 것과 같게 임하셨고, 처음에 주셨던 동일한 증거로 성령침례를 받았다는 증언이다.

바울의 3차 선교여행에서도 성령침례를 받은 증표는 동일하다.

바울은 예수님을 열심히 믿는 신자들을 만나자 '너희가 (예수님을) 믿을 때 성령을 받았느냐'고 물었고, 그들이 아직 물침례도, 성령도 받지 않았기에 예수 이름으로 침례를 주고 성령침례를 받도록 안수했다.

<바울이 그들에게 안수하매 성령이 그들에게 임하시므로 방언도 하고 예언도 하니>(행 19:6)

바울은 요한복음 3장의 말씀과 동일한 환경에서 에베소 신자들에게 물과 성령으로 거듭나는 복음을 전하였다. 이 사건은 1~2차 선교에서도 동일한 복음을 전하였음을 증거한다. 또한 '예수님을 믿었다면 그 시로 성령을 받은 것'이라는 교리가 사도적인 복음이 아님을 확증한다.

성령이 충만하거나 강한 감동을 받을 때 나타나는 은사가 '예언'이다. 주 하나님의 영이 임한 70명 장로들이 잠간동안 예언했다(민 11:24-29). 사울에게 하나님의 영이 크게 임하시니 그가 '새'사람이 되고 예언했다(삼상 10:6-13). '새'라고 번역된 히브리어는 '아헤르'로 '다른'이라는 뜻이므로 거듭난 새사람이 되었다는 말은 아니다. 사울이 다윗을 죽이기 위해 보내었던 자들에게도 하나님의 영이 임하자 모두 예언했다(삼상 19:19-21). 다윗을 잡으려고 간 사울에게 하나님의 영이 임하자 사울이 종일종야에 술취한 것같이 벌거벗고 예언했다(삼상 19:23,24).

하나님께서 주신 '예언함'이 성령침례의 증표가 될 수 없는 이유는 예언은 이전부터 있어 왔고, 또한 예언은 장래에 이루어질 것이라 즉시로 진위파악이 어렵기 때문이다. 예언 중에는 악하고 거짓된 영의 감동을 받아서 전하는 거짓 예언들도 수없이 많다(왕상 22:8-28; 대하 18:7-27; 느 6:12; 렘 2:8; 5:31; 14:14-16; 23:13,16,21,25,26,32; 27:10-22; 29:9,21,31; 겔 13:2,3,16,17). 아합 왕의 400명 모두가 거짓 예언자/선지자였고 오직 미가야만 참된 예언자/선지자였다. 오늘날에는 거짓 선지자들과 거짓 예언들이 그때보다 더 많이 나타났다.

신자가 성령침례를 받을 때 성령이 말하게 하심을 따라 다른 방언을 말하는 증표는 구약에서 없던 초유의 것이며, 극히 일부의 사람들에게 강권적으로 예언하게 하는 것보다 훨씬 더 일반적인 것이다. 다시 말해 누구든지 '보고 듣는 이것'을 선물로 받을 수 있다는 말이다.

에베소교회는 소아시아의 일곱 교회의 베이스캠프이다. 에베소교회를 거점으로 소아시아의 일곱 교회가 세워졌고, 이 일곱 교회는 일곱 가지 등대로 2천년 교회 역사를 대변한다. 성령침례로 거듭나는 증표는 성령이 말하게 하심을 따라 다른 방언을 말하는 것이며, '프뉴마로 나는 사람은 다 이러하다', '보고 듣는 이것'을 받으리라는 약속이 모든 시대의 교회들에게 하나님께서 친히 주시는 증표라는 사실을 확증한다.

바울은 성령침례를 받아 그리스도의 몸에 연합된 자들에게 가장 좋은 길 즉 사랑을 따라 특별히 예언하기를 사모하여 구하라고 권고하였다(고전 12:13,31; 13:13; 14:1). 에베소교회 성도들은 참으로 신앙이 좋았기에 성령을 받음으로 방언을 말하고, 깊은 믿음에 의해 예언도 하였다.

부활하신 예수께서 사도들을 보내시며 만민에게 복음을 전파하라고 명령하셨고, 복음을 믿고 물침례를 받는 사람은 정죄를 받지 않고 구원을 받는다고 약속하셨다(막 16:15,16). 이 말씀에서 '믿는 자들'이란 '보고 듣는 표적'의 증거를 받아 물과 성령으로 거듭난 자들을 가리킨다.
<17 믿는 자들에게는 이런 표적이 따르리니 곧 저희가 내 이름으로 귀신을 쫓아내며 새 방언을 말하며 18 뱀을 집으며 무슨 독을 마실 찌라도 해를 받지 아니하며 병든 사람에게 손을 얹은즉 나으리라 하시더라>(막 16장)

귀신을 쫓아내는 것으로 성령침례를 받은 증표로 삼으셨다면 성령을 받을 자 곁에 항상 귀신들린 자가 있어야 하고, 귀신이 숨어 있는지 나갔는지도 확인하기가 매우 곤란하다. 독사가 물어도 죽지 않는 능력을 성령받는 증표로 삼으셨다면 성령받기 전에 독사에게 물려 죽게 되어 영원히 구원을 받지 못할 자도 많을 것이다. 전도자들은 독사들이 우글거리는 데서나 선교하거나 성령충만을 사모하는 대중 집회에서는 아예 불신자 수만큼 독사들을 준비해야 할 것이다. 독을 마셔도 해를 받지 않는 것을 성령받는 증표로 삼으셨다면 해독제를 가지고 다니거나 죽어도 성령을 받기 위한 본인의 책임이라는 각서를 써야 할지도 모른다. 병든 자에게 손을 얹을 때 낫는 것으로 성령받은 증표로 삼았다면 꼭 병자가 있어야 거듭남도 확인할 수 있을 것이고 결국에는 병원 진단서가 성령받은 증표로 함께 쓰일 것이다.

거듭난 자에게 나타날 표적으로 성령이 말하게 하심을 따라 새방언을 말함이 있다. 당시의 유일한 성경인 구약성경은 옛언약의 일꾼으로 보내셨던 모세의 사역을 신약의 전도자들이 전파한 은혜와 진리의 사역의 그림자로 보여준 것이다. 성령으로 거듭난 자들은 구약의 중보자였던 종 모세보다 더 큰 자인 아들로 보냄을 받는다. 마가복음 16장의 표적은 신약의 일꾼들을 땅 끝까지 보내실 때 나타날 영적인 표적이다.

하나님은 모세를 부르셨을 때 יהוה 이름을 알리셨는데 새언약의 일꾼들을 보내실 때는 그 하나님의 새성함인 예수 이름을 알리셨다. 모세를 보내서서 애굽의 모든 신(神)들을 벌하셨는데(출 12:12) 예수님은 사람 안에 있던 귀신들을 쫓아내고 그 사람을 하나님의 성전으로 세우신다(눅 11:13-26; 고전 3:16; 6:19; 엡 2:20-22; 벧전 2:5). 사람이 성전으로 세워질 때 그 증거가 새방언을 말하는 것이다(요 14:23; 행 4:11). 예수님은 성령을 받은 그분의 증인이 된 자들을 땅 끝, 모든 민족에게로 보내신다. 모세가 의지하던 지팡이를 던지자 그것이 모세를 물려는 뱀이 되었고, 하나님의 말씀대로 뱀의 꼬리를 잡자 권능의 지팡이가 된 것처럼(출 4:4), 새언약의 증인들이 자기를 의지하지 않고 성령만 의지하는 것이 뱀을 집는 것이라고 비유한다(빌 3:7-9). 제자들이 하나님의 지팡이(말씀)를 의지하여 주 보혈을 마실 때 그들의 속사람은 어떤 독의 해도 받지 않게 지키시고, 뱀과 전갈(사단 마귀와 귀신들)의 모든 능력을 제어할 권세를 주신다(눅 10:19). 바울도 질그릇(겉사람)을 깨뜨리고(고후 4:7), 자신을 위해 유익하던 모든 것을 도리어 해와 배설물로 여긴 것과 같다. '병든 자에게 손을 얹은즉 나으리라'는 말씀은 육체의 질병 뿐만 아니라 영적인 시각장애, 영적인 청각장애, 영적인 벙어리, 영적인 문둥병 등을 치료하시는 표적이다(마 11:5; 요 6:2,14,26). 성령으로 거듭난 성도들은 모세나 침례 요한과 달리 하늘에 속한 표적을 행하고 최고의 진리를 전하는 더 큰 선지자들이다(사 6:5-8).

④거듭남의 증표(표적)인 성령의 방언을 왜곡하는 주장들

교부신학은 율법 또는 구약성경의 가장 기본적인 말씀도 바꾸어버렸다. 개혁신학은 사도적인 진리를 찾지 않고 신론이나 구원론을 변질시킨 교부들의 교리(가라지)에 걸려 넘어져 일어나지 못하고 있다.

제3부 말기세상에서 나타내신 복음의 실체들

하나님께서 돌판에 기록해 주신 십계명이 오직 한 분의 하나님 ıกıก께서 유일한 남편, 유일한 아버지, 유일한 주님이라고 변함없이 증거한다. ıกıก 하나님 외에 2위, 3위신을 믿는 로마카톨릭교와 그 딸들은 제1계명을 범함으로 우상숭배에 빠진 음녀들이라고 불린다.

사도들이 교회를 세우는 행적을 기록한 말씀이 사도행전이다. 유대교인을 예수교인으로 세우고, 하나님도 약속도 소망도 없던 이방인들을 하나님의 아들로 세운 역사이다. 모든 서신서들은 죄에서 구원을 얻고 거듭난 아들들(교회)을 양육하기 위해 기록된 가르침이다. 그런데 교부신학이나 개혁신학자들은 서신서의 가르침들을 아직 구원받지 못한 자들에게 그대로 적용하는 우를 범하면서도 이를 전혀 깨닫지 못하고 있다. 이는 어떤 여자가 어느 여자의 멋진 남자가 자기 아내에게 보낸 서신을 읽고 자신이 그의 아내라고 믿고 행동하는 것과 다를 바 없다.

개혁신학주의자들은 이신칭의/이신득의에 관한 주장은 물론이고 이미 성령으로 거듭난 성도가 은사를 받아 방언을 말하는 가르침에 대해서도 너무나도 비성경적인 주장을 되풀이한다.

성령으로 거듭남을 알려주시는 하나님의 증표(표적)인 방언과 거듭난 아들이 영적 아기로 시작하여 자라도록 성령을 마시게 하는 은사방언을 구별하지 못하므로 심각한 혼란과 논란을 일으키고 있다. 개신교회는 예수님이 누구신지, 죄사함이나 거듭남에 대한 기초진리도 깨닫지 못한 채 방언을 반대하려고 고린도교회를 문제들만 가득한 교회라고 매도한다. 그들은 하나님께서 그분의 신부에게 주신 여러 은사들 중에 방언의 은사를 별로 유익이 없고 논쟁거리만 되는 천한 은사라고 왜곡하고 있다.

고린도교회는 사도에 의해 물과 성령으로 거듭난 성도들의 무리이다 (고전 1:2). 고린도전서 1장 4-9절에는 고린도교회가 그리스도 안에서 하나님으로부터 받은 은혜를 인해 바울이 항상 감사하는 교회였다(4절). 그리스도 안에서 모든 구변(언변/말하기/설교/말씀/강연)과 모든 지식(가르침/knowledge/understanding)이 풍족한 교회였다(5절). '코린티아조마이'란 단어가 의미하듯 고린도는 음란과 온갖 도덕적 타락이 심한 시궁창과 같은 곳인데도 하나님의 거룩한 교회로서 의로움을 나타내는 그리스도의 증인들(고린도의 소금과 등불)로서 존재할 수 있었던 것은 그들에게 충실한 믿음이 있었기 때문이었다(6절).

고린도교회는 하나님의 모든 은사(恩賜)에 부족함이 없이 그리스도의 재림을 기다리는 교회였다(7절). 예수님께서 재림의 날에 책망할 것이 없도록 끝까지 견고케 하실 교회였다(8절). 하나님께서 예수 그리스도 안에서 영적교제를 하시는 신령한 교회였다(9절). 하나님의 은혜를 도리어 정욕거리로 만들어 단지 믿기만 하면 구원을 받았다고 가르치며 자신은 어떤 은사도 경험하지 못한 사역자들이 고린도교회를 천박하고 유치한 교회라고 비난하는 것은 참으로 부끄러운 일이다(유 1:4,10).

고린도교회를 지도한 바울, 베드로, 아볼로는 교회 역사상 가장 뛰어난 사역자들이다. 고린도교회에 사역자들의 은사를 따라 견해차이(헬-스키스마)가 있었는데(10절) 어떤 성도들은 바울에게, 어떤 성도들은 베드로에게, 어떤 성도들은 아볼로에게 속한 자라고 하여 사역자의 영적성향과 은사에 따라 논쟁했다(헬-에리스, 11절). 바울은 즉시 그리스도를 머리로 온전히 하나가 되지 못한 흠을 바로 잡았다(고전 1:10-17). 소아시아의 일곱 교회들도 그러했듯이 성장과정에 있는 모든 교회에게 이런 문제들이 있다. 이를 침소봉대(針小棒大)하여 고린도교회야말로 본받을 것이 하나도 없는 교회라 매도하는 것은 매우 잘못 된 일이다.

구교(舊敎)는 서방카톨릭교와 동방정교로 나뉘었고, 신교는 성공회, 루터교, 장로교(통합, 합동, 합신, 개혁, 호헌 등등), 감리교, 성결교, 구세군, 침례교, 그리스도교, 안식교, 오순절교 등등 많은 교파로 나뉘었다. 장로교만도 수백 개의 분파들을 이루고 있다. 하다못해 예수님까지 나누어서 '기독교'와 '예수교'로 분쟁하는 자들이 자기 눈의 들보는 보지 못한 채 고린도교회의 티를 보고 '아무 것도 본받을 것이 없는 최악의 교회'로 매도하며 방언이 그 악한 것들 중의 하나이듯 호도한다.

사도들이 세운 1세기 교회는 지금의 어느 교회보다 의롭고 거룩했다. 많은 헌금을 한 후에 간단한 거짓말을 하자 정결케 하시는 하나님의 심판으로 부부가 곧바로 죽음을 당할 정도의 의로운 교회였다. 흠과 티와 주름까지도 없애며 온전히 거룩하고 의롭고 영광스럽게 세워지던 교회들이었다(행 5:1-14; 엡 5:26,27; 살전 5:23; 벧후 3:14).

고린도교회는 자기를 부인하는 십자가의 도로 하나님의 지혜와 능력을 사용했다(고전 1:18-31). 누구든지 육체로는 자랑할 것이 없으므로 오직 예수님만을 자랑하라는 가르침을 따르던 교회였다.

  세상의 육체적 지혜로는 하나님을 알지 못하기에 하나님은 전도의 미련한 것으로 믿는 자들을 구원하시기를 기뻐하신다(고전 1:21). 율법의 랍비였던 니고데모가 땅의 것도 깨닫지 못했는데, 구약의 기본도 모르고 신약의 기초인 거듭남에 대해 알지 못하는 개신교의 사역자들은 당연히 하늘의 신령한 은사들을 알 수가 없다. 바울은 성령으로 거듭나지 않아 육체에 속한 자들은 신령한 은사에 대해 깨닫지 못한다고 명백하게 증거한다(롬 8:9; 고전 2:14; 12:1; 14:1). 오늘날도 사람의 지혜를 따라 많은 교파로 나뉜 개신교는 신령과 진리와는 거리가 멀다(고전 3:1-23). 거듭나지 않은 채로 교파의 창시자나 육신적이고 세상에서 이름 있다는 신학자들의 주장이나 배워 전하는 자들을 사도들은 영적 어린애나 소경이라고 책망하였다. 고린도전서는 세상 지혜로는 결코 하나님의 지혜와 신령한 것을 깨달을 수가 없다고 강조한다. 바울은 자신을 쳐서 복종시키지 않으면 사도일지라도 버림을 받을 수 있다고 가르쳤다(고전 9:27). 사도였던 바울도 자신의 육체에 원치 않는 것을 하려는 죄가 있어서 큰 심적 고통을 겪었다고 탄식했다(롬 7:15-20; 8:13,14).

  고린도교회는 갈라졌어도 모두 올바른 사역자들을 따라 같은 교회 안에서 갈라졌지만 개신교파들은 다른 예수, 다른 복음, 다른 영을 따라 심각하게 갈라졌다. 고린도교회는 예수 그리스도께서 영원하고 유일한 신령한 새성전의 머릿돌이 되셨음을 안다(고전 3:10-17; 요 2:19-21; 엡 2:20-22; 벧전 2:5-8). 수많은 돈을 들여 지은 예배당을 성전(聖殿)이라고 부르는 사역자들은 고린도교회 신자들보다도 무지한 자들로서 자기들도 속고 신자들도 속이며 오히려 진리를 대적한다. 저들이 성전이라고 세운 것들의 실상은 산당(山堂)이요 삼위신의 신당(神堂)에 불과하다는 사실조차 깨닫지 못하고 있다. 고린도교회는 가장 뛰어난 사도요 교사들인 바울과 베드로, 아볼로에 의해 세워지고 양육된 교회인데 배운 말씀 지식을 따라 사역자들을 판단하려는 수준을 갖고 있었다(고전 4:3-21). 고린도교회와 개신교회는 전혀 비교대상이 아니다.
  사도 바울에게 알려진 고린도교회의 죄 중에 음행이 있었다. 아버지가 젊은 계모와 살다 돌아가신 후 그 계모와 동침하는 신자가 있다는 말을 듣고 엄히 꾸짖으며 출교를 시키라고 명하였다(고전 5:1-5).

오늘날 크게 부흥한 교회를 인도하는 위대하고 신령하다는 목사들이 간음으로 세상법정에 끌려가 재판을 받았다는 뉴스가 흔하게 등장한다. 목사들이 온갖 혐의로 신자들에게 고발당한 후 세상의 법정에서 사실을 부인하는 모습은 정말로 참담할 정도이다. 그 목사들은 출교를 당하기는 커녕 버젓이 다른 데서 교회를 담임하고 있다.

고린도전서 6장 1-12절에서는 믿음의 형제들 간의 다툼문제를 교회 안에서 해결하지 않고 세상법정에 가지고 간 자들은 하나님나라에 들어가지 못한다고 경고한다. 고린도교회는 세상을 심판하는 것은 물론이고 천사들까지 심판할 정도로 존귀한 교회의 위상을 배웠다.

교회에게 주신 은사인 방언을 논하기 이전에 10장에 기록된 믿음의 기본인 거울과 모형을 깨닫지 못한다면 결코 신령한 은사를 깨달을 수 없을 것이다. 물과 성령으로 나서 죄사함과 거듭남을 받았을지라도 황금 송아지를 숭배(기복신앙)하거나 음행(다른 예수, 세상의 벗)하거나 한 분 외의 2위, 3위 신의 가르침(우상의 제물)을 받는 자들은 우상숭배자이라 했다. 거짓된 가르침(누룩)에 취한 교파들은 그것들을 온전히 제거하기 전에는 은혜와 진리를 발견하지 못할 것이라고 했다.

<1 형제들아 너희가 알지 못하기를 내가 원치 아니하노니 우리 조상들이 다 구름 아래 있고 바다 가운데로 지나며 2 모세에게 속하여 다 구름과 바다에서 침례를 받고 3 다 같은 신령한 식물을 먹으며 4 다 같은 신령한 음료를 마셨으니 이는 저희를 따르는 신령한 반석으로부터 마셨으매 그 반석은 곧 그리스도시라>(고전 10장)

고린도전서 11장은 남녀의 머리에 두신 상징적 교훈(1-16절)과 성찬식(17-34절)의 의미를 다루었다. 머리는 모든 정사와 권세의 머리이신 하나님께 교회의 머리되신 예수 그리스도를 통하여 연합되어 있음을 인정하는 믿음의 표식을 갖고 있다. 카톨릭교는 여신자들이 권세(머리) 아래 있는 표로 하다못해 수건으로라도 가린다. 개신교는 그것을 고린도교회만의 특유한 관습이라 치부하고 아무 생각도 없이 버렸다. 바울은 이 땅의 모든 교회가 그것을 순종하라고 명령하였고 결코 변론(알가왈부)할 것이 아니라고 천명했다(고전 11:1,2,16).

<비록 어떤 사람이 이 일에 대하여 문제를 삼는다 하여도 우리에게
와 하나님의 교회에는 여자가 머리에 아무것도 쓰지 않고 기도하거
나 말씀을 전하는 그런 관습이 없습니다.>(16절, 현대인의 성경)

<이 문제에 대해 다른 의견을 제기하는 사람이 있다면 내가 말할
수 있는 것은, 우리나 하나님의 교회나 이것 외에 다른 풍습은 받지
않았다는 사실입니다.>(16절 쉬운 성경)

<여기에 대해서 의견을 달리하는 사람이 있더라도 나는 더 이상 설
명하지 않겠습니다. 여자는 교회에서 공중 앞에 예언하거나 기도할
때 반드시 머리를 가리십시오. 이것은 모든 교회의 일치된 의견입니
다.>(16절, 현대어성경)

헬라어 '페리블라이온'(15절)은 덮는 것(covering), 싸는 것(wrapper)
라는 뜻으로 수건이나 무엇을 '쓰라'는 뜻이 아니라 '가리는 것'을 의미
한다. 남자 성도가 모자나 투구나 헬멧을 쓰고 기도해도 머리를 가리지
말라는 말씀에 어긋나지 않는다는 말이다. 여자가 수건 등을 쓰는 것도
머리를 가리라는 말씀을 올바로 순종하는 것이 당연히 아니다.

성찬식은 예수 그리스도를 영생의 유일한 떡이라고 믿고, 성찬의 떡을
예수님의 몸으로 여기고, 그 한 몸(떡)에 지체로 연합되었음을 확인하고,
그분이 다시 오실 때까지 기념하는 의식이다. 한 몸 안에 있는 지체로서
역할을 다하기 위해 주님의 살과 피를 먹고 마시듯이 십자가를 지는 삶,
자신을 부인하는 삶을 되새기는 성례이다(마 10:38; 16:24; 요 6:35-59;
고전 1:13,18; 갈 2:20). 주기도문에서도 가르치셨듯이 자기를 부인함과
형제를 용서하고 사랑함이 몸을 연합시키고 서로를 세우기 위해 함께
모여 한 떡에 참여한다는 의미이다(마 6:12; 16:18; 18:22).

<18 첫째는 너희가 교회에 모일 때에 너희 중에 분쟁이 있다 함을
듣고 대강 믿노니 19 너희 중에 편당이 있어야 너희 중에 옳다 인
정함을 받은 자들이 나타나게 되리라>(고전 11장)

지체로서 서로의 다름을 인정하고 영적성장 과정에서 서로의 실수를
용납함으로써 한 마음과 같은 말과 뜻으로 온전히 합하는 것이 한 떡에
참여함이다. 분열에 대한 경계는 오직 고린도교회에만 있는 별난 문제가
아니라 성찬식을 하는 모든 교회에게 다 있는 것이다.

300년경부터 시작된 어용기독교는 제국종교(로마카톨릭교)로 변하고 개혁한다고 거기서 나온 개신교가 영적 은사들이 없는 것을 정상이라 착각하고 다양한 은사들이 있는 교회를 비정상으로 매도한다면 그것은 다른 예수, 다른 복음의 추종자이기 때문일 것이다.

카톨릭교는 사도들의 가르침(떡)을 허다하게 변개하며, 성경을 읽지도 못하게 하고, 단지 성경을 소유했다는 이유로 많은 성도들을 이단으로 몰아 죽였다. 진리로 회복하겠다고 카톨릭교에서 나온 개신교도 회복된 가르침을 따르는 무리들이 등장할 때마다 이단이라고 정죄하였다. 성경 대로 믿자고 주장하면서도 여전히 교파의 교리를 지키기 위해 성경의 진리를 왜곡하고 있다. 가장 중요한 것을 훔쳐간 새(영)가 온갖 교묘한 기적을 일으켜 경건의 비밀과 복음을 비밀을 찾지 못하게 훼방한다.

복음의 기초를 모른 채, 사역자 자신도 제대로 모르는 것을 비난하는 가르침 중에 성령의 은사(은혜의 선물)인 '방언'이 있다.

인류는 홍수 후 바벨탑을 쌓기까지는 하나의 말(히-사파: 입술)과 글(히-다바르: 글, 대상 29:29)을 사용했다(창 11:1). 사람들이 하나님을 거역하여 바벨탑을 쌓을 때 하나님께서 이를 막기 위해 그들의 목구멍과 혀와 입술을 혼란케 하심으로 다른 말이 나오게 하셨다(창 11:7-9). 위키백과는 히브리인을 '에벨의 후손'이라고 설명한다. 에벨이 낳은 두 아들들 중 '벨렉'이 있는데 이는 '나님'이라는 뜻으로 그때에 세상이 나뉘었으며, 언어와 민족의 '나님'(분산)은 하나님께서 언어(말과 글)를 혼잡(바벨)케 하셨기 때문이다(창 10:25,32; 11:9). 하나님은 그분의 나라와 집(교회)을 분산에서 도리어 모으시고 연합케 하심으로 세우신다.

개역성경에 '방언'이라는 단어는 창세기 10장 5절에 최초로 등장하고, 히브리어로 '라숀'인데 '혀'(tongue)라는 의미이다. 이 '방언'이란 의미는 나눠진 여러 '언어'라는 것이다.

한글개역 구약성경에 '방언'이라는 표현은 아람방언(아람어), 유다방언(히브리어), 가나안방언 등등에서 볼 수 있다. 그 방언들은 듣는 사람에 따라 모국어나 외국어가 될 수 있다. 히브리어로 기록된 구약성경의 일부는 히브리인에게는 외국어(방언)인 아람어(창 31:47; 왕하 18:26; 렘 10:11; 단 2:4-7:28; 스 4:8-6:18; 7:12-26 등)로 기록되었다.

히브리어 구약성경에는 '마쉬아흐'라는 단어가 여러 번 등장하지만 한글개역 구약성경에는 단 한 번도 음역하지 않았고 '기름부음을 받은 자'라고 번역한 말로 등장한다(삼상 2:10; 시 2:2; 단 9:25 …). 한글개역 신약성경에 요한복음에만 '메시야'라는 단어가 세 번 나오는데 이것을 '크리스토스'라는 헬라어로도 번역하여 표기했다(요 1:41; 4:25).

망국의 설움을 안고 귀환한 유대인 공적예배 시간에 히브리어로 기록된 성경을 읽은 후 아람어로 통역(해석)을 해서 듣게 한 상황도 있었다(느 8:8). 예수님의 십자가에 '나사렛 예수, 유대인의 왕'이라는 명패를 히브리어와 로마어(라틴어)와 헬라어로 기록했는데 역시 유대인들에게는 히브리어 외에는 다 방언들이다(요 19:19,20). 신약성경에서도 아람어가 등장하는데 '달리다굼'(막 5:41), '에바다'(막 7:34) 등이다. 신약성경은 헬라어로 기록되었는데 유대인들에게는 역시 외국 방언이다. '골고다'(막 15:22, '해골의 곳'), '랍비'(요 1:38, '선생'), '게바'(요 1:42, '베드로'), '실로암'(요 9:7, '보냄 받음'), '바나바'(행 4:36, 권위자/勸慰子: 위로의 아들), '다비다'(행 9:36, 헬라어로 '도르가'/영양/羚羊)를 해석하여 기록하기도 했는데 이는 아람어를 음역한 단어이기 때문이다.

히브리어로 '여호수아'나 아람어로 '예수아', 헬라어로 '예수스'라는 성함이나 '임마누엘', '마라나타'(고전 16:22) 등의 단어의 의미도 초보적인 신자들에게는 해석해서 깨닫게 해주어야 할 방언인데 경우에 따라서는 짧거나 길게 해석/통역한다. 성경에서 히브리어의 하나인 '멜기세덱'도 어떤 히브리 신자들에게는 해석 또는 해설을 해야 되고, 이는 짧은 말로 되는 것이 아니라고 했다(히 5:11). 단지 '의의 왕이요 살렘(평강)의 왕'이라고 해설하는 것만으로는 충분치 않다는 말이다(히 7:2).

다니엘의 때에 사람 손가락이 나타나서 '메네 메네 데겔 우바르신'이라는 방언을 벽에 적었다. 바벨론 제국의 수많은 학자(박사)들, 술사들, 예언자들 중 히브리어와 아람어를 잘 아는 자들은 물론 그 누구도 벽에 기록된 방언(글)을 읽거나 해석(통역)하지 못했다(단 5:5-9). 하나님의 영으로 지혜를 가진 다니엘만이 그 네 단어에 대한 통역(해석)을 했는데 26절에서 28절까지 길게 나타났다. 상세하게 설명하자면 18-24절까지 기록되었을 정도로 길게 통역할 내용이었다. 이것은 또한 방언(언어)을 번역할 때 이와 같이 아무도 모를 수도 있다는 증거이다.

예수께서 십자가에 달리셨다가 돌아가기 직전에 외친 방언이 있다(마 27:46; 막 15:34). 이 방언에 대해 다음과 같은 해설이 있다.

<마태오 복음서의 '엘리 엘리 라마 사박다니'는 히브리어 음역이고 마르코 복음서의 '엘로이 엘로이 레마 사박다니'는 아람어라는 주장이 있지만 사실이 아니다. 두 표기 모두 하느님이나 신이라는 의미인 단어 "엘"에 1인칭 소유격 접미사 -이를 붙여 "엘리"로 발음되었을 것인데 마가 복음서에서 "엘로이"라고 음차된 것도 실제로는 "엘리"로 발음되었던 것의 다른 표기법일 뿐이다. 그리스어는 기원전/후 1세기 무렵에 모음 추이[vowel shift]를 겪었고 이때 -i가 포함된 이중모음들이 /i/ 발음으로 퉁쳐지는 현상이 발생했으며, 이것을 iotacism이라 이른다. 즉 eli라고 쓰든 eloi라고 썼든 실제 발음은 /eli/였을 것.

또한 '사박다니'는 히브리어일 수가 없다. '(שבק)šbq' 어근은 히브리어에 없는 아람어의 어근으로서 히브리어라면 '(עזב)zb' 어근이 사용되어 '아자브타니(עזבתני)'가 되어야 할 것이다. šabaqta는 2인칭 단수 남성 완료형으로 "(네가) 저버렸다", 그 뒤의 -ni는 1인칭 단수 목적어 "나를"이 된다. 원래는 위의 시편 22편 제1절에 기록된 다윗의 탄식을 예수가 인용한 것. 여기서는 '버리셨나이까'가 '사박다니'가 아니라 히브리어인 '아자브타니'로 기록되어 있다.>66)

이처럼 성경에 명백히 기록된 말씀을 통역(번역/해석)하는 것도 단지 어학적 지식만으로는 충분하지 않기에 여전히 논란이 되고 있다.

한글개역 신약성경에 방언(외국어)들이 기록되어 있지만 4복음서에는 한 번만 '방언'(헬-'글로싸')이라는 단어가 나온다(막 16:17). 이 '방언'은 외국어일 수도 있지만 성령께서 알려주시는 방언통역 은사를 받지 않았다면 누구도 알지 못하는 말일 수도 있다.

어떤 이들은 마가복음 16장 9-20절을 후대에 첨가한 것이기에 여기의 방언도 별 의미가 없다고 주장하지만 이 구절들이 없다는 두 개의 사본들 중 시내사본은 이전에 기록된 것을 지운 흔적이 역력하고, 바티칸에서 나온 사본은 변개했을 가능성도 늘 제기된다.

성령으로 거듭나 하나님의 안식에 들어갈 자들이 확신할 만한 표적을 하나님께서 주셨음을 사도들과 선지자들은 물론 교회도 알고 있었다.

'은사'란 '하나님께서 은혜로 주신 선물(헬-도레아)'이라는 의미이다. 햇볕, 비, 공기, 먹을거리, 건강 등 모든 것이 하나님께서 주신 일반적인 은사이다(렘 31:12). 죄사함과 거듭남은 더욱 특별한 은사(恩賜: 은혜의 선물)이다(행 2:38; 롬 5:15,16; 6:23; 8:32; 고전 7:7).

바울의 서신에만 기록된 Χάρισμα[카리스마]를 '은사'라고 번역했는데 '은혜'라는 뜻인 '카리스'에서 나온 단어이다. 고린도전서에 나열된 은사들은 '지혜의 말씀', '지식의 말씀', '믿음', '병고침', '능력 행함', '예언함', '영들 분별함', '각종 방언(헬-게네 글레쏜) 말함', '방언들(헬-글레쏜) 통역함'으로 9가지로서 한 하나님/한 주님/한 성령께서 나누어주신 것이라고 기록되었다(고전 12:1-11). 이 은사는 성령침례를 받아 머리이신 예수 그리스도의 한 새사람의 몸에 연합된 후에 몸 전체나 지체의 유익을 위해 하나님(주님/성령)께서 주신 선물이다(고전 12:12-27). 즉 한 새 사람의 몸 안에 들어가지 않은 사람에게 해당되지 않는다.

<우리가 유대인이나 헬라인이나 종이나 자유자나 <u>다 한 성령으로 침례를 받아 한 몸이 되었고 또 다 한 성령을 마시게 하셨느니라</u>> (고전 12:13. 참고 27-31)

누가 성령으로 거듭날 때 성령께서 거듭난 그의 영과 더불어 그가 거듭났음을 증명하시는 표적이 있다. 로마서로부터 모든 서신서들은 이미 성령침례(행 1:5; 고전 12:13)를 받아 한 새사람의 몸에 연합된 지체들에게 주신 말씀이다. 거듭나야 할 자가 그 한 새사람(몸)에 지체로 연합되기 위해서는 먼저 반드시 하나님께서 인정해 주시는 그 표적이 있어야 한다. 아직 성령을 받지도 않은 자에게 서신서를 적용하여 거듭나지도 않은 자를 거듭났다고 믿게 하는 것은 근본적으로 잘못되었다.

성령침례를 받아 몸의 지체가 된 자들에게 성령을 마시고 성장하도록 주신 9가지의 은사들 중에 방언도 있다. 이 생수를 마셔야 목마름을 이기고 광야를 통과할 수 있다(요 4:14; 행 7:38; 고전 10:4). 광야 같은 고린도의 교회는 이 은사들이 풍성했던 교회이고(고전 1:4-7), 재림 때까지 모든 교회들은 당연히 이런 은사들이 나타나야 한다. 거듭난 자들이 마셔야 할 은사들 중에 방언들과 방언들을 통역하는 은사도 있다. 성령으로 연합된 한 몸에 여러 지체들이 있듯이, 대부분이 은사방언을 말하여 생수를 마시지만 어떤 지체는 은사방언을 하지 않을 수도 있다.

성령침례를 받은 몸에는 각종 방언을 말함, 각종 방언 통역함을 포함해 9가지의 '성령의 은사들'이 있고(고전 12:8-10), 사람(사도, 선지자, 교사, 능력행하는 자, 병 고치는 자, 돕는 자, 다스리는 자)도 은사(선물)로 주셨다(고전 12:27-31; 엡 4:8-16). '각종 사역자'라는 은사(선물)와 '영적인 은사(선물)'은 이미 성령침례를 받은 자들에게 주신 것이다.

사도 바울은 고린도교회에게 신령한 것을 뿌렸고(고전 9:11) 서신을 통해 은사사용법을 가르치며 양육하였다(고전 12:1). 후에 고린도교회에 다른 예수, 다른 복음, 다른 영을 전하는 사단의 일꾼도 등장했다(고후 11:2-4,13-15). 바울은 그들을 뱀들이라 했고 그들의 가르침과 거짓 영의 역사를 따르는 자들을 뱀의 자식(독사의 새끼)이라 했다. 당연히 오늘날도 다른 영에 의한 가짜 방언(표적, 은사)이 많이 있으며, 신령한 것은 신령한 자만이 올바로 분별할 수 있다(고전 2:11,15). 사도행전의 방언과 고린도전서의 방언의 차이를 알려면 먼저 성령침례를 받아 신령한 자로서 성령의 음성을 들을 귀가 있는 자가 되어야만 가능하다.

성경은 거듭날 때 성령께서 말씀하시는 표적방언과 이 방언을 말함으로 거듭난 것이 확인되고 지체가 된 자들이 하는 '은사방언'이 다르다고 명백하게 가르친다. 성령침례를 받아 한 몸에 연합된 증표로 나타나는 방언은 말씀하시는 분이 성령이시므로 신자가 임의로 할 수 있는 방언이 아니다. 이 방언은 생소한 입술로 하는 방언이므로 '할렐루야'나 '랄랄랄'을 계속 반복하는 연습으로 나온 이상한 말이 아니다. 그렇게 나온 소리는 자기도취와 착각일 뿐이다. 귀하고 좋은 것일수록 마귀가 만들어내는 모조품도 많다. 어떤 신자가 신비적 영에 도취되어 자신이 모르는 외국어(방언)를 할지라도 악령에게서 온 것일 수도 있음은 악령도 능력이 있고, 교회를 집요하고 간교하게 공격하기 때문이다.

누군가 처음으로 방언(?)을 할 때 그 방언을 하게 한 영이 성령인지 악령인지 알 수 있는 확실한 잣대가 있다. 성령으로부터 방언을 받은 자는 예수 그리스도를 '우리 대신 저주를 받은 자'라 시인하며, 올바로 성령을 받은 자라면 주 예수님을 주(יהוה/아도나이)라고 시인한다(고전 12:3). 예수님께서 친히 성령으로 아버지와 아들과 성령이심을 계시로 깨닫게 하시고 모든 진리 가운데로 인도하시기 때문이다.

하나님께서 "누구든지 성령침례를 받으면 '임마누엘인 하나님 יהוה(아도나이/퀴리오스/주)가 구원이 되셨고 다른 하나님이 없음'을 알리라"고 선포하셨기 때문이다(렘 31:34; 욜 2:27). 성령을 받기 전에 사도들 중에 몇 명은 예수께서 아버지이심을 의심했으나 성령침례를 받은 후에는 그들 모두가 '아버지와 아들과 성령의 이름이 예수'이심을 확신하였다(행 2:36,38). 예수께서 임마누엘하신 하나님, 그리스도(제사장), 어린양이심을 믿지 않는 자에게 역사한 영은 속이는 미혹의 영이다(딤전 4:1; 요일 2:18-27; 4:1-3). 귀신들도 오직 한 분 하나님을 믿는데(약 2:19), 오직 한 분 하나님만을 믿을지라도 예수께서 그 주 하나님과 그리스도이심을 부인하는 자는 외국어 방언을 유창하게 말할지라도 성령을 받은 것이 아니다(요 8:41,44). 또한 성령의 은사들 중에 '영들 분별하는 은사'로도 거짓 영을 분별할 수 있다(고전 12:10; 고후 11:4).

하나님께서 주신 은사는 어느 은사든 낮은 은사, 천한 은사란 없다. 단지 거듭난 후 어린 단계에서 성숙단계로 나아가는 성장의 차이만이 있을 뿐이다. 사도 바울은 어떤 성도가 은사방언을 다른 은사보다 중시함으로써 지체들이 몸(전체)을 위하는 길에서 벗어나고, 믿지 않는 자들에게 걸림돌이 되는 문제까지 일어났기에 고린도전서 12-14장에 걸쳐서 이를 바로 잡았지만 방언을 무시한 것이 결코 아니다.

불치병이 낫거나 앉은뱅이가 일어나거나 오병이어의 기적, 옥문이 열리는 능력(이적/기적) 등의 능력행하는 은사는 불신자들도 그 자리에서 하나님을 믿을 수 있는 매우 강력한 은사이다. 방언은 그러한 은사들과 비교할 때 매력적인 은사로 보이지 않는다. 고린도교회가 다른 은사들이 나타나고 있는데도 불구하고 술취함(행 2:13-15)이나 미친 사람 취급을 받을 수도 있는 방언은사(고전 14:23)를 더 중시하는 경향을 보인 중요한 이유와 배경을 진리의 교회는 알고 있다. 믿는 자가 하는 첫 방언은 하나님의 아들로 거듭났음을 성령께서 주권적으로 증언하시는 증표로 보이신 표적임은 물론 지체가 된 이후에도 대부분의 성도들이 받아 늘 마실 수 있는 은사이기에 중시하게 된 것이다(고전 14:5).

방언이 병고침이나 기적행하는 은사보다 더 중시되었던 같은 사례는 고린도교회보다 먼저 이미 사마리아교회에 있었다.

마술사 시몬은 사도적인 복음이 전파되기 전까지는 거대한 사마리아 성의 작은 자로부터 큰 자까지 '하나님의 위대한 능력'이라고 받들 만큼 그 능력 행함이 대단한 자였다(행 8:10). 그는 빌립이 복음을 전파할 때 수많은 악귀들이 떠나고 많은 중풍병자와 하반신 마비환자가 정상으로 치료되는 것을 보았고, 무엇보다 진리의 복음을 들었다. 그제야 시몬은 자신이 마귀에게 속아 능력을 행했음을 깨닫고 예수님을 믿고 회개하여 예수 이름으로 침례를 받고 전심으로 빌립의 전도에 동참했다. 큰 능력들을 체험하고 침례까지 받았으나 아직 아무도 성령침례를 받지 못했을 때 베드로와 요한이 와서 안수하자 성령침례를 받는 것을 보자 시몬은 돈을 내어서라도 그 권능을 사려고 했다. 예수님 부활 후에 성령침례를 통해 하나님의 아들로 거듭나는 약속은 그 어떤 기적보다 절대적으로 큰 것임을 시몬은 배웠다. 시몬이 중시했던 선물은 불치병과 불구자를 완치하는 기적이 아니라 성령으로 거듭나게 하는 능력이었다.

기도하는 자가 거듭났음을 성령께서 친히 방언으로 증거하신 후 거듭난 그 자신(지체)과 온 성도(교회/몸)의 성장, 성숙을 위해 생수처럼 마시라고 주시는 여러 은사들 중 방언의 은사 역시 긴요하다(고전 3:1,2; 14:20). 바울은 성장을 위해 더욱 큰 은사를 사모하라고 가르쳤다(고전 12:31). 또한 가장 좋은 길을 보이겠다고 하였는데 이는 몸을 위해 사랑으로 은사를 사용하는 것이다. '길'이라 번역된 헬라어는 '호도스'인데 '행사'(고전 4:17), '방식', '원칙', '원리', '규범'으로도 번역되었다.

사도 바울은 13장에서 사랑(길)을 따라 은사를 사용하라고 가르쳤다. 어떤 이는 고린도교회가 믿음과 소망과 사랑도 갖추지 못했기 때문에 기록한 것이라고 고린도교회를 맹비난한다. 이는 지금도 13장의 사랑에 대해 가르치는 교회를 사랑이 전혀 없는 교회라고 비난하는 것과 같다. '사람의 방언과 천사의 말을 할지라도 사랑이 없으면 구리와 울리는 꽹과리'가 된다는 말씀은 방언하지 말라는 말이 아니다. 성도가 마시는 은사들 중에 예언, 지식의 말씀, 산을 옮길 만한 믿음, 방언의 은사가 있고, 이러한 신령한 은사들을 사용할지라도 사랑이 없으면 아무 것도 아니라는 말씀이다. 이런 은사들을 다 버리라는 가르침이 아니듯이 방언을 사용하여 생수를 마시되 사랑으로 사용하라는 의미가 분명하다.

　고린도전서 13장에서도 믿음과 소망과 사랑을 가르칠 때도 분명하게 방언이 중요한 은사로 언급되었으며 그 은사에서 머무를 것이 아니라 몸이 필요로 하는 각종 은사와 예언하는 은사로 성숙(세워감)해 갈 것을 사모하고, 사랑으로 은사를 사용하고 몸을 세우라고 가르치고 있다.

　<사랑은 언제까지든지 떨어지지 아니하나 예언(豫言)도 폐하고 방언도 그치고 지식(知識)도 폐하리라>(고전 13:8)

　어떤 자들은 온전한 것이 오면 방언도 그친다고 했으므로 성경 66권이 다 기록된 후에는 방언은 없어졌다고 주장한다(고전 13:8-10). 성경 66권이 다 기록된 때가 '온전한 것이 온 때'라는 주장도 그릇된 말이다. 바울은 온전한 것이 올 때에는 방언만 그치는 것이 아니라 예언도 폐하고 지식도 폐한다고 가르쳤다. 1세기에 신약성경이 다 기록된 후 지금도 재림에 대한 예언은 일점일획도 떨어지지(폐하여지지) 않고 반드시 이룰 것이라고 가르친다. 온전한 것이 올 때까지는 누구든지 어린아이처럼 부분적으로 알고 부분적으로 예언한다(고전 13:11,12). 바울 자신도 온전한 것이 올 때까지는 옛날 흐린 거울로 보는 것처럼 희미하게 본다고 했다. 신약성경이 다 기록된 후에도 이러한 현실은 어느 누구에게나 마찬가지며 달라지지 않았다. 사도 바울은 온전한 것이 올 때는 '주께서 나를 아시는 것같이 내가 온전히 알리라'라고 했다. 그때는 바로 재림 후 성도들의 몸이 영화롭고 신령하게 부활한 때를 가리킨다. 모든 것이 성취된 그때에는 유치한 지식보다 완전한 지식을 따라 온전히 알게 되고, 예언된 것도 이미 현실로 성취됐으니 믿음이나 소망도 의미가 사라지고, 오직 사랑만 영원히 있게 될 것이라는 말씀이다.

　그때에는 방언도 그치고 예언도 끝이 나겠지만, 땅에 있는 동안에 몸(전체)과 자신(지체)의 성숙(세움)을 사모하는 지체들은 사랑의 길을 따라 예언하는 은사를 사모하라고 가르쳤다(고전 14:1). 아볼로의 제자들은 성령으로 거듭날 때 예언도 했었다(행 19:6).

　성경적인 방언은 외국어이기에 외국어가 아닌 알아듣지 못하는 말은 모두가 가짜라는 주장도 터무니없다. 누군가 외국어를 배워 자신이 외국어로 말하거나 다른 이의 외국어를 통역하는 재능을 성령의 은사라고 인정한 적이 성경에는 전혀 없다.

지체가 된 자에게 주신 방언은 본인은 전혀 알지 못하는 방언이지만, 곁에서 듣는 누군가는 알아듣는 방언(외국어)도 있다.

바울은 성령침례를 받은 후에 은사로 말하는 방언은 사람에게 말하는 것이 아니라 그의 영(靈: 속사람)이 영이신 하나님께 말하는 것이므로 하나님만 알아들으실 수 있는 방언이라고 가르쳤다.

<방언을 말하는 자는 사람에게 하지 아니하고 하나님께 하나니 <u>이는 알아듣는 자가 없고</u> 그 영으로 비밀을 말함이니라>(고전 14:2)

한글이나 영어로 번역된 성경들은 모두 ①사람에게 말하지 않고 하나님께 말하는 방언 ②알아듣는 자가 없는 방언 ③말하는 자의 영이 말하는 방언이라고 같은 의미로 번역했다.

성령침례 때의 표적방언은 '성령께서 주권적으로 말하게 하심'을 따른 방언이요, 거듭나서 한 몸에 연합된 지체가 되었음이 인정된다. 지체가 된 자가 신령한 생수를 마시는 의미로 하는 방언은 '말하는 자의 영'이 어느 때에나 어디에서나 임의로 하거나 하지 않을 수 있다. 표적방언은 성령을 받아 거듭난 당사자에게나 그 곁에서 듣는 전도자들이 듣도록 성령께서 하시는 것이다. 성령침례를 받은 지체가 생수를 마시듯이 하는 은사방언은 성령침례를 받은 자들이 반드시 다 받아야만 되는 방언이 아니다. 성령침례를 받을 때 이미 방언을 했기에 이후에도 받은 지체가 많으나 받지 않은 지체도 있다(고전 12:30; 14:5). 오순절 날에 했던 방언은 통역없이 알아듣는 자들이 있었으나 지체가 된 자의 영이 하나님께 기도하는 그 방언은 아무도(헬-우데이스. 사람이든 천사든) 알아듣는 자가 없고 오직 하나님만 아신다. 이 방언은 통역할 필요조차 없는 방언이다. 물론 이 방언은 외국어를 의미하는 것이 전혀 아니다. 이 방언은 성도의 속사람이 하나님께 찬양, 감사, 기도할 때 말하는 방언이다.

<3 그러나 예언(豫言)하는 자는 사람에게 말하여 덕(德)을 세우며 권면(勸勉)하며 안위(安慰)하는 것이요 4 방언(方言)을 말하는 자는 자기의 덕을 세우고 예언하는 자는 교회의 덕을 세우나니 5 나는 너희가 다 방언 말하기를 원하나 특별히 예언하기를 원하노라 방언을 말하는 자가 만일 <u>교회의 덕을 세우기 위하여</u> 통역하지 아니하면 예언하는 자만 못하니라>(고전 14장)

공적인 예배 때, 지체만을 위한 방언은사와 달리 예언은사는 누구(전체/몸)나 아는 언어로 격려하고 위로하므로 누구나 듣고 마시는 생수가 되어 전체의 덕을 세운다(고전 14:3-5). 원어로 '오이코도메'라는 단어에 '덕'이라는 의미는 없이 '세움', '건축함'이란 뜻이다(마 16:18).

지체에게 은사를 주신 목적은 자신이나 교회(몸)를 세우기 위함이며 방언이나 예언도 목적에 맞게 사용해야 한다. 그리스도의 몸을 세우기 위해 은사들을 주셨고, 지체의 성장은 반드시 필요한 것이지만 전체의 성장으로 연합되어야 하고 공적예배(몸/)의 목적에 적절한 은사사용법을 따라야 한다. 은사로 방언하는 자는 자기(지체)를 세우기 위해 마시는 경우도 있기에 모든 사람(지체)들이 다 방언하기를 원한다고 했다. 물론 모든 사람이 외국어(방언)를 말하기를 원한다는 말이 아니며, 외국어를 익혀 통역한다는 말은 더더구나 아니다. 성령침례를 받아 한 몸이 될 때 성령께서 말하게 하신 방언을 모두가 이미 경험했기에 그 후에 자신을 위한 은사방언은 누구든지 구하면 주신다. 이 방언은 '거듭난 아들'로서 천사들보다 월등한 신분을 상기시켜주는 것이기도 하며, 그 영이 태어난 아들 신분으로 하늘 아버지께 기도와 감사와 찬양을 드리는 것이므로 자기의 믿음을 강하게 세우기에 긴요한 은사이다.

<그런즉 형제들아 내가 너희에게 나아가서 방언을 말하고 계시나 지식이나 예언이나 가르치는 것이나 말하지 아니하면 너희에게(즉, 몸 전체) 무엇이 유익하리요>(고전 14:6)

위대한 사도요 많은 방언을 하므로 감사한다는 바울일지라도 자신의 영으로 하나님 외에는 아무도 알아들을 수 없는 방언을 말하고 계시나 지식이나 예언이나 가르치는 것을 하지 않고 성회를 끝낸다면 교회(몸 전체)에게 유익이 없을 것이라고 했다. 그와 같이 은사를 사용하는 것은 청중 앞에 리듬도 멜로디도 하모니도 없는 연주를 하는 것과 다를 바 없다고 했다. 고대에 전쟁을 할 때 지시와 명령을 따르도록 나팔소리를 사용했는데, 하나님만 아시는 방언을 공중예배에서 말한다면 아무렇게나 구별도 없이 나팔을 불어대는 것과 다를 바가 없다는 가르침이다(고전 14:7-9). 전쟁 때에 나팔소리가 필요하다고 믿는다면 거듭난 성도들이 방언을 하는 것도 필요하다고 믿어야 한다.

하나님의 소중한 은사인 방언을 하는 성도들이 교회 전체예배 때에 각자 모두가 자신은 물론 다른 아무도 알아들을 수 없는 방언만을 하면 이는 은사의 남용이요 오용이 된다(고전 14:10,11). 자기 영으로 하나님 께만 하는 방언을 공적 전체예배에서 오용하면 방언하는 자와 듣는 자 모두가 야만인 취급을 받을 수 있다는 말이다.

'야만(野蠻)'으로 번역된 헬라어 '바르바로스'는 '말 더듬는 자', '미개 인'이라는 뜻이다. 영어성경들은 foreigner(외국인)이라고도 번역했지만 이보다 더 강한 의미로 barbarian(미개인: 언어가 없는 사람)처럼 마구 떠들어대는 자라는 의미이다. 한글 새번역성경은 '딴 세상 사람', 현대어 성경은 '이방인'이라고 번역했다.

몸 전체를 세우는 은사에는 예언뿐만 아니라 방언은사를 받은 자들을 통해 전체에게 '하나님께서 말씀하시는 방언'도 있다. 이 방언은 회중을 위한 방언이므로 방언통역은사를 받은 지체가 감동 중에 메시지를 받아 회중에게 통역해야 한다(고전 14:13). 이 방언은 임의로 외국어를 하거 나 외국어 통역을 하는 것이 전혀 아니다. 13절의 원문은 전체를 위한 방언이 나오면 방언한 자나 회중(교회)는 통역을 위하여 '기도하라'(pray that he may interpret.)고 말을 마쳤다. 회중을 위한 방언통역에 대해 '기도하라'는 말로 마치고 14절에 지체의 은사방언을 설명했는데 한글개 역성경은 '기도할지니'라고 애매하게 번역하여 전체를 위한 방언과 14절 에 개인의 방언에 대해 설명한 말과 연관을 지음으로써 오해의 여지를 만들었다. 온 회중에게 주는 방언은 성도가 임의로 말하는 것이 아니며, 방언통역 또한 하나님께서 감동으로 주시는 것이다.

사람이 자기 영으로 하나님께 말씀하는 방언은 통역이 필요치 않으며 통역할 수도 없다. 하나님께서 회중에게 방언으로 말씀하실 때의 방언은 방언통역은사를 받은 자의 통역을 통하여야 회중(몸)을 세운다. 회중을 세우기 위해 통역이 따라야 할 방언은 실제로 직접 경험하거나 들어본 사람이면 쉽게 구별할 수 있다. 이 방언은 자기의 영이 기도하는 방언과 달리 대개 회중이 충분히 기도한 후에 성령의 임재가 강한 중에 하나님 께서 말씀하시는 방언이며, 지체를 위한 은사방언보다 더 선명하고, 한 음정(音程) 정도 높게 웅장하고 임재하심이 느껴지는 방언이다.

이때 회중(전체)은 하나님께서 통역할 지체가 메시지를 받도록 조용히 기도하며, 통역자는 선명한 감동으로 받은 통역 메시지를 전하게 된다. 물론 이때도 방언을 말한 자는 자기가 무슨 말을 했는지 알지 못한다. 외국어를 아는 자가 외국어로 말한 것을 방언이라 하지 않으며, 외국어를 통역하는 능력을 통역은사라 하지 않는다.

바울은 다시 각자가 자기 영으로 기도하는 방언은 다른 이는 물론 자기 자신의 마음(헬-누스)마저 알지 못하는 방언이라 했다.
<14 내가 만일 방언으로 기도하면 나의 영(프뉴마)이 기도하거니와 나의 마음(누스)은 열매를 맺히지 못하리라 15 그러면 어떻게 할꼬 내가 영으로 기도하고 또 마음(누스)으로 기도하며 내가 영으로 찬미하고 또 마음(누스)으로 찬미하리라>(고전 14장)
'마음'은 헬라어로 주로 '카르디아'(고전 2:9; 4:5; 14:25 …)를 쓰지만 방언에 대한 설명을 할 때는 이해(력)나 이성, 사고를 뜻하는 '누스'를 썼다(고전 1:10; 2:16; 14:14,15,19). 바울같이 위대한 사도도 그의 영이 하나님께 방언으로 기도(찬미)할 때 자기의 마음(누스) 혹은 혼, 이성은 그 뜻을 알지 못하므로 열매를 맺지 못한다고 했다. 그래서 이어서 혼의 언어(상용어)로도 기도(찬미)함으로써 혼(마음)도 열매를 맺게 된다(세움/성장)고 가르쳤다. 바울은 이와 같이 자신을 세우기 위해 생수를 마시는 방법인 방언기도를 남달리 많이 했다.
바울은 자신의 영이 알지 못하는 방언으로 축복하기보다 혼적(상용어)으로도 축복하여 듣는 이들도 세움을 받게(열매를 맺게) 하겠다고 했다(고전 14:16,17). 바울은 개인의 기도/찬미생활에서 고린도교회의 방언을 인정함은 물론 오히려 자신이 고린도교회의 모든 이들보다 이 방언을 더 많이 말하기에 하나님께 감사를 드렸다(고전 14:18). 그러나 회중이 모인 전체예배에서 하나님 외에, 천사는 물론 아무도 알아듣지 못하는 일만 마디의 방언보다 알아들을 수 있는 다섯 마디 예언이 훨씬 더 회중(전체)을 세우는데 유익하다고 가르쳤다(고전 14:19,20). 사도 바울이 말하는 이 은사방언은 그가 모인 회중을 고려하여 자신이 임의로 말하든지 하지 않든지, 방언 대신 예언을 하든지를 선택하는 은사방언이요 성령침례 때 성령께서 주권적으로 말씀하시는 표적방언이 전혀 아니다.

하나님께서 성령침례를 주신 증거로 친히 말하는 방언은 자신은 전혀 모르지만 듣는 자들을 위해 외국어(방언)로 말씀하실 때도 있다. 그런데 하나님을 믿지만 그 약속을 듣는 자들이 믿지 않을 것이라고 하셨다.

<21 율법에 기록된 바 주께서 이르시되 **내가 다른 방언을 말하는 자와 다른 입술로 이 백성에게 말할지라도 그들이 여전히 듣지 아니하리라** 하였으니 22 그러므로 방언은 믿는 자들을 위하지 아니하고 **믿지 아니하는 자들을** 위하는 표적이나 예언은 믿지 아니하는 자들을 위하지 않고 믿는 자들을 위함이니라>(고전 14장, 개역개정)

이 말씀은 율법(구약성경)의 이사야 28장 11-13절을 예로 든 것으로 이 구절에서 '들어도 믿지 않는 자'는 성경을 믿지만 예수님을 하나님과 메시아(그리스도)로 믿지 않고, 성령으로 거듭나라고 아버지의 약속을 주셨지만 '믿지 아니하는 자'(유대인 신자)들을 가리킨다.

오순절 날 120여명의 제자들은 모두 갈릴리 사람들이었고, 전혀 외국어를 모르는 자들이었다. 그들이 성령께서 말하게 하심을 따라 생소한 입술로 자신이 알지 못하는(임의로 할 수 없는) 방언(외국어)을 말했다. 주(יהוה)와 그리스도, 어린양이신 예수님은 성령으로 거듭남의 약속(새언약)을 믿지 않는 백성들을 아신다(마 28:16; 요 21:17). 방언하는 자 자신은 전혀 알지 못하는 외국어를 친히 말씀하심으로써 이를 믿을 만한 표적을 주셨다. 바울은 '성령께서 친히 외국어(방언)로 말하게 하신 표적'이 이 목적이라고 가르쳤다(22절). '그 방언'은 알아듣는 신자들을 위하여 주신 외국어이므로 통역 은사자가 필요 없다. 누가 성령침례로 거듭날 때도 성령께서 외국어(방언)로 말씀하실 때도 있으며, 이미 거듭난 지체를 통해 누구에게 외국어(방언)로 말씀하기도 하신다. 오순절에 방언(외국어)을 말했던 120여명의 갈릴리 사람들은 자신이 아는 방언(외국어)으로 메시지를 유대인 신자들에게 전한 것이 전혀 아니었다. 그 방언을 자기들의 상용어로 알아들었던 자들 모두는 하나같이 놀랐지만 그들 중 일부만이 그것이야말로 이사야를 통해 예언하신 것임을 깨달았다. 3000명의 신자들은 술취한 것과 같은 자들이 말한 방언의 표적을 듣고 보고 열두 사도들의 복음을 받아들여 주 예수 이름으로 침례를 받았다. 말세에 하나님께서 모든 육체에게 성령을 부어주심으로 보고 듣는 것을 받게 된다는 약속을 들었으나 대부분의 유대 신자들은 믿지를 않았다.

사도들과 갈릴리 신자들이 방언으로 유대인들에게 복음을 전하였다는 주장은 지어낸 말이다. 그들이 복음을 들었다면 사도들에게 복음을 다시 물었을 이유가 없고, 천국열쇠를 받은 베드로와 열한 사도가 자기들의 언어로 복음을 전할 필요가 없었다. 방언은 이방인들에게 복음을 전하기 위한 것이라는 주장은 어이없는 주장이다. 거듭남의 증표는 모든 민족, 모든 육체를 향해 약속하신 것이므로 이스라엘에게 주신 이사야 28장을 인용하지 않고 요엘서 2장을 인용해 설명했다. 하나님께서 이방인이든 선민이든 신자인데도 성령침례에 대한 약속을 믿지(듣지) 않는 자들에게 외국어(방언)를 모르는 자(거듭나는 자나 거듭난 자)를 통해 지금까지도 여전히 말씀하시는, 성령침례를 확증하는 동일한 증표이다.

고린도전서 14장 22절(원문에 '그 방언')을 '믿지(듣지) 않는 자'는 23절의 '믿지 않는 자'와는 명백히 다르다. 23절의 믿지 않는 자들은 말씀에 대해서 믿지 않는 무식한 자/불신자들을 가리킨다. 개역성경에 22절은 '위함이다'라고 마쳤는데 '위함이니'라고 번역하여 24절과 연결시킨 번역을 함으로써 같은 사람으로 오해케 하는 걸림돌이 되었다.

복음전도에 오직 외국어 방언만 필요한 진짜 방언이라는 주장도 거짓이다. 사마리아 신자들이 외국어(방언)로 말하였다는 근거는 전혀 없다. 이미 복음을 다 들은 사마리아 사람들이 사도 베드로와 요한에게 전도하기 위해 외국어를 말했다니 정말 어처구니없는 말이다.

베드로와 함께 내려간 형제들이 고넬료 권속이 성령을 받을 때 처음 자신들에게 임한 것과 같은 증거로 임했다는 말씀도 외국어로 방언을 말했다는 말이 아니다. 통역을 데리고 다녔던 베드로나 오순절에 성령을 받은 갈릴리 형제들에게 외국어로 전도를 했다니 어불성설이다.

에베소 신자들도 외국어(방언)를 했기 때문에 외국어를 많이 아는 바울이 알아들을 수 있었다는 주장도 그들이 바울에게 방언으로 복음을 전했다는 말이 되니 황당한 주장에 불과하다.

배워서 잘 하는 외국어를 하나님께서 주신 방언은사라고 하지 않는다. 또한 외국어를 배운 자가 통역할 때 통역은사를 사용한 것이라고 하지 않는다. 오순절 날에 15개국에서 온 자들이 다 방언통역 은사를 받은 자들이 아닌 것과 같다.

성령침례를 받아 한 몸에 연합되었음을 증거하는 방언과 성령침례를 받은 후에 지체들이 하는 방언은 확실히 구별된다. 성령이 말하게 하심을 따른 방언과 성도의 영이 임의로 하는 방언은 확실히 다르다. 성령이 말씀하시는 방언은 사람이 임의로 하는 게 아니며 연습시켜도 안 된다. 기도할 때 자기 영이 방언을 말하는 자는 임의로 할 수 있고 회중이나 불신자를 고려해 하지 않을 수도 있다. 거듭난 성도의 영이 하는 방언은 자신의 혼(마음)도 알지 못하고 오직 하나님만 아신다. 성령이 말하게 하시는 방언 중에서 외국어 방언은 외국어를 아는 신자가 있을 때 물과 성령으로 거듭남을 믿도록 하시는 방언이므로 통역이 필요 없다. 성령이 말씀하신 방언 중에서 회중에게 말씀하실 때는 통역은사를 가진 자의 통역이 필요하다. 이 방언은 대개 말하는 자나 통역하는 자가 아는 외국어가 아니다. 이 방언은 방언을 말하는 자나 통역을 하는 자가 임의로 할 수 없고 오직 성령이 주시는 말씀을 받아서 전달하는 것이다. 이와 같은 차이들은 매우 중요하고 큰데도 신령한 은사들을 경험하지 못한 자들은 구별을 못하고, 고린도교회보다 은사를 오용하거나 거짓 은사에 빠져있거나 근거 없는 반대를 일삼고 있다(고전 2:14).

자신의 영이 말하는 방언이건 회중을 위해 통역을 필요로 하는 방언이건, 성령께서 말하게 하심으로 방언(외국어 포함)을 말하건 방언을 말하는 자는 자신이 한 말의 의미를 전혀 알지 못하기에 하나님의 역사요 은사로 인정되는 것이다. 방언의 주체가 사람인지 하나님인지, 그 대상이 누구냐에 따라 방언의 의미와 종류가 달라진다.

지체라면 모두가 예언을 할 수 있고, 모든 회중을 세울 수 있다(욜 2:28; 행 2:17; 고전 14:24). 예언은사에는 단순한 미래에 대한 예언을 하는 것(행 13:11; 21:11; 27:10)과 하나님께서 예수 그리스도를 통해 행하실 장래 일들을 미리 알려주는 것이 포함된다. '당신도 예수님을 믿으면 구원을 얻을 것입니다'도 중요한 예언이다. 성령은 계시의 영, 장래 일을 알리시는 영이시다(요 16:13). 회중이 다 모였을 때 찬송시, 설교, 계시뿐만 아니라 방언과 방언통역도 있어야 생수를 풍성하게 마심으로 온 몸(회중)을 세운다(고전 14:24-26). 은사에 대해 무지한 자들이 가장 낮은 은사라고 여기는 방언마저 없는 교회를 정상적인 교회인 줄 알고 방언하는 교회를 비정상으로 보는 게 비정상이다.

가짜 방언, 모조품들이 많이 있다고 해서 진품명품마저 가짜라고 주장하는 자들도 있다. 이교도들이 각 신들에게 기도하므로 교회도 기도하면 이교도들을 모방한 것이라고 주장하는 것과 다를 바 없다. 성경말씀과 다른 예수, 다른 복음, 다른 영을 전하는 자들이 있으므로 다른 방언, 다른 예언을 하는 자들이 많이 있다(고후 11:2-4).

사도 바울은 하나님께서 교회 전체에게 방언으로 말씀하려 하실 때에 은사를 받은 자들이 해야 할 방법을 상세히 가르쳤다.
<27 만일 누가 방언으로 말하거든 두 사람이나 다불과(多不過, 많아야) 세 사람이 차서(次序)를 따라 하고 한 사람이 통역할 것이요 28 만일 통역하는 자가 없거든 교회에서는 잠잠하고 자기와 및 하나님께 말할 것이요>(고전 14장)
성령께서 성령침례로 거듭난 자들을 통해 회중을 향해 말하게 하시는 방언은 많아야 세 명이 차례대로 말하고 방언통역의 은사를 가진 자가 통역의 메시지를 받도록 기도해야 한다. 만일 통역하는 자가 없다면 주 하나님께서 방언을 말한 자에게 하신 것이므로 방언한 자는 교회에서는 잠잠하고 혼자 영과 마음으로 하나님께 기도하라고 했다.
예언은사를 받은 자가 예언할지라도 두셋이 질서를 따라 말하고 다른 이들은 다른 영이 준 것인지, 하나님의 영으로부터 온 것인지, 하나님의 계획에 따른 것인지를 분별해야 한다(고전 14:29). 다른 영에 의한 예언이 있듯이 다른 영에 의한 방언도 많이 있다(딤전 4:1,2; 요일 4:1-3). 누가 예언을 말할 때에 만일 다른 이에게 하나님께서 주신 다른 계시가 있다면 처음 예언을 말한 자는 잠잠하고 그 계시를 들어야 한다. 그러나 모든 계시들은 성경에 기록된 말씀에서 벗어날 수는 없다.
예언은 단순한 미래사를 미리 말하는 것만이 아니다. 하나님의 경륜 안에서 주 하나님께서 약속하시고 행하실 일들을 배워 말하는 것이기에 모두가 할 수 있고, 모든 사람들이 듣고 배울 수 있는데, 질서를 따라 차례대로 하여야 한다(고전 14:31). 참고로 유대교의 집회방식이나 초대교회(고린도교회)의 예배방식은 오늘날 로마카톨릭교나 개신교가 하는 방식과 많이 달랐음을 이해해야 한다(계 18:2).

예언하는 자들의 영이 예언하는 자들에게 제재를 받는다(고전 14:32)는 말씀은 성도가 방언이나 예언을 할 때에 무아지경에서 하는 것이 아니라 또렷한 지정의를 따라 한다는 말씀이다. 하나님의 원하심을 따라 자제, 절제하여 자신이 나서야 할 때와 잠잠해야 할 때를 알고 회중을 세우기 위해 권위와 질서를 따라야 한다는 말씀이다(고전 14:33).

여성차별이 심했던 율법시대에도 미리암(출 15:20), 드보라(삿 4:4), 훌다(왕하 22:14), 안나(눅 2:36)가 여선지자로 하나님을 섬겼다.

예수님 당시에도 여성에 대한 차별이 있었던 것은 사실이다. 그러나 예수님 당시에도 많은 자매들이 매우 활발하게 활동했다. 예수님의 육신의 모친 마리아, 일곱 귀신이 들었던 막달라 마리아, 요한의 모친 마리아, 헤롯의 청지기 구사의 아내 요안나와 갈릴리의 수산나가 예수님과 열두 사도의 사역을 곁에서 도왔다(눅 8:1-3).

나사로도 예수님의 부활을 미리 보여주는 데 사용될 때 그의 여동생 마르다는 예수님을 '하나님의 아들 그리스도'라고 고백했고(요 11:27), 마리아는 사도들도 미처 깨닫지 못했던 때에 예수님의 말씀을 깨닫고 예수님의 장사를 미리 준비하기 위해 옥합을 깨뜨려 극히 값진 향유를 예수님께 부었기에 복음이 전해진 곳에는 이 마리아의 이야기도 함께 전하라고 명하셨다(마 26:6-13; 요 12:1-8).

빌립 전도자의 네 딸들도 모두 예언자였다(행 21:8,9). 뵈뵈는 겐그리아교회의 '일군'이요 여러 사람과 바울의 보호자였기에 바울이 로마교회에 추천하며 합당한 예절로 영접하고 그녀의 쓸 것을 도와주라고 했다(롬 16:1,2). '일군'으로 번역된 헬라어 '디아코노스'는 '사역자'를 뜻하는 말인데 이는 사역자의 대우를 하라는 것이다(고전 3:5). 아굴라의 아내 브리스길라는 대학자 아볼로에게 복음을 전하였고, 바울의 동역자(같은 사역자)로 교회를 인도했다(롬 16:3-5. 참고 고전 3:9).

거듭난 여성들이 신령한 사역을 하는 일은 얼마든지 가능한 일인데, '여자는 교회에서 무조건 잠잠해야 한다'는 주장은 잘못된 말이다. 구약의 제사장직은 오직 레위지파 중 아론의 후손인 아들들에게만 주어졌다. 예수 그리스도께서도 육신으로는 다윗지파의 후손이기에 땅에 성전에서 제사장은 되실 수 없었다(히 7:11-14).

새언약을 따라 하늘성전의 제사장직은 반드시 하늘로부터, 하나님의 성령으로 거듭나야만 받을 수 있다. 누구든지 물과 성령으로 거듭나야 속사람(영)으로 신령한 제사장이 된다. 성령침례로 그리스도의 새 한 몸에 연합된 '새사람'이기에 옛사람(남자나 여자)으로 차별을 받지 않는다 (갈 3:27-29). 육체를 따라 난 남자로서는 결코 신령한 제사장이 될 수 없고, 거듭난 영을 따라 새사람으로 살지 않고 육신의 옛사람대로 사는 자는 반드시 죽을 것이라고 했다(롬 8:13). 여성이 사역자가 될 수 없다고 주장하는 자들은 거듭남을 모르기 때문이다. 고린도교회도 여성이나 거듭난 아들로서 사역한 예언자들이 있었다(고전 11:5).

한글개역성경에 모든 성도의 교회에서 함과 같이 고린도교회의 '여자'들도 공중예배에서 잠잠하고 말하는 것을 허락지 않는다는 번역도 문제이다(고전 14:34). 이 구절에서 '여자'는 헬라어로 '귀네'인데 사전에는 남녀 구별할 때 여성을 가리키고, 남녀 신을 구별할 때 여신(女神), 남편 (男便)과 구별할 때 부인(婦人), 연인 사이의 여자 애인, 내연관계의 처, 홀아비와 구별할 때 과부, 남주인과 구별할 때 여주인, 동물의 암수 중 암컷이라는 의미로 사용하는 단어이다. '모든 여성들은 모든 남성에게 오직 복종하라'는 뜻이 전혀 아니라는 사실을 번역이 제대로 반영하지 못했다는 말이다. 다시 말해 성경의 가르침은 '모든 아내(귀네)는 자기 남편(아네르)에게 복종하라'는 의미이다.

고린도전서 11장에서 '여자의 머리는 남자'라고 할 때 모든 남자들이 모든 여자들의 머리라는 말이 아니라 머리인 남편(남자)의 여자 즉 아내라는 말임을 보여준다. 교회가 그리스도께 복종하듯 모든 아내(귀네)는 남편(아네르)에게 복종하라고 번역한 것과 같이 해야 한다(엡 5:22-24; 골 3:18). 하나님께서 창조하신 남자와 여자는 정확히 남편과 아내를 가리킨다(창 1:27; 2:22,23). 따라서 고린도교회 안의 아내(여자)는 남편(남자)을 주관하려 하지 말고 복종하라는 말씀이다. 아내가 남편을 주관하려는 욕구는 범죄 이후 모든 아내들에게 저주로 존재해 왔기 때문이다 (창 3:16). 그리스도를 남편으로 섬기는 신부(교회)에게는 매우 중요한 가르침이다. Weymouth New Testament는 'married women'로 번역했고 World English Bible는 'wives'로 번역했다.

디모데전서 2장 8-14절의 '귀네'를 '여자'로 번역한 구절도 그렇다. 특히 11절에 '귀네는 일절 순종함으로 종용히 배우라'는 말씀을 '모든 여자들은 모든 남자들에게 일절 순종하라'고 해석한다면 남성 목사들이 여신자들을 성적으로 농락하는 것도 말씀대로 하는 것이 된다. 12절은 아내가 머리(권위)로 처신하며 남편을 '가르치는 것(헬-디다스코)'이나 주관하는 것을 금하며 종용(조용)히 배우라고 가르쳤다. '말하는 것'은 헬라어 '랄레오'로 '선언하다', '주장하다'라는 뜻이며, 아내가 교회에서 남편에게 선언/주장하는 것을 허락하지 않는다는 뜻이다.

고린도전서 11장에서 남자(남편)의 권위 아래 있는 표를 여자(아내)의 머리에 두라는 말씀과 연관을 갖는다. 하와의 범죄 이후 권위와 질서가 깨어졌고, 그 진실을 깨닫지 못하면 교회에까지 연결되어 함께 저주를 자취하게 된다. 바울은 교회에서 아내가 남편에게 주관하듯이 말하거나 대드는 것을 허락하지 않는다고 가르쳤다. 주 하나님께서 '선악을 알게 하는 나무 실과를 먹지 말라'는 말씀을 아담에게 주셨고 아내는 남편으로부터 그것을 들었다(창 3:17,18; 고전 14:36). 처음 계명이 아내에게서 난 것이 아니라 남편으로부터 났다는 말씀이다. 설사 아내가 성경을 배우려는 선한 의도로 말할지라도 개인적인 것들을 공적모임에서 할 것이 아니라 집에 가서 남편에게 배우라고 가르쳤다.

바울은 고린도교회가 은사를 바로 사용해야 할 문제와 더불어 권위와 질서문제를 바로잡기 위해 고린도전서 11-14장을 기록했다.

바울은 이 말씀이 예수님의 명령이라고 밝히되 누구든지 자기를 선지자나 신령한 자로 여겨 이 말씀을 거역하려는 자들에게 분명한 진리를 가르쳤다(고전 14:37). 주님의 말씀을 이와 같이 깨닫지 못한 자는 신령한 것을 모르는 자라고 했다(고전 14:38). 바울은 전체예배에서 모두가 예언하기를 사모하고 방언말하기를 금하지 말며, 모든 것을 적절하게 할 뿐만 아니라 질서대로 해야 한다고 가르쳤다(고전 14:39,40). 그럼에도 불구하고 방언을 반대하는 자라면 그는 신령한 것을 모른다고 자인하는 것이다. 그런 자일수록 자신이 남다른 능력을 가진 자요, 잘못된 가르침들을 바로 잡아야 할 사명을 받은 선지자라고 착각하는 성향이 강하다. 한국에도 방언은사에 대해 그렇게 처신하는 자들이 참 많다.

외국어('디알렉토스'/다른 언어)가 아닌 '알지 못하는 말'(unknown tongue)은 100% 다 마귀 방언이라 주장하는 목사도 있다. 그는 성경을 300독을 했고 38년 동안 방언검증을 했다며 자기주장을 책으로 내었다. 그는 온 세계의 모든 목사들이 마귀에게 속고 있다고 주장한다. 영어나 한글로 번역된 성경들도 모두 심각하게 오역되었다고 주장하며, 원문에 없는 말까지 자기 마음대로 가감하여 그야말로 오역했다.

그는 방언검증을 위해 누군가 헬라어로 기록된 주기도문을 방언하는 것처럼 말한 뒤 통역은사를 받았다는 자에게 통역을 해달라고 했더니 완전히 다른 내용으로 통역한 것을 보고 통역은사도 엉터리이며 방언도 다 가짜라고 했다. 진실은 헬라어로 암송한 말은 방언이 아니며, 통역도 은사로 받은 게 아닌 가짜였다. 자기의 영이 기도하는 방언은 그 누구도 모르고 자신의 마음도 모르되 오직 하나님만은 다 아시므로 통역을 할 필요조차 없다는 사실을 전혀 모른 채 검증을 했다고 주장한다.

그는 누군가 방언을 한 것을 녹음하여 통역은사를 받았다는 자들 몇 명에게 통역해보라고 했더니 다 다르게 통역을 했으므로 방언들도 가짜고 통역은사들도 가짜라고 주장했다. 진실은 연습을 해서 내는 이상한 소리나 방언(사실은 중얼거림이 더 많음)을 해보라고 하고 마치 점치듯이 곧바로 통역을 한다는 자체가 가짜 방언, 가짜 통역이다. 그는 어떤 한국 할머니가 배우지 않은 영어로 유창한 방언을 한 것을 한국에 와서 죽은 미국인의 귀신이 들어간 것이라고 주장한다. 그는 사람에게 들어가 자신을 드러내는 귀신을 죽은 자의 영이라고 주장함으로써 영적세계의 무지도 보여준다. 그는 바울이 고린도교회에게 방언을 사모하라고 하지 않았으니 방언을 할 필요가 없다고 주장했다. 이미 고린도교회가 방언을 하고 있는데 사모하라고 해야 하는지 되물어볼 가치조차 없다. 원문에 '덕'이라는 말이 없다고 하면서 자기의 (덕을) 세운다는 말을 '자기를 내세운다'(boast, brag, flaunt)로 번역해야 한다고 주장한다. 바울이 외국어(방언)만 성령의 은사로 인정했지만 통역하는 은사자가 없으면 기도하지 말라고 가르쳤다는 황당한 주장도 하였다. 그는 방언을 할 때 열정적인 분위기를 보고 마귀적이라고 한다. 그는 사울이 종일종야에 벌거벗은 몸으로 누워서 예언한 것도 의심없이 악령의 역사라고, 자기가 내세운 잣대로 검증할 것으로 보인다(삼상 19:23,24).

그가 만일 오순절 날 120여명의 제자들이 성령의 충만함으로 침례를 받았을 때 술에 깊이 취한 것 같은 현장을 보았다면 귀신역사요 추악한 것이므로 악령이 가장 강하게 역사하는 광란이라고 정죄할 것이다. 그는 성령 충만함을 통해 오는 어떤 참된 역사도 보지 못했을 것이다. 그의 좌정관천(坐井觀天)의 상태는 너무나 지나치다고 여겨진다.

그는 방언이 주후 3세기경부터 교회에서 사라졌고, 1900년 초에 돌연변이와 같은 종교집단에서 비로소 등장한 것이라 매도한다. 그러나 그가 방언이 없었다고 내세운 그 교회는 성경을 읽거나 소유하지도 못하도록 금하고, 그들의 교리를 따르지 않는 자들을 5000만 명 이상 가장 잔인하게 죽였던 혼합종교임을 모른다. 그 무리는 기도로 귀신을 쫓아내어도 마녀로 몰아 불에 태워 죽였고, 환상을 보거나 방언을 하는 자들을 귀신들린 자로 죽였으며, 심지어 극히 아름답고 날씬한 여자들을 빗자루를 타고 다니는 마녀로 몰아 죽였다. 그들이 신실한 교회의 모든 증거들을 철저히 제거하였으나, 하나님의 신령한 역사는 늘 있어왔다. 엘리야는 하나님을 믿는 자 모두가 죽고 자기만 남은 줄 알았지만 주님께서 친히 하나님의 종들을 7,000명이나 남겨놓으셨던 것과 같이 하나님은 암흑기에도 진실한 성도들을 늘 남기고 지켜오셨다(왕상 19:18; 계 2:24).

고린도전서에서 '방언'이 원문에 단수형이면 잘못된 방언을 의미하고 복수이면 '외국어'를 의미한다는 주장도 근거가 없다. 한글개역성경에 번역된 '방언'이 원문에서 단수형인지 복수형인지 알려면 영어(tongue, tongues)로 번역된 성경을 비교해보면 쉽게 알 수 있다.

방언이 오직 고린도전서에만 기록되었기에 모든 교회가 방언한 것은 아니라는 주장도 거짓이다. 고린도교회에서 초기에 일어난 방언은사에 관한 혼란은 다른 교회에서는 없었다. 바울이 초기에 고린도전서로 이를 바로 잡았고, 이 서신을 교회들이 회람하였고, 서신서는 모든 교회들을 향한 성경이다(골 4:16). 교회 첫날에 이사야서 28장 대신에 요엘서를 인용한 것도 성령침례의 약속이 모든 자들을 위한 것이기 때문이다.

⑤하나님께서 거듭나게 하실 때 혀를 사로잡으시는 이유

하나님께서 성령침례를 통해 거듭나게 하실 때 생소한 입술과 다른 방언으로 말하심을 증표로 삼으신 이유가 있다.

주 하나님은 아벨의 뒤를 이은 셋의 후손들을 가리켜 'ㅎㅎㅎ의 존함을 부르는 자들'이라고 칭하셨다(창 4:25,26). 그것은 찬양과 기도와 고백과 선포를 하는 입의 말에 직결되어 있다.

노아의 때에 홍수로 인하여 수많은 사람들이 죽고 겨우 여덟 명만이 구원받았다. 한자는 글자 하나하나에 뜻을 담고 있는데 배 선(船) 자는 배 주(舟) 자에 여덟 팔(八)자와 입 구(口)로 이루어졌다. 여덟 명의 입(口)들이 구원을 받았다는 의미만큼 말(입, 혀)의 중요성을 보여준다.

홍수 이후에 함의 아들들 중에서 구스가 태어나고 구스의 아들(바쿠스/바카스)인 니므롯은 우상숭배를 강요하여 하나님의 양떼(영혼)를 노략질하는 특별한 사냥꾼이 되었다(창 10:8,9). 그는 하나님의 심판을 피하려고 높고 거대한 성(城)과 대(臺)와 탑(塔)을 쌓았다. 하나님께서 그들의 일을 막을 수 없음은 그들의 말(구음)과 글(언어)이 하나이기 때문이라고 하셨다(창 11:1-9). 그것을 금지시키기 위해 하나님께서 그들의 언어를 흩어버리셨고 이로 인해 이를 바벨(혼잡)이라고 부르게 되었다.

바벨론은 남편(하나님)을 버리고 우상들과 피조물들에게 연합된 마치 창녀(娼女)에 비유되었다. 이 여인은 주후 4세기에 기독교와 합하면서 음녀(淫女)라는 신분으로 변했다(계 17:5). 창녀란 하나님과 혼인언약을 맺지 않은 여자이지만 음녀란 하나님을 남편으로 믿으면서도 우상들과 세상과 벗하는 교회를 가리킨다. 하나님께서 그 무리들 가운데서 오직 한 분의 남편, 한 분의 아버지인 ㅎㅎㅎ 하나님을 섬길 자를 부르셨을 때 아브라함이 응답했다. 아브라함이 돌아가고자 했던 본향은 갈대아 우르(바벨론)가 아니라 하늘의 도성인 신령한 예루살렘이라고 증거했다(히 11:8-16). 하늘의 새예루살렘성은 이 음녀와 대척점에 있는데 아담 이후 부활에 참여하여 하늘에 속한 모든 성도들로 이루어진 새 한 몸이다. 주 하나님께서 오순절에 은혜와 진리로 셋째하늘의 신령한 예루살렘 성을 세우실 때 흩어져 있던 말을 서로 통하게 역사하셨다. 완전히 상반되는 이 두 여인의 특징들 중 하나가 바로 입의 말에 있다는 것이다.

성령께서 친히 생소한 입술과 다른 방언을 그 증거로 삼으셨다. 바벨탑을 쌓을 때 그 모든 사람들의 입술과 혀를 주관하셔서 이전의 말을 하지 못하게 하신 하나님께서 자기의 택하신 성도를 부르실 때 그 혀를 주관하는 역사(役事)를 못하실 이유가 전혀 없다.

아브라함이 사라의 여종 하갈을 통해 낳은 씨의 이름은 이스마엘인데 '하나님께서 기도(소원)를 들으심'이라는 뜻이다. 믿음의 조상 아브라함의 후손들은 아버지의 약속을 믿고 기도하면 들으시고 아들로 태어나게 하시는 약속을 보여준다(눅 11:1-13). 아브라함의 본처인 사라가 낳은 아들은 이삭인데 그 뜻은 너무나 좋아서 웃는 '웃음'이다.

성령침례를 받을 때 성령이 말하게 하심을 따른 방언자체가 중요한 것이 아니라 예수 그리스도께서 그의 안에 오셔서 영의 거듭남에 인침이라는 사실이 중요하다. 성령께서 말하게 하심을 따라 다른 방언을 말하는 것은 하나님의 아들로 다시 태어난 자의 웃음(이삭)이다. 물(양수)과 육체로 태어난 모든 자녀들은 탄생 시 '울음/슬픔(베노니)'으로 태어난다. 물과 성령으로 거듭나 새사람이 될 때는 웃음(이삭)으로 태어난다. 그것은 하나님께서 아들로 낳으신 자에게 주시는 안식이요 상쾌함이며 (사 28:11,12), 회개와 물침례로 얻은 죄사함의 은혜 위에 또 더해지는 거듭남의 유쾌함이다(행 3:19; 롬 14:17; 히 1:9).

예수님 당시 성경(구약)에서 모세는 율법(토라)을 대표하고 엘리야는 선지자들을 대표한다(신 34:10; 말 4:5; 마 11:14; 17:3,12). 모세는 '종의 언약'의 중보자이고 예수(히-여호수아) 그리스도는 '아들의 언약'의 중보자이다. 엘리야의 이름은 'יהוה가 하나님이시다' 즉 '스스로 계시는 그분만 하나님이시다'라는 뜻을 갖는다. 그 후계자인 '엘리사'의 이름은 '그 하나님께서 구원(예수아)이시다'라는 뜻이다.

엘리야가 엘리사를 후계자로 삼아 사역을 넘겨주는 것은 구약에서 신약으로 넘어오는 과정을 묘사한 그림이다. 엘리야가 구원이신 하나님을 만났을 때 나타난 초자연적 현상은 예루살렘의 120여 명의 제자들에게 임하신 상황과 매우 유사하다.

<11 יהוה께서 가라사대 너는 나가서 יהוה의 앞에서 산에 섰으라 하시더니 יהוה께서 지나가시는데 יהוה의 앞에 크고 강한 바람이 산을 가르고 바위를 부수나 바람 가운데 יהוה께서 계시지 아니하며 바람 후에 지진이 있으나 지진 가운데도 יהוה께서 계시지 아니하며 12 또 지진 후에 불이 있으나 불 가운데도 יהוה께서 계시지 아니하더니 불 후에 세미한 소리가 있는지라>(왕상 19장)

강한 바람이 산을 가르고 바위를 부수었지만 하나님은 거기에 임재는 없었다. 모세가 시내산에 올라 율법을 받을 때처럼 강한 지진이 있었으나 거기에 하나님의 임재는 없었다. 지진 후에 불도 있었으나 거기에도 하나님의 임재는 없었다. 하나님이 말씀하시는 중에 계셨음이 엘리사로 새언약을 맺으실 때 방언으로 말씀하신 증표를 보이신 것이다.

예수님 당시의 성경(구약)에서 예수 그리스도와 새언약에 대한 예언이 가장 깊고 넓게 기록된 이사야서에서 성령침례에 대한 증표의 의미를 찾을 수 있다. 사도 요한은 이사야가 본 환상을 예수님의 영광을 보고 예수님을 가리켜 말씀한 것이라고 했다(사 6:1-13; 요 12:37-43). 이사야는 입술이 부정한 자들 중에 하나인 자신이 만군의 יהוה이신 하나님 왕을 뵈었기 때문에 죽게 되었다고 탄식했다. 이는 대제사장이 지성소 법궤의 시은좌의 영광을 직접 목도(目睹)하면 죽게 되는 것과도 같다. 하나님께서 하늘성전에 있는 제단숯불을 가져다가 이사야의 입술을 정결케 해주심으로 죽지 않고 도리어 증인으로 보내졌다.

<6 때에 그 스랍의 하나가 화저로 단에서 취한 바 핀 숯을 손에 가지고 내게로 날아와서 7 그것을 내 입에 대며 가로되 보라 이것이 네 입에 닿았으니 네 악이 제하여졌고 네 죄가 사하여졌느니라 하더라 8 내가 또 주의 목소리를 들은즉 이르시되 내가 누구를 보내며 누가 우리를 위하여 갈꼬 그 때에 내가 가로되 내가 여기 있나이다 나를 보내소서>(사 6장)

바로 이 말씀 뒤에 임마누엘(사 7:14)의 예수님의 초림이 기록되었다(사 9:6). 이사야의 체험이 성령이 말하게 하심을 따라 방언을 말함으로 성령침례를 받을 때 땅끝까지 증인으로 파송하시는 교회탄생을 보여준다. 성령을 받은 증표의 모형은 이사야가 경험했듯이 입에 있었다. 입술을 제단의 숯불로 정결케 해야 향로가 되고, 제사장이 되고, 기도하는 집(성전)이 된다는 계시를 분명하게 보여주신 것이다(사 6:1; 레 10:1).

성령침례를 받기 위해 기도하는 신자의 입술과 말에 성령침례의 증표를 주신다는 증거는 예수님의 다른 교훈에서도 볼 수 있다. 주 예수께서 귀신을 쫓아내고 하나님의 성전과 하나님의 나라를 건설하실 때 말의 중요성을 가르치셨다(마 12:22-37; 눅 11:1-26).

<34 독사의 자식들아 너희는 악하니 어떻게 선한 말을 할 수 있느냐 이는 마음에 가득한 것을 입으로 말함이라 35 선한 사람은 그 쌓은 선에서 선한 것을 내고 악한 사람은 그 쌓은 악에서 악한 것을 내느니라 36 내가 너희에게 이르노니 사람이 무슨 무익한 말을 하든지 심판 날에 이에 대하여 심문을 받으리니 37 네 말로 의롭다 함을 받고 네 말로 정죄함을 받으리라>(마 12장)

죄인이 독사의 자식(뱀의 후손, 창 3:15)인 것은 선한 말을 하지 않는 증표로써 알 수 있다. 마음에 무엇이 가득하든지 그것을 입으로 말하기 때문이다. 질그릇 안에 성령이 가득하게 차면 성령께서 말하게 하심을 따라 입에 나타나는 게 당연하다. 사람들은 입의 말로 인하여 의롭다고 여김을 받거나 불의하다고 정죄를 받는다. 하나님의 의로 인침을 받는, 성령으로 거듭나는 증표를 입과 혀에 두는 것은 너무나 당연하다.

이제 물과 성령으로 거듭나야 된다는 말씀에서 다시 한 번 살펴보자. 요한복음 3장 3절은 '위에서(원문 참고)' 나지 않으면 하나님 나라를 볼 수 없다고 하셨다. 사람이 복제방식을 통해 수천 번을 다시 태어나도 여전히 육으로 나는 것이요 죄와 사망 아래 나는 것이다. 그러므로 반드시 물과 성령으로 다시 태어나야 하고, 이때에도 이전에 태어날 때와 같이 입에 증거(이삭/웃음)로 거듭남을 알리는 증거가 있어야 할 것은 당연한 일이다. 원망하여 뱀의 독에 죽어가는 자들을 예수님께서 뱀의 머리를 깨시고 친히 자기 백성으로 구원하신 사건이 그 사실에 증거가 된다.

<14 모세가 광야에서 뱀을 든 것같이 인자도 들려야 하리니 15 이는 저를 믿는 자마다 영생을 얻게 하려 하심이니라>(요 3장)

위의 말씀 다음에 그 유명한 16절의 말씀이 기록되어 있다. '뱀을 든 것같이 인자도 들려야 하는 사건'이 누가 성령으로 거듭날 때의 증표와 깊은 상관이 있음을 보여준다. 광야교회(행 7:38)로 신약교회의 모형인 출애굽과 홍해(침례)와 반석의 생수와 함께 상고해보자. 이스라엘 백성들이 하나님께서 인도하시는 길에 불만을 품고 원망하자 불뱀이 나타나 백성들을 물어 죽였다(민 21:4-9). 하나님께서 모세에게 놋뱀을 만들어 장대에 높이 달아 그것을 보는 자들은 살 것이라고 하셨는데 말씀대로 장대에 달린 놋뱀을 본 자들은 다 살았다.

-385-

<8 יהוה께서 모세에게 이르시되 불뱀을 만들어 장대 위에 달라 물린 자마다 그것을 보면 살리라 9 모세가 놋뱀을 만들어 장대 위에 다니 뱀에게 물린 자마다 놋뱀을 쳐다본즉 살더라>(민 21장)

놋뱀은 사단 마귀가 십자가에서 머리가 깨진 사건의 그림자이다. 예수님을 믿고 죄사함과 거듭남을 받는 자는 그 증표가 입에 있다는 사실을 보여준다. 죄와 사망, 사단 마귀에게서 구원받기 이전 사람들은 독사의 독이 그들의 목구멍과 혀와 입술에 있음을 보여주는 것이다.

성경은 모두가 죄인이라는 가장 확실한 증거에 대해 '목구멍은 열린 무덤이고, 혀로는 속임을 베풀고, 입술에는 독사의 독이 있고, 그 입에는 저주와 악독이 가득하다'고 묘사하고 있다(시 5:9).

<13 저희 목구멍은 열린 무덤이요 그 혀로는 속임을 베풀며 그 입술에는 독사의 독이 있고 14 그 입에는 저주와 악독이 가득하고 15 그 발은 피 흘리는 데 빠른지라>(롬 3장)

목구멍, 혀, 입술, 입 발성기관 전체가 악인, 죄인임을 증명한다. 목구멍은 죽은 영(속사람)의 온갖 악독하고 지독한 냄새를 내고 혀는 거짓말의 아비인 사단 마귀의 도구가 되어 다른 예수, 다른 복음, 거짓 진리를 내뱉으며, 입을 열 때마다 입술은 사단 마귀(옛뱀)가 독사의 독을 뿜어내고, 그 입에는 저주와 악독이 가득하다. 그러므로 목구멍과 혀, 입술, 입이 하나님께 드려지면 이는 구원받은 확실한 증표가 된다. 성령께서 목구멍과 혀와 입술과 입을 사로잡으신 자는 죄로 인해 죽은 영이 갇혀 있던 추악한 무덤이요 귀신들의 처소였으나 성령께서 오심으로써 거룩한 하나님의 영원하고 신령한 성전으로 바뀐다(눅 11:13-28).

예수님의 성령이 우리 안에 오시면 우리 영은 그분의 영으로 인하여 산 것이다(롬 8:9,10). 또한 주 하나님의 아들로 다시 태어난 것이라서 '내가 아들을 낳았다'(르우벤)라고 아버지께서 친히 증거하셨다.

<15 너희는 다시 무서워하는 종의 영을 받지 아니하였고 양자의 영(헬-휘오데시아, 원어의 뜻은 '아들이 되게 하는 영')을 받았으므로 아바 아버지라 부르짖느니라 16 성령이 친히 우리 영으로 더불어 우리가 하나님의 자녀인 것을 증거하시나니>(롬 8장)

그 증언의 핵심은 당연히 '내가 오늘 너를 낳았다. 나는 너의 아버지가 되고 너는 나의 아들이 되리라'이다. 또한 성령으로 거듭나면 거듭난 자의 영이 하나님을 '아바'아버지'라고 외치는 것과 같다. 거듭난 자의 영이 '아바, 아버지 사랑합니다. 오, 아바, 찬양합니다.'라는 말로 영광을 돌리는 것이다(갈 4:6; 행 10:46).

열두 사도에 속하지 않았음에도 불구하고 열두 사도가 활동하던 때부터 초대교회에서 가장 뛰어난 지도자로 존경과 권위를 가졌던 야고보는 사람의 말의 중요성에 대해 가르쳤다(약 3:1-12). <사람은 말로 인하여 심판을 받으며(1절), 말에 실수가 없는 사람은 온전한 사람이며, 말은 온 몸도 굴레를 씌우는 힘이 있다(2절). 말은 마치 말(馬)을 어거(馭車)하는 재갈, 배의 방향을 결정하는 키와 같다(3,4절). 말은 산 전체를 태워버릴 수 있는 불과 같다(5절). 제어되지 못한 혀는 불이요 불의의 세계라 온 몸을 더럽히고 생의 바퀴를 불사르는데 그 사르는 게 지옥 불에서 난다(6절). 여러 종류의 짐승, 새, 벌레, 해물은 사람에게 다 길들여졌지만 혀는 능히 길들일 사람이 없으니 쉬지 않는 악이요 죽이는 독이 가득한 것이다(7,8절). 주 아버지를 찬송한 한 입으로 하나님의 형상인 사람을 저주도 하니 하나님께서 전적으로 혀를 주관하셔야만 영생에 이를 수 있다(9,10절).> 따라서 예수 그리스도의 사람이라고 하나님이 인 치시는 증표는 입에 주심이 지극히 타당하다.
<11 샘이 한 구멍으로 어찌 단 물과 쓴 물을 내겠느뇨 12 내 형제들아 어찌 무화과나무가 감람 열매를, 포도나무가 무화과를 맺겠느뇨 이와 같이 짠 물이 단 물을 내지 못하느니라>(약 3장)
누구든지 성령침례를 받으면 그 배에서 생명의 샘이 흘러나와 입으로 넘치게 된다(요 4:14; 7:38). 성령침례를 받은 후 성령으로 충만한 삶을 산다면 입이 의(義)의 도구로 쓰일 것이다. 사람의 말은 나무의 열매와 같으므로 그 말로 인하여 의롭다거나 불의하다는 판결을 받는다(마 12:33-37). 예수 그리스도는 뿌리를 하나님께 둔 의의 생명나무요 우리는 그에게 접목된 가지들이다. 그 증거는 여전히 우리 입의 말에 있다. 마태와 요한과 야고보가 이 증거한 성령침례의 증표는 하나님께서 증언하시는 입술에 있음이 분명한 공통점이다.

　　마지막으로 하나님을 신실히 믿고 따르는 구원받은 자를 가리켜 '주의 이름을 부르는 자'라고 칭하므로 그 입에 거듭남의 증표를 주시는 것이 참으로 타당한 일이다(창 4:26; 12:8; 시 79:6; 99:6; 사 41:25; 65:1; 욜 2:32; 습 3:9; 슥 13:9; 행 2:21; 9:14; 롬 10:13; 15:20; 고전 1:2; 딤후 2:19). '주의 존함을 부른다'는 의미는 목구멍과 혀와 입술로 'יהוה/아도나이 즉 예수의 존함을 찬양하고, 기도하고, 선포한다는 의미이다. 예수님을 주(아도나이)라고 입으로 시인하고 그 존함을 입으로 선포하고 그 존함을 입술로 찬미하면 하나님께서 가장 존귀한 그 존함 앞에 모든 것들이 무릎을 꿇고 주라고 시인해야 된다는 말이다(빌 2:9-11).

　　하나님은 죄사함을 받고 성령으로 거듭난 모든 자들의 입술에 권세를 주셨다. 맏아들이 되신 예수 그리스도께서 그 아버지의 전능하신 권세와 능력을 그의 입을 통하여 나타내신 것이 모델이 된다(시 2:8,9).
<10 내가 그 발 앞에 엎드려 경배하려 하니 그가 나더러 말하기를 나는 너와 및 예수의 증거를 받은 네 형제들과 같이 된 종이니 삼가 그리하지 말고 오직 하나님께 경배하라 예수의 증거는 대언의 영이라 하더라 … 15 그의 입에서 이한 검이 나오니 그것으로 만국을 치겠고 친히 저희를 철장으로 다스리며 또 친히 하나님 곧 전능하신 이의 맹렬한 진노의 포도주 틀을 밟겠고 16 그 옷과 그 다리에 이름 쓴 것이 있으니 만왕의 왕이요 만주의 주라 하였더라>(계 19장)
　　독생자(태어난 유일한 아들)의 영을 성령침례를 통해 많은 아들들이 태어나자 독생자가 맏아들이 되셨다(롬 8:9,15-17,29; 히 1:6; 2:10,11). 많은 아들들은 맏아들이 되신 예수 그리스도와 더불어 만왕, 만주들로서 만유 위에서 만유를 발아래 다스리며 만유를 하나님의 지극히 좋은 것들로 충만하게 채워갈 통치자들이다. 하나님의 후사가 된 그들 모두는 하나님의 모든 충만을 받은 자들로서 하나님의 형상의 실체, 하나님의 아들로서 후사가 되어 그들 안에 영원히 계시는 하나님 아버지의 모든 충만을 권능으로 나타낼 것이다. 그들이 나타낼 권능은 그들 안에 계신 하나님 아버지께서 맏아들로 보이신 것처럼, 하나님의 영광의 형상이 된 아들(후사)들의 입의 말을 통하여 나타낼 것이다.

⑥성령의 은사들과 열매들

성령의 은사는 성령침례로 거듭나 예수께서 머리가 되신 한 새사람의 몸에 연합된 각 지체들에게 몸을 온전하게 세우시기 위해 나누어주신 선물이다(고전 12:4-13; 엡 2:15). 성령침례로 의와 생명나무에 연합된 자들에게 생수를 부어 마시게 하는 은사라는 의미이다.

'지혜의 말씀'의 은사는 대적들이 변박할 수 없도록 지혜로운 말씀을 가르치는 것이나(눅 21:15; 행 4:19). 영적인 일로 상담할 때나 판단할 때 주시는 지혜로운 말을 가리킨다. 거듭난 성도는 솔로몬의 지혜보다 뛰어난 '하나님의 지혜'를 받았다(고전 1:21,30; 2:6,7).

'지식의 말씀의 은사'를 따라 베드로는 아나니아와 삽비라가 거짓말을 하는 사실을 알고 책망했던 것과 같은 은사이다(행 5:1-11). 하나님의 말씀에 대해 뛰어난 지식을 얻는 것도 이 은사에 속한다.

'믿음의 은사'는 명령만 해도 종이 낫겠다는 백부장의 믿음(마 8:10), 개들도 주인의 상에서 떨어지는 부스러기를 먹는다는 여인의 믿음(마 15:28), 풍랑 중에 예수님을 바라보고 물위를 걸어갔던 베드로의 믿음(마 14:31)같이 특별하게 강한 믿음을 보이는 은사이다.

'병고치는 은사'는 베드로와 요한이 출생 때부터 40여 년 동안 하반신이 마비된 자를 완전히 치료하거나(행 3:6; 4:22), 그림자만 덮여도 치료받게 하거나(행 5:15), 손수건이나 앞치마를 가져다 환자 위에 놓아도 고침을 받게 되는 것과 같은 은사이다(행 19:12).

'능력 행함의 은사'는 영계의 대단한 능력을 가진 사단과 마귀와 그 사자들을 굴복시키거나 자연계의 것들에게 명령을 통하여 복종케 하는 것과 같은 은사이다(마 21:21; 막 11:23; 눅 10:20; 17:6; 요 14:12).

'예언의 은사'는 성령을 받으면 자녀들, 남녀종들이 예언할 것이라 했고(행 2:17,18), 바울도 특별히 예언을 사모하라고 했다. 성경에 기록된 예언이나 어떤 특정한 사람이나 일에 대해 예언하는 은사이다.

'각종 영들 분별하는 은사'는 혼미케 하는 거짓 영들을 그들의 말과 행동을 통해 정확하게 구별할 수 있다.

그 외 '각종 방언을 말하는 은사', '방언들 통역하는 은사'들이 있는데 이 모두가 이미 거듭난 자들에게 같은 한 성령께서 행하사 그 뜻대로 각 사람에게 나눠주신 것이다.

성령의 열매는 성령침례를 받아 의와 생명나무에 연합된 자들이 성령 충만한 삶으로 성장해 갈 때 성도의 영(속사람)에 의한 열매로 나타나는 성품을 '성령의 열매'라고 말한다(사 61:3; 계 22:16; 갈 5:22,23). '열매들'이 아니라 9가지 맛들을 내는 열매(the fruit)이다.

'사랑'(아가페)은 율법의 완성이고(롬 13:10; 고전 13:1-13), 믿음 소망 사랑 중에 제일이고 영원하다. '희락'(카라)은 극락(極樂)의 하나님의 향기이다(시 43:4). 하나님나라는 성령 안에서 의(義)와 화평과 희락이다 (롬 14:17). '화평'(에이레네)케 하는 자(peace maker)는 하나님을 닮은 아들이다(마 5:9). 모든 사람과 더불어 화평함을 좇아야 예수님을 만날 수 있다(롬 14:17; 히 12:14). 하늘의 예루살렘, 우리의 어머니는 평화를 기초로 삼은 성이다. '오래 참음'(마크로뒤미아)은 신실하신 주 하나님의 성품이다(롬 9:22; 딤전 1:16). 사랑과 믿음 안에도 반드시 오래 참음이 있다(고전 13:4). '자비'(크레스토테스)는 친절하게 대해주시는 하나님의 성품이다. '긍휼'(엘레오스)은 죄인과 약자를 불쌍히 여기시는 하나님의 마음이다. '양선'(아가도쉬네)은 하나님의 선하심을 보이며(대상 16:34; 시 52:9; 106:1), 절대적 선이 하나님의 속성이다(마 19:17; 막 10:18). 선(아가도스)을 행한 자는 생명의 부활로, 악행한 자는 심판의 부활로 나온다(요 5:29). '충성'(피스티스)의 헬라어 의미는 믿음(faith), 신뢰, 확신, 신실성, 보증, 충실함 등을 뜻한다. 모세는 하나님의 장막에서 사환으로 충성(피스토스)했고 예수 그리스도는 집 맡을(후사가 될) 아들로서 충성했다(히 2:17; 3:2,5,6). 예수 그리스도의 재림 때 충성했던 종이 영원한 생명의 유업을 얻는다(마 24:45; 25:21,23; 눅 16:10-12; 19:17). '온유'(프라위테스)는 하나님과 사람 사이에 중보자로 섬겼던 사람들에게 나타나는 특징이다(민 12:3; 20:12). 독생자는 마음이 뛰어나게 온유(프라위스)하고 겸손하셨다(마 11:29). 성도들도 모든 겸손과 온유로 옷을 입어야 한다(엡 4:2; 골 3:12). 원수에게도 친히 복수하지 않고 따뜻하고 부드럽게 대함을 가리킨다. '절제'(엥크라테이아)는 자제(self-control), 자기통제, 인내, 억누름 등을 의미한다. 경주에서 이기기를 힘쓰는 자는 절제해야 큰상을 받을 수 있다(고전 9:25-27).

(4) 생명의 새언약, 법, 인침, 기름부으심, 보증

①두 가지 언약(言約), 두 가지 법(法)

옛언약(구약)은 모세의 율법, 새언약(신약)은 예수 그리스도의 은혜와 진리이다(요 1:17).[67] 부림절에 유대인들을 죽이려던 법과 유대인들이 되레 적을 죽인 법의 차이이다. 구약은 부정한 자를 접촉하면 부정해져 하나님 앞에 나갈 수 없게 되지만 신약은 타인의 부정함을 깨끗함으로 바꿀 수 있는 강력한 법이다(참고 눅 10:35). 처음 포도주의 법과 극히 좋은 포도주인 법의 차이요, 마셔도 목마른 물의 법과 영원히 목마르지 않을 영생수인 법의 차이이다(요 2:10; 4:14; 5:25). 옛언약의 중보자는 가나안 땅까지 인도하고 죄를 덮을 뿐이지만 새언약의 중보자는 죄를 사해 주고, 영을 부활시키고 아들의 신분으로 거듭남을 준다(요 14:19). 정죄의 법의 요구는 침례로 해결되고 성령은 영원한 참생명을 준다(행 2:38). 구약은 순종으로 율법의 의를 얻지만 신약은 하나님의 영광에 이를 하나님의 의를 준다(롬 3:19-24; 고전 9:20,21; 약 1:23-25; 2:12). 율법은 하나님의 진노를 이루지만(롬 4:15) 성령의 법은 하나님의 영광과 영생을 이룬다. 구약은 정죄로 사망의 법이고, 신약은 살리는 생명의 성령의 법이다(롬 8:2). 구약은 종이 중보자이지만 신약은 아들이 중보자이어서 셋째하늘의 하나님 안으로 인도하시고, 성도 안에서 간구하신다 (롬 8:14,26,27,34). 구약은 죽은 돌판에 새겨진 의문의 법이지만 온전한 율법인 신약은 성도의 살아있는 심비에 새긴 생명의 성령의 법이다(고후 3:3-18). 구약은 부활과 만나와 십계명이 죽은 상태로 상자(법궤) 안에 있었으나 신약은 그 모든 완전한 실체가 살아계신 법궤 그리스도 안에 있다. 성령침례를 받은 성도는 예수님의 성령을 자기 안에 영접했기에 살아있는 법궤를 모신, 예수님의 완전한 장막이 된다. 의문(儀文)의 법인 율법의 의와 영광은 성령의 법의 의와 영광에 비교조차 할 수 없다. 주 하나님께서 아버지가 되시기 위해 주신 새언약은 성도의 마음에 부으신 성령의 생명 언약이다(눅 24:49; 행 1:5; 2:33,38; 갈 3:2-5,14).

<이는 그리스도 예수 안에서 아브라함의 복이 이방인에게 미치게 하고 또 우리로 하여금 믿음으로 말미암아 성령의 약속을 받게 하려 함이니라>(갈 3:14, 참고 롬 4:13-15)

<5 율법 아래 있는 자들을 속량하시고 우리로 아들의 명분을 얻게 하려 하심이라 6 너희가 아들인 고로 하나님이 <u>그 아들의 영을 우리 마음 가운데 보내사 아바 아버지라 부르게 하셨느니라</u> 7 그러므로 네가 이 후로는 종이 아니요 아들이니 아들이면 하나님으로 말미암아 유업을 이을 자니라>(갈 4장)

모세의 율법은 죄를 완전히 제거할 수 없기에 약하고, 종의 법이기에 천하고, 몽학선생이나 세상의 초등학문인 낮은 법이며, 죄 아래, 음부에 가두는 법이다. 예수 그리스도의 성령의 법은 죄를 완전히 영원히 없앴다고 인치신 법이며, 천사들보다 존귀한 아들로 거듭나게 하는 존귀한 법이며, 만유를 발아래 두게 하는 지고한 법이다(갈 4:9). 구약은 하갈에 비유되고, 신약(새약속)은 사라에 비유된다(갈 4:21-31). 율법과 율법의 신자는 유업을 얻지 못하고 쫓겨났으나 은혜와 진리 안에 있는 성도는 하늘의 어머니 안에서 하나님 아버지의 후사가 된다.

새언약(성령의 언약/법)의 성도가 되어 성령을 따라 행할 때에 육체의 욕심을 이루지 않고 완전한 승리의 삶을 산다(갈 5:1-6,16-26).

<자기의 육체를 위하여 심는 자는 육체로부터 썩어진 것을 거두고 성령을 위하여 심는 자는 성령으로부터 영생을 거두리라>(갈 6:8)

예수께서 율법 아래 있는 자들을 죄인으로 확증하여 하나님과 원수가 되게 하는 계명의 율법을 십자가로 폐하시고 반석이신 자신을 쪼개어서 영생수인 성령의 생명의 법을 부어주셨다(엡 2:15; 골 2:14).

②성령으로 기름을 부으심

기름부음 받은 자를 히브리어로 '마쉬아흐'(헬-크리스토스)라 불렀다(레 4:3: 삼상 2:10; 대상 16:22…). 제사장과 왕과 선지자들에게 기름을 부어 메시아로 세우셨고, 그들은 신약의 그 그리스도(메시아)의 모형들이었다. 예수 그리스도는 하나님께로부터 태어난 아들이셨고, 성령으로 기름부으심을 받은 그 마쉬아흐(the Messiah)이셨다(요 3:34; 행 4:27; 10:38). 구약에서는 감람나무에서 난 감람유로 기름을 부었지만 신약에서는 예수님의 성령으로 기름을 부으신다.

<우리를 너희와 함께 그리스도 안에서 견고케 하시고 우리에게 기름을 부으신 이는 하나님이시니>(고후 1:21)

<20 너희는 거룩하신 자에게서 기름 부음을 받고 모든 것을 아느니
라 … 27 너희는 주께 받은 바 기름 부음이 너희 안에 거하나니 아
무도 너희를 가르칠 필요가 없고 오직 그의 기름 부음이 모든 것을
너희에게 가르치며 또 참되고 거짓이 없으니 너희를 가르치신 그대
로 주 안에 거하라>(요일 2장)

성령으로 기름부으심을 받으면 구약에 선지자들이 그랬던 것처럼 주
하나님의 비밀을 먼저(先) 아는(知) 자(者)가 된다. 무엇보다도 아버지와
아들과 성령이신 예수님을 깨닫게 된다(요 15:26). 예수께서 성령으로
기름을 부으셔서 모든 진리 가운데로 인도하신다(요 16:13).

성령으로 기름부으심을 받으면 구약의 가장 큰 마쉬아흐(a messiah)
였던 침례 요한보다 더 크고 더 존귀한 자가 되며 그 직임은 성령께서
영원히 함께하시므로 '기름부음 받은 자들'로 영원토록 섬기게 된다.

③성령으로 인(印)치심

법을 제정하여 선포할 때도 인을 찍는 것이 필요하고, 서로가 언약을
맺을 때도 필히 인을 쳐야 한다. 메데 파사에는 제왕의 권위와 능력을
상징하는 증표로 인을 찍어서 공포한 법이나 명령은 왕 자신도 취소할
수 없도록 하는 엄격한 규례가 지켜졌다(에 3:12; 8:8; 단 6:12).

아브라함이 할례를 순종함으로 약속에 대한 인을 찍었다(롬 4:11).

예루살렘을 심판하시기 전에 가증한 일로 탄식하며 우는 자의 이마에
표(인)를 하라 하셨고 표가 없는 자들을 다 죽이게 하셨다(겔 9:4-11).

예수 그리스도는 하나님(아버지)께서 친히 낳으신 아들임을 성령으로
인침 받았다(요 6:27). 새언약은 하나님께서 만유보다 먼저 낳으신 독생
자에게 육체를 입혀 보내셔서 그의 피로 죄사함과 하나님의 성령으로
거듭나는 자들에게 성령께서 방언을 말하게 하심으로 인 치시는 법이다.
이는 아버지의 사심으로 맹세하시되 아들로 태어난 자를 후사로 세울
경영을 반드시 이루시겠다는 확증이다(히 7:21,28).

성령침례를 받은 성도들은 영의 부활과 거듭남을 받았고 장차 몸도
신령하고 영화로운 몸으로 부활할 것을 인침 받고 확증 받았다.

<저가 또한 우리에게 인(印)치시고 보증으로 성령을 우리 마음에 주
셨느니라>(고후 1:22)

제3부 말기세상에서 나타내신 복음의 실체들

<그 안에서 너희도 진리의 말씀 곧 너희의 구원의 복음을 듣고 그 안에서 또한 믿어 약속의 성령으로 인치심을 받았으니>(엡 1:13)
<하나님의 성령을 근심하게 하지 말라 그 안에서 너희가 구속의 날까지 인치심을 받았느니라<엡 4:30)

하나님께서 성령으로 인을 치심으로 아들이라 선포하신 사실은 사단이나 성도 자신은 물론 하나님도 부인하실 수 없는 확증이다.

인침을 받은 것은 하나님의 특별 소유라는 것이며, 인을 친 당사자가 아니면 누구도 그것을 바꾸기는커녕 손댈 수 없다(계 5:5). 이방인들의 구원받는 자들의 수가 충만해지면 유대인들도 깨닫고 예수께로 돌아올 것이고 그들에게도 동일한 성령침례로 인을 치신다(계 7:3). 진리로 거룩함을 입은 자들이 예수께 영원히 속하게 될 것이라는 인침은 하늘나라 대왕의 영원히 변함없는 선포이다(딤후 2:19; 히 12:14).

④성령으로 보증을 삼아주심

하나님께서 신약에서는 맹세, 서약(誓約; 맹세로 약속)하지 말라고 명하셨다(마 5:34; 약 5:12). 그 이유는 셋째하늘의 하나님 아버지 안으로 들어가는 목적과 길에서 인간이 할 수 있는 것이 없기 때문이다.

하나님께서 보증을 서지 말라(잠 6:1,2; 11:15; 17:18; 20:16; 22:26; 27:13)고 하신 의미도 오직 성령께서 친히 우리의 유일한 보증이 되시기 때문이다. 물과 성령으로 거듭남이 하나님의 의를 얻을 만한 공로(功勞)로 얻은 것이 절대 아니다. 오직 언약을 따라 하나님의 의(義)이신 예수 그리스도께서 우리의 의와 거룩함과 구속함이 되셨다(고전 1:30).

<21 우리를 너희와 함께 그리스도 안에서 견고케 하시고 우리에게 기름을 부으신 이는 하나님이시니 22 저가 또한 우리에게 인치시고 보증으로 성령을 우리 마음에 주셨느니라>(고후 1장)

율법의 의를 얻고 죽은 의인의 영은 음부에 갇히되 동물의 피가 보증이 되어 예수께서 오실 때까지 쉬게 해주었다. 신약은 어린양이신 예수님의 피가 죄사함에 대해 영원히 보증해 주시고 아버지와 아들인 성령께서 새언약에 기록된 모든 약속을 받도록 보증이 되어 주신다.

<곧 이것을 우리에게 이루게 하시고 보증으로 성령을 우리에게 주신 이는 하나님이시니라>(고후 5:5)

-394-

천년을 살 능력이나 자격이 전혀 없는 우리들을 성령으로 거듭나게 하시고 하나님의 후사로 영원히 살 수 있도록 인치시고 보증을 주셨다.
<이는 우리의 기업에 보증이 되사 그 얻으신 것을 구속하시고 그의 영광을 찬미하게 하려 하심이라>(엡 1:14)
<이와 같이 예수는 더 좋은 언약의 보증이 되셨느니라>(히 7:22)

에덴동산에 들어가 살만한 자격도 없는 인생에게 셋째하늘의 나라에 들어감을 주셨다. 하나님의 모든 것을 주신다고 약속하시고, 아버지와 아들의 영으로 보증까지 서주셨다. 사단과 육체의 약함은 거듭난 성도의 몸(뇌)을 해쳐 치매를 겪게 할 수도 있지만 그들의 영은 절대로 해할 수 없다. 거듭난 성도의 영과 완전한 중보자인 아들의 영이 기도하면 성령께서 친히 그를 보호하시고 보증이 되어 주셔서 그가 뇌사(腦死)를 당할지라도 그의 유업을 보증해 주신다는 약속이다.

5. 온전함을 위한 은혜의 복음: 불침례

(1) 예수께서 받으셨던 불침례

침례 요한은 예수님께서 불로 침례를 주실 것이라고 증거했다.
<나는 너희로 회개케 하기 위하여 물로 침례를 주거니와 내 뒤에 오시는 이는 나보다 능력이 많으시니 나는 그의 신을 들기도 감당치 못하겠노라 그는 성령과 불로 너희에게 침례(헬-밥티스마)를 주실 것이요>(마 3:11)
<요한이 모든 사람에게 대답하여 가로되 나는 물로 너희에게 침례를 주거니와 나보다 능력이 많으신 이가 오시나니 나는 그 신들메를 풀기도 감당치 못하겠노라 그는 성령과 불로 너희에게 침례를 주실 것이요>(눅 3:16)

물침례는 하나님의 사람이 주는 결례(潔禮)이다. 성령과 불로 침례를 주는 분은 오직 예수님이시다. '불'로 침례를 주신다는 말씀에서 '불'은 십자가의 고난, '쓴 잔'이라고 비유하신 것이다.

<39 조금 나아가사 얼굴을 땅에 대시고 엎드려 기도하여 가라사대 내 아버지여 만일 할 만하시거든 이 잔을 내게서 지나가게 하옵소서 그러나 나의 원대로 마옵시고 아버지의 원대로 하옵소서 하시고 … 42 다시 두 번째 나아가 기도하여 가라사대 내 아버지여 만일 내가 마시지 않고는 이 잔이 내게서 지나갈 수 없거든 아버지의 원대로 되기를 원하나이다 하시고>(마 26장. 참고 막 14:36; 눅 22:42)
<예수께서 베드로더러 이르시되 검을 집에 꽂으라 아버지께서 주신 잔을 내가 마시지 아니하겠느냐 하시니라>(요 18:11)
<38 예수께서 가라사대 너희 구하는 것을 너희가 알지 못하는도다 너희가 나의 마시는 잔을 마시며 나의 받는 침례를 받을 수 있느냐 39 저희가 말하되 할 수 있나이다 예수께서 이르시되 너희가 나의 마시는 잔을 마시며 나의 받는 침례를 받으려니와>(막 10장)
<49 내가 불을 땅에 던지러 왔노니 이 불이 이미 붙었으면 내가 무엇을 원하리요 50 나는 받을 침례가 있으니 그 이루기까지 나의 답답함이 어떠하겠느냐>(눅 12장)

예수님의 십자가의 고난을 '잔'이라 하셨고 '그 잔'을 가리켜 자신이 받으셔야 할 '침례'라고 하셨다(참고 히 5:5-10). 하나님의 아들이 약한 육체를 입으시고 사람의 아들(인자)이 되셔서 온갖 시험들과 고난(불침례)을 통해 온전케 되셨듯이 우리도 주님께서 주시는 불침례로 온전케 될 것을 말씀대로 믿어야 한다.

(2) 예수님이 주시는 성령침례와 불침례

성령침례로 거듭난 성도들이 예수 그리스도와 하나님의 의를 인하여 십자가를 지고 따를 때 그것은 불침례를 받는 것이다. 예수께서 산상수훈을 주실 때 예수님과 의를 위해 핍박을 받거나 환란을 당하는 자는 복이 있다고 말씀하셨다(마 5:10-12). 이전에 몽학선생을 따랐던 구약의 의인들과 선지자들도 그렇게 핍박을 당하였다고 하셨다. 예수님은 신약 성도들에게 핍박하는 자들, 원수를 위해서 저주하지 말고 오히려 축복하고 기도하라고 하셨다(마 5:44; 눅 6:27-29,35).

새언약의 성도들은 예수님과 그 이름을 받았기 때문에 핍박을 받고 부모형제로부터도 배신을 당하고 환난을 받겠으나 끝까지 견디는 자가 되면 구원을 얻을 것이다(마 10:17-23. 참고 히 1:4).

세상이 만유의 주님을 바알세불이라 매도하고 죽였다(마 10:24,25; 요 15:20; 16:2,3,33). 그분이 자신을 하나님의 아들이라고 했다(마 26:63; 막 14:61; 눅 22:70; 요 19:7)는 이유로 대제사장들과 서기관들이 그를 죽였는데 하물며 그분의 종들을 왕자로 대우하겠느냐고 질문하셨다. 몸은 죽여도 영혼은 죽이지 못하는 자들을 두려워말고 몸과 영혼을 능히 지옥불에 던져 넣을 분을 두려워하라고 말씀하셨다(마 10:26-28). 집안 사람들이 성도들과 서로 원수가 될 것이라고 하셨다(마 10:32-37). 모든 제자들은 자기 십자가를 지고 주를 따라야 한다(마 10:38.39; 16:23-27; 막 8:33-38; 눅 9:23-27; 14:25-27). 성도들이 세상에서 받는 고난은 한 평생 지고가야 할 멍에이다(마 11:29). 성도들이 믿음으로 말미암아 받는 고난과 환란은 알곡으로 영글게 하는 햇볕과도 같다(마 13:6,21). 일조량이 부족하면 알곡이 되지 못하고, 주님은 각자의 열매를 보시고 심판하신다. 식물에게 햇볕이 필요하듯이 환란과 핍박은 진리로 거듭난 자들이 당연히 겪는 것이다. 복음을 듣고 믿는 자들은 금세에 있어 집과 형제와 자매와 모친과 자식과 전토를 백배나 받되 핍박을 겸하여 받고 내세에 영생복락을 누리지 못할 자가 없다고 하셨다(마 12:50; 19:29; 막 3:34,35; 10:30; 눅 8:21). 육신의 형제는 이 세상에서뿐이나 믿음의 형제는 영원한 형제로 맺어진다. 말씀(예수)과 믿음 때문에 구약의 의인들도 아벨로부터 사가랴에 이르기까지 한결같이 핍박을 받고 큰 환란과 순교를 당했다(마 23:29-35; 눅 11:45-51; 행 7:52; 계 7:14).

스데반(헬-스테파노스=면류관)은 유대인들에게 돌에 맞아 순교 당했다(행 7:60). 이후에 대대적인 핍박이 예루살렘과 유대를 휩쓸자 제자들은 집과 삶의 터전을 버리고 유리하면서도 여전히 예수님과 복음을 전했고, 안디옥교회가 그렇게 세워졌다(행 8:1; 11:19). 예수께서 다메섹 도상의 사울에게 나타나 '왜 네가 나를 핍박하느냐?'고 책망하셨다(행 9:4,5). 그분을 핍박하던 자였던 사울이 그분을 섬기는 자가 되자 바울도 가는 곳마다 심하게 핍박을 당하는 자가 되었고, 그것이 참교회의 DNA이다(행 13:50; 20:23; 22:4-8; 26:11-18).

환란이 인내를 낳고 인내가 연단을, 연단은 소망인 하나님의 영광을 더하게 하므로 환란 중에도 성도들은 즐거워한다(롬 5:2-4).

<17 자녀이면 또한 후사 곧 하나님의 후사요 그리스도와 함께 한 후사니 우리가 그와 함께 영광을 받기 위하여 고난도 함께 받아야 될 것이니라 18 생각건대 현재의 고난은 장차 우리에게 나타날 영광과 족히 비교할 수 없도다>(로마서 8장)

어린양 예수께서 십자가로 불침례를 받으셨듯이 성도들도 종일 도살할 양같이 여김을 받겠으나 그 어떤 것도 그리스도 안에 있는 하나님의 사랑에서 끊을 수 없다(롬 8:35-39). 성도들은 환란 중에 참으며 기도에 항상 힘쓰며 핍박하는 자를 저주하지 않고 축복한다(롬 12:12,14). 심히 핍박받은 바울도 그들을 위해 기도하라고 가르쳤다(롬 12:19,20).

그 모든 환란 가운데도 하나님은 위로자이셨다(고후 1:4,6,8).

<17 우리의 잠시 받는 환난의 경한 것이 지극히 크고 영원한 영광의 중한 것을 우리에게 이루게 함이니 18 우리의 돌아보는 것은 보이는 것이 아니요 보이지 않는 것이니 보이는 것은 잠간이요 보이지 않는 것은 영원함이니라>(고후 4장)

뛰어난 사도였던 바울이나 신실한 성도들에게 핍박과 환란이 따랐다(고후 6:4; 7:4,5; 8:2; 갈 5:11; 엡 3:13; 살전 1:6; 3:3,4,7). 모든 사도들은 순교를 당하였고 요한 역시 모진 핍박과 환란을 당하였다(계 1:9; 2:9,10). 주님께서는 환란을 당하여 순교로 삶을 마감하는 성도들에게 죽기까지 충성하면 생명의 면류관을 얻는다고 가르치셨다.

예수께서 재림의 때를 추수 때라고 가르치셨다(마 13:39). 추수하시기 직전에도 뜨거운 햇볕이 쬐여 마지막으로 열매들을 실하게 만들 것이다. 예수께서 재림하시기 직전에도 예수 이름을 인하여 핍박당하며 회당과 옥에 넘겨지며 임금들과 관장들 앞에 끌려갈 것인데 이런 것이 재림이 임박했다는 증거라고 말씀하셨다(마 24:9,29; 눅 21:12-19; 히 10:33; 11:37). 바울은 성도가 세상에서 환란을 당하는 것은 하나님의 공의의 표라고 했다(살후 1:4-9). 하나님은 환란 받는 자들에게는 영원한 안식으로 갚으시고 환란 주는 자들에게는 전무후무한 진노의 환란과 영원한 형벌의 고통으로 갚으실 것이라고 말씀하셨다.

예수께서 승천하실 때 초실절 한 단을 추수하신 것에 이어 재림하실 때 본추수를 하시게 된다. 생명의 부활에 참여한 모든 자들은 한결같이 큰 환란에서 나온 자들이요 어린양의 피에 그 옷(행실)을 희게 씻은 자들이라고 예수께서 증거해 주셨다(계 7:14).

(3) 제련(製鍊)을 위한 불침례

태양이 빛과 열을 가진 데다 살균하는 역할도 하듯이 불은 어둠을 밝히거나 힘을 주거나 태워서 없애는 일(燒滅)을 하거나 정화, 제련, 단련하는 일을 한다. 인간은 동물들과는 달리 불을 사용함으로 문명사회를 이루었다. 따라서 불은 인류가 만든 신화(神話)나 종교에서 매우 중요한 자리를 차지한다.

예수께서 성령침례를 주신 자들에게 불로 침례주시는 목적에 제련이 있고 이는 육신에 속한 정과 욕심을 정화하여 정결케 하는 것이다. 사도 바울이라 할지라도 육체의 원함으로 인해 고통을 겪었다. 고난과 인내의 대명사라 불리는 욥이 불같은 고난 중에 고백한 말이 있다.

<8 그런데 내가 앞으로 가도 그가 아니 계시고 뒤로 가도 보이지 아니하며 9 그가 왼편에서 일하시나 내가 만날 수 없고 그가 오른편으로 돌이키시나 뵈올 수 없구나 10 나의 가는 길을 오직 그가 아시나니 그가 나를 단련하신 후에는 내가 정금같이 나오리라 11 내 발이 그의 걸음을 바로 따랐으며 내가 그의 길을 지켜 치우치지 아니하였고 12 내가 그의 입술의 명령을 어기지 아니하고 일정한 음식보다 그 입의 말씀을 귀히 여겼구나>(욥 23장)

하나님을 순전하게 경외하며 순종하여 하나님의 사랑과 신임을 받고 많은 복을 받아 누리던 욥이 갑자기 모든 것들을 잃어버린 데다 지독한 고난 가운데 던져졌다. 하나님을 간절하게 불러 기도하나 응답도 없이 앞뒤가 캄캄할 때 오직 욥이 믿는 것은 불침례의 말씀이었다. 하나님의 집의 거룩한 기구는 모두가 제련된 정금으로 만든다.

(4) 단련(鍛鍊)을 위한 불침례

하나님은 사람의 육체를 흙으로 만드셨는데 그 안에 영혼을 담으셨으므로 사람을 질그릇(土器) 또는 도기(陶器)라고 한다. 하나님은 우리를 지으신 토기장이시다(사 29:16; 45:9; 렘 18:6; 롬 9:21). 불침례라 하면 질그릇을 굽는 것과 떼어놓을 수 없다.

<그러나 יהוה여 주는 우리 아버지시니이다 우리는 진흙이요 주는 토기장이시니 우리는 다 주의 손으로 지으신 것이라>(사 64:8)

진흙과 물과 불이 어우러져 만들어지는 것이 질그릇인데 여러 종류가 있다. 항아리는 손으로 빚고 그늘에서 건조시킨 후 가마에 넣고 4일간 굽는다. 토질에 따라, 불의 온도에 따라 그릇들이 다르게 나온다. 자기(瓷器)는 도기보다 고운 점토를 사용해서 유약을 바른 뒤 1250℃ 이상 고온에서 굽되 가마의 온도는 1100℃ 이상을 유지해야 한다. 청자(靑瓷)는 1250℃에서 굽는데 흙과 유약에 포함된 2%정도의 산화철에 의하여 생기는 푸른 색깔을 띠게 된다. 백자(白瓷)는 1300℃의 고온에서 백토를 사용해서 구워낸 것이다.

아담은 하나님의 아들 예수 그리스도의 모형이기에 질그릇으로 지음 받았다. 하나님의 집(교회)에는 여러 가지의 그릇들이 있다(딤후 2:20). 누구든지 자신을 거룩하게 하면 하나님께서 금그릇 처럼 귀히 쓰신다. 하나님의 성전 안에 금으로 된 가장 귀한 그릇들은 대제사장이 1년에 한 번 지성소 안에 들어갈 때 드는 향로와 법궤 안의 만나항아리이다(히 9:4). 하나님의 말씀의 떡과 기도의 향을 담았다(행 6:4). 그 그릇 안에 무엇을 담았느냐에 따라 그릇 가치가 달라지기도 한다. 거듭난 성도들의 몸은 그 안에 능력의 심히 큰 것을 담은 질그릇이다(고후 4:7). 이사야 9장의 예수님의 때에 성도들은 기드온의 때의 용사들과 같다. 기드온은 횃불과 항아리와 나팔을 가지고 항아리를 깨뜨리고 횃불을 들고 나팔을 불었을 때 미디안을 이겼다(삿 7:16-20). 자기를 부인하고 겉사람을 깨뜨리고 복음의 나팔을 불 때 성령의 권세와 능력이 나타난다. 하나님은 그들 안에 계신 성령을 좇아 행하는 자의 질그릇을 신령하고 영화롭게, 예수 그리스도의 형체와 같이 변케 해 주신다(벧전 1:6,7; 2:9).

하나님 손에 의해 완성되지 못한 그릇들은 다 속절없이 깨어진다(전 12:6). 거듭난 속사람은 보배로운 정금 그릇 같지만 육신대로 살면 질그릇처럼 깨뜨려지는 심판을 받는다(애 4:2). 예수님의 열두 제자에 선택된 가룟 유다는 진실한 회개를 하지 못하고 예수님을 은 30에 팔았고 결국 목을 매고 배가 터져 죽었고 불의한 돈으로 토기장이의 밭을 사서 나그네의 묘지로 삼았다(슥 11:13; 마 27:7,10). 하늘 아버지 집에 들어가지 못하고 노중에 비참한 모습으로 마치는 모습을 보여주고 있다. 하나님의 아들이 지상재림하실 때에 실패한 인생들을 철장(鐵杖)으로 질그릇처럼 부수실 것임을 예고하셨다(시 2:9; 계 2:27; 19:15).

하나님께서 아브라함을 시험하셨다(창 22:1)는 말씀에서 '시험하다'는 히브리어로 '나사'인데 '(유혹하는)시험하다'(Tempt)과 '시험하다'(Test)와 '단련하다'(Try)라는 의미로 번역된다.

'시험을 참는 자는 복이 있다'(약 1:12)는 말씀의 헬라어 '페이라조'가 히브리어 '나사'와 마찬가지로 '유혹하다', '단련하다', '테스트하다'(마 22:35)라는 세 가지의 '시험하다'라는 의미로 쓰인다.

마귀가 예수님께도 '페이라조'했지만 기록된 말씀으로 이기셨다. 유혹하는 시험을 만날 때는 기뻐하거나 참지 말고 피해야 한다. 하나님께서 단련하시는 시험을 만날 때 기뻐하고 참는 것이다. 불침례로 단련하시는 방법은 세상으로부터 받는 환란과 핍박을 이기는 것이다. 주 하나님께서 상주시기 위해 시험하시므로 기쁨과 믿음으로 이겨야 한다.

하나님께서 아브라함에게 상주시기 위해 '나사'하셨지만 아브라함도 그것을 원망과 불평, 불신으로 반응함으로써 마귀의 시험에 빠질 수도 있었다. 욥이 시험을 받을 때도 마찬가지였는데 그의 아내와 같이 원망하고 하나님을 욕하고 실패할 수도 있었다. 마음에 받은 할례와 믿음을 따라 이 세 가지를 각각 다르게 받아들일 수 있다.

제4부 하나님께서 영원 전부터 예정하신 것

제4부 하나님께서 영원 전부터 예정하신 것

1. 하나님의 영원한 영광의 형상

(1) 바벨론의 왕 느브갓네살이 본 우상

①아담 안에서 갖게 된 죄의 종의 형상
하나님께서 모든 피조물보다 먼저 낳으신 아들을 보이지 않는 자신을 나타내실 형상으로 삼으셨다(골 1:15; 히 1:3). 주 하나님께서 독생자를 보시고 그의 형상과 모양의 모형으로 아담을 창조하셨다(롬 5:14). 잠시 후에는 독생자와 같은 영광의 형상이 되도록 예정하신 것이다(롬 8:29). 그런데 이를 시기한 대천사장이 하와를 꾀어 죄를 짓게 하였다. 아담도 범죄했고 그때에 모든 사람이 아담 안에서 범죄에 동참하므로 모두가 그 영광의 형상에 이르지 못하게 되었다(롬 3:23; 고전 15:22).

아담에게 싸여있던 영광이 범죄로 벗겨지자 죄인의 형상으로 변했고 그 후손들도 그와 같은 죄인의 형상으로 태어났다.
<아담이 일백삼십 세에 자기 모양 곧 자기 형상과 같은 아들을 낳아 이름을 셋이라 하였고>(창 5:3)

아담은 속사람(영체)에게서 생명의 빛(영광)이 떠난 상태가 됨으로써 겉사람의 모양도 영광이 사라지고 늙고 병드는 형상으로 변했다.
<우리가 흙에 속한 자의 형상을 입은 것같이 또한 하늘에 속한 자의 형상을 입으리라>(고전 15:49)

아담의 후손들은 세대가 흐를수록 더 부끄러운 형상으로 변해갔다.

②바벨론의 2대 왕 느브갓네살이 꿈에 본 우상(형상)
바벨론 왕 느브갓네살이 꿈에 우상(형상)을 보았는데 그 광채가 대단했다(단 2:31-35). 그 우상(형상)의 머리는 정금이고 가슴과 팔은 은이요 배와 넓적다리는 놋이요 종아리는 철이요 그 발은 철과 진흙으로 섞여 있었다. 얼마 후 하늘에 뜬인 돌이 우상의 발에 떨어져서 우상 전체를 가루로 만들어 날려버렸다(단 2:34,35).

니므롯의 고대바벨론은 우상숭배의 발원지이고, 이로 인하여 선민과 이방인을 나누게 된다. 언어의 혼란으로 인해 흩어질 때 우상숭배도 온 세상으로 퍼지고, 이후 애굽, 앗수르, 바벨론, 메데파사, 헬라, 로마에 이르는 머리 급 이방나라들이 일어나게 되었다.

다니엘이 하나님께서 느브갓네살에게 보여주신 꿈속의 우상에 대해 해몽을 했다. '뜨인 돌'이란 부활로 하늘에 올라간 성도들을 가리키는데 신령하고 보배로운 산 돌이라고도 부른다. 예수께서 말세의 마지막 때에 부활성도들(만왕들과 만주들)과 지상에 재림하셔서 주 하나님과 언약을 버린 온 세상에 대한 심판을 보여주신 꿈이었다.

하나님께서는 이방인들이 회개하고 돌아오도록 참으시며 은혜를 베푸시지만 '이방인의 때'가 차면 예수 그리스도께서 그분께 속한 뜨인 돌(신령하고 보배로운 산 돌)들과 함께 강림하셔서 예수님의 입과 성도들의 입에서 나오는 말씀(철장)으로 은혜받기를 거절한 모든 이방인들을 심판하실 것이다(고후 6:2; 마 24:28; 눅 21:24; 계 2:26,27; 19:15).

시편 1편은 은혜와 진리의 복음을 주야로 묵상하여 진리의 말씀으로 거듭난 성도들이 하나님의 형상에 이를 것을 보여주는 그림자이다.
<1 복 있는 사람은 악인의 꾀를 좇지 아니하며 죄인의 길에 서지 아니하며 오만한 자의 자리에 앉지 아니하고 2 오직 יהוה의 율법을 즐거워하여 그 율법을 주야로 묵상하는 자로다>(시 1편)

말씀이신 맏아들이 재림할 때에 많은 아들들이 예수님과 함께 세상을 심판할 것임을 시편 2편이 그림자로 보여준다(히 1:6).
<7 내가 영을 전하노라 יהוה께서 내게 이르시되 너는 내 아들이라 오늘날 내가 너를 낳았도다 8 내게 구하라 내가 열방을 유업으로 주리니 네 소유가 땅 끝까지 이르리로다 9 네가 철장으로 저희를 깨뜨림이여 질그릇같이 부수리라 하시도다 10 그런즉 군왕들아 너희는 지혜를 얻으며 세상의 관원들아 교훈을 받을지어다 11 יהוה를 경외함으로 섬기고 떨며 즐거워할지어다 12 그 아들에게 입맞추라 그렇지 아니하면 진노하심으로 너희가 길에서 망하리니 그 진노가 급하심이라 יהוה를 의지하는 자는 다 복이 있도다>(시 2편)

위에 기록된 예언의 말씀은 요한 계시록 19장에서 성취될 것이다.
<11 또 내가 하늘이 열린 것을 보니 보라 백마와 탄 자가 있으니
그 이름은 충신과 진실이라 그가 공의로 심판하며 싸우더라 12 그
눈이 불꽃같고 그 머리에 많은 면류관이 있고 또 이름 쓴 것이 하나
가 있으니 자기밖에 아는 자가 없고 13 또 그가 피 뿌린 옷을 입었
는데 그 이름은 하나님의 말씀이라 칭하더라 14 하늘에 있는 군대
들이 희고 깨끗한 세마포를 입고 백마를 타고 그를 따르더라 15 그
의 입에서 이한 검이 나오니 그것으로 만국을 치겠고 친히 저희를
철장으로 다스리며 또 친히 하나님 곧 전능하신 이의 맹렬한 진노의
포도주 틀을 밟겠고 16 그 옷과 그 다리에 이름 쓴 것이 있으니 만
왕의 왕이요 만주의 주라 하였더라>(계 19장)
하나님의 은혜를 거절하고 죄의 종, 사단의 종의 형상으로 살다 죽는
자들은 하나님의 영원한 진노의 형벌을 받는다고 경고하셨다.

③장차 둘째(악인의/사망의) 부활로 갖게 될 형상
새언약은 하나님의 거듭난 성도들을 하나님의 영광이 가득한 신령한
형상 및 성전으로 세우는 언약이다(롬 3:23; 5:14; 8:29).
<나는 יהוה니 이는 내 이름이라 나는 내 영광을 다른 자에게, 내 찬
송을 우상에게 주지 아니하리라>(사 42:8)
하나님께서 하나님의 영광을 주실 자들은 맏아들이 되신 그리스도와
그의 영으로 거듭난 아들들이다. 그들을 가리켜 하나님의 영광의 형상
(고후 4:4), 하나님의 영광의 찬송이라 부른다(엡 1:12; 빌 1:11; 3:21).
<하나님의 성전과 우상이 어찌 일치가 되리요 우리는 살아 계신 하
나님의 성전이라 이와 같이 하나님께서 가라사대 내가 저희 가운데
거하며 두루 행하여 나는 저희 하나님이 되고 저희는 나의 백성이
되리라 하셨느니라>(고후 6:16)
성령으로 거듭난 성도들이 하나님의 형상이요 하나님의 성전인 반면
느브갓네살이 본 우상은 모든 시대의 이방인들 모두를 상징한다. 돌이나
나무나 금으로 만든 형상을 숭배하는 자들뿐만 아니라 사실상 자기의
형상으로 사람을 지으신 하나님을 거역하며, 자신을 믿고 자랑하는 모든
사람들이 우상숭배자요 스스로 우상이 된 자들이란 말씀이다.

생명의 부활(첫째부활)이 끝난 후에 최후심판 직전에 둘째부활(악인의 부활/심판의 부활/사망의 부활)이 있다(요 5:28,29; 행 24:15).

<12 또 내가 보니 죽은 자들이 무론 대소하고 그 보좌 앞에 섰는데 책들이 펴 있고 또 다른 책이 펴졌으니 곧 생명책이라 죽은 자들이 자기 행위를 따라 책들에 기록된 대로 심판을 받으니 13 바다가 그 가운데서 죽은 자들을 내어 주고 또 사망과 음부도 그 가운데서 죽은 자들을 내어 주매 각 사람이 자기의 행위(行爲)대로 심판을 받고 14 사망과 음부(陰府)도 불못에 던지우니 이것은 둘째 사망 곧 불못이라>(계 20장)

악인은 문둥병자의 흉측한 형상처럼 일그러지되 불타 없어지지 않을 형상(몸)을 입고 이 둘째부활 때에 나오게 될 것이다.

심판 때에 '생명책'과 '책들'이 심판대에 펴져 있다고 기록하였다. 그 '책들' 중 하나를 '기념책'(book of remembrance)이라 부른다.

<그 때에 יהוה를 경외하는 자들이 피차에 말하매 יהוה께서 그것을 분명히 들으시고 יהוה를 경외하는 자와 그 이름을 존중히 생각하는 자를 위하여 יהוה 앞에 있는 기념책에 기록하셨느니라>(말 3:16)

이를 '주님의 책'으로도 부르는데, 모태에서 사람의 형질이 다 이루어지기 전에 예지, 전지하신 주 하나님께서 모든 인생들의 선행과 악행을 하나도 빠짐없이 다 기록하셨기 때문이다(시 56:8; 139:16). 예수 이름의 침례는 모든 영원한 죄사함의 은혜를 주므로(슥 13:1), 칭찬과 상을 얻을 기록만이 기념책에 남는다. 아무리 많은 기적과 권능을 행했어도 약속대로 죄사함을 얻지 못하면 행위대로 형벌을 받게 된다.

물과 성령으로 거듭나면 하나님의 생명책에 이름이 기록된다(요 3:5; 빌 3:20). 사도행전 2장 38절 말씀을 순종하는 믿음이 진리의 말씀으로 거듭나는 것이다(요 3:3-36; 약 1:18; 벧전 1:23). 예수님을 믿지만 물과 성령으로 거듭나는 복음을 순종치 않는 자는 영생을 보지도 못할 뿐만 아니라 도리어 그 위에 진노가 쌓인다고 경고하셨다(요 3:36). 요한복음 3장 5절의 거듭남과 16절의 멸망치 않고 영생을 얻음과 36절의 순종치 않은 자가 받게 될 영원한 진노는 동일한 진리를 진술하고 있다. 믿기만 하는 믿음은 생명책에 기록된 시민권을 절대로 얻지 못한다(빌 2:12).

주 예수님은 어둠(사망)에 갇힌 자들을 빛(생명) 가운데로 옮기시려고 오셨다(요 12:35-50). 복음의 말씀을 듣고 순종할 때 사망에서 생명으로 들어간다. 예수님은 세상을 심판하러 오시지 않고 구원하러 오셨음에도 아들을 통해 주신 아버지의 명령을 순종치 않기에 심판을 받는다.

<나는 그의 명령(命令, commandment)이 영생(永生, eternal life)인 줄 아노라 그러므로 나의 이르는 것은 내 아버지께서 내게 말씀하신 그대로 이르노라 하시니라>(요 12:50)

율법을 순종하여 율법의 의를 얻고 죽은 의인들은 생명책의 예비자 명단에 기록되었다가 예수님의 부활 후 온전케 된다. 물과 성령으로 침례를 받은 자의 이름은 곧바로 생명책에 기록된다. 구약에서는 대기자 명단이고 신약에서는 확인자 속사람의 명단이다(출 32:32; 시 69:28; 빌 4:3; 계 13:8; 17:8; 21:27). 물과 성령으로 거듭났을지라도 다시 죄악에 떨어져 회개치 못하고 죽으면 하나님의 생명책에서 그 이름이 지워진다(출 32:33; 겔 18:20-32; 마 3:10-12; 계 3:5).

마지막 심판 때에 펴놓으실 또 다른 책은 법들을 기록한 성경책이다. 하나님은 기록하신 성경을 법전(法典)으로 삼으시고 그 율법의 말씀에 따라 심판하신다(롬 2:2). 악인은 의인의 회중에 들지 못한다는 말씀은 믿음의 법에서도 그대로 드러난다(시 1:1-6; 합 1:2-4; 2:3,4). 하나님은 믿기만 하고 순종하지 않는 악인들을 반드시 형벌하신다.

<49 세상 끝에도 이러하리라 천사들이 와서 의인(義人) 중에서 악인(惡人)을 갈라내어 50 풀무 불에 던져넣으리니 거기서 울며 이를 갊이 있으리라>(마 13장)

거듭난 의인일지라도 알곡이 아닌 쭉정이가 되면 불에 던지신다.

<17 하나님 집에서 심판을 시작할 때가 되었나니 만일 우리에게 먼저 하면 하나님의 복음을 순종치 아니하는 자들의 그 마지막이 어떠하며 18 또 의인이 겨우 구원을 얻으면 경건치 아니한 자와 죄인이 어디 서리요>(벧전 4장)

기념책과 생명책의 기록은 지우거나 더할 수 있지만 성경책에 기록된 율법은 절대로 가감할 수 없다(계 22:18,19).

(2) 우리(오실 자/예수님)의 형상, 한 새사람

יהוה는 모든 공간 안팎에 전재하시는 영(靈)이시며 아무도 볼 수 없다. 누구든지 진리의 복음을 정확히 깨달으려면 하나님께서 만유를 창조하시기 이전에 아들을 낳으셨고, 아버지 하나님의 형상으로 삼으셨음을 계시로 깨달아야 한다(골 1:15; 요일 1:1). '우리가 우리의 형상을 따라 우리의 모양대로 사람을 만들자'라고 아버지께서 아들을 보시고 '우리'라고 말씀하셨다(창 1:26,27). 보이지 않는 영이신 하나님의 형상은 주 하나님께서 아들로 낳으신 완전한 사람이다. 완전한 사람으로서 아들은 당연히 겉사람과 속사람이 있고, 겉사람은 속사람의 형상이다. 아담이 셋을 낳았을 때 자기 형상과 같은 아들을 낳았듯이(창 5:1,3), 하나님이 아담을 하나님의 형상의 모형으로 창조하실 때 아담의 실체는 하나님의 독생자(유일하게 낳으신 아들)이다. 독생자의 겉사람/겉모양은 속사람인 영(사람)의 형상인 동시에 내주(內住)하시는 거룩한 영(하나님)의 형상이므로 하나님께서 '우리 형상'과 '우리 모양'이라고 말씀하셨다.

하나님으로부터 태어난 아들은 하나님의 전지전능하심과 사랑과 그 모든 선함의 풍성함을 모든 피조물 앞에 나타낼 영원한 형상이다. '우리의 형상을 따라', '우리의 모양대로'라는 말씀에서 '따라'와 '대로'라는 진술은 이미 하나님의 형상과 모양이 아담을 창조하시기 이전에 있음을 증거한다. '길 따라' 가려면 길이 먼저 있어야 하고 또 '법대로' 하려면 법이 먼저 있어야 하는 것과 같이 하나님의 참형상인 아들이 있었다.

하나님과 성경을 바로 알지 못하면 당연히 오해와 무지한 말을 한다(마 22:29; 막 12:24,27; 눅 20:38). 전지하신 하나님은 자기의 형상으로 어떤 존재가 가장 선(善)한지 미리 아시는 것은 당연하다(롬 8:29; 11:2; 벧전 1:2). 독생자와 더불어 하나님의 형상으로 장차 얻으실 아들들은 전지하신 하나님께서 아시는 한 최상의 존재들임이 틀림없다.

시간과 공간을 초월하시는 하나님께서는 장차 은혜와 사랑을 베푸실 전능자로 말미암아 하나님의 형상이 될 아들들을 시공간을 창조하시기 이전부터 현재 있는 일로 보신다. 전지전능자께서는 인류 모든 사람의 영원한 미래까지 모두 아시고 기념책에 다 기록하신 분이시다.

하나님은 없는 것을 있는 것같이 부르시며, 범사는 그 부르시는 대로 성취된다. 하나님께는 모든 의인들이 이미 살았고, 하나님은 산 자들의 하나님이시다. 시공간을 창조하신 창조자는 시간과 공간에 전혀 제한을 받지 않으신다. 하나님의 모든 경륜은 시공간을 초월하는 셋째하늘에서 이미 있고, '이룬 것'이기도 하다(마 6:10).

하나님 아버지는 공간안팎 어디에나 계실 뿐만 아니라 낳으신 아들 안에 계시므로 하나님 아버지와 사람인 아들이 영원히 완전한 하나가 되셨다(요 10:30,38; 14:10,11,20). 그러나 하나님은 그 영광의 형상으로 오시지 않고 혈육들의 죄악을 담당하실 친족이 되시기 위해 종의 형상, 육체를 입으시고 자기 땅 자기 백성들 가운데 임마누엘하셨다(빌 2:6).

창세기 1장에서는 아버지께서 아들을 보시고 '우리'라고 말씀하셨지만 요한복음 17장에서는 아버지의 영광의 형상인 아들이 아버지 하나님께 '우리'라고 말씀하셨다(요 17:5).

<5 아버지여 창세전에 내가 아버지와 함께 가졌던 영화로써 지금도 아버지와 함께 나를 영화롭게 하옵소서 6 세상 중에서 내게 주신 사람들에게 내가 아버지의 이름을 나타내었나이다 저희는 아버지의 것이었는데 내게 주셨으며 저희는 아버지의 말씀을 지키었나이다 … 11 나는 세상에 더 있지 아니하오나 저희는 세상에 있사옵고 나는 아버지께로 가옵나니 거룩하신 아버지여 내게 주신 아버지의 이름으로 저희를 보전하사 우리와 같이 저희도 하나가 되게 하옵소서 … 21 아버지께서 내 안에, 내가 아버지 안에 있는 것같이 저희도 다 하나가 되어 우리 안에 있게 하사 세상으로 아버지께서 나를 보내신 것을 믿게 하옵소서 22 내게 주신 영광을 내가 저희에게 주었사오니 이는 우리가 하나가 된 것같이 저희도 하나가 되게 하려 함이니이다 23 곧 내가 저희 안에, 아버지께서 내 안에 계셔 저희로 온전함을 이루어 하나가 되게 하려 함은 아버지께서 나를 보내신 것과 또 나를 사랑하심같이 저희도 사랑하신 것을 세상으로 알게 하려 함이로소이다 … 24 아버지여 내게 주신 자도 나 있는 곳에 나와 함께 있어 아버지께서 창세전부터 나를 사랑하시므로 내게 주신 나의 영광을 저희로 보게 하시기를 원하옵나이다>(요 17장)

　독생자는 시간 전부터 아버지의 영광의 형상으로서 아버지와 하나로 연합되어 함께 계셨다. 아버지께서 아들에게 주신 영광을 그분의 진리로 거룩해진 그 모든 아들들에게도 주신다고 독생자가 기도하셨다. 영광의 복음을 듣는 모든 신자들이 아버지께서 주실 영광을 보기를 원한다고 기도하셨던 원함대로 반드시 이루어질 것이다.

　이미 '우리'에 대한 설명은 앞에서 창세기 1장 26절의 복음을 설명할 때 했으니 여기서는 다만 그 '영광의 형상'에 대해 간략히 설명한다.

　'영광'은 칭송할 만한 영예라는 의미로 쓰일 때는 '하나님께 영광을 돌리다'(마 5:16), '영광을 나타내다'(요 2:11)라는 의미이다. 믿음으로써 의인들이 죽기까지 하나님을 신뢰하고 충성할 때, 하나님께서 성도들의 기도를 응답하실 때 하나님께 돌려지는 영광이다.

　'하나님의 영광'은 본래 '지극히 찬란하고 거룩한 광채'를 가리킨다.

　하나님은 빛이시며(요일 1:5), 피조물들 중 누구도 가까이 가지 못할 빛(영광) 가운데 임하시는 분이다(딤전 6:16; 요일 1:7). 그 하나님께서 태초에 자기의 영광의 광채의 형상으로 아들을 낳으셨으므로 독생자를 볼 때 아버지의 신성과 영광과 임재를 보게 된다(고후 4:4; 골 1:15; 히 1:3). 따라서 그 아들로 말미암지 않고는 아버지를 볼 수 없고, 아들을 보는 것은 바로 보이지 않으시는 그 하나님을 보는 것이다.

　하나님께서 자기의 그 영광의 형상의 모형으로 천사보다 조금 못한 영광을 가진 아담을 창조하셨다(롬 5:14; 고전 11:7). 아담과 후손들을 잠시 후에 하나님의 영광과 존귀로 관을 씌우고자 영원 전부터 예정하셨다(롬 8:29; 히 2:7). 하나님의 영광에 이르기 이전에 범죄로 인하여 아담의 영광이 벗겨지고 수치스러운 몸으로 변했다.

　하나님께서는 영원한 영광의 형상으로 세우실 계획을 이루시기 위해 독생자에게 있던 영광을 다 비우시고 종의 형상, 육체를 입히시고 마지막아담으로 세상에 보내셨다(요 1:14; 고전 15:45; 빌 2:6-8). 그러나 그 안의 속사람에게 빛(영광)이 있었으니 장차 하나님의 영원한 형상이 될 자들에게 주실 생명이요 하나님의 영광의 빛이다(마 4:16; 요 1:4-9). 그 빛으로 나오는 자들은 '빛(영광)의 아들'이 되고 어둠에서 나오지 않는 자들은 '어둠의 아들'로 영원히 흑암 가운데 던져질 것이다(요 3:19-21; 8:12; 9:5; 11:9,10; 12:35,36,43-46).

비록 육체라는 장막으로 감추셨지만 그 안에는 하나님의 영광이 충만하였다(요 1:14). 예수께서 첫사람 아담의 죄값을 대신내실 마지막아담으로서 아담과 같은 영광을 보이셨다(마 17:2; 눅 9:31,32; 벧후 1:17).

영광의 하나님은 아들 안에서 자기 땅 자기 백성들에게로 오셨고, 그 길을 침례 요한이 예비하셨고(사 40:5-11), 그가 광야와 같은 사람들의 마음에 회개로 닦은 길을 따라 하나님께서 그들 안에 들어오셨다.

누구든지 아버지와 아들을 알면 יהוה의 영광을 볼 수 있다. 유일하신 하나님의 영광을 보는 자는 솔로몬의 영광도 풀의 꽃과 같음을 안다. 그 약속이 '하나님의 영광의 복음'이다. יהוה 하나님은 형상인 아들들에게 오셔서 그들의 속사람을 자기의 형상을 삼으셨다. 예수께서 다시 오시는 날에는 그 아들들의 몸도 맏아들과 같은 형상으로 변할 것이다.

한 천사가 나타났을 때 바벨론과 메대 파사의 총리이었던 다니엘도 혼절한 상태가 되었다(단 10:5-9). 평범한 천사도 큰 영광이 있음을 알 수 있다(눅 9:26; 행 10:22; 12:9). 그가 가브리엘이라고 직접 언급된 것은 없다(단 8:16; 9:21; 10:13,21; 12:1; 눅 1:19,26; 유 1:9; 계 12:7). 주 하나님은 그분의 영광을 그 누구에게도 주지 않으시고 오직 하나님의 형상으로서 거듭나고 부활한 아들들에게만 주신다(사 42:8; 43:7; 46:13; 48:11; 엡 1:12; 빌 1:11). 예수께서 유일하신 참하나님의 그 영원한 영광을 보고 어둠에서 나와 그 빛을 영접하라고 가르치셨다(요 5:41,44). 하나님의 영광이 어느 정도인지를 이사야의 경험으로 보여주신다(사 6:1-5; 요 12:41-43). 스랍이라는 천사들은 하나님 곁에서 섬기던 자들로 특별한 영광과 거룩함이 있다. 스랍들이 감히 목도할 수 없을 정도의 영광이 하나님의 영광의 형상이신 독생자가 받은 영광임을 알 수 있다. 그런데 하나님께서 아버지의 그 영광을 거듭남을 통해 영광의 형상이 될 모든 아들들에게 주시기로 영원 전부터 예정하셨다. 대천사장이었던 사단 마귀도 하나님의 아들들을 절대로 막을 수 없다(약 4:7). 거듭난 아들들이 꾸짖을 때 사단 마귀도 도망칠 만큼, 아버지께서 아들들에게 주신 놀라운 권세와 영광이 있다.

아들들에게 주신 하나님 아버지의 그 영광이 어떠한지 비교해본다.

①**보통 사람의 영광**: 봉사나 구제나 기도할 때 사람에게 보여서 얻는 영광이 있다(마 6:2; 요 5:41,44; 12:43).

②**세상 나라 왕의 영광**: 스바 여왕은 매우 많은 수행원을 이끌고 가장 귀하고 많은 예물을 솔로몬 왕에게 선물할 정도로 세상 왕으로서 매우 큰 영광이 있는 왕이었다(왕상 10:1-10).

③**솔로몬의 영광**: 솔로몬이 하나님으로부터 받은 지혜와 영광은 세상 왕들 중에 으뜸이었다(왕상 3:12,13; 10:5,6,23). 스바 여왕도 솔로몬의 영광을 직접 보고 정신을 잃었고, 소문으로 들었던 그 영광보다 더욱 크다고 감탄했다. 예수님은 하나님의 영광에 비해 솔로몬의 영광도 풀의 꽃과 같을 뿐이라고 말씀하셨다(마 6:29; 눅 12:27).

④**모세의 영광**: 모세의 얼굴에 하나님의 영광의 후광이 남은 것을 본 이스라엘 백성들은 죽을 것 같은 두려움을 느꼈기에 수건으로 얼굴을 가려 달라고 부탁할 정도였다(출 34:29-35; 고후 3:7).

⑤**아담의 영광**: 모세는 범죄한 아담의 후손이다. 아담은 동산에 나타나시는 하나님 존전에 죽음을 두려워하지 않고 대면할 수 있는 영광이 있었다. 마지막아담이 첫사람 아담을 대신해 죄값을 내시려고 보여주신 영광이 바로 아담의 영광이었다(마 17:2; 막 9:3; 눅 9:29,31). 수건으로 가려도 보이지 않는 모세의 영광과 달리 두꺼운 옷마저도 빛나게 만들 정도의 찬란한 영광이 아담에게 있었는데 벗겨졌다.

⑥**천사의 영광**: 다니엘은 한 천사의 영광 앞에 죽은 자처럼 되었다. 변화산에서 예수님의 영광을 본 베드로와 요한과 야고보는 이 정도까지 두려운 경험을 하지 않았다. 하나님은 첫사람 아담과 마지막아담을 잠간 동안 천사보다 열등한 존귀와 영광으로 입히셨다(히 2:7).

⑦**하나님의 영광**: 스랍들은 하나님의 얼굴의 영광을 직접 쳐다 볼 수 없어서 두 날개로 자기들의 얼굴을 가렸다. 만유 안에 있는 모든 광채, 빛은 그 하나님으로부터 나온 것이기에 하나님의 영광은 놀랍기만 하다. 하나님은 대상에 따라 그 영광의 정도를 달리 나타내실 뿐이다.

예수께서 부활과 승천으로 이전의 영광을 받으시고 아버지의 영광의 후사의 자리에 앉으셨고(마 19:28; 막 10:37; 눅 24:26; 요 7:39; 17:5; 행 7:55), 영광을 받으신 성령으로 제자들 안에 오셨다(벧전 4:14).

　모든 사람이 죄를 범하였기에 '하나님의 영광'에 이르지 못했는데(롬 3:23) 예수께서 죄사함을 주신 후 영광의 성령으로 거듭나게 하심으로써 하나님의 영광을 소망하고 즐거워하게 하셨다(롬 5:2). 예수님 이름으로 침례받아 마지막아담과 함께 장사된 자들의 겉사람은 그와 함께 심긴 자이고, 장차 아버지의 영광의 몸으로 부활할 약속을 소망하며 성령의 새생명 가운데 속사람으로 행한다(롬 6:4). 누구든지 성령으로 거듭나면 하나님의 아들이요, 맏아들과 함께 하나님의 영광의 공동후사가 된다. 장차 그들에게 나타날 영광은 세상에서 받는 어떤 고난과도 비교조차 할 수 없다(롬 8:17,18). 피조물들이 고대하는 것과 거듭난 성도들이 간절히 소망으로 기다리는 것은 맏아들이 나타나 하나님의 아들들도 그와 같은 영광으로 나타나는 것이라고 했다(롬 8:19-25). 하나님 아버지는 독생자의 영광의 형상을 따라 모형으로 지은 모든 사람들을 그와 같은 영광의 형상을 본받도록 영원 전에 예정하셨다(롬 8:29).

　영광의 성령을 받아 속사람이 부활하고 거듭난 사람들은 이미 그의 속사람이 하나님의 의(義)와 영광을 입었다(롬 8:30).

　하나님의 영광의 이 복음은 오직 성령의 계시로만 깨닫는다.

　<25 나의 복음과 예수 그리스도를 전파함은 영세 전부터 감취었다가 26 이제는 나타내신 바 되었으며 영원하신 하나님의 명을 좇아 선지자들의 글로 말미암아 모든 민족으로 믿어 순종케 하시려고 알게 하신 바 그 비밀의 계시를 좇아 된 것이니 이 복음으로 너희를 능히 견고케 하실 27 지혜로우신 하나님께 예수 그리스도로 말미암아 영광이 세세무궁토록 있을찌어다 아멘>(롬 16장)

　하나님께서 하나님의 아들들에게는 솔로몬에게 주신 사람의 지혜가 아닌, 하나님의 지혜를 주셔서 천사들까지 다스리게 하셨다. 만세전부터 하나님의 영광을 이 아들들에게 주시기로 예정하셨으며 그것은 사람이 상상조차 하지 못한 극히 놀라운 비밀이며, 오직 성령의 계시로만 깨달을 수 있다(고전 2:6-12). 주 하나님은 아담을 하나님의 영광의 광채의 형상인 독생자의 모형으로 지으셨다(고전 11:7). 예수 그리스도와 함께 죽음 장사에 연합되는 것은 그와 함께 영광의 형상으로 부활하기 위해 그의 안에 심는 것이다(요 12:24; 롬 6:4,5; 고전 15:43).

<우리가 흙에 속한 자의 형상을 입은 것같이 또한 하늘에 속한 자의 형상을 입으리라>(고전 15:49)

바울은 계시를 받아 깨닫고 모세의 얼굴에 나타난 영광과 신약성도들에게 주신 영광은 비교조차 할 수 없다고 했다(고후 3:7-18). 지금은 옛 거울로 보는 것처럼 그 영광을 희미하게 보지만, 부활한 성도들은 스랍들이 예수님의 얼굴을 쳐다보지 못했던 것과는 다르게 주님의 얼굴과 우리의 얼굴을 맞대어 그 영광을 볼 것이다(고전 13:12). 진리로 거듭난 아들들은 장차 둘째사람의 영광스러운 형상과 같이 변할 것이다.

<우리가 다 수건을 벗은 얼굴로 거울을 보는 것같이 주의 영광을 보매 저와 같은 형상으로 화하여 영광으로 영광에 이르니 곧 주의 영으로 말미암음이니라>(고후 3:18)

이 영광을 가로채려고 했던 사단 마귀의 꾀임에 속아 눈이 어두워진 여인(교회)은 이와 같이 심오한 진리를 잃어버렸다.

<4 그 중에 이 세상 신이 믿지 아니하는 자들의 마음을 혼미케 하여 그리스도의 영광의 복음의 광채가 비취지 못하게 함이니 그리스도는 하나님의 형상이니라 5 우리가 우리를 전파하는 것이 아니라 오직 그리스도 예수의 주 되신 것과 또 예수를 위하여 우리가 너희의 종 된 것을 전파함이라 6 어두운 데서 빛이 비취리라 하시던 그 하나님께서 예수 그리스도의 얼굴에 있는 하나님의 영광을 아는 빛을 우리 마음에 비취셨느니라>(고후 4장)

이 영광의 복음을 깨달으려면 육적 수건을 벗고 계시를 받아야 한다.

<16 그러므로 우리가 낙심하지 아니하노니 겉사람은 후패하나 우리의 속은 날로 새롭도다 17 우리의 잠시 받는 환난의 경한 것이 지극히 크고 영원한 영광의 중한 것을 우리에게 이루게 함이니 18 우리의 돌아보는 것은 보이는 것이 아니요 보이지 않는 것이니 보이는 것은 잠간이요 보이지 않는 것은 영원함이니라>(고후 4장)

예수님은 불침례로 성도들의 겉사람이 잠간 가벼운 고난을 받아 깨어질 때에 장차 나타날 더욱 크고 존귀하고 영원한 영광을 얻게 하신다. 물과 성령으로 거듭난 아들들은 계속 그리스도와 같은 형상으로 이루어지기까지 불침례로 단련되고 훈련되어야 한다(갈 4:19).

주 하나님은 만유를 창조하시기 이전부터 독생자의 복음에 순종하는 자들을 선택하셔서 아들로 낳으시고 그들에게 하늘에 속한 모든 신령한 복을 주려고 예정하셨고, 그의 안에서 모든 아들들에게 주실 하나님의 영광을 찬미하게 하셨다(엡 1:4-6).

<12 이는 그리스도 안에서 전부터 바라던 우리로 그의 영광의 찬송이 되게 하려 하심이라 13 그 안에서 너희도 진리의 말씀 곧 너희의 구원의 복음을 듣고 그 안에서 또한 믿어 약속의 성령으로 인치심을 받았으니 14 이는 우리의 기업에 보증이 되사 그 얻으신 것을 구속하시고 그의 영광을 찬미하게 하려 하심이라>(엡 1장)

영광의 하나님 아버지께서 지혜와 계시의 정신(헬-'영')을 주사 하나님을 알게 하신다. 그 부르심의 소망과 기업의 영광의 풍성함을 깨닫게 해주시길 간구하는 자는 그 놀라운 영광을 얻게 된다(엡 1:17-19).

하나님은 그리스도의 몸된 교회를 만유 위에 세우시고 만유를 충만케 하시는 하나님의 충만이 되게 하셨다(엡 1:22,23). 하나님은 독생자를 맏아들이 되게 하시고 그가 머리인 '한 새사람'을 세우신다.

<원수 된 것 곧 의문에 속한 계명의 율법을 자기 육체로 폐하셨으니 이는 이 둘로 자기의 안에서 한 새 사람(one new man)을 지어 화평(和平)하게 하시고>(엡 2:15)

교회는 맏아들로 머리삼은 '한 새사람'이다. 성령침례로 거듭난 모든 형제들은 그 한 몸의 지체가 되었다. 머리이신 맏아들이 누리는 것들을 모든 지체들이 함께 누린다. 이 한 몸은 자신의 모든 신성을 나타내실 하나님의 영원한 형상이다. 신령한 참성전의 머릿돌과 모퉁잇돌이 되신 맏아들에게 연합된 모든 형제들은 신령한 산 보석들이 된다.

하나님께서 그 경륜의 비밀을 이전의 '사람의 아들들'에게는 알리지 않으셨고, '하나님의 아들들' 세대에게만 계시로 알리셨다(엡 3:2-6). 그 영광의 복음의 깊이와 길이와 넓이와 높이를 알려면 당연히 '하나님의 아들'로 거듭나야 하고, 거듭난 속사람이 머리되신 그리스도의 분량을 따라 자라가야 한다(엡 3:14-19). 하나님의 경륜은 하나님께서 부활성도들을 '그 집의 영광스러운 신부, 후사로 세우심'이다(엡 5:27).

하나님은 자기 형상인 아들들을 하나님의 영광과 찬송이 되게 하신다. <예수 그리스도로 말미암아 의의 열매가 가득하여 하나님의 영광과 찬송이 되게 하시기를 구하노라>(빌 1:11. 참고 사 42:8; 48:11)

그들은 맏아들이 다시 오실 때 맏아들과 같은 형상으로 변할 것이다. <20 오직 우리의 시민권은 하늘에 있는지라 거기로서 구원하는 자 곧 주 예수 그리스도를 기다리노니 21 그가 만물을 자기에게 복종케 하실 수 있는 자의 역사로 우리의 낮은 몸을 자기 영광의 몸의 형체와 같이 변케 하시리라>(빌 3장)

위로부터 날 때 즉 물과 성령으로 날 때 하늘의 생명책에 녹명된다. 그는 만유 위에 교회의 지체이니 만유를 발아래 다스릴 자이다.

복음은 하나님의 독생자가 낮고 천하고 약한 종의 형상을 입으시고 죽으심으로 모든 수치와 저주를 벗겨주심과, 부활하시고 영광을 받으신 그 성령을 주심으로 영광의 형상을 입게 하는 은혜 위의 은혜이다. <26 이 비밀은 만세와 만대로부터 옴으로 감취었던 것인데 이제는 그의 성도들에게 나타났고 27 하나님이 그들로 하여금 이 비밀의 영광이 이방인 가운데 어떻게 풍성한 것을 알게 하려 하심이라 이 비밀은 너희 안에 계신 그리스도시니 곧 영광(榮光)의 소망(所望)이니라>(골 1장. 참고 골 1:15-17; 창 1:26,27)

성령침례로 거듭나 한 새사람의 몸의 지체가 된 자들도 맏아들이신 예수 그리스도처럼 신성의 충만함을 받았다(골 2:9,10). 맏아들이 다시 오시는 날 거듭난 성도들도 그와 함께 영광 중에 나타날 것이다. <우리 생명이신 그리스도께서 나타나실 그 때에 너희도 그와 함께 영광 중에 나타나리라>(골 3:4)

아버지께서 거듭난 아들들을 주 하나님의 영광에 이르게 하신다(살전 2:12; 살후 1:7-12; 딤전 1:11; 히 1:3; 2:7; 벧전 1:7,8,21-25; 벧후 1:3; 유 1:24; 계 21:24,26). 맏아들이 재림하실 때 아버지의 영광으로 오신다(마 16:27; 24:30; 막 8:38; 13:26; 눅 9:26; 21:27). 그분의 재림의 날은 하나님 아버지의 영광이 나타날 날이다(눅 17:30; 딛 2:13; 히 9:28; 벧전 1:7,13; 4:13; 5:1,4,10). 그 날에는 거듭나 속사람이 영광스럽게 된 아들들의 겉사람까지 맏아들과 같이 영광스럽게 변한다.

<19 피조물의 고대하는 바는 <u>하나님의 아들들의 나타나는 것이니</u>
… 21 그 바라는 것은 피조물도 썩어짐의 종노릇 한 데서 해방되어
하나님의 자녀들의 영광의 자유에 이르는 것이니라 … 29 하나님이
미리 아신 자들로 또한 <u>그 아들의 형상을 본받게 하기 위하여 미리</u>
<u>정하셨으니</u> 이는 그로 많은 형제 중에서 맏아들이 되게 하려 하심이
니라>(롬 8장)

하나님께서 맏아들을 다시 세상에 보내실 때 거듭나 하나님의 아들이
된 모든 자들도 하나님의 영광의 형상으로 나타난다(히 1:6; 2:7). 아직
장성하지는 않았기에 '지금은' 하나님의 '자녀'(child)라고 말씀하셨지만,
재림하실 때 그와 같은 영광의 형상으로 나타날 것이다.

<사랑하는 자들아 우리가 지금은 하나님의 자녀라(children of God)
장래(將來)에 어떻게 될 것은 아직 나타나지 아니하였으나 <u>그가 나</u>
<u>타내심이 되면 우리가 그와 같을 줄을 아는 것</u>은 그의 계신 그대로
볼 것을 인함이니>(요일 3:2)

예수님의 죽으심은 유월절, 장사되심은 무교절, 부활하심은 초실절을
성취하신 것이다. 초실절에는 밀알 하나만을 하나님께 드리지 않고 한
단을 드리도록 규례를 정하셨다(레 23:10). 한 알의 밀알이 땅에 심기어
지심(장사되심)은 여러 개의 동일한 밀알들을 얻기 위함이다. 초실절에
예수님의 부활에 연합된 '한 단'이 있다. '한 단'으로 부활하여 올라간
자들의 대표가 계시록의 24장로들이다(계 4:4,10; 5:8; 11:16; 19:4).

개역성경은 히브리어 '말라크'나 헬라어 '앙겔로스'를 '천사(angel, 창
19:1; 계 1:1)', '사자(messenger, 창 16:7; 계 22:16)'로 번역하였다.
'앙겔로스'나 '말라크'를 사람인 '사자'로 번역한 구절들(슥 12:8; 말 2:7
마 11:10; 막 1:2; 눅 7:27; 9:52…) 중에 특히 말라기 3장 1절, 계시록
22장 16절이 주목할 만하다. 하나님 아버지는 그리스도에게 모든 것을
주셨고, 하나님의 아들은 자신의 사자를 요한에게 보내셨다. '사자(使者
/messenger)'란 '보내심을 받은 자'라는 의미이다. 말라기나 앙겔로스
를 실제로 천사(angel)일 경우 '사자'로 번역해도 문제가 없다. '사람'일
경우에 '사자'로 번역하지 않고 '천사'로 번역하면 심각한 문제가 된다.
'천사'는 하나님의 후사들을 섬기라고 보내진 자들로서 후사들의 종이기
때문이다(고전 6:3; 히 1:14).

나사로같은 거지도 잠간 동안의 삶을 믿음으로 살다 죽으니 천사들 (angels)에게 받들리는 존귀한 자가 되었다(눅 16:22). 거듭난 아들들은 대천사장과 그 사자들이 오르려 했으나 못 오른 가장 높은 그 하늘에서 태어난 자들이다. 사도들 중에서도 깊은 계시의 진리를 기록한 요한이 천사를 숭배하려 했다고 번역한 것은 심각한 문제이다.

그리스도는 아버지로부터 보냄받은 사자이시다(말 3:1). 사도 요한이 '앙겔로스'를 보고 경배하려고 했던 이유는 하나님의 보내심 받은 자(하나님의 아들)인 줄로 착각했기 때문이다. 구약의 말라기(사자/使者)들은 종이었지만 신약에서는 아들을 사자로 보내셨다(요 17:3; 히 3:1). 오직 아들을 보아야 아버지를 보며, 아들을 영접해야 그 안에 계신 아버지를 영접하며 그 형상인 아들을 경배하는 것이 아버지를 경배하는 것이다.

사도 요한은 사자(앙겔로스)인 그리스도께 경배를 하려 했으나 천사를 경배하려고 한 것은 아니다(계 19:9-10). 사도 요한은 두 번째 경우에 있어서도 부활한 형제를 예수 그리스도로 착각했다.

<8 이것들을 보고 들은 자는 나 요한이니 내가 듣고 볼 때에 이 일을 내게 보이던 앙겔로스(천사/天使)의 발 앞에 경배(敬拜)하려고 엎드렸더니 9 저가 내게 말하기를 나는 너와 네 형제(兄弟) 선지자들과 또 이 책의 말을 지키는 자들과 함께 된 종이니 그리하지 말고 오직 하나님께 경배하라 하더라>(계 22장)

주께 경배는 마음과 힘과 뜻과 목숨을 걸고 지켜야 할 제1계명이다. 사도 요한은 두 번이나 사자를 예수님이신 줄로 알고 경배하려고 했다. 이 사건은 부활한 아들들의 형상이 예수 그리스도의 영광스러운 형상과 동일하여 육신의 눈으로 구별하기가 진실로 어렵다는 증거다. 그 형상은 스랍들이 쳐다보지도 못할 만큼의 지극히 거룩한 영광의 형상이다.

예수께서 하나님의 영광의 형상으로 나타나는 그 날, 하나님의 은혜를 입은 아들들은 그와 같은 형상으로 변하지만 그 영광을 저버리고 서로 영광을 주고받던 사람들은 모두 영원한 수치와 형벌을 받을 것이다(사 2:10,19,21; 살후 1:9; 계 6:15-17). 그들은 사망, 심판의 부활에 흉하게 일그러진 형상으로 부활한 뒤 불못에 던져질 것이다.

(3) 죄인의 형상을 벗는 것, 아들의 형상을 입는 것

아담은 범죄한 후 영광이 벗겨지고 늙고 병들고 흙으로 돌아갈 부끄럽게 변한 몸을 가리기 위해 무화과나무 잎으로 가운을 만들어 입었다. 하나님께서 찾아오셔서 그것을 벗기시고 가죽옷으로 입히셨다(창 3:21).

아담 안에서 모든 영혼이 마치 수의(囚衣)처럼 범죄한 육체를 입은 채 태어나 한평생 죄의 종으로 살다 죽는다(고전 15:22).

옛언약의 중보자였던 모세가 하나님께서 친히 다듬으시고 기록하신 처음의 두 돌판을 아론과 이스라엘 백성들의 금송아지 숭배로 인하여 깨뜨려버렸다. 예수께서 십자가에서 몸으로 첫 번째 정죄의 법을 깨뜨려 주실 것을 그림자로 보여준 것이다. 모세가 다듬고 하나님께서 두 번째 쓰신 십계명 돌판을 받아 가지고 내려올 때 모세의 얼굴에 광채가 나서 백성들이 죽을까 두려워서 그 얼굴을 주목하지 못했다. 모세가 이스라엘 백성들을 향하여 말할 때는 수건으로 얼굴의 광채를 가렸고 하나님께로 나아갈 때는 수건을 벗었다(출 34:29-35). 예수님께서 아버지의 영광을 벗고 종의 형상(육체/수건)으로 오실 것을 보여준 것이다. 예수님께서 하나님의 그 영광의 형상으로 오셨다면 그를 뵙는 사람은 모두 즉시로 죽었을 것이다. 예수께서 우리 대신 죽으심으로 돌비처럼 깨지셨을 때 그 육체(수건)를 벗으셨고 아버지께로 가실 때 신령한 형상을 입으셨다.

하나님께서 대제사장 여호수아의 더러운 옷을 벗기시고 정한 세마포 옷과 거룩한 관을 씌워주신 모습을 구속을 위한 그림자로 보여주셨다. <3 여호수아가 더러운 옷을 입고 천사 앞에 섰는지라 4 יהוה께서 자기 앞에 선 자들에게 명하사 그 더러운 옷을 벗기라 하시고 또 여호수아에게 이르시되 내가 네 죄과를 제하여 버렸으니 네게 아름다운 옷을 입히리라 하시기로 5 내가 말하되 정한 관을 그 머리에 씌우소서 하매 곧 정한 관을 그 머리에 씌우며 옷을 입히고 יהוה의 사자는 곁에 섰더라>(슥 3장)

예수님께서 우리 대신 죄를 짊어지셨던 육체를 벗어버리고 부활승천으로 신령하고 영광스러운 형상을 다시 입으실 구속을 예고하셨다.

독생자가 하나님의 영광의 형상을 벗어버리신 대신 모든 저주와 죄를 짊어지실 낮고 천한 종의 형상(육체)인 추하고 더러운 옷을 입으셨다. 십자가에서 죽으셨을 때 육체와 함께 사단과 죄의 지배(정사, 권세)를 벗어버리고 승리하셨다(골 2:15). 장사되심은 예수께서 보여주실 가장 큰 표적인데 이는 그분의 몸이 완전히 돌무덤에 안치되었음을 의미한다. 예수님께서 장사된 지 3일 후에 부활하셨을 때 시간과 공간을 초월하는 신령한 몸을 입으셨고 승천하심으로 하나님의 영광을 다시 입으셨다.

지금도 육체(수건)로 가려진 사람들은 아버지의 영광의 형상이신 그리스도(아들)를 깨닫지 못한다(고후 3:13-16). 아들이 아버지께로 돌아가실 때 그 육체를 벗으셨듯이, 누구든지 아버지의 형상인 예수님을 믿으면 가려진 수건(육체의 것)이 벗겨져 아버지의 영광의 얼굴을 뵐 수 있다는 말씀이다. 그들은 옛언약의 법궤가 아닌 새언약의 법궤이신 그리스도를 영접하게 된다. 그들 심비에는 애굽에서의 구원이 아닌 둘째 돌판처럼 사단과 죄와 사망에서 구원하신 예수님의 새계명이 새겨지게 된다.

제1계명: 주 하나님이신 나 예수 외에 다른 하나님을 섬기지 말라

제2계명: 하나님의 아들 예수 그리스도는 하나님의 영원한 형상이다. 그에게 경배하는 자는 아버지 하나님께 경배하는 자이다.

제3계명: 예수라는 이름 외에 다른 이름을 부르지 말라

제4계명: 하나님께서 영원히 쉬시는 것같이 전능자이자 전지자이신 하나님의 안식(쉼)을 함께 누리라.

제5~10계명: 너도 가서 거반 죽게 된 자들의 이웃이 되어 사랑하라

하나님은 그림자와 모형인 율법보다 더 완전한 실체의 언약을 주셨고, 누더기나 넝마와 같은 인간의 의와 썩을 몸을 벗기시고 하나님의 의와 하나님의 영광으로 옷 입히시길 원하신다(사 64:6).

<아버지는 종들에게 이르되 제일 좋은 옷을 내어다가 입히고 손에 가락지를 끼우고 발에 신을 신기라>(눅 15:22)

그 죄인의 겉옷을 벗어버리고 하나님의 영광으로 갈아입을 수 있는 은혜와 진리의 언약, 약속이 바로 복음이다. 예수 그리스도의 죽으심과 장사되심이 그분의 더러운 옷을 벗는 것이었듯이, 복음을 믿고 '회개와 예수 이름의 침례'를 받는 것이 죄인의 몸을 벗는 은혜이다.

옛언약은 죄인의 수의라 할 수 있는 육체를 벗는 것의 그림자와 모형이다. 옛언약의 마지막 선지자인 침례 요한이 하나님의 명령으로 주었던 침례는 옛언약의 총결산, 핵심, 정점과 같다. 천지가 없어짐이 옛언약의 일점일획이 떨어지는 것보다 쉽다고 말씀하셨다(눅 16:16,17). 요한의 침례는 죄사함과 참 할례인 물침례의 모형이다.

초기세상인 아담으로부터 아브라함을 부르시기 전까지 홍수는 신약의 실체인 물침례에 대한 평면도(그림)와 같다. 홍해를 건넘은 애굽의 종의 신분을 완전히 벗어버린 것과 같은데 아브람 이후 예수님 오시기 전까지의 중기세상에서 보여준 정면도(그림)와 같다. 구약시대의 마지막에 보내심을 받은 침례 요한이 누구보다 큰 자인 이유는 그림자들을 모아 입체적 모형인 회개의 침례를 주었기 때문이다.

사복음서의 기록자들은 성경의 예언이 이루어졌음을 각각 다른 각도에서 물침례에 대해 묘사하였다. 그러므로 사복음서를 바로 맞추어보면 물침례에 대한 보다 완전한 정체가 드러난다.

마태복음은 ①처음부터, '보내신 분'에 대해 강조한다. 그분은 다윗의 자손과 경배받으실 주 하나님이시다(마 1:20). 예수께서 자신을 다윗의 뿌리와 자손(가지)이라고 친히 증언한 말씀과 일치한다(계 22:16). '예수(יהוה의 예수아/구원)'이라는 존함은 이사야의 예언대로 '자기 백성을 저희 죄에서 구원하기 위한 그 יהוה의 임마누엘'이시다(사 7:14; 12:2; 마 1:21,23). ②그분은 자신의 존함(직함들과 성함)의 권세와 능력을 위임해 주실 것을 선포하고 강조하셨다. ③그분의 권위를 위임받은 자들이 사도들이라고 강조한다. 보냄을 받은 자들은 죄와 사망의 권세를 깨기 위해 보내신 분의 직함들과 성함(예수)을 사용해야 한다. ④물침례는 만왕의 왕께서 내리신 어명(御名)이요 지상명령이라 강조한다(마 28:16-20).

마가복음은 ⑤예수 그리스도를 아버지로부터 보냄받은 사자(使者)로서 복음을 전하셨다고 증거했다(막 1:1,2). 주 예수님은 이사야와 말라기가 예언한 주 하나님, 새언약의 사자이시다. ⑥하나님께서 보내신 사자인 요한이 모형적인 죄사함의 침례를 전했고, 요한이 옥에 갇힌 후에 예수님께서는 회개하고 '복음을 믿으라'고 실체를 전파하셨다(막 1:14,15). ⑦사자의 말을 믿는 자가 예수님이 맡기신 복음을 믿는 자이다.

⑧예수께서 아버지로부터 받은 진리를 자신의 사자로 택한 사도들에게 맡기셨다. 그분의 사자들의 복음을 믿는다면 당연히 물침례를 받아야 한다. 마가복음의 끝에서는 예수님의 사자가 전한 복음을 믿고 종처럼 순종하는 자는 당연히 침례를 받아 죄에서 구원을 받을 것과 교만하여 그 복음을 믿지 않는 사람은 정죄를 받을 것이라고 기록했다.

누가복음은 ⑨처음부터 그분의 사자들이 전한 메시지(복음)에 초점을 맞추었다. '예수께서 그리스도와 주(הוהי)'이시라는 증거는 '주 예수께서 사람(아들)과 하나님(아버지)'이시라는 증거이다(눅 2:11. 참고 사 9:6; 행 2:36; 딤전 2:5). 복음 죄와 사망이 왕노릇하는 흑암 속에서 의(義)의 태양이 비추는 생명의 빛을 보는 것이다(시 84:11; 말 4:2). '예수'라는 성함은 '주(הוהי)의 구원'이며, 예수님은 이방을 비추는 빛, 이스라엘의 영광이다(눅 1:78; 2:32; 시 62:7; 사 9:2; 60:1-3,19,20). 침례 요한은 '하나님의 구원'(הוהי께서 구원이 되심)을 나타냈다(눅 3:3-6,16,17; 사 12:2). ⑩죄인들이 주 예수님을 아버지(הוהי)로 자기 안에 모시려면 믿을 뿐만 아니라 진실한 마음으로 회개해야 한다는 그 복음을 강조한다(눅 1:16,17,76-79). 모든 백성과 세리와 창기와 죄인들은 다 요한의 회개케 하는 침례를 받았으나 제사장들과 서기관들과 바리새인들은 그 명령을 거절한지라 하나님의 뜻을 저버렸다(눅 7:26-30). 주 예수님의 사자라면 죄인 중 누가 믿을 때 반드시 신약의 회개를 전해야 한다. ⑪누가복음의 마지막은 예수님께서 제자들의 마음을 열어 깨닫게 하시고, 구약성경의 그림자와 모형이 실체로 이루어졌음을 기록했다(눅 24:44-49). ⑫사도가 전한 복음을 받는 신자들은 죄사함을 받기 위해 반드시 신약의 회개를 해야 한다. 전도자들은 신자들로 하여금 믿는다고 침례주지 말고 반드시 진리대로 회개하는 것을 확인한 후에 주어야 한다.

요한복음은 ⑬처음부터 영원태초에 아버지로부터 태어난 아들인 예수 그리스도께서 아버지를 나타내는 형상이시라고 증거한다(요 1:1-3,18). 아버지가 아들의 육체를 입으시고 자기 백성들 가운데 임마누엘 하셨다(요 1:14). ⑭주 하나님께서 육체로 된 성전을 헐어버리시고 신령하고 영화로운 몸을 세우심으로 새성전을 세우실 것을 증언한다(요 1:29,33; 2:19-21). 요한이 옥에 갇히기 전에 예수께서 율법의 랍비를 만나 '물과 성령으로 나지 않으면 하나님나라에 들어갈 수 없다'고 하셨다(요 3:5).

예수님은 침례 요한이 옥에 갇히기 전부터 요한의 침례를 받고 자기에게로 온 자들에게 물로 침례를 다시 주셨다(요 3:22-4:2; 벧전 3:21). 예수께서 '성령으로 거듭남', 생명수를 마심, 생명의 빛인 성령침례에 대해서도 가르치셨다(요 4:10,14; 5:36; 7:37-39). ⑮예수께서 부활하신 후 제자들에게 숨을 내쉬시며 '성령을 받으라'고 하셨다(요 20:22,23) 이는 보내신 분인 자신이 바로 성령을 부어주시는 아버지와 아들이심을 증거하신 것이다(욜 2:28; 요 1:33; 3:34). ⑯또한 '너희가 뉘 죄든지 사하여 주면 사하여질 것이요 그대로 두면 그대로 있으리라'고도 말씀하셨다. '물과 성령으로 거듭나는 복음'을 다시 한 번 강조하신 것이다(요 3:5). 제자들은 이미 물로 침례를 받았고 성령으로 침례를 받을 일이 남았다. 모든 족속에게로 가서 물로 침례를 주어 죄사함을 주라는 어명과 함께 그 존함의 권세를 위임하셨다. 누가 아무리 대단한 기적을 체험했어도 침례를 그에게 주지 않으면 죄가 그대로 있고, 그 위에 하나님의 진노가 머물러 있기 때문에 마지막 심판 때에 불법으로 심판을 받을 것이라고 경고하셨다(요 3:36). 위임받은 열두 사도들이 온 천하에 복음을 전할 때 믿고, 회개한 자라면 뉘 죄든지 예수 이름으로 침례를 줌으로 죄를 사해줄 권세가 있다. 요한복음의 마지막은 '주 하나님'과 '하나님의 아들 그리스도'와 '어린양'(요 20:28-31)이신 예수님을 선하신 목자(יהוה)라고 믿고 사랑한다면, 잃은 양을 찾는 것과 그분의 피로 사신 양떼들을 섬기라고 가르쳤다(참고 시 23편; 요 10:15; 행 20:28).

바울은 아브라함이 믿음의 법의 조상이자 율법의 조상이기에 모형인 구약을 '모세의 할례'라고 요약하였다(롬 2:25; 15:8; 갈 5:11).

사도 바울은 실체인 믿음의 법에 실체인 할례가 있다고 가르쳤다.

<28 대저 표면적 유대인이 유대인이 아니요 표면적 육신의 할례가 할례가 아니라 29 오직 이면적 유대인이 유대인이며 할례는 마음에 할찌니 신령에 있고 의문에 있지 아니한 것이라 그 칭찬이 사람에게서가 아니요 다만 하나님에게서니라>(롬 2장)

육체의 할례는 땅에서의 선민의 증표이지만 종의 신분인 이스마엘과 같아 하늘에 들어가지 못하고, 신령한 할례는 이삭과 같은 아들의 신분으로 하늘의 하나님의 모든 것을 물려받을 후사임의 증표가 된다.

거역하는 마음을 할례 받아야 육체의 할례도 순종하고, 마음의 할례를 받아야 신령한 할례도 순종한다. 또한 할례 받은 마음 곧 진실한 회개가 기초이므로 할례 받은 마음을 끝까지 믿음으로 지키지 않으면 모세의 할례이든 그리스도의 할례이든 별 의미가 없게 된다고 가르쳤다.

<그러므로 우리가 그의 죽으심과 합하여 침례를 받음으로 그와 함께 장사되었나니 이는 아버지의 영광으로 말미암아 그리스도를 죽은 자 가운데서 살리심과 같이 우리로 또한 새 생명 가운데서 행하게 하려 함이니라>(롬 6:4)

예수께서 죽으시고 장사되심으로 죄를 짊어지신 육체를 벗으셨듯이 그의 죽으심과 장사에 연합된 자의 옛사람을 하나님께서 벗기신 것이다. 세상 불신자들도 사람이 죽어서 장사를 지내면 영혼이 육체(몸)를 벗었다고 믿는다. 자유케 하는 온전한 율법의 물침례는 육체를 벗는 것이다. 율법의 할례는 남자의 심벌의 표피를 조금 제거하는 것이지만 새언약의 신령한 할례는 사람의 육신 전체를 제거하는 것이다. 그러나 현실적으로 육체를 벗은 것은 아니므로 반드시 그대로 이루어질 말씀에 근거하여 벗은 것으로 간주하고 속사람으로 사는 것이다. 그러기 위해 혼을 부인하고, 십자가를 지고, 예수님의 살과 피를 먹고 마시고, 진실한 회개의 자리에 머물러야만 한다.

바울은 골로새교회에게도 물침례는 구약의 할례의 실체로 그리스도의 신령한 할례라고 동일한 진리를 가르쳤다.

<11 또 그 안에서 너희가 손으로 하지 아니한 할례를 받았으니 곧 육적 몸을 벗는 것이요 그리스도의 할례니라 12 너희가 침례로 그리스도와 함께 장사한 바 되고 또 죽은 자들 가운데서 그를 일으키신 하나님의 역사를 믿음으로 말미암아 그 안에서 함께 일으키심을 받았느니라>(골 2장)

은혜와 진리 안의 물침례가 육적 몸을 벗는 그리스도의 신령한 할례이다. 그 신령한 할례인 물침례를 통하여 그리스도와 함께 죽고 그 안에 장사지낸 것이라고 가르쳤다. 신령한 할례의 중요성은 그림자인 육체의 할례의 중요성을 통해 깨닫게 된다.

하나님께서 '믿음의 법과 율법'의 조상인 아브라함에게 할례를 하지 않은 자는 언약에서 끊어질 자라고 경고하셨다. 주님께서 대사명을 받고 가는 모세를 숙소에서 만나 죽이시려고 하셨다. 모세의 아내 십보라가 차돌을 깨어 장자 게르솜에게 할례를 하자 주님께서 모세를 놓아주셨다. 주님께서 이스라엘 백성들을 400년 노예살이에서 해방시키실 때 아무리 큰 사명을 받은 자라 할지라도 하나님의 언약을 배반하면 죽임을 당한다는 사실을 확실히 보이셨다. 언약의 표가 있는 자와 없는 자를 엄격히 구별하셔서 마지막 재앙으로 이스라엘 백성들을 장자로 삼으신 반면 애굽의 장자를 죽이시는 재앙을 쏟아 부으셨다(출 4:22-26; 8:22). 무수한 기적을 행한 자일지라도 실체의 할례를 거절한다면 영생은 고사하고 진노가 그 위에 있다고 하셨다(마 7:23; 요 3:36).

범죄한 인간에게 있어서 벗고 입는 것이 무엇보다 중요하기 때문에 '의식주(衣食住)'에서 의(衣)가 가장 먼저 들어간다. 성전에서 제사장들이 벗어야 할 옷과 입어야 할 옷은 생사를 가를 정도로 중요했다.

하나님은 사람이 다 맏아들의 형상을 본받도록 예정하셨다(롬 9:29). 그 말은 육체라는 누더기를 벗기시고 영광의 신령한 형상을 입히시길 예정하셨다는 말이다. 신약의 신자들은 성령을 받을 때 '하나님과 그리스도의 영'(예수님의 영)으로 거듭났다(롬 8:9,10). 성령침례를 받은 자는 속사람이 부활하고, 셋째하늘에서 하나님으로부터 거듭났으며, 하나님의 의(義)로 인침을 받았다(롬 8:30). 하나님께서 거듭난 자의 속사람(영)을 천사들의 영광보다 더 찬란한 영광의 형상이 되게 하셨다는 말씀이다. 속사람이 성령침례로 율법의 의와 비교조차 될 수 없는 하나님의 의를 얻었고, 영원한 생명의 빛(영광)을 얻었으며, 하나님의 모든 것들을 물려받을 후사로 거듭났을지라도 겉사람은 여전히 신령한 영광의 형상으로 구속되기를 기다린다(롬 8:10,11,23). 육체를 벗을 할례를 받았으니 누더기처럼 더럽고 남루한 육체의 원함을 부인하고 성령의 원함을 따라서 성령으로 충만한 삶을 살면 장차 겉사람도 신령한 영광의 몸으로 덧입히시겠다는 약속과 보증으로 성령을 주신 것이다. 사도적인 복음은 죽음장사라는 심음을 통해 옛형상을 벗고 부활로 새로운 형상으로 나오는 약속대로 이루어질 법칙이다(고전 15:42-44).

<우리가 흙에 속한 자의 형상(形狀)을 입은 것같이 또한 <u>하늘에 속</u><u>한 자의 형상(形狀)을 입으리라</u>>(고전 15:49, 참고 47절)

하나님은 범죄한 첫사람의 부끄러운 형상을 벗기시고 둘째 사람 예수 그리스도와 같은 신령하고 영광스러운 형상으로 덧입혀 주신다. 아담과 같이 범죄한 육체, 흙에 속한 형상을 입은 것이 사실이듯이 하늘에 속한 자이신 둘째사람의 영광의 형상을 입을 것도 믿을 만한 진실이다.

진리대로 속사람이 영광스러운 형상을 입어야만 장차 예수께서 다시 오실 때 겉사람도 영광스러운 몸을 입게 된다.

하나님께서 십계명의 제2계명에서 '형상을 만들지 말라'고 명령하신 이유는 하나님께서 사람을 자신의 존귀한 영광의 형상으로 삼고자 예정하셨기 때문이다(시 17:15; 34:5). 독생자이신 예수 그리스도만 하나님의 영광의 형상이 아니다. 하나님께서 아버지의 진리를 통해 하나님의 성령으로 거듭난 많은 아들들을 얻으셔서 그분의 영원한 영광의 형상으로 삼으신다. 유일한 경배대상인 하나님의 영광의 형상이 될 존귀한 자들이 피조물들 앞에 무릎을 꿇는 것이야말로 하나님께 치욕을 드리는 것이요 스스로 최악의 존재로 타락했다는 것을 자인하는 것이다.

바울은 갈라디아교회에게도 성령으로 침례를 받은 자는 둘째사람인 그리스도로 옷을 입었다고 증거한다.

<누구든지 그리스도와 합하여(헬-에이스: 안으로) 침례를 받은 자는 그리스도로 옷 입었느니라>(갈 3:27)

예수 그리스도의 존함으로 물침례를 받으면 그의 겉사람이 어린양의 가죽옷을 입은 것이다. 그가 항상 어린양의 살과 피를 먹고 마시는 삶, 십자가를 지는 삶, 자신을 부인하는 삶, 회개하는 삶으로 늘 두루마리를 빠는 믿음으로써 자신(我)을 어린양(羊) 아래 두면 의(義)인에게 약속한 영광스럽고 신령한 몸(겉사람)을 입게 될 것이다. 물침례는 아담 안에서 나오는 것이나 27절의 침례는 '아들이 되는 것', '남녀 구별이 없는 것', '예수 안에서 하나(한 몸)', '믿음으로 아브라함의 후손이 되는 것'이란 전후 문맥의 진술로 볼 때 성령침례를 가리키는 것이다(갈 3:2,3,5,14). 성령침례는 속사람이 이미 주 예수 그리스도로 옷을 입어 하나님의 영광과 하나님의 의를 입은 것임을 보여준다(롬 7:22; 8:30).

속사람(영)의 부활과 거듭남을 위해 반드시 성령침례로 살려주는 영, 아들의 영을 받아야 한다. 겉사람을 먼저 만드시고 후에 영(속사람)을 불어넣으신 옛창조와 달리 새창조는 속사람을 살리실 뿐만 아니라 낳으셔서 머리되신 그리스도의 몸에 연합시키시고, 머리의 분량까지 자라게 하신다. 성령으로 충만한 열매(알곡)가 되어야 겉사람까지 영광스럽고 신령한 몸으로 완성된다. 이를 위해서는 겉사람이 성령과 속사람의 완전한 지배를 받고 육체를 향한 혼(자아)의 욕심을 부인해야 한다.

<나의 자녀들아 너희 속에 그리스도의 형상이 이루기까지 다시 너희를 위하여 해산하는 수고를 하노니>(갈 4:19)

거듭난 성도들의 속사람은 새사람을 입고 신령한 제사장이 되었으며, 겉사람은 머릿돌이자 모퉁잇돌이신 예수 그리스도에게 연합될 신령한 성전으로 새롭게 지어지고 있다(참고 고후 5:17; 갈 6:15; 엡 2:10).

<새 사람을 입었으니 이는 자기를 창조하신 자의 형상을 좇아 지식에까지 새롭게 하심을 받는 자니라>(골 3:10)

하나님께서 독생자의 몸을 신령하고 영광스러운 성전으로 세우셨듯이 아들들의 몸도 그와 같은 형상으로 지어 입히심으로 새창조를 완성하시도록 끝까지 십자가로 승리하는 믿음으로 살아야 한다.

(4) 대언하는 자, 입술의 권능

하나님은 공간이 없을 때도 계시고, 공간을 지으신 후에도 공간 안팎 어디에나 계시는 영이시므로 영체(靈體)조차 없어도 '계시는 분'이시다. 아무도 하나님을 보지 못하였고 또 볼 수 없는 분이시다(딤전 6:16).

자존자께서 만유를 지으시기 이전에 아들을 낳으신 아버지가 되셨다. 아버지는 그 아들을 하나님 아버지 자신의 모든 것을 나타내실 영원한 형상으로 삼으셨다. 하나님의 독생자는 하나님의 영광의 형상이셨기에 오직 독생자이신 그리스도만 하나님의 '영광의 형상'을 보았다(골 1:15; 히 1:3; 요 1:18; 5:37; 6:46; 14:7-10; 15:24; 17:5). 하나님을 보려면 오직 그 형상인 아들을 보아야 한다. 즉 아들을 알고 영접해야 아버지도 알고 영접할 수 있다(사 9:6; 요 8:19,38; 16:3).

아버지(하나님)와 아들(사람)은 하나가 되셨는데 아들 안에 아버지께서 계시고 아들(사람)은 만유 안팎에 충만하게 계시는 아버지 안에 있다(요 10:30,38; 14:20; 17:21,23). 하나님으로서 예수님은 '스스로 계시는 자(I Am)'이시고 '처음부터 말하여 온 자'이신데 이는 '아버지'시란 말씀이다(요 8:24-27). 아버지는 아들 안에서 아들을 통해 아버지의 뜻대로 말씀하고 아버지의 명령대로 행하신다(요 12:49,50; 14:10,11,24,31; 15:15). 하나님의 독생자는 하나님 아버지의 형상이었고 또한 대언자이자 대행자이시다. 물론 순전히 아들(사람)로서 자신의 말을 하신 것도 많은데 이는 아들이 하나님의 사람으로서 말씀하시는 것이다.

아버지와 아들을 아는 것은 계시를 통해서만 가능하다(마 11:25-27; 16:17; 눅 10:22; 골 2:2). 그 하나님께서 만유를 창조하실 때 그분의 형상의 입에서 나온 말씀(레마)으로 만유를 창조하셨다(히 1:2,3; 11:3). 권세들이나 능력들이나 피조된 모든 것들이 주 하나님의 후사인 아들을 위하여, 아들의 것으로 창조되었다(요 1:3; 골 1:16; 히 1:2).

하나님의 독생자의 입은 하나님의 말씀을 대언하는 하나님의 형상의 입이다. 구약시대에는 하나님께서 말씀을 선지자들의 귀와 입에 두셔서 전하게 하셨다. 종들인 선지자들의 귀와 입으로 하늘의 것들의 그림자와 모형을 말씀하신 것이다. 셋째하늘의 영원한 계획은 구약의 의인들이나 선지자들에게도 비밀이었다(마 13:11,17,35; 롬 16:26; 고전 2:7-10; 갈 1:12; 2:2; 3:23; 엡 3:3,9; 골 1:26; 히 1:2; 벧전 1:12).

이 모든 날 마지막에 하나님은 인자의 몸을 입고 사람들 가운데 임마누엘로 나타나셨고 역사하셨다. 이렇게 시작된 신약시대에는 아버지께서 아들 안에서 친히 말씀하셨다(히 1:2,3). 아버지께서 아들 안에서 그분의 형상, 성전을 세우시는 등 새창조의 일을 하시되 심지어 안식일에도 시공을 초월하는 셋째하늘의 새창조의 일을 하신다(요 5:17-23).

구약에서 하나님의 율법의 대언자였던 모세를 형 아론에게 엘로힘과 같이 되게 하시고 바로에게는 엘로힘(神)이 되게 하셨다(출 4:16; 7:1).

인자였던 에스겔이 하나님의 말씀을 대언했을 때 심하게 마른 뼈들이 연락(連絡)하고 살아나 큰 군대를 이루었다(겔 37:1-14). 죽어서 완전히 말라버린 뼈들을 모아 강력한 군대로 세우신 전능하신 하나님의 권능이 하나님의 많은 아들들의 대언을 통해 나타날 것이다.

사도 요한은 하나님의 말씀이자 새언약의 사자(하나님의 아들)인 예수께서 하나님의 말씀을 대언하는 줄로 여기고 그분께 경배하려고 했다(계 19:10). 그는 하나님의 사자로서 하나님의 아들 예수 그리스도와 같은 영광의 형상으로 세워진 형제였다. 그가 예수 그리스도와 같은 영광의 형상으로 나타났기에 요한의 눈으로는 분간할 수 없었다.

이는 장차 영원히 하나님의 형상으로서 대언자가 될 모든 아들들의 형상이다. 그들은 예수 그리스도와 같은 영광의 형상으로 모든 피조물들 가운데 나타날 것이고, 하나님의 하실 일을 대행할 후사가 된다.

하나님은 아들의 영을 받아 거듭난 아들들을 새사람이 되게 하셨다. 그들은 성령침례로 한 몸의 지체가 되었다(롬 12:5; 고전 6:15; 10:17; 12:12-27; 엡 1:22,23; 2:15; 4:4,12-16,25; 골 1:18,24; 2:19; 3:15). 거듭난 모든 아들들은 맏아들을 머리로 삼은 한 몸에 연합된 지체들로 '한 새사람'(the One New Man)을 이룬다(엡 2:15). 이 '한 새사람'은 다니엘서 2장의 우상과 완전히 상반되는 '하나님의 형상'이다.

예수 그리스도께서 아버지와 하나가 되신 것처럼 거듭나서 겉사람이 부활/변화된 아들들도 그 새 한 몸 안에서 형상과 성전으로서 아버지와 영원히 완전한 하나가 된다(요 17:11,21-23).

하나님과 그리스도를 믿으면서도 창세전부터 감추어져 왔던 영광의 소망의 비밀을 아는 자들이 많지 않다(골 1:26,27). 하나님께서 독생자에게 자신(성령)을 충만케 부어주셨고, 아들인 그리스도의 영을 통하여 새언약의 모든 거듭난 자들에게도 예수님의 영을 부으셔서 독생자 안에 신성의 충만이 계신 것처럼 아들들 안에도 신성의 충만을 주셨다(골 2:9,10). 맏아들이 하나님의 후사이신 것처럼 모든 아들들도 하나님의 공동후사가 되는데 이는 하나님 아버지께서 거저 주신 은혜의 영광을 영원히 만물 가운데 나타내기 위함이다. 그들은 아들의 영으로 말미암아 아들과 하나되신 하나님의 영을 받았고 그 신성을 나타낼 형상이 된다. 하나님의 형상은 하나님의 모든 충만을 그 입으로 증거받고, 영원토록 대언함으로써 만유를 다스리며 충만케 할 것이다.

2. 하나님과 그리스도와 어린양의 신부

(1) 아담과 하와: 그리스도와 교회의 모형

아담은 오실 자 곧 예수 그리스도의 모형이다(롬 5:14). 하와는 예수께서 자기 피로 사신 교회의 모형이다(고후 11:3; 엡 5:23). 아담은 아내 하와를 보고 내 뼈 중의 뼈, 살 중의 살'이라고 불렀다(창 2:23). 자신의 몸보다도 더 아름답고 존귀하다는 노래이다. 남녀의 사랑을 다룬 성경이 아가(雅歌)인데 본래 제목은 '노래 중의 노래'이다.

아담이 깊이 잠들었을 때에 갈비뼈를 뽑아 하와를 만들어서 하나로 연합하여 한 몸을 이루셨다. 신부된 교회는 주 예수께서 모든 죄를 대신 짊어지시고 십자가에 죽으셨을 때 그의 옆구리에서 나온 보혈로 사시고 반석을 쪼개어 내신 성령을 부어주심으로, 더 뜨겁게 맺으신 관계이다.

혈육의 남편과 아내는 육체로 한몸이 되는 결혼이며 예수 그리스도와 결혼은 영으로써 연합되며 영원토록 초월적인 하나이다.

한 육체인 남편과 아내는 육체나 세상에 상관된 모든 것을 공유한다. 아내의 몸은 남편의 것이요 남편의 몸은 아내의 것이라고 하셨다(고전 7:4). 하나님의 신부된 교회는 하늘의 신령한 복을 다 받아 누릴 뿐만 아니라 신랑 되신 하나님의 모든 것들을 공유할 권세를 얻는다. 세상에 남편에게는 아내, 아내에게는 남편보다 더 친밀하고 사랑스러운 존재는 없다. 거듭나고 부활하여 신부된 교회에게나 또한 영원한 남편인 하나님께도 서로에게 가장 친밀하고 사랑스럽고 아름다운 존재이다.

(2) 여종인 하갈과 자유자인 사라

하나님께서 아담과 후손들을 잠간 후에는 모형이 아닌 실체가 되게 하실 것을 영원 전부터 예정하셨고, 그들을 만유 위에서 천사들까지도 영원히 부리는 후사로 예정하셨다. 아담과 그 후손 모두를 실체가 되게 하실 때 그들 전체를 하나님의 한 신부로 삼아 하나님(거룩하신 영)과 거듭난 영들이 영원토록 하나가 되게 하시기를 예정하신 것이다.

초기세상인 아담으로부터 아브람을 선택하시기 이전까지는 선민이나 이방인이라는 구별이 없었다. 모두가 죄인이고 하나님의 말씀을 따르는 선인(임시 의인)과 불순종하는 악인이 있을 뿐이었다. 구스의 아들(바쿠스) 니므롯의 때에는 사람들이 참하나님을 버리고 우상숭배에 빠졌다. 고대바벨론은 한 남편이신 주 하나님을 떠난 영적창녀가 되었다. 지금도 하나님을 떠난 모든 우상숭배자들을 영적창녀라고 여기신다.

하나님께서 초기세상에서 아담과 하와를 그리스도(하나님과 어린양)와 교회의 모형으로 알리신 것과 같이 중기세상에서도 아브라함의 가정을 통해 이 진리를 또 한 번 선명하게 가르쳐주셨다(갈 4:22-26).

사라는 영원 전부터 하나님께서 셋째하늘에서 모든 것을 다 이루신 상태의 성도들의 집합체로 하나님의 신부를 상징한다. 시공을 초월하는 하늘에서는 이미 모든 것을 이룬 상태로 있고, 당연히 하나님의 신부도 완전하게 이루어진 상태로 있다. 하나님은 시공을 창조하신 초월자로서 시공을 초월해서 모든 것을 이룬 것으로 보신다. 하나님은 죽은 자들의 하나님이 아니요 산 자들의 하나님이시며, 영원 전부터, 구약과 신약의 모든 의인들을 이미 살아있는 자들로 보신다(눅 20:38).

하갈은 율법을 통해 맺어진, 땅에 혈육의 선민들을 상징하는 여자다. 하갈(땅의 예루살렘)은 남편의 모든 것을 같이 누릴 수 있는 본처(하늘의 예루살렘)가 아니라 여종에 불과하다. 사라가 이삭을 낳은 후 하갈은 이스마엘과 함께 쫓겨나야 했다. 땅의 혈통적인 모든 선민은 거듭나야만 하늘의 복을 누릴 수 있다. 오직 하늘로부터 거듭난 아들들로 연합된 한 여인 사라 즉 교회(세상에서 하늘로 불러낸 모든 부활의 아들)만이 셋째 하늘에 속한 신령한 새 예루살렘인 본처(本妻)이다.

(3) 하나님의 오른손의 아름다운 면류관, 하나님의 왕관

아담이 하와를 가리켜 '내 뼈 중의 뼈요 살 중의 살'이라고 노래했던 것처럼 전지전능하신 하나님도 자신의 아내를 최고, 최상의 존재로 세우시길 원하시고, 그분은 그렇게 하시기 전에는 만족하지 않으신다.

전지전능하신 하나님은 남편으로서 신부에게 이 영광을 주신다.
<2 열방이 네 공의를, 열왕이 다 네 영광을 볼 것이요 너는 יהוה의
입으로 정하실 새 이름으로 일컬음이 될 것이며 3 너는 또 יהוה의
손의 아름다운 면류관, 네 하나님의 손의 왕관이 될 것이라 4 다시
는 너를 버리운 자라 칭하지 아니하며 다시는 네 땅을 황무지라 칭
하지 아니하고 오직 너를 헵시바라 하며 네 땅을 쁄라라하리니 이는
יהוה께서 너를 기뻐하실 것이며 네 땅이 결혼 한바가 될 것임이라>
(사 62장)

하나님은 생명의 부활을 얻은 아들들을 한 신부, 한 몸으로 합하시고
그 여인에게 יהוה의 손의 아름다운 면류관, 하나님의 손의 왕관이 되게
하실 것을 약속하셨다. '스스로 계시는 자'가 독처하는 것보다 신부와
합하여 신령한 연합이 이루어질 때 최선(最善)이라고 보셨다.

'יהוה의 손의 아름다운 면류관'이란 스스로 계시는 자의 배필로서 아름
답기 짝이 없는 신부를 가리킨다. 머리에 쓰는 면류관이 존귀와 영광을
상징하듯이 자신의 신부를 영원히 진주같이 사랑하여 존귀케 하시고 그
기쁨을 이기지 못하실 것임을 보여준다. 이 '면류관'은 신랑이 쓴다는
'사모'를 가리키는 히브리어 '아타라'인데(사 61:10) '제사장의 관'이기도
하다(출 39:28). '하나님의 손의 왕관'이란 그 신부 안에 있는 아들들
모두가 만유를 유업으로 얻어 발아래 두고 다스릴 만주와 만왕이라는
왕관을 쓰게 할 것임을 보여준다. 거듭난 성도를 '왕같은 제사장'이라고
선언한 말씀이 이를 의미한다(벧전 2:9).

다윗의 사랑받은 밧세바, 예수님의 족보에 등장한 이 여인의 아들이
다윗의 위를 물려받은 후사로 지혜로운 왕이 되었다. 솔로몬이 다윗의
후사가 되었을 때에 그 어머니는 최고의 영광을 얻었다(왕상 2:19).

'버리운 자'는 '버림받은 쓸모없는 땅'과 같이 남편이 아내를 싫어하여
이혼증서를 써주고 내버리는 것과 같은 의미이다(마 5:32; 23:38). 물론
'황무지'도 유사한 비유인데 하나님께서 요한을 보내시며 '광야'에서 יהוה
의 길을 예비하고, '사막'(히-'아라바')에 그분의 대로(첩경)를 평탄케 하
라는 말씀에서 보듯이 사람의 마음과 육체를 비유로 묘사한 말씀이다.
모든 육체는 흙이요 점점 황무지와 사막으로 변해간다.

'헵시바'는 '나의 기쁨이 그녀에게 있다'라는 의미인데 신랑이 신부로 인하여 기쁨을 이기지 못할 정도의 행복을 보여준다(습 3:17). '뿔라'는 '결혼하다', '통치하다'라는 의미에서 나온 '결혼한 여인'이라는 뜻이다. 호세아를 통해 보여주신 결혼은 '그 날에 네가 나를 내 남편이라 일컫고 다시는 내 바알(히-바알리: 내 주님)이라 일컫지 않으리라'라는 말씀과 연관을 갖는다(호 2:16,19,20). 윗샘과 아랫샘(수 15:19)에서 젖과 꿀이 흐르는 행복한 생활이 영원히 이어질 것임을 보여주는 약속이다.

하나님께서 죄인으로서 황폐한 땅, 사막같이 변해버린 사람의 전부를 하나님의 영광의 형상, 셋째하늘에 오를 초월적 신령한 형상으로 바꾸어 주실 것을 약속하신 말씀이다.

(4) 전지전능자의 영원한 최고의 자랑

솔로몬의 부귀영화는 열왕의 것보다 뛰어났지만 여전히 전체 세상의 왕은 아니었다. 솔로몬은 열국 중에서 영토와 백성이 아주 작은 나라의 왕이었고 지상에는 큰 나라를 다스리는 여러 왕들이 있었다.

하나님은 모든 왕들의 왕이시며 온 땅(천하)의 왕이심을 나타내시고자 바벨론이나 메데 파사와 같은 나라와 왕들로 모형을 보이셨다. 다니엘과 에스더 때에 내린 왕의 조서도 하나님께서 하늘의 왕이심을 보여주신 사례들이다(단 2:47; 4:37; 슥 14:9).

파사의 규례는 왕이 부르지 않으면 아무도 왕 앞에 임의로 나올 수 없는데 심지어 왕후일지라도 왕 앞에 임의로 나온다면 죽임을 당하는데 왕이 금홀을 내밀면 죽임을 면했다. 파사 왕 아닥사스다가 주연을 열고 아내인 황후를 신하들 앞에 보여주고 싶었다. 왕후에게 왕후관을 쓰고 단장하고 연회장에 오라고 기별을 하였는데 왕후 와스디가 거절하였다. 아닥사스다 왕은 진노하여 대신들과 상의한 후 와스디의 위(位)를 다른 여인에게 주기로 결정하였다.

모르드개의 조카였던 에스더가 왕후의 자리에 오르게 되었고, 하만의 간계로 몰살을 당할 위기에 놓였던 이스라엘 백성들도 특별한 신분을 갖게 되는 기막힌 기회로 작용하는 첫걸음이 되었다.

하나님께서 신령한 아내가 된 하늘의 선민을 가장 아름답고 영화롭고 존귀하게 세우셔서 영원토록 모든 피조물 앞에 자랑하실 것이다. 부활한 모든 성도들은 하나님의 모든 아름다움 중에 아름다움이기 때문이다.

<2 열방이 네 공의(公義)를, 열왕이 다 네 영광(榮光)을 볼 것이요 너는 יהוה의 입으로 정하실 새 이름으로 일컬음이 될 것이며 3 너는 또 יהוה의 손의 아름다운 면류관(冕旒冠), 네 하나님의 손의 왕관(王冠)이 될 것이라>(사 62장)

신부의 존귀와 아름다움을 '하나님의 영광의 찬송'이라고 한다.

<이는 그리스도 안에서 전부터 바라던 우리로 그의 영광의 찬송이 되게 하려 하심이라>(엡 1:12)

하나님의 신부의 아름다움보다 뛰어난 아름다움은 영원토록 없다.

<예수 그리스도로 말미암아 의의 열매가 가득하여 하나님의 영광과 찬송이 되게 하시기를 구하노라>(빌 1:11)

하나님과 하나로 연합된 신부교회를 자신의 영광과 찬송이라 부른다.

하나님의 신부는 전지전능자의 최고의 자랑이고 아름다움과 영광이요 영원토록 불릴 찬가(讚歌)요 노래 중 노래(아가/雅歌)이다.

3. 하나님의 영광의 영원한 후사

(1) 기업을 이을 자(후사) 또는 무를 자(구속자)

하나님께서는 하나님의 후사에 대한 계획을 영원 전부터 예정하셨다.

성경에 형이 후사없이 죽으면 동생이 대를 이어주는 형사취수혼(兄死娶嫂婚/levirate marriage) 제도가 있다. 이 제도는 하나님께서 오난의 생명을 취하실 정도로 매우 중대한 의미를 갖는다(창 38:8-10). 야곱의 며느리 다말이 창녀로 가장하여 시부(媤父)인 야곱을 유인하고 관계를 맺어 아들을 낳아 후사가 되게 하고, 이 다말이 예수님의 족보에 기록될 정도로, 하나님께서 하나님의 후사를 삼을 뜻은 너무나 중요한 것임을 여실히 보여주셨다.

하나님께서 모세를 통하여 주신 말씀 중에도 반드시 후사를 세우게 명령하셨다(신 25:5-10). 그 의무를 이행하지 않는 자에게는 큰 수치를 당하게 하셨다. 이 제도는 초대교회 때에도 이어졌는데, 사두개인들이 부활에 대해 반대할 때 일곱 형제들의 아내가 된 여자는 부활 후 누구의 아내가 되느냐고 예수님께 반박했다(마 22:23-33; 막 12:18-27; 눅 20:27-40). 예수님은 부활한 자들은 남녀의 성별(性別)이 없는 점에서 천사들과 같고, 하나님의 온전한 아들로서 하나님의 영원한 후사가 될 자들이라고 가르치셨다. 형사취수제는 죽음과 부활과 후사라는 주제들이 결합되어 있을 정도로 복음과 절대적으로 중요한 주제가 된다.

하나님의 의지가 반영된 이 제도는 고구려(주전 37-주후 668)의 사례 외에 부여, 흉노, 선비(鮮卑) 등에서도 있었고, 근·현대까지 유지한 사례로는 시베리아의 척치(Chukchee)족의 관습으로 잘 알려져 있다.

하나님께서 선민들에게 '희년'(禧年)이라는 특별한 제도를 정하셨다(레 25:10-55). 7일째 날이 안식일이고, 일곱 번의 해가 지나고 제7년째는 1년 동안 노동하지 않고 쉬는 안식년이며, 안식년을 7번 지나면 49번째 안식년 다음 해를 '희년'(히브리어로 '요벨', '수양의 뿔 나팔'이란 의미)이라 한다. 이는 평생에 최고의 안식년이 되는 것이다.

<8 너는 일곱 안식년을 계수할찌니 이는 칠년이 일곱 번인즉 안식년 일곱 번 동안 곧 사십 구년이라 9 칠월 십일은 속죄일이니 너는 나팔 소리를 내되 전국에서 나팔을 크게 불찌며 10 제 오십년을 거룩하게 하여 전국 거민에게 자유(自由)를 공포(公布)하라 이 해는 너희에게 희년(禧年)이니 너희는 각각 그 기업으로 돌아가며 각각 그 가족에게로 돌아갈찌며 11 그 오십년은 너희의 희년이니 너희는 파종하지 말며 스스로 난 것을 거두지 말며 다스리지 아니한 포도를 거두지 말라>(레 25장)

희년에는 팔렸던 땅(기업)이나 팔렸던 종들도 원래상태로 되돌렸다. 땅을 사고 팔 때도 희년까지 남은 연수를 따라 값을 정했다. 하나님께서 지파들에게 기업으로 주신 토지를 영영토록 팔지는 못하게 하셨는데 모든 것이 하나님의 것임과 하나님께서 주신 복들을 영원히 처음 계획대로 누리게 하실 약속의 선포이다(레 25:23).

하나님께서 친족이 값을 대신 내시고 원상태로 물려주는 구속제도를 통하여 하나님께서 주신 기업을 잃었다가도 다시 되찾아 누릴 수 있는 규례를 정하신 것이다. '무르다'라는 동사는 '사거나 바꾼 물건을 원래 임자에게 돌려주고 돈이나 물건을 되찾다', '일어난 일을 이전의 상태로 돌리다', '있던 자리로 도로 옮기다'라는 의미로 쓰인다.

<25 만일 너희 형제가 가난하여 그 기업 얼마를 팔았으면 그 근족이 와서 동족의 판 것을 무를 것이요 26 만일 그것을 무를 사람이 없고 자기가 부요하게 되어 무를 힘이 있거든 27 그 판 해를 계수하여 그 남은 값을 산 자에게 주고 그 기업으로 돌아갈 것이니라> (레 25장)

구속과 신부와 후사라는 주제들이 잘 나타나 있는 성경이 룻기이다. 나오미는 베들레헴에 기근이 들자 소유했던 땅들을 팔아 풍족한 상태로 남편 아비멜렉과 두 아들과 함께 모압지방으로 이민을 떠났다(룻 1:21). 나오미는 모압여인들로 두 며느리를 얻어 10년가량을 살던 중 남편과 두 아들을 잃어버렸다. 나오미는 모압에 남지 않고 시모와 함께 시모가 믿는 하나님을 믿겠다는 둘째 며느리 룻과 함께 의지할 데 없고 가진 것도 없는 빈손으로 베들레헴에 돌아왔다. 남의 밭에서 추수 때 떨어진 이삭을 주워서 연명할 정도로 궁색해진 나오미는 룻이 보아스의 밭에서 이삭을 주어왔다는 말을 들었다. 나오미는 룻에게 만일 친족인 보아스가 나오미의 기업을 물려줄 마음이 있다면 자신과 룻에게 새삶이 열릴 수 있음을 알려주었다(룻 3:1-7).

보아스는 룻이 정숙하고 효성이 지극한 여인임을 들어 알고 있었고, 룻의 행동이 자기남편의 기업 물려주기를 바라는 것이란 점도 알았다. 보아스는 그녀의 구속자가 되기로 결심했지만 구속의 권한이 자기보다 더 가까운 친족에게 있는 문제를 해결해야 했다(룻 3:12). 보아스는 그 친족을 증인된 장로들 앞에 세워 나오미의 땅을 되사줄 의사가 있는지 물었다. 구속을 위해서는 룻의 남편의 옛 땅을 대신 사서 그의 기업으로 돌려줄 뿐만 아니라 아내인 룻도 아내로 맞이해야 한다고 말했다. 이에 그 친족은 자신의 기업에 손해를 생각하여 증인들에게 신을 벗어주었고 (룻 4:7) 보아스가 '(팔린)기업 무를 자'가 되었다.

보아스가 룻을 아내로 맞이해 오벳을 낳고, 오벳이 이새를 낳고, 이새 가 다윗을 낳고, 예수 그리스도의 모형인 다윗에게서 그 후손으로 예수 그리스도께서 태어나셨다(대상 2:12,15; 마 1:5,6; 눅 3:31,32).

아담 안에서 모든 사람이 죄에게 팔려 사망의 종이 되었다(사 50:1; 52:3; 요 8:34; 롬 5:12; 6:16,17,20; 7:14; 히 2:14). 이스라엘 백성들이 400년 동안 애굽의 종이 된 것은 모든 사람이 죄와 사망의 종이 되었음 을 보인 그림자이다. 죄인된 인간의 가까운 친족이 죄의 종들을 죄값을 주고 되사서 자유를 주는 구속이 반드시 필요했다. 영이신 하나님께서 혈육을 입으시기 전에는 구속자가 되실 자격이 없었다. 하나님께서 인간 육체를 장막처럼 입으심으로써 구속의 적격자(適格者)인 친족이 되셨다. 레위기 25장 8절에서 49년째의 안식년을 말한 뒤 곧바로 희년에 대해 진술하지 않고 9절에 속죄에 대해 말씀하시고 이어서 10절에서 희년에 대해 말씀하신 이유는 안식년과 희년 모두 죄와 상관이 있기 때문이다. 죄에서부터 완전한 해방과 자유를 얻지 못한 안식년들과 희년은 여전히 속박상태에 있었던 것이다.

<1 주 יהוה의 신이 내게 임하셨으니 이는 יהוה께서 내게 기름을 부으 사 가난한 자에게 아름다운 소식을 전하게 하려 하심이라 나를 보내 사 마음이 상한 자를 고치며 포로된 자에게 자유를, 갇힌 자에게 놓 임을 전파하며 2 יהוה의 은혜의 해와 우리 하나님의 신원의 날을 전 파하여 모든 슬픈 자를 위로하되 3 무릇 시온에서 슬퍼하는 자에게 화관을 주어 그 재를 대신하며 희락의 기름으로 그 슬픔을 대신하며 찬송의 옷으로 그 근심을 대신하시고 그들로 의의 나무 곧 יהוה의 심으신 바 그 영광을 나타낼 자라 일컬음을 얻게 하려 하심이니라> (사 61장)

이사야는 하나님께서 다윗의 후손의 육체를 입고 오셔서 자기 백성을 저희 죄에서 구속하실 때를 예언했다. 'יהוה의 은혜의 해'란 죄에서 해방 시켜 주실 때인 '희년'을 가리킨다. '주 하나님의 신원의 날'이란 공의의 심판으로 사단 마귀와 죄를 멸하시고 위로하실 날을 가리킨다.

주 하나님 יהוה께서 구속자의 조건을 갖추기 위해 친족 즉 육체를 입으시고 세상에 오셔서 참된 '은혜의 해'(희년)를 선포하셨다.

<18 주의 성령이 내게 임하셨으니 이는 가난한 자에게 복음을 전하
게 하시려고 내게 기름을 부으시고 나를 보내사 포로된 자에게 자유
를, 눈먼 자에게 다시 보게 함을 전파하며 눌린 자를 자유케 하고 1
9 주의 은혜의 해를 전파하게 하려 하심이라 하였더라>(눅 4장)

복음 안에는 완전한 죄사함 즉 영원히 단번에 죄를 없이하실 완전한
구속함이 있고 영원한 생명과 모든 매임으로부터 해방되는 참된 안식,
자유, 기쁨, 평강이 있다. 성전에 세운 '보아스'라는 기둥은 죄에 팔린
인생을 죄에서 구속하는 능력이 예수님께 있음을 보여주고 '야긴'이라는
기둥은 죄에 팔려 넘어진 인생을 예수께서 일으켜 만유 위에 세워주실
것임을 보여준다. 룻보다 소망이 없던 모든 이들에게 예수님은 영원토록
완전한 구속자요 남편이 되셨다.

(2) 하나님이 지으신 만유의 상속자

유일하신 참하나님은 스스로 '계시는 분'(에흐예, יהוה이)시다. 그분이
아들을 낳으심으로 '아버지'가 되셨고, 만유를 창조하신 이유는 아들과
많은 아들들을 낳아 상속자로 삼고 만유를 물려주시기 위함이다.

하나님께서 첫창조를 새창조의 모형으로 보여주셨다. 성령으로 신자들
안으로 오셔서 죽었던 속사람을 부활과 아들로 거듭나게 하셨고, 그분이
다시 오실 때에 성령으로 겉사람까지 신령하고 영광스러운 몸을 입게
하심으로써 새창조를 완성시키신다. 영인 속사람은 낳으셨고 겉사람은
하나님의 형상, 거처(성전)로 새로운 피조물이 되게 하신다.

아들은 종이 얻을 수 없는 유업을 얻을 수 있다. 아브라함은 믿음의
조상으로서 하나님의 모형으로도 나타난다. 아직 아버지가 되기 전에도
아브람은 하나님께서 주신 모든 복들로 인하여 감사하며 멜기세덱에게
십일조를 바쳤다. 주 하나님께서 그에게 나타나셔서 '나는 너의 방패요
지극히 큰 상급이다'라고 말씀하셨을 때 아브람은 하나님께서 자신에게
아무리 많은 것을 주실지라도 후사가 없다고 말씀드렸다.

<아브람이 가로되 주 יהוה여 무엇을 내게 주시려나이까 나는 무자하
오니 나의 상속자는 이 다메섹 엘리에셀이니이다>(창 15:2)

아들이 아닐지라도 상속자는 될 수 있다. 엘리에셀(뜻: 하나님은 나의 도움)이 아브라함의 모든 복들을 물려받는 상속자는 될 수 있을지라도 아브라함의 씨가 아니므로 그의 계보를 잇는 후사(後嗣)는 될 수 없다.

선민들은 하나님께서 나눠주신 분깃대로 약속의 땅을 기업으로 물려받았다(수 14:14). 비록 왕이 달라고 할지라도 그 기업을 주지 말라고 명하신 이유는 후사가 길이 누리게 하시기 위함이다(왕상 21:3).

하나님께서 포도원의 세를 받으려고 처음에는 종들을 보내셨고 마지막에는 아들을 보내셨다. 농부들은 상속자인 아들을 죽이고 유산을 가로채려 했지만 절대로 그렇게 되지 않았다. 하나님께서 유산을 종이 아닌 아들에게 반드시 물려주실 것을 보이신 것이다.

<농부들이 그 아들을 보고 서로 말하되 이는 상속자니 자 죽이고 그의 유업을 차지하자 하고>(마 21:38. 참고 막 12:7; 눅 20:14)

대제사장들과 서기관 바리새인들은 아들을 죽이고 하나님의 유업을 가로채고자 했지만 하나님께서 진노로 벌하셨다.

예수 그리스도는 하나님 아버지의 모든 것을 받은 상속자와 하나님 아버지의 모든 역사를 계승할 후사가 되셨다(마 11:25-27; 28:18).

아버지께서 아들(예수 그리스도)에게 모든 것을 주셨다. 하나님께서 낳으신 사람인 '하나님의 아들'이 어떤 신분인지를 아는 이는 아버지뿐이며, 그 아들과 아들의 소원대로 계시를 받는 자 외에는 예수께서 아버지이심을 알지 못한다(눅 10:22). 예수께서 다윗의 뿌리이자 가지(후손/인자/마지막아담)이자 광명한 새벽별(하나님의 아들)이심을 아는 자만이 예수 그리스도 이름으로 침례를 받는다.

모든 것을 물려주신 아버지께서 그 아들에게 주신 자들만이 아버지와 아들과 성령의 존함이 '예수'라는 것을 안다(요 17:6,9,11,12).

아버지 자신을 아들 안에 주신 아버지께서 아들이 상속자와 후사이기에 아버지의 이름을 주셨고(히 1:4), 아들에게 주신 모든 자들도 후사로 삼으시고자 아버지의 이름을 주셨다(엡 3:15). 하나님의 존함을 영원히 두기 위해 영원한 성전을 세우셨다. 예수 그리스도는 하나님의 살아있는 영원한 성전이고 아버지의 존함을 두신 곳이다(행 4:11,12). 하나님의 존함을 주셨다는 의미는 하나님의 모든 충만을 주셨다는 것이다.

<너희도 그 안에서 충만(充滿)하여졌으니 … >(골 2:10)

독생자인 상속자에게 아버지의 충만함을 받으셨기에 내 아버지께서 내 안에 영원히 계신다고 말씀하신다. 그래서 예수 그리스도는 하나님의 영원한 형상이자 모든 충만을 받은 상속자이기에 아버지의 존함을 유업으로 받은 자이다(히 1:2-6). 주 하나님께서 낳으신 아들이 아니면 결코 하나님의 상속자가 될 수 없다.

이스마엘은 엘리에셀과는 달리 아들이지만 여종에게서 난 종이기에 아브라함의 후사가 될 수 없어서 쫓겨났다. 구약의 성도들은 이스마엘과 같은 종의 신분이었고, 그들도 그리스도 안에서 부활해야 한다. 모세도 하나님의 장막에서 종으로서 섬겼다는 말씀이 그 의미이다(히 3:5).

하나님의 아들인 예수 그리스도는 하나님의 집의 후사로 충성하셨다(히 3:6). 하나님의 아들이 사람의 아들로 오셔서 죄 아래 팔린 혈육의 형제들을 구속하셨고(롬 7:14-20; 갈 4:21-31; 엡 2:3; 골 1:22; 히 2:14; 벧전 3:18 요일 4:2), 하나님의 아들로 제자 안에 오셔서 그분의 아들로 거듭나게 하시고, 하나님의 후사로 세우셨다(롬 8:3-18).

<자기 아들을 아끼지 아니하시고 우리 모든 사람을 위하여 내어 주신 이가 어찌 그 아들과 함께 모든 것을 우리에게 은사로 주지 아니하시겠느뇨>(롬 8:32)

하나님은 독생자를 아끼지 아니하시고 '죄인들을 위해 십자가'로 주신 분이시다. '하나님의 아들'이 된 자들을 위해서라면 그 무엇인들 은혜의 선물로 주시지 않겠느냐는 말씀이다.

하나님은 만유보다 먼저 아들을 낳으셔서 신성의 모든 것을 충만하게 담으신 '하나님의 씨(자손)'가 되게 하셨다(골 1:15-19).

<26 이 비밀은 만세와 만대로부터 옴으로 감취었던 것인데 이제는 그의 성도들에게 나타났고 27 하나님이 그들로 하여금 이 비밀의 영광(榮光)이 이방인 가운데 어떻게 풍성(豊盛)한 것을 알게 하려 하심이라 이 비밀(秘密)은 너희 안에 계신 그리스도시니 곧 영광(榮光)의 소망이니라>(골 1장)

하나님은 제자들 안에 그 씨를 영접하게 하심으로써 그들도 하나님의 모든 충만으로 충만케 하셨고, 만유를 충만케 할 후사로 세우셨다.

'씨'는 과학이 발명한 USB보다 더 정교하고 큰 저장량을 가진 것으로 하나님의 걸작이다. 예수 그리스도는 최고의 '하나님의 씨'이다(롬 9:8; 갈 3:16,19). 한 알의 밀(씨) 안에는 밀의 모든 것이 들어있다. 하나님의 씨인 예수 그리스도 안에 당연히 신성의 모든 충만이 있다.

<9 그 안에는 신성의 모든 충만이 육체로 거하시고 10 너희도 그 안에서 충만하여졌으니 그는 모든 정사와 권세의 머리시라>(골 2장)

예수님의 성령으로 침례를 받을 때에 하나님의 씨(아들)인 그리스도 안에 충만한 신성의 충만하심을 함께 받게 된다. 하나님의 충만이 들어 있는 하나님의 씨(성령)를 받는 자들도 하나님의 아들, 하나님의 씨로서 하나님의 충만인 후사가 된다는 말씀이다.

성경은 '자손'을 '씨'라는 의미로 사용하고 있다. '씨'는 히브리어로 '제라', 헬라어로는 '스페르마'를 쓴다(창 4:25; 12:7; 13:15,16; 15:3,5; 21:12,13,18; 24:7,60; 26:4,24; 28:4,13,14; 32:12; 38:8,9; 수 24:3; 대상 17:11; 요 7:42; 행 3:25; 7:5,6; 13:23; 롬 9:7; 11:1; 고후 11:22; 갈 3:16,19,29; 딤후 2:8).

성령을 받은 유대인이나 이방인이나 자유자나 종이나 남자나 여자의 겉사람은 씨의 임시껍질일 뿐 그의 속사람은 차별없이 하나님의 모든 충만을 가진 '하나님의 씨'(제라/스페르마)가 되게 하셨다.

<거기는 헬라인과 유대인이나 할례당과 무할례당이나 야인이나 스구디아인이나 종이나 자유인이 분별이 있을 수 없나니 오직 그리스도는 만유시요 만유 안에 계시니라>(골 3:11)

주의 재림 때 그 껍질(겉사람)도 하나님의 완전한 씨로 변할 것이다.

요한도 성도들 안에 성령으로 하나님의 씨가 거한다고 가르쳤다.

<하나님께로서 난 자마다 죄를 짓지 아니하나니 이는 하나님의 씨(헤-스페르마, seed)가 그의 속에 거함이요 저도 범죄(犯罪)치 못하는 것은 하나님께로서 났음이라>(요일 3:9)

하나님의 상속자로서 맏이가 되신 예수께서 다시 오실 때 하나님의 아들들이 받은 모든 충만도 화려하게 나타날 것이다.

(3) 하나님의 후사와 형상이 갖는 동등(同等)의 의미

후사(後嗣)란 말은 상속자란 말보다 더 복된 의미를 갖는다. 아브라함은 엘레에셀을 '상속자'(히-'야라쉬)로 삼으려 했다(창 15:3).

한글개역의 구약성경에 죽은 형의 '후사'로 번역된 단어는 히브리어 '셈'(신 25:6)과 '씨'라고도 번역된 히브리어 '제라'이다(룻 4:12; 삼상 2:20). 신약성경에 '씨'라고 번역되는 헬라어 '스페르마'(마 22:24; 막 12:19; 눅 20:28)와 '클레로노모스'(롬 4:13,14; 8:17; 딛 3:7; 히 1:2; 11:7)를 '후사'라는 의미로도 번역했다. 그리스도와 '함께한(공동) 후사'는 헬라어로 '쉥클레로노모스'를 썼다(롬 8:17; 엡 3:6).

물려받는 자인 '상속자'와 뒤를 잇는 자인 '후사'(후계자/後繼者)라는 개념은 죽게 될 육신의 부모의 후사 개념과 영원히 죽음이 없는 하나님 아버지의 후사 개념이니 서로 크게 다를 수밖에 없다.

하나님의 후사란 하나님의 뒤를 잇는 자들이라는 말씀이다. 그 말씀은 하나님께서 죽으시거나 어디로 멀리 영원히 떠나신다는 의미가 아니다. 하나님께서 낳으신 아들들을 후사들로 삼아 하나님께서 지으신 것들에 관한 하나님의 하시는 일을 물려주시고, 하나님은 거듭나고 부활한 아들들을 처소로 삼고 그 안에서 영원히 그 일을 쉬신다는 의미이다.

아브라함은 사라가 아기를 낳을 수 없었기에 이스마엘을 후사로 삼고 싶었으나 하나님께서 허락하지 아니하시고 사라에게서 태어난 아들로 후사를 삼으라고 명하셨다(창 17:18,19; 18:14). 본처인 사라에게 이삭을 주셨고, 이스마엘이 이삭을 희롱하는 것을 본 사라가 아브라함에게 여종 하갈과 이스마엘을 내어 쫓으라고 요구하자 하나님께서 아브라함에게 아내의 말을 들으라고 하셨다(창 21:10-12).

이스마엘은 쫓겨날 때 '떡 한 조각과 물 한 가죽 부대'를 받았다(창 21:14). 오늘날 세계 인구의 0.2%에 불과한 1,500만 명 정도의 혈통적 선민들은 노벨상 전체 수상자들의 30%, 미국 기부금 45%, 세계 유수대학의 교수 30%, 아이비리그 학생의 23%, 전 세계에서 모든 분야에서 뛰어난 영향을 끼친다. 이스마엘의 '떡 한 조각과 물 한 병'과 이삭이 받은 '아브라함의 모든 것'은 차이가 크다. 이삭에 비유된 하늘의 선민들이 받을 복들이 얼마나 놀라운지를 보여주는 비유이다.

하나님의 후사가 되기 위해서는 하나님과 동등한 면이 있는 자만이 적격자가 된다. 하나님께서 영원히 만유를 통치하시는 대업을 잇는 후사들의 자격과 권능도 그에 못지않아야 함은 당연한 것이기에 그 면에서 하나님과의 '동등'이 반드시 요구된다.

사전은 '동등(同等)'이란 말은 '등급이나 정도가 같음. 또는 그런 등급이나 정도'라고 풀이하고 있다. 주 하나님 יהוה와 같은 존재는 하늘이나 하늘들의 하늘이나 그 어디에도 없다(출 8:10; 9:14; 15:11; 신 33:26; 삼상 2:2; 삼하 7:22; 왕상 8:23; 대상 17:20; 대하 6:14; 시 35:10; 86:8; 89:6; 113:5; 렘 10:6; 49:19; 50:44; 미 7:18). 오직 יהוה 하나님만이 절대적으로 영원토록 유일, 지고의 전능하신 신(하나님)이시므로 그분과 같은 신이나 그분과 동등한 신(하나님)은 없다.

<거룩하신 자가 가라사대 그런즉 너희가 나를 누구에게 비기며 나로 그와 동등(同等/equal)이 되게 하겠느냐 하시느니라>(사 40:25)

'동등'으로 번역된 단어는 한글개역 신약성경에는 네 번 등장하는데 신분이나 권세, 영광, 능력이라는 모든 면에서 같다는 의미가 아니라 그 어느 면에서는 같다는 의미로 사용된 구절이다.

<저희는 다시 죽을 수도 없나니 이는 <u>천사와 동등</u>(同等/equal)이요 부활의 자녀로서 하나님의 자녀임이니라>(눅 20:36)

예수께서 부활의 자녀들이 '천사와 동등'(헬-이상겔로스)한 신분이라고 가르치신 것은 전혀 아니다. 부활한 신령하고 영화로운 몸이 천사들의 영체와 같다고 가르치신 것도 전혀 아니다. 천사들과 동등한 것은 결혼하지 않는 몸을 가진다는 점에서 동등을 말씀하신 것이다.

<유대인들이 이를 인하여 더욱 예수를 죽이고자 하니 이는 안식일만 범할 뿐 아니라 하나님을 자기의 친아버지라 하여 자기를 하나님과 동등('이소스'/同等/equal)으로 삼으심이러라>(요 5:18)

'동등'으로 번역된 헬라어는 '이소스'인데 이는 유대인들이 예수님의 말씀을 오해하여 들었다는 말이 아니다. 이 말씀은 아버지(하나님)와 아들(사람)이 동일하거나 동등한 '아들하나님'이라고 가르치신 것이 전혀 아니다. 사도 요한은 예수께서 안식일을 논하시는 과정에서 아들(태어난 사람)도 아버지(하나님)처럼 하나님께서 지으신 시간(안식일)보다 월등한 하나님의 가족이라는 점에서 동등을 말씀하신 것이다.

  본래 독생자는 하나님의 영광의 형상이시므로 그 형상을 대하는 것은 하나님을 대하는 것이다. 겉사람은 속사람의 형상이고, 속사람과 겉사람이 똑같지는 않지만 때로 동등하게 대우를 받는 것과 같다.
  동일한 헬라어 '이소스'(동등)가 사도 바울의 글에서도 등장한다.
  <6 그는 근본 하나님의 본체시나 하나님과 동등됨(equal)을 취할 것으로 여기지 아니하시고 7 오히려 자기를 비어 종의 형체를 가져 사람들과 같이 되었고 8 사람의 모양으로 나타나셨으매 자기를 낮추시고 죽기까지 복종하셨으니 곧 십자가에 죽으심이라>(빌 2장)
  형상(形狀)이란 어느 면에서 동등성을 갖는다. 아들 안에 계시는 하나님은 유일하고 동일한 하나님이시다. 하나님의 형상인 아들은 아버지와 영원히 분리되지 않으나 분명하게 구별될 뿐이다. '성자가 성부와 동등한 하나님(神)인데 성부와 동등함을 고집하지 않고 종의 형상인 육체를 가지셨다'는 말이 절대로 아니다. 아들의 형상으로 나타나면 아들대우를 받지만 종의 형상으로 나타나면 종의 대우를 받는다. 하나님께서 낳으신 아들은 보이지 않는 하나님이 모든 피조물들 앞에 자신을 보이시려고 형상으로 삼으신 존재이다. 따라서 하나님과 하나님 아버지의 형상으로 태어난 독생자는 어느 면에서 동등하게 여김을 받아야 한다. 볼 수 없는 그 하나님을 보려면 그 아들(형상)을 보아야 한다. 아버지를 영접하려면 그 형상인 예수 그리스도를 영접해야 한다. 아들을 경배하는 것은 그 안에 계시는 아버지를 경배하는 것이다. 성전을 향하여 경배하는 것(시 5:7; 138:2)을 아무도 성전숭배(우상숭배)라고 비난하지 않는 이유는 그 안에 주 하나님께서 계시기 때문이다. 영원한 성전인 아들을 경배하는 것이 아버지를 경배하는 것이다(마 21:42).

  아버지와 아들이 '완전한 하나'로 연합되시고 분리되지는 않으시기에 성령이 충만할 때 다윗은 제사장인 그리스도를 주님이라고 불렀다(마 22:45). 영이신 하나님은 피가 없으시지만 바울은 '그 하나님께서 자기 피로 사신 교회'(행 20:28)라고 가르쳤다. 오직 하나님만 '만주의 주, 만왕의 왕'이시지만(딤전 6:15,16) 어린양을 만왕의 왕'(계 17:14), 아들(말씀)을 만왕의 왕 만주의 주(계 19:16)라고 불렀다. 이런 표현은 어느 면에서의 동등성 혹은 완전한 연합을 증거하는 것이다.

옛창조는 참하늘의 것들에 대한 그림자들과 모형이라는 측면이 있다. 하나님께서 새창조를 마치시면 영원히 안식하실 것이다. 그뿐만 아니라 그분이 지으신 모든 것을 통치하시는 일은 아버지의 권능을 받은 후사들에게 맡기시고 하나님은 완전한 성전(부활의 아들들) 안에서 영원토록 안식하실 것이다(사 66:1; 행 7:49,50; 히 3:6; 4:3,10).

하나님은 그 낳으신 아들들을 천사보다 뛰어난 영광과 존귀로 관을 씌우신다. 이는 맏아들인 예수 그리스도와 함께 하나님의 영광의 관을 씌우신다는 말씀이다. 하나님의 영광과 존귀로 관을 씌우신다는 약속은 어느 면에서 하나님과 동등되이 여김을 받게 하신다는 의미이다. 하나님께서 하나님의 영광과 찬송을 다른 자에게 주시지 않으신다는 말씀도 그분의 후사를 존귀케 하신다는 말씀이다(사 42:8). 주 하나님께서 친히 낳으신 아들 즉 하나님의 영광의 형상으로 삼으신 사람에게 하나님의 영광의 형상(形象)과 찬송이 되게 하신다(사 6:3; 요 5:44; 12:41-43; 17:5,22,24; 롬 3:23; 5:2; 8:17,29; 고전 2:7; 고후 3:18; 4:4-6,17,18; 엡 1:6,12,14,18,19; 3:16,21; 5:27; 빌 1:11; 3:21; 골 1:15,27; 3:4; 살후 1:12; 2:14; 딤후 2:10; 히 1:3; 2:7,10; 벧전 1:7-9; 4:14; 5:1,4,10; 벧후 1:3). 하나님은 그 독생자를 통하여 많은 아들들을 낳아 맏아들과 같은 영광의 공동후사로 삼으시기를 예정하셨다(롬 8:29).
하나님께서 신랑이라는 언약은 신랑의 모든 것이 신부의 것이란 의미이다. 아내가 남편의 것을 공유하듯이 부활한 성도들이 하나님의 것을 공유하게 만드신 한 몸의 연합으로 동등이다(고전 6:17; 7:4).

예수께서 다시 오실 때에 거듭난 성도들은 완전한 형상으로 나타날 것이다. 그들의 영(속사람)은 하나님의 영광으로 영화롭게 되었고, 하나님의 의로우심과 같이 의롭게 되었다. 그들의 혼(魂)적인 지식도 '주께서 우리를 아시는 것처럼 온전히 알 것'이다(고전 13:12). 그때는 독생자가 행하셨던 기적들을 형제들도 할 것이며 그보다 더 큰 것도 할 것이다(요 14:12). 물과 성령으로 거듭나 부활한 자들에게는 능치 못함이 없을 것이다(막 9:23). 그들은 하나님을 나타낼 형상으로서 하나님께서 창조하신 시간과 공간 위 즉 동등으로 만유 위에 세워지기 때문이다.

오직 한 분의 יהוה 하나님(신/God) 외에 다른 하나님(신/God)이 없다. 하나님의 아들로서 예수 그리스도는 하나님께서 낳으신 사람일 뿐 아버지 하나님과 동등하다는 아들하나님이 아니다. 오직 한 분의 주님(Lord) 외에 다른 주(Lord)가 없다. 오직 한 분의 왕(King) 외에 다른 왕(King)이 없다. 오직 יהוה 하나님만이 유일한 남편이시고 또한 유일한 아버지라는 선언이다. 하나님께서 친히 십계명의 첫 번째 계명으로 돌판에다 친히 기록해 주신 것이며, 마음과 뜻과 성품과 힘과 목숨을 다해 지켜야 할, 영원히 변함이 없는 최고의 계명이다. 이 계명은 하나님의 독생자 그리스도께서도 죽으시기까지 지킨 진리이다.

그 주 하나님은 자기 아들들을 신과 주와 왕으로 세우기를 원하신다.
하나님께서 모세를 그의 형 아론에게 하나님과 같이 되게 하셨다.
<그가 너를 대신하여 백성에게 말할 것이니 그는 네 입을 대신할 것이요 너는 그에게 하나님(엘로힘)같이 되리라>(출 4:16)
또한 하나님은 모세를 바로 왕에게 신(하나님)이 되게 하셨다.
<יהוה께서 모세에게 이르시되 볼찌어다 내가 너로 바로에게 신(엘로힘)이 되게 하였은즉 네 형 아론은 네 대언자가 되리니>(출 7:1)
성경에서 '신'으로 번역된 히브리어는 '엘로힘'이다. 영어 성경들은 God(ASV, NIV, NLT, ESV, BSB, NAS, CSB, GNT, HCSB, ISV, NB, NHEB, JPST, NAS, DRB, DBT, WEB), god(KJV, GWT, JB2000, KJ2000B, AKJV, ERV, WBT, YLT)로 번역하였다. 'God가 되게 하였은즉'이라는 번역과 'God와 같게(as God, Like God) 하였은즉'과 'god가 되게 하였은즉'이라는 번역은 의미가 각각 다르다. 다른 God가 없으되 하나님께서 그분의 대언자를 god가 되게 하신다고 말씀하셨다.

<4 사람이 무엇이관대 주께서 저를 생각하시며 인자가 무엇이관대 주께서 저를 권고하시나이까 5 저를 천사(엘로힘)보다 조금 못하게 하시고 영화와 존귀로 관을 씌우셨나이다>(시 8편. 참고 히 2:7)
5절에 '천사'로 번역된 히브리어는 '엘로힘'인데 때로는 '재판장'으로 번역했고 영어로는 God로 번역했다. God로 번역한 경우에서 히브리어 '메아트'를 '조금'이 아닌 '잠시 후'로 번역하면 오역이 된다. God보다 더 뛰어난 존귀와 영광으로 관 씌우지는 않으시기 때문이다.

유일하신 God께서 성도들에게 '신들'(엘로힘)이라고 선언하셨다.
<5 하나님(엘로힘)이 하나님(엘로힘)의 회 가운데 서시며 재판장들
(엘로힘) 중에서 판단하시되 … 6 내가 말하기를 너희는 신들(엘로
힘)이며 다 지존자의 아들들이라 하였으나 7 너희는 범인같이 죽으
며 방백의 하나같이 엎더지리로다>(시 82편)
<조각 신상을 섬기며 허무한 것으로 자긍하는 자는 다 수치를 당할
것이라 너희 신들(엘로힘)아 יהוה께 경배할찌어다>(시 97:7)
<내가 전심으로 주께 감사하며 신들(엘로힘) 앞에서 주께 찬양하리
이다>(시 138:1)
　모형과 그림자인 구약은 하나님께서 만유 위 하늘에서 낳으신 아들을
'신'(god)이라고 선언한 것이다. 그들이 주 하나님의 상속자요 후사로서
주 하나님께서 지으신 만유를 발아래 두고 다스리기 때문이다.

　오직 한 분의 주(Lord) 하나님만이 계시지만 그럼에도 불구하고 많은
주(lord)들을 세우시는 것이 하나님의 영원한 예정이다(딤전 6:15). 이
말씀에서 '만주'(萬主/lords)들은 하나님의 아들들을 가리키는 칭호이다.
스스로 계시는 자란 존함의 뜻을 가지신 יהוה 하나님은 만유를 창조하신
만유의 주님이시다(고전 15:28). 하나님은 아버지가 되셔서 아들들에게
그분의 모든 소유를 유업으로 주시고자 예정하셨다. 그분의 상속자들은
아버지께서 최고의 피조물로 지으신 천사들을 유산으로 물려받는 것은
당연하고 시간과 공간도 물려받아 소유하는 만주(萬主)들이 된다.

　오직 יהוה 하나님만 만왕(萬王/kings)의 왕(King)이시다. 예수께서 그
유일한 주 하나님이시기에 만주의 주, 만왕의 왕이시다(단 8:25).
　주 하나님께서 어린양의 몸을 입으시고 자기 피로 교회를 사셨기에(행
20:28) 예수님을 주님(Lord), 왕(King)이라고 선포한다(계 17:14). 예수
님은 하나님으로서 왕(King)이요 주님(Lord)이시지만 하나님의 아들로서
예수 그리스도는 모든 거듭난 형제들은 셋째하늘에서 만유를 다스리는
만왕들(kings)이다(계 19:16).
　오직 한 분만이 영원토록 주님(Lord), 하나님(God), 왕(King)이시며
그분의 낳으신 아들들은 주들(lords), 신들(gods), 왕들(kings)이 된다.

하나님의 아들들 안에는 맏아들과 같이 신성의 모든 충만이 주어졌고, 그들은 유업을 받은 영원한 주와 영원한 왕으로서 만유를 다스린다.

주 하나님 יהוה만 홀로 영원한 반석이시다(신 32:4; 삼상 2:2; 삼하 22:2; 시 18:2,31,46; 19:14; 28:1; 31:3; 42:9; 62:2,6,7; 71:3; 73:26; 78:35; 94:22; 95:1; 144:1; 사 17:10; 26:4; 30:29; 합 1:12).

<יהוה 외에 누가 하나님이며 <u>우리 하나님 외에 누가 반석(磐石)이 뇨</u>>(시 18:31)

<너희는 두려워 말며 겁내지 말라 내가 예로부터 너희에게 들리지 아니하였느냐 고하지 아니하였느냐 너희는 나의 증인이라 나 외에 신(God)이 있겠느냐 <u>과연 반석이 없나니 다른 신(God)이 있음을 알 지 못하노라</u>>(사 44:8)

아버지가 한 분이신 것처럼 하나님도 반석도 오직 한 분이시다.

하나님께서 영원한 반석(磐石/Rock)으로 구원자가 되셨다(창 49:24). 그 반석이신 주 하나님께서 그 반석 위에 자기 교회(성전)를 세우셨다 (마 16:18; 고전 10:4). 하나님께서 베드로(돌/바위/rock])들을 낳으실 것을 예고하신 것이다(신 32:15-20).

<너를 낳은 반석은 네가 상관치 아니하고 너를 내신 하나님은 네가 잊었도다>(신 32:18)

하나님의 백성이 그 반석을 거역하고 떠남으로써 그 반석이 그들을 깨뜨리는 반석이 되셨다(사 8:14; 롬 9:33; 벧전 2:8). 주 하나님의 아들 안에는 그 반석이신 아버지께서 영원히 임마누엘 하신다. 하나님의 맏아 들과 아들들이 지상에 재림하실 때 뜨인돌로서 열방을 깨뜨리고 바람으 로 날려버리는 심판을 할 것이다(단 2:44,45; 시 2:1-12; 계 19:14-16). 맏아들이신 예수 그리스도와 많은 아들들이 신들, 왕들, 주들이 되어 영 원토록 만유를 다스리게 될 것이다.

<5 다시 밤이 없겠고 등불과 햇빛이 쓸데없으니 이는 주 하나님이 저희에게 비춰심이라 저희가 세세토록 왕 노릇 하리로다>(계 22:5)

아버지께서 그들을 하나님의 전능한 오른손으로 우편에 높이셨다.

(4) 하나님의 아들들이 만유 위에서 만유를 다스림

부활한 아들들은 성령으로 기름부음을 받은 자들로서 구약의 메시아들보다 훨씬 더 존귀한 자들이다. 세상에서 다스렸던 왕들 중에 뛰어난 왕들인 다윗이나 솔로몬보다도 더 존귀한 만왕들로서 모든 피조물들을 영원히 다스릴 자들이다(마 19:28; 눅 22:30; 엡 1:22; 딤후 2:12; 벧전 2:9; 계 2:26,27; 5:10; 12:5; 20:4-6; 21:24; 22:5).

7년 평화조약 후 '전 3½년' 안에 공중재림과 부활, 휴거, 144000명의 인침이 있다. 적그리스도가 '후3½년(1260일)' 동안 온 세상을 통치할 것이며, 아마겟돈 전쟁, 하나님의 진노가 쏟아 부어질 것이다. 예수께서 지상에 재림하셔서 이방인들을 심판하실 것이다. 이 후3½년 동안 하나님께서 예비하신 은신처에서 아브라함의 혈통적인 후손들이 보호하심을 받고 살아남을 것이고, 2½ 달(1335일)이 지나면 천년왕국으로 들어가 천년동안 번성하여 만국을 이룰 것이다(계 12:6,14; 단 12:11-13).

<저희로 에돔의 남은 자와 내 이름으로 일컫는 만국을 기업으로 얻게 하리라 이는 이를 행하시는 יהוה의 말씀이니라>(암 9:12)

이스라엘을 치러 왔던 열국 중에서 아마겟돈 전쟁에 참여하지 않고 남은 극히 일부의 이방인들도 살아남아서 에돔에 남은 자(아브라함의 혈통적인 후손)들과 함께 천년왕국에서 번성할 것이다.

<예루살렘을 치러 왔던 열국 중에 남은 자가 해마다 올라와서 그 왕 만군의 יהוה께 숭배하며 초막절을 지킬 것이라>(슥 14:16)

예수님을 믿었어도 물과 성령으로 거듭나는 복음을 깨닫지 못했거나 듣지 못한 이방인 신자들 중에 적그리스도의 통치를 따르지 않고 산중이나 토굴에서 피하며 하나님의 은혜를 입은 자들이 살아서 천년왕국에 들어가 번성한다는 말이다(마 24:21,22).

부활성도들은 천년왕국 때에 각각 자신이 헌신한 만큼 지구 전체의 얼마를 분배받아 다스릴 것이다. 지구상에서 가장 작은 나라는 바티칸 시국으로 0.44k㎡의 영토에 약1000명의 인구를 가진 나라이다. 모나코 공국은 영토가 2k㎡, 인구는 약3만 명인 작은 나라이지만 국민의 ⅓이 백만장자인 부자나라이다. 천년왕국 때에는 어떤 왕은 이와 같이 작은 나라를 다스리게 될 것이다.

　　만왕들에게 다스림을 받는 자들은 천년 동안 생육하고 번성할 것이고 천년이 차면 혈육의 사람들이 지구에 가득 찰 것이다. 천년 동안 사단 마귀와 사자들은 무저갱에 갇혀 활동하지 못하다가 천년이 차면 무저갱에서 놓임을 받고 나와 혈육의 사람들을 다시 유혹할 것이다. 마귀의 이 유혹에 넘어간 자들은 하늘에서 내려온 불로 심판을 받아 바로 불못에 던져질 것이고 사단 마귀도 불못에 던져질 것이다.

　　이후 예수께서 크고 흰 보좌에 앉으셔서 최후의 심판을 하실 것이다 (계 20:11-15). 생명책에 이름이 기록되지 못한 모든 악인들이 음부에서 둘째부활로 나오고 기념책에 기록된 행위대로 성경책의 법을 따라 심판 받고 불못에 던져질 것이며, 거기서 영원히 고통을 받을 것이라고 했다. 첫째사망(헬-다나토스)과 음부(헬-하데스)도 불못 즉 둘째사망에 던져질 것이다. 이것으로 하나님께서 모든 창조를 완전히 마치시고 안식하신다. 비록 7천년이란 꽤 긴 기간이 걸렸지만 성도들이 살아갈 영원한 시간에 비하면 10^{7000}분의 1초도 안 된다고 볼 수 있다.

　　첫창조로 생겨난 옛하늘과 옛땅은 사라질 것이고 하나님께서 진리의 말씀으로 새롭게 창조하신 새하늘(新天)과 새땅(新地)이 도래할 것이다 (계 21:1). 새하늘은 셋째하늘이 아니며, 그곳에 내려올 새예루살렘성도 하늘의 신령한 예루살렘성이 아니다. 마귀의 유혹을 이긴 자들이 새땅에 들어가 영원토록 육체로 번성할 것이다. 죄와 사망을 영원히 완전하게 멸하셨기에 새하늘과 새땅(新天地)의 혈육의 사람이나 둘째하늘의 모든 천사들에게서 반역이나 죄, 사망은 다시는 생길 수 없다.
　　<다시 밤이 없겠고 등불과 햇빛이 쓸데없으니 이는 주 하나님이 저희에게 비취심이라 저희가 세세토록 왕 노릇 하리로다>(계 22:5)
　　첫째부활에 참여한 하나님의 아들들은 영원무궁토록 모든 피조물들을 다스릴 것이다(고전 6:3; 히 1:14). 천사들은 하나님의 형상의 모형으로 자라가는 잠간 동안만 사람보다 월등한 존재이다(히 2:7). 나사로가 죽어 천사들에게 받들려 아브라함의 품으로 갔다는 번역은 옳다(눅 16:22). 둘째하늘의 천사들은 하나님의 아들들의 거처인 새땅에 도래한 새예루살렘성의 문지기에 불과하다(계 21:12).

<22 또 만물을 그 발 아래 복종하게 하시고 그를 만물 위에 교회의 머리로 주셨느니라 23 교회는 그의 몸이니 만물 안에서 만물을 충만케 하시는 자의 충만이니라>(엡 1장)

하나님께서 만유를 지으시기 전에 아들을 낳으셨다(골 1:15-17). 하나님께서 창조하신 만유 안에 시간과 공간이 있다. 맏아들과 공동후사가 된 많은 아들들은 셋째하늘 즉 독생자가 내리셨다가 오르신 곳에 오른 자들이다(엡 2:6; 4:10). 하나님의 아들들은 맏아들을 머리로 하는 한 새 사람의 몸에 연합된 지체들이요 후사들이다(엡 2:15). 그들은 만유 즉 시간과 공간을 발아래 지배하는 왕들이다(빌 3:20-21; 히 2:8).

하나님은 그분의 후사들을 가장 완전한 자들로 세우시고 그 지위를 영원히 누릴 수 있도록 완전한 사람으로 세우셨다(요 17:23).

현재의 땅과 하늘과 그 안에 있는 것들은 다 사라지고 새로운 하늘과 땅이 도래할 것이다(마 5:18; 24:35; 막 13:31; 눅 16:17; 21:33). 옷을 갈아입듯이 천지도 새것으로 갈아입을 때가 반드시 온다(히 1:10-12). '오는 세상'(내세)은 완벽한 신천지, 새 세상이다(히 2:5).

첫째하늘을 우주(宇宙)라고 부르는데 이는 '거대한 집'이라는 뜻이다. 우주(큰 집/천지)를 지으실 때 지구를 모든 땅(地)의 머릿돌로 놓으셨다(욥 38:1-6; 히 3:4). '도량'이란 기둥과 기둥간의 거리나 바닥과 천장정간의 높이 등을 정하는 것을 의미하며, 하나님께서 지구와 태양간의 거리, 은하군과 은하단의 거리를 건축학적으로 계산하셨다는 말씀이다. '준승'이란 수평과 수직을 맞추기 위해 띄우는 줄을 가리키는 말인데 온갖 행성들이 도는 궤도와 은하계의 관계도 계산하셨다는 말씀이다. 머릿돌과 모퉁잇돌로 지구를 놓으셨다는 말씀은 만들어진 지구 다음에 그와 같은 많은 돌(땅)들을 창조하셔서 서로 상관된 우주로 완성하신다는 뜻이다. 지구도 처음에는 다른 별들처럼 공허하였던 별인데(창 1:2) 하나님께서 일하셔서 온갖 생물들로 가득히 채워진 집(우주)으로 세우셨다.

우주전체가 얼마나 큰지 하나님만 아시지만, 나사(NASA) 소속의 과학자 루이스 햄린은 우주에는 은하가 2천억 개가 있고, 각각의 은하마다 2천억 개의 항성이 있다고 한다. 우주에는 항성이 지구에 있는 모래알 수보다도 더 많을 것이라고도 추산한다.[68]

하나님께서 온 땅의 모래 수보다 많은 별들을 그냥 헛되이(공허하게, 쓸모없도록) 창조하지 않으셨다(사 45:18). 하나님께서 창조하신 땅(地)에는 머릿돌과 모퉁잇돌과 같은 지구를 포함한 모든 별들이 포함되어 있다. 지구는 온 땅의 모래 수와 같이 많은 별들 중에서 지극히 귀하고 아름다운 보석과 같게 만드신 하나의 별(땅)이다. 하나님께서 창조하신 수많은 별들 중 하나를 생물이 살 수 있는 지구로 만드신 것은 하나님께서 후사들에게 맡기실 일에 모형적 작은 샘플과 같다. 육체적으로 살아남은 자들은 죄와 사망을 멸한 육체로 에덴동산의 아담과 하와처럼 영생하며 번성할 자들이다. 그들이 거주하며 번성할 땅은 지구와 같이 새롭게 될, 사막과 바닷가의 모래같이 수많은 땅(별)들이다.

　〈내게 구하라 내가 열방을 유업으로 주리니 네 소유가 땅 끝까지 이르리로다〉(시 2:8)

　'땅 끝'은 지구의 끝을 의미하는 것이 아니다. 천'지'를 창조하셨다는 말씀에서의 '땅'은 시편 2편의 '땅'과 같은 온 우주의 땅(地)이다.

　맏아들의 모형인 아담이 받아 다스리는 영토를 지구본 정도라 하자면 실체인 아들이 영원한 유업으로 받아 다스릴 영토는 진짜 지구와 같다. 아파트 단지의 모형과 그 실체인 아파트 단지의 차이와 같다. 예수께서 왕으로 보좌에 앉으실 때 충성한 자들에게 각각 다스릴 영토를 분배해 주실 때 열 므나를 남긴 종에게는 열 고을, 다섯 므나를 남긴 종에게는 다섯 고을을 주신다. 그 크기는 모형인 조그만 지구 안의 고을이 아니라 실체인 우주 안에서 크기와 같다(눅 19:17,19). 주 하나님의 후사들이 유업으로 얻게 될 '고을'은 우주를 재실 때 사용하신 우주보다 광대하신 창조주 하나님의 한 뼘(도량), 주 하나님의 준승으로 재어서 분배하실 크기이다(사 40:12-18; 고전 2:6-16).

　주 하나님께서 맏아들과 함께 자신의 우편에 앉히실 후사들에게 주신 영토는 지극히 광대하다(시 16:5,6,8). 주 하나님의 영감을 받아 노래한 시편 2편과 16편은 다윗의 시이다. 다윗은 예수 그리스도의 모형으로서 메시아에 대해 예언했다. 시편 2편의 유업의 '땅'은 16편의 머릿돌이자 모퉁잇돌, 맏아들, 공동후사의 머리이신 예수 그리스도께서 받을 '땅'과 같다. 성도들은 그 모든 별들(만유)을 충만하게 채울 것이다(엡 1:22,23). 그들 안에 만유보다 크신 신성의 모든 충만으로 충만해졌기 때문이다.

에덴동산 바깥의 땅은 쓸모없이 영원히 버려둔 땅이 아니라 아담이 지상낙원으로 만들어야 할 땅이다. 주 하나님께서 창조하신 모든 별들은 영원히 방치된 황무지나 사막이 아니라 장차 영원히 왕노릇할 아들들이 에덴동산과 지구처럼 충만케 채워갈 땅들이다.

부활 성도들 즉 신령하고 영원한 제사장들은 이 지구에서 분배받은 기업이 없다. 하나님께서 지으신 모든 공간들(둘째, 첫째하늘)과 그분의 손으로 창조하신 모든 것이 그들의 기업이다. 그들은 하나님의 장자들의 총회에 참여한 만유의 상속자들이자 공동후사(後嗣)들이다.

하나님은 장자들에게 갑절의 복을 받도록 정하셨다(신 21:16). 욥기는 장자에게 주실 갑절의 복을 보여주되, 창조자께서 단련하신 욥에게 주님께서 창조하신 모든 것들에 대해 말씀하셨다(욥 38:1-7).

제5부   하나님의 성전(聖殿), 성(城), 나라(國)

제5부 하나님의 성전(聖殿), 성(城), 나라(國)

1. 하나님의 성전, 아버지의 집

(1) 그림자와 모형적인 성막과 성전

①하나님의 제단과 하나님의 존함을 부르는 성지(聖地)

인간에게는 하나님과 만날 수 있는 거룩한 장소나 처소가 필요하다.

하나님은 어디에나 계시지만 하나님의 존함을 부르며 단을 쌓고 희생제물을 드리는 곳에 하나님의 임재를 나타내셨고, 예배자(제사장)가 주 하나님을 만날 수 있는 거룩한 장소(성소)였다. 사람이 죄를 지었으므로 하나님을 만나기 위해서는 죽을 죄인인 자기 대신 희생제물을 드리되 제물을 성별시킨 반석 위나 쌓은 단에 올려서 드려야 했다.

하나님을 만나 뵙는 이와 같은 예배(제사)는 아담으로부터 아벨, 에녹, 므두셀라로 이어졌다. 홍수 후에는 노아와 셈, 에벨(히브리인의 조상)에게 이어졌다. 벨렉의 때에 언어의 분산을 따라 인류가 온 땅으로 흩어진 후에도 예배는 하나님을 섬기는 경건한 백성들 중에 이어졌다. 갈대아 우르가 우상숭배의 중심지가 되었고 모든 이들이 우상숭배에 빠졌을 때 주 하나님께서 아브라함을 부르셨고 그 예배(제사)와 섬김은 아브라함과 이삭과 야곱과 열두 아들들에게로 이어졌다.

애굽으로 내려간 이스라엘 백성들에게로 이어졌고, 모세는 선민들과 광야로 나아가 거기서 그 희생제사를 드리겠다고 했다(출 3:18).

<모세가 단을 쌓고 그 이름을 יהוה 닛시라 하고>(출 17:15)

성막(聖幕)을 세우시기 이전에 하나님께서 다음과 같이 말씀하셨다.

<내게 토단을 쌓고 그 위에 너의 양과 소로 너의 번제와 화목제를 드리라 내가 무릇 내 이름을 기념하게 하는 곳에서 네게 강림하여 복을 주리라>(출 20:24)

하나님의 택하신 백성들이 단을 쌓고 그 위에 제사 드리며 하나님의 존함을 불렀을 때 하나님께서 그곳에서 은혜를 베푸셨다.

-455-

②모세의 성막(聖幕: 모세로부터 다윗까지 약 500년간)

하나님은 성막(聖幕)을 세우는 일에 천지창조에 관한 구절들보다 더 많은, 무려 50개의 장을 할애하셨다. 성막은 모세가 하나님께서 보이신 하늘의 것을 본 따 세운 것이다(히 8:5). 부자가 된 아브라함과 이삭과 야곱도 대대로 임시 처소인 장막에 살았고(히 11:9), 출애굽한 이스라엘 백성들 역시 약속의 땅으로 여행할 때 장막(帳幕)에서 살았다(수 3:14). 이스라엘 백성들이 거하던 장막들 중앙에 특별한 장막이 있었는데 이를 성막(聖幕)이라 부른다(출 26:1). 수많은 장막들이 있었으나 하나님께서 온전히 임재하신 장막은 오직 모든 장막들 가운데 세우신 성막뿐이었다. 이스라엘 백성들이 모세를 통해 거기서 하나님을 만났기 때문에 회막(會幕)이라고도 부른다(출 27:21). 성막은 가나안 땅에 들어갔을 때 기브온에 있던 큰 산당에 안치됐다. 그 성막에는 법궤가 없이, 지성소가 아닌 성소처럼 다른 성구(聖具)들만 갖추어져 있었다.

신약시대에 완전한 장막성전은 부활하신 예수 그리스도임을 보여준다. 신약의 성도들은 아직 속사람만 거듭난 신령한 제사장이 된 상태이고 겉사람은 아직 완전한 부활장막을 기다리고 있다. 만일 범죄로 믿음에서 떠나면 언제든지 광야에서 낙오될 수 있음을 보여준다. 그래서 선민들이 광야에서 성막을 중심으로 여행하던 여정을 광야교회의 삶이라고 했다(행 7:38). '광야교회'가 성막에서 섬기던 모든 일들이 교회의 모형이다. 신약 성도들은 하늘의 예루살렘성을 향하여 여행하는 자들이며 그들의 몸이 장차 셋째하늘의 신령하고 영화로운 성막이 될 것이다.

③다윗의 장막(帳幕)

다윗이 예루살렘성(다윗 성)에 장막을 세우고 법궤를 모셔와 그 장막에 안치하였다. 법궤 안에는 만나 단지(출 16:33)와 십계명(출 40:20; 신 10:5), 아론의 싹이 난 지팡이(민 17:10)가 들어있었다(히 9:4). 모세의 성막은 가로지른 휘장으로 지성소와 성소로 나누었으나 다윗은 성소와 지성소를 갈라놓은 휘장을 없애고 법궤(시은좌) 앞에서 예배하게 하였다. 다윗은 모형이었고 그 실체이신 예수님께서 다윗의 후손으로서 육체를 입으셨고, 모형으로 보이셨던 '다윗의 장막'의 실체가 되셨다(요 1:14). 영생의 떡과 부활의 능력과 생명의 법인 실체의 법궤가 되셨다.

예수께서 육체를 찢으셨을 때 가로막았던 휘장이 찢어져 하늘 성소에 바로 나아가 은혜의 보좌 앞에서 예배를 드릴 수 있게 되었다(마 27:51; 요 2:19-21; 14:6; 히 10:20). 부활하신 예수 그리스도의 성령을 모신 성도들을 신령한 법궤를 모신 '다윗의 장막'에 연합되었다(암 9:11,12; 요 4:23,24; 행 15:15-18; 히 4:16; 계 3:7-8).

맏아들이 되신 예수 그리스도께서 다시 오실 때에 성령으로 거듭나 부활의 보증을 가진 성도들의 몸은 예수 그리스도와 같은 영광스러운 형상을 입게 될 것이며, 그때 그들의 몸은 영광스럽고 신령한 '하나님의 장막'으로 완성될 것이다(계 7:15; 13:6; 21:3).

④솔로몬의 성전(주전 959~주전 573년까지 약 400년간)

하나님의 은혜로 이스라엘의 왕이 된 다윗은 주 하나님의 성전건축을 원했으나 피를 많이 흘린 자라 하나님께서 허락지 않으셨지만 특별한 은총을 다윗에게 베푸셨다(삼하 7:3-29). 이 황송한 말씀을 들은 다윗은 지극히 감격하여 감사의 찬양을 드렸다.

<יהוה 하나님이여 이러므로 주는 광대(廣大)하시니 이는 우리 귀로 들은 대로는 주와 같은 이가 없고 주 외에는 참 신(神)이 없음이니이다>(삼하 7:22)

다윗에게 피흘리는 전쟁이 계속되었고 대적들을 멸하기 이전이었기에 하나님의 성전을 건축할 수 없었다(대상 22:8; 28:3). 다윗은 힘을 다해 성전 재료들과 설계도를 준비했다(대상 28:11-19; 29:1-22). 성전은 하나님께서 안식하실 처소였고, 진정한 평화가 오기까지 하나님은 쉬지 못하셨다. 성도에게 찾아오는 전쟁은 하나님께 속했기 때문이다.

아브라함이 이삭을 바쳤던 모리아산에서 'יהוה-이레'라는 약속을 주셨다(창 22:14). 다윗이 교만하여 자신의 군대의 수를 세었다가 주 하나님께 징계를 받자 오르난(아라우나)의 타작마당에서 번제와 화목제를 드렸다(삼하 24:25; 대상 21:28). 하나님께서 약속하신 대로 아들 솔로몬(평화의 사람)에게 아브라함이 주님께 이삭을 바치려했던 모리아산, 다윗이 하나님께 제사를 드렸던 오르난의 타작마당에 성전을 건축하게 하셨다(대하 3:1). 솔로몬의 성전도 주 하나님께서 사람의 몸을 처소로 삼으실 영원 전부터의 계획에 대한 모형이었다.

아브라함과 다윗의 자손(헬라어로 '휘오스') 예수 그리스도께서 자기 백성의 왕으로서 사단, 죄, 사망이라는 왕들을 부활로 이기시고 평화의 성전을 세우셨다. 독생자를 모리아 산에서 번제로 드렸던 'יהוה-이레'의 모형과 약속대로 아브라함의 자손으로 십자가에 달려 돌아가심으로써 옛성전을 헐고 새성전을 세우셨다. 사단과 죄와 사망이라는 대적을 피로 멸하시기 전에는 하나님께서 안식하실 처소가 세워질 수 없다는 모형을 성취하신 것이다(행 7:49).

⑤스룹바벨의 성전(주전 516-주전 63년경)

성전을 건축했던 솔로몬도 말년에 이방 왕비들로 인하여 우상숭배에 빠졌다. 이로 인하여 왕국은 남북으로 갈리고, 북쪽 이스라엘은 앗수르에, 남쪽 유다는 바벨론에 멸망을 당하였다. 예루살렘 성전은 무너지고 거룩한 기구들은 다 약탈당했다(왕하 25:8-17; 렘 52:12-23).

주님께서 다윗에게 약속하신 대로 등불을 끄지 아니하셔서 고레스가 칙령을 내리게 하셔서 유대인들이 예루살렘으로 귀환하게 하셨다(대하 36:22,23; 스 1:1-11; 사 44:28; 45:1-4). 스룹바벨(세스바살)은 유다 왕 여호야긴의 손자요 브다야의 아들(스 3:2; 학 1:1), 다윗 왕의 후손으로 (대상 3:17-19) 그리스도의 계보에 들어있다(마 1:13; 눅 3:27). 성경에 스룹바벨이 스알디엘의 아들로도 기록되었다(스 3:2,8; 5:2; 느 12:1; 마 1:12). 스알디엘이 아들이 없어 조카로 대를 이었거나 브다야가 그의 형 스알디엘이 죽은 후 형수와 결혼했을 것이다. זְרוּעַ בָּבֶל[Zərua' Bāvel] 이라는 히브리어 어원으로 보면 스룹바벨은 '바벨론에 씨 뿌려진 자'(바빌론에서 출생), זְרֻי בָּבֶל[Zərûy Bāvel]이라는 다른 히브리어 어원으로 볼 때 '바빌론에서 나온 자'라는 뜻으로 여겨진다. 스룹바벨은 하나님의 부르심을 받아 갈대아 우르, 바벨론에서 나온 원조(元祖)인 아브라함의 후손으로 יהוה 하나님의 증인임을 강조한 것이다.

주전 537년, 총독 스룹바벨과 여호사닥의 아들 대제사장 여호수아와 백성들은 성전을 재건하기 위해 지대를 놓았다(스 3:1-13). 바벨론 포로에서 돌아와 성전을 세우기 위해 지대를 놓았으니 젊은이들은 기뻐서 울었고, 포로 이전의 솔로몬의 성전의 영광을 아는 늙은이들은 옛 성전 지대보다 초라하여 대성통곡했다(스 3:13).

그 땅에 이주해 거하던 대적들은 성전재건 일에 동참하겠다는 제안을 거절당하자 성전건축을 하지 못하도록 악랄하게 훼방했다(스 4:1-16). 법궤를 옮기는 것도 제사장이 어깨로 메어서 해야 하며, 성전건축 역시 다윗이 아닌 하나님께서 정하신 사람이 해야 했다.

왜곡된 보고를 받은 아닥사스다 왕이 성급한 조서를 내려 성전건축을 금지시키니 메데 파사 제왕 다리오의 제2년(주전 520년)까지 약 16년 동안 성전재건 공사가 중단되었다(스 4:24).

하나님께서 학개와 스가랴를 통해 스룹바벨과 여호수아와 백성들에게 성전재건을 다시 독려하실 때, 그 일을 대적하는 큰 산은 무너져 평지가 될 뿐만 아니라 외적인 힘이나 사람의 내적인 능으로 되는 것이 아닌, 하나님의 약속과 하나님의 영으로 말미암는다고 선포하셨다(스 5:1,2; 학 1:1-15). 스룹바벨과 여호수아는 그 성전재건 사업이 고레스의 칙령임을 부각시켰다. 강 건너편 총독이 다리오 왕에게 고레스 왕의 칙령이 있었는지를 확인해달라고 상소를 올렸다(스 5:3-17). 다리오는 고레스의 칙령에서 '성전을 건축하라. 이 사업에 드는 모든 것을 돕도록 명한 것은 물론 칙령을 변개하거나 건축을 훼방하는 자는 누구를 막론하고 대들보를 빼어내서 그 위에 달아 처형하고 그 집은 거름더미가 되게 할 것과 이 조서를 변개하는 자들은 하나님께서 멸하시길 원한다. 신속하게 이행하라'는 명령을 확인하고 즉시 성전재건을 시작하라고 명령했다(스 6:1-12). 하나님께서는 그분의 처소를 그분의 권능으로 세우신다.

창조주 하나님의 궁극적인 목적은 하나님께서 영원히 쉬실 수 있는 처소를 건축하는 것이다. 만왕의 왕께서는 고레스와 다리오가 내린 변개할 수 없는 조서를 통해 열방의 모든 제왕들도 만왕의 왕의 절대권세 앞에 복종해야 함을 여실히 보여준다. 하나님의 전을 세우는 일을 훼방하는 자의 집은 무너지고 거름더미가 될 것임을 보여주셨다.

솔로몬이 건축한 성전에 비해 상대적으로 초라하게 보이는 이 성전을 보고 약한 마음을 갖지 말라고 하셨다. 무엇보다도 하나님의 영(신)이 함께 하시기 때문이라고 하셨다. 또한 잠시 후에는 하늘과 땅과 바다와 육지와 만국을 진동시키실 것이요 만국의 보배가 이 성전에 이르고, 주 하나님의 영과 영광이 그 전에 충만할 것이므로 그 성전의 영광이 이전 (以前)의 영광 보다 크리라고 약속하셨다(학 2:6-9).

　또한 통치자 스룹바벨을 택하고 취하여 인(印)을 삼겠다고 하셨다(학 2:23). 하나님께서 스가랴 선지자로도 이 성전에 대해 말씀하셨다(슥 1:16). 하나님께서 스가랴에게 성전의 성소에 둔 순금등대를 보여주셨다(슥 4:2). 구약의 성전의 것들은 신약성전의 것들의 그림자이므로 등대는 신약에서 교회와 그 안의 성도들을 가리키는 것이다(계 1:20). 이방인의 수가 충만해질 때 주 예수께서 공중재림하실 것이고 예수께서 주(יהוה)와 그리스도이심을 깨닫고 통회하고 돌아올 유대인들에게 복음을 전할 두 증인들의 사역으로 교회는 완성될 것이다(계 11:1-12).

　성전의 두 기둥들 중 보아스는 능력이 예수께 있고, 야긴은 그 세움도 예수께서 하심을 보여주신다(슥 4:6-10). 하나님의 전을 세우는 역사는 힘(재력, 군사력, 권력)으로나 능(암기력, 이해력, 추진력…)으로 될 수 없고 오직 하나님의 영(신)으로 된다고 말씀하셨다. 하나님께서 성령을 충만하게 부으실 때 교회(벧엘/진리의 기둥)가 된다. 성령의 역사 앞에 큰 산들은 무너져 평지가 될 것이다. 머릿돌을 내어놓을 때 은총(히브리어 '헨'), 은총(은혜)이 있을 것이라고 하셨다(요 1:16). 스룹바벨이 성전 지대를 놓았으니 준공도 할 것이라고 하셨다. 스가랴도 역시 '작은 일의 날'이라고 멸시하는 자는 하나님의 은혜를 받지 못하는 자라고 하셨다. 하나님의 일곱 눈(全知)함을 따라 가장 좋은 것으로 이루신다.

　'다림줄'이란 건물을 지을 때 수직을 측정하는 기구이다. 히브리어로 '베딜'은 '분리'함을 의미하는 '바달'에서 유래했는데, 옳고 그름을 판단하여 악하고 그른 것을 분리하신다(왕하 21:13; 사 28:17,18. 참고 시 60:6; 108:7). '척량줄'은 성전을 건축한 후에 하나님께로 속하게 하기 위한 과정에서 일어나는 중요한 척량도구로 에스겔서에 많이 등장하고(겔 40:3-48:35) 스가랴서(슥 2:1,2)와 요한 계시록에서도 4회 등장한다(계 11:1,2; 21:15,16). 하나님의 말씀에 일치하지 않으면 신령한 성전의 일부가 될 수 없고 불량자가 된다는 말씀이다.

　하나님의 역사는 너무나 크고, 대적들은 심하게 대적하고, 동역하는 사람은 비록 능력이 심히 약할지라도 영원한 성전을 세우는 역사 앞에 어떤 높은 산이 가로막든지, 성전의 기둥을 '야긴'(그가 세우시리라)과 '보아스'(그에게 능력이 있다)라고 확증한 것과 같이 주 하나님께서 가장 영화로운 성전을 친히 만유 위에 세우심을 보여주셨다.

이윽고 성전은 시작한지 20년이 흘러서 주전 515년에 완공이 되었다. 율법사요 제사장인 에스라가 파사 왕 아닥사스다의 명을 받고 1754명과 함께 주전 457년에 예루살렘으로 돌아왔고, 예루살렘에 사는 하나님의 백성들에게 율법을 가르쳐 지키게 하였다(스 7:1-28). 주전 445년에도 느헤미야가 아닥사스다로부터 총독에 임명되었고 42,360명을 인솔하여 예루살렘으로 돌아왔다. 바벨론이 헐어버렸던 예루살렘 성을 중건하기 위함이었다(느 2:1,5.17). 이 사건은 하나님께서 다니엘에게 주신 예언과 직접 관계가 있다(단 9:25). 느헤미야가 주변 대적들의 간교한 공격을 이겨내고 52일 만에 성벽을 중건했으나(느 6:15,16) 예루살렘은 여전히 파사제국의 통치하에 있었다.

주전 169년에 수리아(시리아/Syria)의 안티오코스 에피파네스가 스룹바벨이 세운 성전 제단 자리에 제우스상을 세우고, 돼지를 제단에 바쳐 성전을 더럽힘으로써 장차 적그리스도가 유대인들이 다시 세울 성전에 가증한 우상을 세울 것임을 보여주는 모형이 되었다. 마카비의 혁명이 일어나 잠시 독립하여 성전을 정화하고 외벽을 쌓고 제사를 드렸으나 주전 63년경 로마 장군 폼페이우스에 의해 다시 파괴되었다.

스룹바벨 성전은 교회의 역사적 의미를 예언적으로 나타내준다.

옛성전은 돌로 지은 것이지만 영원한 성전은 살아있는 돌로 지었다(요 2:19-21; 벧전 2:4,5). 그리스도께서 하늘의 신령한 새성전의 머릿돌과 모퉁잇돌, 대제사장과 어린양이 되셨다(슥 4:7). 더러운 옷을 입은 대제사장 여호수아가 사단의 참소를 받으며 하나님 앞에 섰는데 하나님께서 그 더러운 옷을 벗기고 정한 관을 씌우고 아름다운 옷을 입히셨다(슥 3:1-8). '여호수아'는 아람어로는 '예수아'이고 헬라어로는 '예수스'이다. 멜기세덱의 반차를 좇아 대제사장이 되신 여호수아/예수님께서 죄인의 육체와 같은 몸을 입으시고 모든 죄인들의 저주를 짊어지고 십자가에서 처절하게 죽으심으로 육체를 벗고 영광의 부활의 몸으로 살아나심으로 아름다운 새옷을 입으셨다. 그는 하나님의 영광의 후사로서 영원한 왕과 거룩한 대제사장이 되심으로 존귀와 영광의 면류관을 쓰셨다. 그래서 주 하나님은 미리 '대제사장 여호수아'를 '예수 그리스도'의 '예표의 사람, 내 종 순'이라고 말씀하셨다(슥 3:8).

스룹바벨과 여호수아는 예표의 사람 즉 주 하나님의 가지(순)인 예수 그리스도의 모형이다(슥 6:11-13). 왕손인 스룹바벨은 왕이신 예수 그리스도의 모형이고, 여호수아는 멜기세덱의 반차를 좇는 대제사장인 예수 그리스도의 모형이다.

솔로몬의 성전의 영광은 예수님의 초림 후 열두 사도가 인도하였던 초기교회를 비유로 보여준다. 예루살렘에서 시작된 예수 이름의 물침례와 성령침례의 가르침은 이미 사도들의 시대에 온 유대와 사마리아와 다메섹, 수리아 안디옥을 거쳐 헬라 마게도냐 및 로마(이탈리아)와 영국에까지 전파되었고, 동진(東進)하여 인도와 중국에까지 전파되었다.

교회는 처음에 유대교로부터 박해를 받았고, 주후 64년부터는 로마제국의 처절한 박해를 당하고 순교자들의 피가 강을 이루었다. 제국의 어떤 권력으로도 막을 수 없던 교회는 성령의 권능으로 계속 확장되었고 결국 313년에는 콘스탄티누스(콘스탄틴)가 기독교와 로마교의 교리들과 의식들을 합쳐서 정치적인 어용기독교를 만들었다. 기독교의 초기역사는 마태복음 13장의 일곱 가지 천국 비유들에서와 같이 가라지를 뿌리고, 교회(겨자나무) 안에 새(사단)가 둥지를 틀고 알(교리)을 까는 때가 왔고, 가루(교회) 전체를 누룩(죄, 거짓교리)으로 부풀게(썩게) 하는 지경까지 이르게 하였음을 보여준다(마 13:9-43).

교회의 역사를 계시록 2,3장에서 일곱 가지 유형의 교회시대들로도 보여주셨다. 사도들이 활동하던 때를 상징하는 에베소교회시대에는 자칭 사도들이 등장하여 다른 예수와 다른 복음이라는 가라지를 뿌렸고(고후 11:4; 계 2:2), 핍박과 환란기의 교회를 상징하는 서머나교회시대에는 자칭 사도들이 전한 다른 예수 다른 복음을 받은 자칭 유대인들이 등장해 교회 내부의 적(사단의 회)으로 활동을 시작하였다(계 2:9). 버가모교회시대에는 발람과 같은 거짓 선지자들(어용신학자들)이 등장하여 악한 새들이 겨자나무 안에 둥지를 틀고 부화했고(계 2:14), 두아디라교회시대에는 교왕이나 사제들이 이세벨과 같이 되어 완전히 세상(로마제국)과 하나가 되어 음녀교회시대로 기독교 암흑기를 보여준다(계 2:20). 시돈(페니키아) 왕의 딸로 북쪽 이스라엘의 왕 아합의 아내가 된 이세벨은 엘리야가 활동하던 시대에 יהוה 하나님의 선지자들을 다 죽이려고 했다.

오직 한 분의 하나님 יהוה만이 참하나님이시며 그 하나님만이 그분의 신부된 교회의 유일한 남편이다. 성령께서는 그 하나님 외에 바벨론에서 시작된 2위, 3위 신들을 믿으며 4세기에 등장한 로마제국종교를 바벨론(음녀)라고 말씀하셨다(딤전 4:1-5; 딤후 4:1-5; 계 17:1-6). 카톨릭교는 종교개혁 후까지 극도로 잔인한 적개심을 품고 단지 카톨릭교도가 아니라는 죄목으로 수천만 명의 경건한 신자들을 잔인하게 죽였다.

1517년부터 그들에게서 나온 신자들이 딸에 비유된 개신교이다. 이는 밭(마음)에 감취인 보화(진리의 말씀) 상자(성경)를 발견하고 밭을 샀다는 비유와 같은 교회이다. 밭은 사람들의 마음을 상징하고, 밭을 기경하는 것은 회개를 의미한다. 그들은 이전에 고해성사 등을 통해 자신이 지은 부도덕한 죄들을 카톨릭교 사제들에게 낱낱이 고백했고 그로 인해 죽을 때까지 마음을 카톨릭교에게 볼모로 잡힌 밭이 되었다. 자기 양심(밭)을 로마카톨릭교의 소유로 넘겨주었던 자들이 목숨을 버리는 대가를 지불하면서까지 그 굴레에서 벗어나 개신교들을 세웠다. 이 비유는 상자를 열어 그 보화를 자기 집이나 손에 취한 것 없이 그냥 밭에 감춰둔 채로 끝이 났다. 그들은 "성경으로 돌아가자"고는 외쳤으나 정작 성경을 열어 초대교회 사도들이 가르쳤던 복음을 찾지는 않았고 '단지 믿기만'하는 것으로 끝을 맺었다. 그들에게는 성경에 기록된 사도적인 진리(보화)가 여전히 닫힌 책이었다(사 29:9-14). 이것이 '살았다 하는 이름만 있을 뿐 실상은 죽은 자'라고 말씀하신 교회로서 여전히 로마카톨릭교가 만든 2위 예수를 믿고, 참된 예수님을 발견하지 못해 음녀의 딸이라는 신분인 개혁/개신교회들을 보여준다(계 3:1; 17:5).

솔로몬의 성전은 4세기 바벨론의 신론에 무너진 초대교회를 상징하고, 스룹바벨 성전은 재림 직전에 회복된 진리교회에 대한 모형이요 예언적 의미를 갖는다. 극히 값진 진주 하나를 발견하고 모든 것을 팔아서 그 하나의 진주를 산 교회가 초대교회의 예수님과 복음대로 완전히 회복한 빌라델비아 교회시기의 교회이다. 1900년대 초부터 사도적인 복음, 사도적인 '예수님'에 대한 진리가 좀 더 밝은 빛을 비추었다. 그들은 교회의 첫날에 12사도가 성령의 충만함을 입고 예루살렘에서부터 전파한 사도행전 2장의 말씀을 선포함으로 완전한 진리의 회복을 이루게 된다.

지금, 하나님은 큰 음녀와 음녀들에게 거기서 나오라고 명하신다.

<4 또 내가 들으니 하늘로서 다른 음성이 나서 가로되 내 백성아, 거기서 나와 그의 죄에 참예(參預)하지 말고 그의 받을 재앙들을 받지 말라 5 그 죄는 하늘에 사무쳤으며 하나님은 그의 불의한 일을 기억하신지라>(계 18장)

'스룹바벨'의 이름의 뜻을 '바벨론에서 나온 자'라는 의미를 갖는다고 올바로 이해할 때, 그가 세운 성전을 두고 하나님께서 약속하신 말씀이 정확히 이루어진 것임을 알 수 있다.

하나님께서 이른 비와 늦은 비를 내려서 땅을 갈고 파종하여 열매를 거두게 하신다(신 11:14; 욥 29:23; 시 84:6; 잠 16:15; 렘 3:3; 5:24; 욜 2:23; 약 5:7). 하나님께서 사람들의 마음을 밭에, 말씀을 씨에, 영혼 구원을 추수에, 주 하나님의 성령의 역사하심을 비(생수)에 비유하셨다. 이스라엘 땅에 새해 농사를 짓기 위해 땅을 갈고 씨를 뿌릴 수 있도록 내리는 비를 '이른 비'(태양력으로 10월경)라 부르는데 이때부터 우기(雨期)에 접어들게 된다. 솔로몬의 성전은 초대교회 때의 영혼추수를 위해 심령에 내린 이른 비와 같이, 성령 충만으로 예루살렘으로부터 온 땅에 이르러 우상숭배로 굳어진 땅들을 기경하도록 역사하셨다.

이스라엘 땅에 한 해 마지막에 알이 영근 추수를 위해 내리는 비를 '늦은 비'(태양력으로 4월)라 부른다. 솔로몬의 성전(초기교회)과 스룹바벨의 성전(말기교회)은 크게 다른 점이 있다. 초기교회는 새언약의 모형과 그림자인 유대교가 주전 1400년경부터 시작이 되어 실체인 은혜와 진리를 믿는 교회로 들어오게 하는 구원의 역사였다. 말기교회는 진리를 버리고 떠났던 데서 일어나는 긴 회복의 역사로 완성된다. 로마카톨릭교는 음녀인 바벨론에 비유된다(계시록 18:4). 온 세상에 편만하게 퍼져 '카톨릭'(보편적)이라는 이름을 도둑질한 큰 음녀(어미)와 딸들(음녀들)로부터 참된 진리로 나오게 하는 회복의 역사이다. 사도 바울은 유대교를 아브라함의 아내 하갈에 비유했고 유대교 신자들을 이스마엘에 비유했으며, 교회를 사라에 비유했고 거듭난 신약성도들을 이삭에 비유했다(갈 4:21-31). 따라서 유대교나 기독교나 남편 혹은 아버지는 오직 한 분뿐이다. 제1계명대로 יהוה 하나님 즉 예수님 외에 다른 신을 믿는 교회는 예외없이 음녀(淫女)라는 사실을 부인할 수 없다.

하나님께서 친히 신령한 산 성전을 세우시되 어느 시대나 동일하게 '오직 그에게 능력이 있고, 그분이 친히 세우신다'는 원칙에서 벗어난 적이 없으시다. 초대교회는 하나님의 손이 함께 한, '나사렛 사람'이라는 예수 그리스도와 '갈릴리 사람'이라는 열두 제자들이 기초를 놓았다.

마지막 때 교회도 오직 성령의 손이 함께 하심으로 스룹바벨 성전과 같이 세워졌고, 전혀 주목받지 못하던 벧엘 성경학교라는 초라한 집에서 시작되었다. 학생들은 오직 성경만을 참고해서 성령침례에 대한 말씀을 발견했다. 신학자도 아닌, 그러나 성경만을 따랐던 학생들이 수업과제에 답한 내용으로서 매우 초라하게 시작된 역사는 교파를 초월하여 기록된 성경대로 믿는 자들을 통해 교회사의 거대한 물줄기가 되었다.

거듭남을 위한 성령침례와 예수 이름의 물침례와 예수께서 아버지와 아들과 성령이심을 깨닫는 보배로운 진리(보화)가 빛을 비추기 시작했다. 이들이 가장 즐겨서 인용하는 성경말씀은 이사야 9장 6절로 예수님은 '아기와 아들과 전능하신 하나님과 영존하시는 아버지'라는 진리였다. 한 세기가 지나면서 이 무리들은 전 세계에 거대한 무리가 되어 물과 성령으로 거듭난 신령한 돌들, 보배로운 돌들이 그 성전으로 모여들어 스룹바벨의 성전의 실체를 이루었다. 성경은 진리의 말씀이 보화이지만 또한 잘 제련된 성도들을 보석이라 부른다. 초대교회의 이른 비의 역사도 대단했지만 늦은 비의 말세교회는 침례 요한보다 크게, 종이 아닌, 영광의 왕으로 오실 그분을 맞이하여 그분과 같은 영광의 형상, 영원히 만유 위에 세워진 성전으로서 모든 피조물들 앞에 나타날 것이다.

이사야 9장의 예언은 예수께서 교회를 세우시는 때를 기드온의 때와 같다고 예언하셨다(사 9:1-7). 미디안 족속은 아브라함의 후처 그두라의 후손이다. 기드온이 고작 300명의 군대를 데리고 항아리(질그릇)와 횃불(성령 상징)과 나팔(은혜와 진리의 복음)로 모래처럼 많은 미디안을 치고 큰 승리를 얻은 것은 스가랴에게 하신 말씀처럼 '이는 사람이나 세상의 힘이나 능으로 되지 않고 오직 하나님의 신(성령)으로 말미암아 된다'고 하신 말씀의 전형적인 증거가 된다. 사도 바울이 말했듯이 능력의 심히 큰 것이 질그릇 안에 있고 질그릇을 깨뜨릴 때 성령의 권능이 성전을 세우는 비결이었다(참고 고후 4:7).

<기드온이 그들에게 이르되 나의 이제 행한 일이 너희의 한 것에 비교(比較)되겠느냐 에브라임의 끝물 포도가 아비에셀의 맏물 포도보다 낫지 아니하냐>(삿 8:2)

기드온은 므낫세의 증손자인 아비에셀의 자손이다(민 26:28,29; 수 17:1; 삿 6:34; 8:2). 에브라임은 므낫세의 동생이지만 장자가 되었고, 나중이 처음보다 크게 흥할 것임을 보여주는 인물이 되었다. 이 원리는 에브라임의 할아버지 야곱이 긴 세월 속에서 엄청난 대가를 지불하고 배운 후 손자들에게 물려준 것이다. '아비에셀의 맏물 포도'는 초대교회의 역사를 상징한다. '에브라임의 끝물 포도'는 스룹바벨의 성전, 말세에 회복된 교회의 영광을 상징한다. 회복된 교회, 빌라델비아교회의 영광이 에베소교회의 영광보다 더 클 것이다.

아브라함이 주 하나님에 비유되고 하갈과 사라가 두 언약에 비유되고 이스마엘과 이삭이 구약성도와 신약성도에 비유된 말씀에서 하나님은 오직 한 분이셨음이 너무나 확실히 드러난다. 옛언약의 남편과 아버지가 새언약의 남편과 아버지와 같은 한 분이라는 말씀이다. 하갈도 사라도 아닌 그두라의 후손으로 하나님을 믿으나 언약없는 자녀들이 있다. 회복된 진리의 교회의 특징은 예수님을 구약의 יהוה 주 하나님이시며 신약의 유일하신 하나님 아버지로 믿는 것이다(사 9:6). '아브람'이라는 이름이 '아브라함'으로 바뀐 후에는 '아브람'이라는 이름으로는 나타나지 않듯이 신약에서 יהוה라는 옛성함은 나타나지 않고 오직 '예수' 이름만 있다.

'아브람'이 '아브라함'으로 새롭게 된 것처럼 יהוה라는 그 성함이 '자기 백성을 저희 죄에서 구원하실 하나님'(마 1:21,23)이라는 뜻의 새성함 '여호수아'(예수스)가 되었다. 총독 스룹바벨과 대제사장인 여호수아가 예수 그리스도의 예표 즉 모형의 사람인 것과 같다.

성전재건의 역사는 에스라와 느헤미야가 먼저 시작한 것으로 기록되었지만 구약성경으로서 기록은 학개와 스가랴서가 먼저 기록되었다.[69] 스가랴서는 주전 518년경에, 학개서는 주전 520년경에 기록되었고, 에스라서는 주전 456~444년에, 느헤미야서는 주전 445~425년에 기록이 되었다. 이 책들 중 가장 먼저 기록된 학개서에 '여호사닥의 아들 대제사장 여호수아'로 기록되어 있다(학 1:1,12,14; 2:2,4). '여호수아'라는 이름은 'יהוה는 구원(예수아)이다'라는 뜻을 갖는다.

물론 스가랴서에도 대제사장의 이름이 '여호수아'로 표기되었다(슥
3:1,3,4,6,8,9). 여호수아의 부친의 이름도 '여호사닥'으로 기록되어 있다
(슥 6:11,12). 주 하나님께서 사람의 육체를 입으심으로써 완전한 구원
자의 존함을 가지셨다는 의미이다.

스가랴서와 학개서보다 좀 늦게 기록되었고 아람어의 영향을 더 많이
받은 에스라서와 느헤미야서에서는 '요사닥'의 아들 '예수아'로 기록되어
있다(스 2:2; 3:2,8,9; 4:3; 5:2; 느 7:7; 12:1,26). 에스라(학사겸 제사장)
가 율법책을 읽어주고 이스라엘 백성들이 깨닫도록 해석을 해 준 것은
당시에 아람어가 공용어였기에 히브리어로 된 성경을 읽어줄 때 깨닫지
못한 이들이 상당히 많았다는 것을 의미한다(느 8:8).

구약성경에서 아람어로 기록된 부분은 창세기 31장 47절의 '여갈사하
두다'('증거의 무더기'), 에스라 4장 8절로 6장 18절까지, 예레미야 10장
11절, 다니엘서 2장 4절~7장 28절이다. 신약성경에서는 '달리다굼'(막
5:41), '에바다'(막 7:34), '엘로이 라마 사박다니'(막 15:34 원문에. 참고
마 27:46) 등의 언급으로 볼 때 아람어가 히브리어에도 영향을 미쳤기에
느헤미야서와 에스라서에서의 이름에도 영향을 주었다.

따라서 대제사장의 이름이 히브리어로는 '여호수아'이지만 그 이름을
아람어의 영향을 받아 음역(音譯)했을 때는 '예수아'로 읽고 표기했다.
히브리어 이름이 아람어의 영향을 받을 때는 'יהוה+예수아'라는 성함이
줄여져서 '예수아'가 되었다는 사실은 여호수아의 아버지의 이름이 히브
리어로 '여호사닥'이었는데 '요사닥'으로 줄여진 것과 같다.

성경에는 하나님께서 자신의 성함 יהוה를 위하여, 그 성함을 두시기
위하여 성전을 세우셨다는 말씀이 여러 번 반복되고 강조되었다(왕상
3:2; 5:3,5; 8:16,17,18,19,20,29,33,35,41,42,43,44,48; 9:3,7; 11:36;
14:21; 왕하 21:4,7; 23:27; 대상 13:6; 대상 22:7,8,10,19; 23:13; 28:3;
29:16; 대하 2:1,4; 6:5,6,7,8,9,10,20,24,26,32,33,34,38; 7:14,16,20;
12:13; 20:8,9; 33:4,7; 느 1:9). 구약의 죽은 돌들로 세우신 성전에는
구약을 맺을 때 성함인 יהוה를 두셨다. 신약에서 산 돌들로 만유 위의
하늘에 세우신 신령하고 영원한 새성전에는 영원토록 완전하고 새로운
성함을 두심이 당연하고 이는 명백한 진실이다(행 4:11,12).

<만일 열왕(列王)이나 백성이 이 조서를 변개하고 손을 들어 예루살
렘 하나님의 전을 훼찔대 그곳에 이름을 두신 하나님이 저희를 멸하
시기를 원하노라 나 다리오가 조서를 내렸노니 신속히 행할찌어다
하였더라>(스 6:12)

만왕의 왕께서 그분의 성함을 두신 성전을 반드시 지키신다.

스가랴는 그분의 존함에 대해 초림과 재림을 연관 지어 예언했다.

<시온의 딸아 크게 기뻐할찌어다 예루살렘의 딸아 즐거이 부를찌어
다 보라 네 왕이 네게 임하나니 그는 공의로우며 구원을 베풀며 겸
손하여서 나귀를 타나니 나귀의 작은 것 곧 나귀새끼니라>(슥 9:9)

선민들은 제3계명을 따라 모세를 통해 알려주신 하나님의 성함 יהוה를
함부로 부르지 않기 위해 '아도나이'(주님/LORD)로 대용했는데 말라기
선지자가 떠난 얼마 후에는 יהוה라는 성함에 넣어야 할 모음을 잊어버려
아무도 그 성함을 발음할 수 없게 되었다.

<יהוה께서 천하의 왕이 되시리니 그 날에는 יהוה께서 홀로 하나이실
것이요 그 이름이 홀로 하나이실 것이며>(슥 14:9)

창세기 17장 5절에서 '아브람'의 이름이 '아브라함'으로 바뀐 후에는
'아브람'이라는 이름은 성경에 등장하지 않고 다만 '아브라함'의 이름과
신분을 설명할 때만 두 번 곁들여 등장할 뿐이다.

<아브람 곧 아브라함>(대상 1:27)

<주는 하나님 יהוה시라 옛적에 아브람을 택하시고 갈대아 우르에서
인도하여 내시고 아브라함이라는 이름을 주시고>(느 9:7)

하나님께서 신약에서 하나님의 새로운 존함, 완전한 성함을 주셨다.
새성전에 두신 그 성함이 바로 'יהוה+예수아'이신 '여호수아'이다.

교회는 헬라어가 공용어로 쓰는 시대에 탄생했고 예수님과 제자들은
헬라어로 번역한 70인역 성경을 읽었다. 가나안으로 인도한 여호수아는
예수님의 모형이다. 히브리어 '여호수아'로 기록된 이름은 모두 70인역
에서 헬라어 Ιησους[예수스]로 표기되었다(출 17:10; 느 8:17). 여호사닥
(요사닥)의 아들 대제사장 여호수아의 이름도 헬라어 Ιησους로 표기했다
(학 2:2). 요사닥(여호사닥)의 아들 대제사장 '예수아'의 이름 역시 모두
헬라어 Ιησους로 기록되었다(스 2:2).

그분의 성함이 '여호수아'나 '예수스'나 '예수'(Jesus/耶蘇/イエス)가 아니고, 오직 '예수아'만 옳다고 주장하는 자들이 있다. 이 같은 주장은 그들이 진리를 온전히 회복하지 못했다는 증거가 된다. 누가는 로마의 고위직(각하)에 있었던 데오빌로에게 헬라어로 누가복음과 사도행전을 적어 보냈다. 하나님께서 천하인간에게 구원얻을 다른 성함을 주신 일이 없는데 그 유일한 성함은 ιησους[예수스]로 기록되었다(행 4:10-12).

구약성전과 달리 신약성전은 예수 그리스도께서 머릿돌과 모퉁잇돌로 놓이고 그와 함께 연합된 여러 베드로(돌)들로 지어진다. 신약성전에도 존함을 두셨으며, 당연히 그 성함은 새롭고 완전한 존함인 '예수'이다. 예수님은 유일한 하나님이시며 완전한 사람이시다. 사람으로서 예수님은 속사람(아들의 영)으로는 하나님의 아들 그리스도이며 겉사람으로서는 영원한 제물이 되신 어린양이시다.

⑥헤롯이 개축(改築)한 성전(주전 20~주후 64년)

스룹바벨 성전은 주전 63년에 로마의 폼페이우스에 의해 유린되었다. 로마에 의해 유대의 통치자가 된 에돔 출신 헤롯 왕이 유대인의 환심을 사기 위해 주전 20년부터 개축을 시작하여 헤롯 사후 주후 64년에 완공했다. 로마는 유대인들을 효과적으로 지배하려고 유대의 실권자인 대제사장들을 총독이 임명했고, 친로마적인 그들은 백성들의 원성을 샀다. 성전은 독립을 추구하는 열심당원들이 로마에 항거하는 본거지가 되고, 성전이 완공된 지 6년 뒤인 주후 70년에 디도(Titus)의 로마군대에 의해 예루살렘이 함락될 때 함께 불타버렸다(마 24:2; 막 13:1,2). 이 성전이 불에 탄 날은 솔로몬 성전이 무너진 날과 같은 날인 아브월 제9일인데, 유대인들은 이날을 금식일로 정해 지켰다. 현재의 '통곡(痛哭)의 벽'은 무너진 성전 서쪽 벽의 남겨진 일부이다.

2007년 10월에 고고학자들이 제1성전 유적을 확인하였다.[70]

헤롯은 사단의 사주를 받아 영원한 참성전을 세우지 못하도록 아기로 태어난 예수님을 살해하려고 했다. 로마의 권력에 빌붙은 헤롯과 대제사장들과 유대교지도자들의 본거지였던 그 성전을 예수께서 공생애 초기에는 '장사치의 집'이라고 책망하셨고(요 2:16) 공생애를 마치실 때는 '강도의 굴혈'이라고 책망하셨다(마 21:13; 막 11:17; 눅 19:46).

유대인들은 아직까지도 예수님을 영접하지 않고 메시야를 기다리고 있다. 그들은 헤롯과 같은 적그리스도를 맞이할 것이고 구약적인 성전을 다시 세울 것이다(마 24:15; 막 13:14; 살후 2:4). 예수님의 재림의 가장 확실한 징조는 배도와 적그리스도의 출현이다(살후 2:3). 배도는 이미 4세기 초부터 일어났고, 그 바벨론이 주동이 되어 적그리스도가 등장할 것이며, 유대인들이 그를 통해 7년간의 평화조약을 맺고 결국 메시야로 영접할 것이다(요 5:43). 다시 세워질 성전은 여러 면에서 헤롯이 개축하였던 성전과 같은 의미를 갖게 될 것이다.

(2) 머릿돌과 모퉁잇돌이신 예수 그리스도

하나님은 어디에나 다 계시지만 성전은 오직 하나밖에 없다. 그 외의 성전이나 신전이라는 것들은 산당(山堂)이나 회당(會堂), 예배당에 불과하다. 이는 신약의 성전인 하나님의 교회도 오직 진리의 교회 하나밖에 없음을 보여준다. 또한 성전은 오직 아브라함과 다윗이 제사를 드렸던 곳에 세워야 했다. 참 영원한 성전은 만유 위라고 하는 셋째하늘에 세워진다. 성전을 세울 사람이 정해져 있듯이 오직 사단 마귀와 죄와 사망이란 대적을 멸하신 예수님만이 성전을 세우실 수 있다.

옛적에 야곱은 하나님께 대한 꿈을 꾸고 베게로 삼았던 돌을 일으켜 세우고 기름을 부은 뒤 '벧엘'(하나님의 전), '하늘의 문'이라 불렀다(창 28:11-19). 시편 기자도 하나님의 집을 하나님의 의(義)에 들어가는 문(門)이라고 했다. 하나님은 야곱의 하나님이신 יהוה뿐이시다.

<19 내게 의(義)의 문을 열찌어다 내가 들어가서 יהוה께 감사(感謝)하리로다 20 이는 יהוה의 문이라 의인이 그리로 들어가리로다 21 주께서 내게 응답하시고 나의 구원이 되셨으니 내가 주께 감사하리이다 22 건축자의 버린 돌이 집 모퉁이의 머릿돌이 되었나니 23 이는 יהוה의 행하신 것이요 우리 눈에 기이한 바로다>(시 118편)

건축자들은 하나님께서 주신 그림자(설계도)와 모형과 같던 옛언약을 가르쳐오던 대제사장들과 서기관들이다. 그들은 예수 그리스도께서 머릿돌과 모퉁잇돌로 오셨음을 깨닫고 영접해야 할 건축자들이었다.

건축자인 그들이 오히려 참된 성전의 머릿돌과 모퉁잇돌로 세우고자 정하신 하나님의 독생자를 대적하고 십자가에 못박는 파괴자가 되었다. 아브라함과 다윗의 아들(헬-휘오스)로 오신 예수 그리스도께서(마 1:1) 성전 산(הוהי의 산에서 예비하심)의 제물이 되셨다(요 1:29). 구약의 제사, 제사제도, 성전은 신약의 실체를 보여주는 모형이다. 그리스도께서 십자가에서 죽으시고 부활하신 것은 참하늘의 신령한 참된 성전의 머릿돌과 모퉁잇돌을 놓는 것이었다(마 21:42; 막 12:10,11; 눅 20:17). 예수 그리스도께서 새로운 성전과 새로운 제사와 새로운 제사장들을 세울 때 대제사장들과 장로들이 오랫동안 누려왔던 기득권들이 다 끝날 것이기 때문에 예수 그리스도를 포기했다. 그뿐만 아니라 하나님의 아들이라는 예수 그리스도의 외모와 그분이 선택한 제자들은 그들 눈으로 보기에 너무나 초라한 인간에 불과했다.

예수 그리스도는 다윗의 후손이라는 육체의 장막(성막)을 자기 백성들 가운데 치신 주 하나님과 그리스도, 어린양이셨다.

<말씀이 육신이 되어 우리 가운데 거하시매 우리가 그 영광을 보니 아버지의 독생자의 영광이요 은혜와 진리가 충만하더라>(요 1:14)

예수님은 자신의 육체의 장막이 찢겨지실지라도 영원한 성전의 머릿돌과 모퉁잇돌이 되시기를 무엇보다 사모하셨다(요 2:17).

<19 예수께서 대답하여 가라사대 너희가 이 성전을 헐라 내가 사흘 동안에 일으키리라 20 유대인들이 가로되 이 성전은 사십 륙년 동안에 지었거늘 네가 삼 일 동안에 일으키겠느뇨하더라 21 그러나 예수는 성전된 자기 육체를 가리켜 말씀하신 것이라>(요 2장)

그림자와 모형인 성전 대신 참성전으로 완성하시겠다는 말씀이다.

예수님은 '내가 내 교회를 반석의 터 위에 세우리라'고 말씀하셨다.

<또 내가 네게 이르노니 너는 베드로라 내가 이 반석 위에 내 교회를 세우리니 음부의 권세가 이기지 못하리라>(마 16:18)

예수께서 주 하나님으로서 새성전의 주 하나님이 되셨고(요 20:28), 하나님의 아들(사람)로서 새성전의 대제사장이 되셨고, 사람의 아들로서 죄인들을 대신해서 죽으시고 부활하신 어린양이 되셨고, 신령하고 영화로운 몸(겉사람)으로서 영원한 성전의 머릿돌과 모퉁잇돌이 되셨다(행 4:11; 엡 2:20; 벧전 2:6-8).

하나님의 집은 하나님 자신의 능력으로 하나님께서 친히 세우신다.

영원한 성전의 모형인 솔로몬의 성전의 낭실(성소 앞의 현관, 외소)에 놋으로 된 두 개의 기둥들을 세웠는데 우편의 기둥을 '야긴'이라 불렀고 좌편 기둥을 '보아스'라 불렀다(왕상 7:15-22; 대하 3:17). 야긴이라는 이름의 뜻은 '저(하나님)가 세우시리라'이며 보아스라는 이름의 뜻은 '그분(하나님)께 능력이 있다'이다.

스룹바벨이 세웠던 성전도 역시 사람의 힘으로나 능으로 세우신 것이 아니라 오직 예수님의 성령의 권세와 능력으로 친히 세우셨다.

<6 그가 내게 일러 가로되 יהוה께서 스룹바벨에게 하신 말씀이 이러하니라 만군의 יהוה께서 말씀하시되 이는 힘으로 되지 아니하며 능(能)으로 되지 아니하고 오직 나의 신(루아흐)으로 되느니라 7 큰 산아 네가 무엇이냐 네가 스룹바벨 앞에서 평지가 되리라 그가 머릿돌을 내어 놓을 때에 무리가 외치기를 은총(恩寵), 은총(恩寵)이 그에게 있을찌어다 하리라 하셨고>(슥 4장)

진리의 복음으로 은혜 위에 은혜로 세우신다는 말씀이다(요 1:16).

야곱은 베개로 삼았던 돌을 기둥으로 세우고 기름을 부어 '하나님의 집'의 그림자를 보여주었다(창 28:10-22; 31:13; 35:14,15). 성전 기둥은 구속에 있어서 매우 중요한 의미를 갖는다. '보아스'의 후손으로 태어난 예수님은 구속을 위한 친족의 조건을 갖추셨고 또한 피를 가지셨기에 '구속할 능력'이 있으신 구속자이시다. 그는 우리의 죄를 대신 지시고 십자가에서 저주를 받고 피를 흘려 죽으심으로써 한없는 사랑에 의한 값으로 교회를 사셨다(행 20:28). 어린양이 사단과 죄와 사망을 이기고 부활로 우리에게 영원한 신랑이 되셨다(계 19:5). 우리들을 죄에서 구속할 수 있는 능력은 오직 죄를 대신 짊어지시고 피흘려 죽으셨다가 부활하신 예수께만 있다. '그분이 일으키신다'는 야긴의 뜻과 같이 구속함과 죄사함을 받은 자에게 성령침례로 기름을 부으시고, 사망에서 일으키심을 받은 성도들은 하나님의 영원한 성전의 기둥이 된다. 구속을 받아 머릿돌이자 모퉁잇돌이신 그리스도께 연합된 자들은 교회요 진리의 기둥과 터요 하나님의 성전이 된다(딤전 3:15).

군대에게도 무너질, 죽은 돌의 성전도 오직 하나님께서만 세우시는데 더구나 만유 위에 영원한 성전은 예수님만이 세우실 수 있다.

솔로몬의 성전건축 때 돌을 뜨는 데서 치석하였으므로 예루살렘성에서는 방망이나 도끼나 철 연장소리가 들리지 않았다(왕상 6:7). 그것은 하늘의 예루살렘성에 들어가기 전 치석장(治石場)인 세상에서 하나님의 말씀의 망치로 정확하게 다듬어질 것임을 의미한다. 예수께서 머릿돌과 모퉁잇돌을 말씀하신 후 하신 말씀과 같다(마 21:42).

<이 돌 위에 떨어지는 자는 깨어지겠고 이 돌이 사람 위에 떨어지면 저를 가루로 만들어 흩으리라 하시니>(마 21:44)

누구든지 예수님의 말씀을 믿고 회개할 때 상하고 부서진(깨뜨려진/쪼개진) 심령이 된다(시 51:17; 렘 23:29; 눅 20:18). 예수 이름으로 침례받은 신자는 일으켜 세운 돌이 되고, 이어 성령으로 침례(기름부으심)를 받을 때 그의 속사람은 부활, 거듭남으로 제사장이 되며, 불침례로 산 보석으로 단련되며, 신령하고 영광스러운 몸으로 부활할 때 만유 위의 하늘에 뜨인돌들로서 이루어진 성전으로 건축된다.

물과 성령으로 거듭나 셋째하늘의 신령한 성전으로 세워진 아들들은 맏아들과 함께 지상으로 재림하여 머리인 바벨론으로부터 열 발가락에 이르기까지 하나님의 말씀에 불순종한 모든 자식들을 질그릇을 철퇴로 부수는 것같이 심판하실 것이다(시 2:9; 단 2:34,45; 계 19:15).

누구든지 성령으로 오신 예수님을 영접하지 않은 자들은 귀신의 처소, 별장, 여관이 된다(눅 11:13-26). 최고의 기도 응답은 아버지의 약속인 성령으로 침례를 받아 영이 부활, 거듭남, 보증을 받음, 인침 받음, 기름부음을 받는 것이라고 예수께서 가르치셨다.

구약에서 최고의 선지자는 물로 장사지내는 복음의 모형을 베풀었던 침례 요한이다. 하나님은 신약의 사역자들에게 '죽은 부모를 장사지내는 것보다 더 중요한 일인, 그리스도 안에 장사지내는, 침례 줄 자'로 부르신다(마 8:22; 12:39,40; 28:19). 그 위에 성령침례로 기름붓고 살리실 분은 오직 예수 그리스도이시다(요 1:33; 14:19).

교회가 탄생한(세워진) 날은 2000여 년 전 오순절 날이다. 참 성전은 죽은 돌로 지어진 건물이 아니라 예수님을 주(יהוה)와 메시야이심을 믿어(시 2:2,7; 행 2:36) 예수 이름의 물침례로 죄와 사망에서 일으킴을 받고 성령으로 거듭나서 만유 위의 셋째하늘에 높이 세워진 거듭난 성도들을 가리킨다(행 2:37-41).

하나님은 새언약의 성전에 영원한 새성함을 두셨는데 히브리어로는 여호수아, 다른 언어들로는 예수아, 예수스, 예수, Jesus이다.

<11 이 예수는 너희 건축자들의 버린 돌로서 집 모퉁이의 머릿돌이 되었느니라 12 다른 이로서는 구원을 얻을 수 없나니 천하 인간에 구원을 얻을 만한 다른 이름을 우리에게 주신 일이 없음이니라 하였더라>(행 4장)

아버지께서 아들에게 주신 이 존함을 믿지 않는 자는 당연히 심판을 받았다. 그 존함이 없는 자는 적그리스도의 이름을 받을 것이다.

아담 안에서 태어나는 모든 사람은 그 속사람(영)이 죽은 상태로 태어난다. 그러므로 모든 사람의 육체는 영이 죽은 무덤과도 같다(롬 3:13). 물과 성령으로 거듭날 때 그는 죽은 영의 무덤이 변하여 영원히 사시는 하나님의 거룩한 벧엘(성전)이 된다(롬 8:9-11; 고전 1:2; 3:9-11).

교회는 맏아들인 그리스도께서 머릿돌과 모퉁잇돌이 되신 새 한 몸의 지체들이다(고전 12:13). 아무리 수많은 기적을 행했을지라도 사도적인 복음을 믿지 않으면 뱀의 자손이 된다(고후 4:3-5; 11:3,4,13-15). 신자들의 마음(밭)에 교파의 교리(가라지)를 뿌리지 말고 아버지와 아들과 성령이신 예수님을 믿고 물과 성령으로 거듭난 자들로서 사도들이 전한 곡식 씨(예수님의 진리)를 뿌려야 한다. 사도들의 복음은 아버지의 진리요 교회의 유일한 터이다. 사도들의 터 위에 세워지지 않는 교회는 불법 건축물에 불과하다. 물과 성령으로 침례를 받은 자가 예수께 받는 불침례에 따라 금, 은, 각종 보석과 나무나 짚, 풀로 갈려진다(마 3:11; 눅 3:16). 거듭난 신자들을 보석(알곡)으로 세우지 않고 풀, 짚, 나무(쭉정이) 신자들로 세우면 다 불에 던져질 것이고, 그럴지라도 최선을 다해 건축했다면 그 사역자만 겨우 구원을 받을 것이다(고전 3:12-15).

<너희가 하나님의 성전인 것과 하나님의 성령이 너희 안에 거하시는 것을 알지 못하느뇨>(고전 3:16. 참고 6:19-20)

성령으로 기름을 부으셔서 새언약의 성전으로 세우시는 일은 예수님만이 하실 수 있다. 육체와 세상의 기적을 믿는 것보다 속사람에게 셋째 하늘에서 일어나는 영원한 기적을 믿어야 한다. 물과 성령으로 거듭났을지라도 만일 세상과 다시 짝하고 육체대로 따르거나 환란을 두려워하여 뒷걸음질한다면 실패한다(롬 8:13; 고후 6:14-7:1; 히 10:38,39).

<20 너희는 사도들과 선지자들의 터 위에 세우심을 입은 자라 그리스도 예수께서 친히 모퉁이 돌이 되셨느니라 21 그의 안에서 건물마다 서로 연결하여 주 안에서 성전이 되어 가고 22 너희도 성령 안에서 하나님의 거하실 처소가 되기 위하여 예수 안에서 함께 지어져 가느니라>(엡 2장)

머릿돌은 맏아들로서 가장 먼저 놓인 돌이요 모퉁잇돌은 모든 사람을 화평의 복음으로 새 한 몸에 연합시키는 돌이다.

<만일 내가 지체하면 너로 하나님의 집에서 어떻게 행하여야 할 것을 알게 하려 함이니 이 집은 살아 계신 하나님의 교회요 진리의 기둥과 터이니라>(딤전 3:15)

누구든 영적 소경이 되면 물질로 지은 건물을 성전이라고 착각한다.

<4 집마다 지은 이가 있으니 만물(註, 宇宙萬物)을 지으신 이는 하나님이시라 5 또한 모세는 장래에 말할 것을 증거하기 위하여 하나님의 온 집에서 사환으로 충성하였고 6 그리스도는 그의 집 맡은 아들로 충성하였으니 우리가 소망의 담대함과 자랑을 끝까지 견고히 잡으면 그의 집이라>(히 3장)

거대한 집(우주/宇宙)도 하나님께서 안식하실 처소가 되지 못했다. 주 하나님께서 영원히 안식하실 집은 살아있는 성전(교회)이다.

<4 사람에게는 버린 바가 되었으나 하나님께는 택하심을 입은 보배로운 산 돌이신 예수에게 나아와 5 너희도 산 돌 같이 신령한 집으로 세워지고 예수 그리스도로 말미암아 하나님이 기쁘게 받으실 신령한 제사를 드릴 거룩한 제사장이 될찌니라 6 경에 기록하였으되 보라 내가 택한 보배롭고 요긴한 모퉁이 돌을 시온에 두노니 저를 믿는 자는 부끄러움을 당치 아니하리라 하였으니 7 그러므로 믿는 너희에게는 보배이나 믿지 아니하는 자에게는 건축자들의 버린 그 돌이 모퉁이의 머릿돌이 되고 8 또한 부딪히는 돌과 거치는 반석이 되었다 하니라 저희가 말씀을 순종치 아니하므로 넘어지나니 이는 저희를 이렇게 정하신 것이라>(벧전 2장)

거듭난 성도들은 보배로운 돌(보석), 살아있는 돌, 신령한 돌(베드로), 만유 위에 뜨인 돌이다. 재림 때에는 우상의 집이길 고집하는 모든 죄인들을 철장으로 질그릇 부수듯이 깨뜨리실 것이다.

<이기는 자는 내 하나님 성전에 기둥이 되게 하리니 그가 결코 다시 나가지 아니하리라 내가 하나님의 이름과 하나님의 성 곧 하늘에서 내 하나님께로부터 내려오는 새 예루살렘의 이름과 나의 새 이름을 그이 위에 기록하리라>(계 3:12)

하나님께서 자기 백성들 중에 밤에는 불기둥과 낮에는 구름기둥으로 함께 하시며 밤낮 기둥들로 자신을 보이셨다(출 13:21,22; 14:19,24; 33:9,10; 민 12:5; 14:14; 신 31:15; 느 9:12,19; 시 99:7).

하나님께서 이스라엘과 언약을 맺으실 때도 열두 돌기둥을 세우셨다(출 24:4). 하나님께서 세우게 하신 성막과 성전에는 반드시 기둥들이 있어야 했다. 땅의 기둥들은 하나님의 것이며 주님께서 세계를 그 위에 세우셨다(삼상 2:8; 시 75:3). 장차 애굽(세상) 땅 중앙에 예수님을 위한 제단이 있을 것이며 그 주변에 예수님을 위한 기둥이 있을 것이다(사 19:18-20). 주의 이름으로 수많은 기적을 행하고 선지자 노릇을 했을지라도 물과 성령으로 거듭난 성도로 기둥과 성전이 되는 교회를 세우지 않는 자들은 예수께서 도무지 알지 못하신다는 불법자들이다.

하나님께서 세우신 기둥(성전)이 있는 반면 우상숭배자들이 세운 주상(柱像, pillar), 신전들이 있는데 하나님은 그것들을 파괴하라고 명하셨다(출 23:24; 34:13; 레 26:1,30; 신 7:5; 12:3; 16:22; 왕하 3:2; 18:4; 대하 14:3; 31:1; 렘 10:5; 43:13; 호 3:4; 10:1; 미 5:13).

야곱과 라반은 돌무더기로 기둥을 세우고 서로에게 증거로 삼았다(창 31:45,51,52). 하나님께서 예레미야를 온 땅과 유다 왕들과 그 족장들과 그 제사장들과 백성 앞에 쇠기둥이 되게 하셨다(렘 1:18). 하나님께서 성령으로 낳으신 아들들은 하나님께서 세우신 영원한 갈르엣(증거의 돌무더기), 기둥이 된다. 반면에 하나님의 인도하심을 떠난 사람들은 롯의 처와 같이 소금 기둥으로 마칠 것임을 경고하셨다(창 19:26; 눅 17:32). 솔로몬은 자기의 왕궁보다 먼저 하나님의 성전을 건축하였다(왕상 6:38; 7:1). 솔로몬의 성전은 7년 동안 세운 반면 13년 동안 왕궁을 세웠다. 하나님께서 먼저 하나님의 집을 세우는 자에게 성전보다 더 큰 왕궁을 유업으로 주셔서 영원히 왕 노릇하게 하실 것이다. 따라서 먼저 왕보다 제사장이 되어야 하며(벧전 2:9), 제사장이야말로 가장 존귀하게 기름부음 받은 자이다.

하나님께서 구속을 완전히 마치신 때에는 오직 머릿돌과 모퉁잇돌이 되신 예수 그리스도께 연합된 한 새사람이라는 성전만 있을 뿐이다.

<성 안에 성전을 내가 보지 못하였으니 이는 주 하나님 곧 전능하신 이와 및 어린양이 그 성전이심이라>(계 21:22)

그 성전의 재료는 산 돌, 신령한 돌, 보배롭고 희귀한 돌이다. 사람이 수십억을 들여 죽은 돌로 세운 예배당과 하나님께서 세우신 성전과의 차이는 비교조차 할 수 없다. 건축자들이 버린 돌이지만 전지전능하신 하나님께서는 심히 보배로운 돌들로 보시고 하나님께서 자신이 영원히 안식하실 집의 재료로 택하실 자들이 있다. 그 성전에는 오직 예수라는 유일한 존함만을 위해 산 자들로 지어졌기에 그분의 존함이 있다.

하나님의 참 성전이 아닌 우상의 산당들, 수많은 돈을 들여 지은 집을 성전이라고 자랑하는 자들, 이들 모두가 예외 없이 불법자들, 불법(不法) 건물이기에 그날에 무너짐이 심할 것이라고 경고하셨다.

<יהוה께서 집을 세우지 아니하시면 세우는 자의 수고(受苦)가 헛되며 יהוה께서 성(城)을 지키지 아니하시면 파숫군의 경성(警醒)함이 허사로다>(시 127:1)

성전을 향해 경배하는 것은 우상숭배가 아니라 당연한 것이다(시 5:7; 138:2). 죽은 돌로 지은 성전을 향해 경배하는 것도 가(可)한데 살아있는 신령하고 영광스러운 영원한 성전을 향해 경배하는 것은 더더욱 옳다. 그 성전은 '하나님의 영광의 형상'이기 때문에 더욱 그러하다.

살아있는 성전의 머릿돌이신 예수 그리스도께서 경배를 받으신 것은 그 안에 계시는 주 하나님께서 경배를 받으신 것이다. 주 하나님은 만유 안팎 어디에나 계시는 영이시므로 보이지 않으시고, 하나님께서 자기의 형상으로 낳으신 아들을 경배할 때 하나님을 경배하는 것으로 여기시는 것은 너무나 당연하다.

하나님의 아들들의 부활한 몸은 하늘의 영원한 참 성전이다. 하나님의 형상과 성전 된 아들들을 향하여 경배하는 것은 그 안에 계신 하나님을 경배하는 것이지 사람을 경배하는 것이 아니다. 하나님의 형상을 보는 것이 보이지 않으시는 그 하나님을 보는 것이기 때문이다.

(3) 속사람(제사장)을 낳으시고 겉사람(성전)을 새롭게 지으심

집 안에 주(主)이신 하나님이 계시며 제사장이 있어야 성전이 된다. 하나님의 형상이신 독생자는 하나님께서 모든 피조물보다 먼저 낳으신 아들이시다(골 1:15,17). 아들 안에는 아버지가 계시고 아버지는 아들과 영원히 하나로 연합되셨다. 사람인 예수 그리스도 안에 계시는 아버지는 옛날 모세의 성막과 다윗의 장막과 솔로몬의 성전, 스룹바벨의 성전에 계셨던 동일한 그 하나님 יהוה이시다.

하나님의 아들의 속사람은 멜기세덱의 반차를 따라 하나님 아버지를 섬기는 영원한 대제사장(그리스도)이시다. 예수 그리스도의 혼은 제사장인 셈을 섬기는 야벳과 같고, 영원히 단번의 제물로 드려졌다가 부활한 신령하고 거룩한 몸은 또 다른 의미로 하나님(아버지)과 제사장(아들의 영)이 영원히 거주하실 거처(성전/집)라는 의미이다.

영원하고 신령한 성전은 만유 위의 하늘, 시공을 초월하는 셋째하늘 위의 살아있는 처소이다. 시간과 공간을 포함한 만유 위의 교회에 대한 계시가 없으면 교회의 뛰어난 이상(비전)에 대해서도 깨닫지 못한다.

독생자는 맏아들이 되심으로 이 성전의 머릿돌과 모퉁잇돌이 되셨다. 물과 성령으로 거듭난 성도들은 그 머릿돌과 모퉁잇돌에 연합되어 성전으로 완성되어가는 보석들이다. 그들 각자 안에 동일하신 주 하나님 יהוה께서 영원히 임재하신다. 물론 그 하나님은 맏아들 안에도 계시고 첫째하늘과 둘째하늘과 셋째하늘 어디에나 다 계신다. 시간과 공간 안에 늘 계실뿐만 아니라 시간이나 공간 밖에도 영원히 충만하게 계신다. 거듭난 성도들의 영(속사람)은 대제사장이신 예수 그리스도를 따라 신령한 제사장이 되었다. 그들은 구약의 제사장들과는 달리 하나님께서 낳으신 아들들이다. 그들의 겉사람은 그리스도와 같은 영광의 신령한 산 돌로 변할 것이 약속되었다. 신령한 그들의 몸은 시간과 공간을 발아래 둘 정도로 만유를 발아래 두고 지배하는 몸이다. 하나님께서 그들의 속사람(영)을 낳으셨고 진리의 말씀으로 겉사람을 신령하고 영화로운 몸으로 새롭게 창조하신다(고후 5:17; 갈 6:15; 엡 2:10).

(4) 아버지의 집과 집맡을 아들

아무도, 아무 것도 없을 때도 스스로 계시는, 계셨던 분을 엘로힘(히), 데오스(헬), 하나님, God라고 부른다. 그분께서 만유를 지으시기 이전에 먼저 아들을 낳으심으로 독생자의 아버지가 되셨다(골 1:15).

그 아버지께서 아들의 형상의 모형으로 아담의 영혼육을 창조하셨다. 그 주 하나님은 '사람(영혼육)을 지으신 아버지'가 되셨다(신 32:6; 사 63:16; 64:8; 렘 3:4,19; 말 2:10; 요 8:41; 고전 8:6; 엡 4:6). 독생자의 모형으로 창조된 아담과 그 후손들은 아들의 신분이 아니라 종의 신분 이었기에 하나님의 집을 일컬을 때 '아버지의 집'이라고 할 수 없었다.

하나님께서 아들의 육체를 장막으로 삼으시고 자기 땅 자기 백성들 중에 장막을 치시며 임마누엘 하셨다(요 1:14). 하나님께서 낳으신 아들 은 비로소 하나님의 집을 '내 아버지의 집'이라 부를 수 있었다.

<비둘기 파는 사람들에게 이르시되 이것을 여기서 가져가라 <u>내 아 버지의 집</u>으로 장사하는 집을 만들지 말라 하시니>(요 2:16)

또한, 당시에 돌로 세운 성전은 완전한 '아버지의 집'이 아니었다.

하나님의 독생자가 하나님의 형상일 뿐만 아니라 하나님 아버지의 집 이었다(요 2:19-21). 본래 만유보다 먼저 아들을 낳으셨을 때 독생자는 아버지의 신령한 집이었으나 하나님의 형상과 성전의 모형인 아담과 그 후손들의 속죄를 위하여 잠시 육체를 집으로 삼고 임마누엘 하셨다.

<1 너희는 마음에 근심하지 말라 하나님을 믿으니 또 나를 믿으라 2 내 아버지 집에 거할 곳이 많도다 그렇지 않으면 너희에게 일렀 으리라 내가 너희를 위하여 처소를 예비하러 가노니 3 가서 너희를 위하여 처소를 예비하면 내가 다시 와서 너희를 내게로 영접하여 나 있는 곳에 너희도 있게 하리라 4 내가 가는 곳에 그 길을 너희가 알리라>(요 14장)

하나님은 오직 한 분이시고, 아들을 낳으심으로써 '아바 아버지'가 되 셨고, 죽으셨다가 부활하심으로써 독생자를 그 집의 머릿돌로 놓으셨다.

예수 그리스도는 속사람과 겉사람으로 연합된 완전한 사람이시다. 주 예수님의 부활한 몸은 속사람의 거처(집)이다. 그 집(성전)은 아버지의 집이므로 아버지께서 그 몸에 영원히 안식하며 거하신다.

　　성경을 가르치는 많은 사람들이 하나님의 성전과 아버지의 집이 각각 다른 것(초소/집)인 줄 오해하고 있다. 하나님의 신령한 성전과 아버지의 하늘 집은 동일한 집/성전이다. 하나님의 형상이자 성전인 아들 안에 아버지께서 영원히 안식하며 거하신다(요 10:38; 14:10,11; 17:23). 누구든지 물과 성령으로 거듭난 아들이 되면 아버지의 형상의 실체가 될 뿐만 아니라 아버지의 신령한 집이 된다. 머릿돌(맏아들)이자 모퉁잇돌이신 예수 그리스도께 연합되어 재림하실 때 아버지의 집으로 완성될 것이며, 하나님 아버지께서 영원히 그들 안에 거하실 것이다.

　　이 진리는 이어진 예수님의 말씀으로 더욱 분명하게 깨달을 수 있다. <예수께서 대답하여 가라사대 사람이 나를 사랑하면 내 말을 지키리니 내 아버지께서 저를 사랑하실 것이요 우리가 저에게 와서 거처(居處)를 저와 함께 하리라>(요 14:23)

　　아버지와 아들로 영원히 하나(연합)된 예수님은 아버지와 아들로 구별되나 분리되지 않으신다. 예수께서 자신의 성령으로 제자들 안에 오시면 제자들의 몸은 주 하나님과 그 그리스도의 영원한 처소/거처가 된다(요 14:16-18). 성령으로 거듭나 부활한 모든 성도들도 맏아들과 함께 아버지께서 그 안에서 영원히 거하실 '아버지의 집'이 된다. 부활한 아들의 몸들마다 '아버지의 집'의 일부(지체)로 연합된다. 영원하고 신령한 성전이나 '아버지의 집'은 물질로 지어진 것이 아니다. 요한복음 14장 2절(곳)과 23절(처소)의 헬라어 '모네'를 영어번역 성경들은 enough/many rooms, many mansions, many dwelling places, many abodes, many resting-places, many homes 등으로 번역했다.

　　거듭난 성도들이 그 머릿돌과 모퉁잇돌이신 맏아들에게 연합되어 성전으로 지어진다(고전 3:16; 엡 2:20-22). 아들은 영원히 아버지 집에 거하지만 종은 그렇지 않고 쫓겨난다(요 8:32-36). 물과 성령으로 거듭난 모든 아들들의 영(靈)도 동일한 아버지 집 안에 함께 거한다. 유일하신 참하나님과 그 독생자를 모르면 성전도 아버지집도 알지 못한다. <5 또한 모세는 장래에 말할 것을 증거하기 위하여 하나님의 온 집에서 사환으로 충성하였고 6 그리스도는 그의 집 맡은 아들로 충성하였으니 우리가 소망의 담대함과 자랑을 끝까지 견고히 잡으면 그의 집이라>(히 3장)

집 맡을 자는 아들이지 종이 아니다. 아들 중에 가장 작은 자가 종들 중에 가장 큰 자보다 더 크다. 이 비밀을 알아야 아버지의 경륜도 안다. 하나님은 성령침례를 주실 때 다시 종의 영으로 살리신 것이 아니라 아들의 영이 되도록 낳으셨다(롬 8:15-17; 갈 4:5-7,22-31; 엡 1:5). 엘리에셀을 양자로 삼지 못하고, 이스마엘도 후사로 삼지 못했다. 오직 아바 아버지가 낳으신 참아들만이 후사(집 맡을 자)가 될 수 있다.

하나님께서 아버지로서 아들을 얻으시고 후사로 삼아 모든 것을 물려주실 집안 세움인 '하나님의 경륜'은 헬라어로 οἰκονοία[오이코노미아](경영/dispensation)이고(엡 1:9; 3:2,9; 골 1:25; 딤전 1:4), 이 말에서 영어 economy가 나왔다. 하나님 아버지는 아들을 낳으시고, 후사로도 삼아 아버지의 모든 것을 물려주셔서 영원히 다스리게 하심으로 집안을 세우신다. 아들들이 영화롭고 신령한 몸으로 만유 위에 세워지면 아버지께서는 그 집 안에서 영원히 안식하신다(행 7:49; 히 4:10).

2. 하나님의 나라, 하늘의 나라

(1) 땅의 나라와 다윗(그 그리스도)의 나라

예수 그리스도께서 부활하신 후 제자들에게 성령으로 '하나님나라'에 대해 가르치실 때 제자들은 그 말씀을 충분히 이해하지 못했다. 그래서 그들은 '이스라엘 나라를 로마로부터 회복하심이 이때입니까?'라고 여쭈었다(행 1:6). 하나님나라와 그리스도의 나라는 다른 나라인데 하늘나라와 땅나라가 다른 나라인 것과 같다. 그것은 마치 새하늘과 새땅이 셋째 하늘과 그 초월적인 영역과 다르듯이, 확연히 다르다.

<찬송하리로다 오는 우리 조상 <u>다윗의 나라여</u> 가장 높은 곳에서 호산나 하더라>(막 11:10, 참고 눅 1;32)

다윗의 나라는 다윗이 왕인 나라를 가리킨다. 다윗의 나라는 하늘에 있는 나라가 아니라 땅에 속한 나라이고, 세상에 수많은 나라들 중에서 하나님께 속한 나라로 삼으셨으나 여전히 세상에 속한 나라이다.

구약성경에는 다윗이 예수님의 모형으로 등장하고 그의 나라와 왕위가 영원할 것이라고 말씀하셨다(왕상 2:45; 사 9:7; 16:5; 22:22; 55:3; 렘 30:9; 겔 34:23,24; 37:24,25; 눅 1:32,33).

다윗의 후손으로 예수께서 오셔서 사단에게 시험을 받으셨다(눅 4:6). 예수께서 세상 왕인 사단 마귀와 그 위에 통치하는 더 강한 왕인 죄와 사망을 부활로 이기셨다. 예수님은 메시야/그리스도(기름부음 받은 자)로서 대제사장이실 뿐만 아니라 왕이시다. 사람으로서 예수께서 기름부음받은 왕으로서 다스리는 나라는 하늘나라가 아니라 땅의 나라이다. 그 그리스도로서 예수님은 부활한 아들들과 함께 천년 동안 이 땅을 다스릴 것이다(계 20:4). 천년을 다스리는 동안 혈육으로 들어간 사람들은 지구 전체에 가득하게 번성할 것이다. 천년이 차면 무저갱에 가두었던 사단 마귀를 풀어놓는데 많은 이들이 사단의 유혹을 받아 사단 마귀와 그 사자들과 힘을 모아 부활의 아들들에게 반역을 할 것이고, 하늘에서 불이 내려와 모든 반역자들을 태우고 불못에 던져 넣으실 것이다. 사단 마귀를 잡아 영영한 불못에 던져 넣어 영원히 심판하실 것이다. 짐승(적그리스도)과 거짓 선지자도 직전에 거기에 던져질 것이다.

그리스도께서 사망과 음부도 불못에 던져 넣으실 것이다. 사람 때문에 온 죄를 사람이 없애셔서 다시는 죄나 사망이나 어떤 저주도 일어나지 못하는 완전한 세상이 올 것이다. 이 후에 이전의 하늘과 땅은 온데간데 없이 사라지고 새하늘과 새땅이 도래할 것이다. 하늘에서 물질적인 가장 귀한 보석들로 꾸며진 새예루살렘성이 하늘에서 내려올 것이다. 이 성은 하늘의 신령한 예루살렘성이 아니며 거듭나 부활한 성도들이 왕으로서 거주할 새땅의 보석성이다. 하나님의 아들들로서 만왕이 된 자들도 모두 그리스도와 함께 이 땅의 나라를 다스릴 것이다. 첫사람(아담)의 실패는 마지막 아담(둘째사람)의 손에서 회복 완성된다.
 <너희로 내 나라에 있어 내 상에서 먹고 마시며 또는 보좌에 앉아 이스라엘 열두 지파를 다스리게 하려 하노라>(눅 22:30)
 맏아들과 많은 아들들이 다스릴 새땅의 새나라는 우주 전체이다.

(2) 하나님의 나라와 하늘의 나라

구약성경에는 천국(하늘나라)/하나님나라라는 단어가 나오지 않고 '주의 나라'(your kingdom)라는 언급만 있다(시 45:6; 106:5; 145:11-13). 한글개역성경에는 '하늘나라'라는 표기가 없는 대신 '천국(天國)'이라고 표기했으며 마태복음(37번)과 디모데후서(1번, 4:18)에 나온다. '하나님 나라'는 마태복음에도 4번(12:28; 19:24; 21:31,43) 등장하고 신약성경에 여러 번 등장한다.

거듭난 성도들이 들어가는 이 하늘나라/하나님나라(마 4:23; 5:19,20; 7:21; 8:11; 9:35; 11:11,12; 막 9:47; 12:34; 막 15:43; 눅 4:43; 6:20; 7:28; 8:1; 9:60,62; 13:28,29; 16:16; 17:20,21; 18:16,17,24,25,29; 19:11; 21:31; 22:16; 23:51; 요 3:3-5; 행 14:22; 살전 2:12; 살후 1:5)는 우주(첫째하늘)의 어느 별(땅)이나 둘째하늘에 세울 나라가 아니다.

예수님과 제자들은 '천국/하나님나라가 가까이 왔다'라고 전파했다(마 3:2; 4:17; 10:7; 막 1:15; 눅 10:9,11; 21:31). 이 말씀에서 거리적으로 가까이 왔다는 뜻인지 시간적으로 가까이 왔다는 뜻인지 이해해야 한다. 첫째하늘과 둘째하늘은 시공에 제한되고 셋째하늘은 시공을 초월한다.

예수 그리스도께서 아버지(하나님)의 나라가 땅에 임하도록 기도하라고 가르치셨다(마 6:10,13).

하나님나라와 하늘나라는 동일(同一)한 나라이다(단 2:44). 하나님께서 영원토록 왕(King)으로서 다스리는 나라를 하나님나라로 부르고 시간과 공간 및 모든 것 위인 셋째하늘에 세울 나라이기에 하늘나라(천국)라고 부른다. 하나님나라는 시간과 공간을 초월하는 만유 위에 세우실 하늘나라요 그 그리스도의 나라는 새하늘 아래 새땅의 나라이다. 하나님나라는 초월적인 나라이고 그 그리스도의 나라는 시공에 제한적인 나라이다.

부활한 성도들은 하나님나라를 유업으로 얻는다(막 10:14,15,24,25; 고전 15:50). 이 말은 그들이 하늘나라(하나님나라)의 왕이 된다는 뜻이 아니다. 부활성도가 하늘나라/하나님나라에 들어간다는 말이며, 하나님께서 왕(King)으로서 다스릴 그 하나님/하늘나라에 소속된다는 의미이다(고전 6:9,10; 갈 5:21; 엡 5:5). 오직 하나님 한 분만 하나님나라/하늘나라를 영원토록 다스리는 유일한 왕(King)이시다.

한 나라의 왕이 한 분인 것과 같이 오직 한 분의 하나님만 왕이시다. 이를 가리켜 군주신론(君主神論)이라 부르는데 유대교는 물론 초대교회 때부터 여러 세기동안에도 대세를 이어간 정통신론이었다.

천국/하나님나라는 창세로부터 아들이 오실 때까지 비밀로 감추어져 있었다. 예수님께서 비유로 말씀하신 천국의 비밀은 신령한 눈과 귀가 있어야만 깨닫는다고 하셨다(마 13:9-17,35; 막 4:10-13; 눅 8:10). 이 일곱 가지 천국비유는 이 땅에 존재하는 교회들에 대한 비유이다. 교회를 보는 것은 하나님나라가 권능으로 임하는 것을 보는 것이라고 하셨다(마 16:28; 막 9:1; 눅 9:27). 예수께서 하나님의 손(능력)을 힘입어 귀신을 쫓아내는 것이면 하나님나라/하늘나라(교회의 머리)가 곁에 임하셨다는 말씀이다(눅 11:20). 하나님나라에서 떡을 먹는 자는 복되다는 말씀은 진리의 떡을 먹고 거듭나 하나님의 교회의 지체로서 하나님을 섬기며 예배하는 것이 하늘나라의 잔치에 참여한 것임을 가르치셨다(눅 14:1-24). 바리새인들이 하나님의 나라가 언제 임하느냐고 물었을 때 '하나님나라/천국은 볼 수 있게 임하는 것이 아니요 또 여기 있다 저기 있다고도 못하는 나라라고 가르치셨다. 하나님나라/천국은 교회의 머리가 될 하나님의 독생자가 그들 안에(가운데) 서계실 때 하나님나라/하늘나라가 임한 것이라고 말씀하신 것이다(눅 17:20-21).

하나님나라/천국이 영광중에 나타나고 땅에 이루어짐은 예수님께서 재림하실 때라고 말씀하셨다(눅 19:11-27). 예수께서 돌아가시기 직전에 '이제부터 내 아버지의 나라에서 너희와 함께 새것으로 마시는 날까지 포도나무에서 난 것을 마시지 아니하리라'고 말씀하셨다(마 26:29; 막 14:25; 눅 22:16,18). 이 말씀은 부활하신 후 다윗에게 허락하신 확실한 은혜의 젖과 포도주로 비유한 새언약을 가리키는 것이었고(사 55:1-3), 가나 혼인잔치에서 말씀하신 새언약의 포도주로 상징했다. 예수님은 빌라도 앞에서 '내 나라는 세상에 속한 나라가 아니다'라고 증거하셨다(요 18:36). 이는 하나님으로서 예수님께서 교회의 왕이심을 증거한 것이다. 하나님의 맏아들과 많은 아들들은 하나님의 교회이자 하나님나라이다. 하나님나라/하늘나라는 하나님의 손(권능)이 함께 하여 사단 마귀 귀신에게 지배받던 죄인이 예수님을 왕으로 영접하여 하늘에 속한 교회가 됨으로써 성도 안에 세워지는 나라이다.

하나님나라는 사단이 아닌 하나님께서 왕으로 통치하시고, 만유 위 하늘나라에 세워지기에 '여기나 저기에 있는 나라'가 아니다. 성령침례로 셋째하늘에서 태어나 하나님을 왕으로 영접하고 그분께 통치 받던 부활성도들이 하늘나라/하나님나라이다. 생명의 첫째부활에 참여한 성도들이 이 땅에 임하여 땅의 나라를 다스릴 자들이 그 하나님나라요 만유 위에 세워진 그 하늘나라라는 의미이다.

하나님나라/하늘나라는 시공을 초월하는 셋째하늘에 세워진다. 시공을 초월하는 하늘은 모든 공간을 초월해 어디든 항상 존재한다. 하나님의 아들들의 영은 만유 위 셋째하늘에서 태어났다(요 3:3). 독생자가 나신 곳이며, 그가 세상에 오셔서 제자들 가운데 계셨을 때도 여전히 계시던 그 하늘이며(요 3:13) 맏아들과 거듭난 아들들이 함께 있게 하실 만유 위의 하늘이다(요 3:31; 7:34,36; 12:26; 13:36; 14:3; 17:24). 그 하늘은 성령침례로 지체가 된 성도들이 있는 영역이며(고전 12:13), 거듭난 자들의 어머니(신령한 예루살렘)가 있는 하늘이다(갈 4:26). 교회가 세워진 만유 위와 동시에 만유 안에 있는 초월적 하늘의 나라이다(엡 1:22,23). 거듭난 성도들은 사망에서 부활로 일어나 그리스도와 함께 하늘나라에 앉혀졌다고 증거하였다(엡 2:5,6). 거듭난 성도들의 속사람은 한 새사람에게 연합되어(엡 2:15) 그 하늘에서 왕이신 하나님의 통치아래 있다.

하나님을 안에 모시면 '하나님의 집'(아버지의 집)이 되는 것과 같고, 사단 마귀의 집이던 자가 아버지와 아들의 영인 성령을 영접함으로써 하나님의 집(성전/아버지 집)이 되는데 왕인 사단 마귀가 쫓겨났으므로 사단의 나라가 하나님의 나라로 변한 것이다(마 12:22-30; 막 3:22-30; 눅 11:13-26; 17:21). 하나님은 부활한 성도들을 하나님의 집(성전)으로 여기실 때 그들의 '아버지'가 되신다. 하나님이 거듭난 성도들을 나라로 여기실 때 그들을 통치하시는 왕이 되신다. 신령한 몸으로 부활할 때에 하나님의 성전/아버지의 집(안식하실 처소)으로 완성되듯이 그 하늘나라/하나님나라도 신령한 영토로 완성된다.

하나님나라는 땅의 나라와 같이 먹고 마시는 그런 나라가 아니다.
<하나님의 나라는 먹는 것과 마시는 것이 아니요 오직 성령 안에서 의와 평강과 희락이라>(롬 14:17)
어느 공간 속의 땅에 세워진 나라는 하늘나라가 절대로 아니다.

부활한 성도들이 신령한 성전과 신령한 나라로 완성된다는 말이다.
<오직 너희는 택하신 족속이요 왕 같은 제사장들이요 <u>거룩한 나라</u>
<u>요</u> 그의 소유된 백성이니 이는 너희를 어두운 데서 불러내어 그의
기이(奇異)한 빛에 들어가게 하신 자의 아름다운 덕(德)을 선전하게
하려 하심이라>(벧전 2:9)

헬라어는 '에드노스'는 국(國/nation, 행 2:5), 만국(딤전 3:16; 계
20:3; 22:2), 열국(계 17:15)으로 번역되었는데 한글개역개정, 우리말성
경, 쉬운성경, 현대인의 성경에서는 '나라'로 번역되었으며 영어성경들
거의 다 nation으로 번역하였다. '에드노스'는 왕국(王國), 민국(民國),
신국(神國)을 포함하는 의미이다.
<그 아버지 하나님을 위하여 우리를 <u>나라</u>와 제사장으로 삼으신 그
에게 영광과 능력이 세세토록 있기를 원하노라 아멘(계 1:6)
<저희로 우리 하나님 앞에서 <u>나라</u>와 제사장을 삼으셨으니 저희가
땅에서 왕 노릇 하리로다 하더라>(계 5:10)

위 두 구절에서 '나라'는 '왕국'을 뜻하는 헬라어로 '바실레이아'이다.
'부활성도가 왕이신 하나님 아버지의 나라'이라는 말씀이다.

(3) 하나님나라/하늘나라의 백성은 거듭난 성도들이다

하나님께서 모세에게 옛언약을 주시면서 '제사장 나라'를 약속하셨다
(출 19:5-6). 이 말씀은 아브라함의 후손인 선민(選民)들을 통해 천하 만
민이 복을 받게 하신 약속과 깊은 관련이 있다(창 12:2,3). 모형에 불과
한 구약성전에서 섬기는 제사장도 레위지파 중에 아론의 후손만 되었다.
아론의 사촌인 고라도 제사장이 될 수 없었으니 다른 11지파 자손들은
더구나 제사장이 될 수 없었다. 예수님이실지라도 육체대로는 유대교의
제사장이 되지 못하셨다(히 7:14). 바울은 육신적 유대인은 참유대인이
아니요 표면적 할례도 할례가 아니라고 했다. 아브라함의 영원한 후손,
이스라엘의 신령한 후손으로 제사장나라를 세우신다는 말씀이다. 땅의
제사장의 신분은 모두가 혈통으로 난 종들이었고 신약의 하늘의 제사장
들의 신분은 다 성령으로 하늘에서 태어난 아들들이다.

'성전'으로 말하면 거듭난 자들의 속사람(영)이 '제사장'이고, '아버지 집'으로 말하면 거듭난 속사람이 '아들'이다. 그런데 '나라'로 말하자면 거듭난 자들의 속사람이 '신령한 백성'이다(마 1:21; 롬 9:25; 15:10; 고후 6:16; 딤후 2:19; 딛 2:14; 히 2:17; 4:9; 5:3; 8:10; 9:7; 11:25; 13:12; 벧전 2:9,10; 계 18:4; 21:3). 그 나라의 모든 백성들이 영원한 제사장 신분인 나라가 '제사장들의 나라'이다. 또한 아들들은 만유를 영원토록 다스릴 왕들이기에 왕의 신분인 백성으로 된 나라가 '왕들의 나라'이다. 예수 그리스도께서 이 나라를 완성하시고 사단과 죄와 사망을 완전히 멸하시고, 이 나라(엑클레시아: '하나님나라', '하늘나라')를 아버지 하나님께 봉헌할 것이다(고전 15:24-28). 하나님은 하나님나라/하늘나라를 영원히 다스리실 왕(King)이시다. 아들들은 제사장들로서 영원토록 하나님을 섬기고, 만유를 발아래 둔 만유 위에서 만유를 충만케 할 충만으로 새땅의 만국을 영원히 다스릴 왕(king)들이다.

(4) 하나님나라와 하늘나라의 영토

천국/하나님나라의 비밀은 신령한 눈과 귀가 있는 자에게 예수님께서 계시로 알려주시는 것이다. 마음과 귀에 할례를 받지 못해 교만한 자는 결코 깨달을 수 없는 신묘한 천국복음의 비밀이다.

흔히 주권, 국민, 영토를 국가구성 3요소로 보는데 초림 때 유대나라는 주권을 로마에게 빼앗긴 속국상태였다. 하나님나라/하늘나라도 세 가지의 구성요소들이 갖추어질 때 완전하다. 주권은 주 하나님께서 성도들 안에 오셔서 영주(永住)하시고 좌정(坐定)하심으로써 영원토록 왕(King)으로 통치하시는 신주(神主)국가, 왕정(王政)국가라는 말이다. 하늘나라/하나님나라의 백성은 거듭난 성도들의 속사람(영)이다. 따라서 무엇이 그 나라의 영토인지 눈과 귀가 있다면 쉽고 명백하게 깨달을 수 있다. 부활한 신령하고 영화로운 예수님의 몸이 신령한 집(성전/아버지 집)의 머릿돌과 모퉁잇돌이고, 거기에 연합된 부활성도들의 몸이 아버지집/성전(건물)으로 지어졌다. 따라서 집과 아버지를 나라와 왕으로 비유한 개념을 바꾸어 생각해보면 국토(國土) 역시 명백하게 이해할 수 있다.

천사들은 옥문을 열지 않고도 감옥에 갇힌 사도들을 간단히 구출할 수 있을 만큼 물질계에 대해 능력 있고 자유로운 영체이다(행 5:19,23; 12:10). 그러나 어떤 천사도 시공을 초월하는 셋째하늘의 영역에 들어갈 권세나 능력은 없다. 부활한 성도들의 신령하고 영화로운 몸이 천국의 영토(領土)이다. 예수님과 같이 신령한 몸으로 부활한 성도들은 시간과 공간을 발아래 두고, 동시에 만유 위에와 만유 안의 셋째하늘에 있다. 맏아들과 같은 신령하고 영광스런 땅들이 하나로 하늘나라/하나님나라의 영토가 되었다. 구약에서 종의 신분인 선민들은 해마다 세 차례 땅의 예루살렘 성전을 찾아가야 했는데 신약에서는 하나님처럼 자유로워진 아들들이 하나님의 집, 하나님나라 자체가 되는 기적에 안에 들어갔다. 부활한 성도들이 하늘나라/하나님나라에 들어간다는 말은 그들의 영이 이미 하늘에 앉힘을 받았고, 몸의 구속이 일어날 때 신령하고 영광스러운 몸으로 하나님나라/하늘나라의 영토로 완성된다는 의미이다. 맏아들은 성전의 머릿돌이듯이 그 나라에서는 수도(首都)이고 많은 아들들은 그 나라의 성읍들이며 이 나라를 아버지께 바칠 때 아버지께서 '하나님의 나라/아버지의 나라'의 왕으로 영원히 다스리실 것이다.

3. 거룩하고 신령한 하늘의 예루살렘성

(1) 땅에 있는 예루살렘성

하나님의 백성/아들들의 연합을 가리켜 '하나님의 신부'라고 비유할 때에는 집이나 나라와 달리 성(城)에다 비유한다. 주 하나님을 아버지의 신분으로 모실 때 성도는 하나님의 집과 아들이 되고, 주 하나님을 왕의 신분으로 모실 때 성도는 하나님의 나라와 백성이 되며, 하나님을 신랑/남편으로 모실 때 성도/교회는 성(城)과 아내로 비유된다.

아버지가 한 분이듯이 하나님도 오직 한 분이시고, 왕이 한 분이듯이 하나님도 오직 한 분이시고, 남편이 한 분이듯이 오직 하나님도 한 분이시다. 이 진리가 군주신론(君主神論)에 이어 부부신론(夫父神論)이다.

만일 יהוה 하나님 외에 다른 아들하나님이나 성령하나님이 계신다고 믿는다면 음부(淫婦)가 된다. 아브라함이 사라와 하갈의 유일한 남편이 었음을 통해 구약성도나 신약성도가 동일한 한 분 하나님을 섬겨야 함을 보여주셨다. 호세아를 통해서 분명하게 보여주신 제1계명을 바울과 베드로도 '로루하마'와 '로암미'에 대해 증거하였다(롬 9:15; 벧전 2:10). 한 신부는 한 분 하나님 יהוה께서 영원한 남편이 되셨음을 믿어야 한다.

하나님께서 땅에 있는 예루살렘을 여종(하갈)인 아내(사 54:1-8; 렘 3:1-14; 호 1:1-11)로 비유할 때 실제 돌로 지은 성(城)을 가리킨 것이 아니다(갈 4:24-25). 주 하나님의 백성들 전체를 한 여인으로 비유하여 아내라고 칭한 것이며 백성들 하나하나는 한 여인의 아들과 같다. 땅의 혈육적인 선민은 이스마엘과 같이 속사람과 겉사람이 종의 신분이다. 그들의 몸은 병들고 늙어가는 육체 곧 흙에 불과하다. 하나님은 그런 자는 물론 죄 없는 육체를 가졌을지라도 영원한 신부로 맞이하지 않으신다. 하갈과 이스마엘이 아브라함의 집에서 쫓겨났듯이 혈통적 선민은 땅에서 천한 아내요 종일 뿐 하늘의 영원한 가족이 아니다.

(2) 새하늘과 새땅에 내려올 새예루살렘성

최후심판을 마치면 새예루살렘성(城)이 새하늘에서 새땅으로 내려온다(계 21:1-11). 신부(어린양의 아내)를 보이시려고 성령께서 요한을 높은 산으로 데리고 올라가 거룩한 예루살렘성을 보이셨다. 이 새예루살렘성은 신부가 신랑을 위해 단장한 것 같은 성인데 실제 보석들로 꾸며졌다. 구약에서도 물질로 된 성 자체를 하나님의 신부로 비유하신 적이 없는데도 어떤 이들은 이 성을 신랑 되신 하나님(또는 하나님과 어린양이신 예수님)의 신부(아내)라고 오해한다. 인간의 결혼은 남녀의 육체가 연합하여 한 육체를 이룬다. 하나님은 영이시므로 물체는 물론 육체와도 연합할 수 없으시며, 신령한 결혼은 영이신 하나님과 성령으로 거듭난 성도들의 영들과 하나로 연합하는 것이다(고전 6:16,17). 옛하늘이 사라지고 도래한 새하늘은 셋째하늘이 아니며, 옛땅이 사라진 후 도래한 새땅도 당연히 하늘의 신령한 땅이 아니다.

셋째하늘의 부활성도들이 하나님나라/하늘나라이므로 그들이 새땅에 임함으로써 주기도문이 성취된다(마 6:10). 부활 성도들이 새땅의 나라들을 다스릴 때 그들이 거주할 성이 물질적인 온갖 보석들로 만들어진 새예루살렘성인데 에덴동산(낙원)보다 더 아름답고 완전하게 만들어진 지상낙원이다(계 3:12; 22:14,19). 땅에서 아무리 보배로운 보석일지라도 신령하고 초월적인 셋째하늘에 들어갈 수는 없다. 피조된 영인 천사들도 셋째하늘에는 들어갈 수 없기 때문이다.

(3) 하늘에 영광스럽고 신령한 예루살렘성

사라는 하나님의 신부(아내)인 교회를 상징하고, 아브라함은 구약의 성도들에게나 신약의 성도들에게 오직 한 남편 되신 예수님(주/יהוה)의 모형이다. 영원히 참된 남편이신 예수님은 완전 의로우시다. 누구든지 그리스도의 신부가 되기를 원한다면 그분의 말씀에 무조건 복종해야 한다(엡 5:22-24,32; 벧전 3:6). 아내인 교회가 남편인 하나님께 순종해야 함을 사라가 아브라함에게 한 복종을 가지고 보여주셨다. 아브라함이 주 하나님의 모형이고 사라가 교회의 모형이라는 계시를 깨달은 자라면 왜 사라가 아브라함의 말에 전적으로 복종했는지를 알게 된다.

바울이 계시로 깨닫고 전한 복음은 이삭을 낳은 사라를 가리켜 하늘의 예루살렘, 우리의 어머니라고 비유한다. 히브리어로 '하늘'은 장엄, 충만의 의미를 부여하여 단수일 때도 쌍수형인 '샤마임'으로 표기한다. 하나님께서 하늘들을 창조하셨고(왕상 8:27; 대하 2:6; 6:18; 느 9:6; 시 68:33), 하나님이 하늘들을 창조하시기 이전부터 있던, 시공을 초월하는 영역인 '셋째하늘'은 참으로 기이하다. 부활성도들의 집합체인 살아있는 신령한 예루살렘성은 셋째하늘에 있으며 하나님의 신부(아내)요 거기서 거듭난 모든 아들들의 어머니이다.

<22 그러나 <u>너희가 이른 곳은</u> 시온산과 살아계신 하나님의 도성인 <u>하늘의 예루살렘</u>과 천만 천사(註 앙겔로스, 사자使者)와 23 하늘에 기록한 장자들의 총회와 교회와 만민의 심판자이신 하나님과 및 온전케 된 의인의 영들과>(히 12장)

물질적 예루살렘 성을 찾아왔던 구약성도들이 육적인 예루살렘이다.

초월적인 영역인 셋째하늘에 신령한 나라·집·시온산이 있다. 거듭난 성도들의 속사람이 이미 '이른 곳'은 신령한 예루살렘성이다. 믿음의 조상 아브라함과 이삭, 야곱이 장막에 거하면서 나그네로 살며 사모하던 본향의 성(城)이다(히 11:16). 이 성(城)은 신구약에서 하나님의 언약으로 의인이 되고 생명의 부활에 참여한 모든 성도들의 연합체이다.

예수께서 십자가에서 죽으시고 부활하심으로 율법을 폐하셨기에 율법의 남편에게서 벗어나 사단과 죄와 사망을 이긴 새로운 남편에게 은혜와 진리로 재혼을 해도 음녀가 되지 않는다(롬 7:1-6). 하나님과 어린양이라는 신랑은 썩을 육체를 가진 여자, 여종이라는 천한 여자를 영원한 아내로 원하지 않으신다. 의인들도 죽고 새로운 여인이 되어야 비로소 예수님의 영원한 신부가 될 수 있다. 율법의 의인들의 연합은 땅의 아내로서 일시적이었지만 부활한 모든 의인들은 하늘의 영원한 신부이다.

바울의 속사람(영)이 몸 안에서인지 몸 밖에서인지 모르나 실제로 들어가 경험했던 셋째하늘의 낙원이 바로 신령한 이 성 안에 있는 곳이다(고후 12:2). 셋째하늘의 신령한 이 예루살렘성은 생명의 부활에 참여한 아들들로 한 몸으로 연합을 이루면서 어머니(하나님의 아내)라는 신분을 갖는다. 그 어머니 안에 아들들은 야곱과 같이 나중 난 자(거듭난 자)로 장자권을 받았기에 '장자들의 총회'라 불린다.

거듭난 자들만이 셋째하늘에 있는 예루살렘성의 시민권을 얻는다(빌 3:20). 하나님으로부터 태어나지 않고 단지 지음받은 천사들은 하나님을 אבא[아바] '아버지'라 부를 권세가 없고 하늘의 예루살렘을 '어머니/אם[에므]'라 부를 자격도 없다. 천사들은 새땅의 새예루살렘성에서도 성문을 지키는 종에 불과하다(계 21:12). 거듭난 성도들이 올라간 셋째하늘에 종의 신분인 천사들은 들어갈 수 없기에 천만 '천사'란 말은 오역이며 헬라어 '앙겔로스'를 계시록 1장 20절이나 2장 1,8,12,18절, 3장 1,7,14절, 22장 16절 등등의 구절처럼 하늘로서 보내심을 받았던 '사자(使者)'로 번역해야 한다. 대천사장이 그 하늘에 들어가려고 반역했으나 도리어 불못에 떨어지게 된 사건도 같은 맥락이다(사 14:13-15).

(4) 하나님의 신부인 헵시바와 뿔라

하나님의 '집'이나 하나님의 나라의 '영토'처럼 예루살렘성에도 그것들에 해당되는 비유적인 것이 있는데 바로 '성 바닥과 성을 두르고 있는 성벽'이다. 이사야가 이에 대해 아름다운 예언을 하였는데 '헵시바'와 '뿔라'라는 것이다(사 62:3-5).

신부에 비유된 성도의 속사람을 살 중의 살, 뼈 중의 뼈처럼 יהוה의 손의 아름다운 면류관(제사장, 슥 6:11)과 하나님의 손의 왕관(왕)이라 묘사한다. '나의 기쁨은 그녀에게 있다'(헵시바)와 '결혼한 여자'(뿔라)라 불리듯이 하나님께 영원히 완전하게 연합될 것임을 보여준다. 신부의 몸으로 부활하기 이전에 모든 이들의 육체는 '버려진 땅', '황무지'(광야)와 같았고(창 3:19; 사 32:15; 35:1-6; 40:3; 41:18; 43:19,20; 51:3; 마 3:3; 막 1:3; 눅 3:4; 히 6:7), 요한이 יהוה의 오실 길을 닦았던 광야도 회개할 자들의 마음을 비유했다. 광야교회가 걸었던 길은 구원받은 신약 성도의 육체적 삶을 비유로 보여준다(신 8:2). 광야에 흐르는 생수의 샘과 강은 성령침례와 성령충만을 비유한다. 새땅의 새예루살렘성의 바닥과 길이 각종 보석들과 정금(正金)으로 되어있다고 묘사한 것은 성도 안의 신령한 보석성의 이면을 비유로 보여준다(계 21:18,21).

<내게 말하는 자가 그 성과 그 문들과 성곽을 척량하려고 금갈대를 가졌더라>(계 21:15)

에스겔이 본 미래의 성전 환상에서도 성전을 장대로 척량하는 장면이 나온다(40~47장). '장대'라 번역된 단어는 히브리어로 '카네'인데 '갈대'라고도 번역한다. '카네'는 헬라어로는 κανών으로 '규칙', '표준', '척도'라는 의미를 갖고, 특히 교회는 '정경'을 뜻하는 단어로 사용하고 영어로는 Canon으로 쓴다. 예수님은 상한 갈대(카네)를 꺾지 않으시고 다시 일으켜 사용하신다. 카네는 글쓰는 도구로 사용되고 푸른 갈대를 짓이겨 이때 나온 진액으로 붙이고 압착하여 파피루스(Bible)를 만든다.

새예루살렘성을 금갈대로 척량한다는 것은 처음에 선포된 변함없는 말씀(설계도)대로 지어졌는지 최종적으로 확증하는 준공검사와 같다. 주 하나님의 말씀에 사람의 신학, 교파의 교리로 더하거나 빼면 정녕 아침 빛을 보지 못하기 때문이다(사 8:20; 계 22:18,19).

곡식일지라도 쭉정이가 아닌 알곡이 되어야 곳간에 들어간다. 세상과 육체에 속한 수많은 기적을 체험했을지라도 성경적인 예수님과 성경적인 복음을 거절한 신자라면 심판자께서 도무지 알지 못하는 불법자'로 심판을 받을 것이다. 하나님은 물과 성령으로 거듭난 성도들을 불침례로 제련하고 단련하시되 온전치 못한 것들을 다 버리시고 성경에 일치하는 것들만 취하실 것이다. 계시록 21장 19,20절에도 열두 아들의 이름과 열두 보석이 기록되었는데 순서가 구약 때의 것과 동일하지 않은 것은 번역상의 문제와 시대적인 변화도 있지만 먼저 된 자가 나중 되고 나중 된 자가 먼저 되기 때문이다(마 19:30; 20:16; 막 10:31; 눅 13:30).

출애굽기 28장 15-22절과 39장 8-16절에는 대제사장의 흉패에 열두 아들의 이름을 새긴 각각의 보석들이 달려있다. 요한이 환상에서 본 보좌에 앉으신 분의 모습은 벽옥과 같고 홍보석과 같으며 무지개의 모양은 녹보석과 같았다(계 4:3). 벽옥은 베냐민에 해당되는 보석으로 그 이름의 뜻은 '오른손/우편의 아들'이다. 홍보석은 르우벤의 보석인데 그 이름의 뜻은 '보라 아들이다'이다. 녹보석은 스불론의 보석인데 그 이름의 뜻은 '함께 거함'이다. 대제사장이신 예수님은 함께 아들된 형제들과 셋째하늘의 아버지 집에 영원히 함께 거하신다. 맏아들은 하나님의 오른손으로 높임 받고 하나님의 우편(후사의 자리)에 앉아 영원토록 아버지 하나님의 충만케 하시는 일을 이어가실 것이다. 이긴 아들들도 동일한 은혜로 맏아들과 공동후사가 되게 하실 것이다(계 3:21).

그 성곽(성벽/wall)과 첫째 기초석은 벽옥으로 되었고(계 21:18,19), 벽옥은 베냐민의 보석인데 벽옥으로 성벽을 이루고 있는 것은 그 성에 들어가려면 반드시 하나님께서 세우시는 오른손을 따라야 함을 강조한 말씀이다(요 21:6). 오직 예수님이 낳으시고(르우벤), 예수께만 능력이 있고(보아스) 예수께서 친히 오른손으로 자기의 교회를 세우신다(야긴). 성곽의 길이와 넓이와 높이는 각각 12,000스다디온(약 2400㎞, 1스다디온≒192m)이나 된다. 그 예루살렘성의 길은 신령한 정금인지라 완전한 진리의 길을 걷는 자들만 들어갈 것이다(계 21:21).

-살롬-.

참고할 내용 출처들

1) 아가페성경사전 p.1527, 성서대백과사전 10권 p.791, 성구대사전 이성호.
2) 네이버 라틴어 백과, 위키백과. 니누스
3) '두 개의 바벨론'의 제2부 '경배의 대상', 안티오크 출판사, 1997년 재판
4) 동인용서 p.25
5) '두 개의 바벨론', 알렉산더 히슬롭 저, 안티오크 출판사, 1997년 8월 3일 재판 인쇄
6) 이에 대한 상세한 설명은 생명의 강 시리즈 제4권에서 다루었음
7) 성서원어 대사전, 기독교문사, p.56
8) 바나바 서신 9:8. 또는 j. Finegan 의 Mark of the Taw. pp.145 이하
9) 김승학 저 '떨기나무' 참고
10) 아가페성경사전 p.570
11) 관주톰슨성경, 여호수아 20장 7,8절 주해, 베소라성서 자료실
12) 위키백과 참고
13) 창세기 대홍수, 존 위트콤 헨리 모리스 공저, 이기섭 옮김, 1992, 성광문화사 p.29
14) 라이프 성경사전, 인터넷
15) 네이버 '지식백과'에서
16) IVP 주석성경 구약 p.178
17) IVP 주석성경 구약 p.181
18) 자세한 것은 본인의 저서 [일곱 명절에 뵙는 예수 그리스도] 참고
19) 일곱 명절에 관한 자세한 설명은 본인의 저서 '일곱 명절에 뵙는 예수 그리스도' 참고바람
20) 자세한 것은 본인의 저서 [주여 뉘옵니까?] 참고
21) 상세한 설명은 생명의 강 시리즈 제2권을 참고바람
22) 세례(침례), 필수인가? 선택인가? 강영필 저. 생명나무출판. pp.116-121
23) 성서 헬라어 사전 박창환 역 p.61
24) 성서원어대사전. 기독교문사 pp.61.62
25) 히브리어 헬라어 원어사전. 로고스 출판사. p.350
26) 성서원어 헬한완벽사전. 한국성서연구원, 브니엘출판사. p.622
27) 성서백과 대사전. 5권. pp.901,902
28) 성서백과대사전 6권. p.395
29) 성서백과대사전 6권. p.410
30) 성서백과대사전 6권. pp.422,423
31) 아가페 성경사전 p.850
32) 아가페 성경사전 p.850
33) 성서원어 신약신학사전. III권. p.664
34) 상세한 것은 생명의 강 시리즈 제2권을 참고
35) 성서백과대사전 6권. p.396

36) 성서원어 신약신학사전 Ⅲ권. p.665

37) 성서원어 신약신학사전 Ⅲ권. p.665, 성서백과 대사전 p.401

38) 성서백과대사전 6권. p.396

39) 성서백과대사전 6권 p.396

40) 성서원어 헬한완벽사전 Ⅲ권 p.688

41) 성서원어 신약신학사전 Ⅲ권. p.665

42) 성서원어 신약신학사전. Ⅲ권. p.660

43) 상세한 설명은 생명의 강 시리즈 <다른 이름은 없나니>를 참고 바람

44) IVP 성경배경주석. 신약. 크레이그 키너 저. 청옥배 외 옮김. p.380

45) IVP 성경주석 신약. p.325

46) 기독지혜사 <관주 톰슨 성경> 1984. 신약 pp.200,201 사도행전 8장 16절 주해에서

47) <창세기 대홍수> 존 위트콤, 헨리 모리스 공저. 이기섭 역, 성광문화사 p.29

48) 다른 이름이 없나니. 도서출판 생명나무. p.29

49) 라이프성경사전 참고

50) 워커의 교회사 p.138

51) 아놀드의 {사도적 교회 약사}에서

52) L. Verduin, p.161

53) 피흘린 발자취(THE TRAIL OF BLOOD).J. M. 캐롤 박사가 저. 혜남사. p.29

54) 시베리아의 불꽃, 올리브 사(아놀드 로제) 저, 홍동식 역, 1986년. 재판 전도출판사

55) Stefan Zweig의 {폭력에 항거한 양심} p.177

56) 해설성경사전 제1권 p.352

57) 체임스 백과사전 제2권 p.112

58) http://kjv1611.co.kr/theology/td_2/td_2_3/cal13.htm

59) 타임즈 잡지 1968년 5월호 p.58

60) 타임즈 잡지, 1968.5월호 58쪽

61) Tony Lane 저, 나침반社 {기독교 사상사} p.27

62) 에이 렌위크 저, 생명의 말씀사 {간추린 교회사} p.25; Tony Lane 저, 나침반社 {기독교 사상사} p.27

63) 장신대 설교학과 예배학 주승중 교수의 글

64) 한국 교회사 연구소 {한국 가톨릭 대사전} 1989. p.646

65) {두 개의 바벨론} 알렉산더 히슬롭 저. p.305

66) 나무위키 '엘리 엘리 라마 사박다니'

67) 상세한 것은 본인의 저서 생명의 강 시리즈 제2권 참고

68) [네이버 지식백과] 우주, 무한 공간 - 끝없는 세계의 신비 (다큐사이언스)

69) 톰슨 성경. 학개와 스가랴 서론

70) http://www.israelnationalnews.com/News/News.aspx/123989

지 은 이 : 권 용 명
발 행 인 : 정 중 택
출 판 사 : 도서출판 **생명나무**
발 행 일 : 2020년 10월 20일
표지디자인 : 정 예 슬

ⓒ 권용명 2020
정가 : 본서의 뒤표지에 있습니다.
주소 : 서울 관악구 은천로 25길 27
전화 : 02) 872-6193, 010-4414-6193
acts238@hanmail.net
파본은 바꾸어드립니다.